· 青少年网络心
Internet Psychology
周宗奎/

青少年网络交往与自我

Adolescent Online Communication and Self

平 凡 著

中国出版集团
世界图书出版公司
广州·上海·西安·北京

图书在版编目（ＣＩＰ）数据

青少年网络交往与自我 / 平凡著 . -- 广州 : 世界
图书出版广东有限公司 , 2025.1重印
ISBN 978-7-5100-8023-4

Ⅰ . ①青… Ⅱ . ①平… Ⅲ . ①互联网络－影响－青少
年－心理交往－研究 Ⅳ . ① C912.1

中国版本图书馆 CIP 数据核字 (2014) 第 150022 号

青少年网络交往与自我

责任编辑	翁	晗
出版发行	世界图书出版广东有限公司	
地 址	广州市新港西路大江冲 25 号	
电 话	020-84459702	
印 刷	悦读天下（山东）印务有限公司	
规 格	880mm×1230mm 1/32	
印 张	8.5	
字 数	200 千	
版 次	2014 年 6 月第 1 版 2025 年 1 月第 4 次印刷	
ＩＳＢＮ	978-7-5100-8023-4/B · 0084	
定 价	48.00 元	

总　序

一

工具的使用对于人类进化的作用从来都是哲学家和进化研究者们在探讨人类文明进步的动力时最重要的主题。互联网可以说是人类历史上影响最复杂、前景最广阔的工具，互联网的普及已经深深地影响了人类的生活方式。它对人类文明进化的影响已经让每个网民都有了亲身感受，但是这种影响还在不断地深化和蔓延中，就像我们认识石器、青铜器、印刷术的作用一样，我们需要巨大的想象力和以世纪计的时距，才有可能全面地认识人类发明的高度技术化的工具——互联网对人类发展的影响。

互联网全面超越了人类传统的工具，表现在其共享性、智能性和渗透性。互联网的本质作用体现在个人思想和群体智慧的交流与共享；互联网对人类行为效能影响的根本基础在于其智能属性，它具有能部分地替代人类完成甚为复杂的信息加工的功能；互联网对人类行为之所以产生如此广泛的影响，在于其发挥作用的方式能够在人类活动的各个领域无所不在地渗透。

法国当代哲学家贝尔纳·斯蒂格勒在其名著《技术与时间》中，从技术进化论的角度提出了一个假说："在物理学的无机物和生物学的有机物之间有第三类存在者，即属于技术物体一类的有机化的无机物。这些有机化的无机物贯穿着特有的动力，它既和物理动力相关又和生物动力相关，但不能被归结为二者的'总和'或'产物'。"在我看来，互联网正是这样一种"第三类存在者"。互联网当然首先依存于计算机和网络硬件，但是其支撑控制软件与信息内容的生成和运作又构成自成一体的系统，有其自身的动力演化机制。我们所谓的"网络空间"，也可以被看作是介于物理空间和精神空间之间的"第三空间"。

与物理空间相映射，人类可以在自己的大脑里创造一个充满意义的精神空间，并且还可以根据物理世界来塑造这个精神空间。而网络是一个独特的虚拟空间，网络中的很多元素，包括个体存在与社会关系，都与个体在自己大脑内创造的精神空间相似。但是这个虚拟空间不是存在于人的大脑，而是寄存于一个庞大而复杂的物理系统。唯其如此，网络空间才成为独特的第三空间。

二

网络心理学正是要探索这个第三空间的心理与行为规律。随着互联网技术和应用的迅猛发展，网络心理学正处在迅速的孕育和形成过程中，并且必将成为心理科学发展的一个重大进展。

技术的发展已经使得网络空间从文本环境转变为多媒体环境，从人机互动转变为社会互动，使它成为一个更加丰富多彩的虚拟世界。这个世界对个人和社会都洋溢着意义，并将人们不同的思想与意图交织在一起，充满了创造的机会，使网络空间成为了一个社会空间。在网络这个新的社会环境和心理环境中，一定会衍生出反映人类行为方式和内心经验的新的规律，包括相关的生理反应、行为表现、认知过程和情感体验。

从门户网站到搜索引擎，再到社交媒体，互联网的发展已经在个人生活、公共事业、商业活动、科学创造等领域取得了划时代的进步，日新月异的技术、产品和服务已经使互联网成为了一个以高创新和高潜力为标志的最具魅力的新兴行业。网络技术与生活内容的结合，产生了网络社交、电子政务、电子商务、网络金融、在线教育、网络医疗、网络游戏、网络婚恋等丰富多彩的网络生活形态；随着网络生活史的延续，基于互联网的大数据进而开始改变人类行为的组织方式与生活方式。与人类历史上的任何一个时期相比，个人的自我表露、娱乐、休闲的方式更加丰富，人与人之间的交往和互助的方式更为多样，人们的教育和科学研究活动更为自由，医疗卫生保健活动也更加自主……网络技术仍然在不断地发展与创新，人们对技术改变生活的心态已经从被动接受转变为充满期待。

进入移动互联网时代之后，手机、平板电脑等个人终端和网络覆盖的普及带来了时间和空间上的便利性，人们在深层的心理层面上很容易将网络空间看作是自己的思想与人格的延伸。伴随着网络互动产生的放大效应，人们甚至会感到自己的思想与他人的思想可以轻易相通，甚至可以混合重构为一体。个人思想之间的界线模糊了，融合智慧正在成为人类思想史上新的存在和表现形式，也正在改写人类的思想史。

伴随着作为人类智慧结晶的网络本身的进化，在人类众多生产生活领域中发生的人的行为模式的改变将会是持续不断的，这种改变会将人类引向何处？从人类行为规律的层面探索这种改变及其效果，这样的问题就像网络本身一样令人兴奋和充满挑战。

网络心理学是关于人在网络环境中的行为和体验的一般规律的科学研究。作为心理学的一个新兴研究领域，网络心理学大致发端于 1990 年代中期。随着互联网的发展，网络心理学也吸引了越来越多的学者开始研究，越来越多的文章发表在心理学和相关学科期刊上，越来越多的相关著作在出版。近两三年来，一些主要的英文学术期刊数据库（如 Elsevier Science Direct Online）中社会科学和心理学门类下的热点论文排行中甚至有一半以上是研究网络心理与网络行为的。同时，越来越多的网民也开始寻求对人类行为中这一相对未知、充满挑战的领域获得专业可信的心理学解释。

在网络空间中，基于物理环境的面对面的活动逐渐被越来越逼真的数字化表征所取代，这个过程影响着人的心理，也同时影响着心理学。一方面，已有的心理科学知识运用于网络环境时需要经过检验和改造，传统的心理学知识和技术可以得到加强和改进；另一方面，人们的网络行为表现出一些不同于现实行为的新的现象，需要提出全新的心理学概念与原理来解释，形成新的理论和技术体系。这两方面的需要使得当前的网络心理学研究充满了活力。

网络心理学得到了多个学科研究者的关注和参与，心理学、传播学、计算机科学、管理学、社会学、教育学、医学等学科的研究者，从不同的角度对网络心理与行为进行了探索。在心理学范畴内，网络心理研究涉及传统心理学的各个分支学科，认知、实验、发展、社会、教育、组织、人格、临床心理学等都在与网络行为的结合中发现了或者正在发现新的富有潜力的研究主题。传统心理学的所有主题都可以在网络空间得到拓展和更新，如感知觉、注意、记忆、学习、动机、人格理论、人际关系、年龄特征、心理健康、群体行为、文化与跨文化比较等等。甚至可以说，网络心理学可以对等地建构一套与传统心理学体系相互映射的研究主题和内容体系，将所有重要的心理学问题在网络背景下重演。实际上当前一部分的研究工作正是如此努力地开展的。

但是，随着网络心理学研究的深入，一些学科基础性的问题突显出来：传统的心理学概念和理论体系能够满足复杂的网络心理与行为研究的需要吗？心理学的经典理论能够在网络背景下得到适当的修改吗？有足够的网络行为研究能帮助我们提出新的网络心理学理论吗？

在过去的 20 年中，网络空间的日益发展，关于网络心理的研究也在不断扩展。早期的网络心理学研究大多集中于网络成瘾，这反映了心理学对社会问题产生关注的方式，也折射出人类对网络技术改变行为的焦虑。当然，网络心理学不仅要关注网络带来的消极影响，更要探究网络带来的积极方面。近期的网络心理学研究开始更多地关注网络与健康、学习、个人发展、人际关系、团队组织、亲社会行为、自我实现等更加积极和普遍的主题。

网络不仅仅是心理学的一个新课题，它更是一个人类心理体验的新领域，这个人类体验的领域是过去人类历史上从未出现过的，对这个全新领域的探索必然会改变心理学本身。但是，这需要心理学研究人员的思想首先发生转变，对网络心理学的研究方法与理论创新保持开放的态度；能够把人的网络空间、网络存在、网络环境看作是当代人类行为的最基本的要素，甚至将网络看作是某种根本的存在方式；理解并主动利用网络对个体心理、人际关系、群体行为和文化的重大影响，以探索和创造科学心理学在网络时代的新篇章。我们很高兴地看到，世界上一些活跃在网络心理与行为研究领域的实验室和团队已经开始显示出这种趋向。

网络心理学不仅仅只是简单地诠释和理解网络空间，作为一门应用性很强的学科，网络心理学在实际生活中的应用也有着广阔的前景。例如，如何有效地预测和引导网络舆论？如何提高网络广告的效益？如何高效地进行网络学习？如何利用网络资源促进教育？如何使团体和组织更有效地发挥作用？如何利用网络服务改进与提高心理健康和社会福利？如何有效地开展网络心理咨询与治疗？如何避免网络游戏对儿童青少年的消极影响？网络心理学的研究还需要对在线行为与线下生活之间的相互渗透关系进行深入的探索。在线行为与线下行为是如何相互影响的？个人和社会如何平衡和整合线上线下的生活方式？网络涵盖了大量的心理学主题资源，如心理自助、心理测验、互动游戏、儿童教育、网络营销等，网络心理学的应用可以在帮助个人行为和社会活动中发挥非常重要的作用。对这些问题的探讨不仅会加深我们对网络的理解，也会提升我们对人类心理与行为的完整的理解。

更富意味的是，网络技术恰恰是人类当代最有活力的技术领域。云计算、大数据方法、物联网、可视化、虚拟现实、增强现实、大规模在线课程、可穿戴设备、智慧家居、智能家教、微信传播等等，新的技术形态和应用每天都在改变着人的网络行为方式。这就使得网络心理学必须面对一种动态的研究对象，计算机与网络技术的快速发展使得人们的网络行为更加难以预测。网络心理学不同于心理学的其他分支学科，它必须与计算机网络的应用技术相同步，必须跟上技术形态变革的步伐。基于某种技术形态的发现与应用是有时间限制与技术条件支撑的。很可能在一个时期内发现的结论，过一个时期就完全不同了。这种由技术决定的研究对象的不断演进增加了网络心理学的发展难度。同时也增加了网络心理学的发展机会、增加了网络心理学对人类活动的内涵和重要性。

三

网络心理与行为研究是多学科的，不仅需要社会科学领域的研究者参与，也需要信息技术、网络技术、人机交互领域的研究者的参与。网络心理学的未来要依靠不同学科的协同创新。心理学家应该看到不同学科领域的视角和方法对网络心理研究的不可替代的价值。要理解和调控人的网络心理与行为，并有效地应用于网络生活实际，如网络教育、网络购物、网络治疗、在线学习等，仅仅依靠传统心理学的知识远远不够，甚至容易误导。为了探索网络心理与行为领域新的概念和理论，来自心理学和相关领域的学者密切合作、共同开展网络心理学的研究，更有利于理论创新、技术创新和产品创新，更有利于建立一门科学的网络心理学。

根据研究者看待网络的不同视角，网络心理学的研究可以分为三种类型：基于网络的研究、源于网络的研究和融于网络的研究。"基于网络的研究"是指将网络作为研究人心理和行为的工具和方法，作为收集数据和测试模型的平台，如网上调查、网络测评等；"源于网络的研究"是指将网络看作是影响人的心理和行为的因素，依据传统心理学来考察网络使用对人的心理和行为产生了什么影响，如网络成瘾领域的研究、网络使用的认知与情感效应之类的研究，"记忆的谷歌效应"这样的研究是其典型代表；"融于网络的研究"是指将网络看作是一个能够寄存和展示人的心理活动和行为表现的独立的空间，来探讨网络空间中个人和群体的独特的心理与行为规律，以及网络内外心理与行为的相互作用，这类研究内容包括社交网站中的人际关系、体现网络自我表露风格的"网络人格"等等。这三类研究对网络的理解有着不同的出发点，但也可以有交叉。

我们不妨大胆预测一下网络心理与行为研究领域未来的发展走向。在网络与人的关系方面，两者的联系将全面深入、泛化，网络逐渐成为人类生活的核心要素，相关的研究数量和质量都会大幅度提升。在学科发展方面，多学科的交叉和渗透成为必然，越来越多的研究者采用系统科学的方法对网络与人的关系开展心理领域、教育领域、社会领域和信息工程领域等多视角的整合研究。在应用研究方面，伴随新的技术、新的虚拟环境的产生，将不断导致新的问题的产生，如何保持人与网络的和谐关系与共同发展，将成为现实、迫切的重大问题。在网络发展方向上，人类共有的核心价值观将进一步引领网络技术的发展，技术的应用（包括技术、产品、服务等）方向将更多地体现人文价值。这就需要在网络世界提倡人文关怀先行，摒弃盲目的先乱后治，网络技术、虚拟世界的组织规则将更好地反映、联结人类社会的伦理要求。

四

互联网的发展全面地改变了当代人的生活，也改变了青少年的成长环境和行为方式。青少年是网络生活的主体，是最活跃的网络群体，也是最容易受网络影响、最具有网络创造活力的群体。传统的青少年心理学研究主要探讨青少年心理发展的年龄阶段、特点和规律，在互联网高速发展的时代，与青少年相关的心理学等学科必须深入探索网络时代青少年新的成长规律和特点，探索网络和信息技术对青少年个体和群体的社会行为、生活方式和文化传承的影响。

网络行为具备的平等性、互动性、隐蔽性、便利性和趣味性都让青少年网民着迷。探索外界和排解压力的需要能够部分地在诙谐幽默的网络语言中得到满足。而网络环境所具有的匿名性、继时性、超越时空性（可存档性和可弥补性）等技术优势，提供了一个相对安全的人际交往环境，使其对自我展示和表达拥有了最大限度的掌控权。

不断进化的技术形式本身就迎合了青少年对新颖的追求，如电子邮件（E-mail）、文件传送（FTP）、电子公告牌（BBS）、即时通信（IM，如 QQ、MSN）、博客（Blog）、社交网站（SNS）、多人交谈系统（IRC）、多人游戏（MUD）、网络群组（online-group）、微信等都在不断地维持和增加对青少年的吸引力。

网络交往能够为资源有限的青少年个体提供必要的社会互动链接，促进个体的心理和社会适应。有研究表明，网络友谊质量也可以像现实友谊质量一样亲密和有意义；网络交往能促进个体的社会适应和幸福水平；即时通信对青少年既有的现实友谊质量也有长期的正向效应；网络交往在扩展远距离的社会交往圈子的同时，也维持、强化了近距离的社会交往，社交网站等交往平台的使用能增加个体的社会资本，从而提升个体的社会适应幸福感水平。

同时，网络也给青少年提供了一个进行自我探索的崭新空间，在网络中青少年可以进行社会性比较，可以呈现他们心目中的理想自我，并对自我进行探索和尝试，这对于正在建立自我同一性的青少年来说是极为重要的。如个人在社交网站发表日志、心情等表达，都可以长期保留和轻易回顾，给个体反思自我提供了机会。社交网站中的自我呈现让个人能够以多种形式塑造和扮演自我，并通过与他人的互动反馈来进行反思和重塑，从而探索自我同一性的实现。

处于成长中的青少年是网络生活的积极参与者和推动者，能够迅速接受和利用网络的便利和优势，同时，也更容易受到网络的消极影响。互联网的迅猛发展正加速向低龄人群渗透。与网络相伴随的欺骗、攻击、暴力、青少年犯罪、群体事件等也屡见不鲜。青少年的网络心理问题已成为一个引发社会各界高度重视的焦点问题，它不仅影响青少年的成长，也直接影响到家庭、学校和社会的稳定。

同时，网络环境下的学习方式和教学方式的变革、教育活动方式的变化、学生行为的变化和应对，真正将网络与教育实践中的突出问题结合，发挥网络在高等教育、中小学教育、社会教育和家庭教育中的作用，是网络时代教育发展的内在要求。更好地满足教育实践的需求是研究青少年网络心理与行为的现实意义所在。

五

互联网为青少年教育和整个社会的人才培养工作提供了新的资源和途径，也提出了新的挑战。开展青少年网络心理与行为研究是青少年教育和培养的长远需求。顺应时代发展对与青少年成长相关学科提出的客观要求，探讨青少年的网络心理和行为规律，研究网络对青少年健康成长的作用机制，探索对青少年积极和消极网络行为的促进和干预方法，探讨优化网络环境的行为原理、治理措施和管理建议，引导全面健康使用和适应网络，为促进青少年健康成长、推动网络环境和网络内容的优化提供科学研究依据。这些正是"青少年网络心理与行为教育部重点实验室"的努力方向。

青少年网络环境建设与管理包括消极防御和积极建设两方面的内容。目前的网络管理主要停留在防御性管理的层面，在预防和清除网络消极内容对青少年的负面影响的同时，应着力于健康积极的网络内容的建设和积极的网络活动方式的引导。如何全面正确发挥网络在青少年教育中的积极作用，在避免不良网络内容和不良使用方式对青少年危害的同时，使网络科技更好地服务于青少年的健康成长，是当前教育实践中面临的突出问题，也是对网络科技工作和青少年教育工作的迫切要求。基于对青少年网络活动和行为的基本规律的研究，探索青少年网络活动的基本需要，才能更好地提供积极导向和丰富有趣的内容和活动方式。

　　为了全面探索网络与青少年发展的关系，推动国内网络心理与行为研究的进步，青少年网络心理与行为教育部重点实验室组织出版了两套丛书，一是研究性的成果集，一是翻译介绍国外研究成果译丛。

　　《青少年网络心理研究丛书》是实验室研究人员和所培养博士生的原创性研究成果，这一批研究的内容涉及青少年网络行为一般特点、网络道德心理、网络成瘾机制、网络社会交往、网络使用与学习、网络社会支持、网络文化安全等不同的专题，是实验室研究工作的一个侧面，也是部分领域研究工作的一个阶段性小结。

　　《网络心理与行为译丛》是我们组织引进的近年来国外同行的研究成果，内容涉及互联网与心理学的基本原理、网络空间的心理学分析、数字化对青少年的影响、媒体与青少年发展的关系、青少年的网络社交行为、网络行为的心理观和教育观的进展等。

　　丛书和译丛是青少年网络心理与行为教育部重点实验室组织完成研究的成果，整个工作得到了国家数字化学习工程技术研究中心、中国基础教育质量监测协同创新中心、华中师范大学心理学院、社交网络及其信息服务协同创新中心、教育信息化协同创新中心的指导与支持，特此致谢！

　　丛书和译丛是作者和译者们辛勤耕耘的学术结晶。各位作者和译者以严谨的学术态度付出了大量辛劳，唯望能对网络与行为领域的研究有所贡献。

周宗奎

2014 年 5 月

本 书 导 读

　　网络的迅速发展为青少年的学习和生活带来了巨大的变化，其中以计算机为中介的网络交往成为青少年人际交往的一种新方式，对青少年的社会性发展产生广泛的影响。自我概念的整合是青少年期最重要的发展任务，由于面对生理以及社会情景的快速变化，使得他们必须重新评估"自己是谁"以及"自己想要成为什么样的人"，也必须去尝试及体验经历不同的社会角色。青少年通过网络交往进行社会化的过程中，也会对网络中的自我进行重新评估以及探索。

　　本书从网络交往与自我的关系切入，尝试通过系统的实证研究，探讨中国文化背景下青少年网络交往的特点以及影响因素的作用机制；利用实验研究，考察网络交往中的现实自我和网络自我的关系；采用事件相关电位（ERP）技术，探讨网络交往中现实自我和网络自我的脑电差异。希望能有益于深化网络交往与自我的研究，丰富网络心理学的理论，为青少年健全人格的发展和培育提供指导和借鉴。全书共有五章。

　　第一章　网络交往研究的回顾与展望

　　第一节　网络交往的概述　对网络交往概念进行辨析，从概念、形式、特点三个方面详细阐述网络交往。

　　第二节　网络交往理论观点　阐述了互联网使用理论观点、网络交往的人格理论、网络交往的社会认知理论、网络交往的人本主义理论、网络交往认知行为模型、网络交往的生态学观点以及其他理论。

第三节　网络交往的研究现状　分析和回顾国内外关于网络交往与人格、动机、自我、人际关系等方面的相关文献，为本文的研究提供坚实的理论基础。

第二章　自我研究的回顾与展望

第一节　自我概念　分别从自我概念的内涵、形成与发展和功能等四个方面详细地阐述自我概念。

第二节　自我意识　对自我意识的概念进行论述。

第三节　自我参照效应　阐述自我参照效应的概念，分别介绍经典 SRE 研究范式和"R/K"范式。

第四节　自我的脑机制研究　系统地阐述自我参照效应编码和提取时脑成像、自我面孔识别、自传体记忆的脑成像研究。

第三章　网络交往的特点与影响因素实证研究

第一节　研究 1：网络交往的测量工具编制　在对网络交往概念辨析的基础上编制了《网络交往问卷》，为了解青少年网络交往的特点提供有效的测量工具。自编网络交往问卷共有 26 个项目，其中包括四个维度，即网络社交自我知觉、网络自我表露、网络人际关系以及网络交往依赖。研究表明自编网络交往问卷具有较好的内部一致性信度和重测信度，并且结构效度和内容效度也符合测量学的要求，表明该工具适合于测量青少年网络交往行为。

第二节　研究 2：青少年网络交往的特点　利用自编网络交往问卷，对 839 名高中生和大学生进行问卷调查，结果发现女生网络自我表露水平显著高于男生，男生在网络人际关系和网络交往依赖上显著高于女生。独生子女在网络交往总分以及四个维度上的得分显著高于非独生子女。大一学生网络人际关系、网络社交自我知觉水平最低，而大二学生在网络人际关系、网络社交自我知觉、网络交往依赖和网络交往总分上都高于其他年级。

第三节 研究3：青少年网络交往的影响因素研究 利用网络交往问卷、内外向性问卷、孤独感问卷和现实自我表露问卷，对839名高一至大四的高中生和大学生进行调查，考察了网络交往与外向性、孤独感和自我表露的复杂关系。研究结果发现：网络交往总分与外向性、现实自我表露显著负相关，与孤独感显著正相关。外向性对网络交往有显著的负向预测作用，孤独感在外向性和网络交往之间起着中介作用，现实自我表露在外向性对网络交往的影响过程中起着有 中介的调节作用。

第四章 青少年网络交往与自我的实验研究

第一节 研究4：不同交往方式中的自我研究 参考即时回忆的范式，考察不同交往方式（CMC vs FtF）中的现实自我（Actual self）和网络自我（Online self）的激活差异。结果发现：不同的交流方式对现实自我和网络自我的激活存在差异，在面对面交流情境中，被试对现实自我人格形容词的反应时小于在网络交流情境中对现实自我人格形容词的反应时，对现实自我人格形容词判断的正确率高于在网络交流情境中对现实自我人格形容词判断的正确率。

第二节 研究5：网络交往中自我参照效应的实验研究 通过自我参照效应实验来探讨互联网上的现实自我和网络自我是否有差异，研究结果发现：个体的网络自我和现实自我具有两种不同的自我图式。

第三节 研究6：网络自我与现实自我的神经生理差异研究 采用事件相关电位（ERP）技术，探讨网络交往中现实自我和网络自我的脑电差异。在ERP研究中，现实自我和网络自我都诱发了明显的N1和P2，其中N1峰值潜伏期在100ms左右，分布于头皮前部，从前额叶到中央区，其后还有显著的正成分P2，潜伏期在

200ms 左右。在现实自我组上，在 350 ～ 500ms 之间有一个较为明显的正慢成分 P350-500，该成分主要在额叶和中央区，尤其以中央区的波幅最大。

第五章　结论

对以上 6 个研究，从网络交往问卷的编制、青少年网络交往的特点、青少年网络交往影响因素的作用机制、现实自我与网络自我的激活差异、脑电差异等关系方面归纳得出总结论，分析本研究存在的问题，展望未来研究方向。

序 言

网络作为 20 世纪人类社会的一项意义深远的发明，在短短几年时间内，已迅速蔓延到世界各个角落，渗透到人们生活中的方方面面，迅速改变着社会生活中的许多事情，而其中最重要的改变是：网络正在将所有东西联接起来，并且让这些联接在一起的东西相互发生关系。我们正步入一个激动人心的网络时代，网络塑造了一个全新的网络化、信息化、网络化社会生活空间，并由此迅速地改变着人们的行为方式、思考方式、社会认同及社会形态，从而引发社会结构的重大转型（赖晓黎，2004；黄少华、翟本瑞，2006）。

CNNIC 发布《第 32 次中国互联网络发展状况统计报告》表明，截至 2013 年 6 月底，我国网民规模达 5.91 亿，相比于 2012 年底增加了 2.0 个百分点，30 岁以下的网民占 52.7%。随着 wifi 覆盖率的扩大，移动通讯技术的提高，手机上网功能的日益完善，网民使用手机上网也日益增多，调查结果发现，手机网民规模达 4.62 亿，人群占比由 74.5% 提升至 78.5%。在整体网民中，手机上网更多地吸引了年轻群体，特别是青少年群体。而且，尤其值得注重的是，网络对于人类社会生活和社会行为的影响，在青少年身上体现得最为集中。按照 Don Tapscott（1999）的说法，1977 年后出生的青少年，已经随着互联网的崛起而成为有史以来第一批在数字化环境中成长的一代，他们的生活和行为方式，明显体现了网络化、数字化的生存逻辑。

作为互联网高使用人群的青少年，其网络行为的基本目的在于：信息获取、交流沟通、网络娱乐、商务交易和网络游戏，其中，网络交往或以计算机为中介的交往（CMC，computer-mediated communication）对青少年的发展具有至关重要的影响。青少年最常见的在线社会交往形式是：即时信息、博客、微博、社交网站（如 SNSs）、电子信件、聊天室、公告牌、大型多人在线电脑游戏（如 MMOGs）等。即时通信作为第一大上网应用，截至 2013 年 6 月底，用户规模达 4.97 亿，在各应用中用户增长规模第一，使用率为 84.2%，使用率保持第一且持续攀升，尤其以手机端的发展更为迅速。

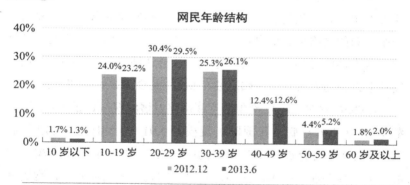

图 1   网民年龄结构（CNNIC，2013）

随着近年 Facebook、人人网、Q-zone、博客、微博等社交网站的兴起，青少年更热衷于利用社交网站进行人际交往。截至 2013 年 6 月底，中国使用交往网站的网民数达到 2.88 亿，在网民中的渗透率达到 48.8%（CNNIC 第 32 次中国互联网络发展状况统计报告，2013）。交往网站用户年龄的年轻化特征非常突出，用户群以 20 ～ 29 岁群体为主，达到 34.1%，其次为 10 ～ 19 岁群体（CNNIC 中国网民社交网站应用研究报告，2012）。这种高占有率使青少年这个互联网群体日益引起教育者和社会的关注。随着在青少年社会中的重要性不断凸显，网络已在相当程度上扮演了促进青少年社会化的角色。因此，深入了解网络空间如何影响青少年的社会行为，网络的社会交往行为对青少年自我有着怎样的影响，已经成为一项不可避免的社会议题。

目　录

第一章

网络交往研究的回顾与展望

第一节　网络交往的概述

一、网络空间与网络社会

（一）网络空间

1984 年，移居加拿大的美国科幻作家 William Gibson 写下了一本名为《神经漫游者》（Neuromancer）的长篇离奇故事。小说出版后，好评如潮，并且获得多项大奖。故事描写了反叛者兼网络独行侠 Case，受雇于某跨国公司，被派往全球电脑网络构成的空间里，去执行一项极具冒险性的任务。进入这个巨大的空间，Case 并不需要乘坐飞船

或火箭，只需在大脑神经中植入插座，然后接通电极，电脑网络便被他感知。当人与网络的思想意识合为一体后，即可遨游其中。在这个广袤的空间里，看不到高山荒野，也看不到城镇乡村，只有庞大的三维信息库和各种信息在高速流动。Gibson 把这个空间取名为

"赛伯空间"（Cyberspace），也就是现在所说的网络空间（姚俊萍，李新社，封富君，李晓军，2013）。

Gibson 幻想的这个空间，不仅可以包含人的思想，而且也包括人类制造的各种系统，如人工智能和虚拟现实系统等等。现在，有时候网络空间指的是"虚拟现实"（virtual reality），但大多数情况下，它指的就是互联网。但是正如心理学家 Sherry Turkle（1995）所说，"网络空间不能简化为一排排的代码、以比特形式存在的数据或者电子系统"。重要的是，人们可以在网络空间中显示自己的存在，比如在网上交友、聊天、购物、学习、工作，以及参加网上举行的各种社会活动。换言之，尽管网络空间在极大程度上缺乏物理空间的元素，如街坊、城市或国土，但它为使用者提供了公共社区与展示个体身份的真实机会。因此，可以说网络空间是由网络通讯技术支持的一种新型的社会空间和文化空间（刘华芹，2004）。

（二）网络社会

网络社会一词，首次出现于学者 Jan van Dijk 于 1991 年出版的 *De Netwerkmaatschappij* 一书。Dijk 认为，网络社会是由各种不同网络交织所形成，而网络也决定了社会的走向与目标，影响的层次包括个人、组织以及社会。Manuel Castells 于 1996 年出版的 *The Information Age* 中也大量使用

网络社会

网络社会的概念，描述当代社会的转型。科技的飞快发展、沟通的无国界与运输工具的发达更加强了点对点的互动，社会组织已经由过去的垂直或水平式转变为分散的形态。以往的社会是由团体、

组织与社群聚集而成，但网络社会却是由点与点之间连接而构成。Manuel Castells 认为，网络社会不仅仅是发布信息的社会，不是仅由技术支持的现代社会，也包括文化、经济和政治因素，如宗教影响，文化教养，政治组织和社会地位都影响着网络社会，这些影响既可以提高也可以妨碍网络社会的发展。

1997 年美国麻省理工学院 Nicholas Negroponte 教授出版了《数字化生存》，并在该书中写道，"在电脑和数字通信呈指数发展的今天，我们周围越来越多的信息被数字化了，而所谓的数字化空间，就是由电子计算机、电脑网络等基于二进制数码原理的机器所构成的一个虚拟的符号空间"，并认为人类就是生活在这样的虚拟空间中的，用他的话来说就是："计算不再只和计算机有关，它决定我们的生存"（李国亭，2003）。Nicholas Negroponte 教授以一系列犀利的见解描绘了技术生活给现实社会生活带来的冲击，全面系统的介绍了网络社会。

比照社会的范畴，网络社会可以看作是通过网络联系在一起的各种关系的总和，是在数字化的虚拟空间中产生的社会形式。从现实角度看，网络社会是现实社会人们交往的方式、环境和空间的延伸，从虚拟的角度看，网络社会依存于现实社会，但并不是现实社会的翻版，"网络化也实质地改变了生产、生活、权力与文化过程中的操作和结果，可以称这样的社会为网络社会，其特征在于社会形态胜于社会行动的优越性。"（Manuel Castells，1996）。就网络社会中的互动关系而言，童星等人（2001）认为，互动双方没有"身份感"，是"情感人"之间的信息和情感交流，属于纯精神领域。由于加入和退出一个"群体"很容易，并且"群体"也无法支配个人的资源、干预成员行为，因此个人对群体缺乏"归属感"。整体而言，其群体关系是双方基于同样的兴趣和观点而形成的“机械团结”。

二、交往与网络交往

（一）关于交往

“交往”一词来源于拉丁语“communis”，原意指共同的、通常的。德文中的“kommunikation”和英文中的“communication”都是由此演化而来的。其意义比较丰富，包括：交换、交通、通讯、传播、信息等。中文的“交往”源于战国时期鬣发《尉缭子》，“中军、左、右、前、后军，皆有分地，方之以行垣，而无通其交往”。在《现代汉语词典》中，“交往”是指人与人之间的交际和往来（杨平，2008）。不同的学科对交往的界定也有所不同，心理学上的交往概念指人与人之间的心理接触或直接沟通，彼此达到一定的认知；社会学上的交往概念主要指特意完成的交往行为，通过交往行为特定的社会联系；语言学上的交往概念主要用来表明信息交流；哲学上的交往概念是指人所特有的相互往来关系的一种存在方式，即一个人在与其他人的相互联系中的一种存在方式。

交往是一项古老的人类行为，只有通过人与人的交往、协作，个人才能获得生存资源，以适应环境，得以发展。交往的本质是社会性的——社会的生产和生活是以个人交往为前提的，交往是人的社会存在的基本物质之一，其构成了人的社会生产的前提。德国哲学家和社会学家Habermas对交往理论进行了详细的研究，“交往行为”是其交往理论的核心范畴。在他看来，“交往行为”是指至少两个行为者通过语言理解协调相互间关系的互动行为，它实质是行为主体之间以语言或其他符号为媒介，通过没有任何强制性的诚实对话而达到理解、沟通的行为（Habermas，1994）。

根据前人对交往相关理论的研究，交往应具有以下四个特征：（1）交往的主体是人。交往是人的存在方式，在交往中充分表现出人作为实践主体的能动性。（2）交往具有"主体间性"。主体间性又称为交互主体性，是作为主体的人与人之间在言语和行动上的相互作用、相互沟通、相互理解、双向互动、主动对话的交往中体现出的相关性（周长美，王树松，2007）。因此，交往行为至少应该发生在两个人之间。（3）交往以有意义的符号为媒介。任何交往都离不开各种有意义的符号的参与，无论口头语言、书面符号、体态表达，一个人要形成"自我"，必须经由某种符号系统的表达，交往才能形成。（4）交往的目的是使主体达成理解。交往的是有目的的，需要通过信息的传达达成理解，但不一定要求达到百分之百的认可，并采用统一的行动（吕夺印，2010）。

（二）网络交往

人类的交往方式先后经历了五次革命，使人们的交往逐渐从封闭走向了开放。语言产生实现了人类交往方式的第一次革命，有声语言以其简便易行、灵活迅速、生动传神等特点成为人类最普遍，也是最基本的交往形式；文字的发明，成就了人类交往方式的第二次革命，用文字记录历史，使人类的交往突破了时间和空间的局限，为人类的远距离交往提供了可能；印刷的发明，使信息存储和信息传递的效率大大提高，为人类交往提供了更大的便捷，实现了人类交往方式的第三次革命；信息技术革命为人类的交往带来了广阔的发展前景，是人类交往方式的第四次革命；数字化电子媒介的产生，开始了人类交往方式的第五次革命，尤其是网络技术的出现，以其独特的方式和丰富的内容为人们提供了一种全新的认识和把握事物的环境，从时间和空间上改变了人类传统的交往方式。网络空间的形成为人际交往提供了新的舞台，数字技术使传统的以河流、海洋、甚至石墙作为物理边界的地域在网络上得到无限拓展。在网络空间里，距离的意义越来越小。随着电子邮递和网络信息沟通的普及，一种新型的网络空间人际交往方式——网络交往也应运而生。什么叫作网络交往？国内外学者对此的界定各有千秋。

国外学者对"网络交往"已有数年的研究，一般来说，多用"网络使用"（Internet Use Behavior），"计算机媒介沟通"（Computer-Mediated Communication，简称 CMC）、"互联网交流"（Internet Communication）、"在线交流"（Online Communication）、"计算机媒介互动"（Computer-Mediated Interaction）、"网上关系"（Online Relating）、"网络社会交互"（Social interaction on the internet）来界定"网络交往"。其中，"网络使用行为"（Internet Use Behavior）是一个广义的概念，其主要强调利用互联网进行各种活动的行为，侧重于强调外在的行为，是一种广义的网络社交交往。网络使用行为与前面几个概念之间既有区别又有联系，从网络使用者角度看，广义的网络交往就是互联网使用行为，这两个概念描述的是问题的两个方面，前者侧重信息的传递过程，后者侧重外在的行为表现（陈秋珠，2006）。而从狭义上看，网络交往是网络使用行为的一种，主要指人与人通过计算机以及互联网进行人际互动。狭义的网络交往"网络人际互动"包含在广义的网络交往"网络使用"中。

与网络交往的其他方面相比，我国学者对"网络交往"的概念界定关注较少，内涵不统一。有人从广义上使用网络交往的概念，认为网络交往就是互联网使用行为。而有人从狭义上使用网络交往的概念，即认为网络人际交往。邓泽球、张桂群（2002）认为网络交往是人际交往的一种，是非正式的、通过电脑屏幕、文字为中介、双向的交往。陈力（2003）认为，网络交往的实质就是一种社会实践活动，是人们以网络技术、信息技术为基础，以符号为中介进行相互作用、相互交流和相互理解的过程，是多个主体通过改造或变革联系彼此的网络客体中介而结成网络关系的实践活动。华伟（2003）将网络交往界定为是社会发展到网络时代而催生的一种新型交往形式，基于网络技术而存在，也指人与人之间的社会联系，也以语言为媒介，通过对话而达成人与人之间的理解。韩红艳（2006）认为以往的概念界定比较宽泛，她通过对大学生群体网络交往类型研究，得出大学生网络交往是大学生以"人 - 机 - 人"的对话模式，利用网络通信技术进行沟通，从而实现人与人之间信息、情感、物质的交流活动。陈秋珠（2006）认为网络交往是传统人际交往在"赛博空间"的新表现，体现人的社会性本质，并且网络交往是以计算机为中介，以互联网为基础，以书面语言为主要的交往介质，通过互联网上的专用软件实现的一种精神交往。卜荣华（2010）认为网络交往是指交往双方以网络为载体，利用图像、文字和声音等网络技术进行人际交往的过程。而本研究对"网络交往"的操作性定义，即认为网络交往是是以计算机和互联网为基础，利用文本（text-based）、语音和视频进行的人际交往。

三、网络交往的形式

随着互联网的发展，网络交往的技术平台也越来越多样化，其中影响较大的网络交往方式主要包括：即时通信（IM）、电子邮件（E-mail）、电子公告牌（BBS）、博客（Blog）、交往网站（SNS）、综合文件系统（Gopher）、连线导线系统（Hytelnet）、多人交谈系统（IRC）、多人游戏（MUD）、文件传送（FTP）、新闻组（Newsgroup）、远程登录（Telnet）、万维网或全球信息网（WWW），等等。最常用的有如下几种交往方式。

（一）即时通信

根据 CNNIC（2013）的调查，即时通信网民使用率为 84.2%，其规模达到 4.97 亿人，即时通信成为网络交往的最重要的方式。即时通信（IM）是指能够即时发送和接收互联网消息等的业务，其最初只有文字成为可借助的工具，后来也可以借助有声的语言来进行交流，但是更多的则是在文字基础上加入了一些表达交往各方情感的符号系统。使用者可以根据自己的喜好和特定的对象交谈，也可以与多个对象交谈，也选择与陌生人交流，也可以

QQ

微信

和熟悉的朋友家人进行交流。在隐私方面，使用者可以使用自己真实姓名，也可以匿名。

自 1998 年面世以来，特别是近几年的迅速发展，即时通信的功能日益丰富，其不再是一个单纯的聊天工具，它已经发展成集交流、资讯、娱乐、搜索、电子商务、办公协作和企业客户服务等为一体的综合化信息平台。并且，随着移动互联网的发展，互联网即时通信也在向移动化扩张。即时通信提供商，例如微软、AOL、Yahoo、UcSTAR 等都提供通过手机接入互联网即时通信的业务，用户可以通过手机与其他已安装了相应客户端软件的手机或电脑收发消息。现在国内的即时通信工具有：QQ、微信、百度 hi、E 话通、

UC、UcSTAR、商务通、网易泡泡、盛大圈圈、淘宝旺旺等等。

即时通信是青少年网络交往最重要的一种方式，Walther（2007）认为，以计算机为媒介的人际交往与现实生活中面对面交流的不同之处是形式而不是功能，这样的沟通方式创造了一种动态的反馈循环系统。尽管信息交流过程可能是夸张和虚构的，但还是能够被彼此接纳。此外，Walther还认为，即时通信可促进自我表征的机制和过程，主要有：第一，聊天内容的可编辑性。使用者在发出交流信息之前，可以仔细修改和斟酌自己的语言，美化信息内容和表现形式以逢迎他人的喜好；第二，允许交际双方花大量的时间建构和修饰彼此的信息，对不善社交的人来说可以减轻心理压力；第三，在信息交换的过程中，双方仅仅是语言的"写作者"，而不用考虑对方的外貌、形体等生理特征，这样就利于深度表征自我的各个方面，尤其是缺点和不足；第四，使用者可以重新分配在信息编辑过程中的各种认知资源，如环境搜索（environmental scanning）和非言语管理（nonverbal management）提供的认知资源。

（二）电子邮件

根据 CNNIC（2013）的调查，中国大陆网民中有 41.8% 的人使用电子邮件相互传递信息、提供资料、交流思想。电子邮件（Electronic Mail，简称 E-mail），是以电子或者数字的形式将交往一方的邮件打成数据包，并通

电子邮件

过网络发送到对方邮箱内的一种方式，它是目前最常用、使用最广泛的一种网络交往方式。

与日常通信相比，电子邮件具有明显的优势：1）方便快捷。只需要连通网络，瞬间就可以完成相关的全部操作；2）价格低。

通过网络发送电子邮件到世界任何一个角落，只需要几分钱；3)速度快。发一封电子邮件，短则几秒，长则几分钟，对方便可收到邮件；4)一信多发。可以将一封电子邮件发送给成千上万个人。电子邮件的出现，为人们的社会生活带来了改变，也为人们的交往方式带来了便利（童星，2001）。

（三）电子公告牌

电子公告牌（Bulletin Board System，简称 BBS）是指计算机网络上设立的一个或多个电子论坛，一般以匿名的方式向公

BBS

众提供访问的权利，使得公众以电子信息的方式发布自己的观点。像日常生活中的黑板报一样，电子公告牌按不同的主题分成很多公布栏，栏目设立的依据是大多数 BBS 使用者的要求和喜好。使用者可以阅读其他人关于某个主题的最新看法，可以毫无保留地表达自己的想法以及观点，别人也很快回应你的观点。在 BBS 里，人们之间的交流打破了空间和时间的限制。在与别人进行交往时，不需考虑自身的年龄、身份、财富、外貌等因素。同样的，交谈者也无从知道对方的真实社会身份。这对于传统的交流方式来说是不可能的。

通电子邮件相比，BBS 中行动者之间的交往变得更加主动。正是由于 BBS 为人们提供一个可以在不见面的情况下进行交流、讨论、启发、帮助甚至激烈争吵的场所，因此它受到人们的广泛青睐。

（四）博客和微博

Blogger 指在 Blog、Webblog 上写作或拥有 Blog、Webblog 的人。Blog 作为名词而言，是指网络日志，是一种个人传播自己思想，带有知识集合链接的出版方式。作为动词而言，指在博客（Blog）的虚拟空间内发表文章等过程。

微博

Blog 不等同于"网络日记"，作为网络日记是带有很明显的私人性质的，而 Blog 则是私人性和公共性的有效结合，它不仅是纯粹个人思想的表达和日常琐事的记录，它所提供的内容可以用来进行交流和为他人提供帮助，是可以包容整个互联网的，具有极高的共享精神和价值（周筱芬，2007）。

根据 CNNIC（2013）资料显示，截至 2013 年 6 月，博客应用在网民中的用户规模达到 4.01 亿，使用率为 68.0%，并且随着博客的规模进一步扩大，在半年内博客用户规模增长 0.78 亿，增长率为 7.6%。随着国内交往网站的兴起，部分草根博客进入交往网站，博客用户使用其中的日志功能来撰写博客。互动性的交往网络氛围激励着用户更踊跃地更新、参与、互动，因此更进一步地带动了博客用户的增长。博客用户的增长，一方面受益于互联网普及率的提高，另一方面是由于微博客的带动作用。微博客综合博客、即时通信、手机传播的优势，受到越来越多的网民们的青睐，其互动性强、使用门槛低、更新便捷的特性使微博客用户对内容的更新比传统博客更为活跃。

微博客（micro blog 或 micro blogging）是微型博客的简称。是一个基于用户关系的信息分享、传播以及获取平台，用户可以通过 WEB、WAP 以及各种客户端组建个人社区，以 140 字左右的文字更新信息，并实现即时分享。微博客相比于传统的博客那种需要考虑文题、组织语言修辞来叙述的长篇大论，以"短、灵、快"为特点的"微博"几乎不需要很高的成本，无论是用电脑还是手机，只需要三言两语，就可以记录下自己某刻的心情、某一瞬间的感悟，这样的及时表述显然更满足青少年弱关系的社交需要。

（五）交往网站

SNS，全称 Social Networking Services，即社会性网络服务，

专指旨在帮助人们建立社会
性网络的互联网应用服务。
SNS 的另一种常用解释：全
称 Social Network Site，即"交
往网站"或"社交网络"。根
据 CNNIC（2013）的调查报
告，截 至 2013 年，中 国 使
用交往网站的网民用户达到

人人网

2.88 亿，在网民中的渗透率达到 48.8%。

　　交往网站是帮助人们建立社会性网络的互联网应用服务，一般都为用户提供了自我表现、网络交际等功能，也包括一些基本的网络应用。交往网站的用户关系由现实延伸或在网络平台上逐渐培养，用户可以通过多种方式与他人构建关系，进行互动，这种连接方式可以使用内容、话题、互动应用等多种方式。交往网站的发展验证了"六度分隔理论"（Six Degrees of Separation），即"人际关系脉络方面你必然可以通过不超出六位中间人间接与世上任意先生女士相识"。个体的交往圈会不断地扩大和重叠并在最终形成大的交往网络。在此类通过对"朋友的朋友是朋友"原则的实现而得到发展的线上交往网络中，Friendster 具备一定的代表性。

　　2002 年至 2004 年，世界上三大最受欢迎的交往网络服务类网站是 Friendster、MySpace、Bebo。2005 年，MySpace 成为世界上最大的交往网络服务类网站。2006 年第三方被允许开发基于 Facebook 的网站 API 的应用，使得 Facebook 随后一跃成为全球用户量增长最快的网站。众多网站随后开始仿效开发自己网站的 API。

　　在中国，交往网站的发展速度也相当惊人。以国内最著名的白领交往网站开心网为例，从 2009 年 1 月推出"偷菜游戏"，引发了

交往网站在中国发展的迅猛狂潮。2010年，开心网转帖功能的崛起，代表着中国交往网站的悄然转向：SNS不再继续沿用"交友＋游戏"的单一模式，而是指真正的网络交往，SNS强大的社会化，提供人与人、人与机构、人与社会的互动。

（六）多人在线网络游戏

多人在线网络游戏（MMOG）起源于西方的MUD（"Multiple User Dimension"、"Multiple User Dialogue"或"Multiple User Dungeon"即"多人世界""多人对话"或"多人地牢"），俗称"泥巴"游戏，实际上也是一种电子游戏。但多人在线网络游戏与

跑跑卡丁车

单机版的电子游戏不同，它是人们通过互联网而进行的一种多人参与、多人互动的电子游戏。在游戏中，对手不再是单一的由程序员编制的电子动画，而是藏在电子动画后面的人，即所谓的玩家。因此，多人在线网络游戏也是一种实时的网络交往方式。

1978年，MUD游戏诞生，当时它只是一个纯文字的多人世界，也是第一款真正意义上的实时多人交互网络游戏。随着网络技术的发展，网络游戏也在不断地更新换代。1997年，大型多人在线网络游戏《网络创世纪》横空出世，标志着多人在线网络游戏发展到了一个新阶段。MMOG的独特魅力在于它运用了很多高超的多媒体技术，画面精良，场面逼真，音效富有震撼力，为玩家提供了一个虚拟的真实世界。在这个虚拟的世界里，玩家可以扮演现实生活中不能实现的角色，尝试和探索不同的自我。玩家还可以结交知心的朋友，也可能会结下仇敌、也会被朋友出卖、也会与仇敌结缘。这种鲜活刺激的网络游戏对于大学生来说极富诱惑力，因此一经诞

生就在大学校园盛行开来。根据 CNNIC 的分类，MMOG 可分为大型多人在线角色扮演游戏（MMORPG）和大型休闲游戏类游戏，后者的使用率在近两年有显著上升的趋势。目前，大学生中流行的网络游戏有《跑跑卡丁车》《魔兽世界》《劲舞团》《热血传奇》等。

四、网络交往的特点

传统大众传媒和网络在交流方式上的最大区别在于网络具有独一无二的交互性（interactivity）。不像报纸和电视，网络能提供无限的互动潜力而不仅仅只是单向的传播。用户是积极的参与者，而不是信息的被动接受者。Adam Joinson（2009）等人认为互动具有形态（modality）、来源（source）和信息（message）三大特征。

交互性是一种概念化的媒介特征，能使用户感受网站上多元化的形态，从简单的文字到图片、动画、音频和视频。不同的形态引起不同的知觉表征，这意味着使用不同感觉进行着信息的传递和加工（Marmolin，1991；Hoogeveen，1997）。Sundar 指出传统大众传媒和网络的关键区别在于后者能提供给用户：（1）同时呈现大量不同的形态（文字、图片、音频、视频等）；（2）能准确无误地将各种形态来回切换（Sundar et al.，2000）。

传统大众传媒不能使用户随意地选择来源，而互动媒体可以使用户立即选择他们所关注的信息资源。因此，交互性概念化的一种能力是用户能操控他们的信息来源。交互不仅仅使用户能够选择信息来源（包括作为信息门户的权利），同样地，用户能操作信息水平，各种形式的超链接和按键被嵌入网站内容中。这些超链接成为内容或信息对用户的邀请，通过点击，使用者能做出决定，哪些文本他们要去阅读，哪些需要忽略。

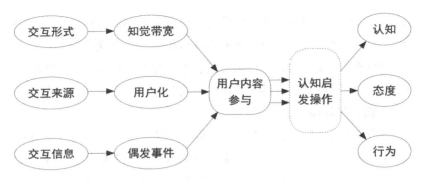

图 1-1　交互影响模式（Adam Joinson, 2007, p99）

网络交互性特征也同样影响着网络的人际关系，较之传统"面对面"意义上的人际关系，有其自身的一些特点。

（一）虚拟性

"虚拟性"是网络社会关系的首要特点，因为在网络空间里，人际交往是建立在数字信息的交流基础上，人们面对的不再是物质世界，而是一个虚拟的空间。交往主体以一种符号出现，并且人与人之间的交往不再具有日常交往的可触性和可感的时间位置，只是存在一种功能上的现实性。网络上的个人都可以自由地选择自己的姓名、性别、形象甚至交往环境等，带有强烈的虚拟色彩。

（二）开放性

网络作为信息交流的平台是一个开放的系统，参与其间进行交流的人群没有受到任何限制。不同年龄、性别、种族、民族、国际、职业、文化背景等各式各样的人群，都可以在网络上进行交流。网络建立之初，开放性就是其重要的特征乃至目标。网络的开放性使得世界各地的人们可以突破时间和空间的限制，大大缩减了人们之间的联系历程，把整个世界联系到了一起。

（三）多样性

由于网络的迅速发展，生活与网络逐渐融合，人们已经无法满足于只使用互联网某种单一的功能，对于互联网的应用也不再集中于一种，对网络交往的需求和要求越来越高。在交往方式上，社会化网络提供了即时通讯、日志、留言本、相册、心情、分享等功能模块，人们可以根据自己的需求自由选择，使交往更具个性化。

（四）高效性

网络的延展性扩展了交往的空间，网络的即时性缩短了交往的时间，节省交往资源，提高社会交往的效率。随着近年安卓系统的开发，智能手机和平板电脑的迅速发展与普及，社会化网络与移动互联网的充分结合，使人们随时随地都能便捷的使用网络进行交往，极大地提高了人们的交往能力。

（五）弱联系性

网络交往中，主体之间的沟通联系较弱。交往主体可以随时切换交往对象，可以进行非即时性交往，个体之间隐蔽性强，这些都体现了网络社会关系的弱联系性，是与传统人际关系明显不同之处。而这种交往行为的随意性和缺乏责任性，会使网上交往行为肤浅化。

（六）平等性

网络社会是一个具有高度虚拟性的空间，在这里，人们本身所具有的各种社会关系的属性都被忽略，网络交往各方不存在上下级、长晚辈那样的垂直关系，交往似乎变得平面化。网络交往的虚拟性还淡化了日常生活中各种交往规则的限制，从而使得交往更加自由、平等（童星，2002）。

第二节　网络交往理论观点

一、互联网使用理论观点

（一）社会增强观（Social augmentation hypothesis）

社会增强观（Social augmentation hypothesis），又被称为社会加强观（Social Enhancement，"Rich Get Richer"），其观点是认为互联网提供了日常互动渠道，可以扩大了人们交流范围。Katz 和 Aspden（1997）在 1995 年进行了第一次全民互联网使用调查，发现样本中仅有 8% 是网络使用者。他们报告说，网络使用者相比非使用者而言，与家人有更多的联系和交流，并且拥有更多的新朋友。很多网络使用者认为使用网络这种方式能够改善他们的生活，甚至能提供与他人互动的必要链接（D'Amico，1998；Hoffman，Novak，& Venkatesh，2004；Isaacs，Walendowski，Whittaker，Schiano，& Kamm，2002；Lenhart，Rainie，& Lewis，2001）。

调查显示，互联网用户有高水平的社会和政治参与度，有更多的日常社会互动（Wellman，2001），高度的信任和更大的社会网络（Cole et al.，2000；Robinson，Kestnbaum，Neustadtl，& Alvarez，2000a；Uslaner，2000）。最近研究发现，互联网用户相比非使用者会多花费三倍时间来参与社会事件（Neustadtl & Robinson，2002）。

（二）社会代替观（Social displacement hypothesis）

社会代替观（Social displacement hypothesis）是一个消极的观点——互联网上的社会交往会取代宝贵的与家人和朋友的日常社会交往，并对互联网用户心理健康有着负面影响。Kraut 等（1998）

提出，初次接触互联网的用户，一年后，会更多地使用互联网进行交流，而与家人和朋友交流的时间减少，并且孤独感和抑郁水平有所提高。Weiser（2001）对大学生的纵向研究发现，学生在互联网上花费更多的时间，对其在孤独感、抑郁和生活满意度上有着消极影响。

其他的研究也表明，网络交往减少了现实社会活动时间（Nie & Hillygus，2001），以及与亲戚和朋友交流的时间（Gershuny，2000），缩小现实交往圈（Mesch，2001），更少地打电话给家人和朋友（Shklovski，Kraut，& Rainie，2004），并且，对于青少年而言，与家人和朋友的关系变得更弱（Sanders et al.，2000）。Stoll 与 Tukret 也在研究中发现被试因为上网交友而导致社会孤立与社交焦虑。美国斯坦福大学心理研究协会的一份报告指出，在每周上网超过 5 小时的人中，有 1/4 的人表示他们与家人和朋友在一起的时间减少了，这就会引起朋友的埋怨，给朋友关系带来影响。该大学的学者诺曼尼认为：人们花在网上的时间和他们的网下人际交往时间成反比。有一些证据表明，网络社会互动并不能在心理上取代网下社会交往，尽管在网络上寻找性或者亲密伴侣变得十分寻常（Bargh，McKenna，& Fitzsimons，2002），研究发现在线关系很少能发展成线下社会生活关系，相比于线下关系，线上关系十分肤浅，并且不可持续（Parks & Roberts，1998；Cornwall & Lundgren，2002）。

但是一些研究却得出与代替观不一致的结论。在对新电视机和计算机购买者的纵向研究中，Kraut 等（2002）研究发现，更多地使用互联网能够预测近距离和远距离的社会网络、社区活动参与度和信任感的增加，降低孤独感，并且没有影响一年后的抑郁变化。Kraut 的早期和后期的两个研究上存在差异原因可能是两个调查有

5 年的时间间隔（1995/6 vs.1998/9）。第二次调查时间点上，又增加了数百万家庭计算机和网络的使用。在那个时间点，浏览器变得相当容易使用，web 被更多商业网站、游戏和其他娱乐和信息所选择。第二次研究样本中，包含了更多的专家用户，被试参与者可能花更少的时间在网上冲浪，与陌生人聊天，可能更多地在网络上获取与工作、学校或者爱好有关的有用信息，或者与高度网络访问相似性的朋友和家人聊天。

（三）社会补偿观（Social compensation hypothesis）

McKenna 和 Bargh（1998，2000）提出社会补偿观，并发现内倾者与缺乏社会支持的个体能够从互联网使用中获得最大的益处。拥有有限社会支持的个体可以运用新的网络交流来建立人际关系、获得支持性人际交流和有用的信息，使其获得另外的社会支持和社会认同。Katherine Bessière（2008）认为网络能够提供给人们一个喜欢自己的机会，让他们能公开地表达自己。研究参与者声称他们能够在网上更好地表达真实的自我，并且他们倾向于向线上的同伴表达理想的特征（Bargh，McKenna，& Fitzsimmons，2002；McKenna，Green，& Gleason，2002）。

（四）情绪增强观（Social enhance hypothesis）

情绪增强观认为人们能使用网络来控制情绪，特别是，为了感觉更好（Whang，Lee，& Chang，2003；Weiser，2001）。互联网越来越多地提供调节情绪的服务和产品，从色情作品到多人在线游戏和聊天室。对情绪控制的研究（Gross，1998；Russell，2003）表明，人们是有动机地调解自己的情绪——处于紧张压力下的人会选择逃避，无聊的人会选择刺激活动，忧伤的人会选择娱乐来消遣。例如，人们具有攻击性是因为他们愤怒（Bushman，Baumeister，& Phillips，2001），当他们沮丧时看电视（Kubey

& Csikszentmihalyi，1990），当他们哀伤时会大量进食（Tice，Bratslavsky，& Baumeister，2001），特别是当他们心情糟糕时（Heatherton，Striepe，& Wittenberg，1998）。社会和非社会的消遣活动能提高人们的情绪。例如，对 18 到 82 岁的人研究发现，看电视、去教会以及进行锻炼都能够提高积极的情绪（Hills & Argyle，1998）。

情绪增强理论认为，有效使用互联网的人可能拥有高忧郁情绪，利用互联网休闲，会提高他们的情绪。这些活动包括访问娱乐，例如在线游戏和音乐，以及其他消磨时间或者寻求逃避的在线娱乐。使用互联网能够减轻因为贫乏的社会资源带来的沮丧情绪。

到目前为止，很少有研究探讨互联网使用与情绪调节动机的关系。Whang，Lee 和 Chang（2003）调查一组自我描述为互联网"过度使用者"，他们报告说当他们因工作压力或者沮丧时，就会去访问互联网。然而 Weiser（2001）却发现，大学生在线聊天和玩游戏能够增强而不是减少抑郁情绪。

（五）使用与满足理论（Uses and Gratification Theory）

John Suler（1999）提出"需要 - 满足"的观点来解释网络行为，他认为个人对网络的热情处于健康、病态或者两者之间，具体取决于多种因素，包括需要的类型、潜在需要被剥夺的程度、网络活动类型、网络对人际关系的影响、对痛苦的主观感受、对痛苦的主观感觉、对有意识警觉的需要、上网的经历和阶段、网络活动和现实的平衡等。他尤其强调潜在需要对个体网络行为的影响。这些潜在需要往往是别人无法意识到的，经常被人们忽视。如果一个人的潜在需要得以满足，个体会产生一种稳定的、完美的关于自我的感觉。而在网络空间的某些功能能满足个体的这些潜在需要，个体的不同网络行为正是这些潜在需要的折射（梁晓燕，2008）。

二、网络交往的人格理论

Sigmund Freud

Sigmund Freud 将人格划分成三个结构：本我、自我和超我。他认为人出生时只有一个人格结构，即本我，这是个人自私部分，与满足个人欲望有关，这些强烈的欲望需要发泄。

所以，自我的主要工作是满足本我冲动，使其按照情景现实性的方式进行。超我代表社会的、父母的价值和标准。自我则要在充分表达的本我和压抑本我

Sigmund Freud, 1956-1939

的超我之间建立平衡。Freud 认为人格在童年期就已经具体化，并且在人的一生中，人格的三个部分相互补充、相互对立。

在现实生活中，人所表现的是人格中的"自我"或者"超我"，而人格中最原始、也即最"真实"的本我，由于受到社会道德观念、文明行为规范等的约束，被压抑到人格的潜意识中，但作为本能，它并未消失，一旦有机会它便会通过幻想、想象、做梦、升华等方式宣泄出来。根据 Freud 人格理论，我们便能够理解为什么人们热衷于网络并在网络上表现出自我的匿名性、创造性、多元性、随意性、掩蔽性等特点。网络环境的特殊性使社会禁忌在某种程度上大大减少，为"本我"的宣泄提供了有利条件。于是人们在现实环境中被压抑的人格部分便通过隐蔽的、创造性想象的、多元化的方式发泄和表露出来，以实现心理平衡。

网络是一个受保护的环境，个人可以自由地行动而不需要担心别人认出自己，这也是一个不需要社会给予道德判断的地方。

Fenichel（2004）指出，网络可以自由联想、移情、投射，并且在网络上的很多地方可以发泄力比多。Turkle（1995）在互联网上通过多用户层面（multi-user dimension, MUD）来研究身份互换。在多用户层面的时候，用户建立了与以往一致的交往角色，并且在利用文本与他人交往时，构建了自我。当用户第一次登录网站或者论坛时，他们会试图去学习已建立的环境规范，并让自己去适应（Amichai-Hamburger，2005）。即使在身份游戏中，在不同的MUD阶段中人们扮演不同的角色时，表现出自我而不是本我的强大力量，尽管用户实际上遵守 MUD 特殊的环境规则。

Carl G. Jung

在心理学的类型论中，以瑞士心理学家 Jung 所提出的内倾型和外倾型性格最为著名。1913 年，Jung 在慕尼黑国际精神分析会议上就已提出了内倾型和外倾型的性格，后来，他又在 1921 年发表的《心理类型学》一书中充分阐明了这两种性格类型。他在该书中论述了性格的一般态度类型和机能类型。

Carl G. Jung, 1875-1961

Jung 根据力比多（libido）的倾向划分性格类型。个体的力比多的活动倾向于外部环境，就是外倾性的人；力比多的活动倾向于自己，就是内倾性的人。外倾意指力比多的外向转移，内倾意味着力比多的内向发展，它表现了一种主体对客体的否定联系。外倾型（外向型）的人，重视外在世界、爱社交、活跃、开朗、自信、勇于进取、对周围一切事物都很感兴趣、容易适应环境的变化。内型倾（内向型）的人，重视主观世界、好沉思、善内省、常常沉浸在自我欣赏和陶醉之中，孤僻、缺乏自信、易害羞、冷漠、寡言、较难适应环境的变化。外倾型和内倾型是性格的两大态度类型，也就是性格反应特有情境的两种态度或方式。

内倾性 - 外倾性的共存与网络使用有关。网络的某些功能能帮助内向者在网络上自由地表达自己，这个假设在女性群体中得到证实（Hamburger & Ben-Artzi，2000）。Amichai-Hamburger（2005）认为，由于受保护的网络环境允许他们自由地表达，经过一段时间后，内向的男性将同样认识到网络社会服务能够回应他们的社会需求。Maldonado 等人（2001）评价网络交流消息发现，内向者会用外向的口吻来发送消息，他们的消息相比于外向者包含更多的信息。这似乎说明在网络上，内向者的行为表现不符合他们一贯的行为模式，但是，由于安全的环境，使得他们表现出如同外向者线下关系相关的行为。内向型人格的不寻常网络行为与 Jung 学说相一致。因为人类是由对立的一系列特性集组成，一个外向型的个体也可能是一个不会表达的性格内向者，这个内向者主要在无意识地说谎。相反，性格内向的人是真实的。网络能够帮助建立一种平衡，通过允许个体表达他们人格中未发展的部分。因此，内向者能够在线表达他们的外向性格。

Carl Ranson Rogers

Rogers（1961）的人格结构包含三个不同的自我：自我概念（The self-concept）——自我的主观感知，代表对自我知觉的组织化和一致化的模式，指个体对自己心理现象的全部经验。自我概念是人格形成、发展和改变的基础，是人格技能是否正常的重要标志。理想自我（The ideal self）——个体最喜欢拥

Carl Ranson Rogers , 1902-1987

有的自我概念，包括与自我有潜在关联的、被个体赋予很高的价值感知和含义。真实自我（The true self）——或者该机体评价过程，对于大部分人而言尚未实现，代表真实自我。这是我们的人格最深的部分，知道什么是对个体好的或者坏的。

　　McKenna 等人（2002a）认为，网络中安全受保护的环境对网络关系的建立有积极作用。他们认为，网络空间产生的独特氛围使人们能够分享与自我相关的信息，而这些信息是人们在线下所不愿呈现的。McKneea 和她的同事们则使用"真我"（real me）这个概念，即当个人坚信其真实，但是发现难以表达时的一种版本的自我，这个概念来源于罗杰斯的"真实自我"。McKenna 等人（2002a）对将"真我"定位于网络上和面对面交流的人进行了区分，将真我定位于网络上，即在网络上表达真实自我，将真我定位于面对面交流，即人们偏爱在传统线下关系中来表达真实自我。当人们将他们的"真我"定位在网络之上，可以预料到他们将在网络上拥有更多的人际关系。而且，基于 Gollwitzer（1986）的研究之上，研究者认为人们力争将这些重要的人际关系带到线下，从而使他们变成社会现实。

Erik H Erikson

　　自我认同（self-identity），也称自我同一性，是 Erikson 提出的一个概念。他认为，自我是人格中的一个相当有利的、独立的部分。其作用是建立人的自我认同感和满足人控制外部环境的需要。根据 Erikson 的观点，自我的基本功能是建立并保持认同感，他认为认同危机通常出现在青春期，并且他坚信青少年期最重要的发展任务是寻找"我是谁"这个问题的答案。

Erik H Ertkson, 1902-1994

网络的安全环境能够帮助青少年来解决这个困难。

Erikson（1968）坚信，游戏可以成为一种经验构成的方式。Turkle（1995）采纳这个观点，并且认为参与网络认同游戏的玩家类似于心理剧的参与者。在他们发展的那些年里，个体会试验不同的身份，直到他们选取一种。根据 Turkle 的观点，网络认同游戏能够帮助心理实现成熟。Turkle 坚信，网络提供了空间、温暖、安全和理解。因此，这个情景与心理治疗的环境类似，网络和心理治疗室都可以创造一个安全的环境。通过网络，经历不同的认同，能够帮助个体获得关于"我是谁？"的满意答案。并且，网络提供的环境能够为个体建立"休息"（time out），这正是 Erik H Erikson 为我们当今社会青少年推荐的正式的延缓方式（Turkle，2004）。

三、网络交往的社会认知理论

Bandura（1986，1999，2001）提出的"社会 - 认知"理论模型对网络心理学的研究具有广泛影响。研究者在网络使用研究中引入了社会 - 认知理论为理论框架（Eastin，2001；Lamse，Maestro，& Eastin，2001）。社会 - 认知理论强调行为、环境以及个人决定物（自我调节、预期、自我反应与反省等）三者之间交互作用。在社会 - 认知理论框架内，网络使用被概念化为一种社会认知过程。积极的结果预期、网络自我效能、感知到网络成瘾与网络使用（如以前的上网经验、父母与朋友的互联网使用等）之间是正相关，相反，消极的结果预期，自我贬损（self-disparagement）及自我短视（self-sighted）与网络使用之间是负相关（Eastin，2001）。这反映了网络使用可能是自我调节能力的一种反映（梁晓燕，2008）。Bandura（2001）认为现代社会中信息、社会以及技术（信息技术）的迅速变化促进了个体自我效能感与自我更新（self-renewal），并且较好的自我调者可以扩展他们的知识与能力，较差的自我调节者可能落后。

社会 - 认知理论对解释人类行为和人格的最重要贡献，莫过于创立了替代学习或称观察学习的概念。班杜拉认为，学习并不仅仅发生在经典条件反射和操作条件发射中。我们也可以通过看、读或者听别人怎样来学习。Malamuth 等（2005）认为，网络相比于其他的交流方式，其独特的功能促使暴力行为获得更多的表现。他们解释网络攻击可以通过社会学习理论得以解释。在网络攻击行为的动机方面，由于网络的开放性，对于数百万网络用户而言，创建的攻击信息一直可用并且花费很少。而且，网络冲浪者可以无限制地参与并且与其互动。在网络去抑制性方面，由于网络内容的无规则性以及参与者的匿名性，导致参与者认为不需对网络行为负责，并且不受社会监管，因此，对于攻击行为并没有任何社会成本。反过来，其他的参与者可能赞同并且鼓励敌对行为。在暴力行为时机方面，由于发现目标非常容易，暴力行为在网络上非常普遍。而且，对于攻击者而言，由于匿名性，被攻击目标并不知道攻击者是谁，因此报复行为不可能发生。

社会学习理论能够解释网络上的行为，从攻击行为到亲社会行为。Sproull 等（2005）使用社会学习理论（Bandura，1977）来解释网络上的亲社会行为。他们认为当给予亲社会行为和积极社会角色模型后，合作工作群体积极增强变得非常明显。

四、网络交往的人本主义理论

按照 Maslow 发展理论，人的基本需要是一种本能需要，这种本能需要不单单是生物层面上的饥、渴、性之类的需要，也包括安全感、自尊、爱与归属等需要。和饥渴之类需要不同的是，后面的这些基本需要是一种类本能或者叫弱本能的需要。类 / 弱本能的含义在于，由于是本能需要，所以当个体缺乏这些需要的时候同样会危及个体的健康生存；但由于这些本能是类／弱本能，没有像饥渴一类本能那样具有强大的力量，所以这些本能可能由于种种的限制条件而没有办法充分发展出来。相对于 Freud 强调本能力量优于社会文化力量的观念，Maslow 是持相反态度的，也就是说这些类／弱本能可能由于文化的作用而不能被充分发展，因为它们的力量要远远小于社会文化的力量。如此就形成这样一种情形，一方面是这些类／弱本能关系到人的健康发展，被人所迫切需要；另一方面由于现实环境的影响而使这些类／弱本能没有充分的发展。内在矛盾导致冲突，冲突产生焦虑，而焦虑导致行为。网络虚拟空间恰恰可以提供一个满足（主观感受上的而非完全客观意义上的）这些类／弱本能发展的环境（马斯洛，2007）。

　　安全是基于人的生存需要对于外部环境的一种自我保护式的判断能力。为了满足生存需要而对外在的安全、和谐、稳定、可预期的一种主观期待。这种主观期待如果和个体的外部认识吻合，则安全感很容易产生，反之就可能产生不安感。苗笑雨（2009）认为，缺乏安全感的人认为现实环境严重压抑了自己，而自己又不能在现实环境中做出合适的调整和变化，因此他们会求助于网络，来逃避现实。并且，由于网络空间强调情感诉求的特点，在依赖人群身上的情感体验中可以很好地发现不安全感对他们的影响。吕玲（2009）认为网络安全感是主体在使用网络的过程中，对自身安全状态的体验以及经验性判断。网络安全感可以说是网络使用者对自身安全状态的一种自我意识、自我评价。这种自我意识和自我评价与客观的网络安全状态有时一致，有时相差甚远。

　　爱与归属是为了摆脱孤独感的基本需要，这可以使个体有效地消除焦虑困扰。具体来说，指在共同联系中双方都体验到放松、自由、无拘束和完全开放的心理感觉，个体在这种联系中充分释放并享受其中的快乐。爱不但是情感体验更是一种能力，包括接受爱与爱人的能力。因此，为了获得爱情的需要，个体往往借助于网络交往，寻找到适合自己的恋爱对象。归属需要直接对应着人的社会属性，缺乏归属必然导致孤独感产生。对于某个群体、社会阶层等的融入和归属是人的社会属性使然。为了获得归属感，人们在网络中往往会加入某个讨论组，或者参加网络游戏，使自己归属于网络中的某个群体或者组织。

五、网络交往的认知行为模型

Davis（2001）所提出的病理性互联网使用（Pathological Internet Use, PIU）的认知行为模型。该模型从该模型从精神疾病的病因学角度提出了与 PIU 有关的病因性因素，为 PIU 的形成和维持提供了解释。该模型区分出导致 PIU 症状的近因和远因。其中病因链条的近端包括适应不良的认知，社会孤立或缺乏社会支持等，其中适应不良的认知被视为 PIU 症状的核心因素。适应不良的认知被进一步划分为对自我的认知失调（maladaptive cognitions about the self）和对现实世界的认知失调（maladaptive cognitions about the world）两种类型。对自我认知失调的个体具有反思性认知风格（ruminative cognition style），他会不断思考与网络使用有关的问题，而难以被生活中的其他事情吸引，他会经历更严重且长期的病理性互联网使用症状，倾向于自我怀疑和消极的自我评价，并具有较低自我效能感，认为自己只有在网络上才是最出色的，自己下网后完全是个失败者，在现实生活中毫无价值。对现实世界认知失调的个人倾向于按照"全或无"的方式对具体事件进行稳定而整体的归因，如他认为在网上是自己受到尊重的唯一地方，在网下则没有人爱自己，因此互联网才是自己唯一的朋友（梁晓燕，2008）。

六、网络交往的生态学观点

Bronfenbrenner 提 出 的 生 态 系 统 理 论（Ecological System Theory）是当代儿童青少年发展研究中最前沿的理论之一。根据 Bronfenbrenner（1979）提出的个体发展的生态模型，青少年的发展要受到诸多环境和社会因素的影响和制约，青少年在某种程度上可以看作是环境和社会影响的产物。Bronfenbrenner 用行为系统（behavior systems）意指个体生活于其中并与之相互作用的不断变化着的环境，并将之分成四个层次，由小到大（也是由内到外）分别是：微系统、中系统、外系统和宏系统，青少年是这些系统的中心。

微系统（Microsystem）：与个体发展直接相关的环境，是 Bronfenbrenner 生态学模型中最内层的环境系统。微系统是个体影响系统中其他个体同时又受到他们影响的真正动力环境（Shaffer，2000）。青少年最直接产生影响的是微系统中的因素，包括个体直接接触的那些方面。对于大多数青少年而言，家庭是主要的微系统，接下来是朋友和学校。微系统中的其他成分是健康服务、宗教团体、街区的游戏场所及青少年所处的各种社会团体（陈猛，雷雳，2005）。

中系统（Mesosystem）：微系统之间的相互联系与相互影响，如人际关系。

外系统（Exosystem）：个体并未直接参与但对其发展产生影响的环境，比如，父母在工作中发生的事会影响父母，接下来也会影响青少年的发展。

宏系统（Macrosystem）：包括特定文化中的意识形态、态度、道德观念、习俗和法律。微系统、中系统和外系统嵌套于其中的文化、亚文化或社会阶层。

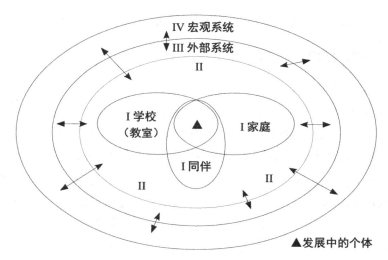

图 1-2 个体发展生态环境基准简图（引自雷雳，陈猛，2005）

　　网络使用与个体发展生态环境有密切的关系，而网络交往对中系统中的人际交往以及人际关系的影响，受到了互联网使用心理学研究的最多关注。部分研究者认为，网络扩宽了人际交往的范围，提高人际关系的质量，推进人际交往的进行。但是，另一部分研究结果却显示，网络使用减少了青少年的人际交往，缩小了社会网络，降低了青少年的人际支持和自我价值观。虽然网络交往的确会影响青少年人际交往和人际关系，但是这种影响的性质是积极还是消极，现有的研究还不能给出一个明确的答案。

七、其他理论

（一）社会比较理论

　　参与某个网络群体能提供给个人一种归属感，并能够使个人认识到他们并非是独特的（Brewer，1991；Deaux，1993；

McKenna，& Bargh，1998）。人们参与这些网络群体是为了学会如何处理他们所面对的情境，这个假设得到 Davison 等人（2000）研究的支持，研究显示，人们参与网络群体是为了社会比较。社会比较理论（Social comparison theory，Festinger，1954）强调当人们一旦不确定或者焦虑的时候，他们倾向于同他人进行比较。社会比较与身体或者心理环境有关，由于高水平的歧义和焦虑（Davison et al.，2000），人们会使用群体借此搜寻如何应对和行为的信息。社会比较是建立意义、价值和认同的社会确认的过程。

　　不过，也有另一种原因，人们参与某种网络群体可能受益于社会比较，这与他们的在线角色相关。研究表明，当处于羞辱或者尴尬的处境时，人们不愿意在别人面前羞愧或者丧失自尊（Sarnoff & Zimbardo，1961）。Davison 等人（2000）认为，当人们觉得尴尬、社会污辱或者外形受损时，他们会觉得需要同类型他人的支持，但是人们更倾向于在网络上寻求支持。一种尝试性的推论是：由于在线群体提供的个人感知隐私和匿名性，参与在线群体能有助于社会比较，特别是处于尴尬或者社会污辱的处境时。

（二）去个性化理论

　　去个性化理论（Deindividuation Theory）：Riceher（1995）等人提出"去个性化效应的社会认同模型"（Social Identity Model of Deindividuation Effects，SIDE）。SIDE 模型在不同领域得到了拓展，最主要的有两支：其一是利用现代技术，如以计算机媒介的沟通（Computer-Mediated Communication，CMC），探讨个体在去个性化条件下（匿名）的社会认同和行为表现。其二是延续过去的群体心理学思想，结合公开和匿名条件，探究在群内和群际条件下认同行为的表达，拓展 SIDE 的策略维度（Levine，2000；兰玉娟，佐斌，2009）。

第三节 网络交往的研究现状

综观国内外关于网络交往的相关研究，主要集中在网络交往与人格、动机、自我、孤独感、人际信任等方面。

一、网络交往与人格

Hamburger 和 Ben-Artzi（2000）认为网络使用和人格有关，他们认为在网络上"穷人能变得富裕"，即，线下社交困难的内向者能在网络上得到补偿。根据 Amichai-Hamburger（2002）的研究，他们认为人格是理解人们网络行为的主导因素。这些研究致力于探讨网络交往与人格特征之间的关系，力求探明什么样的人更喜欢利用网络进行人际交往，以及不同人格特质的人在网络交往中有怎样的行为表现。

西方研究者普遍使用人格五因素模型来探讨人格与网络交往的关系。五因素模型（FFM）将人格分成 5 个独立的维度特质（Costa & McCrae, 1992），分别是精神质（Neuroticism）、开放（Openness）、责任感（Conscientiousness）、外向性（Extraversion）、宜人性（Agreeable）。

在外向性与网络交往方面，Kraut 等（2002）研究发现，外向性得分高的人似乎更喜欢利用网络来保持与朋友和家人的联系，结识新朋友以及访问聊天室。随着社交网站（SNS）如 Myspace、Facebook 和 Bebo 的兴起，用户通过个人资料页的创建，与他们的"社交网络"进行交流。尽管聊天室和社交网站的目的非常类似，但使用者的选择偏好会因人格特质产生很大区别。例如，社交网站建立于个人已有的线下社会网络，而聊天室似乎更容易受陌生者的喜爱（Fullwood，Galbraith，& Morris，2006）。因此，考虑到网络的去抑制性特点，内向者可能喜欢聊天室，而外向者更喜欢社交网站，因为外向者希望通过网络维持已有的社交网络，所以可能将社交网站作为与朋友交流的增补方式。Amichai-Hamburger，Kaplan和 Dorpatcheon（2008）调查内 / 外向学生成员的在线"社交服务"偏好，发现外向成员比内向成员更多地使用"社交服务"，然而内向非成员比外向非成员更多地使用"社交服务"。这个结果支持了Amichai-Hamburger（2002）关于"真实自我"概念的研究。社交网站的一个主要目的是调和失去的友谊，依赖于使用者使用他们的主页来反映他们的线下身份。

由于 CMC 独特的性能，内向者可能更多地在网络上设置"真实自我"。Hamburger 和 Ben-Artzi（2000）认为网络交往的特殊性能帮助内向者通过网络自由地表达自己，特别是女性。内向型女性认为在网络上可以感觉较少的干扰，因此网络社会化是寻找支持和降低孤独感情绪。Amichai-Hamburger（2005）认为，内向型男性会意识到网络社会服务能够回应他们的社会需求，因为受保护的网络环境允许他们自由地表达。在网络活动上的性别差异可能是因为女性有较高的自我意识，因此更多地意识到她们所需要的支持。

Vallerand 等人（2003）提出了个体对网上活动的两种热情类型，即和谐型热情（harmoniouspassion）和偏执型热情（obsessive passion）。这两种热情类型反映了个体对网上活动的自我调控和信息统合能力。和谐型的热情指个体能够成功地整合与个人活动相关的网络信息的能力；反之，偏执型热情就是在整合各种信息时存在困难（Séguin-Lévesque，Laliberté，Pelletier，Blanchard，& Vallerand，2003）。Tosun 和 Lajunen（2009）又从艾森克人格三维度的角度研究了个体对网上活动的热情类型与其人格的关系，结果显示精神质与和谐型热情和偏执型热情都呈显著正相关，外向性只与和谐型热情显著正相关，神经质与两种热情类型无关，在线表达真实的自我与精神质、神经质以及两种类型的热情都正相关，神经质和热情类型之间的关系被网上表达真实自我的趋势所调节。Tosun 和 Lajunen（2010）最新的研究显示，高外向性人格特质的青少年会更多地使用互联网去建立新的人际关系，并把网上交际作为一种对现实社会人际交往的延伸和补充；而高精神质的青少年把网上交际作为对现实社会人际交往的替代；精神质和神经质与在网上交际中表达真实自我存在显著的正相关（柴晓运，龚少英，2011）。

在外向性与网络交往性别差异研究中，研究者发现，男性外向者与休闲活动正相关（例如偶尔"网络冲浪"，访问色情网站），这得到外向者和感觉寻求特质的关系研究支持，与网络色情使用相联系（Lu，Palmgreen，Zimmerman，Lane，& Alexander，2006）。结果发现，在线游戏使用者相比于非游戏者在外向性得分高（Teng，2008）。然而，其他的研究却得出不一致的结论。例如 Swickert 等（2002）使用 Costa 和 McCrae（1992）五因素人格问卷测量外向性和报告在线休闲活动使用，结果发现相关很低。Bosnjak（2001）研究也发现，外向者与"娱乐"类或者其他类别（"产品信息"，"热点新闻"和"教育"）无显著相关。

神经质与网络交往有着密切联系，Wolfradt 和 Doll（2001）发现，神经质和网络人际交往动机有显著联系。而且，Hamburger 和 Ben-Artzi（2000）发现，孤独感调节了神经质和网络使用的关系，而不仅仅是使用效应（Amichai-Hamburger，2003）。Amichai-Hamburger 等（2002）同样认为神经质高分者通过网络社会活动发现他们的"真实自我"，而低分者在网下设置他们的"真实自我"。Guadagno 等（2008）发现，神经质高分者似乎更喜欢更新个人博客。神经质得分和博客的关系受到性别影响，换句话说就是，高神经质得分的女性发表博客数量比低神经质得分女性多，但是在男性中并没有发现差异。考虑到 Amichai-Hamburger 和 Ben-Artzi（2003）的解释，高神经质得分的女性使用博客是为了对抗孤独感。神经质高分者和网络活动之间的关系，与 Peris 等（2002）的研究并不完全一致，女性聊天室使用者被发现在神经质水平上得分较低，而且神经质得分被发现与社会信息交换应用有负相关，例如 e-mail 使用（Swickert et al.，2002）。Amiel 和 Sargent（2004）发现，神经质者可能常常使用博客，因为博客常被用作获取信息的方式，允许使用者找到并且确定他人的处境。而且，神经质者与产品信息搜索以及教育目标这类网络使用有关，高度神经质个体可能希望更多地了解世界，以便增强安全感（Tuten & Bosnjak，2001）。然而，神经质和网络信息选择使用的关系研究结果仍存在着不一致。Hamburger 和 Ben-Artzi（2000）发现，神经质男性与信息活动有关，然而，Wolfradt 和 Doll（2001）却认为，大五人格中没有任何一个因素，包括神经质，与网络信息使用动机有关。

在其他人格特质与网络交往的关系研究中，Guadagno，Okdie和 Eno（2008）发现，高水平的开放性和神经质的人似乎更喜欢使用博客。并且，神经质得分高的女性相比于得分低的女生似乎更喜欢成为博主，然而在男性身上没发现差异。Amichai-Hamburger 等（2008）同样采用人格五因素模型评估维基百科贡献者的个人主页，结果发现维基百科的成员和非成员在宜人性、开放性和责任感上有显著的差异。Ross 等（2009）认为 Facebook 使用与人格有关，并且他的研究发现，Facebook 行为和宜人性和开放性没有任何显著相关。然而他们的研究却发现 Facebook 行为和外向性、神经质型和责任感有部分关系。Wang 和 Yang（2006）的研究认为，高和谐

型热情的互联网使用者相比低和谐型热情的互联网使用者，在大五
人格维度上有更强的适宜性和责任性。

总的来说，内向者因为 CMC 的匿名性而表现出对网络交往的
偏好，并且存在着性别差异，女性更喜欢利用网络交往而获得社会
支持。神经质，类似于外向型，都能在线发现他们的"真实自我"。
然而，还有一些研究发现人格和网络使用两者之间没有相关关系。
如 Elisabeth Engelberg（2004）采用大五人格问卷分析了互联网使
用与人格之间的相关，结果没有发现二者之间存在相关。杨洋，雷
雳（2007）发现，外向型人格特征与互联网服务偏好不存在显著的
交互作用。Marita Scealy（2002）也发现害羞、焦虑与 E-mail、聊
天室等互联网使用之间没有相关。研究结果的不一致可能是由于测
量工具、研究方法、被试取样等多种因素造成的。

二、网络交往与动机

网络是当前发展人际关系的最流行的媒介，在网络中结交朋
友似乎成为最主要的活动之一（Katz & Rice，2009）。Mckenna 和
Bargh（1998）就网络交往动机对美国网民进行了研究，结果发现，
人们进行网络交往主要有三个目的：归属的需要、减少不确定性及
自尊。随后，Weiser（2001）对互联网使用态度调查发现，人们进
行网络交往的动机主要包括两个方面：社会 - 情感调节动机和物质 -
信息获得动机。Peris 等人（2002）发现，人们会通过在线聊天来
探讨工作、爱好以及他们感兴趣的话题，经历新的聊天渠道、对社
会化需求的满意、寻找友谊、参与虚拟性爱以及尝试寻找伴侣。黄
少华（2002）对网络交往动机进行研究发现，人们进行网络交往的
目的主要是寻求安全感、体验归属感、肯定自我价值感、解除压抑
感和满足权利欲。励骅（2004）对网络交往动机进一步研究发现，

人们进行网络交往的动机主要体现在四个方面：寻求自我认同、表达与宣泄情感、寻求高峰体验和满足猎奇心理。Peter（2005）发现有 5 种动机激励个人进行网络交往：娱乐、社会融合、保持关系、结识新朋友、社会补偿。Chih 等人（2010）通过网络交往动机问卷调查认为，网络关系动机包括：匿名、与新朋友见面的机会、方便交流、好奇心、情感支持、社会补偿、远离真实世界、爱、性伴侣。

　　综合大部分研究者对网络交往动机的研究，发现网络使用者主要是为了寻找"社会支持"以此来克服"孤独感"。

（一）网络社会支持

　　在过去 30 多年中，大量的研究表明，社会支持对人们日常生活以及心理健康有着重要影响（Burleson et al.，1994；Heany & Israel，1995；Uchino et al.，1996；Albrecht & Goldsmith，2003）。以往的研究主要是探讨社会支持如何有益于遭受心理或者身体紊乱的个体（例如抑郁、焦虑、肥胖、癌症、HIV 等），由痛苦经历所引起的焦虑或不确定感（Pennebaker & Harber，1993；Leffer & Dembert，1998），或者由于个人特征引起的孤独感和孤立感，例如，异常的性偏好，极端的政治或者宗教信仰（McKenna & Bargh，1999；Davison et al.，2000）。社会支持包括人们通过多种方法互相帮助，以改善他们的生活品质（House & Kahn，1985；Thois，1995；Colvin et al.，2004），并且，社会支持能有效地减少压力、降低孤独感和孤立感，能获取信息和学习策略（Albrecht & Adelman，1987；Cohen & Wills，1985；Buunk & Hoorens，1992；Thoits，1995）。社会支持是一个相当宽泛的概念，包括许多不同的支持，例如工具的、信息的和情感的帮助（House & Kahn，1985）。

　　由于互联网的蓬勃发展，人们越来越多地在网络上寻找专业人士、医疗机构组织的治疗小组或者他人（例如家庭、朋友和同学）的支持：他们会在网络上寻找处境相同的人，并从他们那获得帮助，这导致网络社会支持群体大量增长（Burleson et al., 1994；Mckenna & Bargh, 1998；Wright & Bell, 2003）。由于 CMC 的特点影响着人们如何撰写信息（Bordia, 1997；Kiesler et al., 1984；Hancock & Dunham, 2001），如何获取和保持关系（Walther et al., 1994；Lea & Spears, 1995；Parks & Floyd, 1996；McKenna et al., 2002），以及群体如何组织和构造（Hiltz & Turoff, 1978；Fulk et al., 1996；Postmes et al., 1998；Spears, Lea & Postmes, 2001）。因此，网络支持群体相比于网下社会支持而言，具有独一无二的特点，例如，允许匿名参加，利用文本进行交流，时间和地点的便利性，能扩大社会网络，能与相似的他人进行交流等。

研究发现当面对家庭的冲突、现实的压力时，青少年更倾向于利用进行网络沟通，寻找社会支持（Gustavo, 2003）。现有研究在对所获得支持的感受（质量）上有不同的看法和观点。有研究者认为，个体在虚拟空间里得不到实际的帮助，人们对支持的感受不强（Wright, 2000）。但另有研究表明，个体在虚拟空间中更容易找到所需要的人（如经历相似者），人们可以在虚拟空间中进行更好地沟通、分担忧愁、减轻压力，可以切实地感到他人的支持（Wright 2000；McKenna, 2002b）；Wright（2000）、Walther（2002）等研究还发现网络社会支持的特点是：可以不用回报、可以获得更广泛的社会支持、可以随时寻求帮助等。这两种不同看法的差异可能是因为二者衡量支持的标准不同，前者从现实的角度出发，通过物质帮助来衡量虚拟支持，而后者则是从精神角度出发来衡量虚拟空间的社会支持，所以就出现了二者的分歧（王德芳，余琳，2006）。

拥有良好的社会支持系统的个体，其对青少年心理健康有着积极影响。Shaw 和 Gant（2002）以大学生为被试研究了网络交往和抑郁、孤独、自尊以及社会支持知觉之间的关系，结果发现，使用网络可以显著地降低个体的孤独感和抑郁，提高个体的自尊和社会支持知觉。Peris 等人（2002）通过对聊天室 66 名被试的研究发现，健康的网络人际关系能对网下人际关系进行有益的补充。Whitty（2002）专门研究了聊天室中情感支持的可利用性，结果发现，大部分被试报告说在聊天室中获得了某种形式的情感支持。并且，随着使用网络时间的增加，被试感觉所获得或给予的情感支持越多，自我的开放性越大，因此撒谎的程度也越少。Nancy（2005）通过评估网络的影响，指出对于那些在癌症治疗和康复中积极配合的青少年，网络中的专题讨论和在线支持组成为自我帮助的有效工具，对他们的应对技能提供了支持，而且在线支持网络对他们提供的心理支持具有重要的临床意义。

但是也有研究发现网络社会支持对青少年的心理健康带来消极影响。陈增颖（1999）指出，网络虽然拓宽了交友空间，但是也阻碍了面对面的实际交流，导致面对群体互动技巧及合作关系的缺乏，并且也降低了真正关心他人、移情、处理实际人际关系、协调冲突的能力，这往往让青少年躲在虚无的网络世界，陷于疏离感的危机中。Bernardo Carducci（2002）对 CMC 交流提出了警告，认为网络沟通大多数只限于志趣相投的人，可能降低人们对不同他人的容纳以及忍受。陈淑惠等人（2003）的研究也指出，个体在网络上可以完成其在现实生活中所无法满足的需求，他们往往通过网络交友的方式，与网友见面、利用网络忘却烦恼等，因此网络成瘾的高危学生（网络成瘾量表总分排序最高的 5%）的人数比例显著高于一般学生。换言之，通过网络建立新的人际关系与寻求人际支持是造成网络成瘾倾向的一大主因。周涛（2003）发现网络行为特别是交往行为，会对上网者的个性发展产生消极的影响。Turkle（1996）研究指出，青少年过度进行网络交友将会导致社会孤立和社会焦虑。朱美慧（2000）认为虚拟社交，即利用网络来逃避现实生活中不良的人际关系，成为影响大学生网络成瘾的一个主要因素。

因此，网络社会支持在网上对人们身心健康带来怎样的影响，是促进还是干扰，不同研究从不同角度出发，很难得出一个定论。

（二）孤独感

"克服孤独"是指个体在现实中建立亲密关系的需要得不到满足，为排遣孤独而进行虚拟交往的动机。Mckenna等人的研究发现，个体进行网络社交的动机各有不同。

有研究者认为，个体进行网络交往并不是为了"克服孤独"。Gustavo（2003）等对以色列（Israel）13~18岁青少年的研究表明：现实伙伴和网络朋友在数量上有正相关，即有较多现实伙伴的青少年也会有较多的网友；Gustavo（2003）将"家庭冲突"作为"孤独"的衡量指标，并且研究发现，当青少年在现实中有拥有亲密伙伴时，家庭冲突的增强并没有提高青少年的网络交往行为；冯燕（2002）对台湾14~17岁青少年深度访谈也得出相似的结果。这些研究结果证实，青少年进行网络交往的主要动机并不是"克服孤独"。

而另外的一些学者却得出不同的观点。McKenna（2002b）对成人加入虚拟团队的动机进行探讨，结果表明：成人会由于在现实中找不到志趣相投的同伴、没有时间参与社会活动、缺乏归属感等情况而感到孤独，因此转向网络交往；另外，McKenna（2002b）、Koerler（1996）等研究还表明，生理特征以及自身个性也是导致现实适应不良而感到孤独并进行网络交往的重要原因。McKenna（2002a）将外貌没有吸引力、容易害羞焦虑等生理个性特点叫做"门槛特征"（gating feature），"门槛特征"会影响个体现实交往，但对虚拟交往却没有影响，因此，McKenna等认为"门槛特征"是个体感到"孤独"并进入虚拟空间与他人交往的主要原因；再者，国内对大学生网络交往的研究也得出与McKenna相似的看法（邱杰，2003），即认为个体进行网络交往的主要动机是"克服孤独"。

国内外的研究者发现，孤独感能有效地预测网络社会交往和病理学互联网使用（Scott，2007；王滨，2006；刘连龙，2009）。Loytsker和Aiello（1997）发现，高水平的厌倦倾向、孤独、社交焦虑和自我封闭均能预测网络成瘾的发生。Whitty和McLaughlin（2007）研究发现，孤独的人更喜欢在网上进行交往活动，如玩游戏、聊天等，他们这样做可能是为了逃避外部世界。王滨（2006）的研究发现，大学生在现实生活中的孤独感对网络成瘾倾向具有预测作用。刘连龙（2009）认为，特质孤独是导致大学生网络成瘾的根源之一。

总的来说，寻找网络社会支持和孤独感对网络交往的动机、内容与形式、强度等产生影响，但影响机制还有待进一步研究。

三、网络交往与自我

对于青少年的社会性发展来说，有三个主要的发展任务（Steinberg，2008）：第一，青少年必需发展坚定的自我感或自我同一性，他们必需获得一种坚定的关于自己是谁以及希望自己是谁的感觉；第二，他们必需发展亲密感，这意味着，他们必需获得必要的与他人建立、保持与终止亲密的、有意义的关系的能力；第三，他们必需发展性心理，也就是说，他们至少需要习惯于性冲动的感觉，界定并接受自己的性取向，学习如何进行相互的、非侵犯性的、安全的性接触，以及建立相互忠诚的性关系。为完成这三个发展任务，青少年需要获得两种重要的技能，即自我表现与自我表露。这是两种既相互联系又相互不同的技能，它们都是习得的，并被不断地实践与演练，都对青少年的同一性、亲密感与性心理的发展起着重要的作用（纪海英，2012）。

网络的迅速发展为青少年的学习和生活带来了巨大的变化，其中以计算机为中介的网络交往成为青少年人际交往的一种新方式，对青少年的社会性发展产生广泛的影响。青少年利用互联网进行人际交往的过程中，网络自我表现的特征是什么？青少年进行在线自我表现过程中所使用哪些工具？青少年在网络上的自我表露有什么特点？如何处理真实的身份和虚拟的身份之间的不一致？这些问题都是我们所探究的话题，在网络的环境下，可能会有不同的表现和特点。

（一）网络交往与自我表现

1. 网络自我表现的特征

自我表现是个体试图控制他人形成的关于自身的印象的过程，这个过程是有意识的，也可以是无意识的（Leary & Kowalski，1990；Schlenker，1985），又被称为印象管理（Impression Management，IM）。自我表现是社会互动中一个必不可少的过程，在日常生活中随处可见，就如莎士比亚善辩地解释："世界就是一个舞台，所有的男人和女人仅仅就是演员"。Eriving Goffman（1959）将自我表现比喻为戏剧，每个人都在这场戏剧表演中扮演着一个"行当"，每个行当是一套细致的对言语和非言语行为的选择。演员是由环境和观众塑造而成，这种配合就如表演。表演的目标是为了给观众带来与演员盼望一致的印象。然而 Goffinan 只关注个体在社会互动中所扮演的角色，关注自我表现的外部因素的作用，忽略了个体的内部心理机制，而且 Goffillan 偏重于欺骗性和防御性的自我表现（马利艳，2008）。

Schlenker（1985）认为人们成功的自我表现包括两个因素：（1）收益（尽可能表现最好的形象）；（2）可信度（观众是否相信

个体的自我表现），其中，可验证性是可信度一个重要的影响因素。如果个体的自我表现是可以被验证的，他们在进行自我表现时必须同时考虑到这两个因素。并且，个体的自我表现会被限定在一定范围内，往往受到外表、种族等因素的限制。研究还发现，当被试认为自己可能会做得很差，同时观众也知道他们做得很差时，个体就不会用非常积极的特质描述自己。而当被试知道观众不知道他们做得如何时，他们会公开宣称自己做得很好。互联网的匿名性影响了自我表现的可验证性，同时也影响了成功的自我表现。在虚拟世界中，由于身份线索的缺失，可验证性的消失，个体在进行自我表现的时候只需要考虑一种因素——收益。个体可以通过网络可尽情地展现自己，无限地构建自己的形象，这也为虚拟自我的出现提供了条件（马利艳，2008）。

互联网技术出现后，其成为了一个心理实验室（Skitka & Sargis，2006），为人们提供了一个与现实生活环境完全不同的理想的自我表现平台（Iakushina，2002）。Gross（2004）的研究发现大量青少年在互联网上进行着角色扮演。Turkle（1995）的研究也发现青少年和成人经常在互联网上改换角色，并尝试不同性别的虚拟身份，有的人在网络上会变得更自信，有的人会在网络上扮演与原来的自己不同的人；Chester（2004）考察了网络使用者在 MUD 游戏中的自我表现行为，发现个体在网络上的自我表现存在正向偏差，从被试选择性的自我表露和特质夸张中能够看到个体有意识的角色扮演，被试报告他们在网上有较少的内向行为，内向和外向的人在互联网上的行为表现趋于一致。Valkenburg，Sehouten 和 Peter（2005）以 9 ～ 18 岁的青少年为被试进行的研究发现，使用聊天室和即时通讯服务的青少年中 50% 的人报告曾在互联网上伪装成另外一个人（马利艳，2008）。这些研究在不同程度上都说明了互联网促进了不同于现实中的虚拟自我的存在。

网络新闻组、虚拟社区、博客、电子公告牌和聊天室等等，都可以迎合每个人感兴趣的话题。在这样的一致性相关较高的群体内，成员以及参与者，都可以与相似的他人一起分享自我（McKenna & Bargh，1998；Howard et al.，2000；Joinson，2001）。由于身体特征（例如，肥胖、口吃）原因，日常交流时具有强烈社交焦虑的个体，在线交流可以促进他们的自我表达。研究发现，社交焦虑者认为，相比于面对面的交流，利用网络交流令他们非常舒服并且自信（Mckenna et al.，2005，2006）。社交焦虑被证明是有效的预测变量，在网络中能够更好地表达真实自我（Mckenna et al.，2002）。同样，身体外貌被证明不仅仅影响第一印象，同样也决定两个人之间的友谊（Hatfield & Sprecher，1986）。人们常常无意识地通过他人的身体特征进行分类——种族、吸引力、年龄（Bargh，1989）。然而，网络上的个体特征并不明显，因此，印象的形成基于观点的表达以及自我信息的揭露，而不仅仅是肤浅的外貌特征。

由于互联网的异步性，人际沟通的主体可以主动地控制人际交往发生的过程，信息发送者可以充分的进行思考、修改和回复信息（Amichai-Hamburger & Furnham，2007），通过这种方式，使用者可以更好地控制人际交往的节奏，有更多的时间进行思考，构建自己期望的形象。Walther（2006）进行的研究发现，当个体认为人际沟通对象对自己具有重要意义时，他们会利用更多的时间进行言语的修饰，会根据不同的交流对象调整自己的言语模式和言语的复杂性，这说明了互联网上选择性的自我表现的存在。

2. 网络自我表现的工具

网名和网络昵称

昵称（nickname）会影响青少年的社会互动，积极的昵称能使青少年更好地融入同伴群体（Calvert，Mahler，Zehnder，Jenkins et al.，2003），而消极的昵称会损害青少年的自我形象和同伴对其的印象（Bechar-Israeli，1995）。青少年昵称的获得常常来自周围的同伴，但是在网络世界中青少年可以自由选择自己的用户名和昵称。自己选择的昵称可能起到了增强青少年自尊的作用，昵称是一种重要的自我展示的方式（Bechar-Israeli，1995）。不仅联入互联网需要一个用户名，包括电子邮件、聊天、发表言论等在内的所有网络互动都需要创建用户名，因此用户名是建构网络身份的基础，也是网络自我的基本表现形式（Huffaker，2004）。网络昵称或电子邮箱名是印象形成的最初线索之一，它们通过激活社会类别、图式和刻板印象，使得个体通过网名或电子邮箱名来对他人形成最初的印象（Wallace，1999）。

在网络聊天室或网络论坛等网络沟通环境下，昵称或用户名不仅是代表用户身份的符号，而且它们可以传达出用户的性别、性取向或特殊爱好。Subrahmanyam（2006）等人在研究中分析了近500个网络昵称，发现用户的网名反映了他们的线下自我（offline self）。在以文本为沟通媒介的聊天室中，昵称可能是用户建构网络身份最主要的手段。但是，在博客、社交网站和网络游戏中，由于存在其他大量的用户信息，网名不再是获得用户虚拟身份信息的主要渠道。例如，在大型的网络游戏中，玩家操控的虚拟人物、虚拟化身的服饰、装备和玩家的网游经验记录都是构成玩家网络身份的重要信息（顾璇，金盛华，李红霞，吴嵩，2012）。

个人信息

从社会心理学的经典研究可知，在面对面的沟通中，年龄和性别是社会分类中两个最主要的范畴（Brewer & Lui，1989）。同样，在 CMC 中，年龄、性别、所在地等信息也是网络同一性建构的最主要工具。研究发现，54%的博客作者提供了年龄、性别、职业、所在地等人口统计学信息（Herring，Scheidt，Bonus，& Wright，2004）。其他一些在面对面互动中显而易见的信息，如体型、服装和长相，在网络聊天室或基于文本的网络沟通环境下靠估计获得。

　　跨文化的研究发现，青少年自我展示的个人信息的类别受文化的影响。青少年将暴露年龄、性别、所在地等个人信息作为自我展示的手段，这一现象是在以英语为沟通语言的美国的网络聊天室中发现的，但是在捷克的网络聊天室中却没有发现这一现象（Subrahmanyam & Scheidt，2011）。造成这种差异的原因可能是捷克语言的语法要求名字和昵称后需加上相应的后缀，这样通过昵称本身就可以推测出用户的性别；还由于捷克国土面积不大，人口居住相对集中，所以在聊天室的个人信息中也没有暴露所在地的信息。受捷克文化和地理环境的影响，性别和所在地信息是无关紧要的，因此，捷克的青少年在网络聊天室中只提供年龄这一种个人信息（顾璇，金盛华，李红霞，吴嵩，2012）。

虚拟化身

　　在电脑游戏和复杂的虚拟世界中，玩家的网络身份通过操控能够活动的、图像化的虚拟化身（avatars）来展示。根据网络环境的不同，虚拟化身的外形可能是人类，也可能是奇异的生物，但一般来说虚拟化身都是以3D的动画形象出现。研究发现在角色扮演类游戏（MMOPRG）中，与成年玩家相比青春期和成年初期的玩家对他们的虚拟化身有更强的认同，他们更多地认为，他们和他们的虚拟化身是一样的，而且他们拥有与虚拟化身相同的技巧（Smahel，Blinka，& Ledabyl，2008）。Smahel（2008）等人认为虚拟化身给青春期的游戏玩家提供了一种对线下真实生活中积极和消极人格特征进行鉴别和认同的方式（顾璇，金盛华，李红霞，吴嵩，2012）。

图片

社交网站的出现，使得网络自我展示不再局限于文本描述，图片是社交网站上的一种内隐的交流线索（Hum，Chamberlin，Hambright，Portwood et al.，2011）。网络个人档案中的照片是青少年自我展示的主要工具之一，而且对于成功建立网络关系有重要的作用（Hancock & Toma，2009）。

视觉元素是青少年在社交网站中自我展示的重要部分，青少年通过精心挑选和控制这些视觉元素，不仅将图像作为自我展示的一种印象管理策略，而且青少年可以通过解读他人的图像信息来获得关于互动对方的更多信息。青少年博客使用者比其他年龄阶段的用户更多地在网络上发布自己的照片（Subrahmanyam，Garcia，Harsono，Li，& Lipana，2009），Pearson（2010）通过对 SNS 用户的访谈发现，用户头像是比网络昵称或用户名更具有跨情景一致性和稳定性的元素，用户头像是在网络中建构稳定同一性的主要来源（顾璇，金盛华，李红霞，吴嵩，2012）。

3. 网络自我表现的影响因素

用户的愿望与理想

用户的愿望和理想会影响个体的网络自我表现。拥有网络相册的用户通常通过照片的存储顺序来反映用户的需求状况，例如，感觉良好的面部表情、极端事件、与著名人物的独特社会关系（Gibbs，Ellison，& Heino，2006）。性别差异也影响着网络自我表现，男性和女性倾向于使用不同的语言方式：男性更多地使用武断性的陈述、自我宣传、浮夸、亵渎、挑战和侮辱性语言，而女性则更多地使用回避、讲道理、情绪表达、微笑、支持性和礼貌性的语言（Danet & Herring，2003；Herring & Martinson，2004）。

文化差异

Jiang 等人（Jiang，Yifan，Bruijn，& Angeli，2009）对两组不同文化（中国和英国）的网络交流用户在自我表现用词和交流风格上的差异进行比较，研究结果发现，相比于英国参与者，中国参与者更容易赢得较多的社会关怀和支持。在网络吸引力方面，中国参与者更容易获得自己社会团员的认同，也更愿意与自己的团员进行交流。研究者的认为，在东方文化中，人们的自我认识是建立在相互依存的基础之上。也就是说，通过将自己与亲人、朋友和同事之间的关系进行联系来认识自我。东方文化的沟通方式强调的是间接、模糊和意会，东方人更喜欢自我批评，以此维持与他人的和谐关系。与此相反，在西方文化中，自我认识具有较多的独立性，他们通常根据自己内在的想法和感受来表现自己，其沟通方式相对而言是比较直接、鲁莽和明确无误的，西方人的个人价值是通过对自己的奋斗目标的追求和实现以及对个人能力的确认来完成的。所以，用户的文化背景影响到网络的沟通风格和方式，东方文化的网络沟通表现出强烈的对背景的敏感性，而西方文化的网络沟通相对而言强调的是意义本身的含义，用社会学家霍尔的概念来讲，东方文化的网络沟通是高情景的网络沟通，西方文化的网络沟通是低情景的网络沟通（彭凯平，刘钰，曹春梅，张伟，2011）。

（二）网络交往与自我表露

Erikson 提出在亲密能力获得之前必须获得自我认同感，自我认同感在某种程度上使得个人的自我认同与他人相融合。有了自我认同感，就不会害怕在亲密关系中丧失自我。如果由于害怕丧失自我而避免亲密，那么个体就会体验到深深的孤立感和随之而来的自我专注，那就是孤独。尽管 Erikson 并没有使用"孤独感"或"自我表露"，但他似乎已提出了自我表露导致自我认同的确立，从而使得亲密发展，避免了孤独发生的因果关系（蒋索，邹泓，2008）。

自我表露就是目标人（将个人信息与其进行交流的人）了解有关自己的信息过程（Jourard & Lasakow，1958）。Sermat 和 Smyth（1973）认为，自我表露的缺乏导致孤独感，其研究中四分之三的被试报告孤独感的产生是由于"没有与某个人交谈个人重要的，秘密的事件的机会"。Gordon 等人（1980）对大学生的研究发现，自我表露水平与孤独呈负相关。Solano（1982）对大学生的研究发现，对于男生和女生而言，孤独与缺乏对异性朋友的亲密表露有显著的线性关系，并且，女生的孤独感与缺乏同性朋友的自我表露有关。李林英（2004）研究发现，去心理咨询室求助的大学孤独感水平很高，但是自我表露程度很低。

随着互联网的快速发展，网络中的"自我表露"指在虚拟空间里向对方提供有关个人信息的过程。现有研究比较一致地认为（McKenna，2002a，2002b）："自我表露"是促使虚拟社会关系形成和发展的重要因素，并且自我表露行为是网络成瘾的预测因素（黄桂梅，张敏强，2009）。

研究者发现，网络交往中的自我表露研究多集中在如下几个方面：

网络情境中的隐私与自我表露

这类研究主要探讨网络环境中隐私和自我表露既相互冲突，又相容并存的独特现象。网络中的自我表露是自相矛盾的，匿名和物理距离也许提高了一定背景下的自我表露水平（如在个人交流和在线调查当中），但在商业网站中，由于关系到个人隐私，考虑到个人信息被怎样使用，人们的自我表露程度就不会提高，态度也不会那么积极（Aaron Ben-Zeev，2003）。现在个人信息隐私已经成为最重要的网络问题之一。

另外，网络中的隐私和亲密关系的建立之间也有复杂的联系。

由于在网络中可以隐藏私人信息，降低用户的脆弱性，隐私和亲密之间的交易并不很突出。只要关系限制在网络中，亲密会加深，而不用冒威胁隐私的风险。当在线关系不局限于网络时，有关隐私的问题就较复杂了，如：网上关系与网下关系并存，或者网上关系转变为网下关系，这时候网络中对隐私保护相对有利的方面大为降低（Joinson & Paine，2006）。

在线交往动机与自我表露

这一领域主要涉及关系目标对网络中自我表露的影响。结果表明，那些期望与伙伴进一步交往的人会问更多的私人问题，自我表露程度较多。相似的，期望长期关系或者长期承诺的网络交流用户会投入更多的帮助行为，也会有较多的自我表露行为（Gibbs，Ellison，& Heino，2006）。Whitty 和 Gavin（2001）发现最终见面的期望是网络关系中一个普遍的主题，尽管实际上会面有时是令人失望的。也有研究者认为，最终是否和伙伴见面，也许是最重要的关系目标（Gibbs，Ellison，& Heino，2006）。在非浪漫关系中，这种转移不一定是目标或者期望，但在浪漫关系中就重要得多。

根据社会信息加工（SIP）理论，交流者的动机指引他们按照CMC中相对受限制的非言语线索和身体线索，形成对他人的印象。研究表明，写网络日志的满足感、自我表露和人口学资料与网络日志的使用形式显著相关（Fung HoiYing Peggy，2006）。这些研究同时涉及孤独感。Chung，Donghan（2003）报告说，有更多孤独感的人可能在 CMC 情境中有更特别的交流方式。然而 Leung（2002）认为尽管 CMC 中低社会存在的特征使交流更非个人，降低了表露者被冒犯伤害的社会风险，但是那些不愿自我表露，也很少接收到别人信息的孤独的个体，会发现自己对这种网络关系的满意度更低，而仍然倾向于孤独（吴巧云，牛晶晶，魏红艳，2008）。

网络自我表露与亲密关系

Rheingold（1993）声称在网络空间中形成一种新的，有意义的关系，尽管这种关系很有限。Parks 和 Floyd（1996）研究网络使用者的关系模式，他们发现，相比于现实中的人际关系，网络人际关系中有更多的自我表露。Chesney（2005）通过对网络日志的调查发现，人们对敏感信息有较高水平的表露，其中一半的参与者声称在他们的日志中从未保留信息。Joinson（2001）研究发现，视觉匿名的 CMC 可能导致高水平的自我表露，这些研究结果同样意味着，高水平的自我表露可以有效地设计网络交往。

Paula 等认为要建立亲密的关系，就要不断地自我表露（Paula，1998），这一原理在虚拟社会同样适用。Mckenna 等（2002a，2002b）研究表明，在虚拟空间里，陌生人从相识到建立稳定的关系是以双方逐步地自我表露为基础的，并且表露的内容是"真实自我（real self）"——即自己在各个方面的真实情况。Julie（2001）将表露内容称为"内在自我（inner self）"，其在本质上等同于"真实自我"。Julie 还认为，"真实自我"的表露控制了个体亲密水平和关系的发展，并且其表露的程度和数量将决定双方关系发展的程度和质量，可以作为虚拟社会关系能否长期继续下去的一个预测性因素。Mckenna（2002a）的调查也显示了类似的结果，多数被调查者认为"真实自我的暴露"在建立亲密关系及关系是否能走入现实中具有有非常重要的作用（王德芳，余林，2006）。

虚拟社会关系中"真实自我"的表露具有非常重要的作用，其可能的原因是：由于网络交往的匿名性及不可视性，就必须在交往过程中进行"真实自我"的表露，以此获得对方的信任和欣赏，这样才有可能建立起稳定的虚拟社会关系。另外，对虚拟社会关系发展的研究表明，个体在交流过程中都会表露几个关键线索：电话、照片、现实见面（冯燕，2002；马宁，2005；Mckenna，2002a）。Mckenna（2002b）等的调查发现有 63 ％的人和网友通过电话，54％的人见过面等。并且在 Julie（2001）对虚拟空间中浪漫关系（网恋）的发展研究中也有类似发现，如 61% 的人没见过照片或者见面前绝不会考虑结婚；69% 的人认为仅仅以电话或邮件的方式进行联系不算进入恋爱等（王德芳，余林，2006）。

Mckenna（2002a）研究发现，在网络上表达自我的人似乎更容易获得亲密的在线关系。这可能是在网络上快速地表露自我导致在线关系很快地形成。并且网络上的关系可能相对保持持久。McKenna（2002a）的纵向研究发现，大部分网络参与者的在线关系可以维持 2 年以上。

（三）网络交往与虚拟自我

长期以来，社会学和社会心理学领域一直存在着关于自我认识及对他人身份确认的争论。自我表现的认识和对他人身份的确认是自我认知的一个重要过程：如何向他人表现自己？我与别人有哪些方面的差异等都是自我认知的基本问题（Thoits & Virshup，1997）。相对于线下自我表现，网络社会成员可以执行多个角色和身份。同时，网络自我表现是建立在匿名的基础上的，人们可以通过有限的社会线索来构建自己的多重身份。在以计算机为媒介的网络环境中的匿名性和多重角色性，使确认其在线真实身份（如性别、社会地位、个人信息）变得非常困难。

1. 虚拟自我的概念

网络虚拟环境被认为是一个理想的自我表现平台（Iakushina，2002），人们在其中可以摆脱现实世界的束缚，随心所欲地扮演自己想要的角色。互联网发展史上一个非常著名的关于角色扮演的案例发生在美国的心理治疗师 Alex 身上，他在互联网上把自己伪装成一个女性，由于很容易取得女性的信任，他又设计了一个新的性格特点"Joan"，这个"Joan"被设计为残疾人却有着坚强的性格，女性聊天者蜂拥而至与 Joan 交流（华莱士，2000），但是她们却不知道 Joan 其实是一位身体健康的男性。互联网上这种角色扮演行为很多，而且还有专门的角色扮演游戏如 MUD 等给使用者提供一个角色扮演的舞台，个体可以在角色扮演游戏中伪装成另外一个与现实中的我完全不同的"我"，即虚拟自我。互联网自身的特点经常诱惑着我们进行角色扮演，构建另外一个虚拟的自我。有的互联网使用者的虚拟自我与现实自我非常接近，只不过是把某些方面稍加修饰，变成自己所希望的性格，而其他一些互联网使用者则是在印象驾驭和欺骗之间跳跃伪装成另外一个人，伪装出新的人格特点（华莱士，2000）。

　　"在互联网上没有人知道你是一条狗"（Christopherson，2006），"在互联网上没有人知道我是内向的"（Amichai-Hamburger，Wainapel，& Fox，2002）。这些关于互联网上自我表现的经典句子都说明了虚拟自我的存在，这是一种不同于现实生活中"我"的另一种"我"。关于互联网上"我"的研究较少，目前还没有一个统一的概念，有的研究者将其称之为网络双重人格（彭晶晶，黄幼民，2004；彭文波，徐陶，2002），也有的研究者称之为网络自我（cyberself）（Robinson，2007；Waskul& Douglass，1997）或者虚拟自我（virtual self）（苏国红，2002），还有的研究者称之为身份认同实验（identity experiment）（Valkenburg，Schouten，& Peter，2005）。从这些不同的概念中我们可以看到虽然其所指范围有所不同，但都是指一种不同于现实自我的"我"。

　　苏国红（2002）把虚拟自我定义为在网络空间中存在并被认可的自我察觉、自我形象或者自我情感；彭晶晶，黄幼民（2004）将网络双重人格定义为个体凭空想象出自己所希望的、感兴趣的或者好奇的人格特质，并以此作为网络交往的基本个体特点。彭文波和徐陶（2002）将网络双重人格定义为个体在网络中和现实中分别具有彼此独立、相对完整的人格，二者在情感、态度知觉和行为方面都有所不同，有时甚至是处在剧烈的对立面，这个网络"我"可能是完全不存在的，也可能具有某些真实个体的特点。Waskul 和 Douglas（1997）认为网络自我是在以计算机为媒介的人际沟通环境中，人与人之间或者人与计算机之间在交流的过程中出现的人格（或者体验、个体身份）。

综合研究者提出的不同概念，我们可以看到虚拟自我具有如下特点：（1）虚拟性（苏国红，2002；Waskul & Douglass，1997），它是不同于现实中的"我"的，可能有部分的真实，也可能是完全虚构的（彭文波，徐陶，2002）；（2）主动性，它是个体在互联网世界中通过文本主动构建出来的，是个体的主动选择（苏国红，2002）。

2. 网络交往的特点对虚拟自我的影响

匿名性

如 Sherry Turkle（1995）所认为的，匿名性和社会交互性使网络成为一种虚拟的实验室，每个人都可以表达并且表演不同版本的自我。网络的独特之处在于使人们表现出不同的角色，来表达他们的隐藏面，而不需担心真实生活中社会圈的反对与制裁（Mckenna & Bargh，2000）。其中，匿名性是互联网的一个显著特点，也是虚拟自我存在的一个重要的前提条件，因为互联网的匿名性，人们会表现出他们在现实生活中不会表现出来的一面（Niemz，Griffiths，& Banyard，2005）。Turkle（1995）提出互联网的匿名性给人们提供了一个探索和实验不同的自我的实验室，使个体能够在互联网上共享自我的不同方面，而不用付出很大的代价和面临被识别的危险（Amichai-Hamburger & Furnham，2007；Bargh & MckenLna，2004），不用担心受到现实生活中其他人的批　评（Bargh，McKenna，& Fitasimons，2002）。Hayne 和 Rice（1997）认为匿名性有两种含义，一方面是技术性匿名（technical anonymity），指有意义的身份线索的缺失；另一方面是社会性匿名（social anonymity），指感知到自己或者他人是不可识别的，个体只有感觉到自己是不可识别的才有可能、有勇气构建与现实生活中不同的虚拟自我。

视觉线索的缺失

虚拟世界中视觉线索的缺失也是互联网匿名性的一个特点，但是它还有另外一层含义，

即非言语线索和生理外表线索的缺失。沟通过程中非言语线索的缺失可以使社交焦虑个体免于焦虑，因此在互联网上表现出另外一种完全不同的我；生理线索的缺失可以使生理外表上有污名的个体便于摆脱现实生活中的污名对个体的影响，更好地表现自己。尽管在现实生活中个体可以努力地进行自我表现，构建自己想要建立的社会形象，但是由于受到生理外表的限制，个体的构建还是受到一定的影响。而在视觉线索缺失的互联网世界中就不同了，以计算机为媒介的人际沟通的一个显著特征是可以完全隐藏个体的生理外表（physical appearance）（Christopherson，2006），个体可以摆脱生理外表的限制，隐藏不想表露的生理特征（Amichai-Hamburger & Fumham，2007），把自己构建为一个与现实中的自我完全不同的虚拟自我。

由于网络的匿名性和非言语线索的缺失，在线交流能促进个体的自我表达。沟通过程中非言语线索的缺失，可以使社交焦虑个体

免于焦虑,在互联网上表现另外一个不同的自我。在一项研究中发现,相比于非社会焦虑者,社交焦虑者很少在网络交往中使用摄像头(Peter,Valkenburg,& Schouten,2006)。Brunet 和 Sehmidt(2006)的一项研究将 60 名女性进行随机配对,使其在有摄像头和没有摄像头的情况下,利用即时通讯软件进行 10 分钟的网络交流,结果发现在有摄像头的条件下,害羞与自我表露呈显著负相关,但是在没有摄像头的条件下,自我报告的害羞与自我表露水平无显著相关。这也从另一方面说明了视觉线索的缺失对个体的重要意义,说明了互联网上的"我"与现实生活中的"我"的差异(马利艳,2008)。

去抑制性

去抑制性是互联网的一个显著特点(Joinson,2001),也是互联网吸引使用者的一个重要方面。由于互联网的去抑制性,人们在互联网上所说和所做的可能是他们在现实生活中不能说也不能做的(Niemz,Griffiths,& Banyard,2005),因为如果个体在面对面的人际交往中表达消极的或者禁忌的东西会让个体付出代价(Bargh,McKenna,& Fitasimons,2002),比如互联网上充斥的色情内容和攻击行为在现实生活中是不允许的,而在互联网这个虚拟世界中所有这些都是不受限制的,这被称为"不良的去抑制性"(toxic disinhibition)。弗洛伊德将人格分为本我、自我和超我,本我是由先天的本能、基本欲望构成,如饥、渴、性等,有人认为互联网的去抑制性导致了本我在虚拟世界中的释放。

互联网去抑制性的另外一方面是"良性的去抑制性"(benign disinhihition)。在互联网上,使用者能够更快地开放自己,更多地表露自己(Griffiths,2003),促进了个体的自我表露,促进了人际关系的发展,Walther(1996)提出的超人际交流理论就描述了互联网的这种去抑制效应（马利艳，2008）。

非同步性

互联网的服务有些是同步的，如即时通讯，有的是非同步的，如 E-mail。但是这些同步性的服务在使用者的使用过程中可以转化为非同步的。人际沟通个体可以主动地控制人际交往发生的过程，信息发送者可以有充分的时间思考、修改和回复他们的信息（Amichai-Hamburger & Fumham，2007），使这种服务由同步性转变为非同步性，通过这种方式使用者可以很好地控制人际交往的节奏，有更多的时间进行充分的思考，构建自己期望建构的形象。Walther（2006）研究发现，当人际沟通对象对个体有重要意义时，个体会花费更多的时间进行言语的修饰，个体会根据不同的交流对象调整自己的言语模式和言语的复杂性，这说明了互联网上选择性的自我表现的存在（马利艳，2008）。

3. 虚拟自我评价

个体的自我会受到环境的影响，而互联网作为一种重要的生活环境，也会对个体的自我产生重要影响。一些后现代主义学者甚至直接将互联网定义为建构自我或重构自我的社会实验室（Turkle，1995；Wallace，1999；柴晓运，龚少英，2011）。詹姆斯的"社会我"的概念认为，人们对于自我的感知和评价主要源于与他人的互动。个体社会互动的情景和对象并不是单一的，因此形成的社会我也不是单一的，一个人具有多种社会我（James，1890）。由于网络情景与现实情景具有较大的差异，网络世界中的人际交互也不同于现实世界，因此有理由推测人们会形成基于互联网的自我评价，并且这种自我评价不同于基于现实的自我评价。以往的研究也证实了这一点。Jeong 等人（2011）的研究则发现，个体对于现实世界和网络游戏中社交方面的自我评价也存在一定的差异，而且这种差异与网络游戏成瘾程度有关。对于那些非成瘾的个体来说，他们对网络游戏社交能力的自我评价要低于现实世界社交能力的自我评价；而对于成瘾者来说，他们对自己网络游戏社交能力的自我评价要高于现实世界社交能力的自我评价。

在本研究中，研究者结合虚拟自我的概念，将虚拟自我定义为"网络自我"，一种不同于现实自我的"我"，即某种特质是个体所拥有的，可能喜欢但是不随意表露，但是会通过网络进行表露。

（四）网络交往与真实自我

在网络上，由于人们在相对匿名和缺乏物理存在的环境下进行交往，这些环境更便于个人分享在真实生活中很难表达的重要内在或者"真实"自我。因此，面对在线熟人所表达的自我可能不同于面对现实社交圈的朋友。

Bargh（2002）研究证明，网络相比于面对面交流，真实自我特征变得更容易接近及有活性；更多的活性并不是意识和自我表述策略的结果，而是人们在网络上表达和有效地传递自我特征。Sunden（2003）认为人们在网络上频繁地复制自己，以便他人能看见他们并且与他们交流。然而，社会网络要求用户构建真实的表象，他们实际上却呈现不同的自我。人们能意识到他们在做什么吗？McKenna（2006）通过实验表明，人们确实在网络上表达更多的真实自我，但他们并未意识到。并且，虚拟自我特征被认为明显地少于实际自我特征。因此，在网络上，参与者能表达和传递的自我少于面对面交流中所传递的自我方面。在网络上相比于面对面交流的同伴更多地喜欢彼此，为什么会这样呢？研究者认为，这可能是由于更多的自我表露，首先，自我表露和同伴自我表露会增加交互的亲密感（Reis & Shaver，1998；Laurenceau et al.，1998）。个体倾向于喜欢表露对象，同样，也喜欢对自己表露的人（Collins

& Miller，1994）。事实上，网络参与者对他人表达了真实自我的一些方面（这些方面他们一般不能向他人表达），可能增强移情和彼此的理解。同时，研究也发现，当人们碰见新的熟人（面对面），然而当时却没有朋友或者其他的熟人在场，他们会不谦虚地展示自己（Tice et al.，1995）。在网络上展示一个谦虚版本的自我可能会感觉与其他的朋友有更多的相似性，因此会交往并且强调感觉到友谊。这也可能是，当展示自我积极方面的时候，个人同样表露一些不太积极的方面给新的熟人，她可能被他人视为是更"可靠的"，并被认为非常可爱（Joinson，Mckenna，& Postmes，2007）。

Andersen 和 Chen（2002）的研究结果发现，无论是否发生在网络上，个人一般会向他或者她最初碰见的人表达"真实自我"（McKenna et al.，2005，2006）。调查研究发现，研究参与者报告他们向在线陌生人表达他们真实的自我，并认为他们不需要在线和他们面对面的朋友表达真实的自我（Joinson，Mckenna，& Postmes，2007）。在这种情况下，自我控制过程似乎起着作用，无意识过程也可能阻止与现有朋友进行网络真实的或者内在的自我表达。

（五）网络交往与自我认同

青少年的自我认同是在与他人的交往过程建立起来的，这些交往的特征有助于决定自我认同的不同方面的显著性，以及能够和谐共存的程度（Cornell，1998）。对于互联网用户而言，互联网首要的用途是进行人际交流与沟通（Mckenna，2000；Maczewski；2002；Lindsay，2002）。相应地，互联网使用对青少年人际交往的影响，也引起互联网心理学的关注。

关于互联网对青少年人际关系的影响，现有的研究得到正反两个方面的观点。一部分研究者认为，互联网能够拓宽人际交往的范围，提高人际关系质量，推动人际关系的深入进行（陈猛，雷雳，

2005）。Maczewski（2002）指出，虚拟交往和网络空间被看作是青少年进行交往的另一个广阔场所，在此过程和空间中青少年能够发展他们的自我认同和自我概念（Mckenna，2002）。网络帮助个体建立多重自我认同，丰富和增强了个体的自我概念。Turkle（1995）和Mckenna（2000）研究表明，与自我认同贫乏的个体相比较，具有多重自我认同的个体感受到更多的益处，能更好地面对生活中的变化和压力。研究证实，个体在互联网中确实更多地表达多重自我认同，更多的角色扮演。Valentine 和 Holloway（2002）研究证实，在线交往的抽象性和异步性为人们提供了重新进行自我定位的机会。

但是另外一些研究却发现，互联网使用减少了青少年人际交往，缩小了青少年交往社会圈，降低了青少年的人际支持和自我价值，不利于青少年建立健康积极的自我认同。Kraut（1998）等人发现，使用家庭电脑和互联网会减少个体身体锻炼活动和面对面交流，减少家庭成员之间的交流，缩小个体社会网络。并且，通过互联网使用，人们用低质量的社会关系取代了高质量的社会关系，即用弱关系取代了强关系（Krackhardt，1994）。弱关系相比强关系而言，其所能够提供的社会支持更少，而通过网络建立的人际关系绝大多数都相当脆弱，并未能为青少年建立和完善自我认同提供有力的支持（Peris，2002；Subrahmanyam，2001）。有研究指出，网上关系比网下关系更弱（Kraut，1998；Cummings，2002）；在线关系代表的是弱关系，他们提供的社会支持要少于线下关系所提供的社会支持（Wellman，1996）。HomeNet 的参与者报告，相比于现实交流，他们与在线交流的人并没有形成强烈的亲密感（Parks，1998）；对于维持社会关系而言，使用电子邮件的人认为利用电子邮件没有其他交流方式有效（Cummings，2002；Kraut，1997）；相比于那些不常使用电子邮件的人，经常使用电子邮件的人们的社会关系更弱（Riphagen，1997；陈猛，雷雳，2005）。

　　国内学者研究表明，自我认同与互联网交往相关不显著，但是自我认同能有效地预测"网络成瘾"（张国华，雷雳，邹泓，2008），并且，自我认同对初中生即时通讯和网络成瘾之间的关系起着调节作用（雷雳，马利艳，2008），自我认同扩散增强了两者之间的关系，而自我认同完成能够减缓两者之间的关系，对个体起着保护作用。Valkenburg 和 Peter（2008）的调查研究显示，网上交流对于青少年的社交能力有积极的效果，但对于自我概念的统一（self-concept unity）没有显著影响，孤独是青少年寻求网上认同的显著的、正向的预测变量。即青少年越多地使用在线同一性实验，就越多的与更多类型的人群在线同步聊天；网上交流并没有减弱其在真实生活中的社交能力，也没有减弱其自我概念的统一；孤独的青少年更多地使用网络来实验他们的同一性。

　　Marcia（1966）在对 Erikson 同一性理解和研究的基础上，提出了同一性的两个维度——探索和承诺，并对个体经历探索达到承诺的过程划分为四种类型，即关于同一性状态（identity status）的理论。这四种类型分别是：同一性完成，即经历探索并形成明确的承诺；同一性延缓，即正在探索的过程中，尝试各种选择，但没有形成承诺；同一性早闭，即没有经历探索就形成了稳定的承诺与信念，这种承诺是父母或重要的他人给予的；同一性扩散，即不主动探索也没有稳定的承诺。同一性状态从程度上反映了个体对于自我的认识和整合水平，不同类型的同一性状态可能与个体的行为存在一定的关联。Huang（2006）的研究发现，成功解决同一性危机的青少年其网络依赖（如网上聊天、网络游戏等）程度显著低于未成功解决同一性危机的青少年。Matsuba（2006）的研究也表明互联网使用频率与孤独和同一性延缓显著正相关，与自我概念澄清（self-concept clarity）显著负相关。互联网是青少年寻求成人感和探索自我的一种重要途径，并为青少年寻求替代性的社会支持提供了一条道路。Mazalin 和 Moore（2004）的研究指出，对于青少年中的男孩，高焦虑、低同一性水平与更频繁的互联网使用有关，而女孩不存在这种现象。由此可以推测，同一性未完成或同一性状态较低的青少年可能更多地使用网络来进行同一性实验，以企图通过虚拟的实验来寻求他人的反馈并积极地自我探索（柴晓运，龚少英，2011）。

互联网交往确实能对青少年的人际交往和人际关系产生重大的影响，但是这种影响是消极还是积极，尚未得知。并且，对于网络在什么情况下促进或妨碍青少年自我认同的建立等问题了解得并不是很清楚。因此，互联网交往对青少年的自我认同的影响以及影响机制如何，还需进一步研究。

四、网络交往与人际信任

在现实社会中，人际关系主要是以血缘、亲缘、地缘、业缘等情感性关系为依托建立起来的，信任产生的基础是关系的熟悉度和紧密性，随着人际关系亲密度的降低，信任度呈下降趋势——人们对亲人和直系亲属的信任度最高，对朋友的信任程度位居第二（其中，对亲密朋友的信任度略次于对家人和直系亲属的信任），对熟人的信任度排在第三位，信任度最低的是一般社会信任，即对从未来往过或不经常来往的置信对象的信任（高闽，2008）。随着互联网的出现与普及，出现了与现实生活世界并存的虚拟世界，从而建构了一种全新的社会空间——网络空间。网络空间是一种不同于现实的交往环境，网民在网络中发展出来的人际关系，主要是陌生人之间产生的一种情感关系，而网络人际交往又具有匿名性、间接性等特点，这种以情感为基础的网络关系，缺乏现实身份的联接，有着虚幻、不稳定的一面。同时，法律法规、公德在网络人际交往上缺乏有效的约束机制。网络交往的特点改变了传统的社会信任结构。

（一）网络人际信任的内涵及特点

1. 网络人际信任的内涵

信任作为人类的一种特殊心理状态和行为模式，在人类社会中发挥着非常重要的作用，其重要性自古以来就受到学者们的重视。信任是一种复杂的社会与心理现象，牵涉到很多层面和维度，社会学领域和心理学领域对它定义的侧重点也不同。自 Simmel 之后的近半个世纪，一批心理学家开始进行了人际信任的实验研究。最早是在 1958 年，美国心理学家 Deutsch（多依奇）通过著名的囚徒困境实验，认为：一个人对某件事的发生具有信任是指，他期待这件事的出现，并且相应地采取一种行为，这种行为的结果与他的预期相反时带来的负面心理影响大于与预期相符时所带来的正面心理影响（郑也夫，1994）。

后来 Hosmer 将 Deutsch 对信任的定义改写成：信任是个体面临一个预期的损失大于预期的得益之不可预料事件时，所做的一个非理性的选择行为。在这一经典定义中，道出了三个对信任的基本看法。第一，信任是个体的一种预期，而此预期会以一种选择行动反映之；第二，其产生的先决条件是：信任是在对未来事件的不可预料中才会有的；第三，信任是一个非理性的行为，是当个体在做纯理性的选择时不会做出的行为（杨中芳，彭四清，1999）。

另有研究者提出了一种新的信任的理性解释理论，认为个人拥有的资源越多，越易做出信任行为，并将人际信任分为四种：社会信任，反映的是对一般朋友、一般熟人以及社会上大多数人的信任；熟人之间的信任，反映的是对领导、同事、邻居的信任；亲人之间的信任，反映的是家庭成员、直系亲属的信任；朋友之间的信任，反映的是对密友、其他亲属以及一般朋友的信任（王绍光，2002）。

随着互联网的兴起，网络交往中的人际信任越来越受到研究者的重视，到底什么是网络人际信任？关于网络人际信任的概念，国内外学者尚未形成统一的界定。

Corritore，Kracher 和 Wiedenbeck（2003）把网络信任定义为在一个有风险的网络环境中，个体对其自身的弱点不会被利用的一种期望。白淑英（2003）认为"网上的人际信任……其最基本的根源是人与人间交往过程中对交往对象的预期"。她还总结出网上人际信任"是在网络空间的交往过程中对对方能够履行他所被托付之义务及责任的一种保障感"。胡蓉和邓小昭（2005）将网络人际信任定义为现实中的人在网络虚拟生活空间中，借助信息交互行为而表现出的对交往对方能够履行他所被托付之义务及责任的一种预期和保障感，并通过特定的网络信任行为体现出来。也有研究直接借鉴线下人际信任的定义，即个体在人际互动过程中建立起来对交往对象的言词、承诺以及书面或口头陈述的可靠程度的一种概括化期望（Feng，Lazar，& Preece，2004）。

网络人际信任既是人际信任的一个维度，也是网络信任的一个类型。学者对其界定虽有所不同，但它们有两个共同特征：首先，在网络交往过程中存在潜在风险；其次，在交往过程中一方对一方存在一种积极的预期（赵竞，孙晓军，周宗奎，魏华，牛更枫，2013）。

2. 网络人际信任的特点

台湾学者黄厚铭认为，网络信任与现实信任的最大不同，就在于网上陌生人之间互动时依赖的不是系统信任，而是依赖个人人格的信任。由于这种信任只是基于局部人格的情感交流，无法了解个人的全面信息，信任的基础是不坚实的。由于网络交往的匿名性、异步性等特点，与现实信任相比，网络人际信任表现出其独特的特点。

研究者对青少年网络人际信任进行深入分析，并认为其基本特点是：就交往对象而言，更信任熟人；就信任内容而言，对情感性互动或者说情感支持行为的信任程度高于工具性互动或者说资源互动行为。研究认为，尽管网络交往中存在结构性风险，但青少年在网络交往中的确建立起了人际信任关系，而且这种信任关系不仅出现在熟人之间，还出现在陌生人之间；对青少年网络交往中人际信任的回归分析则发现，网络交往认知是影响青少年网络人际信任的关键因素（黄少华，2008）。

鲁兴虎（2003）认为网络信任具有以下几个特点：（1）由于网络空间隔离、匿名性而导致的低风险性；（2）低信任度，即由于网络资源、信息的分散性，缺乏建立高度信任的基础；（3）虚拟性，即信任建立在局部人格交往的基础上，无法保证双方言行的可信性；（4）非对称性，即网络中经常出现一种单向的信任，一方为了满足自己的需要而主动地单方面地信任对方。这也是网络轻信出现的重要原因。

研究者认为，网络人际信任存在认知性。Lewis 和 Weigert（1985）将人际信任分为认知型信任和情感型信任，据此，Ho，Ahmed 和 Salome（2012）也将网络人际信任区分为认知型和情感型。研究表明，在网络人际信任中，认知信任占主导地位（Ho et al.，2012）。社会临场理论和社会线索减少理论指出，在网络交往中，有限的网络导致了交流过程中社会线索的缺失，特别是沟通双方的视觉线索、听觉线索等。而这些线索是人际交往中重要的情感线索，如果这些线索缺失，个体就无法获得社会人际信息，并导致沟通双方产生更多的争论（Joinson，2003）。此时，沟通双方缺乏对对方情绪的察觉和自身情绪的激活，使其将注意力从信息接收转向任务。因此，在网络人际信任中，个体以认知信任为主，而非情感信任（赵竞，孙晓军，周宗奎，魏华，牛更枫，2013）。

（二）网络人际信任的建立与产生机制

1. 网络人际信任的建立

一般而言，网络人际信任的初始建立是沟通双方根据第一次交往而形成的。研究表明，网络人际信任的建立在个体人际交往、电子商务中发挥重要作用（Kim，Shin，& Lee，2009；Wu，Hu，& Wu，2010）。研究者认为网络信任的建立与发展，与现实一样，熟悉也是建立网络人际信任的依据。通过熟悉了解而筛选出对自己有着人际吸引力的对象，产生社会吸引，由吸引产生的期望则成为信任关系的推动力（鲁兴虎，2003）。

研究者参考现实社会中陌生人之间互动而建立信任关系的途径经验来分析网络空间人际信任建立的情况。网络人际互动在一开始是以隔离来取代信任的，信任的是双方之间的隔离，而非对方本身，尽管实际上双方之间的物理距离、乃至社会距离可能极为接近。但一开始隔离的取代信任功能却开启了陌生人之间的接触，如果沟通与互动非常顺畅，以致倾向于发展长期关系时，以隔离取代信任的成分将逐渐让位给双方之间的个人信任。个人借着网络互动，保证了呈现自我、塑造自我的主动性，同时也意味着认识他人的限制。但是，网络人际关系中的信任，仍会以现实生活中的经验为基础。我们在互动过程中总是以对自己的认识为基础来理解他人的言行，因此，曾在网络上扮装的网络使用者必然会对于别人的自述采取存疑的态度。有位网友在谈到他假扮女性的经验时说："我这样做，那人家是不是也会这样做？"因此，这样的人际关系是一种自我参照的系统，无论相信与否，所有信息的意义都只能在互动的过程当中得到定位，而网络人际关系的互动过程中必定充满着行动者的判断（丁道群，2003）。具体网络人际信任互动建立的过程见图1-3。

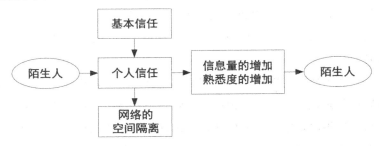

图 1-3 网络人际信任互动建立的过程（转自丁道群，2003）

Rusman，van Bruggenm，Sloep 和 Koper（2010）提出了网络信任的前因模型，该模型将初始人际信任的影响因素分为五个方面：（1）公共性，即信任双方共有的个人特性，如相似的人格特征、使用相同的语言等；（2）能力，即受托方履行其诺言的能力；（3）仁慈，即受托方对委托方的积极态度，包括共享、友好、开放性等；（4）内部规范，即指导受托方行为的内部规范，包括正直、公平、诚实等；（5）责任感，即个体对自己行为的负责程度。随着 Web2.0 的兴起，越来越多的人在网上展示自己的照片。已有研究表明，网络人际信任初始建立中，面孔可信度是一个重要的影响因素（Oosterhof & Todorov，2008；徐芬，邹容，马凤玲，吴定诚，2012）

2. 网络人际信任的产生机制

对于网络人际信任的产生、维持机制，其阶段为：

预设性信任。网络中的预设性信任是网上互动双方彼此相信网络中的秩序规则能够得以履行，且对方能承担他所托付的责任以及义务，即双方先验地认为他人是可以信任的，这是在网上能够进行交往的前提。

由交往信息产生信任。网络人际信任是在信息的共享及互惠互动基础上建立的。人们在互联网上获得的实质上和情感上信任信息的增加，使得"互联网可能可以在一个似乎迅速日趋个人化及公民冷漠的社会里对扩张社会纽带有所裨益"（Putnam & Robert，1995）。

主观判断。随着网络信息交互的进行，施信者也在积累着受信者的相关知识，当这种知识积累达到一定程度时，施信者实施主观判断，如果决定给予对方信任，则信任确立，否则可能立即中断对对方的信任。以此类推，网络人际信任也可能经历确立、成长、削弱和消失这样一个过程，但施信者随时可以中断对受信者的信任，这是网络交往主体自由性的最明显表现，也是网络人际信任建立区别于传统人际信任建立的主要方面（胡蓉，邓小昭，2003）。

3. 网络人际信任的计算模型

近年来，随着网上服务和网络社交团体的不断增多，信任的计算模型越来越受到研究者的关注（Kim & Phalak，2012；Zolfaghar & Aghaie，2012）。信任的计算模型可分为评估模型、传播模型和预测模型（Zolfaghar & Aghaie，2012）。评估模型主要用于在大规模分布式系统中估计用户的可信度（Caverlee，Liu，& Webb，2010）；传播模型在于建立通过网络信任传递的信任推理模型（Golbeck，2005），它建立在已有信任关系的基础上，而对于只有少量信息的新用户没有直接作用；预测模型使用已有的预测方法衡量用户的可信任程度（Zolfaghar & Aghaie，2012）。这些模型主要由计算机领域的学者通过加权平均法、模糊推理法、云理论等数学方法计算得到。它们主要由系统开发商、软件维护者通过一定的数理方法来推测个体的信任水平，在此基础上，由软件商家向其用户进行推荐、隐藏其他用户，如交友网站中，系统软件会向用户推荐"可能感兴趣的人"等（赵竞，孙晓军，周宗奎，魏华，牛更枫，2013）。

（三）网络人际信任危机

网络社会的开放性、匿名性等特点造成了网络社会中行动者之间的信任程度要明显低于日常社会，很多学者都意识到了这一点。所谓网络信任危机，是指计算机网络中人与人之间缺乏必要的信任，人们对网络安全和网络信用体系缺乏足够的信任，从而导致了网络人际交往和电子商务发展的困境（李伟波，2006）。刘金枚（2005）等人把网络人际信任危机的表现归纳为6种心理：游戏心理、怀疑心理、欺骗心理、攻击心理、消遣心理、寻求刺激心理。

在对网络信任危机认识的基础上，一些学者也探讨了由于网络信任危机以及网络社会问题所带来的网络伦理问题。

网络信任危机的产生，是由多方面的原因导致的。（1）网络中的人际交往是以符号为中介的间接交往，机器成为人与人之间交流的中介，人际往来和沟通不再是面对面的直接互动，而具有鲜明的间接性特点。由于无须直接面对，也无须承担任何责任，这就使很多人以游戏的心态进行网上交际，从而造成人际信任危机（刘金枚，2005）。（2）网络中大部分行为具有匿名性，不受时空限制，甚至"相逢对面不相识"。人们可以任意扮演角色并理直气壮地说谎，以至于相互之间分不清对方的真假虚实。（3）网络规范的缺乏，置身于网络社会，人们很难像在现实社会中那样约束自己。现实社会中的道德要靠社会舆论、传统习俗和内心信念来维持，而网上道德约束力是非强制性的，仅靠个人内心信念和自律程度来维系，遵从道德规范与否不易被觉察和监督，因而容易做出许多现实中不敢做的事情，表现出与现实生活伦理道德规范不相符合的状况。网络中的每一个成员都可以最大限度地参与信息的制造和传播，这就使网络成员几乎没有外在约束，而更多地具有自主性。网络的无主控中心和追求自由的特点，决定了虚拟社会的交往更容易处于无序和失范状态。（4）网络社会是从现实社会分化出来的虚拟世界，实际上是现实社会的延伸，现实中的各种伦理道德问题都会反映到网络社会中来，并可能因其虚拟性而使这些问题扩大化。虚拟性使得人们敢于在网络世界中随心所欲，放纵自己。种种诱因诱发了网络社会中不负责任行为的大量涌现，使得网络交往中人与人之间普遍缺乏信任，这也就是网络社会中人际关系的信任危机（李伟波，2006）。

五、网络交往对青少年心理发展的影响

（一）对现实交往的影响

青少年的人际关系发生着巨大的变化，在对父母封闭的同时，更多地对同龄同伴敞开心扉，为儿童提供了情感联结和情感支持，对他们的发展也起到了相当大的作用，成为主要社会关系。而居住格局的变化缩小了青少年的生活范围，网络同伴交往恰恰提供了一种新的人际交往方式（李颖，2007），其影响逐渐扩大。因此网络交往与现实交往之间的关系是一个值得探讨的问题。网络交往对现实交往影响的研究结果也存在着对立两面：一种认为对现实有负面的影响，干扰了正常的现实交流；另一种观点则认为对现实的交往有促进作用。

早期的很多研究认为网络的交往会影响现实的交流，网络的使用会减少使用者与家人和朋友相处的时间。"社会存在理论"

（Social Presence Theory）和"社会环境线索理论"（Social Context Cues Theory）认为，与面对面交流（Face-to-Face，FTF）相比，计算机媒介交流（CMC）由于缺乏语音线索，个体的社会存在感会减少，人就会变得更加冷漠（Hiltz，Johnson，& Turoff，1986；Short，Williams，& Christie，1976）。媒介丰富性理论（Media richness theory）认为，评判媒介丰富与否的标准有：及时反馈、能够传播多种线索、自然语言的运用和个体对媒介的关注等。依据这一理论，面对面交流是最丰富的媒介，CMC缺少很多重要的特征信息和线索。另外，网络人际关系最早的研究者Kraut（1998）等人在最初的研究中发现，互联网的过度使用会产生负面效应，如导致个体社会圈子缩小，抑郁和孤独感增加等。他们认为这是因为上网占用了他们本该与亲人朋友待在一起的时间。与此类似，Elisheva（2002）发现，与网络聊天对象的关系越亲密，日常生活中的社交焦虑程度以及在学校的孤独感就越高。还有研究者认为网络交往的一个非常不好的方面就是搜索（Stalk）他人的隐私，还有一部分人利用网络交往对他人进行欺骗等。这些都是网络交往带来的消极影响。

研究者发现，网络交往依赖程度能够显著正向预测现实中人际交往的困扰程度（李菲菲，2010）。何晶在对随迁的农民工子女网络聊天进行调查时发现，在网络使用的内容方面，农民工子女更多地使用网络聊天室功能与陌生人交流，渴望认识新朋友。网络对于他们来说，是一种与老家的生活、记忆或者以往熟悉的生活情境保持联系的重要手段。此外，网络似乎加剧了这种心理隔绝，把农民工子女与城市学生分为"他们"、"我们"，但对城市学生的访谈中似乎并没有发现有明显对应的群体印象（何晶，2010）。

网络交往有诸多的不利，仍有许多理论和实证研究支持其具有积极的一面，而且这种倾向越来越明显。如Whitty和Carr（2006）

认为，网络空间为人们提供了一个独一无二的交往环境，这是其他媒介很难或者无法做到的。Suler（2004）和 Joinson（2001）主张，人们在网络空间里更开放，也更诚实。Walther，Slovacek 和 Tidwell（2001）认为随着时间的推移，网上缺少线索的缺点可以被克服。McKenna 等人发现，不用出面使个体能够有机会展现自己更多的方面，而这些是他们在面对面交往中不想展露的（McKenna & Bargh，1998，2000；McKenna，Green，& Gleason；2002）。

周静（2003）根据在班级中的社会地位将学生分为人缘型、嫌弃型和中间型三类，以考察学生网络使用与班级中社会地位的关系，发现嫌弃型学生比人缘型学生每周花更多的时间网络聊天，伤心郁闷时嫌弃型学生更倾向于选择网友进行倾诉，而人缘型则更倾向于选择现实同伴。当要求被试直接报告网络交友是否影响了现实同伴关系时，不同社会地位的学生的回答并无显著差异，只有少数学生认为网络交友"改善了同伴关系"。可见，网络交往只作为现实生活的调剂和补充，并未取代现实生活的主体地位（何向阳，2010）。

（二）对心理健康的影响

网络交往对心理健康的影响也存在争议，有的研究表明使用网络降低了社会卷入和心理健康水平，网络新手往往会产生沮丧、压力和孤独，虚拟社会关系对精神健康和社会关系是有害的。不良的网络使用则会危害青少年的身心健康，阻碍其发展。网络成瘾的发病年龄一般介于 15 ～ 40 岁之间，其中中学生是易患高发人群（雷雳，伍亚娜，2009）。

网络的过度使用导致抑郁和孤独感增加，与网络聊天对象的关系越亲密，日常生活中的社交焦虑和在学校的孤独感就越高（Kraut et al.，1998），可见网络交往会给个体的生活带来消极的影响。但同时另一些研究也发现，适当的网络交往能够帮助人们缓解一些不良的心理健康状况。Mckenna 等（2002）的研究则表明，社交焦虑的个体在拥有了一定的虚拟社会关系和交往了一定时间后，焦虑会明显减轻。建立虚拟社会关系的人中，25% 的人报告沮丧减轻，73% 的人报告无影响，只有 2% 的人报告沮丧情绪增加。在孤独感方面：47% 的人报告减轻孤独，47% 无影响，只有 6% 报告孤独感增强。Pierce（2009）也指出，社交焦虑与网络交流呈正相关。相反，无社交焦虑（与他人交谈时很自在）与交网友呈正相关。Gross，Juvonen 和 Gable（2002）为了检验网络使用是否会降低青少年心理健康水平，考察了 130 名七年级学生的心理健康与网络社交的使用情况之间的关系，发现上网时间与心理健康水平无关，而网络交往确实能够帮助社交焦虑和孤独的个体更好地与人交往。对网络的心理依赖程度是网络交往与心理健康之间关系的一个重要的调节变量，并且网络交往对大学生的孤独感有显著作用，但这种作用是通过网上自我暴露等因素来实现的（陈秋珠，2006）。

总的来说，网络交往的支持者认为，网络交往并不是远离真实的生活和真实的人际关系，个人使用互联网不仅维持已有的人际关系，而且也在一个相对没有威胁的环境下建立新的亲密的、有意义的人际关系，这种人际关系的建立更快、更强、更深也更持久。

第二章

自我研究的回顾与展望

　　关于自我的研究，一直以来就是哲学家和心理学家们争论不休的焦点。在哲学上，美国哲学家 Searle 从分析法国哲学家 Descartes 著名的主张"我思故我在"开始，提出自己关于自我的见解：自我是一个形式上的，逻辑上所要求的概念。并且，Searle 还论证了，一个人记忆的连续性在个人认同概念中起着实质性的作用。

　　西方哲学家对自我概念的论证直接影响了西方心理学家对自我的探索。在心理学上，对自我的研究最早可以追溯到 James（1890），James 认为自我由四个部分组成：物质自我、社会自我、精神自我和纯自我，并认为自我具有层次结构性，身体自我是基础，社会自我高于物质自我，精神自我在最高层。随后，Cooley（1902）、Mead（1934）、Sullivan（1953）从自我概念形成的角度提出了各自的理论。Cooley（1902）提出自我是通过人际关系建立的，自我不仅是一个个人实体，还是社会的产物，他把自我的这个方面称为投射自我（reflected self）或镜中自我（looking-glass self）。Mead（1934）也强调社会经验在自我形成中的作用，他指出当个体与已成为他的客体的其他人可以比较时，个体将会"只有采取在某一社会环境中其他个体对他的态度，才能成为他自己的客体。没有社会经验，自我便不可能产生，因为它是社会经验的产物"。

Sullivan（1953）指出儿童在家庭成员的影响下，发展出自我系统的三种成分：好我、坏我和非我。Rogers（1959）把自我区分为真实自我和理想自我。Higgins（1987）认为自我有实际自我、理想自我、应该自我三个方面。美国心理学家 Klein 等人在神经心理学研究的基础上，将复杂的自我分解成为 6 个成分或子系统：①一个人自己生活中的情景记忆（episodic memories）。情景记忆是关于一个人亲身经历的事件，说得出时间、地点的记忆。②一个人人格特征的表征（representations），如，我是可爱的，"我是谁"的问题就是指这部分内容。③一个人自己生活中关于某些事实的知识（knowledge of facts）。④时间延续性经验（an experience of continuity through time）。现在感知到的"我"和三年前经验到的"我"具有连续性与连贯性。⑤个人作用与所有权的感觉（a sense of personal agency and ownership），我是我自己想法和行动的原因。⑥自我反思，即元表征的能力（the ability to self-reflect，that is，to form metarepresentations）。Klein 等人（2002）认为，正常人的自我具有上述 6 种子系统，但脑损伤病人缺乏其中一种或多种。从中我们可以看出，西方心理学家所做的研究几乎是西方哲学家关于自我主张的科学论证。

自我是心理学研究者关注的焦点问题之一，当前自我成为人格研究的热点。统计表明：2004 年用关键词"自我"检索 PsycINFO 数据库，结果在文章题目中检索到相关文献就达 39500 篇。近几年在《人格与社会心理学杂志》中关于自我的研究文献呈直线上升趋势，达 2000 篇（黄希庭，2006）。近年来，社会认知神经科学关于认知的主要研究集中在自我参照加工的神经机制、自我的自动加工与控制加工的区分、文化对自我结构相关脑区的影响等。

本书将从以下几个方面对自我的相关研究进行回顾：（1）自我

概念；(2) 自我意识；(3) 自我参照效应；(4) 自我的脑机制研究。

第一节　自我概念

一、自我概念的内涵

在心理学中，"自我"一般译为 ego 和 self。Ego 来源于拉丁文，原意为一切精神活动都围绕其转的核心，是 Freud 人格结构中的一个基本成分；而 self 是一个纯英语词汇，原意是"同样的"或"同等的"，在用于人类时，指的是一个独特的、持久的同一性身份。从 James（1890）、Mead（1934）到 Rogers（1959）至今，西方心理学家主要探讨的是 self 这一自我，我国心理学者所探讨的也是 self 的意义。

James（1890）最早对自我概念做出经验自我与纯粹自我之分，并进一步分为物质的、精神的、社会的和纯粹的四个成分，并认为这些自我概念以某种方式整合在一起形成较统一的自我感，使自我具有层次结构性。自 James 提出自我概念后，心理学对自我概念的研究很多，但随着行为主义的兴起，对其研究进入低潮，当认知派兴起后，心理学又对自我概念重新感兴趣。不同的心理学家由于其研究取向上的差异，侧重点不同，对自我概念的界定也有所差异。

Rogers（1959）强调现象学取向和个人的现象场，他认为自我概念是个人现象场中与个人自身有关的内容，是个人自我知觉的组织系统和看待自身的方式（刘化英，2000）。Rosenberg 认为自我概念是个体对自我客体的思想和情感的总和，包括个体对自己许多方面的看法（刘萍，王振宏，1997）。Shavelson（1976）认为，自我概念是通过经验和对经验的理解而形成的自我知觉，即个体的自我知觉，这种知觉源于对人际互动、自我属性和社会环境的经验体验，是多维度的，按一定层次组织到一个范畴系统之中（刘萍，王振宏，1997）。

Shavelson 认为自我是一种多侧面、多等级的结构，将一般自我概念分为学业自我概念和非学业自我概念，前者又分为语言、数学等具体学科方面的自我概念，后者又分为社会、情感和身体自我等。Westen（1992）强调自我概念是按与情感的关系被组织成多维度的自我整合，形成一个自我系统，个体尽力维持系统中各成分之间的紧密性、连贯性和整合性。Baumeister 认为自我概念是指一个人他自己的整体，包括一个人的人格特征和图式，以及对社会角色和关系的理解（刘凤娥，黄希庭，2001）。林崇德（1995）认为自我概念不仅为个体提供自我认同感和连续感，调节和维持有意义的行为，而且自我概念的发展标志着个体社会性的发展和人格的健全程度。虽然不同学派的心理学者对自我概念的界定有所差异，但它们之间也有相通相融之处，都认为自我概念是一个人对自我各方面的知觉。

二、自我概念的形成与发展

自我概念的形成与发展，经历了一个由内而外的认识过程，这指的是：最初我们将自我概念当作一种独立的心理机能，后来开始重视社会互动、人际关系对自我概念的影响，最后又从广阔的社会环境来认识自我概念的形成，体现了人们对自我概念的形成的认识日益深化。

Anderson 认为自我是过去与现在经验的综合，自我受遗传、生理、文化、历史等因素的影响，他强调社会环境在自我形成与发展

中的作用（孙丽，2005）。Cooley 和 Mead 对自我的来源问题进行
了开阔性的深层次的研究，认为个体是在观察自己和他人的异同点
的基础上形成我—非我的概念。Cooley 的"镜像我"理论认为，自
我是通过镜像过程形成的，别人对自己的态度反应就是一面镜子，
人们通过它来了解自己并形成相应的自我概念（孙丽，2005）。
Mead 在此基础上也提出自我来源于社会互动，他强调外在因素在
自我形成中的作用。他将自我形成的过程分为三个阶段：玩耍阶
段、游戏阶段和"概化他人角色"的阶段。他认为自我的产生依赖
于个体成为自身客体的能力。

　　受 Mead 和 Cooley 观点的影响，Sullivan 也十分强调自我发展
的社会、人际关系基础以及家庭成员对其形成的重要影响，他认为
自我概念只有在人际交往中才能得到进一步的发展。他认为在家
庭成员的影响下，儿童发展出三种成分的自我系统：好我、坏我
和非我，这种分化对儿童以后的发展具有十分重大的影响。Hattie
（1984）发现生活中的重要他人，如父母、老师、同伴对自我概念
的形成影响最大。一个人自我概念的形成既来自于自己过去经验的
总结，也来自于他人对自己的反应与评价，父母的评价尤为深刻。

　　Hormuth 则从生态系统观来把握自我概念的发展，将客体、他
人和环境整合为一个自我生态系统，认为自我概念与自我生态系统
相互依存、相互影响，在互动中实现动态平衡（孙丽，2005）。这
是 Hormuth 就社会角色和社会环境对自我概念的影响所做的社会学
水平上的分析，同时也是对 Cooley 和 Mead 自我概念形成观点的创
新和发展。

　　自我概念发展变化的过程，也体现在实证意义方面的研究。弗
洛伊德提出，儿童期是自我概念形成与建立时期。Anderson（1952）
认为生命的第一年对自我概念发展最为重要，随着年龄的增长，

自我概念的发展存在起伏现象。一般认为青少年自我概念的发展
是 U 字形曲线，在青春期开始下降，到青春后期或成年又回升。
Freemen 的研究也发现自我概念的这种发展曲线起伏变化现象。国
内的一些相关研究的结果与上述类似。郑涌（1997）的大学生自我
概念研究结果表明，不同年级的大学生自我概念存在显著差异，二
年级最低，四年级最高。

　　由上可见，自我概念是个体在社会化的过程中，通过与人交往
而逐渐获得的。人际关系在自我概念的形成与发展中起着个人行为
自我调节与定向的作用。因此，随着人际关系的进行和发展，人们
的自我概念也在不断地调整和更新。总之，一切外部影响力量要内
化为个人的个性品质，都需经过自我概念的中介（宋剑祥，1998）。

三、自我概念的功能

　　关于自我概念的功能，早期自我理论家 allport（1955），
Erikson（1950）等总结出如下几方面：（1）提供一种时间和空间
连续性的感觉；（2）为个人自我体验提供一种整合和组合作用；
（3）调节个人的情绪状态；（4）是一个人刺激或动力的来源。随
着研究的逐步深入，人们对以前提出的功能进行不断丰富和修正。
关于自我概念的功能，研究者们已具体达成共识的主要有以下几种
（Kelle，1973；孙圣涛，卢家楣，2000）。

（一）信息加工功能

　　人们对自我结构信息加工结果的研究情有独钟，其中又以探讨
自我和各种认知作用的关系方面为多。Kihlstron 和 Cantor（1984）
等人经过大量研究认为：①人们往往对自我有关的刺激特别敏感。
JMNuttin Jr.（1985）做过实验证明被试倾向于选择自己名字中含有
的字母。给被试呈现一组字母，每一组包含有他们名字中第一个或

最后一个字母。要求被试尽快选择自己喜爱的字母。结果被试倾向于选择自己名字中所含有的字母，而被试事先并不知道自己的名字中的字母会被隐含在每组字母内。②与自我相一致的刺激容易被有效加工。大量研究发现与行为描绘一致的刺激材料更容易被迅速加工。Druian 和 Catrambone（1986）曾做过实验。一组读充满为谋私而不择手段的故事，另一组读的故事对谋私只有所涉及，结果发现前一组在选择是否愿意为谋私而不择手段的得分比后一组高得多。③与自我有关的刺激有助于回忆和认知。很多研究证明，一个人对自己经历、行为方面的记忆比对他人要强（Strub，1986）。④人们对与自我结构不一致的信息往往采取抵制的态度，但也有少数人可能对跟自己不一致的观点特别予以注意，并逐步予以接受。

（二）动机功能

自我概念能推动人们活动。动机功能在人的目标和自我概念之间起着中介作用。它和目标、愿望等一起在自我概念中占有重要地位。Markus 根据"可能我"（Possible Selves）来讨论自我概念的动机功能。"可能自我"指一个人觉得自己某一方面有潜力的自我构想，是人们要达到某一目标的各种想象，它被认为直接作用于人的动机，是动机的认知成分。可能自我是自我概念的一个组成部分，它对自我概念中的自我图式影响较大。它能调节自我情感，促使自我概念推动人们去活动。Schlenker（1985）根据"愿望我"（desired selves）来讨论自我概念的动机功能。"愿望自我"指一个希望达到并确信能够实现的目标。愿望自我是积极的和可能实现的，它是可能自我的一个重要方面。它能充当信息加工过的认知结构和有关的行为标准来调节、推动人的行为。Wichlund（1982）等人从自我概念对动机和对行为的关系方面去进行研究。他们认为动机产生于人对自己的定义。人总是按照自我定义去不断完善自己，而那些觉得自己尚不完善的人们就会感到心理紧张，从而去排除一切困难，努力追求自我定义的完美。他们做过实验，结果表明：具有自我定义而不能实现的被试比没有自我定义的被试更喜爱按自己的定义去描绘自己，更乐于劝说别人接受自己的观点，更愿意展示代表自我定义的象征物（如信仰基督教总是带着十字架那样）。那些具有定义的人们总是通过各种途径、付出百倍的努力去获得向往的自我定义。

（三）情感调节功能

自我概念能影响人们对自我情感的调节。多数情感状态隐含有自我的成分。人们倾向于对自我有关的信息进行加工，实际上也就是调节情感的一种方法。情感调节往往被人们用来克服消极情感、保护自我。人们为了保持和先前积极的自我观点一致，不断增强自我。当人们接收到与先前自我概念不一致的信息时，原先自我概念的结构受到威胁，消极情感产生了。面对这种情况，人们首先要重新建构自我：要么改变已有自我概念，构成新的自我结构；要么保持已有自我概念，并力求为原有观念寻求支持，通过保持自我概念的稳定性来调节情感。然而，有的自我观点根深蒂固，不会轻易被不一致的观点所改变。当原先的自我结构没有面临严重的挑战和威胁时，人们宁愿接受支持自己原有观点的信息。人们的活动也是围绕能得到积极反馈的中心而展开，以保持积极的反馈，保持乐观的情绪。当自我结构受到严重威胁，与自我结构千差万别时，人们不得不重新评估新信息，不得不开始调整自我结构和内容，消除新信息的冲击带来的不安情绪。

（四）环境和伙伴选择功能

自我概念能影响人们对环境的选择。不同自我概念的人会选择不同的环境。人们对自己和环境有许多认识，这些认识影响人们对环境的选择。Snyder（1979）实验证明，常和自己保持一致的人能在各种环境中保持良好的与自我相一致的自我想象，喜爱选择能表达自我的环境。而常和环境保持一致的人，能在各种环境中保持理想人物的构想，他们更爱选择良好、经过精心改造的环境。Niedenthal（1985）对大学生选择住址情况的研究发现，自我认识严重影响一个人对环境的选择。一组看过别人选择住房并已带来很多好处的大学生，另一组是没有看过别人选择住房，也不知道会给自己带来什么好处的大学生。接着让两组对住房和金钱进行选择。结果前者比后者更愿意选择住房。自我概念也能影响一个人对伙伴的选择。Cantor（1984）研究发现，伙伴对自己的特殊用途和伙伴对己体验的愉悦程度是影响伙伴选择最重要的两个方面。

第二节　自我意识

在西方，自我意识一般被看作自己对自己的感知和注意，自我意识被作为"自我概念"的一个子概念。美国心理学家James（1890）将自我分为主我（I）和宾我（me）两个方面，主我是自我的主动部分，是认识、发动、指挥和调节个体活动的方面；宾我是自我中被注意、思考和知觉的客体。由此可见，自我意识包含了两方面的含义：首先，这种意识是主我发动的；其次，它是指向发动者自己及其自己与周围世界的关系。因此，可以概括地说，自我意识是指一个人对自己以及自己和他人之间关系的意识。如一个人对自己的身高、外貌的了解，对自己能力、性格等的认识，对自己与他人相处的融洽程度，自己在他人眼中地位的理解和评价等，这些都是自我意识的具体表现。

Tulving（2003）总结了自我意识的几个特性：（1）自我意识

是一种能力，使个体能领悟他／她个人的过去和将来。丧失自我意识的病人做不到这一点。（2）自我意识是情景记忆的必要部分。人们可以无意识地学习和行动，但不能没有自我意识地回忆。（3）自我意识比一般意识发展得晚。当一个人说："我正在看报"，他是在陈述意见事实，当他做这个陈述时伴随着的意识状态是一般的意识状态；如果一个人说"我知道我正在看报"，则是指他在体验自己正进行的阅读活动，此时他所伴随的意识状态是自我意识。一般认为 3 岁前的儿童没有形成自我意识。（4）自我意识可以测量。在 remember/know 判断和再认测验中，remember 的得分就是对自我意识的策略。Tulving（2002）在总结情景记忆的概念时明确指出，情景记忆是一种认知神经系统，它包括三个主要成分——主观时间、自我意识和自我，从而使我们能进行时间旅行——能返回到过去，能想象或展望未来。自我意识与额叶，特别是额极有密切的相关（Stuss & Levine，2002）。

　　在我国，有的学者强调自我意识的内容和过程，如张增杰（1986）将自我意识定义为："是一个人对他自己的心理过程和心理内容的反映。"并进而将之分成两个层次，一层为人能体验或意识到自己心理活动的结果，另一层为人能意识到自己心理活动的内容。张春兴（1989）认为"自我意识是指个体了解自己当时的心理活动情形和觉知到自身存在的心理历程。"有的将其和自我等同，如时蓉华（1986）认为"自我意识也称自我，……就是自己对于属于自己身心状况的认识"。也有的强调对人我关系的意识，如沙莲香（1987）认为，"所谓自我意识，即关于主体的自我意识，特别是人我关系的意识。"还有的则强调自我意识的指向，如朱智贤（1989）认为"所谓自我意识，即主体对其自身的意识。包括三个层次：对自己机体及其状态的意识；对自己肌体活动状态的意识；

对自己的思维、情感、意志等心理活动的意识。"

个人对自己以及自己和他人之间关系的意识可以按照不同的标准分为不同的类别,例如从意识活动形式来看,自我意识表现为具有认知的、情绪的和意志的三种形式,分别统称为自我认知、自我体验和自我控制;从意识活动的内容上来看,自我意识可分为对身体自我、物质自我、心理自我和社会自我的意识,个体最先获得的是对身体自我的意识,尔后发展起来的是对"我的"各种东西的意识和我的各种心理属性及社会属性的意识;从意识活动的指向来看,自我意识还可以分为私我意识(private self-consciousness)和公我意识(public self-consciousness),前者是指个体关注自己的感受、自己的评价标准,后者是指个体关注别人如何看待自己以及他人的评价标准(黄希庭,2006)。可见,自我意识具有复杂的心理结构,是一个多维度多层次的心理系统,任何一项对自我意识的心理学实证研究都只能选取它的某些方面来进行而不可能了解其全貌(蒋灿,2007)。

第三节 自我参照效应

尽管从 James 到 Allport,心理学家对自我有许多的论述,但在近些年自我才成为心理学研究的一个焦点。自我是一个充满争议的话题,甚至在 2005 年研究者还怀疑,与自我有关的信息加工是不是一个独特的系统(Gilliham,2005)。自我是一个独特的结构,具有独特的动机和情感上的含义。自我不单对情绪的产生和动机的发动起重要的作用,它还是个人信息的组织者和加工过程的一部分,对认知有直接影响(刘明新,朱滢,2002)。

自我在记忆的形成、组织和提取中扮演着关键的角色（Conway，1995）。1970 年代以来，自我参照效应（Self-reference effect，简称 SRE）引起了记忆研究者的广泛注意。Rogers 等（1977）将记忆的加工深度范式（Depth of Processing，DOP）扩展到自我领域，按照加工深度说，记忆材料在编码时受到的加工程度越深，其记忆成绩越好（朱滢，2007）。Rogers 等以人格特质形容词为材料，加入自我参照任务（Self-reference task），结果发现记忆材料与自我相联系时其记忆效果优于其他编码，因此，将这种现象称为记忆的自我参照效应（SRE）（Conway，1995；刘新明，2002）。利用记忆的自我参照效应，对自我进行研究考察是当前国内外研究的一个热点，国内外涌现大量的验证性研究以及对其心理机制的研究。SRE的实验范式有如下两种：

一、经典 SRE 研究范式

Rogers 在 1977 年首次提出的方法就是 SRE 的经典范式，又称自我描述判断任务或特质词判断方法。经典自我参照效应（SRE）的研究范式类似于传统的记忆加工深度研究范式（DOP），一般包括学习和记忆两个阶段，或者在两个阶段之间加入干扰任务。在学习阶段，要求被试对一些词汇做出不同类型问题的判断。Rogers 等人（Rogers，Kuiper，& Kirker，1977）最初的研究范式是选用 40 个人格形容词为实验材料，被试分成结构组、韵律组、同义词组和自我参照组（简称自我组），分别给每组被试呈现相应的问题，引导被试进行相应的加工（各组具体任务操作见表 2-1）。在间隔一段时间之后，进入记忆测量阶段，要求被试对学习阶段的词汇进行再认或者回忆考察，以此来判断不同编码水平词汇记忆结果的差异。结果表明，自我在长时记忆内是一个丰富的、高度精加工的结构，其与自我联系材料的记忆要优于包括语义加工在内的其他 3 种编码条件，即出现了自我参照效应（刘明新，朱滢，2002）。

Rogers 的这种研究方法在随后的研究中被广泛采用。后来的一些研究者在使用这种方法时又对其进行了改进和扩充，比如在测验任务中运用线索回忆、再认等任务。根据 McGuine 和 Padamer-singer（1976）的研究，被试在对"请介绍自己"这样的开放式问题进行回答的时候，生理特征和人格特征有着几乎相同的提及频率，说明身体部位及特征是个人自我表征的重要组成部分，而根据 Gordon（1968），McGuire 和 Padaner-singer（1976）的研究，职业期望也是自我概念的重要组成部分。因此，有研究者对刺激材料进行了扩展，使用了关于身体部位的名词以及职业名词，运用这些材料的实验也证实了 SRE 的存在。

表 2-1 编码任务举例（引自刘明新，朱滢，2002）

任务组	问题	说明
结构组	有没有大写字母？	（对字形的加工——浅加工）
韵律组	与 xx 押韵么？	（对韵律的加工——浅加工）
同义词组	与 yy 的意思相同么？	（语义加工——深加工）
自我参照组（简称自我组）	适合描述你么？	（与自我相联系的加工方式）

自我参照效应也可以通过将自我参照任务和他人参照任务比较而展现出来。Bower 和 Gilligan（1979）发现他人参照任务通常会比自我参照任务产生更坏的回忆成绩。然而，当一个非常熟悉的人（如母亲）替代自己成为指代对象时，被试的记忆成绩与自我参照条件很接近。这些实验说明，自我参照之所以能提高记忆是因为自我是一个高度精细化的结构，一旦被激活，能在记忆材料和早已存储在自我结构中的其他信息建立联系。这些联系能够为随后的回忆提供多种通道，从而促进记忆。其后，一些研究者在被试编码任务

的分组上，除了有母亲参照外，还添设了他人参照任务，如让被试
将记忆材料与公众人物、名人、亲友或构想的他人进行参照等，这
些改变对 SRE 研究进行了有益的补充（王冠舒，2010）。

　　Klein 和 Kihlstorm（1986）把组织看作自我参照效应产生的原
因。即对一系列单词之间关系的编码加工，包括词与词之间的直接
联系以及同属于一个范畴的词之间的间接联系。他们引入了组织性
的变量，发现组织使记忆效果发生了很大变化，如果自我参照不能
引起良好组织时，它比正常语义加工更能导致回忆成绩下降。结果
显示，当信息的组织程度受到控制时，自我参照的加工不再比普通
语义加工更有效。有人认为，自我参照任务和语义任务都促进了记
忆的精细加工，在 Klein 的研究中虽然显示了组织的作用，但并不
能排除记忆精细加工的影响。此后，Klein 等（1988）给被试设计
了 3 类实验任务：精细加工、组织和自我参照任务。其中，精细加
工任务是让被试给出呈现单词的定义，然后在 5 点量表上表示出下
定义的难度。上述 3 种任务中每种任务使用的单词又分有关联和无
关联两种，这样一共有 6 种实验条件。结果表明，在单词间无明显
联系时，自我参照任务和归类任务产生的记忆成绩同样好，都优于
定义产生任务，说明自我参照任务能提高记忆组织；而在单词有明
确联系时，自我参照任务与定义产生任务的作用是类似的，都优
于组织任务，说明自我参照能促进精细加工。由此可见，自我参
照作用机制必须用组织加工和精细编码双过程来解释（Symous &
Johnson，1997）。

　　Anthony Goreenwald 和 Mahzarm R Banaji（1989）在研究中采
用了自我生成程序，这种方法是让被试完成一个句子生成任务。它
要求被试同时运用需记忆的目标词和朋友的名字联合起来造句，这
就提供了非自我参照项目与已存的自我相关项目进行联系的机会，

从而减少了对刺激材料的限制。结果表明：与自我生成有关的项目的回忆率的主效应显著，即在自由回忆中，与自我生成的名字相搭配造句的目标名词回忆率高；在名字回忆任务中，朋友名字的回忆率高于他人生成的名字；而在线索回忆中，当以被试朋友的名字作为线索提供给被试时，其对造句中所用的目标词的回忆率也高。其后还采用娱乐明星（如影视、体院明星等），也取得了预期的实验结果（王冠舒，2010）。

二、"R/K" 范式

自我在记忆的形成、组织与提取中发挥着关键的作用，自我记忆效应甚至高于语义加工水平的效应（Conway，1995）。研究这种效应的有效方法是在再认测验中使用 R/K 判断。再认测验中，要求被试指出哪些单词是学过的，哪些单词是未学过，当被试指出某个单词是刚学过时，还需要进一步判断，他（她）对该单词是记住的（Remember，R），即能有意识地回忆起刚才学习该单词的一些情景、细节或者他（她）仅简单地知道（Knowing，K）该单词刚才学习过，即感到"面熟"。

Conway（1995）将被试分成 3 组，对 40 个人格形容词分别进行自我参照、他人参照（参照人 John Major，当时英国总理），以及社会赞许度判断（判断呈现的单词是褒义还是贬义），判断在 5 点量表上进行。1 小时后让被试进行再认，对被试回答"学过"的项目，还要进一步进行 R、K 判断。实验结果发现，3 组被试的整体正确再认率没有显著差别，但自我参照组的 R 反应成绩显著高于另外两组，出现自我参照效应（刘明新，朱滢，2002）。

"记住"和"知道"的这种意识程度上的差别提供了自我在再认记忆中作用的方式，因为被试能有意识地回想某个单字时，总会有一种自我觉知意识（autonoetic consciousness）在其中；如果被试不能有意识地回忆起某个单字，只是感觉到"面熟"，那么其伴随的是"知道感"（noetic consciousness）（Wheeler，Stuss，& Tulving，1997），自我影响以及程度就比有回忆经验少得多。可见，以"记住"为特征的再认（R 反应）含有自我指向的成分，其回忆经验中必然包含一个回忆者，即自我（张力，2005）。而基于"知道感"的再认（K 反应）本身并不需要参照自我，因此几乎没有自我指向成分。所以，自我记忆效应只发生在做 R 判断的单字上，控制不同的自我参照的程度，就可以获得不同水平的 R 判断。因此"R/K"范式比以简单再认测验任务的经典范式更适合自我参照效应的研究（刘明新，朱滢，2002）。

　　朱滢等（2001）进行了中国人自我参照效应研究。实验采用"R/K"范式，设置了 4 种条件：（1）自我组；（2）母亲组；（3）他人组；（4）语义组。要求不同组的被试对所呈现的描述人格的形容词进行不同种类的判断，待学习完成并进行一段时间的干扰任务后测验被试的再认情况。在再认测验中，对被试认为是旧项目的还要进行 R/K 判断。结果发现，在总再认率上，自我组、母亲组和语义组之间没有显著差异，和他人组差异显著。但在 R 和 K 判断上，自我组、母亲组和语义组的差异都显著，与他人组的差异也仍然存在。无论在总再认率还是分别在 R/K 判断上，自我组和母亲组都表现出完美的一致性，这说明中国人的母亲概念和自我同等重要。

　　为了验证中国人的父亲是否和母亲一样与自我同等重要，威健俐、朱滢（2002）在实验设计中引入了父亲组作为一个新的变量，并要求被试在原来 R/K 判断的基础上又增加两类判断：F 和 G 判断，F 指的是熟悉感，G 为猜测，总共 4 类判断。研究结果表明，自我参照效应只体现在基于回忆经验的 R 反应上，而不影响基于知道感的 K 反应和基于熟悉感的 F 反应。中国被试参照父亲的记忆成绩和参照自我、参照母亲一样好，优于参照名人。参照父母的 R 反应无差异，体现了中国被试的父母概念在自我概念中有同等地位。

此后，研究者以老年人为被试进行自我参照效应研究发现，老年人的记忆仍表现有自我参照效应，而且随着年龄的增长，被试的自我参照加工的再认成绩及 R 判断都显著降低，在 K 值上没有显著差异，但没有母亲参照加工的记忆优势效应。老年人记忆成绩的下降主要体现在情景记忆中，语义记忆能力相对来说下降速度较慢（杨红升，朱滢，2004）。

研究者将有关记忆的自我参照效应研究与国外的研究范式相结合，结合遗忘、提取诱发遗忘等范式，对自我参照范式进行进一步探究。李文娟、吴艳红、贾云鹰（2005）将自我参照效应的实验范式与字表方式的有意遗忘范式相结合，探讨有意遗忘在自我参照与他人参照条件下的异同。结果发现，在有意遗忘的研究范式下，自我参照和他人参照的自由回忆正确率不存在显著差异；自我参照条件下出现了有意遗忘现象，而他人参照加工条件下没有表现出有意遗忘现象。说明自我参照加工的区辨性很高，有意遗忘的指导语激发的抑制作用对它有效，从而出现了遗忘现象。另有研究者在自我参照范式中加入偶发编码加工方式，并采用 R/K 判断范式考察了中国大学生在偶发编码和外显编码方式中的记忆成绩，研究结果发现，在 R 指标上，偶发编码方式和外显编码方式中均出现了自我参照效应和母亲参照效应，参照自我加工的记忆成绩显著高于参照母亲加工的记忆成绩，外显编码方式中的记忆成绩显著高于偶发编码方式的记忆成绩（陈健芷，林超，2009）。

第四节 自我的脑机制研究

近年来，认知神经科学领域关于自我的脑机制研究日渐增多，主要对自我参照效应、自我面孔识别能力、自传体记忆等进行较多的探讨。

一、自我参照效应

（一）自我参照效应编码时的脑成像研究

自我参照加工是目前用脑成像技术研究自我最常用的实验范式，它包括两种类型：第一种是对一个人的人格做出判断，第二种是对一个人当前的心理活动，状态做出判断。大量的行为实验证明，西方被试的自我参照效应（如："这个人格形容词可以描述你吗？"）在再认测验中的记忆成绩优于母亲参照（如："这个人格形容词可以描述你的母亲吗？"），他人参照（如："这个人格形容词可以描述克林顿吗？"）和一般语义加工的成绩，这就是记忆中的自我参照效应（Symons & Johnson，1997）。

Craik（1999）等人在脑成像研究中发现，自我参照条件下的记忆成绩显著优于其他三种条件。对学习过程进行了 PET 扫描，并进行 SPM 分析，结果发现，自我的编码与其他语义编码一样，都激活了大脑左额叶，这证明自我概念有通常的语义特征。PLS 分析结果表明，自我参照独特地激活了右前额叶主要在 BA10,45 区。与所列的情节记忆提取的激活区高度一致，在一定程度上说明自我参照任务中存在情节记忆的提取。

Zhu（2004）总结了 9 项自我参照加工的脑成像研究，结果发现，自我参照加工普遍地激活了内侧前额叶（medial prefrontal cortex，MPFC），它大致定位在 Brodmman 区 9 和 10（BA9 和 BA10）。而 Kircher 等人（2000）的结果并未发现自我参照加工激活 MPFC。对比 Kircher 等人的研究与其他人的研究可以看到，当其他研究者使用语义加工或他人加工作为自我参照加工的控制组时，Kircher 等人却用非自我参照加工作为控制组。可以认为，MPFC 的激活仅仅是与自我参照加工有关的。首先，自我面孔识别并不激活 MPFC（Kircher，Senior，Phillips et al.，2000）；其次，自我记忆也不激活 MPFC（Conway，Turk，Miller et al.，1999）；最后，情景记忆提取虽然必须涉及自我，但是它并不激活 MPFC（Lepage，Ghaffar，Nyberg，& Tulving，2000）。

（二）自我参照效应提取时的脑成像研究

自我参照效应的提取（retrieval）脑成像研究不如自我参照效应的编码脑成像研究多。Lou 等人（2004）的 PET 研究结果表明，右侧顶下回（BA39:44,-58,38）有显著激活，这可以理解为是与自我相关的提取脑区。另一个重要的结果是，在进行 ROI 分析时，自我与好朋友，自我与女王在右侧顶下回存在显著差异。Loud 等人（2004）为了验证右侧顶下回就是自我参照的提取脑区，还进行 TMS 实验。该实验除了 PET 实验的 13 名被试外又加了 12 名被试。结果表明，当刺激呈现后 160ms，在内侧顶叶处加入 TMS 干扰，使自我参照的提取受到严重影响，差异达到显著水平。但这一效应未在好朋友参照上见到，而且，自我参照与好朋友参照在这一效应上差异显著。

Lou 等人（2004）的贡献在于，首次报道了右侧顶下回是自我参照提取的脑区。从文化与自我的角度看，Lou 等人（2004）设置了自我参照程度不同的三种条件：自我参照，好朋友参照，女王参照，获得了有意义的结果：在提取时，右侧顶下回的激活中，自我参照与好朋友参照差别达到显著水平。这与社会心理学的概念——西方自我是独立性的自我，不包括任何其他人是一致的。

二、自我面孔识别

Keenan（2000）的一系列研究发现，识别自我面孔的能力似乎主要定位在右脑。Platek 等（2002）考察右利手被试在精神分裂人格量表（SPQ）上的得分与对自我面孔的辨别反应时之间相隔。这个实验证明精神分裂症会影响自我面孔加工能力，同时也支持了 Keenan 关于自我面孔识别主要定位于右脑的结论。Turk（2002）借鉴 Keenan 的实验范式进行的研究却得出相反的结论，即认为自我面孔识别似乎是左脑的功能，与对熟悉的他人面孔的识别是分离的。Lucina 等人（2005）则认为右脑和左脑皆具有自我面孔识别的能力，而只有右脑能够完成识别熟悉他人的任务。

在脑成像方面的研究中，Ninomiya（1998）等人的实验表明，在被试注意条件下，相对于熟悉的他人面孔，自我面孔诱发出波幅更高的 P300。Keenan（2001）得到了与此类似的结果，自我面孔在右侧额区诱发出比熟人面孔波幅更高的 P300，并且其 fMRI 实验发现自我面孔识别独特地激活了右脑额下回。但是也有部分脑成像实验得出不一致的结果。Kircher（2000，2001）的实验发现自我面孔识别主要表现在左脑前额叶活动的增强。Turk（2002）以裂脑人进行的研究发现，虽然自我面孔识别似乎是左右脑同时活动的结果，但是左脑可能起着更为重要的作用。Platek 等（2006）研究发现，与熟悉的他人面孔相比，自我面孔独特地激活了右脑额上回、内侧额叶、下顶叶以及左脑颞中回。Kircher（2000）对识别自我面孔和用人格形容词进行自我参照判断所激活的脑区进行比较，结果表明，两类任务共同激活了左侧梭状回、左侧楔前叶、右侧舌状回以及右侧脑区。这说明，自我面孔加工功能是由一个同时涉及左、右大脑部分结构的网络所负责的，而不能简单地强调是由哪一侧大脑所主导（朱滢，2007）。

三、自传体记忆

自传体记忆（autobiographical memory）是关于个人所经历的生活事件的记忆。根据这种看法，自传体记忆可以分为两大类：个人语义记忆（personal semantic memory）和个人情景记忆（personal episodic memory），后者经常被称为自传体事件记忆。自传体记忆为自我的建立提供了基础，并且维持着自我的联系感。Robinson（1986）认为，自传体记忆是自我形成的一个重要来源，可以用它来维持或改变自我的某些方面。Klein（2001，2002）提出记忆创造了自我这一观点，他认为自我由 6 个部分组成：关于个人生活的情景记忆、关于自己人格特点的表征、关于个人生活事件感知、跨越时间的连续感、个人主体感（a sense of personal agency and ownership）以及自我省查（self-reflect）或者进行元表征（metarepresentation）的能力。在这 6 部分内容中，前 3 部分内容同时也是自传体记忆的内容，而关于自己人格特点的表征以及关于个人生活事实知识则属于个人语义记忆的范畴。因此，我们可以看出，自传体记忆构成了自我的主要内容（朱滢，2007）。

Maguire（2001）对 1995—2001 年间发表的脑成像研究进行综述，仅仅收录到 11 项研究，其中 10 项研究都发现左侧部分脑区的激活，这些区域主要有左侧海马、颞极、前额叶，另有 6 项研究发现有内侧额叶的激活。而与这些左侧激活结果不同的是 Fink（1996）的一项 PET 研究，得到的结果主要表现为右侧脑区的激活。Piefke（2003）的实验也得出类似的右侧激活模式，在该实验中正性情绪和负性情绪事件都激活了右侧的部分脑区，从而证实情绪事件的提取很有可能诱发右侧脑区的活动。Maguire（2001）总结的 11 项研究中有 4 项发现了右侧小脑的激活。Andreasen（1999）的实验表明，自传体记忆的提取除了会激活皮层与边缘系统外，还可能需要小脑的参与。

Conway（2001）利用脑电研究考察自传体记忆提取的动态过程，首先依次呈现给被试若干单词，要求他们对每个单词回忆出相关的经历。在提取出相应的记忆事件后，将回忆出的记忆内容在头脑中保持 5s，然后给出提示要求其忘掉这些内容。结果表明，在提取的初始阶段，当呈现出单词后，左侧颞叶与前额叶表现出明显的激活。记忆内容提取出来后，右侧额叶、颞叶与顶叶迅速表现出激活，在 5s 的记忆保持时间内都可以观察到这种激活。根据这些结果，Conway 提出，左前额叶在自传体记忆提取过程中发挥重要作用，这种作用表现为对提取过程的激活与控制（朱滢，2007）。

第三章

网络交往的特点与影响因素实证研究

第一节 网络交往问卷编制

一、问题提出

以往有关网络交往的测量工具中，大多数都采用自编问卷进行调查，没有统一的内容和标准。并且，由于问卷编制者的研究视角和出发点各有不同，所编制的问卷侧重点也大相径庭。Regina 等（2008）和 Schiffrin 等（2010）主要从网络交往的内容、时间、频率和喜欢程度来考察个体的交往行为。陈少华等（2010）所编制的问卷主要测量网络交往的程度、影响、交友便捷认知、信任缺失认知、积极态度和消极态度。聂衍刚等（2007）认为网络交往主要由 7 个因素构成，分别是上网地点、上网时间、上网内容、网络人际关系、网络依赖和上网自评。周治金，杨文娇（2006）则从成瘾的角度编制了网络成瘾类型问卷，在该问卷中包含网络关系成瘾维度，主要考察个体对网络交往的依赖程度。钱铭怡等（2006）将沉迷于使用互联网的社交功能的这一类网络依赖命名为网络关系依赖，并编制网络关系依赖问卷。

在以往参考文献和测量工具的基础之上，本研究基于关系层面、行为层面、认知层面和结果层面出发，编制适合我国青少年的网络交往问卷，并检验其信效度，为网络心理学研究提供测量工具和理论参考。

二、研究方法

（一）被试

开放式访谈被试

参加开放式访谈的被试共有 20 人，其中包括 15 名大学生和 5 名高中生，男生 9 人，女生 11 人，年龄范围从 15 到 22 岁，平均年龄为 18±1.95 岁。

预测问卷的被试（样本 1）

用于探索性因素分析。在武汉市某高校各学科抽取 3 个班，统一在课堂上施测。共发放问卷 320 份，回收有效问卷 296 份，有效率 92.50%。男生 91 人，占预测人数的 30.7%，女生 205 人，占预测人数的 69.3%；理工科 123 人，占预测人数的 41.6%，文科 150 人，占预测人数的 50.7%，艺术体育专业 23 人，占预测人数的 7.8%；独生子女 73 人，占预测人数的 26.1%，非独生子女 207 人，占预测人数的 73.9%，在是否独生上缺失 16 人，占预测人数的 5.4%。年龄 17～25 岁，平均（20±1）岁。

正式施测的被试（样本 2）

用于验证性因素分析。在武汉市 3 所高校（分别是师范类院校、理工科院校、高职高专类院校）抽取 6 个班，统一在课堂上施测。共发放问卷 800 份，回收有效问卷 711 份，有效率为 93.22%。师范类 287 人，理工类 256 人，高职类 168 人；男生 315 人，女生 396 人；年龄 17～25 岁，平均（20±1）岁。

一个月后，从样本 2 中抽取师范类 88 名学生进行重测，其中男生 35 人，女生 53 人。

（二）研究工具

开放式调查问卷

自编《网络交往开放式访谈提纲》，提纲包括以下题目：（1）你会每天利用网络与朋友聊天吗？平均每天在网络上与朋友聊天的时间是多少？一般使用哪些交往工具？如果不利用网络与朋友交往，你会觉得怎样？（2）网络交往会带给你怎么样的情绪感受？网络交往中的哪些事情会使你开心？难过？或者痛苦？（3）当你面对压力或者伤心难过时，你是否会利用网络交往缓解压力？一般选择哪些方式？你认为网络中的朋友能否帮你走出压力源？（4）你进行网络交往的动机是什么？（5）自我表露就是向他人表露自己信息的过程，你是否会在网络上进行自我表露？你的表露对象是谁？你会表露哪些方面的问题？表露程度如何？你在网络中的自我表露是否真实？（6）网络中的"你"与现实中的你是一致的吗？网络中的"你"和现实中的"你"有哪些异同？（7）网络交往中的"你"的自我感觉如何？（详见附录一）。

网络交往预测问卷

自编《网络交往预测问卷》，共 40 个项目，采用五点计分，分别是：完全不符合、不符合、不确定、符合、完全符合，其中共有 4 个反向计分题。在预测问卷中，内容涉及网络交往中的人际关系、自我表露、社交自我知觉、交往依赖等方面（详见附录二）。

网络交往正式问卷

自编《网络交往正式问卷》，共 26 个项目，采用五点计分，分别是：完全不符合、不符合、不确定、符合、完全符合，其中有 2 个反向计分题（详见附录三）。

网络成瘾类型问卷

采用周治金，杨文娇（2006）编制的《大学生网络成瘾类型问卷的初步编制》，共 27 个条目，分为网络游戏成瘾、网络人际关系成瘾及网络信息成瘾 3 个因子。采用 1"完全不符"～ 5"完全符合"点计分，得分愈高表明成瘾倾向愈明显。该问卷具有较好的信度和效度。本研究选取其中的网络人际关系成瘾维度为检验网络交往依赖维度的效标。

（三）结果

1. 开放式访谈结果

开放式访谈在 2010 年 10 月进行，对访谈内容进行录音并转写成逐字稿，然后对逐字稿进行编码分析。

对访谈的结果进行人工编码，其步骤为：

①访谈内容整理。对访谈内容进行整理，将筛选出来的词条和短语形成陈述性语句。

②内容分类。将所有陈述句进行分类，请三位心理学专业研究生进行分类。

③划分维度。结合已有的理论构想，以及内容分类的结论，建立网络交往的维度，并请三位心理学专业研究生对维度划分的合理进行探讨。

④建立编码系统对内容编码。依照维度将被试的回答进行编码。

内容编码的结果见表 3-1。

表 3-1 网络交往内容编码分类

分类	次数	百分比 %
网络交往依赖感	50	21.37
网络交往自我表露	45	19.23
网络交往中的自我意识	39	16.67
网络交往人际关系	30	12.82
网络交往社会支持	27	11.54
网络交往情绪体验	25	10.69
网络交往动机	18	7.69

2.预测问卷的编制

根据开放式访谈内容编码的结果，将筛选出来的词条和短语形成陈述性语句，编制《网络交往问卷》，请20名心理学研究生对该预测问卷进行表述纠错，以避免出现项目有歧义、难以理解、表述不够简练等问题，同时请他们对问卷进行语义分析，在语义分析上进行维度的初步划分。经上述步骤，最终确定《网络交往预测问卷》，包括40个项目，其中共有4个反向计分题，采用五点计分，分别是：完全不符合、不符合、不确定、符合、完全符合。

3.预测问卷的施测与正式问卷的形成

对回收的数据进行项目分析、探索性因素分析和信度分析，探索性因素分析使用主成分分析和极大似然正交旋转的方法，以题项和总分相关系数低于0.3以下，高低分组 t 检验中不显著，共同度低于0.3，因素负荷低于0.4，存在双重负荷（双重负荷均在0.3以上且负荷之差小于0.3）为标准删除项目，并根据理论预期、解释率同时参照碎石图提取因子，最终确定正式问卷。

（1）项目分析

根据本研究的目的，本研究的项目分析主要考察项目的区分度，对于预测所得到的有效问卷的数据（N=296）进行项目分析。使用题总相关法和项目鉴别力指数法。首先计算各题目与总分的相关，并剔除相关度较低（r<0.3）的题目，结果见表3-2。

表3-2 各题项与总分的相关系数（N=296）

项目	与总分相关系数	项目	与总分相关系数
a1	0.32**	a21	0.51**
a2	0.31**	a22	0.45**
a3	0.40**	a23	0.43**
a4	0.29**	a24	0.46**
a5	0.44**	a25	0.44**

项目	与总分相关系数	项目	与总分相关系数
a6	0.53**	a26	0.46**
a7	0.55**	a27	0.52**
a8	0.59**	a28	0.41**
a9	0.47**	a29	0.47**
a10	0.16**	a30	0.47**
a11	0.42**	a31	0.59**
a12	0.49**	a32	0.51**
a13	0.39**	a33	0.56**
a14	0.43**	a34	0.58**
a15	0.53**	a35	0.58**
a16	0.58**	a36	0.58**
a17	0.51**	a37	0.47**
a18	0.35**	a38	0.28**
a19	0.23**	a39	0.49**
a20	0.37**	a40	0.40**

注：**$p<0.01$，下同

检查项目鉴别力指数，首先对问卷总分进行排序，计算总分最高的前27%的高分组，以及总分最低的后27%的低分组。对两组被试求出每个题目的平均值的差异，并进行显著性检验。若项目的CR值（临界比例）达到了显著性水平（$p<0.05$ 或 $p<0.01$），证明该项目可以区分出不同水平的被试的反应，否则删掉该项目，结果见表3-3。

表3-3 项目鉴别力指数（N=296）

项目	t 值	项目	t 值
a1	3.95***	a21	9.11***
a2	5.38***	a22	7.04***
a3	6.63***	a23	6.33***

项目	t 值	项目	t 值
a4	5.11***	a24	7.63***
a5	7.30***	a25	6.60***
a6	9.40***	a26	7.69***
a7	8.79***	a27	7.75***
a8	9.78***	a28	6.36***
a9	7.95***	a29	7.25***
a10	1.62	a30	7.79***
a11	6.49***	a31	10.36***
a12	7.85***	a32	9.25***
a13	6.19**	a33	9.42***
a14	7.42***	a34	9.71***
a15	8.45***	a35	9.46***
a16	10.07***	a36	10.17***
a17	8.54***	a37	7.58***
a18	5.69***	a38	4.54***
a19	3.07**	a39	7.45***
a20	6.67***	a40	6.23***

注：** $p<0.01$，*** $p<0.001$，下同

由表 3-2 可见，大部分题目得分与总分相关显著（$p<0.01$），这说明量表中大部分项目都具有很好的区分度。根据表 3-3 的结果可以发现：大部分项目的鉴别力指数达到了显著水平，即能够较好的区分出高分组和低分组的被试。综合考虑题总相关系数和鉴别力指数的分析结果，最终删去 a4，a10，a19 和 a38 这 4 个项目。

（2）效度

结构效度

为了检验数据是否适合做因素分析，首先对样本 1（n=296）所获得的数据取样适当性进行检验。对项目分析后的 36 个题目进

行探索性因素分析，使用主成分、正交旋转法抽取因素，生成特征根大于 1 的因子 9 个，累积方差解释率为 58.37%。

表 3-4 KMO 和 Bartlett 球形检验结果

KMO 测度系数		.869
Bartlett 球形检验	近似卡方值	3558.414
	自由度	630
	显著性	.000

由表 3-4 可知，问卷的 KMO 系数为 0.869（大于推荐值 0.80），Baralett 球形检验 x^2=3558.414，df=630，$p<0.001$，结果也非常显著，说明样本数据适合进行因素分析。

根据研究者编制问卷的实际经验，项目删减的原则是：①逐步排除某些极端项目；②共同度低于 0.3；③因素负荷小于 0.4；④存在双重负荷（双重负荷均在 0.3 以上且负荷之差小于 0.3）。依据这些标准对初始问卷的项目进行删减，每次删除一个项目，重新进行探索性因素分析，并依据重新分析的结果确定下一次删除的项目。在本研究中用主成分分析法抽取特征值大于 1 的因素，经正交旋转，共得到五个因子，方差累积贡献率为 52.44%，但是第五个因子上只有两个题项。删除两个题项，进行探索性因素分析，共得到四个因子，方差累积贡献率为 47.79%。对四因子模型和五因子模型的取舍将通过验证性因素分析对比考察两个模型的拟合程度来决定。四因子模型各条目因子载荷见表 3-5。

表 3-5 问卷因子载荷值

因子一		因子二		因子三		因子四	
条目	负荷	条目	负荷	条目	负荷	条目	负荷
34	0.81	14	0.73	7	0.73	11	0.70
35	0.79	24	0.73	8	0.70	2	0.69
33	0.70	20	0.71	18	0.66	21	0.59

因子一		因子二		因子三		因子四	
条目	负荷	条目	负荷	条目	负荷	条目	负荷
16	0.66	31	0.64	17	0.59	26	0.58
36	0.55	15	0.60	12	0.56	1	0.56
6	0.49	5	0.54	13	0.49	9	0.47
				3	0.40	27	0.41

使用样本2（n=711）进行验证性因素分析。使用结构方程模型分别对网络交往的五因子结构和四因子结构进行验证性因素分析。根据温忠麟等（2006）提出的结构方程模型检验的拟合指数指标，NNFI和CFI的临界值为0.90，RMSEA的临界值为0.08，因此本研究中四因子模型符合要求，五因子模型基本符合要求（表3-6）。

表3-6 网络交往的验证性因素分析

模型	x^2	Df	x^2/df	CFI	NNFI	IFI	RMSEA
模型1：四因子模型	1437.77	293	4.90	0.97	0.96	0.97	0.067
模型2：五因子模型	642.26	179	3.59	0.89	0.87	0.89	0.094

由于四因子模型和五因子模型不是嵌套模型，所以按照非嵌套模型的比较方法对其进行比较。在非嵌套模型中通常使用交叉拟合指数（CVI）作为模型选择的依据。ECVI为CVI数学期望的估计值。在一般情况下，介于二者之间的模型的ECVI值愈接近饱和模型的ECVI值，拟和愈好；愈接近独立模型的ECVI值，表示拟和愈差（柳恒超，许燕，王力，2007）。结果，四因子模型和五因子模型的△ECVI（ECVI-ECVI饱和）指数均为0.98，而四因子模型的△ECVI（ECVI独立-ECVI）为34.17，五因子模型的△ECVI（ECVI独立-ECVI）为8.76。说明四因子模型更远离独立模型，更趋近饱和模型，拟合更好，因此接受四因子模型。根据每一因素

中的项目将因素分别命名为网络人际关系、网络自我表露、网络社交自我知觉、网络交往依赖。

（3）问卷的信度和效度分析

信度分析

网络交往问卷的内部一致性（Cronbach's α）系数为 0.90，四个维度的内部一致性系数为 0.78 ～ 0.84。间隔 1 个月后进行重测，网络交往问卷的重测信度为 0.88，四个维度的重测信度介于 0.70 ～ 0.83 之间。各指标达到心理测量学要求，表明问卷具有较高的信度。

表 3-7 网络交往问卷信度分析结果

	网络社交自我知觉	网络自我表露	网络交往依赖	网络人际关系	总分
Cronbach'α 系数	0.78	0.81	0.81	0.84	0.90

效度分析

校标效度是指测验分数与效标的相关程度。所谓效标，就是检验测验有效性的一种参照标准，效标常用一种公认比较可靠或权威的测验结果表示。本研究选取周治金，杨文娇（2006）编制的《大学生网络成瘾类型问卷的初步编制》中的网络人际关系成瘾维度作为网络交往依赖的校标效度，经检验结果发现，网络人际关系成瘾维度得分（20.97±4.6）与网络交往依赖维度得分（12.6±4.1）的相关系数 r 为 0.56，$p < 0.01$。

内容效度是指问卷的项目是否测到了所要测的内容，是否能代表所测量的内容范畴。本书首先通过对网络交往的文献综述，初步得到了网络交往的定义及内涵；然后通过开放式访谈，对网络交往的结构作了理论构想，并参考网络交往依赖和自我表露测验中的一些题目，编制了网络交往问卷；然后，请心理学硕士研究生共 20 人对自编问卷进行评定，对问卷项目的表述进行纠错以及语义分析，同时探讨问卷的内容是否具有代表性、是否真实测量了网络交往内容，并根据评定结果进行修改。以上措施保证本问卷具有较好的内容效度。

利用因素分析对问卷的结构效度进行了探讨，通过探索性因子分析，发现网络交往问卷可以区分为四因子结构模型和五因子结构模型。通过验证性因素分析，对两个模型进行比较，结果发现在四因子模型中，x^2 =1437.77，df=293，x^2/df =4.90，CFI=0.97，NNFI=0.96，IFI=0.97，RMSEA = 0.067，而五因子模型中，x^2 =642.26，df=179，x^2/df =3.59，CFI=0.89，NNFI=0.87，IFI=0.89，RMSEA = 0.094，由于两个模型均为非嵌套模型，所以不能遵循卡方准则。我们通过交叉拟合指数（CVI）对两个模型进行比较，结果发现五因子模型的 ECVI 愈接近独立模型的 ECVI 值，而四因子模型的 ECVI 越远离独立模型的 ECVI 值，更趋近于饱和模型，因此，我们认为四因子模型拟合得更好，这个结果与本研究的假设一致。

另外，表 3-8 表明，各维度间的相关在 0.32 ～ 0.55 之间，维度与总分的相关在 0.67 ～ 0.80 之间，均高于维度间的相关，这样保证各维度测量的既是不同的内容又是网络交往这一共同领域。问卷内各维度呈中等程度相关，说明各维度具有一定的独立性；各维度与总分呈中等偏高的相关，说明问卷具有较高的同质性。以上各项指标表明，网络交往问卷具有较好的结构效度。

表 3-8 网络交往各维度间、维度与总分的相关

变量	1	2	3	4	5
网络自我表露	1				
网络交往依赖	0.53**	1			
网络人际关系	0.55**	0.50**	1		
网络社交自我知觉	0.32**	0.36**	0.42**	1	
网络交往总分	0.77**	0.78**	0.80**	0.67*	1

（四）讨论

现有的网络交往问卷主要测量的是网络交往的某个方面或者某几个维度，如网络交往的时间、频率、程度、影响等，不能反映个体网络交往的全貌。网络交往的研究不能仅限于行为层面，还需关注到个体利用网络进行社会交往的心理和社会适应。因此，本研究在参考国内外研究成果的基础上，分别从关系层面、行为层面、认知层面和结果层面出发，编制网络交往问卷，共有 26 个题项。

网络人际关系属于网络交往中的关系层面，是促进网络交往的重要因素。在现实的面对面的交往中，人们的交往不可避免地受个人外在因素的影响，交往的最初吸引力往往来自于外表和气质，Mckenna（2002a）等人称这些能够容易发现的方面为"门槛特征"（gating features），然后是资源的占有和社会地位，最后才是知识、智慧、修养等更为深层次的内涵。但是由于网络的不可视性，那些可能阻止人际关系建立的"门槛特征"不起作用，而志趣相投、智慧等深层次的因素往往从一开始就决定交往的进行。毫无疑问，在此基础上建立的人际关系更有意义（陈秋珠，2006）。网络人际关系属于网络交往中的关系层面，是促进网络交往的重要因素。

由于不可视性，网络交往中的一种行为表现——自我表露，也具有其独特性。自我表露是使目标人（将个人信息与其进行交流的人）了解有关自己的信息过程（Jourard & Lasakow，1958）。随着互联网的快速发展，网络中的"自我表露"即在虚拟空间里向对方提供有关个人信息的过程。网络中的自我表露是建立和维持网络人际关系的关键，并且"真实自我"的表露程度和数量可以预示亲密水平和关系的发展。现有研究比较一致的观点是（Mckenna，Green，& Gleason，2002a；Mckenna & Green，2002b）："自我表露"是促使虚拟社会关系形成和发展的重要因素，并且自我表露行为是网络成瘾的预测因素（黄桂梅，张敏强，2009）。

　　网络中的主体在网络交往过程中的自我意识状况，属于网络交往中的认知层面，是影响网络交往发展的重要部分。在社会互动中，人们获得了自己怎样被他人所知觉的信息，这种信息被用于形成自我的基础。个体可以通过社会交往获得一种归属感，即一个人属于群体和被接纳的感受。这种感受只能在群体中获得，当个体知道群体中的其他人赞同或肯定自己的某方面时，他就会获得一种价值感，体验到被关心以及归属于群体的感觉，这对个体的自尊有积极的影响（杨玲，樊召锋，2009）。因此，在网络交往过程中，个体的社交自我知觉是影响着网络交往发展的重要因素。

　　网络交往过程中，个体过度地使用聊天室、社交网站等网络的交际功能，沉醉于网络关系建立、发展和维持，导致个体心理、社会功能的损害，网络交往依赖是网络交往过度使用的一种结果（钱铭怡，章晓云，黄峥，等，2006）。以往研究表明，社交效能感是大学生网络关系成瘾倾向较为有效的预测源，即当个体对自己的现实社交不能做出客观的认识和评价时，那么在自由、平等、虚拟的网络中，个体可以随心所欲创造一个甚至几个"理想的我"，并以理想的身份、外表、性格等进行聊天、交友、模拟现实婚姻（李淑媛，翟成蹊，范士青，2008）。因此，当个体过度沉迷于网络社交时就可能导致网络关系依赖。

　　在项目分析中，删除了4个不符合要求的题目，这些题目虽然涉及自我表露、网络交往依赖、社交自我知觉、人际关系，但是由于与题目总分的相关很低，考虑到问卷的信效度问题，问卷不再保留这些题目。

　　问卷的探索性因素分析结果得出，四因子可以解释总体方差的47.79%，五因子可以解释总体方差52.44%。对四因子模型和五因子模型进行验证性因子分析，利用非嵌套模型的方法比较。通过比较发现，四因子模型更接近嵌套模型序列中的饱和模型，更远离独立模型，拟合更好。因此，研究者最终选择四因子作为网络交往的结构。

　　根据心理测量学的理论，一份好的问卷，其总的信度系数最好在0.8以上，而分量表的信度系数在0.6～0.7之间是可以接受的（吴明峰，2003）。本研究中网络交往问卷总的信度系数和各维度的信度系数都具有较高的内部一致性，并且各维度与总分呈中等偏高程度的显著相关，说明问卷具有较高的同质性。

　　本研究选用网络成瘾问卷中的网络人际关系成瘾维度作为网络交往依赖维度的效标，结果发现两个维度呈显著正相关（$r=0.56$），这表明网络交往依赖维度具有较好的效标关联效度。总问卷的重测信度为0.88，4个维度的重测信度介于0.70～0.83之间，这表明该问卷符合心理测量学的要求，具有较好的信效度，可用作测量网络交往的检测工具。

　　（五）小结

　　（1）自编网络交往问卷共有26个项目，其中包括四个维度，即网络社交自我知觉、网络自我表露、网络人际关系以及网络交往依赖。

　　（2）自编网络交往问卷具有较好的内部一致性信度和重测信度，并且结构效度和内容效度也符合测量学的要求，表明该工具适合于测量网络交往行为。

第二节　青少年网络交往的特点

一、问题提出

考察青少年网络交往的一般特点，以及在网络交往上的性别、是否独生以及年龄的差异。

二、研究方法

（一）被试

正式施测选取三所大学（分别是师范类院校、理工科院校、高职高专类院校）和一所高中的学生共900人，回收有效问卷839份，有效率为93.22%。被试年龄从14到25岁，平均年龄为19±1.83岁，其他基本情况见表3-9。

表3-9 被试基本情况表

属性	类别	总计	比例
学校	师范类院校	287	34.2%
	理工类院校	256	30.5%
	高职类院校	168	20.0%
	高中	128	15.3%
专业	文科	329	39.2%
	理工科	479	57.1%
	艺体类	23	2.7%
	缺失值	8	1.0%
性别	男生	442	52.7%
	女生	389	46.4%
	缺失值	8	1.0%

属　性	类　别	总　计	比　例
是否独生	是	259	30.9%
	否	562	67.0%
	缺失值	18	2.1%

（二）研究工具

自编《网络交往问卷》（见第三章第一节）。为考察网络交往问卷在高中生的适用性，选取 128 名高中生为研究被试进行施测，结果发现，网络交往问卷的内部一致性系数为 0.89，表明该问卷可适用于高中生群体。

三、结果与分析

（一）网络交往的一般特征

比较 839 名学生在网络交往各维度上和总分上的平均分和标准差，结果发现，被试的网络安全感总分的平均值为 2.636，在各维度上的得分依次为网络自我表露（M=2.864）、网络人际关系（M=2.825）、网络社交自我知觉（M=2.708）、网络交往依赖（M=2.103）。

表 3-10　网络交往各维度的平均值和标准差

	平均值（*M*）	标准差（*SD*）
网络自我表露	2.864	0.734
网络人际关系	2.825	0.680
网络社交自我知觉	2.708	0.670
网络交往依赖	2.103	0.690
网络交往总分	2.636	0.531

（二）性别、是否独生差异检验

考察网络交往各维度及总分上的群体类型差异，分别以网络交往各维度和总分为因变量，进行 2（性别）×2（是否独生）的多因素方差分析，结果表明，在网络自我表露上，性别（$F(1)=4.342$，$p=0.037<0.05$），是否独生（$F(1)=4.954$，$p=0.026<0.05$）均存在显著的主效应，双向交互作用不显著，女生网络自我表露程度高于男生，并且独生子女的网络自我表露也高于非独生子女。在网络人际关系上，性别（$F(1)=4.203$，$p=0.041<0.05$）存在显著的主效应，是否独生（$F(1)=12.681$，$p<0.001$）主效应显著，双向交互作用不显著，男生相比于女生更希望在网络上寻求和建立人际关系，独生子女相比于非独生子女更希望在网上建立人际关系。在网络社交自我知觉上，性别（$F(1)=0.226$，$p=0.634$）主效应不显著，独生子女（$F(1)=13.546$，$p<0.001$）均存在显著的主效应，双向交互作用不显著，独生子女的社交自我知觉高于非独生子女。在网络交往依赖上，性别（$F(1)=4.599$，$p=0.032<0.05$），是否独生（$F(1)=20.344$，$p<0.001$）存在显著的主效应，双向交互作用不显著，男生以及独生子女更容易形成网络交往依赖。在网络交往总分上，性别（$F(1)=0.175$，$p=0.676$）的主效应不显著，是否独生（$F(1)=21.097$，$p<0.001$）存在显著的主效应，双向交互作用不显著，独生子女的网络交往水平要高于非独生子女。

表 3-11　性别和独生子女在网络交往总分及各维度的平均分和标准差

维度	男生（M±SD）	女生（M±SD）	是独生（M±SD）	非独生（M±SD）
网络自我表露	2.81±0.73	2.94±0.74	2.96±0.77	2.84±0.71
网络人际关系	2.87±0.70	2.76±0.52	2.95±0.69	2.77±0.67
网络社交自我知觉	2.69±0.67	2.74±0.68	2.85±0.69	2.65±0.65
网络交往依赖	2.15±0.70	2.03±0.67	2.26±0.79	2.03±0.63
网络交往总分	2.64±0.56	2.63±0.52	2.77±0.57	2.58±0.49

（三）年级差异检验

不同年级学生在网络交往总分和各维度上的得分见表3-12所示。

表 3-12 网络交往总分及各维度的年级差异比较

维度	高一 ($M\pm SD$)	高二 ($M\pm SD$)	高三 ($M\pm SD$)	大一 ($M\pm SD$)	大二 ($M\pm SD$)	大三 ($M\pm SD$)	大四 ($M\pm SD$)	F
网络自我表露	2.75±0.78	3.11±0.78	2.81±0.84	2.83±0.75	2.94±0.75	2.91±0.66	2.78±0.75	1.783
网络人际关系	3.05±0.72	3.03±0.90	3.01±0.74	2.72±0.66	2.87±0.68	2.78±0.60	2.76±0.69	3.170**
网络社交自我知觉	2.75±0.68	3.11±0.83	2.57±0.67	2.52±0.62	2.89±0.70	2.67±0.51	2.64±0.72	7.148***
网络交往依赖	1.91±0.65	1.85±0.80	1.90±0.65	2.07±0.62	2.30±0.78	2.13±0.62	2.05±0.67	5.103***
网络交往总分	2.63±0.52	2.79±0.69	2.59±0.49	2.54±0.49	2.76±0.59	2.62±0.42	2.57±0.56	3.650**

由表 3-12 可知，年级在网络自我表露维度上无显著差异，但在其他三个维度及总分上有显著的差异。进一步事后多重比较（Post Hoc Tests，LSD），结果见表3-13、表3-14、表3-15、表3-16以及表3-17。

表 3-13 网络交往总分在各年级上多重比较

	高一	高二	高三	大一	大二	大三	大四
高一	0						
高二	-0.16	0					
高三	0.05	0.21	0				
大一	0.09	0.25*	0.04	0			

	高一	高二	高三	大一	大二	大三	大四
大二	-0.13	0.04	-0.17	-0.22***	0		
大三	0.01	0.17	-0.04	-0.09	0.14*	0	
大四	0.06	0.23*	0.02	0.03	0.19**	0.05	0

注：表中各数值表示相应年级得分的差值，为列减行的分值，如大一、大二年级对应的 -0.22 表示大一年级得分低于大二年级得分 0.36 分，下同。

表 3-14 网络人际关系在各年级上多重比较

	高一	高二	高三	大一	大二	大三	大四
高一	0						
高二	0.02	0					
高三	0.04	0.03	0				
大一	0.32**	0.31*	0.28*	0			
大二	0.18	0.16	0.13	-0.15*	0		
大三	0.26**	0.24	0.22	-0.05	0.09	0	
大四	0.28**	0.27	0.24	-0.04	0.11	0.02	0

表 3-15 网络社交自我知觉在各年级上多重比较

	高一	高二	高三	大一	大二	大三	大四
高一	0						
高二	-0.37*	0					
高三	0.18	0.54**	0				
大一	0.22*	0.59***	0.05	0			
大二	-0.15	0.22	-0.32*	-0.37***	0		
大三	0.08	0.44**	-0.09	-0.15*	0.22**	0	
大四	0.10	0.47**	-0.07	-0.12	0.25***	0.03	0

表 3-16 网络交往依赖在各年级上多重比较

	高一	高二	高三	大一	大二	大三	大四
高一	0						
高二	0.07	0					

	高一	高二	高三	大一	大二	大三	大四
高三	0.01	-0.05	0				
大一	-0.16	-0.23	-0.17	0			
大二	-0.39***	-0.46**	-0.40**	-0.23**	0		
大三	-0.19*	-0.26	-0.21	-0.03	0.19**	0 ·	
大四	-0.14	-0.21	-0.15	0.02	0.25**	0.05	0

表 3-17 网络自我表露在各年级上多重比较

	高一	高二	高三	大一	大二	大三	大四
高一	0						
高二	-0.36*	0					
高三	-0.62	0.29	0				
大一	-0.08	0.28	-0.12	0			
大二	-0.19	0.17	-0.13	-0.11	0		
大三	-0.16	0.19	-0.10	-0.85	0.03	0	
大四	-0.03	0.33*	0.03	0.05	0.16*	0.13	0

　　进行事后比较发现，在网络人际维度上，大一学生的得分（M=2.72，SD=0.66）显著低于高一（M=3.05，SD=0.72）、高二（M=3.03，SD=0.90）和高三（M=3.01，SD=0.74）的学生，大二学生（M=2.87，SD=0.68）的得分显著高于大一学生的得分。在网络社交自我知觉维度上，大一学生（M=2.52，SD=0.62）的社交自我知觉显著低于高一（M=2.75，SD=0.68）、高二（M=3.11，SD=0.83）的学生，大二学生（M=2.89，SD=0.70）的社交自我自觉显著高于大一（M=2.52，SD=0.62）、大三（M=2.67，SD=0.51）和大四（M=2.64，SD=0.72）学生。在网络交往依赖维度上，大二学生（M=2.30，SD=0.78）在网络交往依赖得分显著高于高一（M=1.91，SD=0.65）、高二（M=1.85，SD=0.80）、高三（M=1.90，

SD=0.65）、大一（M=2.07，SD=0.62）、大三（M=2.10，SD=0.62）和大四（M=2.05，SD=0.67）的学生。在网络交往总分上，大二学生（M=2.76，SD=0.59）在网络交往总分上显著高于大一（M=2.54，SD=0.49）、大三（M=2.62，SD=0.42）和大四（M=2.57，SD=0.56）。

四、讨论

（一）网络交往的总特征

比较网络交往各个维度和总分的平均数，可以发现，网络自我表露高于网络人际关系、社交自我知觉以及网络交往依赖。这表明，在网络交往过程中，青少年进行网络自我表露的行为最多。视觉匿名是网络交往的主要特征之一，匿名性是进行网络自我表露的重要因素。Joinson（2001）研究发现，可视化的匿名交往和责任的下降导致了自我表露的增加。Bargh 通过实验证明，因为网络具有匿名和被揭露的社会代价减少的特性，它可以允许人们更自由地表达"真实"自我。Walther（2002）的研究也发现，在网络的匿名性和去抑制性环境中，人们的表达会更直接和无所禁忌，更容易吐露个人内心的情感，说出自己的弱点，表露个人隐私。网络使得人们能够揭露自己长期隐藏于心中的秘密。而处于疾风骤雨阶段的青少年，更多地选择利用网络对他人进行自我表露，来揭露隐藏在内心中的情感。

（二）网络交往的性别、是否独生差异

多因素方差分析结果表明，在网络自我表露上，性别、是否独生均存在显著的主效应，女生网络自我表露程度高于男生，并且独生子女的网络自我表露也高于非独生子女。在网络人际关系上，性别、是否独生均存在显著的主效应，男生相比于女生更希望在网络

上寻求和建立人际关系，独生子女相比于非独生子女更希望在网上建立人际关系。在网络社交自我知觉上，性别主效应不显著，独生子女存在显著的主效应，独生子女的社交自我知觉高于非独生子女。在网络交往依赖上，性别，是否独生均存在显著的主效应，男生以及独生子女更容易形成网络交往依赖。在网络交往总分上，性别的主效应不显著，是否独生存在显著的主效应，双向交互作用不显著，独生子女的网络交往水平要高于非独生子女。

多因素方差的结果表明，在网络自我表露维度上性别的主效应差异显著，女生在网络自我表露方面显著高于男生。网络交往的匿名性能帮助个体通过网络自由地表达自己，特别是女生（Hamburger & Ben-Artzi，2000）。由于女生有较高的自我意识，她们能更多地意识到她们所需要的社会支持以及建立良好的人际关系，因此，她们利用网络交往获得社会支持以及维持人际关系。而"自我表露"是促使虚拟社会关系形成和发展的重要因素（Mckenna，2002a，2002b），因此，女性在网络交往过程中的自我表露水平较高。

在网络人际关系维度上的性别主效应显著，男生的网络人际关系得分显著高于女生。以往研究发现，男生在社交焦虑、社交苦恼以及社交回避方面得分均高于女生（王艳芝，2007；朱东海，2008），并且男生获得社会支持也低于女生（范瑞泉，陈维清，2007），男生在人际关系敏感得分上高于女生（叶海燕，2003）。根据 McKenna 和 Bargh（1998，2000）提出的社会补偿观的观点，缺乏社会支持的个体会通过网络交流建立人际关系，以此获得另外的社会支持和社会认同。因此，男生相比于女生，更喜欢在网络上维持与老朋友的关系，建立新的人际关系，以此来弥补现实生活中人际关系的不足。

在网络交往依赖维度上性别主效应显著，男生的网络交往依赖水平显著高于女生。这个结果与以往研究的结果一致（李淑媛，2008；平凡，2011），表明男生相比于女生会更依赖网络人际关系。由于现实生活中缺乏良好的人际关系以及社会支持，男生会通过网络积极地建立与维持虚拟人际关系，由于情感上的共鸣以及获得积极的社会支持，男生会更多地对网络关系投入情感，这样会导致网络交往依赖的产生。

是否独生的差异上，本研究发现，在网络交往各维度和总分上，独生子女的得分高于非独生子女。研究发现，合群心理是人类固有的心理特征，合群心理过强的人往往容易产生孤独感。著名心理学家沙特的研究发现，依赖型的人，如长子、长女和独生子女比非长子、长女儿童有一种更强烈的合群倾向（李艳丽，2002）。而网络交往的目的是获得社会支持，因此，独生子女相比于非独生子女而言，更多地参与网络交往活动，进行更多的自我表露，他们在网络交往过程中有较高的自我意识，能积极建立网络人际关系，但是往往也会导致过多的网络依赖。

（三）年级差异

本研究发现，年级在网络自我表露维度上无显著差异，但是在其他三个维度以及总分上有显著的年级差异。进行事后比较发现，在网络人际维度上，大一学生的得分显著低于高一、高二和高三的学生，大二学生的得分显著高于大一学生的得分。在网络社交自我知觉维度上，大一学生的社交自我知觉显著低于高一、高二的学生，大二学生的社交自我自觉显著高于大一、大三和大四学生。在网络交往依赖维度上，大二学生的网络交往依赖得分显著高于高一、高二、高三、大一、大三和大四的学生。在网络交往总分上，大二学生在网络交往总分上显著高于大一、大三和大四学生的得分。

新生进入大学校园，面对新的环境，大一新生会试图建立新的人际关系，无论是在现实生活还是虚拟世界中，在这段时间，大一新生的网络人际关系、网络社交自我知觉、网络交往依赖以及网络交往总分最低。随着社会交往的进行，旧的人际关系的继续维持，新的人际关系的建立，交往范围的逐步扩大，网络交往经验的增强，个体的社交自我意识逐渐增强，到了大二阶段，大二学生的网络人际关系、网络社交自我知觉以及网络交往水平程度最高，但是网络交往依赖也往往会发生在这个时期。当建立稳定的网络人际关系后，随着大学课业的增加、社会活动的参与，学生逐渐将重心转移到现实生活中。因此，在大三、大四阶段，网络交往总分以及维度得分都低于大二阶段的得分。

（四）小结

网络交往问卷进行施测，结果发现，网络自我表露高于网络人际关系、社交自我知觉以及网络交往依赖。

在性别差异上，网络交往表露、网络人际关系、网络交往依赖上存在着显著的差异，女生网络自我表露水平显著高于男生。而男生比女生更希望在网络上寻找和建立人际关系，并且对网络交往的依赖高于女生。

在是否独生差异上，网络交往总分和四个维度在是否独生上存在显著的差异。结果发现，独生子女比非独生子女有更多的网络自我表露，并且希望建立更多的人际关系，有更高的网络社交自我意识，网络交往依赖程度也更高。

在年级差异上，网络人际关系、网络社交自我知觉、网络交往依赖和网络交往总分上有显著的差异。总体而言，大一学生的网络人际关系、网络社交自我知觉水平最低，而大二学生在网络人际关系、网络社交自我知觉、网络交往依赖和网络交往总分上都高于其他年级。

第三节　青少年网络交往的影响因素研究

一、问题提出

McKenna 和 Bargh（2002）发现，网络的匿名性为那些认为自己在现实生活中身份有污名的人提供了在网络上建立亲密关系的机会，这是因为在网络上没有性别、种族、年龄和外表的门槛限制（Niemz，Griffiths，& Banyard，2005），每个人在网络上都是平等的。由于一些人格特征在现实生活中是不受欢迎的，拥有这种人格特征的个体相当于被贴上了某种污名的标签，而在互联网这个平等的世界中，他们的污名标签不见了（马利艳，2008）。

外向性是一种研究者探讨较多的重要的人格特质。Peter，Valkenburg 和 Sehouten（2005）对 493 名 9 ～ 18 岁的荷兰青少年进行研究发现，无论是外向的青少年还是内向的青少年都会在网络上形成更多的友谊，外向者和内向者在网上都很频繁地表露自己的情况，进行网上交流。这说明在以计算机为媒介的人际沟通中，内向和外向的差别不存在了，但是在现实生活中，外向的人在人际沟通中有更多的自我表露，更容易与他人形成友谊，内向的人在人际沟通中的自我表露较少，友谊的数量和质量相对于外向的人也更少，但是从研究中可以看到他们之间的差异在网络上减少甚至消失了，这都说明具有内向人格特质的个体在互联网上向具有外向人格特质的个体靠拢。

Amichai-Hamburger，wainapel 和 Fox（2002）的研究发现，内向者和神经质者把他们"真实的我"（real me）定位于网络上，而外向者和非神经质者把他们"真实的我"定位于传统的面对面交流中。把"真实的我"定位于网络上的个体会让他们的网友更进一步地了解他们，但是他们的现实伙伴并不知道他们在网络上的表现，如果现实伙伴知道他们的网络表现会感到非常吃惊，那是因为他们在网络上的表现和现实中的表现是不一样的。Rouse 和 Haas（2003）研究结果发现，在人格感知中自评人格与网上行为之间的相关仅在外向性上相关显著。有研究发现网络使用者在网上有较少的内向行为（Chester，2004），在网络上内外向人格之间的差异消失了，其在网络上都表现出外向者的人格特点。害羞或者不自信的个体在现实生活中很难发展亲密关系，但他们可以在网络上表现出他们认为好的一面，以便建立更多的人际关系（Niemz，Griffiths，& Banyard，2005），满足人际交往的需要。

研究者认为，在网络环境中，部分人格特质对网络孤独有明显的直接作用（张晓琴，2007）。人格特质论认为，人格是一种稳定的特征，会影响到个体的行为方式，使得其对客观事物的感知带有鲜明的个性色彩。孤独感作为一种个体内部的主观情感体验，会受到人格的影响。张晓琴（2007）等人的研究发现，不同孤独感水平具有不同的人格特征和网络服务特点，并且，人格特质对网络孤独感的产生既有直接作用，同时具有间接的综合作用。李林英（2003）研究发现，大学生的自我表露与外向性有显著的相关，与孤独感显著负相关，低自我表露者比高表露者体验到更多的孤独感。

综上，我们可以发现，人格因素与网络交往之间的关系存在着相当大的争议，有学者认为人格与网络交往之间有显著关系（Hamburge & Ben-Artzi，2000；Wolfradt & Doll，2002；Lu，Palmgreen，Zimmerman，Lane，& Alexander，2006），而一些学者认为人格和网络使用之间没有相关关系（Ross et al.，2009）。而作

为一种消极的情绪状态——孤独感，其对网络交往的影响也存在着
争议。一部分研究者认为孤独感是过多网络使用及滥用的结果，
然而另外一部分研究者却认为孤独个体才会表现出对网络使用的
偏好而引起网络成瘾（Moraha-Martin，1999；Morahan-Martin &
Schumacher，2003）。有研究者发现，孤独感调节了神经质和网络
使用关系（Amichai-Hamburger，2003）。关于自我对网络交往的研
究发现，自我表露对网络虚拟关系的建立有着重要作用，群体内
的表露能够加强群体成员间的信任。但也有研究发现，高水平的
自我表露实际上是由网络交往引起（Joinson，2001）。人格与自我
表露以及孤独感的研究发现，现实自我表露与内外向性显著相关
（Peter，Valkenburg，Sehouten，2005），与孤独感显著负相关，低
表露者比高表露者体验到更多的孤独感（李林英，2003）。因此，
人格因素、孤独感、自我表露与网络交往之间到底有怎么样的关
系？其影响机制到底如何？需要进一步探讨。

二、研究方法

（一）被试

正式施测选取三所大学（分别是师范类院校、理工科院校、高
职高专类院校）和一所高中的学生共900人，回收有效问卷839份，
有效率为93.22%。被试年龄从14到25岁，平均年龄为19±1.83
岁，其他基本情况见表3-18。

表3-18 被试基本情况表

属性	类别	总计	比例
学校	师范类院校	287	34.2%
	理工类院校	256	30.5%
	高职类院校	168	20.0%
	高中	128	15.3%

属 性	类 别	总 计	比 例
专业	文科	329	39.2%
	理工科	479	57.1%
	艺体类	23	2.7%
	缺失值	8	1.0%
性别	男生	442	52.7%
	女生	389	46.4%
	缺失值	8	1.0%
是否独生	是	259	30.9%
	否	562	67.0%
	缺失值	18	2.1%

（二）研究工具

艾森克人格问卷（EPQ），是公认的、广泛使用的人格问卷。本研究使用钱铭怡等人修订的中国版 EPQ 简式量表（EPQ-R Snora Scale，EPQ-RS），大量研究证明该量表具有很好的信度和效度。量表包括 E、N、L、P 4 个分量表，各 12 个题目。本研究采用的是其中的《内外倾分量表》即 E 量表，E 分高表示外向、爱社交，广交朋友等，E 分低表示内向、安静、离群、保守、交友不广，但有挚友。在本研究中，内外倾分量表的内部一致性系数为 0.82。

孤独感问卷（UCLA），已用于数百个有关孤独的研究项目中，具有良好信度和效度。量表由 20 个题项组成，4 点计分，部分反向计分，分数越高，其孤独感越高。在本研究中，孤独感量表的内部一致性系数为 0.78。

自我表露问卷，采用我国学者陈会昌、李林英（2004）修订的《朱拉德自我表露问卷》，该量表每个项目针对 4 个目标人（父亲、母亲、男性朋友、女性朋友）分别回答自我表露的程度。0 代表从不向他人表露；1 表示向他人说了一些；2 表示非常详细地告诉他人；X 表示对他人说谎或者不正确地表露自己，分别以 1、2、3、1 分进行统计，朱拉德的研究表明该量表有较好的信效度。在本研究中，自我表露问卷的内部一致性系数为 0.88。

网络交往问卷，自编的《网络交往问卷》正式版（见研究一），分为 4 个维度，5 点计分，从 1 到 5，有 2 个反向计分题，一共 26 个项目。

（三）数据处理

本研究所有数据和管理由 SPSS17.0 完成，数据统计和分析主要由 spss17.0 进行。主要进行相关分析、方差分析及回归分析。

三、结果

（一）现实自我表露、孤独感和外向性在性别上的差异

现实自我表露、孤独感和外向性在性别上的差异检验见表 3-19。

表 3-19 现实自我表露、孤独感和外向性的性别差异

变量	男生（$M\pm SD$）	女生（$M\pm SD$）	t
爱好自我表露	7.51±1.64	7.78±1.72	-2.328*
学习自我表露	7.82±1.67	8.37±1.69	-4.713***
个性自我表露	7.03±1.62	7.46±1.65	-3.739***
身体自我表露	6.80±1.75	7.11±1.72	-2.512*
现实自我表露总分	7.30±1.44	7.71±1.47	-4.012***
外向性	7.15±3.21	7.31±3.23	-0.679
孤独感	44.47±8.23	43.60±8.58	1.472

由表 3-19 可知，现实自我表露的各个维度以及总分有显著的性别差异。比较平均数发现，对于爱好、学习、个性和身体这些方面，女生比男生更倾向于向他人分享自己的想法和态度。而孤独感

和外向性得分在性别上无显著性别差异。

（二）网络交往与现实自我表露、外向性和孤独感的相关分析

网络交往总分与外向性、孤独感和现实自我表露的相关分析见表 3-20。从相关分析中可以看出，网络交往总分与外向性显著负相关（$r= - 0.23$，$p<0.01$），与孤独感显著正相关（$r=0.24$，$p<0.01$），与现实自我表露显著负相关（$r= - 0.16$，$p<0.01$）。现实自我表露与外向性显著正相关（$r= - 0.33$，$p<0.01$），与孤独感显著负相关（$r= - 0.24$，$p<0.01$）。外向性与孤独感显著负相关（$r= - 0.45$，$p<0.01$）。

表 3-20　网络交往与外向性、孤独感和现实自我表露的相关分析

	1	2	3	4
外向性	1			
孤独感	-0.45**	1		
现实自我表露总分	0.33**	-0.24**	1	
网络交往总分	-0.23**	0.24**	-0.16**	1

（三）外向性对网络交往的预测作用

使用分层回归控制人口学变量对网络交往的影响，然后在第二层使用分层回归考察外向性对网络交往的预测作用。结果发现，人格维度中的外向性对网络交往的预测作用显著，对网络交往的解释率为 5%。

表 3-21　外向性对网络交往的预测作用

	第一步（enter）			第二步（enter）
	性别	是否独生	年级	外向性
B	-0.325	-4.86	-0.002	-0.966
SE	0.97	1.03	0.142	0.147
β	-0.011	-0.162***	-0.001	-0.223***

续表

	第一步（enter）			第二步（enter）
	性别	是否独生	年级	外向性
F		7.286***		16.543***
ΔR²		0.026		0.050

（四）孤独感在外向性预测网络交往中的中介作用

采用回归分析考察孤独感在外向性预测网络交往中的中介效应。由表 3-20 可知，孤独感、外向性和网络交往相关显著，这满足了中介变量检验的前提。由表 3-21 可知，外向性预测网络交往的直接作用是显著的，接下来我们考察加入中介变量孤独感之后的变化情况。

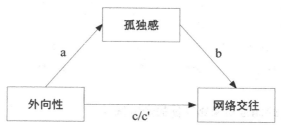

图 3-1 孤独感在外向性预测网络交往中的中介路径

由表 3-22 可知，以外向性为预测变量，以网络交往总分为因变量（第一步），进行回归分析，得出 Beta 值非常显著（$p<0.01$），即中介效应检验程序中的回归系数 c 显著；以外向性为预测变量，以孤独感为因变量（第二步），进行回归分析，得出 Beta 值非常显著，表明回归系数 a 显著；以外向性、孤独感为预测变量，以网络交往总分为因变量，采用逐步回归法，得出自变量对因变量的回归系数 c'显著，说明孤独感在外向性和网络交往总分间的部分中介作用显著。外向性可以直接预测网络交往，也可以通过影响现孤独感间接影响网络交往，孤独感在外向性和网络交往间起着部分中介

作用。现实自我表露的中介效应在总效应中的比例为（－0.45）×（－0.18）/（－0.23）=0.352，占总效应的 35.2%。

表 3-22　孤独感在外向性和网络交往关系的中介检验

步骤	标准化回归方程	回归系数检验	
第一步	Y= -0.23X	SE=0.15	t=-6.72***
第二步	W= -0.45X	SE=0.01	t=-14.49***
第三步	Y= -0.14X+0.18W	X: SE=0.16	t=-3.82***
		W: SE=0.06	t=4.82***

注：SE 为标准误，X= 外向性，W= 孤独感，Y= 网络交往总分。

（五）现实自我表露的调节作用

对外向性和现实自我表露进行中心化处理，以避免多重共线性，然后计算预测变量与现实自我表露的交互项。然后采用分层回归分别考察外向性作为预测变量预测网络交往时现实自我表露的调节作用，结果见表 3-23。

对现实自我表露的调节作用进行简单斜率分析发现，在现实自我表露上，外向性对网络交往有显著的负向作用，simple slope= － 0.20，t（830）= -1.97，p<0.05。

表 3-23　现实自我表露在外向性预测网络交往中的调节作用检验

变量及步骤	β	ΔR^2
第一步（enter）		
外向性	-0.20***	0.06***
现实自我表露	-0.09**	
第二步（Stepwise）		
外向性 × 现实自我表露	-0.11 **	0.01**
总计（R^2）		0.07

（六）外向性对网络交往的影响：有中介的调节作用检验

Muller，Judd 和 Yzerbyt（2005）指出有调节的中介效应是指中介变量对预测变量与因变量关系的中介作用的大小依赖于调节变量。具体来讲，有调节的中介效应体现为预测变量对中介变量的影响程度取决于调节变量，或者是体现为中介变量对因变量的影响程度取决于调节变量，或者是两者兼有。图 3-3 提供了孤独感对中介变量现实自我表露的调节作用示意图（图中实线代表确证的路径，虚线表示可能有但实际未被证实的路径）。具体通过如下步骤考察这种有调节的中介效应。

图 3-2 现实自我表露对中介变量孤独感的调节作用

根据有中介的调节和有调节的中介的检验过程（Muller，Judd，& Yzerbyt，2005），对外向性、孤独感和外向性进行中心化处理后，计算孤独感和现实自我表露的交互项。然后依次进行检验（温忠麟，张雷，候杰泰，2006），如表 3-24 所示：（1）以外向性、现实自我表露以及这两者的交互作用项一起作为预测变量，以网络交往为因变量采用强迫进入法进行回归分析，结果发现，外向性和现实自我表露交互项系数显著；（2）以外向性、现实自我表露和两者的交互项一起做预测变量，以孤独感做因变量，结果发现交互项的系数显著；（3）以外向性、现实自我表露、孤独感以及外向性和现实自我表露的交互项做预测变量，以网络交往为因变量，结果发现，孤独感的系数显著。根据检验的结果，参考有中介的调节效应检验方式（温忠麟，张雷，候杰泰，2006），结果表明，现实自我表露在外向性和孤独感间存在调节效应。

表 3-24 现实自我表露对孤独感的调节检验

步骤	标准化回归方程	回归系数检验	
第一步	Y=-0.21X-0.09U-0.11UX	X: SE=0.16	t=-5.94***
		U: SE=0.01	t=-2.54*
		UX: SE=0.01	t=-3.19**
第二步	W=-0.43X-0.11U-0.14UX	X: SE=0.09	t=13.29***
		U: SE=0.01	t=-3.28**
		UX: SE=0.01	t=-4.55**
第三步	Y=-0.14X-0.07U+0.16W-0.09UX	X: SE=0.17	t=-3.62***
		U: SE=0.01	t=-2.09*
		W: SE=0.06	t=4.11***
		UX: SE=0.01	t=-2.54*

注：SE 为标准误，X= 外向性，U= 现实自我表露，W= 孤独感，Y= 网络交往总分

最后，以外向性、孤独感、现实自我表露、孤独感与外向性的交互项、孤独感与现实自我表露的交互项作为预测变量，以网络交往为因变量进行回归分析，主要考察现实自我表露对孤独感和网络交往的调节作用。具体结果见表 3-25。从表中可以看出，外向性和孤独感的交互项对网络交往的预测作用不显著，这说明现实自我表露对孤独感和网络交往关系的调节作用不显著。

表 3-25 现实自我表露对孤独感中介作用的调节

变量	B (SE)	β	R^2
外向性	-0.61（0.17）	-0.14***	
现实自我表露	-0.02（0.01）	0.07*	
外向性 × 孤独感	-0.01（0.01）	-0.07	
孤独感	0.25（0.06）	0.15***	0.09***
孤独感 × 现实自我表露	0.01（0.01）	0.03	

综上结果，本研究发现，现实自我表露在外向性和孤独感间存

在调节效应，在外向性对网络交往的影响过程中，现实自我表露起着有中介的调节作用。即低自我表露个体，内向个体更容易有较高的孤独感，由于孤独水平越高，个体更容易偏好网络交往。相对而言，若个体现实自我表露水平较高，那么外向个体则有较低的孤独感，孤独感水平越低，个体的网络交往偏好越不明显。

四、讨论

（一）现实自我表露、孤独感和外向性在性别上的差异

本研究发现，在现实自我表露总分和维度得分上存在着显著的性别差异，比较平均数发现，女生在兴趣、学习、个性、身体和总体的表露得分上显著高于男生，这个结论与以往研究结果一致（李林英，陈会昌，2003）。以往研究表明（Jourard，1958；李林英，2004），在自我表露的不同方面，女生的表露程度都显著高于男生。自我表露上的性别差异可能是由于性别角色认同所造成的，社会对男性和女性行为、人格特征等方面有着不同的期望和看法，人们普遍认为女性具有语言丰富、喜欢聊天、温和安静、注意自己的容貌、想象丰富等特征，而男性具有情绪稳定、主动、支配、竞争性强、野心、自信等特征。在现实生活中，这些定型化的看法，是人们期待和评价一个特定个体的性别角色行为的标准，也可能是男女在自我表露方面产生差异的部分原因。

本研究发现，孤独感在性别上无显著差异，这与以往研究结果相一致（辛自强，2003；俞国良，2003）。孤独感性别差异的研究一直存在争议，有研究宣称女性比男性体验更多的孤独感（Brage，1993），而另有研究发现男性比女性的孤独体验更多（李彩娜，邹泓，2003），而辛自强等人（2003）和俞国良（2003）的研究发现，男女在孤独感上没有显著差异。这其中的原因，有研究者指出，可

能是由于测量工具的不同、文化差异以及被试年龄阶段不同而引起（Neto，2000）。

　　在外向性方面，本研究发现无显著的性别差异，这与以往研究结果一致（王登峰，2004；卢勤，2005）。外向性的性别差异研究也是深受国内外学者争议的话题。Maccoby 和 Jacklin（1974）在《性别差异心理学》一书中对从 1960 年代到 1970 年代初所发表的 1600 多篇论文作了全面的总结，他们认为男性比女性更自信、更有进取心。Feingold（1994）对 68 个有关人格的性别差异研究进行了元分析，结果发现女性比男性更外向。而我国学者（王登峰，崔红，2004；卢勤，2005）的研究发现，在外向型上无显著的性别差异。这其中的原因可能是测量工具的不同，或者是东西方文化差异所引起的。

（二）网络交往与现实自我表露、外向性和孤独感的相关分析

　　从相关分析中可以看出，网络交往总分与外向性显著负相关，与孤独感显著正相关，与现实自我表露显著负相关。现实自我表露与外向性显著正相关，与孤独感显著负相关。外向性与孤独感显著负相关。

　　相关结果表明，个体越内向，那么就会更多地寻求网络交往。Hamburger 和 Ben-Artzi（2000）认为，线下交往困难的内向者，更容易在网络中得到补偿，能通过网络更自由地表达自己。Anolli（2005）利用艾森克人格问卷调查人格类型和网络使用的关系，结果发现，外向者比内向者在网络聊天上花费的时间少。Goby（2006）调查内外向大学生线上和线下的交往偏好，研究也同样发现，内向者更喜欢在网络中进行交流。Amichai-Hamburger 等（2002）发现，内向者通过网络社会交往才能表达"真实自我"，然而，外向者更喜欢通过现实交往来表达"真实自我"。换句话说，内向者更喜欢

网络社会化，而外向者更喜欢现实社会化。

个体孤独感水平越低，就会表现出对网络交往的偏好，这个结论与以往研究结果一致。孤独是一种不良的情绪体验，是一种对社会交往或人际关系不满状态下的颓丧情绪。当一个人所期望的社会性交往，如亲密、安全、相互信赖的人际关系（包括友谊、亲情及性爱等）出现某种质和量的缺陷时，则可产生孤独感（王希林，2000）。而孤独感水平越高的个体，会越倾向于在网络中进行人际交往。张雅婷（2006）的研究发现，在现实生活的社交场合中容易感到恐惧和害羞的高孤独感个体，在网络沟通中较能深入地、毫无保留地表露有关自己的信息。

现实自我表露得越多，那么网络交往行为越少。"自我表露"是促使虚拟社会关系形成和发展的重要因素，并且是"网络成瘾"的预测因素（黄桂梅，张敏强，2009）。自我表露与网络关系成瘾显著负相关，表明个体在现实生活中向目标人表露得越多，那么网络关系成瘾的可能性就越低（平凡，2011）。

（三）外向性对网络交往的预测作用以及现实自我表露的调节作用

本研究利用回归分析发现，外向性对网络交往具有显著的负向预测作用，即外向者有较少的网络交往行为，而内向者有更多的网络交往行为。本研究结果表明人格与网络交往之间有显著的关系，印证了前人的研究（Hamburger & Ben-Artzi，2000；Wolfradt & Doll，2002；Lu，Palmgreen，Zimmerman，Lane，& Alexander，2006），也证实了 McKenna 和 Bargh（1998，2000）提出的社会补偿观的理论观点，即认为内向者和缺乏社会支持者能够通过网络来建立人际关系，获得社会支持与认同。处于青春期的青少年，其人格正在不断地定型并且趋于完善。外向的青少年比内向的青少年更加坦率、活跃、合群、热情并且具有更多的积极情绪，拥有更多的社会支持。而内向者相比于外向的青少年而言，则安静、离群、内省、喜欢独处而不喜欢接触人，更容易陷入社交烦恼，不能建立良好的人际关系。因此，内向者更喜欢利用网络来建立虚拟人际关系，通过网络交往能够表露自己内心的观点及想法。

虽然本研究支持了 McKenna 和 Bargh（1998，2000）等人的说法，但是前人关于外向性与网络交往的研究结果并不一致，如有研究者认为外向性正向预测互联网社交服务使用偏好（雷雳，柳铭心，2005）。为了弄清这种结果不一致的原因，我们考察了外向性与网络交往中孤独感的中介作用和现实自我表露的调节作用，以期能够进一步明确外向性对网络交往的作用机制。

本研究发现，外向性对网络交往的负向预测作用受到现实自我表露的调节。在现实自我表露越低的情况下，内向者越偏好网络交往。这可以利用 John Suler（1999）提出的"需要 - 满足"观点进行解释，与外向者相比，内向个体对环境更敏感，宣泄能力较差，现实人际互动不理想，而内向者需要被他人理解以及与之产生共鸣，这种潜在的需要可以通过网络交往得到满足。网络的匿名性能够帮助内向者合理地表达自己，当这种需要被满足后，内向者会产生一种稳定的、完美的关于自我的感觉。因此内向者更容易在网络交往中获得更多的情感支持，自我的开放性更大。

（四）孤独感的中介作用

人格特质理论认为，人格是一种稳定的特征，会影响到个体的行为方式，使其对客观事物的感知带有鲜明的个性色彩，而孤独感作为个体的内部的主观情感体验，会受到人格的影响。孤独感作为一种个体不良的情绪体验，是网络交往偏好（Junghyun Kim，2009）、病理性网络使用（Scott & Calpan，2007）的有效预测变量。

因此，本研究将孤独感作为中介变量，进一步检查外向性与网络交往的关系，结果发现，孤独感在外向性和网络交往中起着部分中介作用，一方面，外向性得分低的个体更容易有网络交往的喜好，另一方面，内向个体因为较为敏感，喜好独处而不喜欢接近人，容易造成现实交往障碍，引起更多的孤独感，因此有更多的网络交往偏好，来弥补现实生活中社交关系的不足。

（五）外向性对网络交往的影响：有中介的调节作用检验

本研究发现，现实自我表露在外向性和孤独感的关系中起着调节作用。即现实自我表露越多，外向性的个体所体验到的孤独感则越少。现实自我表露得越少，内向性的个体所体验到的孤独感越多。外向性是一个稳定的人格特质，会影响个体的行为方式。而孤独感是一种消极的、弥漫性的心理状态。自我表露是真诚地与他人分享自己个人的、私密的想法和感觉的过程（Jourard，1971）。自我表露水平的高低对外向性和孤独感有显著的影响，外向者的自我表露水平较高（李林英，2003）。自我表露水平的高低与孤独感有着密切的关系，自我表露程度越高，个体的孤独感越低（Gordon，1980）。自我表露越多，外向者能建立稳定的表露对象以及社会支持，因此体验到的孤独感水平则越低。而自我表露越少，内向者更容易产生退缩行为，因此体验到的孤独感水平则越高。

本研究结果发现，在外向性对网络交往的影响过程中，现实自我表露起着有中介的调节作用。即自我表露水平越低，内向个体越容易有较高的孤独感，由于孤独水平越高，个体更容易偏好网络交往。相对而言，而现实自我表露水平较高，那么外向个体则有较低的孤独感，孤独感水平低，个体的网络交往偏好也不明显。以往研究表明，自我我表露与网络交往也有着密切的关系，Mckenna（2002b）认为，"自我表露"是促使虚拟关系形成和发展的重要因素，并且，自我表露行为是网络成瘾的预测因素（黄桂梅，张敏强，2009）。而本研究发现，自我表露水平的高低通过影响孤独感间接影响网络交往。

现实自我表露程度越低，内向者越缺乏社会人际关系，未能进行所期望的人际交往，则产生孤独感。内向个体对环境比较敏感，宣泄能力较差，容易害羞，这些"门槛特征"是个体感到"孤独"而进入虚拟世界与他人交往的原因（Mckenna，2002a）。当产生孤独感这种负面情绪后，个体则倾向于利用 QQ、社交网站、校友录等寻求帮助，对虚拟人际关系对象进行表露和宣泄，当虚拟世界中的交往对象做出回应后，内向者更偏好建立和维持这种虚拟的人际交往。这个结果支持了 McKenna 和 Bargh（1998，2000）所提出的社会补偿观。

五、小结

在性别差异上，现实自我表露存在显著的差异，女生的现实自我表露要高于男生。在孤独感和外向性上无显著的性别差异。

相关分析发现，网络交往总分与外向性显著负相关，与孤独感显著正相关，与现实自我表露显著负相关。现实自我表露与外向性显著正相关，与孤独感显著负相关。

回归分析发现，外向性对网络交往有显著的负向预测作用，调节效应检验发现，现实自我表露对外向性和网络交往起着调节作用。中介效应检验发现，孤独感在外向性和网络交往之间起着中介作用。现实自我表露在外向性和孤独感的关系中起着调节作用。在外向性对网络交往的影响过程中，现实自我表露起着有中介的调节作用。

第四章

网络交往与自我的实验研究

第一节　不同交往方式中的自我研究

一、问题提出

网络的迅速发展为青少年的学习和生活带来了巨大的变化，其中以计算机为中介的网络交往成为青少年人际交往的一种新方式，对青少年的社会性发展产生广泛的影响。自我概念的整合是青少年阶段最重要的发展任务，由于面对生理以及社会情景的快速变化，使得他们必须重新评估"自己是谁？"以及"自己想要成为什么样的人"，也必须去尝试及体验不同的社会角色。青少年通过网络交往进行社会化的过程中，也会对网络中的"我"进行重新评估及探索。网络中的"我"和现实中的"我"是否一致？这个问题引起学者们的兴趣。

一种观点认为网络自我区别于现实自我。个体的自我会受到环境的影响，互联网作为一种重要的生活环境，对个体的自我产生重要影响。一些后现代主义学者甚至直接将互联网定义为建构自我或重构自我的社会实验室（Turkle，199；Wallace，1999；柴晓运，龚少英，2011）。詹姆斯将自我分为物质我、精神我和社会我，其中社会我主要来源于人际互动过程中所形成的自我感觉（James，1890）。他还指出，由于社会交往情景和对象的差异，一个人可以形成多个社会我。随着电视、电影、视频游戏和网络的诞生，人们的社会互动情景得到了很大的拓展，而这些新的社会互动情景对自我概念的影响也受到了普遍的关注（McDonald & Kim，2001）。由于网络情景与现实情景具有较大的差异，网络世界中的人际交往也不同于现实世界，因此有理由推测人们会形成基于互联网的自我评价，并且这种自我评价不同于基于现实的自我评价。

　　网络技术为人类带来虚拟生存方式，为人们提供了一个与现实生活环境完全不同的自我表现平台（Iakushina，2002）。Zhao（2008）等研究发现，实名网络情境下的自我展示行为与匿名环境下的自我展示行为不同，如在 Facebook 等实名制的 SNS 中，青少年倾向于"炫耀"自己而非客观地"描述"自己（顾璇，金盛华，李红霞，吴嵩，2008）。Turkle（1995）的研究发现青少年和成人经常在互联网上改换角色，并尝试不同性别的虚拟身份，有的人在网络上会变得更自信，有的人会在网络上扮演着与现实中不同的自己。Valkenburg，Schouten 和 Peter（2005）通过对 9 ～ 18 岁青少年的研究发现，使用聊天室和即时通讯服务的青少年中 50% 的人报告曾在互联网上伪装成另外一个人。

　　另外一种观点则认为网络自我是现实自我的延续。青少年在网络上的谈吐、言行与现实社会中的相似，他们在网络世界验证和澄清他们线下的价值观和态度。Katherine Bessière（2008）认为网络能够提供给人们一个喜欢自己的机会，让他们能公开地表达自己。Sunden（2003）认为人们在网络上频繁地复制自己，以便他人能看见他们并且与他们交流。研究参与者声称他们能够在网上更好地表达真实的自我，并且他们倾向于向线上的同伴表达理想的特征（Bargh，McKenna，& Fitzsimmons，2002；McKenna，Green，& Gleasonm，2002）。

　　Beck（1967）认为个体具有一种独特的自我图式，该图式由一系列负性特质的集群构成，作为一种框架，影响到个体对当前事件信息的理解，特别是对与自我有关的信息的加工。Dobson 和 Shaw 对有关自我信息处理的研究表明，自我图式的信息处理具有以下特征：（1）对涉及自我的刺激具有高度敏感性；（2）对适合自我特征的刺激处理速度极快且自信度高；（3）对涉及自我的刺激能产生较好的回忆与再认；（4）对自我相关的行为预测、归因与推断具有较高的自信度；（5）对于自我一致的刺激做更有效的处理，对于自我结构不一致的信息产生抵触（Dobson & Shaw，1987；凌辉，黄希庭，张建人，杨炳钧，2007）。Markus（1987）把自我图式的这些特点成为动态的自我概念，即把自我概念作为个人行为的主动调节者。

综上，自我图式能引导与自我相关联的信息，个人对自我相一致的词汇比不一致的词汇更容易回忆。那么，个体在网络交流情境下对网络自我相一致的词汇反应越快，正确率越高，现实交流情境下的个体对现实自我相一致的词汇反应越快，正确率越高。为了验证这个假设，研究者采用即时回忆方法，试图验证是否存在独立的网络自我图式。

二、研究方法

（一）被试

40 名在校本科大学生，其中男生 14 名，女生 26 名，平均年龄 22.5 岁，视力或矫正视力正常。将被试随机分为两组，一组为现实情境交流组（7 男，13 女），另一组为网络情境交流组（7 男，13 女）。所有被试以前均未参加过类似实验，实验完成后给予每位被试适当的酬劳。

（二）研究材料

1. 现实自我和网络自我形容词筛选

提前一个月，随机抽取 100 名经常使用网络社交网站的被试，请被试填写"自我描述问卷",要求被试分别在现实交往和网络交往两种情境下各列举 10 个形容词。在"现实自我"描述中,要求被试所描述的特质是自己现实情境中真实所有的,并且会在社会情景中向他人表露的。在"网络自我"描述中,要求被试根据自己在网络上的表现,描述自己所拥有的并且会在网络上所表露的特质。回收问卷后,将被试所列举的形容词进行筛选,剔除标准为:①形容词少于 6 个;②重复词。根据筛选标准,剔除 60 名无效被试,正式实验材料中"现实自我"(例如,内向的,善良的等)和"网络自我"(例如,外向的,邪恶的等)形容词分别为 7 个。

2.填充词的筛选

从《现代汉语常用词词频词典》(刘源等编,1990)中选取 160 个人格特征形容词用作实验填充词。请 10 名研究生,将 160 个人格形容词进行褒义和贬义的评价,根据评分一致性,选取 21 个褒义词和 21 个贬义词作为正式实验材料的填充词。将 42 个填充词分为两组,一组(14 个)作为学习阶段的填充词,另一组(28 个)作为测验阶段填充词,对两组材料进行褒贬义上的方差分析,结果发现在褒贬义上,$F(1,40) =0.832, p=0.477$,说明两组材料在褒贬义上平衡。

被试在学习阶段学习 28 个人格形容词(7 个现实自我形容词、7 个网络自我形容词、14 个填充词),在再认阶段对 56 个人格形容词(学习阶段的 28 个形容词,再认阶段 28 个填充词)进行再认判断。学习阶段和再认阶段的人格形容词均由计算机控制随机呈现。

(三)研究设计

本实验为 2×4 的混合实验设计,组间变量是交往类型(现实交流、网络交流),组内变量是词汇类型(现实自我人格形容词、网络自我人格形容词、学习阶段填充词、再认阶段填充词)。实验任务要求被试在学习阶段之后,进行再认判断,因变量为判断的正确率和反应时。

（四）实验程序

在现实交流情景中，主试提出一个讨论话题（例如，你们认为大学生是否应该多参与社团活动？）让被试根据这个话题展开讨论，以促进组员之间的交流。而在网络情境交流组，被试则被分配到各个电脑面前，利用主试提前设置好的 ID 号，进入多人聊天室，主试在多人聊天室中提出讨论话题（同现实交流组），并让被试根据此话题在网络上展开讨论。主试提出一个讨论话题，15 分钟后，让被试停止交流。此时，主试讲解正式的实验过程，要求每位被试在计算机上学习词汇，这些词汇包含了被试之前填写的 7 个现实自我词汇和 7 个网络自我的词汇，还有 14 个填充词。之后进入再认阶段，要求被试判断呈现的词语是否是被试之前学习过的词语。练习阶段每个 trial 中，注视点 250ms，词语呈现 1000ms，之后是空屏 1000ms。在再认阶段的每个 trial 中，注视点 800ms，词语呈现 3000ms，此时要求被试在刺激呈现后快而准的做出判断，如果该词语是学习过的词语，按"J"键，如果不是学习过的词语，则按"F"键。按键顺序在被试间进行平衡。

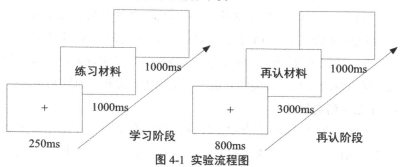

图 4-1 实验流程图

（五）研究工具

实验程序用 E-Prime2.0 编制，使用 SPSS17.0 进行统计分析。

三、实验结果

（一）再认任务的正确率

2×4重复测量，即交流方式组（现实情境、网络情境）×人格形容词类型（现实自我、网络自我、学习阶段填充词、再认阶段填充词）的方差分析（MANOVA）表明，人格形容词类型主效应显著，$F(3,114)=4.034$, $p=0.009<0.01$，事后检验显示，现实自我人格形容词的再认率（0.900）显著大于学习材料填充词的再认率（0.792，$p<0.01$）和再认材料填充词的再认率（0.789，$p=0.019$），与网络自我人格形容词再认率（0.857，$p=0.051$）之间的差异临界显著。组间差异不显著，$F(1,38)=2.169$，$p=0.149$。交往方式和人格形容词类型之间的交互作用显著，$F(3,118)=3.039$，$p=0.032<0.05$，其交互作用图见图4-2。

表 4-1　不同交往类型在人格形容词类型上的正确率统计描述

分组	形容词类型	正确率平均值（*MD*）	正确率标准差（*SD*）
现实交往	网络自我人格形容词	0.82	0.14
	现实自我人格形容词	0.98	0.05
	学习材料填充词	0.81	0.15
	再认材料填充词	0.81	0.19
网络交往	网络自我人格形容词	0.89	0.11
	现实自我人格形容词	0.82	0.13
	学习材料填充词	0.78	0.19
	再认材料填充词	0.77	0.28

对交往方式和人格形容词类型进行简单效应分析，结果发现，现实自我人格形容词在不同交往类型上的正确率有显著性差异，$F(1,38)=25.69$，$p<0.001$，在现实交流情景中，被试对现实人格形容

词再认的正确率（M=0.98，SD=0.05）显著高于网络交流中对现实人格形容词再认的正确率（M=0.82，SD=0.13）。其他交互效应均不显著。

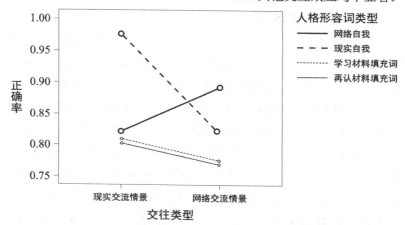

图 4-2 交往方式和人格形容词类型在正确率上的交互效应作用图

（二）再认任务的反应时

采用 2×4 重复测量的方差分析（MANOVA）发现，人格形容词类型主效应显著，$F(3,114)=22.723$，$p<0.001$，事后检验显示，对再认填充词的反应时（823.70）显著大于对现实自我人格形容词（670.06，$p<0.001$）、网络自我人格形容词（687.84，$p<0.001$）和学习填充词（752.68，$p<0.01$）的反应时，对学习填充词的反应时也显著大于对现实自我人格形容词和网络自我形容词的反应时，现实自我人格形容词与网络自我人格形容词在反应时上无显著差异。组间差异不显著，$F(1,38)=1.002$，$p=0.323$。交往方式和人格形容词类型之间的交互作用显著，$F(3,114)=4.871$，$p=0.003<0.05$，其交互作用见图 4-3。

对交往方式和人格形容词类型进行简单效应分析，结果发现，现实自我的人格形容词在不同交往类型上的反应时有显著性差异，$F(1,38)=5.34$，$p=0.026<0.05$，在现实交流情景中，被试

对现实自我人格形容词的反应时（M=628.35，SD=91.58）显著小于网络交流情境中对现实自我人格形容词的反应时（SD=711.77，SD=132.94）。其他交互效应均不显著。

表4-2　不同交往类型在人格形容词类型上的正确率统计描述

分组	形容词类型	反应时平均值（*MD*）	反应时标准差（*SD*）
现实交往	网络自我人格形容词	716.67	133.05
	现实自我人格形容词	628.35	91.58
	学习材料填充词	737.42	125.57
	再认材料填充词	786.21	124.44
网络交往	网络自我人格形容词	659.01	106.37
	现实自我人格形容词	711.77	132.94
	学习材料填充词	767.94	139.21
	再认材料填充词	861.19	178.12

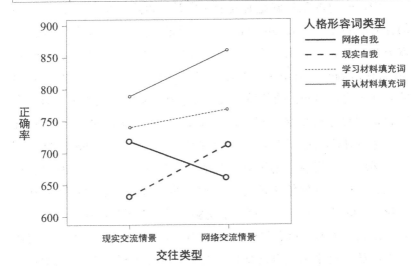

图4-3　交往类型和人格形容词类型在反应时上的交互效应作用图

四、讨论

研究发现，在现实交流情境下，大学生对现实自我人格形容词的再认正确率高于网络交流情境中对现实自我人格形容词的再认正确率，对现实自我人格形容词的反应时小于网络交流情境中对现实自我人格形容词的反应时，结果部分验证了前述假设：现实交流情境下，个体带有对现实自我相关的认知结构，因而对现实自我的形容词加工具有选择性优势效应，加工效率高。研究说明自我可以区分为现实自我和网络自我两种自我类型，而网络自我不同于现实自我，是长期在网络情境中的一种自我图式，影响着个人在网络中的行为反应模式。

著名的社会学家 Goffman 在戏剧主义理论中认为，人们把生活当成一个大舞台，并在其中进行表演，这被称之为自我呈现（Self-Presentation），而自我呈现分为防卫性和开放性两种方式。人们在现实社会交往中，总会保持一定的心理距离，因此，在日常交往过程中，一定的距离感是必要的（申凡，肖丹，2011）。但是网络的社会匿名性（social anonymity）以及延时性，能有效地帮助拉远双方的距离，从而减少不安全感。计算机中介化传播（Computer Mediated Communication，CMC）能促进社会互动，因为与面对面的互动相比，中介化的传播方式能够给互动双方预留更多的时间来完善需要传递的信息。在这段时间中，人们可以选择性地自我展示、完善信息、进行同步或不同步的沟通、反馈（Walther，2007）。

网络技术提供了通过集体想象的交互感应所生成的网络虚拟空间，人们进入网络空间时，物理上的身体并不需要跟随移动。"身体的缺场"使互动者摆脱了现实世界"在场"的种种约束，原来只在人们头脑中想象和构造出来的虚拟自我找到了一种新的表现方式，从而衍生出依赖网络环境的自我（徐琳琳，王前，2011）。互联网的匿名性给人们提供了一个探索和体验不同自我的平台，青少年和成人在互联网上经常尝试不同性别的虚拟身份（Turkle，1995），进行不同的角色扮演（Gross，2004）。正是网络虚拟世界

的匿名性、视觉和听觉线索的缺失、去抑制性等特点激发了一系列
角色扮演、欺诈、半真半假和夸大的游戏（华莱士，2000；马利艳，
2008），促进了网络自我的出现。

网络环境和现实环境的差别造成了网络自我和现实自我的差
异。具体而言，在现实世界中，我们要遵循各种各样的社会道德规
范，自我会受到压抑。而在网络世界中，由于其多样性、差异性、
灵活性和分裂性的特征，比如 MOOS 允许创造新身份、假身份，
允许改变身份，因此，一个人便开始对"我"有一种新认识，同时
进行一种新创造，最终能够开始追求自我中受压制的方面，而不
必受日常生活环境的限制（钟光荣，2005），个体就会展现出很多
与现实自我不一样的内容。人在网络活动中表现"自我"的时候，
不仅是发现和寻找自己在生活中"隐蔽"或"压抑"的"自我"，
而且也是社会过程对他个性发展影响的一次展现。以往的研究也发
现，超越现实，即在网络中表现出和现实中不一样的部分就是一种
重要的网络使用动机。

五、小结

1. 在正确率上，现实自我、网络自我、学习填充词、再认填充
词之间存在着差异。交往方式和人格形容词类型之间的交互作用显
著，在现实交往情景中，现实自我人格形容词的再认正确率要显著
高于网络自我人格形容词以及其他填充词。

2. 在反应时上，现实自我、网络自我、学习填充词、再认填充
词之间存在着差异，交往方式和人格形容词类型之间的交互作用显
著，在现实交流情境中，现实自我人格形容词的反应时显著小于网
络交流情境中对现实自我人格形容词的反应时

本研究结果证实了研究假设，即认为在不同的交往方式上，现

实自我和网络自我在正确率和反应时上都存在差异。本研究同样也证实，在网络交往过程中，个体会在网络上表现出不同于现实生活中的网络自我。

第二节　网络交往中自我参照效应实验研究

一、问题提出

随着近年来网络社交工具的兴起，青少年越来越热衷于利用网络进行人际交往，这也日益引起社会和教育工作者的关注。网络虚拟环境被认为是理想自我的表现平台（Iakushina，2002），人们可以摆脱现实世界的束缚，随心所欲地扮演自己想要的角色。互联网自身的特点经常诱惑着人们进行角色扮演，构建另外一个虚拟的自我。Turkle（1995）的研究发现青少年和成人经常在互联网上改换角色，并尝试不同性别的虚拟身份，有的人在网络上会变得更自信，有的人会在网络上扮演与原来的自己不同的人。Valkenburg，Schouten 和 Peter（2005）以 9～18 岁的青少年为被试进行的研究发现，使用聊天室和即时通讯服务的青少年中 50% 的人报告曾在互联网上伪装成另外一个人。而另有研究者认为，青少年的真实世界和网络世界是联系在一起的，他们在网络上的谈吐、言行与现实社会中的相似（Larsen，2007）。Subrahmanyam 等人（2006）在研究中分析了近 500 个网络昵称，发现用户的网名反映了他们的线下自我。网络中的我和现实中的我是否一致？这个问题引起研究者的兴趣。

自我概念是个体的自我知觉，是通过经验和对经验的理解而形成的自我知觉，这种知觉源于人际互动中关于自我和社会环境的经验（Shavelson，Habner，& Stanton，1976），而自我在记忆的形成、组织和提取中扮演者关键的角色（Conway，1995）。Rogers 等（1977）以人格特质形容词为材料，加入自我参照任务（Self-reference task），结果发现记忆材料与自我相联系时其记忆效果优于其他编码，因此，将这种现象称为记忆的自我参照效应（SRE）（Conway & Dewhurst，1995；刘新明，朱滢，2002）。

　　自我在记忆的形成、组织与提取中具有关键作用，自我记忆效应甚至高于语义加工水平的效应（Conway，Dewhurst，1995），研究这种效应的有效方法是在再认测验中使用 R/K 判断。再认测验中，要求被试指出哪些单词是学过的，哪些单词未学过，当被试指出某个单词是刚学过时，还需要进一步判断，他（她）对该单词是记住的（Remember，R），即能有意识地回忆起刚才学习该单词的一些情景、细节或者他（她）仅简单地知道（Knowing，K）该单词刚才学习过，即感到"面熟"（朱滢，张力，2001）。"记住"和"知道"的这种意识程度上的差别提供了自我在再认记忆中作用的方式，因为被试能有意识地回想某个单字时，总会有一种自我觉知意识在其中；如果被试不能有意识地回忆起某个单字，只是感觉到"面熟"，那么其伴随的是"知道感"（Wheeler，Stuss，& Tulving，1997），自我影响以及程度就比有回忆经验少得多。可见，以"记住"为特征的再认（R 反应）含有自我指向的成分，其回忆经验中必然包含一个回忆者，即自我（张力，朱滢，2005）。而基于"知道感"的再认（K 反应）本身并不需要参照自我，因此几乎没有自我指向成分。所以，自我记忆效应只发生在做 R 判断的单字上，控制不同的自我参照的程度，就可以获得不同水平的 R 判断。因此"R/K"范式比简单再认测验任务的经典范式更适合自我参照效应的研究（刘新明，朱滢，2002）。

本研究采用记忆的自我参照效应实验范式，探讨网络交往使用者的现实自我和网络自我是否存在着差异，为了解青少年自我概念提供一个新的探视"窗口"。

二、研究程序

（一）被试

采用整群抽样的方法选取公共心理学课堂大二的学生 280 名。采用研究者自编问卷（见研究一），该问卷共有 26 个条目，包含网络交往自我表露、网络交往人际关系、网络交往自我知觉以及网络交往依赖四个维度，信效度良好。从网络自我表露总分在前 27% 的被试中随机选取 20 名作为网络自我表露高分组（26.71±1.68），在后 27% 的被试中随机选取 20 名作为网络自我表露低分组（7.9±0.30），独立样本 t 检验表明，两组被试在网络自我表露维度得分上差异显著（t= - 30.63，p<0.001）。

（二）实验材料

实验材料选自《现代汉语常用词词频词典》，请 3 名研究生从中挑选出 200 个双字人格形容词，整合后请 20 名本科生对实验材料进行褒贬义的评定，根据评定结果，筛选出 160 个人格形容词，其中褒义词有 93 个，贬义词 67 个。将 160 个人格形容词分为四组，对四组材料进行词频、褒贬义上的方差分析，结果发现，在词频上，F（3，114）=0.041，p=0.989，在褒贬义上，F（3,114）=0.833，p=0.478，说明四组材料在词频和褒贬义上没有差异。

将每组人格形容词（40 个）分成两组（20 个，20 个），第一组是判断加工（即旧项目），另一组用作再认测验判断时的填充词（即新项目），两组材料采用拉丁方方式在褒贬义和词频上进行平衡，并且采用项目内设计的方法，一组材料在一半被试中为新项目，在另一半被试中为旧项目。学习阶段和再认阶段的人格形容词均由计算机控制随机呈现。

（三）实验设计

本实验是 $2 \times 2 \times 4$ 混合设计。变量一是网络自我表露高分组和网络自我表露低分组，是组间变量。变量二是被试的判断方式，是组内变量，测验时每名被试在判断时对自认为学过的词都进行进一步的 R/K 判断。变量三为被试的定向任务，是组内变量。具体说，每个被试对计算机上呈现的 4 种任务（现实自我组、鲁迅组、网络自我组和母亲组）中的每个形容词都进行判断，现实自我组："我在现实中是这样的人吗？"；鲁迅组："鲁迅是这样的人吗？"（他人参照组）；网络自我组："我在网络中是这样的人吗？"；母亲组："我的母亲是这样的人吗？"。

（四）实验流程

整个实验分为两个阶段：学习阶段和再认阶段，均在计算机上完成。

（1）学习阶段　被试按照实验设计的不同要求阅读计算机屏幕上的 4 种指导语之一，每个词呈现之前，在计算机屏幕中央出现注视点 500ms，然后开始呈现描述人格特质的形容词，被试按照指导语进行评判：按 J 键表示是，按 F 键表示不是。每个词的呈现时间为 1000ms，然后呈现空白屏幕 1000ms，再呈现判断界面，当被试做出反应后再呈现下一个人格形容词。在学习阶段中，每组指导语的条件下，被试需判断 20 个词。

（2）再认阶段　学习阶段完成后，请被试休息，然后进行再认测验（时间间隔为 2mins）。再认项目中，共有 40 个人格形容词，其中一半学习过，一半未学过，请被试判断哪些是旧项目，哪些是新项目，对于被试认为的旧项目还要进行 R/K 判断。每个再认材料呈现之前，在计算机屏幕中央出现 500ms 的注视点，然后开始呈现描述人格特质的形容词，被试根据指导语进行判断：按 J 键表示在学习阶段学习过的词语，按 F 键表示在学习阶段未学习过的词语。如果按 J 键，进一步进行 R/K 判断，按 R 键：能有意识的回忆起学习该词语时的情景，按 K 键：仅仅觉得该词语面熟。J/F 判断的时间是 3000ms，R/K 判断的时间为 4000ms。J/F 按键在被试间平衡。

正式实验前先进行练习，练习结束后，如果被试不能很好地明白实验内容和流程，还可以选择返回练习阶段继续练习。

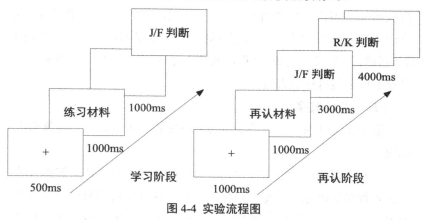

图 4-4 实验流程图

（五）研究工具

实验程序用 E-Prime2.0 编制，使用 SPSS17.0 进行统计分析。

三、研究结果

（一）再认任务的再认率

对旧项目进行再认任务（即正确肯定）进行检验，MANOVA 结果发现，定向任务主效应显著，$F(3,114)=51.697$，$p<0.001$。现实自我组的总再认率（0.61 ± 0.10）要高于母亲组（0.60 ± 0.10）、鲁迅组（0.56 ± 0.07）和网络自我组（0.41 ± 0.13）。定向任务和网

络自我表露高低组交互作用显著，F（3，114）=7.042，p<0.001。

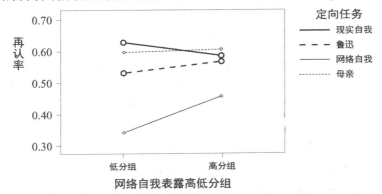

图 4-5　定向任务和网络自我表露高低分组在总再认率上的交互效应作用图

　　对定向任务和网络自我表露高低组进行简单效应分析，结果发现，网络自我表露高低分组在网络自我组的正确率上有显著的差异，F（1，38）=11.38，p<0.01。在网络自我组上，网络自我表露高分组的正确率（0.46±0.12）显著高于网络自我表露低分组（0.35±0.12）。其他交互效应均不显著。

表 4-3　网络自我表露高低分组在定向任务上的再认率描述统计

| 定向任务 | 网络自我表露分组 | 旧项目 | | | | | 新项目 | |
		反应偏向（*Br*）	辨别力（*Pr*）	总再认率	*R*	*K*	*R*	*K*
现实自我组	低分组	0.19	0.53	0.63	0.55	0.08	0.06	0.04
	高分组	0.21	0.47	0.58	0.52	0.06	0.07	0.05
	总分	0.20	0.50	0.60	0.53	0.07	0.06	0.05
鲁迅组	低分组	0.17	0.43	0.54	0.45	0.09	0.05	0.05
	高分组	0.18	0.46	0.57	0.49	0.07	0.04	0.07
	总分	0.17	0.45	0.55	0.47	0.08	0.04	0.06
网络自我组	低分组	0.16	0.22	0.35	0.30	0.05	0.05	0.08
	高分组	0.17	0.35	0.47	0.43	0.04	0.08	0.03
	总分	0.16	0.29	0.41	0.37	0.04	0.07	0.05

续表

| 定向任务 | 网络自我表露分组 | 反应偏向（*Br*) | 旧项目 | | | | | 新项目 | |
			辨别力（*Pr*)	总再认率	R	K	R	K
母亲组	低分组	0.14	0.53	0.60	0.49	0.13	0.02	0.05
	高分组	0.11	0.55	0.61	0.55	0.05	0.03	0.03
	总分	0.12	0.54	0.60	0.51	0.09	0.02	0.04

对旧项目的再认任务的 R/K 判断，进行 MANOVA 方差分析，结果表明，在 R 判断上，定向任务主效应显著，F（3，114）=24.507，$p<0.001$，现实自我组（0.53±0.14）的再认率高于母亲组（0.52±0.14）、鲁迅组（0.47±0.11）和网络自我组（0.37±0.15）。

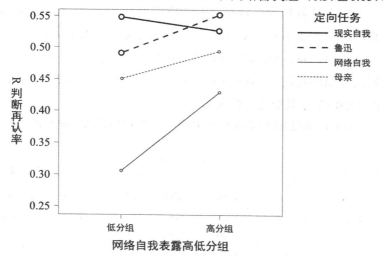

图 4-6 定向任务和网络自我表露高低分组在 R 判断再认率上的交互效应作用图

对定向任务和网络自我表露高低组进行简单效应分析，结果发现，对于 R 判断，网络自我表露高低分组在网络自我组上有显著的差异，F（1,38）=3.998，$p<0.05$。在网络自我组上，网络自我表露高分

组的再认率（0.43±0.13）显著高于网络自我表露低分组（0.30±0.15），在其他三类任务上组间差异不显著。其他交互效应均不显著。

　　进一步对定向任务之间的正确 R 判断做成对样本 t 检验，结果发现：现实自我组与母亲组之间（t=0.643，p=0.524）无显著差异；现实自我组与网络自我组（t=5.753，p<0.001）、鲁迅组（t=2.591，p<0.05）有显著差异；母亲、网络自我与鲁迅组的差异均达到显著（母亲—鲁迅：t=－2.988，p<0.01；网络自我—鲁迅：t=4.631，p<0.001；母亲—网络自我：t=－7.172，p<0.001）。在 K 判断上，定向任务的主效应显著，F（3，114）=4.321，p<0.01。

　　对于 K 判断，母亲组（0.09±0.12）的再认率高于鲁迅组（0.08±0.11）、现实自我组（0.07±0.10）、网络自我组（0.05±0.06）。定向任务与网络自我表露高低分组交互效应临界显著 F（3，114）=2.694，p=0.055。进一步地简单效应分析发现，网络表露高低分组在母亲组上有显著的差异，F（1,38）=5.91，p<0.05。在母亲组上，网络自我表露高分组的再认率（0.05±0.08）显著低于网络自我表露低分组（0.13±0.14），在其他三类任务上组间差异不显著。其他交互效应均不显著。

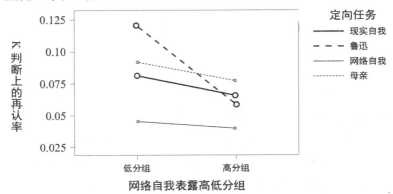

图 4-7 定向任务和网络自我表露高低分组在 k 判断再认率上的交互效应作用图

进一步对定向任务之间的正确 K 判断做成对样本 t 检验，结果发现：现实自我组与母亲组之间（t= - 1.270，p=0.211）无显著差异；现实自我组与网络自我组（t=2.085，p<0.05）有显著差异；网络自我与母亲、鲁迅组的差异均达到显著（网络自我—鲁迅：t=3.079，p<0.01，网络自我—母亲：t=-3.306，p<0.01）。鲁迅与现实自我和母亲组无显著的差异（鲁迅—现实自我，t=-0.634，p=0.053；鲁迅—母亲：t= - 0.819，p=0.418）。

（二）再认任务的反应时

表4-4 网络自我表露高低分组在定向任务反应时上的描述统计

定向任务	网络自我表露分组	平均值（M）	标准差（SD）
现实自我组	低分组	690.30	284.39
	高分组	592.42	230.94
	总分	640.22	260.06
鲁迅组	低分组	593.70	196.51
	高分组	527.33	243.59
	总分	559.74	221.77
网络自我组	低分组	542.62	322.38
	高分组	509.56	307.05
	总分	525.70	311.31
母亲组	低分组	479.63	163.07
	高分组	477.13	153.93
	总分	478.35	156.56

对旧项目进行再认任务（即正确肯定）的反应时进行检验，MANOVA 结果发现，定向任务主效应显著，$F_{(3,114)}$=5.497，p=0.001<0.01。现实自我组的反应时（M=640.22，SD=260.06）要高于鲁迅组（M=559.74，SD=243.59）、网络自我组（M=525.70，SD=163.07）和母亲组（M=478.35，SD=156.56）。交互效应均不显著。

（三）再认任务的反应偏向和辨别力

对旧项目进行再认任务的反应偏向和辨别力进行检验，MANOVA 结果发现，在反应偏向上，定向任务的主效应显著，F（3.114）=4.084，p=0.012<0.05。现实自我组的反应偏向（M=0.20，SD=0.14）高于鲁迅组（M=0.17，SD=0.13）、网络自我组（M=0.16，SD=0.11）和母亲组（M=0.12，SD=0.12）。交互效应均不显著。

在辨别力上，定向任务的主效应显著，F（3，114）=40.314，p<0.001。母亲组的辨别力（M=0.54，SD=0.11）高于现实自我组（M=0.50，SD=0.13）、鲁迅组（M=0.45，SD=0.10）和网络自我组（M=0.29，SD=0.16）。定向任务与网络自我表露高低分组交互效应显著，F（3，114）=5.801，p=0.001<0.01。进行简单效应分析，结果发现，在辨别力上，网络自我表露高低组与网络自我组交互效应显著，F（3.114）=9.24，p=0.004<0.01。在网络自我组上，高网络自我表露组的辨别力（M=0.35，SD=0.14）显著高于低网络自我表露组（M=0.22，SD=0.16），在其他三类任务上组间差异不显著。其他交互效应均不显著。

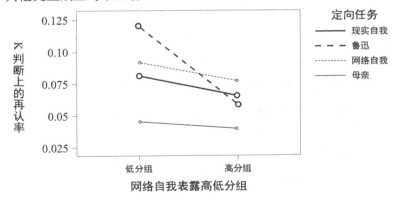

图 4--8 定向任务和网络自我表露高低分组在辨别力上的交互效应作用图

四、讨论

本研究结果从旧任务再认率、R/K 判断中将网络自我从现实自我、母亲和他人分离出来。在旧项目进行再认任务（即正确肯定）检验上，结果发现，定向任务主效应显著，现实自我组总再认率高于母亲组、鲁迅组和网络自我组。R/K 判断结果表明，在 R 判断上，现实自我组、母亲组、网络自我组和鲁迅组在再认率上出现了差异，对现实自我组的 R 判断大于母亲组、鲁迅组和网络自我组。对母亲组 K 判断大于鲁迅组、现实自我组和网络自我定组，原因可能是学习与测验的间隔时间较短，从而使这种 K 判断变得更显著。并且，判断 R 的概率显著高于判断 K 的概率，这说明研究的定向任务都有深加工的特征。

研究结果发现，对于网络自我组，无论是总再认率还是 R/K 判断，其再认率都低于其他三组。Tulving（1999）认为，个体把记住（R）界定为：回忆时伴随着一些过去的经历，有自身的情感，有鲜明的表象，有与过去事件相关的特殊情境细节，强调过去发生和自我在记忆中的作用，R 就是自我觉知的操作定义。知道（K）界定为：没有回忆特殊情境，就是知道或熟悉，K 就是一般觉知。对网络自我组的自我参照记忆效应成绩最低，其可能的原因在于，个体并没有将这个网络自我概念纳入自我概念中，网络自我在记忆上并没有存在记忆栓（memory peg）效应，因此网络自我被疏远在自我概念之外，其参照记忆效应的成绩明显低于现实自我和母亲的成绩。

在 R/K 的判断中，对现实自我组、母亲组的 R 判断要高于鲁迅组和网络自我组，并且配对样本 t 检验发现，现实自我和母亲组之间没有显著的差异，而现实自我与网络自我组有显著的差异，并且在 K 判断中，也发现一致的结果。这有力地支持了中国人的母亲概念和自我同等重要，包含在自我概念中，故在 SRE 中明显优于参照他人的记忆。这也说明网络自我概念与现实自我概念是自我概念中不同的方面，与现实自我概念可能是相互独立的。

按照 Conway 的观点，自我是自传体记忆的一部分，对它的记忆属于自我记忆系统。这一系统中所有潜在被激活的目标构成了"工作的我"，新知识可能通过它进入自传知识库，在编码的过程中，无论这个信息与自我的关联是高还是低，都进入工作自我得到保持，然后，一个固化的过程开始形成，与自我有较高关联的信息与自传知识库整合，而其他的信息则不能整合到自传知识库中（朱滢，张力，2000）。

本书的结果证实了 Conway 的观点，即四个定向任务的 R 判断都大于 K 判断，这可能与所有的信息保存在工作自我有关，当学习任务量大，或者学习时间较长，那么会导致工作自我的上下文信息缩短，而与自我有关联的信息很容易迅速地固化进入到自传知识库。因此，现实自我组和母亲组的 R 判断比较高。

朱滢、张力（2000）的 SRE 研究证实，母亲与自我参照一致性。本研究在对现实自我的研究基础上，加入网络自我组，而研究结果表明，网络自我并未像母亲一样，被自我视为"自己人"而纳入自我概念中，网络自我在自我概念之外，其参考记忆成绩就明显的低于现实自我和母亲。

我们同样发现，在总再认率和 R/K 判断上，网络自我表露高低组与定向任务存在显著的交互作用，其中在网络自我组上组间差异显著，并且结果发现，高网络自我表露组在再认率和 R 判断上显著高于低网络自我表露组。这说明，网络自我表露高低分组的被试对网络自我组的再认具有显著差异，高网络自我表露组对网络自我组的人格形容词的加工深于低网络自我表露组。高网络自我表露者，在网络交往的过程中，其表露的内容可能是"真实自我"，并且个体对网络中的"我"能进行正确的评价并描述。

在反应偏向上，定向任务的主效应显著，现实自我组的反应偏向高于鲁迅组、网络自我组和母亲组，但是整体而言，各定向任务的反应偏向都低于 0.2，这表明，被试都采用的是比较谨慎的策略（Snodgrass & Corwin，1988）。而在辨别力上，定向任务主效应显著，母亲组的辨别力高于现实自我组、鲁迅组和网络自我组，这说明对母亲组人格形容词的辨别力最高，其次是现实自我组。这更进一步证实，东方人的自我概念中包含母亲成分。在辨别力上，网络自我表露高低组与定向任务存在显著的交互作用，其中在网络自我组上组间差异显著，高网络自我表露组的辨别力显著高于低网络自我表露组，这进一步说明，高网络自我表露者能对网络自我进行正确的评价。

五、小结

（1）旧项目再认率

在旧项目进行再认任务（即正确肯定）检验上，结果发现，定向任务主效应显著，现实自我组总再认率要高于母亲组、鲁迅组和网络自我组。网络自我表露高低组与定向任务存在显著的交互作用，其中在网络自我组上组间差异显著，高网络自我表露组在总再认率上高于低网络自我表露组。

（2）R/K 判断

在 R 判断上，现实自我组、母亲组、网络自我组和鲁迅组在再认率上出现了差异，其中，现实自我组 R 判断大于母亲、鲁迅组和网络自我组。网络自我表露高低组与定向任务存在显著的交互作用，其中在网络自我组上组间差异显著，高网络自我表露组在 R 判断上高于低网络自我表露组。

在 K 判断上，定向任务的主效应显著，母亲组的再认率高于鲁迅组、现实自我组和网络自我组。定向任务与网络自我表露高低分组交互效应临界显著，网络自我表露高低分组在母亲组上有显著的差异。在母亲组上，高网络自我表露组的再认率显著低于低网络自我表露组。

（3）反应偏向

在反应偏向上，定向任务的主效应显著，现实自我组的反应偏向高于鲁迅组、网络自我组和母亲组，但是整体而言，各定向任务的反应偏向都低于 0.2，这表明，被试都采用的是比较谨慎的策略。

（4）辨别力

定向任务主效应显著，母亲组的辨别力高于现实自我组、鲁迅组和网络自我组。这说明对母亲组人格形容词的辨别力最高，其次是现实自我组。

本研究利用自我参照效应，发现网络自我独立于自我概念之外，具有不同于现实自我的自我图式，这为进一步探讨不同自我图式的脑认知研究提供了基础。Craik（1999）等人利用 PET 技术发现，与自我有关的加工最利于记忆，并且 SPM（statistical paramentric mapping）分析发现，自我编码能激活大脑左额叶，但是 PLS（partial least squares）分析发现，自我编码还独特地激活了大脑右额叶。本文将对现实自我和网络自我概念进行进一步的研究，利用事件相关电位（ERP）技术，进一步探讨网络自我的脑神经机制。

第三节 网络交往中自我的 ERP 研究

一、问题提出

"我是谁?"这个引人入胜又充满奥秘的关于自我的问题,长期以来一直是哲学家和心理学家感兴趣的问题。过去的 10 年间,神经科学运用脑成像技术,如功能磁共振成像(fMRI)与事件相关电位(ERP)等,开始了自我的研究并取得了重要进展。

一些研究证实自我信息的表征存在特殊区域。Kircher 等人(2000)在一个脑成像研究中,让被试比较两种自我相关判断:自我描述词与非自我描述词。结果发现,右侧边缘系统和左侧 PFC 对自我相关的词,尤其是肯定词的判断特别敏感。Fossati 等(2003)用 fMRI 对自我相关的特质形容词进行了研究,研究者控制了特质词的情绪负荷,要求被试判断特质词是积极的还是消极的,并用 fMRI 记录了对特质词进行他人还是自己归类时的脑活动。结果发现,与自我相关的词都会引起两半球背内侧 PFC 和左后脑回的活动。Lou 等(2004)让被试回忆他们自己的特质,或者他人的特质,同时作 fMRI 记录,发现自我和他人情境下前额叶中部被激活,但是自我和他人情境下顶骨皮质侧面区域和颞叶皮质的激活是不同的。

研究者也发现各种自我参照加工都与皮质的中线结构的激活相关。这些自我参照加工包括加工描述个人特质的形容词(如勇敢、勤劳、不守时等等)、加工自传体记忆的情节、加工与自我相关的情绪、思想、态度和信仰等(贺熙,朱滢,2010)。皮质的中线结构包括 medial obital prefrontal cortex(MOPFC,BA

11，12），ventromedial prefrontal cortex（VMPFC，BA 10，11），pre-and subgenual anterior cingulate cortex（PACC，BA 24，32），dorsomedial prefrontal cortex（DMPFC，BA 9），medial parietal cortex（MPC，BA 7，31），posterior cingulated cortex（PCC，BA 23），retrosplenial cortex（RSC，BA 26，29，30）。由于皮质中线结构与皮质下中线结构紧密相互联系，可以认为，一个整合皮质与皮质下的中线系统是自我的相关神经基础，而自我结构中的自我参照加工构成我们自我的核心部分。

　　随着网络的普及和应用的日益广泛，人们在现实生活中的人际交往也悄然发生了很大的变化，网络中的交往在当代年轻人中变得越来越普遍和重要，而自我概念在网络和现实生活中的表现也出现了分离。通过之前的行为实验已经证实在网络交往和现实交往中自我图式存在着很大不同，这种差异导致了自我概念的分化。因此，我们利用认知神经技术进一步证实网络对青少年的影响，尤其是对自我概念分化的影响。

二、研究程序

（一）被试

　　通过被试招募，共有 22 名大学生参与本次实验。其中男生 12 名，女生 10 名，平均年龄 20.06 岁（SD=0.87）。实验完成后予每位被试适当的酬劳。

（二）实验材料

　　实验材料选自《现代汉语常用词词频词典》，请 3 名研究生从中挑选出 300 个双字人格形容词，整合后请 20 名研究生对实验材料进行褒贬义的评定，根据评定结果，筛选出 240 个人格形容词，其中褒义词有 150 个，贬义词有 90 个。将 240 个人格形容词分为三组，对三组材料进行词频、褒贬义、笔画上的方差分析，结果发现，在词频上，F（2，237）=0.009，p=0.991；在笔画上，F（2，237）=0.027，p=0.974；在褒贬义上，F（2，237）=0.000，p=1.000。这证明三组材料在词频、褒贬义和笔画上得到平衡。

所有实验材料均在计算机屏幕中央呈现，人格形容词均由计算机控制随机呈现。显示器为联想 17 英寸纯平显示器，刷新频率 100 赫兹，分辨率为 1024×756。

（三）实验设计

本实验采用被试内单因素三水平实验设计。组内变量为被试的定向任务。具体说，每个被试对计算机上呈现的 3 种任务（现实自我组、网络自我组、鲁迅组）中的每个形容词都进行判断，现实自我组："我在现实中是这样的人吗？"网络自我组："我在网络中是这样的人吗？"鲁迅组："鲁迅是这样的人吗？"（他人参照组）。选用鲁迅这位大家熟知的作家代表自我以外的他人，以对鲁迅判断的结果作为基线。因变量为被试在做出选择判断时大脑激活情况。

（四）实验流程

电极与头皮接触处电阻小于 5kΩ，被试距离显示器约 100cm，水平视角 8.60°，垂直视角 6.59°。

实验时被试按照实验设计的不同要求阅读计算机屏幕上的 3 种指导语之一，在计算机屏幕中央出现注视点 300ms 后，呈现空白屏幕时间在 200～600ms 间随机，之后开始呈现描述人格特质的形容词 1000ms，如果该人格形容词能够描述被试在现实（或网络，或鲁迅）中的性格特征，请按"J"键，如果不能描述，请按"F"键。当选择完毕后，出现 1000ms 的空屏，然后再进入到下一个 trial。整个实验过程是 15 分钟。

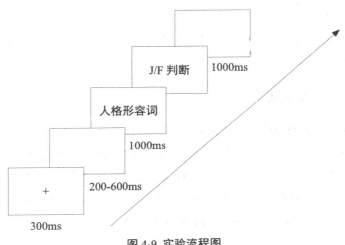

图 4-9 实验流程图

（五）脑电及行为数据的记录

使用美国 NEROSCAN 公司的 ERPs 记录与分析系统，按照 10-20 国际脑电记录系统扩展的 64 导电极帽记录 EEG。脑电采样率为 500Hz，带宽为 DC：0.05-100Hz。实验采用双侧乳突连线为参考电极，前额接地，同时在两眼外侧记录水平眼电（HEOG）和左眼上下记录垂直眼电（VEOG）。脑电采集的同时记录被试的行为数据。

（六）数据处理与分析

对采集的脑电数据进行离线分析：先观察每个被试的脑电波形，融合行为数据，用 Block 命令剔除异常波形段，矫正眨眼伪迹，滤波带通为 0.05-30Hz，波段选取刺激呈现后的 1000ms，基线为刺激呈现前的 200ms，进行基线校正后去伪迹，振幅超过 ±100uV 者被视为伪迹自动剔除。根据定向任务类型对 EEG 进行波形叠加。脑电离线分析中，有两名被试伪迹较多，去除伪迹后有效叠加次数较少，因此删除两名被试，保留 20 名被试。电极位置的选取综合考虑以往的研究结果和本实验的结果，使用 E-prime2.0 编写实验程序，使用 spss17.0 对导出的平均波幅以及脑电成分的波幅和潜伏期进行统计分析。

三、研究结果

（一）定向任务在 N1 成分上的激活差异

根据地形图选取 FP1、AF3、F1、F3、FC1、FC3、C1、C3、FP2、AF4、F2、F4、FC2、FC4、C2 和 C4 十六个电极点考察被试在三种不同的定向任务上 N1 上的激活差异。其中左半球电极为 FP1、AF3、F1、F3、FC1、FC3、C1、C3，右半球电极为 FP2、AF4、F2、F4、FC2、FC4、C2 和 C4。

波幅分析

采用 3（现实自我组、网络自我组、鲁迅组）×2（左右半球）×8（8 个电极）重复测量方差分析发现，在定向任务上的主效应显著，$F_{(2, 38)}=4.222$，$p=0.25<0.05$，网络自我组（M=-3.59，SD=0.54）在 N1 上的波幅显著低于现实自我组（M=-4.58，SD=0.70）和鲁迅组（M=-4.79，SD=0.70）；在电极点上主效应显著，$F_{(7,133)}=2.932$，$p=0.044<0.05$；定向任务和左右半球的交互效应显著，$F_{(2, 38)}=3.978$，$p=0.035<0.05$。进行简单效应分析，结果发现，定向任务在左半球上差异显著，$F_{(2, 38)}=6.87$，$p=0.003<0.01$，在右边球上差异不显著。左右半球在鲁迅组上差异显著，$F_{(1, 19)}=5.38$，$p=0.32<0.05$。定向任务与电极点交互作用不显著，定向任务与左右半球、电极点三相交互作用不显著。

表 4-5 定向任务在左右半球上 N1 波幅的平均数和标准差

定向任务	左右半球	平均数（M）	标准差（SD）
现实自我组	左半球	-4.73	0.71
	右半球	-4.43	0.71

续表

定向任务	左右半球	平均数（M）	标准差（SD）
网络自我组	左半球	-3.40	0.53
	右半球	-3.79	0.61
鲁迅组	左半球	-5.04	0.71
	右半球	-4.56	0.71

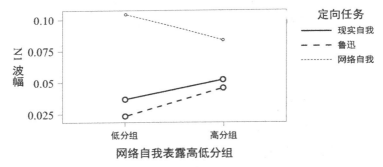

图 4-10　定向任务与左右半球在 N1 波幅上的交互作用图

潜伏期分析

表 4-6　定向任务在左右半球 N1 潜伏期上的平均值和标准差

定向任务	左右半球	平均数（M）	标准差（SD）
现实自我组	左半球	101.57	2.30
	右半球	101.90	2.94
网络自我组	左半球	101.74	2.67
	右半球	101.23	2.84
鲁迅组	左半球	100.08	2.29
	右半球	100.09	2.44

采用 3（现实自我定向任务、网络自我定向任务、"鲁迅"定向任务）×2（左右半球）×8（8 个电极）重复测量方差分析发现，在定向任务、左右半球、电极点上主效应均不显著，并且两两交互作用以及三项交互作用均不显著。

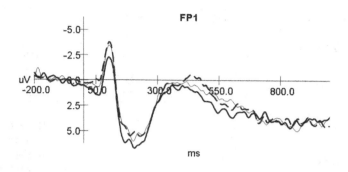

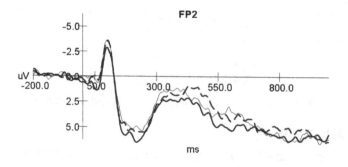

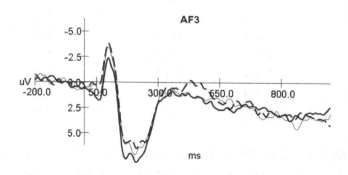

———— 网络自我组   – – – 鲁迅组   ———— 现实自我组

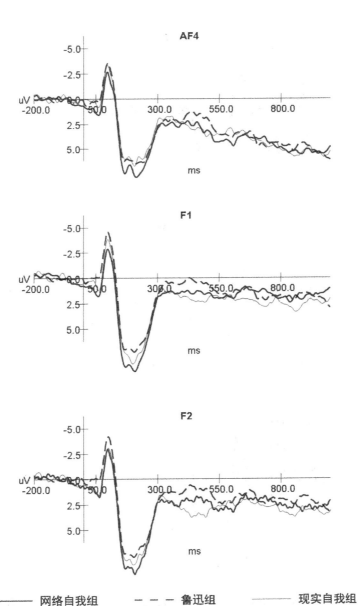

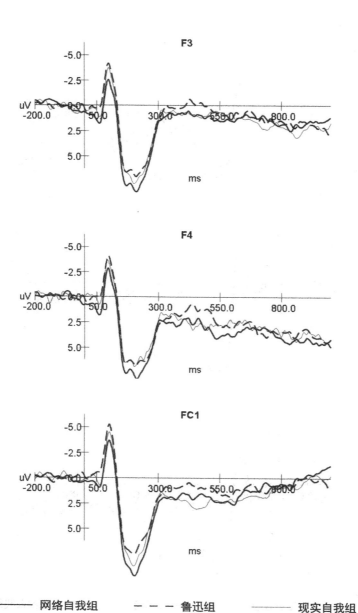

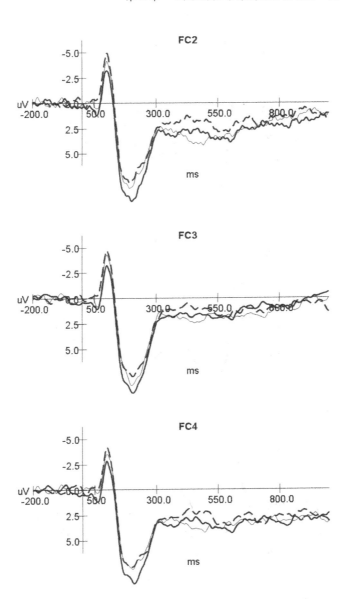

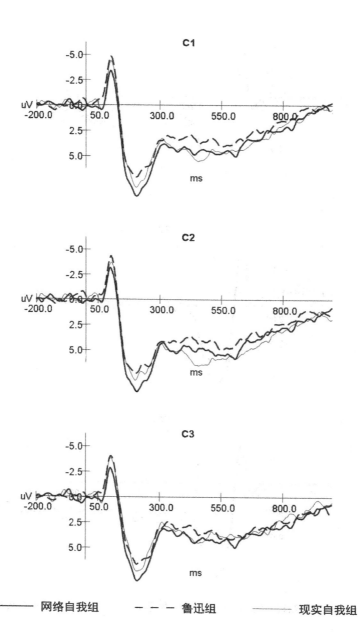

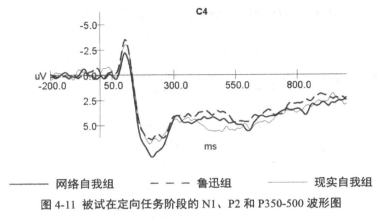

C4

图 4-11 被试在定向任务阶段的 N1、P2 和 P350-500 波形图

———— 网络自我组　　－ － － 鲁迅组　　———— 现实自我组

　　根据地形图选取 FPZ、FZ、FCZ、CZ 四个电极点考察被试在三种不同的定向任务在 N1 上的脑区激活差异。

波幅分析

　　采用 3（现实自我组、网络自我组、鲁迅组）×4（4 个电极）重复测量方差分析发现，在定向任务上的主效应显著，$F_{(2,38)}$=4.615，p=0.02<0.05，网络自我组（M=-3.91，SD=0.74）在 N1 上的波幅显著高于现实自我组（M=-4.06，SD=0.77）和鲁迅组（M=-5.36，SD=0.70）；在电极点上主效应显著，$F_{(3,57)}$=14.095，p<0.001，FPZ（M=-3.92，SD=0.59）在 N1 的波幅显著高于 FZ（M=-4.60，SD=0.67）、FCZ（M=-5.22，SD=0.69）、CZ（M=-5.23，SD=0.69）。类型与电极点交互作用不显著。

潜伏期分析

　　采用 3（现实自我组、网络自我组、鲁迅组）×4（4 个电极）重复测量方差分析发现，在定向任务（$F_{(2,38)}$=0.982，P=0.378）、电极点（$F_{(3,57)}$=0.331，P=0.636）上主效应均不显著，并且两两交互作用（$F_{(2,38)}$=0.960，P=0.983）均不显著。

表 4-7　定向任务在电极点 N1 潜伏期上的平均值和标准差

定向任务	电极	平均值（M）	标准差（SD）
现实自我组	FPZ	99.60	2.58
	FZ	100.50	2.63
	FCZ	100.40	2.47
	CZ	100.90	2.49
网络自我组	FPZ	101.80	2.74
	FZ	101.00	2.59
	FCZ	100.30	2.49
	CZ	100.80	2.70
鲁迅组	FPZ	97.80	2.62
	FZ	100.40	2.14
	FCZ	99.50	2.09
	CZ	98.20	2.91

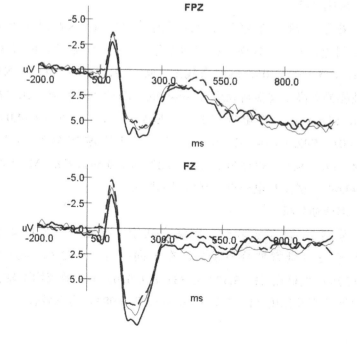

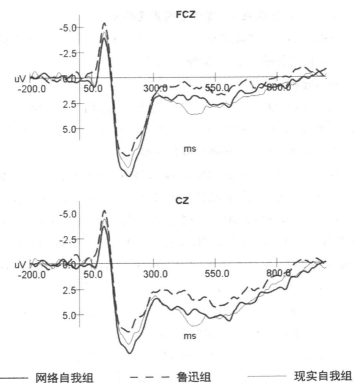

　　———— 网络自我组　　　— — — 鲁迅组　　　———— 现实自我组

图 4-11　被试在定向任务阶段的 N1、P2 和 P350-500 波形图

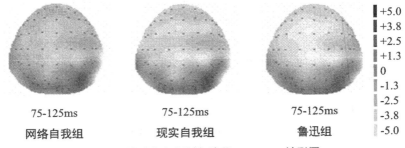

图 4-13　被试在定向任务阶段 75-125ms 地形图

（二）定向任务在 P2 成分上的激活差异

根据地形图，选取 FPZ、FZ、FCZ 和 CZ 四个电极点考察被试在三个定向任务阶段 P2 上的激活差异。

波幅分析

采用 3（现实自我组、网络自我组、鲁迅组）×4（4 个电极）重复测量方差分析发现，在定向任务上的主效应显著，$F_{(2,38)}$=4.464，p=0.028<0.05，网络自我组（M=10.48，SD=0.77）在 P2 上的波幅显著高于现实自我组（M=9.84，SD=0.63）和鲁迅组（M=8.61，SD=0.81）；在电极点上主效应显著，$F_{(3,57)}$=4.416，p=0.023<0.05，FCZ（M=10.03，SE=0.70）在 P2 的波幅显著高于 CZ（M=9.90，SD=0.70）、FZ（M=9.63，SD=0.65）、FPZ（M=9.00，SD=0.63）；定向任务与电极点交互作用显著，$F_{(6,114)}$=11.611，p<0.001。简单效应分析发现，现实自我组在电极点上差异显著，$F_{(3,57)}$=10.64，p<0.001；网络自我组在电极点上差异显著，$F_{(3,57)}$=12.51，p<0.001；鲁迅组在电极点上差异显著，$F_{(3,57)}$=4.58，p=0.006<0.01。定向任务在电极点 FPZ 上差异显著，$F_{(1,19)}$=7.31，p=0.002<0.01；在电极点 FZ 上差异显著，$F_{(1,19)}$=9.71，p<0.001；在电极点 FCZ 上差异显著，$F_{(1,19)}$=4.52，p=0.017<0.05；在电极点 CZ 上差异显著，$F_{(1,19)}$=4.92，p=0.013<0.05。

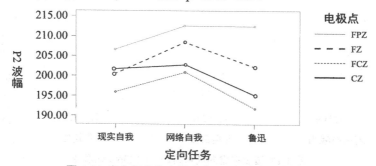

图 4-14 定向任务和电极点在 P2 上的交互作用图

表 4-8　定向任务在电极点上 P2 波幅的平均值和标准差

定向任务	电极	平均值（*M*）	标准差（*SD*）
现实自我组	FPZ	10.64	0.79
	FZ	8.28	0.59
	FCZ	9.69	0.72
	CZ	10.73	0.69
网络自我组	FPZ	8.86	0.81
	FZ	11.35	0.83
	FCZ	11.26	0.81
	CZ	10.47	0.83
鲁迅组	FPZ	7.50	0.76
	FZ	9.27	0.84
	FCZ	9.15	0.91
	CZ	8.50	0.96

潜伏期分析

采用 3（现实自我组、网络自我组、鲁迅组）×4（4 个电极）重复测量方差分析发现，在定向任务（F（2,38）=0.803，P=0.420）上主效应不显著，在电极点上主效应显著，F（3,57）=0.579，P=0.01<0.05，FPZ（M=210.73，SD=5.85）在 P2 的潜伏期显著高于 CZ（M=200.37，SD=4.93）、FZ（M=204.10，SD=4.96）、FCZ（M=196.87，SD=4.85），类型与电极点交互作用不显著。

4-9　定向任务在电极点上 P2 潜伏期的平均值和标准差

定向任务	电极	平均值（*M*）	标准差（*SD*）
现实自我组	FPZ	207.00	6.63
	FZ	200.90	6.46
	FCZ	196.60	5.71
	CZ	202.20	5.54
网络自我组	FPZ	212.70	6.91
	FZ	208.70	5.76

续表

定向任务	电极	平均值（*M*）	标准差（*SD*）
网络自我组	FCZ	201.40	6.53
	CZ	203.20	6.52
鲁迅组	FPZ	212.50	7.99
	FZ	202.70	6.34
	FCZ	192.60	5.40
	CZ	195.70	6.01

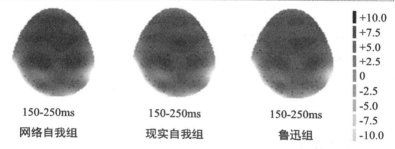

150-250ms	150-250ms	150-250ms
网络自我组	现实自我组	鲁迅组

+10.0
+7.5
+5.0
+2.5
0
-2.5
-5.0
-7.5
-10.0

图 4-15 被试在定向任务阶段 150-250ms 地形图

（三）定向任务在 P350-500 成分上的激活差异

根据地形图，选取 F1、FZ、F2、FC1、FCZ、FC2、C1、C2、CZ 九个电极点考察被试在三个定向任务阶段 P350-500 上的激活差异。其中，额叶电极从左至右依次为 F1、FZ、F2，额中央区电极从左至右依次为 FC1、FCZ、FC2，中央区电极从左至右依次为 C1、CZ、C2。

采用 3（现实自我组、网络自我组、鲁迅组）×3（额叶、额中央区和中央区）×3（电极位置：左中右）重复测量方差分析发现，定向任务主效应显著，$F_{(2,38)}=3.785$，$P=0.032<0.05$，现实自我组（M=4.42，SD=1.05）在 P350-500 的平均波幅高于网络自我组（M=3.59，SD=0.79）以及鲁迅组（M=2.19，SD=0.96）。

额叶、额中央区和中央区在 P350-500 波幅上差异显著，F

（2,38）=24.515，p<0.001，中央区 P350-500 波幅（M=5.07，SD=0.94）大于额中央区（M=2.79，SD=0.84）和额叶（M=2.35，SD=0.78）。电极位置（左中右）主效应显著，F（2,38）=4.574，p=0.018<0.05，右列（F2、FC2、C2）在 P350-500 上的平均波幅（M=3.74，SD=0.82）大于中列（FZ、FCZ、CZ）（M=3.35，SD=0.87）和左列（F1、FC1、C1）（M=3.12，SD=0.78）。

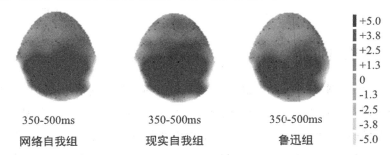

| 350-500ms | 350-500ms | 350-500ms |
| 网络自我组 | 现实自我组 | 鲁迅组 |

+5.0
+3.8
+2.5
+1.3
0
-1.3
-2.5
-3.8
-5.0

图 4-16　被试在定向任务阶段 350-500ms 地形图

表 4-10　定向任务在电极点上 P350-500 潜伏期的平均值和标准差

定向任务	脑区	平均值（*M*）	标准差（*SD*）
现实自我组	额叶	3.35	0.99
	额中央区	3.86	1.09
	中央区	6.04	1.17
网络自我组	额叶	2.56	0.76
	额中央区	2.96	0.79
	中央区	5.28	0.95
鲁迅组	额叶	1.14	0.94
	额中央区	1.56	1.01
	中央区	3.88	1.08
现实自我组	左列	3.94	1.00
	中列	4.48	1.09
	右列	4.84	1.08

定向任务	脑区	平均值（M）	标准差（SD）
网络自我组	左列	3.38	0.73
	中列	3.53	0.87
	右列	3.89	0.79
鲁迅组	左列	2.05	0.97
	中列	2.04	1.03
	右列	2.49	0.97

四、讨论

随着网络的普及和应用的日益广泛，青少年对网络的依赖也越来越强烈。相应的，青少年在网络中的交往行为越来越多，而在现实中的交往行为则越来越少。由于网络情境和现实情境之间存在显著的差异，网络情境的匿名性、开放性、非接触性等特征导致了青少年在网络中的交往行为、交往方式与现实情境中均有不同。青少年也普遍认为网络中的自我与现实中的自我是不一样的，这种差异带来了他们关于自我的评价和认识根据网络和现实两种情境的不同而出现了分化。之前的行为实验发现，青少年的自我概念根据交往情境的不同已经出现了网络自我概念和现实自我概念两个不同的方面。因此，本实验假设网络自我和现实自我是自我概念中两个相互分离的成分，并希望通过认知神经科学的技术为此观点提供电生理学的证据，同时也对两种自我概念的认知神经加工机制进行初步探讨。

通过对三种定向任务（网络自我组、现实自我组和鲁迅组）条件下的脑电进行比较发现，三种类型的定向任务都诱发了显著的N1、P2。

其中 N1 峰值潜伏期在 100ms 左右，分布于头皮前部，从前额叶到中央区都有明显的 N1 成分。有研究显示，额区的 N1 受注意

的显著影响，表现为幅值的增强（赵仑，2010）。在本研究中，N1
的波幅在定向任务的类型上表现出显著差异，鲁迅组在 N1 上的波
幅显著高于现实自我组和网络自我组。这可能的原因是，鲁迅是自
我概念之外的他人，因此被试在鲁迅组上投入的注意资源更多。此
外，研究还发现，定向任务类型与左右半球的交互效应显著，对于
网络自我组和现实自我组，左右半球的 N1 波幅差异不显著，但是
对于鲁迅组，N1 波幅在左右半球上差异显著。结合 N1 波幅在任务
类型上的差异，我们推断，被试在三种定向任务类型上投入的注意
资源的多少依次为，在鲁迅组上投入的注意资源最多，其次是现实
自我组，最少的是网络自我组。

　　本研究还发现，在头皮前部从前额到中央区，在 N1 成分之后
还有一个显著的正成分 P2，潜伏期在 200ms 左右。有研究认为，
P2 和靶刺激的早期识别有关，该成分与头皮后部伴随出现的 N2b
具有不同的机制，N2b 通常和任务以及刺激频率相关，而头皮前部
的 P2 反映的只是与任务相关的加工（Potts & Tucker，2001）。根
据这种解释，被试在 200ms 左右已经对人格形容词进行了早期的语
义加工并且与定向任务相关联，即已经对人格形容词是否与定向任
务的内容相符做了预判。本研究发现，在该成分上，网络自我组上
的波幅显著高于现实自我组和鲁迅组，这与 N1 的结果相似，而这
更进一步说明了与现实自我概念和他人相比，目前青少年对网络中
的自我概念有一个更清晰明确的认识和界定。主要原因可能是目前
青少年对网络的使用越来越普遍且在网络上的时间也越来越长，另
一方面，每个青少年在网络交往中经常面对的场景比较固定，都是
自己比较熟悉的几种有限的工具或途径，主要就是通过 QQ、论坛
或博客等进行网络人际交往，在这种有限且固定的交往情境下更容
易形成稳定且清晰的网络自我概念。

此外，本研究还发现，在现实自我组上，在 350 ～ 500ms 之间有一个较为明显的正慢成分 P350-500，而在网络自我组和鲁迅组上则没有出现明显的 P350-500，该成分主要在额叶和中央区，尤其以中央区的波幅最大。本研究认为该慢成分与记忆有关，反映了对记忆中现实场景的提取以及提取的现实场景与呈现的人格形容进行的对比判断。根据实验后对部分被试的作答了解情况发现，被试在现实自我组中对人格形容词进行判断时通常会联想到与该人格形容词有关的场景然后对比后做出判断，比如，屏幕上呈现"害羞"，被试常常会想到自己现实中与同学的交往的场景，进而做出判断。而对鲁迅组进行人格形容词判断时没有场景可以提取，因此没有明显的 P350-500 的成分。而根据 N1 和 P2 在三种类型定向任务上的差异判断，青少年对网络自我概念的认识更清晰明确，此外由于可供提取的网络行为表现的场景也比较固定且有限，因此，在网络自我组下 P350-500 的平均波幅也显著小于现实自我组。

有研究者（Legrand & Ruby，2009）认为，现有的对自我的评估涉及的脑区与体察他人、回忆、推理时涉及的脑区类似，也与大脑静息状态时相似（例如，自我刺激诱发了内侧前额叶的强烈活动，但是没有任何刺激时内侧前额叶也处于较高的活跃状态），因此没能体现出自我的特殊性。即便如此，1999 年以来运用认知神经科学技术考察自我的研究也超过了 100 多项，并在 Proc. Natl. Acad. Sci. US（美国科学院公报）、Natrue 和 Science 上刊登关于自我的研究约 13 篇（贺熙，朱滢，2010），这说明国内外对于自我的脑机制的研究依然十分热衷。本研究虽然也发现网络自我概念、现实自我概念与对鲁迅的人格形容词的加工在相同的脑区（主要分布在头皮前部，以前额叶波幅最大），但是从波幅上我们依然可以推断，网络自我概念与现实自我概念是自我概念的不同方面，且对于同一个个体而言也具有不同的内涵，并且与现实自我概念相比，目前青少年对网络自我概念的认识似乎更明确清晰。

五、小结

1. 通过对网络自我组、现实自我组和鲁迅组三种类型定向任务条件下的脑电进行比较发现，三种类型的定向任务都诱发了显著的N1、P2。其中 N1 峰值潜伏期在 100ms 左右，分布于头皮前部，从前额叶到中央区都有明显的 N1 成分。在头皮前部从前额到中央区，在 N1 成分之后还有一个显著的正成分 P2，潜伏期在 200ms 左右。

2. 在现实自我组上，在 350 ～ 500ms 之间有一个较为明显的正慢成分 P350-500，而在网络自我组和鲁迅组上则没有出现明显的P350-500，该成分主要在额叶和中央区，尤其以中央区的波幅最大。

第五章

结论

本研究在对网络交往概念辨析的基础上，通过开放式访谈，编制网络交往测量工具，探讨网络交往的一般特点，深入分析了网络交往与外向性、孤独感、现实自我表露之间的关系。通过行为实验与事件相关电位（ERP）技术，考察了网络交往中现实自我和网络自我的差异，主要得出以下结论：

（一）网络交往测量工具

自编网络交往问卷共有 26 个项目，其中包括四个维度，即网络社交自我知觉、网络自我表露、网络人际关系以及网络交往依赖。自编网络交往问卷具有较好的内部一致性信度和重测信度。并且，结构效度和内容效度也符合测量学的要求，表明该工具适合于测量网络交往行为。

（二）青少年网络交往的特点

采用网络交往问卷进行施测，结果发现，网络自我表露高于网络人际关系、社交自我知觉以及网络交往依赖。女生网络自我表露水平显著高于男生。而男生比女生更希望在网络上寻找和建立人际关系，并且对网络交往的依赖高于女生。独生子女比非独生子女有更多的网络自我表露，并且希望建立更多的人际关系，有更高的网络社交自我意识，网络交往依赖程度也更高。大一学生的网络人际关系、网络社交自我知觉水平最低，而大二学生在网络人际关系、网络社交自我知觉、网络交往依赖和网络交往总分上都高于其他年级。

（三）青少年网络交往的影响因素

网络交往总分与外向性、现实自我表露显著负相关，与孤独感显著正相关。外向性对网络交往有显著的负向预测作用，孤独感在外向性和网络交往之间起着中介作用，现实自我表露在外向性对网络交往的影响过程中起着有中介的调节作用。

（四）网络自我与现实自我的关系

在面对面的交流情景下，被试对现实自我人格形容词的反应时小于在网络交流情境中对现实自我人格形容词的反应时，对现实自我人格形容词判断的正确率高于在网络交流情境中对现实自我人格形容词判断的正确率，这表明不同的交流方式对网络自我和网络自我的激活存在差异。同时，在自我参照效应中，网络自我概念独立于现实自我概念之外，表明个体的网络自我和现实自我具有两种不同的自我图式。在 ERP 研究中，现实自我和网络自我都诱发了明显的 N1 和 P2，其中 N1 峰值潜伏期在 100ms 左右，分布于头皮前部，从前额叶到中央区，其后还有显著的正成分 P2，潜伏期在 200ms 左右。在现实自我组上，在 350 ～ 500ms 之间有一个较为明显的正慢成分 P350-500，该成分主要在额叶和中央区，尤其以中央区的波幅最大。

纵观整个研究，其存在的不足之处在于：第一，本研究利用自我参照效应研究对网络自我和现实自我进行探讨，但是在实验阶段中，学习和再认的时间间隔太短，导致在 K 判断上，对现实自我和母亲的再认率依然很高。在后续研究中，我们将延长学习和再认阶段的时间，对自我参照效应做进一步探讨。第二，本研究采用 ERP 对网络自我和现实自我的生理机制进行了探讨。在进一步的研究中，将利用自我参照效应实验范式，探讨对不同的定向任务的 R 判断时，网络自我以及现实自我的脑电差异，为研究自我知觉提供新的生理依据。

参考文献

中文文献

[1][波兰]彼得·什托姆普卜.信任[M].程胜利译注.北京:中华书局,2005.

[2][德]哈贝马斯.交往活动理论(第一卷)[M].洪佩郁译注.重庆:重庆出版社,1994.

[3][美]库利.人类本性与社会秩序[M].北京:华夏出版社,1989.

[4][美]米德.心灵、自我与社会[M].上海:上海译文出版社,1992.

[5][德]齐美尔.货币哲学[M].陈戎女译注.北京:华夏出版社,2002.

[6][英]莎士比亚.莎士比亚全集[M].朱生豪等人译注.北京:人民文学出版社,1978.

[7][美]曼纽尔·卡斯特.网络社会的崛起[M].夏铸九等译注.北京:社会科学文献出版社.2006.

[8]白淑英.网上人际关系的建立机制[J].学术交流,2003,3.

[9]柴晓运,龚少英.青少年的同一性实验:网络环境的视角[J].心理科学进展,2011,19(3):364-371.

[10]陈惠淑,苏逸人.中文网络成瘾量表之编制与心理计量特性研究[J].中华心理学刊,2003,45(3):279-294.

[11]陈少华,易柳,张笑.青少年网络交往问卷的编制与初步应用[J].广州大学学报(社会科学版),2010,9(7):49-54.

[12]陈厉.论网络交往的实践 [D].福建：福建师范大学，2003.

[13]陈秋珠.赛博空间的人际交往 [D].吉林：吉林大学，2006.

[14]陈秋珠.网络人际关系性质研究综述 [J].社会科学家，2006，2：
144-147.

[15]陈增颖.婚姻受虐妇女的处置与辅导策略 [J].咨询与辅导，
1999，163：7-10.

[16]陈健芷，林超.大学生偶发编码和外显编码中的自我参照效应
[J].心理科学，2009，2（4）：869-872.

[17]崔哲，李育辉.中学生自我评价及其影响医素 [J].中国行为医
学科学，2005，14（2）：110-112.

[18]邓泽球，张桂群.论网络虚拟人格 [J].常德师范学院学报（社
会科学版），2002，27（2）:33-35

[19]丁道群.网络空间的人际互动：理论与实证研究 [D].南京：南
京师范大学，2003.

[20]董志强.网络文化的信任危机 [J].信息产业报，2000，8.

[21]范瑞泉，陈维清.大学生社会支持和应对方式与抑郁和焦虑情
绪的关系 [J].中国学校卫生，2007，7（28）.

[22]冯鹏志.伸延的世界—网络化及其限制 [M].北京：北京出版
社，1999.

[23]冯燕，王枝灿.网络交友与青少年虚拟社会关系的形成 [C].
2002 网络与社会研讨会论文，台湾清华大学社会学研究所，
2002.

[24]顾璇，金盛华，李红霞，吴嵩.青少年网络自我展示 [J].中国
临床心理学杂志，2012，20（2）：262-266.

[25]韩红艳.大学生网络交往类型及其特点研究 [D].重庆：西南大
学，2006.

[26]韩丽红.关于网络人际信任危机的探讨 [J]. 西昌学院学报（社会科学版），2011，23（2）：111-129.

[27]何灿，夏勉，江光荣，魏华.自尊与网络游戏成瘾—自我控制的中介作用 [J]. 中国临床心理学杂志，2012，1（20）：58-60.

[28]何晶.从网络聊天透视农民工子女的心理状态：基于与北京市青少年的比较 [J]. 新闻与传播研究，2010，1：45-50.

[29]何向阳.大学生网络行为的调查分析 [J]. 当代教育理论与实践，2010，2（6）：104-106.

[30]贺熙，朱滢.社会认知神经科学关于自我的研究 [J]. 北京大学学报（自然科学版），2010，1：79-83.

[31]胡蓉，邓小昭.网络人际交互中的信任问题研究 [J]. 图书情报知识，2005，12.

[32]华莱士.互联网心理学.谢影，苟建新译注.北京：中国轻工业出版社，2000.

[33]华伟.网络交往对青少年自我形成的影响 [J]. 内蒙古师范大学学报（教育科学版），2003，16（2）：36-38.

[34]黄栋梅，张敏强.中学生人际关系、自我表露与网络成瘾的关系 [J]. 中国特殊教育，2009，106（4）：93-96

[35]黄希庭，陈红.青少年身体自我概念与心理健康的相关研究 [J]. 心理科学，2005，28（4）：889-892

[36]黄少华.青少年网络人际信任及其影响因素研究 [J]. 宁夏大学学报（人文社会科版），2008，30（1）：152-173.

[37]黄少华，翟本瑞.网络社会学：学科定义与议题.北京：中国社会科学出版社，2006.

[38]纪海英.网络沟通对青少年社会性发展的影响 [J]. 南京师大学报（社会科学版），2012，3（2）：109-115.

[39]蒋灿 . 自我意识量表的初步修订及相关研究 [D]. 重庆：西南大学，2007.

[40]蒋索，邹鸿，胡茜 . 国外自我表露研究述评 [J]. 心理科学进展，2008，16（1）：114-123.

[41]金盛华 . 自我概念及概述 [J]. 北京师范大学学报（哲社版），1996，（1）.

[42]赖晓黎 . 网路的礼物文化 [J]. 资讯社会研究（台湾），2004，6.

[43]兰玉娟，佐斌 . 去个性化效应的社会认同模型 [J]. 心理科学进展，2009，17（2）：467-472.

[44]雷雳，陈猛 . 互联网使用与青少年自我认同的生态关系 [J]. 心理科学进展，2005，13（2）：169-177.

[45]雷雳，柳铭心 . 青少年的人格特征与互联网社交服务使用偏好的关系 [J]. 心理学报，2005，37（6）：797-802.

[46]雷雳，马利艳 . 初中生自我认同对即时通讯与互联网使用关系的调节作用 [J]. 中国临床心理学杂志，2008，2：161-163.

[47]雷雳，伍亚娜 . 青少年的同伴依恋与其互联网使用的关系 [J]. 心理与行为研究，2009，7（2）：81-86.

[48]李彩娜，邹泓 . 青少年孤独感的特点及其与人格、家庭功能的关系 [J]. 陕西师范大学学报（哲学社会科学版），2006，35（1）：115-121.

[49]李国亭 . 信息社会一数字化生存的地球村 [M]. 北京：军事科学出版社，2003.

[50]李林英，陈会昌 . 大学生自我表露的调查研究 [J]. 心理发展与教育，2004，3：62-68.

[51]李林英 . 大学生自我表露与人格特征、孤独、心理健康的关系 [J]. 中国心理卫生杂志，2003，17（10）：666-671.

[52]李伟波. 儒家诚信观念与网络信任危机 [J]. 重庆邮电学院学报（社会科学版），2006，2：222-223.

[53]李淑媛，翟成蹊，范士青. 大学生社交效能感与网络关系成瘾倾向的关系初探 [J]. 中国临床心理学，2008，16（1）：86-88.

[54]李文娟，吴艳红，贾云鹰. 自我与有意遗忘现象 [J]. 心理学报，2005，7（4）：476-481.

[55]李艳丽. 新护士孤独心理产生原因及克服途径 [J]. 齐齐哈尔医学院学报，2002，4（23）：444-445.

[56]李颖. 网络时代的青少年同伴关系 [J]. 知识经济，2007，12：94-95.

[57]聂衍刚，丁莉，蒋佩，刘毅. 青少年网络交往行为的特点及测验量表的编制 [J]. 广州大学学报（社会科学版），2007，6（5）：3-8.

[58]梁晓燕. 网络社会支持对青少年心理健康的影响机制研究 [D]. 武汉：华中师范大学，2008.

[59]林崇德. 发展心理学 [M]. 北京：人民教育出版社，1995.

[60]刘斌. "信任问题" 研究述评 [J]. 理论前沿，2004，4：47.

[61]刘华芹. 网络人类学：网络空间与人类学的互动 [J]. 广西民族学院学报（哲学社会科学版），2004，2（26）：64-68.

[62]刘化英. 罗杰斯对自我概念的研究及其教育启示 [J]. 辽宁师范大学学报（社会科学版），2000，6：37-39.

[63]刘凤娥，黄希庭. 自我概念的多维度多层次模型研究述评 [J]. 心理学动态，2001，2.

[64]刘金枚，王茂福. 透视网络中的人际信任危机 [J]. 经济与社会发展，2005，3（5）：136-138.

[65]刘连龙，胡明利. 网络成瘾与其孤独感关系的研究 [J]. 西北大学学报（哲学社会版），2009，39（1）：126-129.

[66]刘萍，王振宏．国外自我概念研究中的理论模型建构述评 [J]．西北师范大学学报（社科版），1997，2：81-86．

[67]刘新明，朱滢．记忆的自我参照效应 [J]．心理科学进展，2002，10（2）：121-126．

[68]柳恒超，许燕，王力．结构方程模型应用中模型选择的原理和方法 [J]．心理学探新，2007，27：75-78．

[69]卢勤，黄丽珊．大学生人格维度上的性别差异研究 [J]．西南民族大学学报人文社科版，2005，26：370-373．

[70]鲁兴虎．网络信任——虚拟与现实之间的挑战 [M]．南京：东南大学出版社，2003．

[71]吕夺印．网络交往对自我认知影响的探索性观察分析—基于当代青年的案例研究 [D]．重庆：西南政法大学，2010．

[72]吕玲．大学生网络安全感问卷编制及特点研究 [D]．武汉：华中师范大学，2009．

[73]马利艳．青少年虚拟自我和人格与互联网使用的关系 [D]．北京：首都师范大学，2008．

[74]马宁．大学生网络交往心理机制分析 [J]．广西社会科学，2005，1：190-192．

[75][美] 马斯洛．动机与人格 [M]．北京：中国人民大学出版社，2007．

[76]苗笑雨．网络虚拟即时交流情境中的文化表征 [J]．现代传播（中国传媒大学学报），2009，157（2）：119-120．

[77]彭晶晶,黄幼民．虚拟与现实的冲突：双重人格下的交往危机 [J]．中国矿业大学学报，2004，4：72-74．

[78]彭凯平，刘钰，曹春梅，张伟．虚拟社会心理学：现实，探索及意义 [J]．心理科学进展，2011，19（7）：933-943．

[79]彭文波，徐陶．青少年网络双重人格分析 [J]．当代青年研究，2002，4：13-15.

[80]平凡，周宗奎，潘清泉．大学生网络关系成瘾、自我表露和孤独感的关系 [J]．中国临床心理学杂志，2011，19（1）：75-80.

[81]卜荣华．大学生网络交往的心理解析 [J]．安徽工业大学学报，2010，4：137-140.

[82]戚健俐，朱滢．中国大学生的记忆的自我参照效应 [J]．心理科学，2002，25（3）：275-278.

[83]钱铭怡，武国城，朱荣春，张莘．艾森克人格问卷简式量表中国版（EPQ-RSC）的修订 [J]．心理学报，2000，32（3）：317-323.

[84]钱铭怡，章晓云，黄峥，张智丰，聂晶．大学生网络关系依赖倾向量表（IRDI）的初步编制 [J]．北京大学学报（自然科学版），2006，1（2）：1-6.

[85]邱杰．合肥市大学生网络交往态度性别差异研究 [J]．中国卫生学校，2003，24（4）：305-306.

[86]时蓉华．社会心理学 [M]．上海：上海人民出版社，1986.

[87]宋剑辉，郭德俊，张景浩，佟德，魏希芬．青少年自我概念特点及培养 [J]．心理科学，1998，3：277-279.

[88]沙莲香．社会心理学 [M]．北京：中国人民出版社，1987.

[89]苏国红．虚拟自我与心理健康 [J]．安庆师范学院院报（社会科学版），2002，21（3）：86-88.

[90]孙丽．自我概念研究概述及发展趋势探讨 [J]．社会心理科学，2005，20：301-305.

[91]童星．网络与社会交往 [M]．贵阳：贵州人民出版社，2001.

[92]王滨．大学生孤独感与网络成瘾倾向关系的研究 [J]．心理科学，2006，29（6）：1425-1427.

[93]王德芳，余琳．虚拟社会关系的心理学研究及展望 [J]．心理科学进展，2006，14（3）：462-467.

[94]王登峰，崔红．中国人的人格特点与中国人人格量表（QZPS 与 QZPS-SF）的常模 [J]．心理学探新，2004，4（24）：43-51.

[95]王登峰，崔红．编制中国人人格量表的理论构想 [J]．北京大学学报（哲学社会科学版），2004，38（6）：48-51.

[96]王冠舒．自我参照效应的国内外研究综述 [J]．大庆师范学院学报，2010，30（5）：10-13.

[97]王垒，郑英烨，高凡．青年自我差异与情绪关系的实验研究——自我认知对情绪的启动效应 [J]．心理发展与教育，1994，1：16-11.

[98]王希林．孤独、抑郁情绪及其相互关系探讨 [J]．中国心理卫生杂志，2000，6：367-369.

[99]王艳芝，李彦牛，杨轶．大学生的自杀态度及其影响因素分析 [J]．中国学校卫生，2000，28（8）：55-57.

[100]温忠麟，张雷，候杰泰．有中介的调节变量和有调节的中介变量 [J]．心理学报，2006，38（3）：448-452.

[101]吴明隆．SPSS 统计应用实务：问卷分析与应用统计 [M]．北京：科学出版社，2003.

[102]吴巧云，牛晶晶，魏红艳．网络情境下的自我表露研究述评 [J]．黑龙江教育学院学报，2008，27（12）：74-76.

[103]吴永华，朱晓峰，周绍辉．内、外向大学生洛夏测验的人格特点 [J]．中国心理学卫生杂志，1998，12（3）：171.

[104]申凡，肖丹．试析博客传播中的自我暴露心理 [J]．陕西师范大学学报（哲学社会科学版），2011，40（2）：152-156.

[105]辛自强，池丽萍．家庭功能与儿童孤独感的关系：中介的作用

[J]. 心理学报，2003，35（2）：216-221.

[106]辛自强，郭素然，池丽萍. 青少年自尊与攻击的关系：中介变量和调节变量的作用 [J]. 心理学报，2007，39（5）：845-851.

[107]辛自强. 小学学习不良儿童家庭功能研究 [J]. 心理发展与教育，1999，1：22-26.

[108]徐琳琳，王前. 网络中的虚拟自我新探 [J]. 自然辩证法研究，2011，27（2）：90-95.

[109]姚俊萍，李新社，封富君，李晓军. 从美军网络空间发展看我军网络空间安全 [J]. 才智，2013，10：317-319.

[110]杨红升，朱滢. 老年中国人自我记忆效应的研究 [J]. 心理科学，2004，27（1）：43-45.

[111]杨中芳，彭四清. 中国人人际信任的概念化：一个人际关系的观点 [J]. 社会学研究，1999，2.

[112]杨玲，樊召锋. 吸毒者自尊、应对方式和社交自我知觉的关系研究 [J]. 西北师大学报（社会科学版），2009，3：88-92.

[113]杨平. 网络交往与人的发展 [D]. 天津：天津师范大学，2008.

[114]杨洋，雷雳. 青少年外向／宜人性人格、互联网服务偏好与"网络成瘾"的关系 [J]. 心理发展与教育，2007，2：42-48.

[115]姚计海，屈智勇. 中学生自我概念的特征及其与学业成绩的关系 [J]. 心理发展与教育，2001，4：57-62.

[116]叶海燕. 大学新生心理健康状况调查研究 [J]. 西南师范大学学报，2003，28（5）：794-797.

[117]叶明志，王玲，温盛霖. 不同个性特征医学生自我评价水平比较 [J]. 健康心理学杂志，2003，5.

[118]余苗梓，李黄平，王才康，谢晰君，周柳梅，郑小蓓. 大学生孤独感与自我隐瞒、自我表露、应对方式和社会支持的关系 [J].

中国心理卫生杂志，2007，21（11）：747-750.

[119]俞国良，辛自强，罗小路. 学习不良儿童孤独感、同伴接受性的特点及于家庭功能的关系 [J]. 心理学报，2003，2（1）：59-64.

[120]张国华，雷雳，邹泓. 青少年自我认同与"网络成瘾"的关系 [J]. 中国临床心理学杂志，2008，16（1）：37-39.

[121]张莉. 网络人际交往中的信任产生机制 [J]. 重庆图情研究，2006，2.

[122]张力，朱滢. 自我参照加工中的频率作用二重性 [J]. 心理科学，2005，28（3）：643-645.

[123]张晓琴，柳彩霞，梅俊华. 人格特质、网络服务对网络孤独感的影响方式 [J]. 中国健康心理学杂志，2007，15（10）：879-882.

[124]张雅婷. 网络交友动机与人格、孤独、社交焦虑和自我揭露的关系 [D]. 台湾：国立台北大学，2006.

[125]赵红利. 论提高学生自我评价能力的策略 [J]. 河南教育学院学报，2000，4：48.

[126]赵竞，孙晓军，周宗奎，魏华，牛更枫. 网络交往中的人际信任 [J]. 心理科学进展，2013，21（8）：1493-1501.

[127]赵仑. ERPs 实验教程 [M]. 南京：东南大学出版社，2010.

[128]郑也夫. 信任：溯源与定义 [J]. 北京社会科学，1994，4.

[129]周长美，王树松. 主体间性视阈中的网络交往 [J]. 理论观察，2007，6：48.

[130]周涛. 大学生社交焦虑与网络成瘾的相关研究 [J]. 湖南师范大学教育科学学报，2003，2（3）：85-87.

[131]周静. 初中生同伴关系与网上交友行为特征及教育对策 [D]. 济南：山东师范大学，2003.

[132]周治金，杨文娇. 大学生网络成瘾类型问卷的初步编制 [J]. 中

国心理卫生杂志，2006，20（11）：754-757.

[133]朱东海. 青少年依赖与社交焦虑的关系研究 [D]. 重庆：西南大
学，2008.

[134]朱滢，张力. 自我记忆效应的实验研究 [J]. 中国科学 C 辑，
2001，6（31）：537-543.

[135]朱滢. 文化与自我 [M]. 北京：北京师范大学出版社，2007.

[136]朱智贤. 心理学大词典 [M]. 北京：北京师范大学出版社，
1989.

英文文献

[1]Aaron Ben-Zee'v. Privacy, emotional closeness,and openness in
cyberspace[J]. Computer in Human Behavior, 2003, 19:451-467.

[2]Adam Joinson & Carina B. Paine. Self-disclosure, Privacy and the
Internet[R]. The Open University , United Kingdom, 2006.

[3]Adam Joinson & Asimina Vasalou. Me, myself and I: The role of
interactional context on self-presentation through avatars[J].Computer
in Human Behavior, 2009, 510-520.

[4]Adam Joinson, Katelyn Mckenna & Tom Postmes. The Oxford
Handbook of Internet Psychology[M]. England: Oxford Univeristy
Press, 2007.

[5]Albrecht, T. L., & Adelman, M.B. Communicating social support: A
theoretical perspective. In T.L. Albrecht and M. B. Adelman.（eds),
Communicating social support[M] (pp.18-39). Newbury Park, CA:
Sage,1987.

[6]Albrecht, T. L., & Goldsmith, D.J. Social support, social networks

and health. In T.L. Thompson, A. M. Dorsey, K. I. Miller and R. Parrott. (eds), Handbook of health communication[M] (pp.263-284). Hillsdale, NJ: Erlbaum, 2003.

[7]Alllichai-Hamburger, Y., & Furnham, A. The positive net[J]. Computer in Human in Human Behavior, 2007, 23:1033-1046.

[8]Amichai-Hamburger, Y. Personality and Internet. In Y. Amichai-Hamburger (Ed.), The social net: Understanding human behavior in cyberspace[M] (pp.27-55). New York: Oxford University Press, 2005.

[9]Amichai-Hamburger, Y., & Ben-Artzi, E. Loneliness and Internet use[J]. Computers in Human Behavior, 2003, 19:71-80.

[10]Amichai-Hamburger, Y., Kaplan, H., & Dorpatcheon, N. Click to the past: The impact of extroversion by users of nostalgic websites on the use of Internet social services[J]. Computers in Human Behavior, 2008, 24:1907-1912.

[11]Amichai-Hamburger, Y., Wainapel, G., & Fox, S. "On the Internet no one knows I' m an introvert" : Extroversion, neuroticism, and Internet interaction[J]. CyberPsychology & Behavior, 2002, 5:125-128.

[12]Amiel, T., & Sargent, S. L. Individual differences in Internet usage motives[J]. Computers in Human Behavior,2004, 20:711-726.

[13]Andersen, S. M., & Chen, S. The relationship self: an interpersonal social-cognitive theory[J]. Psychological Review. 2002, 109: 619-645.

[14]Andreasen, N. C., O' Leary, D. S., Paradiso, S., et al. The cerebellum plays a role in conscious episodic memory retrieval[J]. Human Brain Mapping, 2002, 8: 226-234.

[15]Anoli, L., Villani, D., & Riva, G. Personality of people using chat: An on-line research[J].Cyber Psychology & Behavior, 2005, 8:89-95.

[16]Avanidhar Subrahmanyam. Feedback from Stock Prices to Cash Flows[J]. Journal of Finance, American Finance Association, 2001, 56(6): 2389-2413.

[17]Bandilla, W., Bosnjak, M., & Altdorfer, P. Effekte des Erhebungsmodus? Ein Vergleich zwischen einer Web-basierten und einer schriftlichen Befragung zum ISSP-Modul Umwelt[J]. ZUMA Nachrichten, 2001,49:7-28.

[18]Bandura, A. Social learning theory[M]. Oxford, England: Prentice-Hall,1977.

[19]Bargh, McKenna, & Fitzsimmons. Can you see the real me? Activation and expression of the "true self" on the internet[J]. Journal of Social Issues. 2002, 58:33-48.

[20]Bargh, J. A. Conditional automaticity: varieties of automatic influence in social perception and cognition. In J.S.Uleman and J.A.Bargh. (eds), Unintended thought[M] (pp.3-51).New York: Guilford, 1989.

[21]Bechar-Israeli, H. Nicknames, play, and identity on internet relay chat[J]. Journal of Computer–Mediated- Communication,1995, 1 (2):100-105.

[22]Bordia, P., & Rosnow, R. Rumor rest stops on the information highway: Transmission patterns in a computer-mediated rumor chain[J]. Human Communication Research, 1998, 25:163-179.

[23]Brage, D., Meredith, W., & Woodward, J. Correlates of Loneliness Among Midwestern Adolescents[J]. Adolescence, 1993, 28: 685-693.

[24]Bronfenbrenner, U. The ecology of human development: Experiments by nature and design[M]. Cambridge, MA: Havard University Press.1979.

[25]Brewer, M.B., & Lui, L. The primacy of age and sex in the structure of person categories[J]. Social cognition, 1989,7: 262-274

[26]Bushman, B. J., Baumeister, R. F., & Phillips, C. M. Do people aggress to improve their mood? Catharsis beliefs, affect regulation opportunity, and aggressive responding[J]. Journal of Personality and Social Psychology, 2001, 81:17-32.

[27]Buunk, A.P., & Hoorens, V. Social support and stress: The role of social comparison and social exchange processes[J]. British Journal of Clinical Psychology, 1992, 31:45-457.

[28]Byrne, B. Self-concept, Academic Achievement Relations: An Investigation of Dimensionality, Stability and Causality[J]. Canadian Journal of Behavioral Science, 1986, 18: 173-186.

[29]Caverlee, J., Liu, L., & Webb, S. The Social trust framework for trusted social information management:Architecture and Algorithms[J]. Journal of Information Science, 2010, 1:95-112.

[30]Calvert, S.L., Mahler, B.A., Zehnder, S.M., Jenkins, A., et al. Gender differences in preadolescent children s online interactions: Symbolic modes of self-presentation and self-expression[J]. Applied Developmental Psychology, 2003, 24: 627-644.

[31]Carducci, B. J., & Ragains, K. The personal and situational pervasive of shyness in adolescents[R]. Poster presentation at the meeting of the American Psychological Association, Chicago, 2002

[32]Chesney, E. J. Copepods as live prey: A review of factors that

influence the feeding success of marine fish larvae. In C. S. Lee, Poryen and N. Marcus.(eds), Copepods in Aquaculture[M]. Blackwell Publishing, Ames, Iowa, 2005.

[33]Chester, A. Presenting the self in cyberspace: Identity play online[D]. Australian: University of Melbourne, 2004.

[34]Chih-Chien Wang & Ya-Ting Chang. Cyber relationship motives: Scale development and validation[J]. Social Behavior and Personality, 2010, 38(3):289-300.

[35]Christopherson, K. M. The Positive and negative implications of anonymity in internet social interactions: "on the internet, Nobody knows you're a dog" [J]. Computers in Human Behavior, 2006, 9(1):1-19.

[36]Chung, Donghun. I Am Not a Lonely Person Any More: Interpersonal Relationships in Computer-Mediated-Communication[J]. Finding Friends and Making Confessions in Cyberspace. ICA.2003.

[37]Cohen, S., & Wills, T. A. Stress, social support, and the buffering hypothesis[J]. Psychological Bulletin, 1985, 98:310-57.

[38]Collins, N., & Miller, L. Self-disclosure and liking: a meta-analytic review[J]. Psychological Bulletin, 1994, 116(3):457-75.

[39]Conway, M.A.,& Dewhurst, S. A. The self and recollective experience[J]. Applied Cognitive Psychology, 1995, 9:1-19.

[40]Conway, M.A., Pleydell Pearce, C. W., & Whitecross, S. E. The neuroanatomy of autobiographical memory: A slow cortical potential study of autobiographical memory retrieval[J]. Journal of Memory and Language, 2001, 45:493-524.

[41]Conway, M. A., Turk, D. J., Miller, S. L., et al. A positron emission

tomography(PET) study of autobiographical memory retrieval[J]. Memory,1999, 7(516)：679-702.

[42]Cornwall, B.,& Lundgren, D. C. Love on the Internet: Involvement and misrepresentation in romantic relationship in cyberspace vs. realplace[J]. Computer in Human Behavior, 2001, 17:197-211.

[43]Costa, P. T., & McCra, P. R. Objective personality assessment. Storandt, M., Siegler, I. C., Elias. M.E. (eds), The Clinical Psychology of Aging[M]. New York: Plenum Press,1978.

[44]Craik, F. I.M., Moroz, T. M., Mosovitch ,M., et al. In search of the self: A position emission tomograthy study[J]. Psychological Science, 1999,10(1):26-34.

[45]Cummings, J., Butler, Kraut, R. The quality of online social relationships[J]. Communications of the ACM, 2002, 7(45).

[46]D' Amico, A.V., Whittington, R., Malkowicz, S.B., et al. The combination of the preoperative prostate-specific antigen level and postoperative pathologic findings to predict PSA outcome in clinically localized disease. J Urol, 1998, 160:2096-2101.

[47]Danet, B., & Herring, S. C. Introduction: The Multilingual Internet[J]. Journal of Computer-Mediated, 2003, 8 (2):3-39.

[48]Davis, R. A. A cognitive-behavioral model of pathological use (PIU) [J]. Computers in Human Behavior, 2001, 17(2):187-195.

[49]Davison, A.P., Feng, J., & Brown, D. A reduced compartmental model of the mitral cell for use in network models of the olfactory bulb[J]. Brain Res Bull ,2000, 51:393-399.

[50]Deuteh, M. Cooperation and Trust:some theoretieal notes[J]. Nebraska aympomium on Motivation, 1962, 275-319

[51]Elisheva F. Gross, Jaana Juvonen, & Shelly L.Gable. Internet Use and Well-Being in Adolescence[J]. Jounal of Social Issues.2002, 58(1):75-90

[52]Engelberg, E., & Sjöberg, L. Internet use, social skills, and adjustment[J]. CyberPsychology & Behavior, 2004, 7:41-47.

[53]Feingold, A. Gender differences in personality[J]. Psychological Bulletin, 1994, 116:429- 456.

[54]Festinger, L. A theory of social comparison processes[J]. Human Relations, 1954, 7:117-140.

[55]Fitzsimons, G. M., & Bargh, J. A. Thinking of you: nonconscious pursuit of interpersonal goals associated with relationship partners[J]. Journal of Personality and Social Psychology, 2003, 84:148-164.

[56]Fink, G. R., Markowitsch, H. J., Reinkemeier, M., et al. Cerebral representation of one' s own past: Neural networks involved in autobiographical memory[J]. Journal of Neuroscience, 1996, 16:4275- 4282.

[57]Fossati, P., Hevenor, S. J., Graham, S. J., Grady, C., Keightley, M. L., Craik, F., & Mayberg, H. In search of the emotional self: An fMRI study using positive and negative emotional words[J]. American Journal of Psychiatr, 2003, 160:1938-1945.

[58]Fulk, J., Flanagin, A., Kalman, M., Ryan, T., & Monge, P. R. Connective and communal public goods in interactive communication systems[J]. Communication Theory, 1996, 6:60-87.

[59]Fung HoiYing Peggy. Weblogging in Hong Kong: Motivations and Self-Disclosure[D]. Hongkong:The Chinese University of HongKong, 2006.

[60]Gibbs, J. L., Ellison, N. B., & Heino, R. D. Self-presentation in online personals: The role of anticipated future interaction, self-disclosure, and perceived success in internet dating[J]. Community Research, 2006, 33(2):152–177.

[61]Goby, V. P. Personality and online/offline choices: MBTI profiles and favored communication modes in a Singapore study[J]. CyberPsychology & Behavior, 2006, 9:5-13.

[62]Goffman, E. The Presentation of Self in Everyday Life[M]. New York: Doubleday.1959.

[63]Golbeck, J. A. Computing and applying trust in web-based social networks[D]. UMD, USA: University of Maryland, College Park, 2005.

[64]Griffiths, M. Internet Gambling: Issues, Concerns, and Recommendations[J]. CyberPsychology &Behavior, 2003, 6(6):557-568.

[65]Gross, E. F. Adolescent Internet use: What we expect, what teens report[J]. Journal of Applied Developmental Psychology, 2004, 25:633-649

[66]Guadagno, R. E., & Allmendinger, K. Virtual collaboration in immersive and non-immersive virtual environments. In: S. Kelsey and K. S. Amant.(eds.), Handbook of research on compurer mediated communication [M](pp. 401-410). Hershey, PA: IGI Global, 2008.

[67]Hamburger, Y. A., & Ben-Artzi, E. The relationship between extraversion and neuroticism and the different uses of the internet[J]. Computers in Human Behavior, 2000, 16: 441–449.

[68]Hancock, J. T., & Toma, C. L. Putting your best face forward:

The accuracy of online dating photographs[J]. Journal of Communication, 2009, 59: 367-386.

[69]Hatfield, E.,& Sprecher, S. Mirror, mirror: The importance of looks in everyday life[M]. Albany, NY: State University of New York Press, 1986.

[70]Heaney, C.A., & Israel, B. A. Social support and social networks. In K. Glanz, B. Rimer, F. Lewis.(eds), Health Behavior and Health Education: Theory, Research, and Practice[M](pp. 185-209), 3rd Edition. San Francisco, CA: Jossey-Bass, 2002.

[71]Heatherton, T. F., Striepe, M., & Wittenberg, L. Emotional distress and disinhibited eating: The role of self[J]. Personality and Social Psychology Bulletin, 1998, 24:301-313.

[72]Herring, S.C., Scheidt, L.A., Bonus, S., & Wright, E. Bridging the gap: A genre analysis of weblogs[R]. In Proceedings of the Thirty-seventh Hawaii International Conference on System Sciences (HICSS-37). Los Alamitos, CA: IEEE Press, 2004.

[73]Herring, S. C.,& Martinson, A. Assessing gender authenticity in computer-mediated language use, evidence from an identity game[J]. Journal of Language and Social Psychology,2004, 23(4): 424-446.

[74]Hills,P.,& Argyle,M. Happiness, Introversion-extraversion and happy introverts[J]. Personality and Individual Differences, 2001, 30:595-608.

[75]Hiltz, S. R., & Turoff, M. The Network Nation: Human Communication via Computer[M], MA:Addison-Wesley.1978.

[76]Ho, S. M., Ahmed, I., & Salome, R. Whodunit? Collective trust

in virtual interactions[J]. Social Computing, Behavioral-Cultural Modeling and Prediction, 2012,7227: 348-356.

[77]Schiffrin,H.,Edelman,A.,Falkenstern,M.,& Stewart,C. The association among computer-mediated communication, relationship, and well-being[J]. Cyberpsychology, Behavior, and social networking, 2010,13:299-306.

[78]Hoogeveen, J.A., & Velde, S.L. A single machine scheduling model for coordinatinglogistics activities in a simple supply chain. Management Report Series.1997, 30(13).

[79]House, J. S., & Kahn, R. L. Measures and concepts of social support. In S. Cohen and S. L. Syme .(eds), Social support and health[M] (pp.83–108).Orlando, FL: Academic Press,1985.

[80]Howard, M.J., Stanke, M., Schneider, C., Wu, X., & Rohrer, H. The transcription factor dHAND is a downstream effector of BMPs in sympathetic neuron specification[J]. Development, 2000, 127(18):4073-4081.

[81]Huang, Y. Identity and intimacy crises and their relationship to internet dependence among college students[J]. CyberPsychology & Behavior, 2006, 9:571-576.

[82]Huffaker, D. A. Gender similarities and differences in online identity and language use among teenage bloggers[D]. Washington, DC: Georgetown University, 2004.

[83]Hum, N. J., Chamberlin, P.E., Hambright, B.L., Portwood, A.C., et al. A picture is worth a thousand words: A content analysis of facebook profile photographs[J]. Computers in Human Behavior, 2011, 27(5):1828-1833.

[84]Iakushina, E.V. Adolescents on the Internet[J]. Russian Education & Society, 2002, 44(11): 81-95.

[85]Muller, Judd, & Yzerbyt. When Moderation Is Mediated and Mediation Is Moderated[J]. Journal of Personality and Social Psychology , 2005, 6(89):852-863.

[86]Jeong, E. J., & Kim, D. H. Social activities, self-efficacy, game Attitudes, and game Addiction[J]. CyberPsychology & Behavior, 2011, 14(4):213-221.

[87]Jiang, Y., Bruijn, O., & Angeli, A. The perception of cultural differences in online self-presentation[R]. INTERACT'09 Proceedings of the 12th IFIP TC 13 International Conference on Human-Computer Interaction: Part II, Lecture Notes in Computer Science, Springer-Verlag: Berlin, Heidelberg, 2009,672-685.

[88]Junghyun Kim, Robert LaRose, & Wei Peng. Loneliness as the Cause and the Effect of Problematic Internet Use: The Relationship between Internet Use and Psychological Well-Being[J]. Cyberpsychology & Behavior, 2009, 4 (12):451-455.

[89]Isaacs, E., Walendowski, A., Whittaker, S., Schiano, D., & Kamm, C. The character, functions, and styles of Instant Messaging in the workplace[R]. Proceedings of the 2002 ACM Conference on Computer Supported Cooperative Work, 2002.

[90]James, A. Russell. Core affect and the psychological construction of emotion[J]. Psychological Review, 2003, 1:145-172.

[91]Jennifer, L. Gibbs., Nicole, B. Ellison., & Rebecca, D. Heino. Self-presentation in Online Personals: The Role of Anticipated Future Interaction, Self-Disclosure, and Perceived Success in Internet

Dating[J]. Communication Research, 2006, 4.

[92]Joinson, A. N. Self-disclosure n computer-mediated communication: the role of self-awareness and visual anonymity[J]. European Journal of Social Psychology, 2001, 31:177-192

[93]Jonathan Gershuny. Changing Times: Work and Leisure in Postindustrial Society. Oxford University Press, Oxford and New York, 2000.

[94]Jones, E.E., & Pittman, T.S. Towards a general theory of strategic self-presentation. In Jerrt Suls (ed.), Psychological perspectives on the self[M]. Albany, NY: Earlbaum, 1982.

[95]Jourard, S. M., & Lasakow, P. Some factors in Self-disclosure[J]. Journal of Abnormal and Social Psychology,1958, 56:91-98.

[96]Julie, M. Albright. Impression Formation and Attraction in Computer Mediated Communication[D]. Los:University of Southern California,2001.

[97]Jung, C.G. Two essays in analytical psychology[M]. New York: Pantheon, 1953.

[98]Bessière, K., Ellis, J. B., & Kellogg, W. A. Acquiring a professional "second life" : problems and prospects for the use of virtual worlds in business[R]. Conference on Human Factors in Computing Systems archive Proceedings of the 27th international conference extended abstracts on Human factors in computing systems. Boston, MA, USA. 2008, 2883-2898.

[99]Katz, & Aspden. Friendship Formation in Cyberspace: Analysis of a National Survey of Users[J]. Retrieved October2, 2007, http://www. nicoladoering.de/Hogrefe/hatz.htm, 1997.

[100]Katz, James, E., & Ronald, E. R. Public views of mobile medical devices and services: A US national survey of consumer sentiments towards RFID healthcare technology[J]. International Journal of Medical Informatics, 2009, 78(2):104-114.

[101]Kiesler, D. J. The Check List of Interpersonal Transactions. Richmond:Virginia Commonwealth University.1984.

[102]Kircher, T. T. J., Senior, C., Bulmore, E., Benson, P. J., Simons, A., Bartels, M., & David, A. S. Towards a functional anatomy of self-processing: effects of faces and words[J]. Cognitive Brain Research, 2000, 10:133-144.

[103]Kraut, R., Patterson, M., Lundmark, V., et al. Internet paradox: A social technology that reduce social involvement and psychological well-being? [J]. American Psychologist, 1998, 53:1017-103.

[104]Kraut, R., Kiesler, S., Boneva, B., Cummings, J., Helgeson, V., & Crawford, A. Internet paradox revisited[J]. Journal of Social Issues, 2002, 58:49-74.

[105]Kubey, R., & Csikszentmihalyi, M. Television and the quality of life: How viewing shapes everyday experience[M]. Hillsdale, NJ: Lawrence Erlbaum Associates, 1990.

[106]Laurenceau, J-P., Feldman Barrett, L., & Pietromonaco, P. R. Intimacy as an interpersonal process: The importance of self-disclosure, and perceived partner responsiveness in interpersonal exchanges[J]. Journal of Personality and Social Psychology, 1998, 74:1238–1251.

[107]Lea, M., & Spears, R. Love at first byte? Building personal relationship over computer networks. In J. T. Wood and S. Duck.

(eds), Under-studied relationships: Off the beaten track[M](pp.197-233). Thousand Oaks, CA: Sage, 1995.

[108]Leary, M.R., & Kowalski, R. M. Impression management: A literature review and two-component model[J]. Psychological Bulletin, 1990, 107:34-47.

[109]Legrand, D., & Ruby, P. What is self-specific? Theoretical investigation and critical review of neuroimaging results[J]. Psychological Review, 2009, 116(1):252-282.

[110]Lepage, M., Ghaffar, O., Nyberg, L., &Tulving, E. Prefrontal cortex and episodic memory retrieval mode[J]. Proc. Natl. Acad. Sci. USA, 2000, 97(1):506-511.

[111]Lenhart, A., Rainie, L., & Lewis, O. Teenage life online: The rise of the Instant-Message generation and the Internet's impact on friendships and family relations[J]. Washington, DC: The Pew Internet &American Life Project, 2001.

[112]Leung, L. Loneliness, self-disclosure, and ICQ use[J]. CyberPsychology & Behavior, 2002, 5:241- 251.

[113]Levine, S. The rise of CRM[J].America's Network, 2000, 104 (6):34.

[114]Lewis, J. D., & Weigert, A. Trust as a social reality[J].Social Forces,1985, 63(4):967–985.

[115]Lou, H. C., Luber, B., & Crupain, M. Parietal cortex and representation of the mental self[J]. PNAS,2004, 101:6827-6832.

[116]Loytsker, J., & Aiello, J. R. Internet addiction and its personality correlates[R]. Poster presented at the annual meeting of the Eastern Psychological Association, Washington, DC, April, 11, 1997.

[117]Lucina, Q., Uddin, Rayman, J., & Zaidel, E. Split-brain reveals separate but equal self-recognition in the two cerebral hemispheres[J]. Consciousness and Cognition.2005, 14(3):633-640.

[118]Maczewski, M. Exploring identities through the Internet: Youth experiences online[J]. Child & Youth Care Forum, 2002, 31:111-129.

[119]Maguire, E. A. Neuroimaging studies of autobiographical event memory. Phiosophical Transcations of the Royal Society of London: Biological Sciences, 2001, 356(1413):1441-1452.

[120]Malamuth, N., Linz, D., & Yao, M. The Internet and aggression: motivation, disinhibitory and opportunity aspects. In Y. Amichai-Hamburger (ed.), The social net: Understanding human behavior in cyberspace[M](pp.163-190). New York: Oxford University Press,2005.

[121]Marcia, J. Development and validation of ego-identity status[J]. Journal of personality and social psychology,1966, 3:551-558.

[122]Marita Scealy, James G. Phillips, & Roger Stevenson. Shyness and Anxiety as Predictors of Patterns of Internet Usage[J]. CyberPsychology & Behavior,2002, 5(6): 507-515.

[123]Markus, H., & Kitayama, S. Culture and the self: Implications for cognition, emotion, and motivation[J]. Psychological Review, 1991, 98:224-253.

[124]Marmolin, H. Multimedia from the Perspectives of Psychology. In Kjelldahl, L (ed.), Multimedia. Systems, Interactions and Applications[Z]. First Eurographics Workshop, Stockholm, Sweden April 18-19. Berlin.Germany: Springer-Verlag. 1991.

[125]Matsuba, M. Searching for self and relationships online[J]. CyberPsychology & Behavior, 2006, 9:275-284.

[126]Mazalin, D., & Moore, S. Internet use, identity development and social anxiety among young adults[J]. Behaviour Change, 2004, 21:90-102.

[127]Mckenna, K, Y. A., Buffardi, L,. & Seidman, G. Strange but true: differential activation of the 'true-self' to friends and stranges online and in person[J]. Manuscript under review,2006.

[128]Mckenna, K, Y.A., Buffardi, L,. & Seidman, G. Self presentation to friends and strangers online. In Karl-Heinz Renner, Astrid Schutz, and Franz Machilek.(eds), Internet and Personality (pp.175-188). Toronto: Hogrefe and Huber Publishers, 2005.

[129]McKenna, K. Y. A., & Bargh, J. A. Coming out in the age of the Internet: identity "demarginalization" through virtual group participation[J]. Journal of Personality and Social Psychology, 1998, 75: 681–694.

[130]McKenna, K. Y. A., & Bargh, J. A. Causes and consequences of social interaction on the Internet: A conceptual framework[J]. Media Psychology, 1999, 1:249-269.

[131]McKenna, K. Y. A., & Bargh, J. A. Plan 9 from cyberspace: the implications of the Internet for personality and social psychology[J]. Personality and Social Psychology Review, 2000, 4: 57-75

[132]McKenna, K.Y.A., Green, A.S., & Gleasonm, M.J. Relationship formation on the Internet: what's the big attraction? [J]. Jouranl of Social Issues, 2002a, 58: 9-32.

[133]McKenna, K.Y.A., & Amie, S. Green. Virtual Group Dynamics[J].

Group Dynamics: Theory, Research, and Practice, 2002b, 6(1):116-127.

[134]Mesch, G. S. Family relations and the Internet: Exploring a family boundaries approach[J]. Journal of Family Communication, 2006, 6:119-138.

[135]Mesch, Gustavo S. Social Relationships and Internet Use among Adolescents in Israel[J]. Social Science Quarterly, 2001, 82(2):329-340.

[136]Morahan-Martin, J. Males, females, and the Internet. In J. Gackenbach (Ed.), Psychology and the Internet: Intrapersonal, interpersonal, and transpersonal Implications[M] (pp.169-197). San Diego, CA: Academic Press, 1998.

[137]Morahan-Martin, J., & Schumacher, P. Attitudinal and experiential predictors of technological expertise[J]. Computers in Human Behavior,2007, 23: 2230-2239.

[138]Muller, Judd , & Yzerbyt. When Moderation Is Mediated and Mediation Is Moderated[J]. Journal of Personality and Social Psychology , 2005, 6(89): 852-863.

[139]Neto, F., & Barros, J. Psychosocial Concomitants of Loneliness among Students of Cape Verde and Portuga. The Journal of Psychology, 2000, 134(5):503-514.

[140]Neustadtl & Robinson. Social Contact Differences Among Internet Users and Nonusers in General Social Survey[J]. IT and Society, 2002, 1(1):72-102

[141]Nie, N. H., Hillygus, D. S., & Erbring, L. Internet use, interpersonal relations, and sociability: A time diary study. In B. Wellman., and C.

Haythornthwaite.(eds), The Internet in Everyday Life[M] (pp. 215-243). Malden, MA: Blackwell,2002

[142]Niemz, K., Griffiths, M., & Banyard, P. Prevalence of Pathological Internet Use among University Students and Correlations with Self-esteem, the General Health Questionnaire (GHO), and Disinhibiton[J]. CyberPsychology & Behavior, 2005, 8(6):562-570.

[143]Ninomiya, H., Onisuka, T., Chen,C. H., Sato, E., & Tashiro, N. P300 in response in the subjects' s own face[J]. Psychiatry and Clinical Neuroscience, 1998, 52(5):519-522.

[144]Oosterhof, N. N., & Todorov, A. The functional basis of face evaluation. Proceeding of the National Academy of Science of the United States of America, 2008, 105(32):11087-11092.

[145]Parks, M. R., & Floyd, K. Making friends in cyberspace[J]. Journal of Communication, 1996, 46:80-97.

[146]Parks, M. R., & Roberts, L. D. "Making Moosic": The development of personal relationships on line and a comparison to their off-line counterparts[J]. Journal of Social and Personal Relationships,1998, 15:517-537.

[147]Parks, Malcolm., & Lynn, Roberts. "Making MOOs" presented at Western Speech Communication Association, http://psych.curtin. edu.au/people/roberts/moosic.html. February, 1998.

[148]Paula, R. Pietromonaco. Intimacy as an Interpersonal Process: The Importance of Self-Disclosure, Partner Disclosure, and Perceived Partner Responsiveness in Interpersonal Exchanges[J]. Journal of Personality and Social Psychology, 1998, 74(5):1238-1251.

[149]Pearson E,. What kind of information society? Governance,

virtuality, surveillance, sustainability, resilience[R]. 9th IFIP
TC 9 International Conference, HCC9 2010 and 1st IFIP TC
11 International Conference, CIP 2010, Brisbane, Australia,
September 20-23, 2010.

[150]Pennebaker, J. W., & Harber, K. D. A social stage model of
collective coping: The Loma Prieta earthquake and the Persian
Gulf War[J]. Journal of Social Issues, 1993, 49:125-145.

[151]Peris, R., Gimeno, M. A., Pinazo, D., et al. Online Chat Rooms:
Virtual Spaces of Interaction for Socially Oriented People[J].
CyberPsychology & Behavior, 2002, 5(1):43-50.

[152]Peris, R., Gimeno, M. A., Pinazo, D., Ortet, G., Carrero, V.,
Sanchiz, M. & Ibanez, I. Online chat rooms: Virtual spaces of
interaction for socially oriented people[J]. CyberPsychology &
Behavior, 2002, 5:43-51.

[153]Peter, J., Valkenburg, P. M., & Schouten, A.P. Precursors of
adolescents' use of visual and audio devices during online
communication[J]. Computers in Human Behavior, 2006, 4:1-15.

[154]Peter, J., Valkenburg, P. M., &Schouten, A.P. Developing a
Model of Adolescent Friendship Formation on the Internet[J].
CyberPsychology & Behavior, 2005, 8(5):423-430

[155]Piefke, M., Weiss, P. H., Zilles, K., et al. Differential remoteness
and emotional tone modulate the neural correlates of
Autobiographical Memory[J]. Brain,2003, 126:650-668.

[156]Platek, S. M., Loughead, J. W., Gur, R .C., Busch, S., Ruparel, K.,
Phend, N., Panyavin, J. S., & Langleben, D. D. Neural substrates
for functionaly discrimination self-face from personally familiar

faces[J]. Human Brain Mapping, 2006, 27:91-98.

[157]Platek, S. M., Myers, T. E., Critton ,S .R., & Gallup. G. G. A left hand advantage for self-description: the impact of schizotypal personality traits[J]. Schimphrenia Research, 2003, 65(1):147-151.

[158]Postmas, T., Spears, R. & Lea, M. Breaching or building social boundaries? SIDE-effects of computer-mediated communication[J]. Communication Research ,1998, 25:689-715.

[159]Postmes, T., Haslam, S. A., & Swaab, R. Social influence in small groups: an interactive model of social identity formation[J]. European Review of Social Psychological, 2005, 16: 1-42.

[160]Potts, G. F., & Tucker, D. M. Frontal evaluation and posterior representation in target detection[J]. Cognitive Brain Research, 2001, 11(1):147-156.

[161]Putnam, Robert. Bowing Alone: Americeal's Deelining Soeial Capital[J]. Journal of Demoeraey, 1995,6:65-78.

[162]Reicher, S., Spears, R., & Postmes, T. A social identity model of deindividuation phenomena[J]. In W. Stroebe and M. Hewstone. (eds), European Review of Social Psychology[M](pp161-193). Wiley,1995.

[163]Rheingold, H. The virtual community: Homesteading on the electronic frontier[M]. MA: Addison-Wesley, 1993.

[164]Riphagen, J., & Kanfer, A. How does e-mail affect our lives? Retrieved from http://www.ncsa.uiuc.edu/edu/trg/e-mail/index. html. October 15,1997.

[165]Robinson, J. P., Kestnbaum, M., Neustadtl, A., & Alvarez, A. S. The Internet and other uses of time. In B. Wellman and C.

Haythornthwaite. (eds), The Internet in Everyday Life[M](pp. 244-262). Malden, MA: Blackwell, 2002

[166]Robinson, L. The cyber self: the self-ing project goes online, symbolic interaction in the digital age[J]. New Media &Society,2007, 9:93-110.

[167]Rogers, T. B., Kuiper, N.A., & Kirker, W. S. Self-reference and the encoding of personal information[J]. Journal of Personality and Social Psychology, 1977, 35:677-688.

[168]Rogers, C. Client-centered therapy[M]. Boston, MA: Houghton-Mifflin. 1951.

[169]Ross, C., Orr, E. S., Sisic, M., Arseneault, J. M., Simmering, M. G., & Orr, R. R. Personality and motivations associated with Facebook use[J]. Computers in Human Behavior, 2009, 25:578-586.

[170]Rouse, S. V., & Hass, H. A. Exploring the accuracies and inaccuracies of personality perception following Internet-mediated communication[J]. Journal of Research in Personality, 2003, 37:446-467.

[171]Rusman, E., van Bruggen, J., Sloep, P., & Koper, R. Fostering trust in virtual project teams: Towards a design framework grounded in a Trust Worthiness Antecedents (TWAN) schema[J]. International Journal of Human-Computer Studies,2010, 68(11):834–850.

[172]Sanders, M.R., & McFarland, M. Treatment of depressed mothers with disruptive children: A controlled evaluation of cognitive behavioral family intervention[J]. Behavior Therapy, 2000, 31:89–112.

[173]Schienker, B.R. Self-presentation: Managing the impression of consistency when reality interferes with self-enhancement[J].

Journal of Personality and Social Psychology, 1975, 32:1030-1037.

[174]Schienker, B.R. Identity and self-identification. In B. R. Schlenker(Ed.), The self and social life[M](pp.65-99). New York: McGraw-Hill,1985.

[175]Scott, E. Calpan. Relations Among Loneliness, Social Anxiety, and Problematic Internet Use[J]. CyberPsychology & Behavior, 2007, 2(10):234-242.

[176]Scott, S. Cyberculture. In H. J. Birx (Ed.), Encyclopedia of Anthropology[M](pp. 654-657). Thousand Oaks: Sage Reference, 2006.

[177]Séguin-Lévesque, Laliberté, M. L. N., Pelletier, L., Blanchard, C., & Vallerand, R. Harmonious and Obsessive Passion for the Internet: Their Associations With the Couple's Relationship[J]. Journal of Applied Social Psychology, 2003, 33:197-221.

[178]Shavelson, R. J., Habner, J. J., & Stanton, G. C. Validation of construct interpretations. Review of Educational Research, 1976, 46:407-441.

[179]Shaw, L., & Gant, L. M. In defense of the Internet: The relationship between Internet communication and depression, loneliness, self-esteem, and perceived social support[J]. CyberPsychology & Behavior, 2002, 5:157-171.

[180]Sherry Turkle. Life on the Screen: Identity in the Age of the Internet[M]. New York: Simon & Schuster, 1995.

[181]Shklovski, I., Kraut, R., & Rainie, L. The internet and social participation: contrasting cross-sectional and longitudinal analyses[J]. Journal of Computer-Mediated Communication, 2004, 10.

[182]Skitka, L. J., & Sargis, E.G. The Internet as psychological laboratory[J]. Annual Review of Psychology, 2006, 57:529-555.

[183]Smahel, D., Blinka, L., & Ledabyl, O. Playing MMORPGs: Connections between addiction and identifying with a character[J]. CyberPsychology and Behavior, 2008, 11: 715-718.

[184]Snodgrass & Corwin. Perceptual identification thresholds for 150 fragmented pictures from the Snodgrass and Vanderwart picture set[J]. Perceptual & Motor Skills, 1988, 67:3-36.

[185]Song & Hattie. Home Environment. Self-concept and Academic Achievement. A causal Modeling Approach[J]. Journal of Educational Psychology,1984, 76:1269-1281.

[186]Sproull, L., Conley, C., & Moon, Y. Prosocial behavior on the net. In Y. Amichai-Hamburger (ed.), The social net: Human behavior in cyberspace[M] (pp. 139-161). New York: Oxford University Press, 2005.

[187]Sproull, L., Conley, C.A., & Moon, J.Y. Prosocial behavior on the net. In Y. Amichai-Hamburger (ed.), The social net: Understanding human behavior in cyberspace[M] (pp.139-161). New York: Oxford University Press, 2005.

[188]Stuss, D. T., & Levine, B. Adult clinical neuropsychlogy: Lessons from studies of the frontal lobes[J]. Annual Review of Psychology, 2002, 53:401-433.

[189]Subrahmanyam, K., Garcia, E.C., Harsono, S.L., Li, J., & Lipana, L. In their words: Connecting online weblogs to developmental processes[J]. British Journal of Developmental Psychology, 2009, 27: 219-245.

[190]Subrahmanyam, K., Mahel, D., & Greenfield, P. M. Connecting developmental constructions to the internet: Identity presentation and sexual exploration in online teen chat rooms[J]. Developmental Psychology, 2006, 42: 395-406.

[191]Subrahmanyam, K., & Mahel, D. Constructing identity online: Identity exploration and self-presentation[M]. New York: Springer,2011, 59-80.

[192]Suler, J. R. To get what you need: Healthy and pathological internet use[J]. Cyberpsychology and Behavior, 1999, 2:385-394.

[193]Suler. J. The online disinhibition effect[J]. CyberPsychology and Behavior,2004,7:321-326.

[194]Sundar, S. S., & Nass, C. Conceptualizing sources in online news[J]. Journal of Communication, 2001, 51(1):52-72.

[195]Sundén, Jenny. Material Virtualities: Approaching Online Textual Embodiment[M]. New York: Peter Lang Publishing, 2003.

[196]Swickert, R. J., Rosentreter, C. J., Hittner, J. B., & Mushrush, J. E. Extraversion, social support processes, and stress[J]. Personality and Individual Differences,2002, 32:877–891.

[197]Swickert, R. J., Hittner, J. B., Harris, J. L. & Herring, J. A. Relationships among internet use, personality and social support[J]. Computer in Human Behavior, 2002, 18:437-451.

[198]Symous, C. S., & Johnson, B. T. The Self- Reference Effect in Memory: A Meta-Analysis[J]. Psychology Bulletin, 1997, 121(3):371-394.

[199]Thomas Koerler & Rudiger Trimpop. Self-esteem and Self reference in Computer Mediated Communication. 104th Annual

Convention of the APA. Toronato, Canda, 1996.

[200]Tice, R.R., Agurell, E., Anderson, D., Burlinson, B., Hartmann, A., Kobayashi, H., Miyamae, Y.,& Rojas, E. Has the internet become indispensable? Communication of the ACM, 2004, 47(7):37-42.

[201]Ryu, J.C., & Sasaki,Y.F. Single cell gel/Comet Assay: guidelines for in vitro and in vivo genetic toxicology testing[J]. Environmental and Molecular Mutagenesis, 2000, 35: 206-221.

[202]Tice, D. M., Butler, J. L., Muraven, M. B., & Stillwell, A. M. When modesty prevails: differential favorability of self-presentation to friends and strangers[J]. Journal of Personality and Social Psychology, 1995, 69:1120-1138.

[203]Tosun, L. P., & Lajunen, T. Does Internet use reflect your personality? Relationship between Eysenck's personality dimensions and Internet use. Computers in human Behavior, 2010, 26: 162-167.

[204]Tulving, E. On the uniqueness of episodic memory[J]. Cognitive Neuroscience of Memory, 1999, 11-42.

[205]Tulving, E. Episodic memory: From mind to brain. Annual Review of Psychology, 2002, 53:1-25

[206]Tulving, E. Memory and consciousness. In: Baars, B. J., Banks, W. P., and Newman, J. B.(eds). Essential sources in the scientific study of consciousness[M](pp.579-591). Cambridge, Massachusetts: the MIT press, 2003.

[207]Turk, D. J., Heatherton, T. F., Kelley, W. M., Funnell, M.G., Ganiga, M. S., & Macrae, C. N. Mike of me? Self-recognition to a splitbrain patient[J]. Neruoscience, 2002, 5(9):841-842.

[208]Turkle, S. Life on the screen: Identity in the age of the Internet[M]. New York: Simon and Schuster,1995, 12-13.

[209]Turkles, S. Whither psychoanalysis in computer culture? [J]. Psychoanalytic-Psychology, 2004, 21:16-30.

[210]Tuten, T., & Bosnjak, M. Understanding differences in Web usage: The role of need for cognition and the five factor model of personality[J]. Social Behavior & Personality, 2001, 29: 391-398.

[211]Uchino, B.N., Cacioppo, J.T., & Kiecolt-Glaser, J.K. "The relationship between social support and physiological processes: A review with emphasis on underlying mechanisms and implications for health" [J]. Psychological Bulletin, 1996, 119(3): 488-531.

[212]Uslaner, Eric M. Trust Verify: Social Capital and Moral Behavior[J]. Social Science Information, 1999, 38:29-56.

[213]Valentine, Gill, Sarah L. Holloway, & Nick Bingham. The digital generation? Children, ICT, and the everyday nature of social exclusion[J]. Antipode,2002, 34(2):296-316.

[214]Valkenburg, P. M., & Peter, J. Social consequences of the Internet for adolescents: A decade of research[J]. Current Directions in Psychological Science (Wiley-Blackwell), 2009, 18:1-5.

[215]Valkenburg, P. M., Schouten, A. P., & Peter, J. Adolescents' identity experiments on the internet[J]. New Media & Society, 2005, 7(3):383-402.

[216]Vazire, S., & Gosling, S. D. E-perceptions: Personality impressions based on personal websites[J]. Journal of Personality & Social Psychology, 2004, 87:123-132.

[217]Vikanda Pornsakulvanich, Paul Haridakis, & Alan M. Rubin.

The influence of dispositions and internet motivation on online communication satisfaction and relationship closeness[J]. Computers in Human, 2008, 24(5):2292-2310.

[218]Wallace, P . The psychology of the internet[M]. Cambridge: Cambridge University Press,1999.

[219]Walther, J. B. Anticipated ongoing interaction versus channel effects on relational communication in computer-mediated interaction[J]. Human Communication Research, 1994, 20:473–501.

[220]Walther, J. B., & Parks, M. R. Cues filtered out, cues filtered in: Computer-mediated communication and relationships. In M. L. Knapp., and J. A. Daly. (eds), Handbook of interpersonal communication[M] (pp. 529–563). Thousand Oaks, CA: Sage, 2002.

[221]Walther, J.B. Selective self-presentation in computer-mediated communication: Hypersonal dimensions of technology, language, and cognition[J]. Computer in Human Behavior, 2006, 5:1-2

[222]Walther, J.B., Slovacek, C., & Tidwell, L. Is a picture worth a thousand words? Photographic images in long-term and short-term computer-mediated communication[J]. Communication Research, 2001,28:105-134.

[223]Wang, C., & Yang, H. Passion and dependency in online shopping activities[J]. CyberPsychology & Behavior, 2006, 10:296-298.

[224]Waskul, D., & Douglass, M. Cyberself: The emergence of self in online chat[J]. The information society, 1997, 13(4):375-396.

[225]Weiser, E. B. Gender differences in Internet use patterns and Internet application preferences: A two-sample comparison[J]. CyberPsychology & Behavior, 2000, 3:167-177.

[226]Wellman, B., Salaff, J., Dimitrova, D., et al. Computer Networks as Social Networks[J]. Annual Review of sociology, 1996, 22:213-238.

[227]Wheeler, M. A., Stuss, D. T., & Tulving, E. Toward a theory of episodicmemory: The frontal lobes and autonoetic consciousness[J]. Psychological Bulletin, 1997, 121:331-354.

[228]Whitty, G. Making Sense of Education Policy[M]. London: Paul Chapman Publishing, 2002.

[229]Whitty, M. T. Liar, liar! An examination of how open, supportive and honest people are in chat rooms[J]. Computers in Human Behavior, 2002, 18:343-352.

[230]Whitty, M.T., & Carr, A.N. The psychology of online relationships[M]. Basingstoke: Palgrave Macmillan, 2006.

[231]Whitty, M., & Gavin, J. Age/sex/location: Uncovering the social cuesin the development of online relationships[J]. Cyberpsychology and Behavior, 2001, 4: 623- 639.

[232]Whitty, M.T., & McLaughlin, D. Online recreation: The relationship between loneliness, Internet self-efficacy and the use of the Internet for entertainment purposes[J]. Computers in Human Behavior, 2007, 23:1435-1446.

[233]Wolfradt, U., & Doll, J. Motives of adolescents to use the Internet as a function of personality traits, personal and social factors[J]. Journal of Educational Computing Research, 2001, 24(1):13-27.

[234]Wright, K. B., & Bell, S. B. Health-related support groups on the Internet: linking empirical findings to social support and computer-mediated communication theory[J]. Journal of Health Psychology,2003, 8(1):39-54.

[235]Wright, K. B. Computer-mediated social support, older adults and coping. Journal of Communication, 2002, 50(3):100-118.

[236]Zhu Ying. Neuroimaging studies of self-reflection[J]. Progress in Natural Science, 2004,14(4):296-302.

[237]Zolfaghar, K., & Aghaie, A. A syntactical approach for interpersonal trust prediction in social web applications: Combining contextual and structural data[J]. Knowledge-Based Systems, 2012, 26:93–102.

附　录

附录 I　网络交往开放式调查问卷

您好！非常感谢您参与我们的问卷调查工作，这是一份关于网络交往的调查问卷，所谓"网络交往"，即认为网络交往是以计算机和互联网为基础，利用文本、语音和视频进行的人际交往。

本文将仅用于研究，您的个人信息不会被泄露，更不会被侵犯，回答没有对错、好坏之分，请您按照自己的理解回答。由于您的回答对我们的研究十分重要，所以请您认真地回答，谢谢您的合作和支持！

性别：男□ 女□　专业：文科□　理科□　艺体□

年级：_____　年龄：_____

1. 你每天会利用网络与朋友聊天吗？每天在网络上与朋友交往的时间有多少？一般使用那些交往工具？如果不利用网络与朋友交往，你会觉得怎样？

_____

_____

2. 网络交往会带给你怎么样的情绪感受？网络交往中的哪些事情会使你开心？难过？或者痛苦？

_____

_____

3. 当你面对压力或者伤心难过时，你会利用网络交往来缓解压力吗？一般会选用哪些方式？你认为网络中的朋友能够帮助你吗？

_____

_____

    4. 你进行网络交往的动机是什么？

_____

_____

    5. 自我表露就是向他人表露自己信息的过程，你是否会在上网进行自我表露？表露的对象一般是谁？你会表露哪些方面的问题？表露的程度如何？你在网络中的自我表露是否真实？

_____

_____

    6. 网络中的"你"是怎么样的？和现实中的"你"一致吗？如果不一致，有哪些差异？

_____

_____

    7. 网络交往中的"你"的自我感觉如何？

_____

_____

附录 II 网络交往预测问卷

指导语：您好！非常感谢您参与我们的问卷调查工作，这是一份关于对网络交往的调查问卷。所谓网络交往即指在网络中的人际交往。本问卷仅用于研究，您的个人信息不会被泄露更不会被侵犯，请您按自己的理解回答。

性别：男□　女□　　专业：文科□　理科□　艺体□

年级：_____　年龄：_____

是否是独生子女：是□　否□

联系方式：_____　QQ 号码：_____

请从以下七种网络交往形式中选出最近三个月你最经常使用的三项（只选三个），然后在选项前面的数字上打"√"

①即时聊天（如 QQ、MSN 等）

②空间或博客（包括自己和他人）

③社交网站（如开心网、校内网、QQ 农场等）

④ BBS（论坛）　⑤聊天室　⑥ E-mail（电子邮件）

⑦多人在线网络游戏（如跑跑卡丁车、魔兽世界、劲舞团等）

根据这三项网络交往方式回答下列问题，在每道题后最适合你情况的数字上打"√"。

题　目	完全不符	不符合	一般	符合	完全符合
1. 网络交往中表现的我才是真实的我	1	2	3	4	5
2. 网络交往中的我更自信	1	2	3	4	5
3. 网络交往中的群体让我产生了归属感	1	2	3	4	5
4. 我对自己的网络社交才能毫不怀疑	1	2	3	4	5

题目	完全不符	不符合	一般	符合	完全符合
5. 每天早上一起床我就想上网聊天或是上社交网站	1	2	3	4	5
6. 我会向网友表露我的个人习惯	1	2	3	4	5
7. 网络为我提供了一个良好的交友平台，我交到了很多朋友	1	2	3	4	5
8. 网友是我人际关系的重要部分	1	2	3	4	5
9. 我觉得我在网络上更招人喜欢	1	2	3	4	5
10. 在网上，我倾向与固定的对象聊天	1	2	3	4	5
11. 相比于现实面对面的交流，在网络中我更能真实地表达自己的想法	1	2	3	4	5
12. 在网上可以建立亲密的人际关系	1	2	3	4	5
13. 我在网络上没有什么朋友	1	2	3	4	5
14. 我每天会花大量时间上社交网站	1	2	3	4	5
15. 每次不得不下线或者离开社交网站时，我都感觉不舍	1	2	3	4	5
16. 我会和网友分享我的人生观、价值观	1	2	3	4	5
17. 网络交往扩大了我的人际交往范围	1	2	3	4	5
18. 我认为网上人际关系是肤浅的	1	2	3	4	5
19. 我可以一整天在网上聊天或上社交网站，而不去做其他事情	1	2	3	4	5
20. 我曾多次试图控制或者减少上网聊天或上社交网站，都没有成功	1	2	3	4	5
21. 有些事情我不会告诉现实中的伙伴，但是会表露给网络上结识的朋友	1	2	3	4	5
22 我喜欢在 BBS 发帖子，和网友们分享自己的心情或者看法	1	2	3	4	5
23. 在网络交往中，我感到人际关系非常紧密	1	2	3	4	5
24. 同学、朋友常说我花了太多时间上社交网站、上网聊天	1	2	3	4	5

题目	完全不符	不符合	一般	符合	完全符合
25. 如果不能上网，我会老惦记朋友是否在网上给我留信息	1	2	3	4	5
26. 我在现实伙伴和网友面前所展示的是自己的不同方面	1	2	3	4	5
27. 我是个善于在网络上自我表露的人	1	2	3	4	5
28. 网络交往可以促进我与朋友间的关系更加深入	1	2	3	4	5
29. 我觉得我在网络上交朋友很容易	1	2	3	4	5
30. 我认为网络中的朋友经常关注我	1	2	3	4	5
31. 如果不能上网聊天或是上社交网站，我会觉得很难受	1	2	3	4	5
32. 上网聊天和上社交网站已经成为我生活中必不可少的一部分	1	2	3	4	5
33. 我会向网友表露我学习（工作）的情况	1	2	3	4	5
34. 我会向网友表露我的兴趣	1	2	3	4	5
35. 我会向网友表露我的个性特征	1	2	3	4	5
36. 我会向网友袒露我的身体特征以及苦恼	1	2	3	4	5
37. 我经常通过网络与人分享自己的观点或心情	1	2	3	4	5
38. 在网络中，我很难想出和别人聊天的话题	1	2	3	4	5
39. 在网上和认识的朋友聊天时，我能更真实地表露自己	1	2	3	4	5
40. 当我看见网友发表评论时，我会积极跟帖	1	2	3	4	5

附录 III 网络交往正式问卷

指导语：您好！非常感谢您参与我们的问卷调查工作，这是一份关于对网络交往的调查问卷。所谓网络交往即指在网络中的人际交往。本问卷仅用于研究，您的个人信息不会被泄露更不会被侵犯，请您按自己的真实情况回答。

性别：男□ 女□　　　家庭所在地：城市□ 乡镇□ 农村□

是否独生：独生□ 非独生□

专　　业：文科□ 理科□ 艺体□

年级：大一□ 大二□ 大三□ 大四□

年　　龄：＿＿＿＿＿＿＿＿＿＿

联系方式：＿＿＿＿＿＿＿＿＿＿

QQ 号码：＿＿＿＿＿＿＿＿＿＿

请从以下七种网络交往形式中选出最近三个月你最经常使用的三项（只选三个），然后在选项前面的数字上打"√"

①即时聊天（如 QQ、MSN 等）

②空间或博客（包括自己和他人）

③社交网站（如开心网、校内网、QQ 农场等）

④ BBS（论坛）

⑤聊天室　　⑥ E-mail（电子邮件）

⑦多人在线网络游戏（如跑跑卡丁车、魔兽世界、劲舞团等）

根据这三项网络交往方式回答下列问题，在每道题后最适合你情况的数字上打"√"。

题　目	完全不符	不符合	不确定	符合	完全符合
1. 网络交往中的我更自信	1	2	3	4	5

2. 每天早上一起床我就想上网聊天或是上社交网站	1	2	3	4	5
3. 网络交往中的群体让我产生了归属感	1	2	3	4	5
4. 网络交往中表现的我才是真实的我	1	2	3	4	5
5. 我会向网友表达我的态度	1	2	3	4	5
6. 网络为我提供了一个良好的交友平台，我交到了很多朋友	1	2	3	4	5
7. 网友是我人际关系的重要部分	1	2	3	4	5
8. 我觉得我在网络上更招人喜欢	1	2	3	4	5
9. 相比于现实面对面的交流，在网络中我更能真实地表达自己的想法	1	2	3	4	5
10. 在网上可以建立亲密的人际关系	1	2	3	4	5
11. 我会向网友表露我的兴趣和爱好	1	2	3	4	5
12. 我每天会花大量时间上社交网站	1	2	3	4	5
13. 每次不得不下线或者离开社交网站时，我都感觉不舍	1	2	3	4	5
14. 我会和网友分享我的人生观、价值观	1	2	3	4	5
15. 我会向网友表露我的个性特点	1	2	3	4	5
16. 我认为网上人际关系是肤浅的	1	2	3	4	5
17. 我曾多次试图控制或者减少上网聊天或上社交网站，都没有成功	1	2	3	4	5
18. 有些事情我不会告诉现实中的伙伴，但是会表露给网络上结识的朋友	1	2	3	4	5
19. 同学、朋友常说我花了太多时间上社交网站、上网聊天	1	2	3	4	5
20. 我在现实伙伴和网友面前所展示的是自己的不同方面	1	2	3	4	5
21. 我是个善于在网络上自我表露的人	1	2	3	4	5
22. 如果不能上网聊天或是上社交网站，我会觉得很难受	1	2	3	4	5
23. 我会向网友表露我学习（工作）的情况	1	2	3	4	5

24. 我在网络上没有什么朋友	1	2	3	4	5
25. 网络交往扩大了我的人际交往范围	1	2	3	4	5
26. 我会向网友袒露我的身体特征	1	2	3	4	5

附录 IV 网络交往自我描述问卷

您好！非常感谢您参加我们的问卷调查工作，这是一份关于网络交往的调查问卷，本问卷仅用于研究，您的个人信息不会被泄露更不会被侵犯，请您按自己的理解回答。

指导语：每个人都有上网的经历，那么网络中的你是什么样的呢？现实中的你又是什么样的呢？今天，请你分别对"网络中的你"和"现实中的你"进行描述。

性别：男 □　女 □　　专业：文科 □　理科 □　艺体 □
年级：＿＿＿＿＿＿　　　姓名：＿＿＿＿＿
手机号码：＿＿＿＿＿＿　　QQ 号码：＿＿＿＿＿

一、请你用 10 个形容词描述"网络中的你"
即某种特质是你所拥有的，可能喜欢但是不随意表露，但是会通过网络进行表露的。
请再写出的答案前标上序号①②③…… 例如：内向的。

二、请你用 10 个形容词描述"现实中的你"
这种特质是你自己实际所有的，并且会在现实社会情境中向他人表露的。
请再写出的答案前标上序号①②③…… 例如：羞怯的。

附录 V 孤独感问卷

下面的题目是对人们有时出现的感受的描述，有的你可能很少感觉到，有的可能是你一直的感觉。请你按自己的实际情况选择具有这种感觉的频度，在相应的数字上划"√"。

题 目	从不	很少	有时	一直
1. 你常感到与周围人的关系和谐吗？	1	2	3	4
2. 你常感到缺少伙伴吗？	1	2	3	4
3. 你常感到没有人可以信赖吗？	1	2	3	4
4. 你常感到寂寞吗？	1	2	3	4
5. 你常感到属于朋友中的一员吗？	1	2	3	4
6. 你常感到与周围人有许多共同点吗？	1	2	3	4
7. 你常感到与任何人都不亲密了吗？	1	2	3	4
8. 你常感到你的兴趣与想法与周围人不同吗？	1	2	3	4
9. 你常感到想要与人来往、结交朋友吗？	1	2	3	4
10. 你常感到与人亲近吗？	1	2	3	4
11. 你常感到被人冷落吗？	1	2	3	4
12. 你常感到与别人来往毫无意义吗？	1	2	3	4
13. 你常感到没有人很了解你吗？	1	2	3	4
14. 你常感到与别人隔开了吗？	1	2	3	4
15. 你常感到当你愿意时就找到伙伴吗？	1	2	3	4
16. 你常感到有人真正了解你吗？	1	2	3	4
17. 你常感到羞怯吗？	1	2	3	4
18. 你常感到人们围着你但不关心你吗？	1	2	3	4
19. 你常感到有人愿意与你交谈吗？	1	2	3	4
20. 你常感到有人值得你信赖吗？	1	2	3	4

附录 VI EPQ 简版（外向性）问卷

请您根据实际情况，如实地完成下列问题。您只需要在与您所选等级相应的数字上划"√"，不要对每题的含义进行过多的思考。

题 目	是	否
1. 你是个健谈的人吗？	1	2
2. 你是个生气勃勃的人吗？	1	2
3. 你愿意认识陌生人吗？	1	2
4. 在热闹的聚会中你能使自己放得开，使自己玩得开心吗？	1	2
5. 在结交新朋友时，你经常是积极主动的吗？	1	2
6. 你能否很容易地给一个沉闷的聚会注入活力？	1	2
7. 你是否喜欢和人们在一起？	1	2
8. 你是否喜欢在自己周围有许多热闹和令人兴奋的事情？	1	2
9. 你是否喜欢说笑话和谈论有趣的事？	1	2
10. 在别人眼里你总是充满活力的吗？	1	2
11. 你能使一个聚会顺利进行下去吗？	1	2
12. 在社交场合你是否倾向于待在不显眼的地方？	1	2

附录 VII 自我表露问卷

请您根据实际情况，如实地完成下列问题。您只需要在与您所选等级相应的数字上划"√"，不要对每题的含义进行过多的思考。（见下一页的表格）

题项	目标人	什么都没说	说了一些（其他人只得到这方面的一般印象）	非常详细地告诉了他人（在这方面他人完全了解我，并能精确地描绘我）	对他人说谎或不正确地表达自己，以至于他人对我有一个错误的印象
1. 我喜欢的食物，我喜欢的食物的制作方式，我不喜欢的食物	对父亲	1	2	3	4
	对母亲	1	2	3	4
	对男性朋友	1	2	3	4
	对女性朋友	1	2	3	4
2. 我喜欢和不喜欢的饮料	对父亲	1	2	3	4
	对母亲	1	2	3	4
	对男性朋友	1	2	3	4
	对女性朋友	1	2	3	4
3. 我喜欢和不喜欢的音乐	对父亲	1	2	3	4
	对母亲	1	2	3	4
	对男性朋友	1	2	3	4
	对女性朋友	1	2	3	4
4. 我喜欢的读物	对父亲	1	2	3	4
	对母亲	1	2	3	4
	对男性朋友	1	2	3	4
	对女性朋友	1	2	3	4

续表

题项	目标人	什么都没说	说了一些（其他人只得到关于我这方面的一般印象）	非常详细地告诉了他人（在这方面他完全了解我，并能精确地描绘我）	对他人说谎或不正确地表达自己，以至于他人对我有一个错误的印象
5. 我喜欢看的电影和电视节目	对父亲	1	2	3	4
	对母亲	1	2	3	4
	对男性朋友	1	2	3	4
	对女性朋友	1	2	3	4
6. 我在服装上的爱好	对父亲	1	2	3	4
	对母亲	1	2	3	4
	对男性朋友	1	2	3	4
	对女性朋友	1	2	3	4
7. 我喜欢的房子的风格和家具的特点	对父亲	1	2	3	4
	对母亲	1	2	3	4
	对男性朋友	1	2	3	4
	对女性朋友	1	2	3	4
8. 我喜欢的晚会和社交聚会的类型	对父亲	1	2	3	4
	对母亲	1	2	3	4
	对男性朋友	1	2	3	4
	对女性朋友	1	2	3	4

续表

题 项	目标人	什么都没说	说了一些（其他人只得到关于我这方面的一般印象）	非常详细地告诉了他人（在这方面他完全了解我，并能精确地描绘我）	对他人说谎或不正确地表达自己，以至于他人对我有一个错误的印象
9. 我喜欢的闲暇活动方式，如打牌、读书、玩牌、运动、聚会、跳舞等	对父亲	1	2	3	4
	对母亲	1	2	3	4
	对男性朋友	1	2	3	4
	对女性朋友	1	2	3	4
10. 我最喜欢得到的礼物	对父亲	1	2	3	4
	对母亲	1	2	3	4
	对男性朋友	1	2	3	4
	对女性朋友	1	2	3	4
11. 我在学习（工作）中感到最大的压力和紧张是什么	对父亲	1	2	3	4
	对母亲	1	2	3	4
	对男性朋友	1	2	3	4
	对女性朋友	1	2	3	4
12. 我在学习（工作）中感到最令人讨厌的事情	对父亲	1	2	3	4
	对母亲	1	2	3	4
	对男性朋友	1	2	3	4
	对女性朋友	1	2	3	4

续表

题项	目标人	什么都没说	说了一些（其他人只得到关于我这方面的一般印象）	非常详细地告诉了他人（在这方面他完全了解我，并能精确地描绘我）	对他人说谎或不正确地表达自己，以至于他人有一个错误的印象
13. 我在学习（工作）中感到最开心和最满意的地方	对父亲	1	2	3	4
	对母亲	1	2	3	4
	对男性朋友	1	2	3	4
	对女性朋友	1	2	3	4
14. 阻碍我学习（工作）或进一步发展的缺点和生理缺陷	对父亲	1	2	3	4
	对母亲	1	2	3	4
	对男性朋友	1	2	3	4
	对女性朋友	1	2	3	4
15. 我学习（工作）上的优势和条件	对父亲	1	2	3	4
	对母亲	1	2		3	4
	对男性朋友	1	2	3	4
	对女性朋友	1	2	3	4
16. 在学习（工作）上，我被其他人（老板、同事、教师、丈夫等）欣赏时的感觉	对父亲	1	2	3	4
	对母亲	1	2	3	4
	对男性朋友	1	2	3	4
	对女性朋友	1	2	3	4

续表

题项	目标人	什么都没说	说了一些（其他人只得到这方面的一般印象）	非常详细地告诉了他人（在这方面他们完全了解我，并能精确地描绘我）	对他人说谎或不正确地表达自己，以至于他人对我有一个错误的印象
17. 我的学习（工作）志向和目标	对父亲	1	2	3	4
	对母亲	1	2	3	4
	对男性朋友	1	2	3	4
	对女性朋友	1	2	3	4
18. 学习（工作）中，我得到薪水或奖赏时的感觉	对父亲	1	2	3	4
	对母亲	1	2	3	4
	对男性朋友	1	2	3	4
	对女性朋友	1	2	3	4
19. 我对自己选专业（或学习前途）的感觉，不管我对它是否满意	对父亲	1	2	3	4
	对母亲	1	2	3	4
	对男性朋友	1	2	3	4
	对女性朋友	1	2	3	4
20. 我对任课教师和班同学的感受	对父亲	1	2	3	4
	对母亲	1	2	3	4
	对男性朋友	1	2	3	4
	对女性朋友	1	2	3	4

续表

题项	目标人	什么都没说	说了一些（其他人只得到的一般于我这方面的印象）	非常详细地告诉了他人（在这方面他人完全了解我，并能精确地描绘我）	对他人说谎或不正确地表达自己，以至于他人对我有一个错误的印象
21. 我不喜欢的担忧：阻碍着我的那些个性特点	对父亲	1	2	3	4
	对母亲	1	2	3	4
	对男性朋友	1	2	3	4
	对女性朋友	1	2	3	4
22. 我无法表达或无法控制自己的感受	对父亲	1	2	3	4
	对母亲	1	2	3	4
	对男性朋友	1	2	3	4
	对女性朋友	1	2	3	4
23. 我目前有关性生活的情况——包括如何得到性满足的知识，可能有的性问题，我与谁有性关系	对父亲	1	2	3	4
	对母亲	1	2	3	4
	对男性朋友	1	2	3	4
	对女性朋友	1	2	3	4
24. 我是否认为对异性有吸引力，异性不对我产生好感的原因	对父亲	1	2	3	4
	对母亲	1	2	3	4
	对男性朋友	1	2	3	4
	对女性朋友	1	2	3	4

续表

题项	目标人	什么都没说	说了一些（其他人只得到关于这方面的一般印象）	非常详细地告诉了他人（在这方面他完全了解我，并能精确地描绘我）	对他人说谎或不正确地表达自己，以至于他人对我有一个错误的印象
25. 过去或目前我感到羞耻或罪恶的事	对父亲	1	2	3	4
	对母亲	1	2	3	4
	对男性朋友	1	2	3	4
	对女性朋友	1	2	3	4
26. 使我愤怒的事	对父亲	1	2	3	4
	对母亲	1	2	3	4
	对男性朋友	1	2	3	4
	对女性朋友	1	2	3	4
27. 使我感到非常沮丧或忧郁的事	对父亲	1	2	3	4
	对母亲	1	2	3	4
	对男性朋友	1	2	3	4
	对女性朋友	1	2	3	4
28. 使我感到非常烦恼、焦虑和害怕的事	对父亲	1	2	3	4
	对母亲	1	2	3	4
	对男性朋友	1	2	3	4
	对女性朋友	1	2	3	4

续表

题项	目标人	什么都没说	说了一些（其他人只得到关于我这方面的一般印象）	非常详细地告诉了他人（在这方面他完全了解我，并能精确地描绘我）	对他人说谎或不正确地表达自己，以至于他人对我有一个错误的印象
29. 深深伤害我的感情的事	对父亲	1	2	3	4
	对母亲	1	2	3	4
	对男性朋友	1	2	3	4
	对女性朋友	1	2	3	4
30. 使我自己感到骄傲、兴奋、充满了自尊或自敬的事	对父亲	1	2	3	4
	对母亲	1	2	3	4
	对男性朋友	1	2	3	4
	对女性朋友	1	2	3	4
31. 我对自己脸部的感觉——喜欢和不喜欢的地方，如鼻子、眼睛、头发、牙齿等	对父亲	1	2	3	4
	对母亲	1	2	3	4
	对男性朋友	1	2	3	4
	对女性朋友	1	2	3	4
32. 我所希望的外表：对于整个外表的看法	对父亲	1	2	3	4
	对母亲	1	2	3	4
	对男性朋友	1	2	3	4
	对女性朋友	1	2	3	4

续表

题项	目标人	什么都没说	说了一些（其他人只得到关于我这方面的一般印象）	非常详细地告诉了他人（在这方面我完全了解他，并能精确地描绘我的印象）	对他人说谎或不正确地表达自己，以至于他人对我有一个错误的印象
33. 我对我身体不同部位的感受——腿、臀部、腰、体重、胸部等	对父亲	1	2	3	4
	对母亲	1	2	3	4
	对男性朋友	1	2	3	4
	对女性朋友	1	2	3	4
34. 过去我曾有过的对自己相貌问题的忧虑	对父亲	1	2	3	4
	对母亲	1	2	3	4
	对男性朋友	1	2	3	4
	对女性朋友	1	2	3	4
35. 我现在是否有健康问题——如睡眠、消化、心脏、过敏、头痛等对父亲来对母亲来对异性朋友对同性朋友	对父亲	1	2	3	4
	对母亲	1	2	3	4
	对男性朋友	1	2	3	4
	对女性朋友	1	2	3	4
36. 我是否长期担心或关注我的健康，如青春痘、溃疡、神经衰弱等	对父亲	1	2	3	4
	对母亲	1	2	3	4
	对男性朋友	1	2	3	4
	对女性朋友	1	2	3	4

续表

题项	目标人	什么都没说	说了一些（其他人只得到关于我这方面的一般印象）	非常详细地告诉了他人（在这方面他完全了解我，并能精确地描绘我）	对他人说谎或不正确地表达自己，以至于他人对我有一个错误的印象
37. 我过去生病或治疗的记录	对父亲	1	2	3	4
	对母亲	1	2	3	4
	对男性朋友	1	2	3	4
	对女性朋友	1	2	3	4
38. 我现在是否在很大努力来保持健康和魅力，如柔软体操、节食等	对父亲	1	2	3	4
	对母亲	1	2	3	4
	对男性朋友	1	2	3	4
	对女性朋友	1	2	3	4
39. 目前我的身材，如身高、体重、腰围等	对父亲	1	2	3	4
	对母亲	1	2	3	4
	对男性朋友	1	2	3	4
	对女性朋友	1	2	3	4
40. 我是否在性关系中获得满足	对父亲	1	2	3	4
	对母亲	1	2	3	4
	对男性朋友	1	2	3	4
	对女性朋友	1	2	3	4

后　记

摆在读者面前的这本小册子，其实是在我博士学位论文基础上形成的。落笔之时，感激之情溢于言表，但是感激之词却很简单。

"饮其流者怀其源，学其成时念吾师"。首先，感谢周宗奎教授对我在学术研究上的悉心指导。在周老师的门下求学，让我获益颇多，永远鼓舞我不断前进。感谢华中师范大学马克思主义学院（政治传播学院）的秦在东教授。本书在修改过程中，秦老师提出许多宝贵意见，指导我完成了修改工作，而且从生活和工作诸多方面为我提供了尽可能多的方便和支持，为我的写作工作顺利进行提供了有效的保证。感谢诸位同仁的鼓励与大力支持。

感谢父母给予我的包容和鼓励，让我求学的步伐更加坚定。感谢我丈夫的热忱支持和无私奉献，全力支持我。感谢我的小苹果，是你的笑容温暖我，让我坚定信心，勇往直前。感谢我的朋友们，感谢你们给予我的支持和爱护，你们是我的精神支柱，我永远深爱你们！

我在写作本书过程中，参考和引用了一些相关研究资料，从他们的智慧中获益匪浅，特向他们表示敬意。

平凡

2013 年 11 月 4 日于南湖畔

财经通鉴

创新战略与创新管理

全球独角兽企业500强蓝皮书

（2023）

解树江◎编著

Innovation Strategy and Innovation Management
Blue Book of Global Top
500 Unicorn Enterprises in 2023

经济管理出版社
ECONOMY & MANAGEMENT PUBLISHING HOUSE

图书在版编目（CIP）数据

创新战略与创新管理：全球独角兽企业 500 强蓝皮书 . 2023/解树江编著 . —北京：经济管理出版社，2023. 6
ISBN 978-7-5096-9117-5

Ⅰ. ①创…　Ⅱ. ①解…　Ⅲ. ①企业管理—研究报告—世界—2023　Ⅳ. ①F279. 1

中国国家版本馆 CIP 数据核字（2023）第 119237 号

组稿编辑：张丽媛
责任编辑：李红贤
责任印制：黄章平
责任校对：王淑卿

出版发行：经济管理出版社
　　　　　（北京市海淀区北蜂窝 8 号中雅大厦 A 座 11 层　100038）
网　　　址：www. E-mp. com. cn
电　　　话：（010）51915602
印　　　刷：北京金康利印刷有限公司
经　　　销：新华书店
开　　　本：720mm×1000mm/16
印　　　张：26. 5
字　　　数：535 千字
版　　　次：2023 年 6 月第 1 版　　　2023 年 6 月第 1 次印刷
书　　　号：ISBN 978-7-5096-9117-5
定　　　价：198. 00 元

目　录

第一章

创新战略与创新管理：独角兽企业成长密码

这是一个创新的时代，创新从未像今天这样成为世界的鲜明特征。国家之间、地区之间、城市之间、企业之间的创新竞争精彩纷呈、如火如荼。我们鼓励和倡导公平竞争、正当竞争、有效竞争、有序竞争，反对和谴责不公平竞争、不正当竞争、无效竞争、无序竞争。因为前者有利于人类的进步，而后者是全人类前进道路上的绊脚石。

中国取得的创新成就是举世瞩目的。世界知识产权组织发布的《2022 年全球创新指数报告》中，中国排在第 11 位，较 2021 年再提升一位（我国的排名连续 10 年稳步上升，已经累计提升了 23 位），稳居中高收入经济体之首。中国全社会研发投入从 2012 年的 1.03 万亿元增长到 2021 年的 2.79 万亿元，中国（不含港澳台）每万人口发明专利拥有量从 3.2 件提升至 19.1 件。《2022 年全球创新指数报告》共设 7 大类 81 项细分指标。我国在国内市场规模、本国人专利申请、劳动力产值增长等 9 项指标上排名全球第一，在国内产业多元化、产业集群发展情况等指标上名列前茅，特别是在世界领先的五大科技集群当中我国独占两席。这反映了我国知识产权综合实力和科技创新能力的显著进步，也印证了我国实施创新驱动发展战略、建设创新生态系统所取得的巨大成就。

一、创新博弈

以蒸汽机的发明和应用为标志的第一次科技革命的成功代表是英国和法国，以电的发明和电力技术的应用为标志的第二次科技革命的成功代表则是德国和美国，第三次科技革命以原子能、计算机、空间技术和生物工程的发明和应用为主要标志，代表性国家是美国和苏联。

21 世纪以来，全球科技创新进入空前密集活跃的时期，新一轮科技革命和产业变革正在重构全球创新版图、重塑全球经济结构。以人工智能、量子信息、移动通信、物联网、区块链为代表的新一代信息技术加速突破应用。以合成生物学、基因编辑、脑科学、再生医学等为代表的生命科学领域正在孕育新的变革，融合机器人、数字化、新材料的先进制造技术正在加速推进制造业向智能化、服务化、绿色化转型。以清洁高效、可持续为目标的能源技术加速发展，将引发全球能源变革，空间和海洋技术正在拓展人类生存发展新疆域，信息制造、能源、空间、海洋等原创突破为前沿技术、颠覆性技术提供了更多的创新源泉，学科之间、科学和技术之间、技术之间、自然科学和人文社会科学之间日益呈现交叉融合趋势。科学技术从来没有像今天这样深刻影响着国家的前途和命运，从来没有像今天这样深刻影响着人民生活福祉。① 在新一轮科技革命和产业变革中，世界主要国家的竞争日益加剧，创新博弈趋于白热化，各国都在全力以赴地抢占科技创新的战略制高点。

然而，在一些人的心目中，认为中国应该成为廉价商品的永久性生产地和低端产业的永久性聚集地。看到中国的创新速度和创新绩效，他们如鲠在喉、如芒在背、如坐针毡，具体案例层出不穷、不胜枚举。

2022 年 8 月 9 日，美国总统拜登正式签署《芯片和科学法案》，该法案的根本目的是通过巨额产业补贴和遏制竞争的霸凌条款，解决美国半导体供应链中的脆弱性问题，促进美国本土芯片制造业和其他关键技术的创新发展，吸引他国芯片制造流向美国本土，强化美国的科学研究和技术领导地位并巩固美国的经济稳定和国家安全。

该法案的第一个目的是限制中国等国家芯片产业发展。该法案明确规定：禁止获得联邦奖励资金的公司，在对美国国家安全构成威胁的具体国家扩大生产规模或新建某些尖端半导体的新产能；禁止接受该法案资助的企业在中国和其他特别关切国家扩建某些关键芯片的制造。为了保证上述限制同半导体技术的目前状况以及美国出口管制法规同步，美国商务部长将与国防部长和国家情报局局长协调，并结合业界意见定期重新审议对何种技术进行严格的限制；如果受补助实体知情地与中国等"受重视的国外实体"合作，开展合作研究或者技术许可活动，且有关的技术或产品能引起对美国国家安全的重视，美国商务部有权足额追回补助；受补助实体如果和中国等"受重视的国外实体"存在实质性的半导体产能扩大的重大交易方案，则需要告知美国商务部部长，美国商务部部长在与美国国防部部长和国家情报局局长协商后，需在 90 天内做出是否追回补助的决定；如果受补助实体在 45 天内能证明已结束交易计划，则可考虑不予追回。

该法案的第二个目的是积极鼓励美国芯片产业发展。该法案将为美国半导体行业提供约 527 亿美元的资金支持，并提供约 2000 亿美元用于支持美国未来十年在人工智能、量子计算等各领域的科研创新。该法案指出：计划在五年内拨款 390 亿美元用于支付直接贷款和贷款担保的成本等；在高科技芯片生产领域，可享受 25% 的投资税收优惠；计划在五年内拨款 110 亿美元，其中包含国家半导体技术中心、国家先进封装生产项目以及其他研发和人力资源项目；设立国际技术安全和创新基金，并计划在五年内拨款 5 亿美元，通过与美国国际开发署等共同合作，以协调外国政府合作伙伴，同时协调通信技术、电信技术、半导体技术等先进尖端技术的合作。

---

① 习近平．努力成为世界主要科学中心和创新高地［J］．奋斗，2021（6）：4-11.

美国并没有就此止步。2022 年 10 月 7 日，美国商务部工业和安全局（BIS）发布了新的芯片出口管制措施，对向中国出售半导体和芯片制造设备进行进一步限制，禁止企业向中国供应先进的计算芯片制造设备和其他产品，并针对向中国出口芯片半导体制造设施增加许可证要求。本次美国对中国半导体产业的出口管制加码，收紧了对中国出售半导体设备的规定，同时也力图限制中国公司获得关键半导体技术的能力，在半导体制造技术上，明确限制了：具有 16nm 或 14nm 以下制程的非平面晶体管结构（FinFET 或 GAAFET）的逻辑芯片；半间距为 18nm 及以下的 DRAM 存储芯片；128 层及以上层数的 NAND 闪存芯片。同时，美国商务部工业和安全局还明确对 28 家在人工智能、超级计算机、高性能芯片领域领先的中国企业实施管控，导致中国大陆高性能 CPU、GPU、AI 芯片设计厂商的芯片制造受阻，台积电、英特尔、三星、联电等将无法继续为中国大陆芯片设计厂商代工芯片，除非获得美国商务部的许可证。

2022 年 10 月 13 日，美国商务部工业和安全局（BIS）召开了出口管制规则说明会。美国国家安全委员会将人工智能视为"典型的双重用途技术"，指出人工智能技术是几代人中最强大的工具，用于扩展知识、增加繁荣和丰富人类经验。机器比人类更快、更准确地感知、评估和行动的能力，在任何领域都代表着竞争优势，无论是民用还是军用。人工智能可用于提高军事决策、规划和后勤的速度和准确性，它们还可用于认知、电子战、雷达、信号、情报和干扰。建立在先进半导体基础上的超级计算所推动的人工智能能力，引发了美国的国家安全担忧，所以美国对其所谓最受国家安全关注的芯片、设备、活动和实体的相关出口进行管制。对于先进逻辑和存储芯片等技术，美国宣布放弃以前相对于竞争对手保持相对优势的做法，转而寻求尽可能保持领先优势。美国已经毫不掩饰地表达其战略意图。

美国逆全球化而动，不顾东亚地区存在强大的半导体产业集群的现实，试图使用所谓"芯片法案"，推动芯片制造业转向美国，该举动不符合产业发展规律，只会扭曲全球芯片产业供应链，降低全球芯片产业供应链效率。中国外交部对该法案的评价是：美国出于维护科技霸权的需要，滥用出口管制措施，对中国企业进行恶意的封锁和打压，这种做法背离公平竞争原则，违反国际经贸规则，不仅会损害中国企业的正当权益，也将影响美国企业的权益。美国的这种做法会阻碍国际科技交流和经贸合作，对全球产业供应链的稳定和世界经济恢复都会造成冲击。美国将科技和经贸问题政治化、工具化、武器化阻挡不了中国发展，只会封锁自己，反噬自身。

二、独角兽企业成长密码

独角兽企业作为估值超过 10 亿美元的未上市创业公司，不仅是科技创新企业的典型代表，而且也是衡量一个国家或地区创新能力、创新活力和创新生态的重要标志，是新经济发展的重要推动力。2021 年，全球独角兽企业 500 强的总估值为 2.94 万亿美元，超过 GDP 全球第 5 位的英国。引导、鼓励和支持独角兽企业发展，对于我国加快转变经济发展方式、优化经济结构、实现新旧动能转换具有重要意义①。

根据独角兽企业成长理论（解树江，2021），独角兽企业成长的关键要素包括异质型企业家精神、独创性或颠覆性技术、难以复制的商业模式、战略与品牌协同、弹性的资源共享、持续的资本赋能、市场容量与创新生态。该模型是通过对大量科技创新企业（特别是全球独角兽企业 500 强和中国隐形独角兽 500 强）的成长轨迹与典型案例进行分析、总结、归纳和提炼所得出的。独角兽企业成长模型描述了科技创新企业成长的一般规律、关键因素、内在逻辑、成长阶段和外部条件，以及科技创新企业成长的优胜劣汰的演化过程，为科技创新企业从初创公司起步，进而进阶为隐形独角兽、独角兽，最终登陆资本市场（成为上市独角兽）的价值实现过程提供了一个分析框架（见图 1-1）。

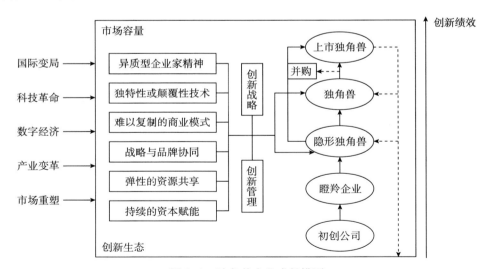

图 1-1　独角兽企业成长模型

资料来源：解树江. 独角兽企业成长的关键要素［N］. 光明日报（理论版），2021-10-19.

---

① 　解树江. 数字经济先锋：全球独角兽企业 500 强蓝皮书（2020）［M］. 北京：经济管理出版社，2021.

本书通过研究全球独角兽企业 500 强的成长轨迹发现，独角兽企业成长必须具备如下基本要素：

一是具有异质性特征的企业家精神。任何企业的成长都需要企业家精神。美国管理学家德鲁克认为，企业家应该拥有前瞻性思维，能够关注市场发展，能够建立团队，能够明确组织中每个人的角色。他还特别提出，创新是企业家精神最重要的特征。"创新与企业家精神能让任何社会、经济、产业、公共服务机构和商业机构保持高度的灵活性与自我更新能力。"独角兽企业比一般的科创型企业成长更迅速、技术更先进，也更难以驾驭，因而独角兽企业的企业家除了具备通常意义上的企业家精神内涵之外，还往往具有某些异质性的、与众不同的特点，比如超凡的想象、宏大的格局和钢铁般的意志等。

二是拥有独创性或颠覆性技术。颠覆性技术是基于科学技术的新原理、新组合和新应用而开辟的全新技术轨道，它导致传统产业归零或价值网络重组，并决定性地影响社会技术体系的升级跃迁。颠覆性创新本质上是一种区别于以往线性持续性创新的模式。美国管理学家克里斯滕森认为，颠覆性技术往往从低端或边缘市场切入，以简单、方便、便宜为初始阶段特征，随着性能与功能的不断改进与完善，最终取代已有技术，开辟出新的市场，形成新的价值体系。颠覆性技术可以在改善人们的生活质量、改变公司的商业模式、调整产业结构方面发挥出重要作用。独角兽企业拥有独一无二、别具一格的独创性或颠覆性技术，这些技术能够改变或者彻底取代现有的技术，对整个行业产生翻天覆地的影响，甚至使人类的生活方式发生改变。

三是具备难以复制的商业模式。只有前沿技术与优秀商业模式完美结合，才能够让一个企业创造奇迹。独角兽企业大都清晰地界定了客户价值主张、盈利模式、关键资源和关键流程，能够深刻认识到商业模式就是创造和传递客户价值和公司价值的交易结构，因而独角兽的商业模式具有很难被竞争者模仿的特征，并以此长期保持其竞争优势。

四是战略与品牌高度协同。战略与品牌的协同程度是区分不同层级的科技创新企业的一个重要标志。独角兽企业需要在初创的短期内获得巨大的成功，其战略与品牌的协同程度是超过一般企业的，其不仅要有高瞻远瞩的战略统筹，还要实施积极的品牌推广，而且品牌推广要和公司战略高度匹配、高度协同，这是独角兽企业的一大特质。独角兽企业对战略和品牌的认知及理解远超过其他同龄公司，一般表现出早熟和超前的趋势，也是科技创新企业中战略与品牌协同程度最高的群体。实际上，战略与品牌是一枚硬币的两面：对内，谋划实现全局目标的规划是战略；对外，展示企业形象和对客户承诺的是品牌。一个成功的企业，必须做到让其客户感知到的品牌形象隐含了企业的战略意图。

五是弹性的资源共享。独角兽企业大都采用了弹性的资源共享机制。独角兽企业不是自我积累、自我发展的企业，它们是虚拟组织，把核心能力发挥得淋漓尽致，而其他相关业务交由合作伙伴完成。独角兽企业只专注于自己最有竞争力的业务，通过集成虚拟组织各成员的核心能力和资源，在管理、技术、资源等方面拥有得天独厚的竞争优势，通过分享市场机会和客户实现共赢的目标，以便在瞬息万变、竞争激烈的市场环境中有更大的获胜机会。独角兽企业是资源的整合者，它们反应敏捷、善于高举高打、实现迅速成长。独角兽企业常用的资源共享机制包括外包、合作协议、战略联盟、特许经营、合资企业、虚拟销售网络等，它们会根据自身的行业特点及约束条件，采用这些组织机制中的一种或几种。

六是持续实现资本赋能。在独角兽企业成长的过程中，资本发挥了举足轻重的作用，独角兽企业正是有了资本的加持与助力，才能获得快速成长所必须具备的各种资源，从技术研发到人力资源的配备，再到厂房的建设，都离不开强有力的资金支持。高投入和高风险决定了独角兽企业必须借助资本的力量实现成长，在此过程中企业通常会经过种子轮、天使轮、Pre-A 轮、A 轮、A+轮、B 轮、C 轮、Pre-IPO 轮等多轮次的融资。资本的支持是科技创新企业从初创公司跨越成为瞪羚企业、隐形独角兽、独角兽，进而登陆资本市场的关键要素。颠覆性技术对于现有主流技术而言是一种强大的破坏性力量，它能够取代现有技术，改变游戏规则，重塑商业模式，重整市场秩序。这表明颠覆性技术的创新难度更高、创新投入更大，因而获得颠覆性技术既要发挥市场对技术研发方向、路线选择、要素价格、各类创新要素配置的导向作用，也要发挥政府在促进高效的风险投资机制和完善的融资体系形成中的积极作用，政府要善于用资本的力量促进人才的集聚和科技的创新。

七是借助市场容量大的优势。市场容量是独角兽企业成长的外部关键要素之一。只有在市场容量大的国家，符合梅特卡夫法则（网络的价值等于其节点数的平方）的企业才有可能实现公司价值最大化。全球独角兽企业 500 强中，中国企业数量连续两年位居世界第一，市场容量是一个关键要素。

八是依托良好的创新生态。创新生态是科创企业成长的一个外部关键要素。创新生态是以企业为主体，以大学、科研机构、政府、金融等中介服务机构为系统要素载体的复杂网络结构，通过组织间的网络协作，深入整合人力、技术、信息、资本等创新要素，实现创新因子有效汇聚和各个主体的价值。独角兽企业最核心的特征之一就是拥有颠覆性技术，所生产的产品不容易被复制和模仿。可以说，颠覆性技术创新是独角兽企业成长的关键，是独角兽企业成长壮大的前提条件。因此，良好、宽松的技术创新环境，高水平的研发投入以及顺畅的科技成果转化通道，将有助于独角兽企业实现颠覆性技术的突破，并促进独角兽企业的发展和培育。实现颠覆性技术创新，需要良好、宽松的生态环境。对于企业来说，在瞬息万变、竞争激烈的市场中进行创新，其不确定性和复杂性都是无法预知的。如何为企业营造一个适合颠覆性技术创新的生态环境至关重要。以知识为导向的收入分配制度、科学的分类评价机制、完善的知识产权保护体系、公平的市场竞争环境、合理的企业试错成本等，都是一个良好的创新生态环境的必备元素。

创新战略是以创新为导向的，通过创意、技术、产品、市场、客户和资本等要素的选择与组合，提炼而成的指导企业发展全局的总计划和总策略。创新战略不能狭义地理解为公司战略的一个方面，而应将创新战略视为以创新为明确导向的战略，这是由科技创新时代的特点所决定的。创新管理是企业在创新战略的引领下，整合人才、技术、资本、信息等创新资源，通过计划、组织、领导、协调和控制实现创新战略目标的过程。

市场容量与创新生态是独角兽企业成长的外部环境，是独角兽企业发展壮大的基础条件。独角兽企业从足够的市场容量和特定的创新生态中获取创新资源，并对这些创新资源进行整合。人才、技术、资本、信息等创新资源在独角兽企业创新战略的指引下通过创新管理产生相应的产品和服务，并最终输出为创新绩效。科技创新企业的创新绩效可用公司估值来衡量，该数值是市场中形成的投资机构对科技创新企业的价值评估，估值方法包括相对估值法、折现现金流估值法、账面价值法、重置成本法等。独角兽企业的估值在 65 亿元人民币（约 10 亿美元）以上，而隐形独角兽企业的估值则在 2 亿到 65 亿元人民币之间。

三、全球独角兽企业发展的新趋势[①]

独角兽企业作为具备强大创新能力和巨大成长潜力的企业群体，是衡量一个国家和地区创新能力与创新生态的重要风向标，是提升国际竞争力和区域竞争力的重要市场主体。本书通过对 2019~2021 年全球估值居前 500 位的独角兽企业进行数据分析，发现全球独角兽企业发展呈现出加速增长、结构分散、上市集中和竞争加剧等新趋势。

趋势一：成长关键要素得到强化，总估值呈现出加速增长态势。2019~2021年，全球独角兽企业 500 强的总估值分别为 1.93 万亿美元、2.01 万亿美元（同比增长 8%）和 2.94 万亿美元（同比增长 46%），总估值呈现出加速增长态势。独角兽企业的成长需要具备独创性或颠覆性技术、难以复制的商业模式、战略与

---

① 解树江．独角兽企业发展的新趋势［N］．科技日报（理论版），2022-09-01（008）．

品牌高度协同、持续的资本赋能、超大市场容量和良好的创新生态等关键要素。全球独角兽企业 500 强总估值的加速增长，是独角兽企业成长的关键要素得到强化，各要素之间的耦合效率不断提高的结果。

趋势二：国家集中度下降，极化效应开始减弱。2021 年，全球独角兽企业 500 强国家集中度有所下降，虽然中美两国继续占据主导地位，但数量同比减少 19 家。中美两国全球 500 强独角兽企业数量从 2019 年的 410 家、2020 年的 409 家降为 2021 年的 390 家，数量占比从 82% 降为 78%。印度（29 家）新增 10 家独角兽企业，成为全球 500 强独角兽企业数量增长最快的国家。实现全球 500 强独角兽企业数量增长的其他国家有德国、印度尼西亚、瑞士、瑞典、澳大利亚、西班牙、加拿大；数量持平的国家有法国、以色列、新加坡、日本、哥伦比亚、阿联酋、南非和爱沙尼亚；数量下降的国家有英国、韩国、巴西、菲律宾和卢森堡。

趋势三：赛道分布总体稳定，企业服务赛道的企业数量增加。最近三年，从全球 500 强独角兽企业赛道分布来看，涉及生活服务与企业服务的企业数量一直位于前两位（占比 40% 左右），生活服务与企业服务也是全球 500 强独角兽企业集中的两个核心赛道。2021 年，在全球独角兽企业 500 强中，企业服务赛道的企业有 112 家，占比 22.4%，首次超越生活服务赛道的企业数量拔得头筹；生活服务赛道的企业有 86 家，占比 17.2%；智能科技赛道的企业有 69 家，企业数量位居第三。2019～2021 年，文旅传媒、金融科技、智能科技、企业服务、航空航天、材料能源 6 个赛道的独角兽企业数量增长率分别为 1%、1.2%、2%、1%、0.8%、0.8%，医疗健康赛道的企业数量保持不变，其他赛道（如生活服务、教育科技、物流服务、汽车交通、农业科技等）的独角兽企业数量则呈现出下降趋势。

趋势四：中美并驾齐驱，赛道竞争力呈现差异。从一定意义上说，独角兽企业的综合竞争力决定了一个国家或地区未来的经济竞争优势。中美两国全球独角兽企业 500 强上榜企业数量和总估值不相上下、不分伯仲。中国在生活服务、智能科技、汽车交通、物流服务和教育科技赛道具有优势，美国则在企业服务、医疗健康、航空航天和金融科技赛道具有优势。2021 年，中国排名前 10 的独角兽企业表现出的特质多为难以复制的商业模式并辅之以持续的资本赋能，它们是在我国大规模市场容量和良好的创新生态中成长起来的，而 2021 年美国排名前 10 的独角兽企业在技术创新上表现突出。

趋势五：城市分布趋于分散，但头部城市聚集效应明显。2021 年，全球独角兽企业 500 强分布在 138 个城市，与 2019 年相比增加了 12 个城市，城市分布更趋分散，主要分布在中国的北京、上海和深圳，美国的旧金山、纽约和洛杉矶，印度的班加罗尔和韩国的首尔等头部城市。2021 年，独角兽企业数量最多的 20 个城市所拥有的全球 500 强独角兽企业数量占比为 68%，比 2019 年的 69.8% 下降了 1.8 个百分点。尽管如此，北京和旧金山仍然是全球最具代表性的独角兽企业聚集地，两个城市拥有 117 家全球 500 强独角兽企业，全球占比接近 1/4。对于独角兽企业来说，在瞬息万变、竞争激烈的市场中进行创新，其难度和复杂性都是无法预知的。如何为企业营造一个适合颠覆性技术创新的生态环境至关重要。以知识为导向的收入分配制度、科学的分类评价机制、完善的知识产权保护体系、公平的市场竞争环境、合理的企业试错成本等都是创新生态环境的必备元素。这些独角兽企业聚集的城市拥有大学、科研机构、政府、金融等中介服务机构，可通过组织间的网络协作，深入整合人力、技术、信息、资本等创新要素，实现创新要素的有效汇聚和各个主体的价值，为独角兽企业的成长创造了良好的生态环境。

趋势六：企业更新率超过 30%，独角兽企业竞争加剧。新冠疫情、产业变革、资本市场等因素导致全球独角兽企业 500 强的竞争格局发生改变。2021 年，全球独角兽企业 500 强中有 152 家企业被替换（同比增加 12.8%），更新率达到 30.4%，有 86 家企业被淘汰出局（同比增长 274%），而 66 家全球 500 强独角兽企业成功登陆了资本市场（同比增长 113%）。2021 年度上市独角兽企业总市值为 9456.43 亿美元，相比其上市前的总估值高出 3632.61 亿美元，涨幅高达 62%，这是资本市场对独角兽企业创新价值的持续确认。

趋势七：登陆资本市场，交易所选择更趋集中。2020 年共有 31 家全球 500 强独角兽企业成功登陆资本市场，其中 13 家选择在纳斯达克上市，9 家在纽交所上市，占比 71%。2021 年成功上市的全球 500 强独角兽企业为 66 家，其中 29 家选择在纽交所上市，28 家在纳斯达克上市，占比高达 86%，比上一年度提高了 15 个百分点，交易所选择更趋集中。

趋势八：创新上市路径，SPAC 模式成为新潮流。2020 年以来，越来越多的独角兽企业采取与 SPAC（特殊目的收购公司）合并的方式实现上市，占总数的 18%。SPAC 模式是集合直接上市、合并、反向收购、私募等诸多特点于一体的创新上市路径。同直接海外首次公开发行相比，SPAC 模式虽然存在公司估值不充分等劣势，但是由于该模式具有上市门槛低、时间短、费用少、确定性强等明显优势，吸引了越来越多的独角兽企业以 SPAC 方式登陆资本市场。

当前，中国正处于深入实施创新驱动发展战略的关键时期，我们应该积极采取有效措施，建设有利于独角兽企业进行颠覆性技术创新的生态环境，促进以独角兽企业为代表的科技创新企业快速成长，保持中国独角兽企业的总体竞争优势，进而推动中国产业转型升级和经济高质量发展。

第二章

异质型企业家精神

一、企业家精神溯源与解析

在英文词义中，企业家 Entrepreneur 指代"冒险事业的经营者或组织者"。在美国格林沃尔德主编的《现代经济辞典》中，企业家是指能抓住机会引进一种新产品、一种新的生产方法或者一种改进了组织机构的企业所有者，他是能筹集必需的资金，调集各种生产要素并组织管理机构的人。

（一）企业家精神的具体表现

通过对 19 世纪初法国政治经济学家萨伊、剑桥学派的马歇尔、熊彼特、彼得·德鲁克、彭罗斯和莱宾斯坦等学者对企业家精神相关研究的梳理，本书将企业家精神的具体表现归纳为以下几种：

1. 创新精神

"创新精神"是企业家精神最本质的特征，熊彼特认为，企业家天生就具有打破静态均衡状态的能力，这是成功实现创新所必需的条件。企业家与普通商人或投机者赚钱的动机不同，他们最突出的动机来自"个人实现"的心理，即"经济首创精神"，这种精神是实现新组合的原动力，是驱动和激发企业家经营创新能力及其他能力的内在心理意识，是企业家精神的灵魂。德鲁克首次把创新与企业家精神相结合，认为企业家精神需要企业加以组织、系统化实务与训练，其被视为管理者的工作与责任。企业家创新精神贯穿于经营活动的全过程，体现在引入开发一种新产品、发现产品新用途、采用一种新的管理模式、开辟新市场等方面。优秀的企业家善于发现别人无法察觉的机会，善于协调利用不同的资源。

2. 冒险精神

企业家精神最重要的特征就是冒险。企业家要想获得成功，获取高额利润，必须具有冒险精神。企业家不仅在企业战略制定与实施过程中要敢于冒险，在新技术使用、产品开发和淘汰、新市场开辟等方面也要敢于冒险。没有风险几乎是不可能的，即使什么也不干，在动态环境变化下，也是有风险的。理查德·坎蒂隆和奈特将企业家精神与风险联系在一起，他们认为没有敢于冒险的魄力，就不可能成为企业家。此外，许多知名企业也对冒险精神十分推崇，例如，美国的3M 公司前任 CEO 麦克奈特曾对公司管理层提出过一个比较有趣的理念，现已被3M 公司视作企业文化的一部分："要鼓励实验性的涂鸦，如果你在四周竖起围墙，那你得到的只能是羊；要发现王子，你必须和无数只青蛙接吻。"企业家的冒险精神具体表现在企业生产能力扩张与缩小、新技术的开发与应用、新市场的开拓、企业产品和服务种类的取舍、产品定价等重要决策方面。1995 年的"民族工业保卫战"中，海尔张瑞敏、TCL 李东生和长虹董事长倪润峰等人的降价决策集中体现了企业家的冒险精神。

3. 创业精神

企业家的创业精神就是指锐意进取、艰苦奋斗、敬业敬职和勤俭节约的精神，主要体现在积极进取、克服因循守旧的心理，顽强奋斗、敬业敬职的职业道德和勤俭节约的精神风貌上。

4. 合作精神

合作精神是学者能达成共识的重要企业家精神。艾伯特·赫希曼认为，企业家在重大决策中实行集体行为而非个人行为。合作精神有助于培育企业的竞争优势，企业家在实践中是最擅长合作的，并且还能将这种合作精神传递给下属和员工，因为每个人所掌握的知识和能力都是有限的，不可能应对所有事情。因此，企业家要有非常强的结网能力和意识，在企业经营管理的过程中能够充当教练的角色，能够不断鼓励员工进行合作创新，并能指引、带领员工为既定目标而努力。虽然伟大的企业家常给人以"一个人的表演"（One Man Show），但真正的企业家往往是善于合作的，艾伯特·赫希曼曾打过一个很形象的比方：企业家既不可能也不必要成为一个 Superman，但企业家应努力成为一个 Spiderman。例如，德国的西门子公司和英国的约翰·刘易斯集团，这两家企业都秉承员工为"企业内部的企业家"理念，给予其足够的实战空间，引导员工开发自身潜质并进行合作，才有了西门子公司和约翰·刘易斯集团在产品和服务上的不断创新。

5. 社会责任感

美国学者格拉斯曼指出，在全球经济集聚变化、波动发展的当代，企业必然要担负起更多的社会责任。格力公司董事长董明珠和华为创始人任正非都曾表示：社会责任对于企业家来说非常重要，企业家对消费者、对股东、对社会都要负责。

（二）企业家精神的作用、影响因素及企业家与发明家、管理者、资本家的区别

通过对上述企业家精神具体表现的归纳，本书总结了企业家精神的作用、影响因素及企业家与发明家、管理者、资本家的区别。

1. 企业家精神影响企业效益与成长的机制

企业家是企业的大脑，企业家精神是影响企业效益与成长的重要因素。企业家精神决定了企业行为，企业行为决定了企业的市场表现，市场表现决定了企业的经济后果，因此，企业家精神成为企业的驱动因素，最终影响了企业的效益和

成长。例如：合作精神和敬业精神会影响企业的收购并购、外部拓展等行为；冒险精神和创新精神会影响企业的风险承担和研发创新；社会责任感会影响企业的社会贡献。企业家精神的方方面面会共同决定企业在市场机遇的把握、技术竞争力的获取与维持、营销口碑的提升等各方面的市场表现，并进一步带动企业规模扩大、投资增加、业务边界拓宽和股东收益增长，成就企业利润和股东收益的最大化，成为企业进一步成长的驱动要素，最终对企业成长起到积极影响。

2. 企业家精神的影响因素

衡量一位管理者是否可以称为企业家，或者是否拥有企业家精神是十分困难的，但确实存在一些因素对企业家精神的形成有重大影响。丁栋虹在《企业家精神》一书中提到了 5 个影响因素，即综合效应因素、文化因素、创新因素、社会公共关系因素和社会服务因素。McCelland 和 Shane 等学者认为，企业家的受教育背景、职业背景、管理经验、社会地位、年龄性别、宗教信仰、成功需求和风险偏好等决定了企业家精神的形成。公司和团队也会对企业家精神产生影响，团队构成、运行过程、权变因素、团队专业背景、公司规模、企业文化、组织战略都会影响企业家精神的培养。此外，政治经济环境、创新制度、产业发展环境、城市化、商品服务需求、企业聚集程度等区域和国家层面的外部因素也会对企业家精神的诞生造成影响。

3. 企业家与"发明家""管理者""资本家"的区别

（1）"发明家"是指那些创造、拥有新装置、新设计、新方法或新项目并将其引入实践，对人类生活有一定影响的人物。然而企业家能真正认识到哪些发明对社会、个体使用者和经济增长的贡献最大，能洞悉如何更好地修正和完善发明家的那些发明。企业家能将发明引向市场，并确保其被用于最有使用效率的地方，即使那些地方并不涉及利润和资金。企业家的职能是实施创新，但实施创新并不一定是一种发明。虽然发明可以产生潜在收益，但这些新的东西需要企业家去挖掘和引导。

（2）"管理者"是指具有一定的权利和责任，有一定管理能力的人或群体，主要负责那些包含在企业习惯模式中的行为和决策。威廉·鲍莫尔在《企业家精神》一书中提出，管理者被界定为这样一种个体，即他（她）负责检查连续生产过程的当前效率。管理者的任务是关注可行的生产过程是否能够和技术进行合理组合，即既能满足当前的产出水平，又适合预期产出水平。管理者负责的事情包括节约成本、制订计划、负责日常定价和广告开支决策等。然而企业家通常处在决策层的最高点，被赋予了保持企业活力的重大责任。企业家一般都拥有远见卓识和承担风险的意识，通常，企业家可以是管理者，但并非所有的管理者都能称之为企业家。

（3）"资本家"可被看作是货币所有者、货币索取权所有者或物质财富所有者。普通的股票持有者单凭持有股票并不能称为企业家，而只是资本家。企业家特征，如首创性、权威或远见只存在于经济发展中，在循环流转的常规事务中不可能产生，也不需要这些品质。熊彼特在其《经济发展理论》一书中提出，企业家是货币的需求者，资本家是货币的供给者。企业家对购买力的估计一般要高于购买力的价值，企业家特征只存在于经济发展中，而资本家是在一定条件下愿意抽出资金给企业家的人，最初的企业家一般也是资本家，而且常常自己解决生产运营中出现的技术问题。另外，企业家既可能是资本家，也可能是发明家。熊彼特认为，企业家之所以是发明家，完全是一种巧合，并不是由他们的职能性质决定的，反之亦然。

二、何谓异质型企业家精神

作为科技创新企业的重要代表，独角兽企业相比一般的科创企业成长更迅速，技术更先进，同时也更难驾驭，所以对于独角兽企业家而言，除了具备通常意义上的企业家精神内涵之外，还需具有某些异质型的特点。通过多年对独角兽企业进行研究，本书列出了独角兽企业家所包含的几种区别于或者说超越传统企业家精神的特征，并将其称为异质型企业家精神。

（一）目标远大

本书对 2021 年全球独角兽企业 500 强进行了数据分析，从地域和行业分布来看，全球独角兽企业 500 强集中在欧美和中国头部城市的智能科技、航空航天、医药健康以及被云计算等技术赋能的生活服务、企业服务等赛道。这也就意味着独角兽企业需要在瞬息万变、竞争激烈的市场中进行创新，其不确定性和复杂性都是无法预知的。这也对独角兽企业的管理、决策和风险承担与管控能力造成了较一般企业更为严峻的挑战。对于独角兽企业家来说，即使企业已经拥有了自身的核心竞争力并占据了相当的市场份额，安于现状谋求当前利润也有随时被淘汰的风险，所以宽广的视野和远大的目标是独角兽企业家必备的一种精神特质，也是企业家精神中创新精神的进一步体现。

1. 一锤砸出的名牌战略

中国国家博物馆收藏着一件特殊的国家文物：一把大锤。20 多年前，张瑞敏正是使用这把大锤带头砸毁了 76 台不合格冰箱。这把不会说话的"海尔大锤"凝结了海尔的一段特殊的历史，默默地向人们传颂着海尔人的创业故事。

1985 年，当时的青岛电冰箱总厂生产的是"瑞雪牌"电冰箱。一天，张瑞敏接到一封用户的投诉信,说冰箱存在质量问题。经过检查,发现库房里竟然有76台不合格冰箱。按照当时的销售行情,这些电冰箱稍加维修便可出售。但是,时任厂长的张瑞敏当即决定,将76台电冰箱全部砸毁。他的决定让员工们感到非常不理解。当时一台冰箱价值800多元,而员工每月平均工资只有40元,一台冰箱几乎等于一个工人两年的工资。当时员工们纷纷建议把冰箱低价处理给工人。然而张瑞敏却不为所动,他对员工说:"如果便宜处理给你们,就等于告诉大家可以生产这种带缺陷的冰箱。"后来的回忆录中,张瑞敏谈道:"长久以来,我们有一个荒唐的观念,把产品分为合格品、二等品、三等品,还有等外品,好东西卖给外国人,劣等品出口转内销自己用。难道我们天生就比外国人贱,只配用残次品?这种观念助长了我们的自卑、懒惰和不负责任,难怪人家看不起我们,从今以后,海尔的产品不再分等级了,有缺陷的产品就是废品。把这些废品都砸了,只有砸得心里流血,才能长点记性。"

"砸冰箱"事件成为海尔历史上强化质量观念的警钟,也对中国的企业产生了深远而广泛的影响,至今仍被人们津津乐道。通过这种非常有震撼力的场面,张瑞敏改变了员工对质量标准的看法,唤醒了员工的质量意识、市场意识。在海尔的发展历史中,"砸冰箱"事件是偶然的,但其影响却是"爆炸性的",它打响了海尔进行深层次组织变革的"第一枪"。张瑞敏利用这一事件开启了海尔的"名牌战略"和第一场大规模的组织变革,即全面质量管理。从1985年开始到1991年,在名牌战略的指引下,海尔实施的全面质量管理变革将"质量零缺陷"融入海尔人的血液。在此基础上,海尔确定了"零缺陷"战略,实施全面变革,构筑"零缺陷"质量文化,发展出了"零缺陷"四项原则,最终构建了"零缺陷"质量管理体系。

此后,海尔选择了多元化的发展战略,而且选择了一条相对理性和渐进式的多元化之路,不是盲目的扩张之路。在进行多元化的过程中,海尔尤其注重自身核心能力的开发,张瑞敏为海尔的多元化战略提出了一条极其重要的原则:东方亮了再亮西方。张瑞敏指出,在多元化过程中一定要坚持两个准则:"第一,把自己最熟悉的行业做大、做好、做强,在此前提下进入与该行业相关的产品的经营;第二,我们从不讲东方不亮西方亮。我们的原则是进入一个新的行业,做到一定规模之后,一定要做到这个行业的前三名。与其搞一大批中不溜的企业,不如搞三四家最大的。"

2. 海外战略

2001年12月11日,中国正式加入世界贸易组织(WTO),曾让很多企业家高呼狼来了,那"走出去"岂不是更意味着走进"狼圈",还能活着回来吗?基于对这些问题的深入理解,张瑞敏提出,企业国际化就是要实现"与狼共生共赢"。张瑞敏曾告诫海尔员工：必须要把自己摆在"狼"的位置，而不是甘愿做一只任人宰割的"羊"。要成为"狼"，就不能只在国内经营，而必须参与国际竞争，学习其中的竞争规则和技巧，提升自己的实力，让自己也成为国际化的公司。就像下棋，要提高棋艺，最好的办法是找高手对弈。只有在与"狼群"的竞争中才能成为真正意义上的"战狼"。在真正成为一只"狼"之后，我们就可以与竞争对手发展一种竞争合作并存的关系。他还经常告诫海尔员工，"国门之内无名牌，要走出国门创出属于中华民族的品牌"。

为了弥补与海外企业的差距，张瑞敏制定了"三步走"的国际化战略。所谓"三步走"就是走出去、走进去、走上去。"走出去"是进入国际市场，"走进去"是进入国际市场的主流渠道成为主流产品，"走上去"则是成为当地的知名品牌。

在此后的全球竞争中，张瑞敏先后为海尔制定了"人单合一""三位一体""三融一创""平台生态圈"等一系列长远战略。

海尔的历史就是一部变革的历史。张瑞敏从来没有停止过创新和变革的步伐，因为他相信没有成功的企业，只有时代的企业。2014 年 11 月 29 日，首个"复旦企业管理杰出贡献奖"颁发给了海尔集团董事局主席、首席执行官张瑞敏先生。这既是对张瑞敏先生率领的海尔 30 多年来取得的辉煌成就的肯定，更是对他创新管理思想的高度认可。从一家濒临倒闭的地方工厂，到连续 18 年入选世界品牌 500 强，2021 年排名逆流而上提升至第 37 位，足见远大的目标对于企业发展的重要性。

（二）商业敏感性

把握时代机遇，找到蓝海市场是全球独角兽企业 500 强中许多生活服务、企业服务赛道企业成功的关键。这些企业可能并不具备在技术上颠覆整个行业的竞争力，但往往依靠着创业者透过市场表面现象洞悉了某一领域中的规律和商机，让企业在短时间内实现快速成长，例如，宠物电商领域的波奇网和线上办公领域的钉钉等。在商业敏感性方面，本书选择 SheIn 公司创始人许仰天作为全球独角兽企业 500 强中的经典案例。

对于 SheIn 公司及其创始人许仰天，大多数人会感到陌生，但在 2021 年全球独角兽企业 500 强排行榜中，这家算不上出名的企业以 461 亿美元的估值高居第 7 位，为生活服务赛道企业之首。SheIn 是一家成立于南京的 B2C 跨境电商平台，主打女性快时尚研发、生产与销售，通过官网和 App 线上渠道，销售范围覆盖美国、印度、欧洲、中东等 200 多个国家与地区，日发货量一度超过 300 万件，2016~2021 年 6 年间，SheIn 的收入规模增长了 40 倍，营收接近 100 亿美元，占据美国快时尚产品的近 1/4，是中国生活服务企业出海创业和数字化运营的典范。

这家在国内名不见经传的电商企业，以并不具备行业颠覆性的技术实力在海外占领庞大市场的关键，就在于其创始人许仰天及其团队出色的商业敏感性。许仰天出生于 1984 年，2007 年从青岛科技大学毕业，次年便南下来到了南京，在一家外贸线上营销公司负责搜索引擎优化方面的工作。在此期间，许仰天与两位合伙人创办了南京点唯信息技术有限公司。2009 年前后，中国跨境电商行业正处于启动期，一批跨国 B2C 网站开始崭露锋芒。看中了婚纱品类的商机，许仰天转而做起了跨境卖婚纱的生意。凭借售卖婚纱赚来的钱，他迎来了第一次快速发展，拿下了 SheInside.com 的域名并建立了自己的独立网站，也就是 SheIn 的前身。

2012 年初，许仰天敏锐地察觉到了海外存在的庞大下沉市场，他发现北美地区的 Z 世代消费人群与我国存在较大区别，北美地区在校青少年普遍受到助学贷款的压力，他们得到的家庭资助比中国更少，他们对平价产品的需求衍生了庞大的潜在消费市场，这些消费群体的视线并进一步延伸到了更加广泛且高频的女装品类，许仰天遂放弃婚纱业务重新起航正式在海外卖起了女装。许仰天牢牢盯紧快时尚，SheIn 每天上新 600 余款，主要销售价格在 20 美元以下的时尚女装，有些商品甚至不到 5 美元。

与此同时，红人经济正值风潮，为了迅速打开市场，许仰天早在 2011 年就从 KOL 入手建立了网红推荐的营销模式，在 Facebook、Twitter、Instagram 等国际社交平台进行宣传推广，同时与这些社交平台达成深度合作，并携手知名设计师共同为全球用户打造联名合作款。可以说，SheIn 是世界上最早尝试网红推广的公司之一。在初期，SheIn 网站的流量几乎都来自 KOL 的推荐，这家年轻的中国公司迅速以便宜且款式多样的优势成功收获了一批美国普通阶层女性的青睐，投资回报率高达 300%。只是这个时候，SheIn 还没有自己的供应链。许仰天的做法是，先把广州十三行服装批发市场里商家的服装拍照挂到网站上，海外用户在网站下单后，团队再去批发商拿货并发货，完成整个交易闭环。

许仰天给 SheIn 制定的发展全流程无不凸显出其卓越的商业敏感性。具体可以总结为三招：

第一招"快"。如果说一件衣服从线上收到订单到线下发出货品，传统零售商需要 6~9 个月，Zara、H&M 等快时尚品牌要 3~4 周，甚至一些超快时尚玩家们可以在 1~2 周内完成生产，而 SheIn 只需要不到 7 天。

一位来自 SheIn 的供应商曾如此陈述："从收到 SheIn 的订单、面料到将成衣送至 SheIn 仓库，只需 5 天——也就是面料制作 1 天，裁剪、车缝和收尾 3 天，二次工艺（绣花和印花）1 天。"由此有人戏称，"国内大概 1/3 的服装产能都给了 SheIn"。

第二招"广"。SheIn 以中国为大本营，成名于美国。但现在，它的触角早已延伸到了近 220 个国家。2015 年，SheIn 正式进入中东市场，物流是其面对的首要难题。这源于在中东，用户的网购习惯多为货到付款，但沙特地广人稀，国家地址信息不完善，末公里派送十分困难，好比万里长征的最后一步。如果在最后一公里用户拒收，就意味着平台净亏，满盘皆输。

为此，许仰天曾亲自前往中东商谈货到付款的解决方案。最后，SheIn 自己负责前期的物流以降低成本，将收款交给国资背景的 NAQE，由此，货到付款的比例降到了 30%，有效地避免了高风险。这也为 SheIn 带来了更优秀的销售额，有数据对比显示，SheIn 在中东市场一天的销售额是其他本土跨境电商销售额的总和。

中东市场旗开得胜后，SheIn 开始向印度、东南亚等市场同时进攻，以先发优势占领了多个新兴空白市场。现在，SheIn 的业务已经遍及全球。根据 SheIn 官网显示，其目前拥有中国、印度、美国东西海岸等地的六个物流中心，同时，它还拥有洛杉矶、列日、马尼拉、迪拜、孟买、义乌及南京七个客管中心。

第三招"买"。在发展的过程中，SheIn 的资本运作也颇为丰富。早在 2014 年，许仰天曾主导 SheIn 收购了当年合伙人李鹏创办的跨境女装品牌——ROMWE。收购之后，SheIn 开启了 SheIn 和 ROMWE 的双品牌运作，也以此补足了自身在流量之外、品牌等方面的缺陷。2021 年初的一则消息称，SheIn 当时正在参与竞购 Arcadia 集团旗下 Topshop、Topman 等品牌，并给出了价值超过 3 亿英镑的报价，是竞争队列中最为强有力的候选者。不过该"香饽饽"最终花落别家。除了寻找优质收购标的之外，SheIn 还做起了投资。2021 年 1 月初，美国户外家居品牌 Outer 完成超 1000 万美元的新一轮融资，领投列表中恰恰出现了 SheIn 的身影。种种路径促成了今天火爆的 SheIn。

回顾 SheIn 的成长史，可以看见其中时代赋予的红利，但创始人的敏锐商业眼光却无疑是抓住这种机遇的前提。

（三）人格魅力

"魅力"一词英文为 Glamour，最早出现于希腊语中，意思是具有特殊吸引力和令人愉悦，对于独角兽企业来说，企业家独特的个人魅力对提升员工凝聚力、实现组织目标和调动外部资源都具有正向影响。这种魅力表现为一种社会关系，是以追随者的承认、信任、崇拜为前提的。魅力型领导是指能够对下属产生下列影响的领导风格或行为：能让下属充分相信并接受领导者的正确信仰；能让下属乐意接受并服从领导者的领导；能使下属对实现组织目标产生使命感等。最早提出魅力型领导这一概念的是德国社会学家马克斯·韦伯①。在他看来，魅力型领导具有非凡的个人品质，能审时度势；魅力型领导对下属的影响力也是不同寻常的。从定义上看，领导魅力是领导者从其个人独有的生活、工作、学习等经历中提炼出来的，领导者本身有别于其他人的，能让员工以其为中心形成凝聚力，并将其当作自己的偶像或心中英雄的个人特征。魅力型领导应该具有很强大的自信心、权力、信念、凝聚力且坚定信念。组织想要长久健康地发展，领导者必须具备合理规划、善于统筹、制定规范并以身作则的个人素质和价值观。在House 的魅力型领导理论中包含三种成分：建立愿景，鼓动精神，支持进取。异质型企业家精神中独特的个人魅力可以发挥企业家"投入补完者"和"企业组织扩展者"的角色作用，帮助企业更好地获得外部融资，实现对企业的全方位赋能。在独角兽企业成长的过程中，资本发挥了举足轻重的作用，资本的加持与助力能帮助独角兽企业获得快速成长所必备的技术研发、人力资源配备和生产厂房与工具等各种资源。范学智和张稼人（2007）②、刘惠琴和张德（2007）③、刘娜（2009）④ 等研究表明，投资者从个人心理上来说，更亲近于魅力型领导的公司，在同等条件和机会下，投资者更愿意选择魅力型领导者的公司，拥有魅力型领导的公司其股票更容易获得投资者的青睐。

　　在企业界，展现出独特人格魅力的企业家比比皆是，例如，蔚来汽车的创始人李斌，蔚来汽车作为当今中国新能源汽车的代表性企业，从濒临绝境到现今的760 亿美元市值，李斌的人格魅力在公司发展的各个阶段都发挥了重要的作用，多年的合作伙伴刘二海曾多次对李斌的个人魅力表示赞赏："在和时间赛跑的三年里，李斌把有可能竞争对手都变成了合作伙伴。这是相当稀缺的品质。他身上有一种能让很多掌握资本和资源的人'团结'在自己周围，形成联盟的能力。"蔚来汽车融资到 D 轮，已经有 56 个投资人。中国的科技公司里，腾讯、百度、京东、小米、联想都是蔚来汽车的股东。另外，还包括中外知名的投资机构，如红杉资本中国、TPG、兴业、高瓴资本、愉悦资本等。这一股强大的资本力量成为蔚来汽车一路狂奔的原始动力，后继加入者源源不断。数据显示，2015~2018 年，蔚来汽车共进行过 5 轮融资，公开融资总额超 22 亿美元。关于融资，李斌的个人魅力一直在业内广为流传。被李斌"游说"15 分钟，刘强东

　　① 马克斯·韦伯. 新教伦理与资本主义精神［M］. 阎克文，译. 上海：上海人民出版社，2018.

　　② 范学智，张稼人. 领导魅力学［M］. 北京：企业管理出版社，2007.

　　③ 刘惠琴，张德. 高校学科团队中魅力型领导对团队创新绩效影响的实证研究［J］. 科研管理，2007（4）：185-191.

　　④ 刘娜. 浅议行政领导的非权力性影响力［J］. 市场周刊·理论研究，2009（10）：96-97.

10 秒钟决定投资的故事众所周知。押注蔚来汽车的人有很多实际上是在押注李斌。蔚来汽车是红杉资本中国 2018 年投资的第 8 家上市企业。对于投资蔚来汽车的原因，红杉资本中国表示，其看重的是李斌的"跨界"实力："创办易车网的成功让李斌成为最懂汽车的互联网人。在汽车与互联网协同发展、共享经济席卷全球、汽车行业电动化转型的三次浪潮中，李斌与其团队都成了准确把握趋势的弄潮儿。"

在利益分配上，李斌保持着某种大度。蔚来汽车的天使轮融资中，李斌没有给自己安排作为创始人和管理人的溢价，自己跟投资人一样拿现金购买蔚来的股份，分享利益让李斌与身边的人形成了一种长期互信的循环。

此外，李斌对于全球优秀人才的吸引力同样出众，2015 年，为了招兵买马，李斌往返海内外 17 趟，见了数百人。为了吸引全世界顶级的汽车人才，他在德国、美国和英国都组建了研发中心。蔚来汽车如今团队超过 5500 人，包括 800 多名来自 40 多个不同的国家和地区的外籍员工。李斌曾表示："就是要找全世界最好的人，把车做出来。"恰恰是他这种对人的信任、重视以及他对人性积极和善良一面的信心，使得他的周围聚集了一批不一样的投资人，不一样的团队，员工和投资人对李斌人格品德和能力的喜爱也会不自觉地转移到对蔚来汽车这个品牌上。

蔚来汽车的投资人之一曾在公共平台上对李斌评论道："有担当，有勇气，负责任，不自私，通透人性，同时具有全球视野，愿意慷慨地分享，有理想的现实主义者。"由此可见，人格魅力对个人和企业的影响。

（四）超凡的想象力

在云技术覆盖到传统行业后，这些行业中的独角兽企业呈现出一大共同特质——实现了商业模式创新和技术创新的有机结合。异质型企业家精神中所包含的超凡的想象力与强大的商业敏感性完美地契合了独角兽企业的这一特征，超凡的想象力可以帮助企业在更多的细化领域中寻找新的技术突破点，甚至放眼于无人涉足的新领域，进而凭借现有的技术资源开发自身的颠覆性技术。

作为 21 世纪最具传奇色彩的企业家，埃隆·马斯克在其创办大名鼎鼎的 PayPal、特斯拉和 SpaceX 三家企业的过程中，淋漓尽致地展现出了其超凡的想象力和坚强的意志力。本书将埃隆·马斯克作为这两种异质型企业家精神的典型案例进行分析。

时至今日，人们对马斯克提出的"超级高铁""星链计划""太空航母"等天马行空的概念早已耳熟能详。其实早在 1994 年马斯克就读于宾夕法尼亚大学时，这种超凡的想象力便已初露端倪，马斯克在撰写一篇题为《太阳能的重要性》[①] 的商业计划书时，其基于材料的改进和大型太阳能发电站的建设局面，描绘了太阳能能源站的未来，绘制了一对巨大的漂浮在太空中的太阳能电池板，这对总长达 8000 米的电池板通过微波源源不断地将能量发射到地球上直径达 7000 米的接收天线上。这篇论文获得了 98 分的好成绩并受到宾大教授的推崇。

此外，马斯克在宾大期间的学术研究讨论了采用光学数据识别技术对文献和书籍进行电子扫描的方法，并进而讨论了将所有信息存入一个单一数据库的可能性，当时是 1994 年，而真正实现这一技术的"谷歌学术"和"谷歌图书馆"等数据库的问世则在 2004 年；马斯克还有一篇论文涉及他最喜欢的"超级电容器"主题，在文中他用当时最先进的研究数据证明，"超级电容器"这种新的储存方法能在保证电容器基本特征的基础上，实现超过同等重量电池数百倍的传输速度，同时还能保证同样高的充电效率。在论文的结尾，马斯克提出这些技术可以应用到汽车、飞机和火箭上，并探讨了其成本和价值。该论文成绩达到 97 分，教授在评语中赞誉道，"分析得非常透彻"，并且具有"出色的财务知识"。

"我喜欢把那些对于未来真正重要和有价值的技术，以某种方式变成现实。"在一次面对记者阿什利·万斯的采访中马斯克这样说道。

（五）坚强的意志力

异质型企业家坚强的意志力能让企业在市场竞争中经受住重重考验，直至企业目标的实现。

马斯克在创业的各个阶段都展现出了坚强的意志力。特斯拉投资人安东尼奥·格雷西亚斯曾多次对马斯克在 2008 年所面对过的困境作出评价："任何见识了他所经历的一切的人都对他怀有敬意，我从未见过比他更坚毅的人。他在 2008 年所经受的一切可能早就让其他人崩溃了，他比我认识的任何人都更刻苦，并且能承受更多压力。"最典型的是马斯克在创办 SpaceX 公司和特斯拉的过程中的表现。在卸任 PayPal 的管理者职位后，[②] 马斯克来到了洛杉矶并重拾了儿时关于火箭飞船和太空旅行的梦想，在他看来，与探索宇宙相比，互联网服务设计远远不够伟大。然而洛杉矶这座城市可以让他有机会接触太空行业。他发觉人们已经丧失了对探索太空的雄心和对未来的希望，他希望激发大众的兴趣，使他们重拾对科学、征服未知和技术创新的热情。马斯克成立了火星生命基金会，由此诞生了

---

① 阿什利·万斯. 硅谷钢铁侠：埃隆·马斯克的冒险人生［M］. 周恒星，译. 北京：中信出版集团，2016：46.

② 郎为民. 埃隆·马斯克：颠覆，岂止于特斯拉［M］. 北京：化学工业出版社，2016：364.

"火星绿洲"（Mars Oasis）这一概念，他计划向火星发射一个小型实验温室并种植植物。马斯克尝试从俄罗斯购买火箭，但因价格高昂而空手而归。随后，马斯克用了几个月时间研究了航天工业机器背后的物理原理，详细整理了火箭材料成本，弄明白了火箭的结构和制造流程，他发现只要自己制造火箭零部件而不向其他厂商购买零件就能大幅降低火箭发射成本。

2002 年 2 月，在洛杉矶郊区的一间旧仓库里，太空探索技术公司（SpaceX）成立了。SpaceX 的目标是降低太空运输的成本，成为太空行业的西南航空公司。对于渴望探索太空的年轻航天人才来说，这是第一次有机会进入一家有趣的公司设计火箭。许多喜欢冒险的顶级工程师也厌倦了 NASA 这种政府机构的缓慢节奏和官僚制度，纷纷从波音公司、轨道科学公司离职加入 SpaceX。马斯克设置了近似疯狂的时间表，一天工作 20 个小时，SpaceX 的工程师们每周工作 100 个小时以上，经受着身体和精神的双重折磨。即使在这种情况下，他们看起来依然深陷其中无法自拔。

SpaceX 的做事原则是全情投入你的工作并把事情搞定，马斯克最不能忍受的是找借口推脱或者缺乏明确的工作计划。

马斯克固执的个性和恶劣的态度让很多人受不了，很多优秀的工程师完全因为和工作不搭边的事情离职，还有一些则被直接开除。

尽管如此，更多人选择留下来，继续实现马斯克和他们自己的梦想。

从 2002 年到 2006 年，历时四年，SpaceX 造出了自己的第一枚火箭"猎鹰 1 号"，猎鹰 1 号的设定是世界上最小的实用型航天器运载火箭，能将 0.6 吨的荷载送入近地轨道，然而猎鹰 1 号的初期发展并不顺利。

2006 年 3 月 24 日第一次发射，火箭点火后在飞行 25 秒后引擎失火导致发动机关闭，火箭开始旋转，最后失控坠落。

2007 年 3 月 21 日第二次发射，火箭飞行了 3 分钟后成功分离，随后火箭开始摆动，最后失控、解体、爆炸。

连续两次的发射失败对于 SpaceX 的工程师们来说是一再的致命打击，他们中有人已经连续两年时间在加州、夏威夷和夸贾林来回往返，此时距离马斯克的最初目标已经过去了四年，最初通过出售 PayPal 积累的财富已然告罄，公司上下成员都明白剩下的资金最多只能再进行两次发射，公司的财务状况也使马斯克感到焦躁，但他从不在员工面前表现出来，并让员工不用担心资金问题，一切正常。员工回忆，马斯克总在告诉他们成功和精益的重要性，他总是很乐观，从不会说失败了就结束。失败仿佛完全没有打击马斯克对未来的展望，也从未令他质疑自己的能力。也同样是在这一年初，马斯克同样重视的特斯拉公司也面临着各种问题，预想的 Roadster 车型在试验过程中状况频出，危机集中爆发，从变速箱开始，整个变速系统被重新设计，电池组时而出现故障，电动机短路和车身喷漆困难等问题接踵而至，交付量产车使公司一度走在破产的边缘。

　　特斯拉和 SpaceX 都急需资金注入以支付员工们的薪资，但这一年金融危机已经开始爆发，世界金融市场一片狼藉，几乎所有投资都被迫暂停，而这两家公司的项目都不尽如人意，没有人知道该如何获取资金。2007～2008 年，马斯克的生活变得越发动荡不安，特斯拉 Roadster 项目几乎需要从头开始，SpaceX "猎鹰 1 号"下一次发射被提上日程。马斯克的资金被迅速榨干，致使他不得不变卖自己的跑车和其他私人财产来换取资金以避免员工受到公司财务状况的影响，当时马斯克一周 7 天全部在工作，亲自对公司的每一笔支出进行监管，并鼓励员工们好好工作，他曾对投资人格雷西亚斯说："我会将最后一分钱都花在公司上，即使我们得搬进我前任妻子父母的地下室。[①]"

　　2008 年 8 月 2 日第三次发射，此前的发动机试车成功进行，各项改进后的指标都经过换新并显示正常。火箭成功升上天空，一切似乎都十分顺利。然而在全体员工开始欢呼时，一级火箭与二级火箭在分离时相撞发生故障，火箭的头部与发动机损毁。"那就像是世界末日。成年人一般不轻易哭泣，但那天他们都开始呜咽。所有人都身心疲惫。"然而承受最大压力的马斯克迅速赶来安慰员工并安慰他们继续回到岗位工作："看，我们必须得完成它。不要害怕，一切都会好起来的。"这给了员工们信心与希望，马斯克在公众面前的回应也充满了正能量，并称 SpaceX 毫无疑问会进行第四次发射，第五次发射也已在紧锣密鼓地筹备。

　　前三次的发射失败让马斯克几乎花光了他所有累积的资产。资金短缺、员工离职，马斯克后来回忆称自己当时一度精神崩溃。他曾援引一句他最喜欢的名言：如果你正在地狱穿行，那就继续前进。

　　马斯克抵押了他所有的资产，包括公司员工全部进行了集资，终于凑齐了这一次发射的所有费用。对 SpaceX 来说，这是最后一次发射。但在发射前，更加严苛的要求和紧张的期待让工程师和员工们开始犯错，在火箭建议运输过程中，火箭表面受到运输机考量舱压影响出现了多处凹陷，燃料箱里的减震隔板也发生了断裂，还有一系列其他问题。工程师们计算后认为处理好这些问题需要三个月的时间，而马斯克的命令却是让队伍继续前往发射地，同时派出增援团队配合修理，工程师们后来回忆说当时的感觉就像所有人一起在战壕里作战，而仅仅两周后火箭就修理完成了。

　　2008 年 9 月 28 日，猎鹰 1 号迎来了第四次发射，背水一战。SpaceX 的员工

①　阿什利·万斯. 硅谷钢铁侠：埃隆·马斯克的冒险人生［M］. 周恒星，译. 北京：中信出版集团，2016：186.

在此前已经连续工作 6 周，有些已经在夸贾林岛上工作了好几年，体会了人类历史上最具有超现实主义色彩的工程活动之一。

这次发射进行了网络直播，万众瞩目下火箭正常点火、升空，一级箭体分离，二级箭体在起飞后 90 秒开始工作。员工们欣喜若狂地欢呼喝彩，陷入彻底的狂喜之中，呐喊声响彻整个网络直播室。500 多人耗费了 6 年时间，创造了人类现代科学和商业的奇迹。SpaceX 终于成功发射了自己研发生产的火箭，SpaceX 从此成了当今世界上四个能发射火箭的实体之一，另外三个为美国、俄罗斯与中国，而 SpaceX 是一家私人企业。据马斯克的兄弟金巴尔·马斯克回忆，马斯克走出控制室的时候受到了摇滚明星般的热烈欢迎。

因为这次成功，SpaceX 后来拿到了 NASA 提供的 16 亿美元合同，向国际空间站提供 12 次货运补给的服务，正式开启了商业航天之路。但在此之前，危机并没有结束，SpaceX 数次的发射失败和特斯拉的量产困难让外界对这两家公司的前景一片唱衰，当马斯克在阅览 SpaceX 和特斯拉的财务状况时发现，这两家公司只有一家有机会存活，这使马斯克陷入两难的地步，而这时是 2008 年末，美国和全球的经济环境急剧恶化，使得他本人与公司的财务状况终于见底了，而特斯拉每个月需要花费 400 万美元维持运作。

马斯克再次展现出强悍的意志力。他没有打算牺牲任何一家公司，为了支付员工的薪资，他一边跟投资人周旋一边向朋友请求帮助，特斯拉业务副总裁迪尔米德·奥康奈尔回想起当时的情形时说道："许多员工为了帮助公司维持下去出了钱，他们最终都变成了投资人，但在当时，这些就是有去无回的 25000 美元或 50000 美元。当时就像要完蛋了，一切都要毁灭了。"马斯克用自己手中所有其他公司的股份筹措了 2000 万美元，自己的账户几乎无法给员工发放第二天的薪水。皇天不负有心人，直到 2008 年 12 月 23 日，经过 NASA 内部工作人员对与马斯克有矛盾的 NASA 新老大迈克尔·格里芬软磨硬泡，最终帮助 SpaceX 成为国际空间站的供应商，并将得到 16 亿美元的预付款项。听闻这个消息时，马斯克曾一度流泪。

2009 年 7 月 14 日，猎鹰 1 号第五次发射将马来西亚的一枚地球观测成像卫星送入近地轨道，成功完成了第一次商业发射。

猎鹰 1 号的成功发射让工程师们积累了重要的经验，也为猎鹰 9 号提供了所需要的技术理念和部件。自 2010 年起，SpaceX 的所有飞行任务都使用猎鹰 9 号运载火箭以及猎鹰重型运载火箭。

"一个赤手空拳来到美国打拼、失去了一个孩子、被记者和前妻在媒体上狠狠羞辱、用尽毕生心血公司一再处于倒闭边缘的男人，依靠在危机中依旧专注工作的能力最终在其他管理者和竞争者中脱颖而出。正是这种人，才能将太空网络的奇思妙想变成现实。"记者阿什利·万斯在给马斯克撰写的个人传记中这样评价道。

（六）非常规行为

企业家与企业形象具有内在统一性，企业文化是企业家的人格化，独角兽企业尤其如此，投资人、客户与公众对于企业的性质和风格的认识往往是由企业家的品质、才华和胆识所决定的，企业家的个人言行也动态影响着企业的个性和发展。可以看到，许多被称之为天才的企业家都有一些怪异、非常规的举动，这些行为会成为企业的独特气质，有时甚至直接影响了企业的命运。例如，埃隆·马斯克的怪异作息习惯与巴菲特每天 5 罐可乐的嗜好。然而企业界最打破常规的企业家之一，当属英国维珍集团的创始人理查德·布兰森①。

维珍集团的品牌在英国家喻户晓，至少有一半要归功于创始人理查德·布兰森的特立独行。这个留着披肩金发的男人在 20 世纪 80 年代初决定创办一家航空公司时，收到了来自英国廉价航空鼻祖莱克爵士的一封信，后者向他讲述了自己为何开创跨大西洋航线却终因入不敷出而破产的原因，并对这个试图挑战相同课题的后辈提出诚挚的建议："确保你的品牌出现在报纸杂志的封面上，你要用尽一切手段推销自己，不然你无法在这个行业生存下去。"布兰森用随后三十多年人生经历中的表现证明，他深信这份忠告，并将这种推销发挥到了常人难以企及的高度。

1986 年，维珍航空的运营步履维艰，为了提高公司的知名度，布兰森突发奇想，他希望通过一些惊世骇俗的冒险行动，来引起媒体的注意，让他的公司"维珍"，成为世界闻名的品牌。于是，布兰森先后两次驾驶着一艘名叫"维珍大西洋挑战号"的摩托艇，横渡大西洋。为了横渡大西洋，他差点赔上了自己的性命。但驾驶摩托艇横渡大西洋，确实也让他一夜成名，他的公司也随之家喻户晓。1991 年，他与著名的热气球探险家林德斯坦合作，乘坐着热气球，从日本飞往美国加利福尼亚。在开始的时候，他还平安无事，可是后来，在热气球的舱体内，一度发生了严重倾斜，热气球完全失去了控制，与地面也失去了无线电联络。在这样的情况下，他仍然孤注一掷，将生命完全交给了强大的喷射气流。这一次，布兰森又成功了，如愿以偿地成为世界上最先乘坐热气球成功飞越太平洋的人。

从商业的角度来看，布兰森的历次冒险都是围绕自己的公司展开，比如执着

---

① 理查德·布兰森. 致所有疯狂的家伙：维珍创始人理查德·布兰森自传 [M]. 屈艳梅，蓝莲，译. 上海：文汇出版社，2017：439.

于大西洋的穿越是因为这也是维珍航空成立初期的主营航线，又或曾因打赌输掉而穿上空姐制服在飞机上上班一天则展示出了商业社会最为重要的诚信品质，他的这些行为让维珍品牌迅速壮大，并在多年以来都位居最权威的榜单前列。

三、结语

企业，尤其是独角兽企业，在越发激烈的市场竞争中会遇到越来越多难以预测的风险，致使企业在商业模式、管理模式和技术实力等方面不得不根据市场动态进行调整，以维持企业的长远发展。作为与企业成长、形象、文化和市场表现高度绑定的企业家，需要认清个人的能力与品质，营造和依靠独特的人格魅力，进而塑造企业的品牌形象，培养商业敏感性、坚强的意志力和超凡的想象力等异质型企业家精神，帮助企业打破技术桎梏、发掘潜在市场和解决成长困境。

参考文献

［1］李乾文．熊彼特的创新创业思想、传播及其述评［J］．科学学与科学技术管理，2005（8）：75-81.

［2］白少君，崔萌筱，耿紫珍．创新与企业家精神研究文献综述［J］．科技进步与对策，2014，31（23）：178-182.

［3］艾伯特·赫希曼．退出、呼吁与忠诚：对企业、组织和国家衰退的回应［M］．卢昌崇，译．上海：格致出版社，2015：104.

［4］格拉斯曼，木村昌人．企业家与全球社区的创建：以中日美为例［M］．赵曙明，译．南京：南京大学出版社，2014：57.

［5］威廉·鲍莫尔．企业家精神［M］．孙智君，郭熙保，等译．武汉：武汉大学出版社，2010：77.

［6］彼得·德鲁克．创新与企业家精神［M］．蔡文燕，译．北京：机械工业出版社，2018：151.

［7］马克斯·韦伯．新教伦理与资本主义精神［M］．阎克文，译．上海：上海人民出版社，2018.

［8］范学智，张稼人．领导魅力学［M］．北京：企业管理出版社，2007.

［9］刘惠琴，张德．高校学科团队中魅力型领导对团队创新绩效影响的实证研究［J］．科研管理，2007（4）：185-191.

［10］刘娜．浅议行政领导的非权力性影响力［J］．市场周刊·理论研究，2009（10）：96-97.

［11］阿什利·万斯．硅谷钢铁侠：埃隆·马斯克的冒险人生［M］．周恒

星，译. 北京：中信出版集团，2016：46-186.

　　[12] 郎为民. 埃隆·马斯克：颠覆，岂止于特斯拉 [M]. 北京：化学工业出版社，2016：364.

　　[13] 理查德·布兰森. 致所有疯狂的家伙：维珍创始人理查德·布兰森自传 [M]. 屈艳梅，蓝莲，译. 上海：文汇出版社，2017：439.

第三章

独特性或颠覆性技术

一、颠覆性技术特征

2018 年 4 月 28 日，湖北泰特机电有限公司的首台量产轮毂电机驱动桥总成在湖北荆门工厂成功下线，标志着轮毂电机已经走进中国产业化时代。泰特新一代 V1.1 轮毂电机，运用最新的轮毂驱动技术，在扭矩、续驶里程、耐用性、成本、空间和效率等方面，最大程度上彰显了轮毂电机技术具有能源效率高、总成本低的绝对优势。轮毂电机不仅使传统的动力系统受到挑战，也使中央电机受到了挑战。因为，它比中央电机简单，比中央电机节电、省电。泰特机电的轮毂电机技术就是颠覆性技术，它颠覆了未来汽车的结构。

企业如果拥有不同于对手的颠覆性技术，将会带来广阔的市场前景以及短时间难以超越的领先地位。因此，拥有颠覆性技术是独角兽企业的核心特征之一，这能使其所生产的产品拥有较宽的商业护城河，不容易被复制和模仿。正因如此，我们在遴选全球独角兽企业 500 强时，将颠覆性技术作为重要的评价标准。从全球范围来看，颠覆性技术在独角兽企业的成长路径中承担着不可替代的重要作用。

2022 年 2 月 24 日，《麻省理工科技评论》发布了《2022 年全球十大突破性技术》（见表 3-1），其中包括新冠口服药、实用型聚变反应堆、终结密码、AI蛋白质折叠、PoS 权益证明、长时电网储能电池、AI 数据生成、疟疾疫苗、除碳工厂、新冠变异追踪在内的十项技术[①]。由于这些技术所具有的强大颠覆性，因此这些技术又被列入十大颠覆性技术榜单。《麻省理工科技评论》从 2001 年开始（不包括 2002 年）进行年度十大颠覆性技术的评选。回首历年榜单，许多曾处于科技前沿的颠覆性技术已经逐步走进人们的视野和生活中。正如比尔·盖茨所说，看过这些颠覆性技术之后，你会觉得"美好的未来，值得我们为之奋斗"。

表 3-1　《麻省理工科技评论》推出的十大突破性技术（2013~2022 年）

2022 年	2021 年	2020 年	2019 年	2018 年
新冠口服药	mRNA 疫苗	防黑互联网	灵巧机器人	3D 金属打印机
实用型聚变反应堆	锂金属电池	超个性化药物	核能新浪潮	完美的网络隐私
终结密码	推荐算法	数字货币	早产预测	零碳排放天然气发电
AI 蛋白质折叠	GPT-3	抗衰老药物	肠道显微胶囊	人造胚胎
PoS 权益证明	数据信托	人工智能发现分子	定制癌症疫苗	对抗性神经网络
长时电网储能电池	超高精度定位	超级星座卫星	人造肉汉堡	普惠人工智能

① 资料来源于 2022 年《麻省理工科技评论》发布的《2022 年全球十大突破性技术》。

续表

2022 年	2021 年	2020 年	2019 年	2018 年
AI 数据生成	多技能 AI	量子优越性	捕获二氧化碳	基因预测
疟疾疫苗	远程技术	微型人工智能	可穿戴心电仪	传感城市
除碳工厂	数字接触追踪	差分隐私	无下水道卫生间	巴别鱼耳塞
新冠变异追踪	绿色氢能	气候变化归因	流利对话的 AI 助手	材料的量子飞跃

2017 年	2016 年	2015 年	2014 年	2013 年
强化学习	免疫工程	3D 虚拟现实	微型 3D 打印	超高效太阳能
360° 自拍	精确编辑植物基因	ApplePay 移动支付	基因组编辑	胎儿 DNA 测序
基因疗法 2.0	语音接口	汽车间通信	脑图谱	智能手表
太阳能热光伏电池	可回收火箭	谷歌 ProjectLoon	移动协同办公软件	大数据分析
细胞图谱	知识分享型机器人	液体活体检查	头戴式显示器	临时社交媒体
自动驾驶货车	DNA 应用商店	脑细胞团培育	超私密智能手机	记忆植入
刷脸支付	SolarCity 的超级工厂	超动力的光合作用	智能并网发电	深度学习
实用型量子计算机	便捷易用通信软件	DNA 的互联网	神经形态芯片	超级电网
治愈瘫痪	特斯拉自动驾驶仪	大规模海水淡化	农业无人机	工厂机器人
僵尸物联网	空中取电	纳米架构	敏捷机器人	3D 制造

资料来源：笔者根据《麻省理工科技评论》官网信息整理绘制。

　　据麦肯锡全球研究所预测，颠覆性技术在 2025 年以后有望每年创造 14 万亿至 33 万亿美元的收益。那么，颠覆性技术究竟是什么？为什么它有如此大的市场价值？

　　关于颠覆性技术的概念，最早由哈佛大学商业管理教授——克莱顿·克里斯滕森率先提出。颠覆性技术是基于科学技术的新原理、新组合和新应用而开辟的全新技术轨道，它导致传统产业归零或价值网络重组，并决定性地影响社会技术体系的升级跃迁。颠覆性技术往往从低端或边缘市场切入，以简单、方便、便宜为初始阶段特征，随着性能与功能的不断改进与完善，最终取代已有技术，开辟出新的市场，形成新的价值体系。颠覆性技术可以改善人们的生活质量、改变公司的商业模式，甚至调整产业结构。

　　克里斯滕森将技术划分为颠覆性技术和延续性技术。延续性技术是推进改善产品性能的技术，可以推动产品性能的改善，此类技术随着研究领域的纵向深入呈现出渐进性的特点。克里斯滕森在《创新者的窘境》中指出，所有延续性技术的共同点是：根据主要市场的主流消费者所看重的性能层面来提高成熟产品的性能。特定行业的大多数技术进步从本质上来说都具有延续性。芯片技术的进步路线就是一个很好的例子。在芯片发展的大部分时间，生产企业是在原有的工艺架构中投入研发，从而突破现有的处理能力。芯片产业近年来增长缓慢，已经进入瓶颈期。芯片的制程工艺从1995年的500nm升级为当今的5nm，每一次升级的背后都是巨大的研发成本和技术瓶颈。芯片的制作工艺由制程决定，前期一直遵循着摩尔定律，几十年间不断向着技术极限推进。未来的CPU很可能要靠量子计算机的颠覆性技术来寻求改变。也就是说，延续性技术存在技术进步递减的边际效应，当递减到一定程度的时候，便需要一种新的技术来打破传统技术瓶颈，而这就是颠覆性技术。

颠覆性技术通常具有三个明显特征：不确定性、前瞻性、超越性。不确定性是指颠覆性技术从发现到成熟应用需要一个长期的培育过程，在此期间颠覆性技术还会受到科学技术发展、资源投入强度、国家战略调整、军事战略格局等影响，其能否成功应用、能否适应未来发展需要，都是无法确定的；前瞻性是指颠覆性技术往往是国家大力发展的战略性新兴技术领域，中国和欧美等主要国家均为发展颠覆性技术提出了诸多政策，此类技术引领时代发展的方向，属于科技创新中最前沿的领域；超越性是指颠覆性技术从根本上突破了原有传统技术的发展壁垒，诞生了新的创新模式，能够让资源少的小公司实现快速超车，从而挑战资源较多的大公司，具有明显的后发优势。颠覆性技术主张的是创新式思维，打破固有的技术发展模式，不但能超越竞争对手，同时也超越人们的常识和预期，完成技术领域的逆袭。

二、基础科学研究

发展颠覆性技术要重视其背后的基础科学研究。颠覆性技术可以改变市场结构，但社会发展更加需要"形而上"的基础科学的大踏步发展。所谓基础学科，是指研究社会基本发展规律，提供人类生存与发展基本知识的学科，它们是颠覆性技术的培养皿。

一般来说，基础科学研究的任务并没有既定的颠覆性的创新方向，但研究进程中往往存在着意外效应，基础研究的过程经常会萌发颠覆性技术。例如，欧洲核子研究中心大科学工程需求催生了万维网；此外，颠覆性技术经常诞生于基础学科的交叉融合发展过程中，横向的学科融合是颠覆性技术的重要来源之一（见图3-1）。因此，对基础科学进行前瞻式布局有助于培育出颠覆性技术。

改革开放以来，中国逐渐加大针对基础科学研究领域的研发投入力度。根据中国国家统计局公开资料显示，中国近些年的基础科学研究投入占比稳步增长，已由2013年的12%增长至2020年的17%（见表3-2）。

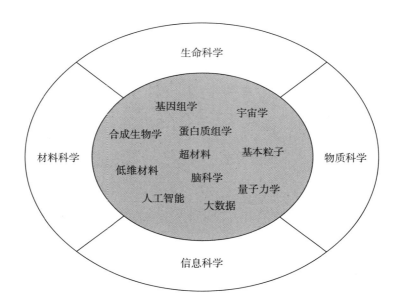

图 3-1　颠覆性技术的培养皿：交叉融合的基础科学

资料来源：国家统计局《科技进步日新月异创新驱动成效突出——改革开放 40 年经济社会发展成就系列报告之十五》。

表 3-2　2013~2020 年中国基础研究经费支出情况

年份	2013	2014	2015	2016	2017	2018	2019	2020
基础研究经费支出（亿元）	222	259	295	337	384	423	510	574
发展经费支出总额（亿元）	1781	1926	2136	2260	2436	2692	3081	3409
基础研究经费支出占比（%）	12	13	14	15	16	16	17	17

资料来源：国家统计局。

现如今，世界各国通过实施一系列措施支持基础科学研究，进而促进颠覆性技术的发展。美国于 1958 年成立了国防高级研究计划局（DARPA），下设颠覆性技术办公室、未来颠覆性技术预测委员会等诸多与颠覆性技术发展相关的官方机构；日本于 2013 年提出了"ImPACT"计划（颠覆性技术创新计划），将颠覆性技术纳入未来发展战略；欧洲则设有颠覆性创新执行局，并提出了"地平线2020"计划，预计投资 244 亿欧元到基础科学领域，其目标是全力提升对基础科学研究的支持力，希望通过对基础领域的持续研发投入带动颠覆性技术的发展，从而通过一系列的颠覆性技术保持欧洲技术的领先优势和核心竞争力；中国于2018 年提出"以关键共性技术、前沿引领技术、现代工程技术、颠覆性技术创

新为突破口",明确将颠覆性技术创新正式纳入国家宏观战略并将其作为实现创新驱动、建设世界科技强国的重要手段。

　　基础科学研究和颠覆性技术领域研究是相辅相成、缺一不可的。一方面,基础科学研究的进步有助于颠覆性技术的诞生;另一方面,颠覆性技术的发展也可以带动基础科学的发展,实现由点到面的全面突破。因此,提升国家综合科技水平需要同时从基础科学和颠覆性技术科学两处发力。全球科技强国无一例外都是基础科学研究强国,纵观全球主要国家的研发投入水平,可以看到各国对整体科研与基础科研的投入均呈现出逐年上升的趋势。

　　学科交叉融合的趋势体现出人类社会的发展需求,而非单一的传统学科逻辑。研究表明,由20世纪初发展至今,诺贝尔自然科学奖中学科交叉融合获奖的比例从36%上升至47%,这种趋势已成为现代科技发展的重大特征。根据诺贝尔奖得主的跨学科背景和获奖项目,我们不难发现,学科之间的交叉式融合已成为发展颠覆性技术的重要因素。

三、跨越"死亡之谷"

　　颠覆性技术的发展需要经历四个阶段:萌芽期、成长期、成熟期、衰退期(见图3-2)。颠覆性技术需要进行持续且大量的研发投入,需要投入大量的人力、物力进行关于颠覆性技术的创新。如果技术研发失败,将可能面临"颗粒无收"的情况,因此在整个颠覆性技术的发展阶段都存在巨大的不确定性,然而一旦研发成功,将带给企业高额利润。也就是说,在颠覆性技术将不确定性发展到确定性的过程中,需要面对潜在的巨大风险。因此,可以将这个过程形象地称之为"死亡之谷",此概念由美国议员兼任科学与技术委员会成员沃恩·埃勒斯率先提出,是指技术到产品之间的鸿沟。

图 3-2　颠覆性技术发展的四个阶段

资料来源:李新宁.战略性新兴产业技术创新治理:"死亡之谷"的视角[J].西安财经学院学报,2019(6):58-65.

　　放眼全球战略性新兴产业,普遍存在经历"死亡之谷"的阶段,通常来说,需要研发主体通过自主核心技术设计才可能跨越。颠覆性技术背后的战略新兴产业，投资失败率维持在 60%~80% 的水平。国内外学者对失败因素进行了广泛研究，包括要素瓶颈论、发展模式固化论、产业培育机制不匹配、外部阻力等。颠覆性技术的发展路径本质上是一个针对新技术的探索过程，国内学者许泽浩等根据 SNM 五步骤理论来归纳颠覆性技术的五阶段成长过程：技术选择、市场选择、市场建立、市场扩大、范式形成（见图 3-3）。

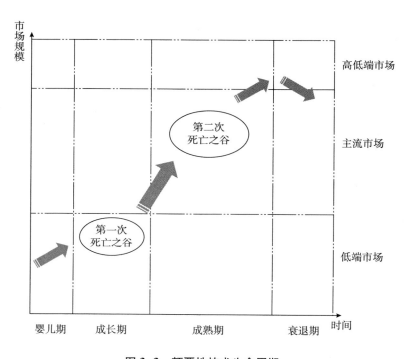

图 3-3　颠覆性技术生命周期

资料来源：李新宁 . 战略性新兴产业技术创新治理："死亡之谷"的视角［J］. 西安财经学院学报，2019（6）：58-65.

婴儿期：在市场需求和创新驱动下，企业对颠覆性技术进行持续探索。在这一阶段，一些不同于传统创新路径的新型技术，在性能方面可能不及原有技术，但具有简单、低价、方便的特点，这一类技术属于有潜力的颠覆性技术。因此，这一阶段为技术的选择阶段，同时属于颠覆性技术的筛选阶段。

成长期：随着颠覆性技术创新方向逐渐清晰，此阶段已成功进入由技术演变为产品的生命周期。处于此阶段的颠覆性技术存在着危机，此时是第一次"死亡之谷"容易出现的时机。一些技术没有完成市场需求下的自主升级，最终夭折在激烈的竞争格局中。由于一些技术符合市场定位，自身不断进行试错和改进，在企业和市场的双向驱动下成功晋级到下一阶段，因此，这一阶段被称为颠覆性技术的形成阶段。

成熟期：在这一阶段，原有技术路径下的产品仍占有主要市场地位。颠覆性技术在此阶段将面临出现第二次"死亡之谷"的危机。决定颠覆性技术能否成功跨越危机的因素包括：自身技术成熟度、市场契合度、竞争格局等。随着技术的核心竞争力不断提高，消费者的技术共识逐渐加深，颠覆性技术将对原技术体制产生变革，最终形成成熟的社会技术体制，从而推动社会经济向前发展。

衰退期：颠覆性技术在逐步扩大市场规模的同时，会使竞争格局变得更为激烈，因此会存在其他潜在技术突破或抢占市场份额的可能性。随着性能的不断提高，颠覆性技术势必会遇到发展瓶颈，此时市场需求逐步收缩。新技术在这一阶段会走向一个持续性的衰退期，属于技术发展的自然周期。

四、合作模式：集合多方优势攻克技术难题

（一）案例：Databricks

Databricks 是一家总部坐落于美国旧金山的大数据与人工智能公司，由美国伯克利大学 AMP 实验室的 Spark 大数据处理系统的 7 位创始人于 2013 年联合创设。Databricks 通过开放统一的平台，帮助其客户在业务、数据科学和数据工程领域进行统一分析，以便数据团队可以更加快捷高效地进行协作和创新。目前 Databricks 主要提供四种产品：第一，Delta Lake 是开源的数据湖产品；第二，ML flow 是帮助数据团队使用机器学习的开源框架；第三，Koalas 是为 Spark 和 Pandas 创建的单一的机器框架，能够起到简化使用这两种工具的作用；第四，Spark 是开源分析引擎，也是 Databricks 的核心产品。全球超过五千家企业、组织将 Databricks 作为统一的平台，用于大数据工程、协作数据科学、全生命周期的机器学习和业务分析等方面。该公司核心产品 Apache Spark 是当前在大数据处理方面最流行的模型之一。与其他大数据平台相比，Spark 的优势体现在速度快、操作便捷、多样化应用、运行环境多元化等方面。

1. 与数百家合作伙伴分享技术平台

Databricks 与 400 多家企业构建了合作伙伴关系，分为技术合作伙伴、咨询和系统集成商合作伙伴，共同开发分析平台、共享信息资源、共享市场机遇。其中，技术合作伙伴是指合作的企业提供由 Databricks 平台提供支持的数据驱动解决方案，如阿里巴巴云、Microsoft Azure、RStudio、AWS、Infoworks 等。成为 Databricks 的技术合作伙伴，可以将本公司的产品与领先的 Unified Analytics Platform 集成，与

Databricks 共同开发和宣传 GTM 消息传递，并且通过联合营销计划创造新的销售机会，扩大市场。

2. 与微软强强联手

在与 Databricks 合作的众多企业中，不得不提的就是微软了。微软是 Databricks 的技术合作伙伴，为 Databricks 提供商业平台，共同开发了 Azure Databricks。不仅如此，微软还成了 Databricks 的投资人。在商业合作方面，Databricks 和微软可以说进行了非常深度的战略协同，两者合作开发出了名为 Azure Databricks 的数据分析平台，大大简化了面向许多微软客户的大数据分析和人工智能解决方案。

可以说，2017 年与微软的合作，对 Databricks 的发展起到了显著的推动作用。2019 年，微软继续深化与 Databricks 的合作，加入了 MLflow 项目。Databricks 有专业知识，而微软有平台，两者互帮互助。这不仅帮助 Databricks 拓展了市场，提高了知名度，还能够帮助 Azure 的未来发展发掘一种新的形式。可以看出，Databricks 依靠自身所拥有的独创性技术，在与微软的合作中获得了认可，也因此给自身赢得了更多与微软合作的机会，以及受到微软投资的可能性。

3. 积极与中国企业构建合作关系

Databricks 也很重视中国市场的扩展，通过提供平台技术、合作开发项目等方式与中国企业进行合作，同时还赞助举办中国 Spark 技术峰会等学术交流会议，促进中国大数据与人工智能行业的发展。Databricks 在中国拥有众多客户资源，包括淘宝、腾讯、优酷、大众点评、百度、华为等知名公司。Alibaba Cloud 目前是 Databricks 的技术合作伙伴，两家公司共同开发了 Databricks 数据洞察。阿里云与 Databricks 的合作不仅为 Databricks 拓展了中国市场，也对中国大数据平台的发展起到了推动作用。Databricks 并不满足于商业联系，还积极参加国内与大数据相关的各种会议、研讨会，创造与国内外同行相互交流、学习的机会。Databricks 公司联合创始人辛湜一直积极参加中国大数据技术大会。

扩大海外市场是企业重要的经营战略，Databricks 显然是发现了中国这个庞大的市场，通过多种渠道与中国的企业、机构进行合作，扩大自身的影响力与知名度。

（二）案例：腾盛博药

腾盛博药成立于 2017 年，公司致力于解决重大传染疾病或公共卫生疾病难题，如乙肝（HBV）、免疫缺陷病毒（HIV）等研究创新疗法。自成立以来，公司就建立起一条针对感染性疾病及中枢神经系统疾病，由十多个创新候选产品组成的研发管线。在中和抗体领域，腾盛博药几乎与世界医药巨头处于同一起跑线。公司将突破性创新作为公司战略发展的核心，致力于寻求针对目前治疗手段不足或无法治疗的全球最常见疾病的有效解决方案，力求通过运用超常大胆的构想来重新定义治疗领域，对科学与健康做出重大而独特的贡献，使创新药物的价格更加经济实惠，帮助中国患者更早获得创新药物治疗。该公司于 2021 年 7 月登陆港交所完成上市。

1. 集中优势攻克传染病难题

公司在专注于满足中国患者需求的同时，也在努力开展跨国合作，将自主研发的优势与合作伙伴的专业和特长进行融合，共同致力于改善全球患者的健康状况。腾盛博药在全球寻求创新，将一流的合作伙伴们聚集到一起，分享公司为患者提供世界级药物的愿景。腾盛博药建立的伙伴关系是将每个组织机构的优势和能力结合起来，迅速将那些有实用价值的科学转化为新型药物。公司的企业合作伙伴包括药明康德、药明生物、AN2 生物制药公司、Qpex 生物制药公司、VBI 生物制药公司、Vir 生物技术公司；公司的学术合作伙伴包括清华大学医学院及工业开发研究院、哥伦比亚大学、深圳市第三人民医院。

2. 三方联动研发新冠治疗药物

随着 COVID-19 疫情席卷全球，越来越多的医药企业开始进行治疗领域的研发工作。腾盛博药作为致力于解决重大公共卫生疾病解决方案的医药企业，也是研发大军中的一员。

2020 年 3 月 31 日，腾盛博药宣布与清华大学、深圳市第三人民医院达成合作，共同推进针对新冠病毒的全人源单克隆中和抗体的研究、转化、生产和商业化。深圳市第三人民医院是南方地区传染病种类最全、规模最大的传染病综合医院，长期致力于重大传染病的临床诊疗和研究工作。清华大学的张林琦教授及其团队，在疫情最初暴发时便开始着手研究，并拥有充足的基于先前 SARS 和 MERS 冠状病毒的研究成果和知识积累。张林琦是国际传染病领域的权威专家，同时担任多项重要职称，包括清华大学医学院副院长、清华大学艾滋病综合研究中心主任、全球健康与传染病研究中心主任、非洲科学院院士、北京协和医学院兼职教授等。2021 年 12 月 15 日，张林琦教授入选中国科技系统抗击新冠肺炎疫情的先进个人拟表彰名单。

2021 年 12 月，在腾盛博药、张林琦团队以及深圳市第三人民医院的三方合作下，作为中国首个新型冠状病毒肺炎（COVID-19）治疗药物——单克隆中和抗体安巴韦单抗/罗米司韦单抗，获得了中国国家药品监督管理局的上市批准，用于治疗轻型和普通型且伴有进展为重型（包括住院或死亡）高风险因素的成人和青少年（12~17 岁，体重≥40kg）新型冠状病毒感染（COVID-19）患者。根据药物的三期研究结果，在疾病进展高风险的新冠门诊患者中，住院和死亡风险降低 80%，具有较好的安全性。同时研究表明，该药物治疗对奥密克戎仍保持中和活性，可大幅增强其在患者体内的抗体水平。2022 年 3 月，该药物被纳入《新型冠状病毒肺炎诊疗方案（试行第九版）》，用于抗新冠病毒治疗。

（三）点评

Databricks 与微软的合作模式对自身的发展起到了显著的推动作用，同时该公司和包括中国企业在内的数百家合作伙伴共享技术平台，坚持不懈地在关键技术领域攻坚克难，主动寻求与其他相关企业的合作机会，不断扩大市场范围，最终帮助 Databricks 逐步走向成功；腾盛博药与清华大学、深圳市第三人民医院进行三方合作，共同推进针对新冠病毒的药物研发工作，成功推出中国首个新型冠状病毒肺炎的治疗药物——单克隆中和抗体安巴韦单抗/罗米司韦单抗。Databricks 与腾盛博药利用自己的专业知识和平台，结合外部合作伙伴的资源优势，将颠覆性创新应用至商业领域，最终获得了成功。

集合多方优势进行颠覆性技术研发的合作模式，帮助企业提高了生存能力，极大地增加了颠覆性技术诞生的可能性。在当前全球经济一体化的大趋势下，商业竞争越发激烈。但不意味着企业之间要进行奋战厮杀，学会合作才能在竞争格局中生存下来。竞争和合作不是硬币的两面，更不是企业需要选择的两个极端方式。在商业战争中，企业只有学会在合作中成长，在竞争中发展，才能立于不败之地。随着现今社会中合作共赢的潮流奔腾向前，"1+1>2"的观念已经成为独角兽企业的共识，合作模式为独角兽企业在经营道路上起到了保驾护航的重要作用。

五、需求模式：市场驱动下的技术创新

（一）案例：蜂巢能源

蜂巢能源成立于 2018 年，总部位于江苏常州。蜂巢能源起源于长城汽车，是一家专业研发制造汽车动力电池、储能系统的新能源高科技公司。截至 2021 年底，公司共拥有专利数量 3500 余项、发明数量 1200 余项以及境外专利 70 余项[①]。此外，蜂巢能源在全球共有 11 个生产基地，真正做到了保证产品高品质和高产能的两大市场需求。

1. 产能大幅度提高，满足市场需求

中国已有海量企业布局动力电池行业，但目前优质有效的产品缺口仍然十分

---

① 资料来源于蜂巢能源官网。

巨大，提高产能已经成为全球领先动力电池企业的当务之急①。蜂巢能源在 2021 年正式对外发布"领蜂 600 战略"，计划于 2025 年将产能规模提升至 600GWh，同时在产品方面推出"短刀电池"，未来将大力推行电动全域短刀化。匀浆、涂布、辊压、模切、叠片、装配六大工序是短刀电池生产过程中的主要环节，每一个环节的表现都直接决定最终产品的安全和性能发挥。蜂巢能源通过在六大工序上的针对性创新，率先完成了大规模量产方案。在匀浆环节上，公司采用了行业领先的大容量搅拌设备；在涂布环节上，公司采用了超宽幅涂布机；在辊压环节上，公司通过简化工艺实现了更高效率；在模切环节上，公司没有选择业内主流的五金模切，而是选择了效率得到提升的激光模切方式；在叠片环节上，行业内一直存在有关生产速度的技术难题，而蜂巢能源一直引领高速叠片工艺，目前采用的双工位叠片效率高达 0.4s/片，已经达到业内领先水平，同时，已研发完成的下一代超高速刀片式电芯极组成型设备，叠片效率可以做到 0.125s/片，一举超越卷绕极组成型设备效率，引领全球短刀片电芯的生产效率；装配环节上，蜂巢能源在行业内率先导入使用了磁悬浮物流线，相比于传统皮带物流线，磁悬浮物流线传输效率更高，可以达到皮带物流线的 10 倍。

2. 高品质制造满足需求端的性能要求

目前动力电池的市场需求表现在两个方面：一方面是要快速提高产能；另一方面是要通过智能制造升级，保证产品的高品质和高效率性能。此外，杨红新认为，电芯结构的长薄化是动力电池演化的行业共识，也是蜂巢能源在成立一开始就重点发力的方向之一。"市场其实并不缺动力电池产能，但缺的是车规级高品质动力电池产能。"蜂巢能源董事长兼总裁杨红新表示。蜂巢能源所推出的短刀电池系列产品兼容性较强，适应不同场景和平台：在应用端方面，可满足高成组率、低成本、高安全的需求；对于电池企业自身，短刀电池在良率控制和规模化量产上具备明显优势，同时短刀电池可规避大规模建厂的投资风险。动力电池在步入大规模产能生产期间，要在保证高品质的同时提升生产工序的效率，成为所有生产企业需要面对的共同挑战。为此，蜂巢能源通过工序优化和工艺创新，既实现了高品质的管控，也大幅提升了生产效率。

（二）案例：Automation Anywhere

Automation Anywhere 是一家提供机器人流程自动化服务的公司，创立于 2003 年，总部位于美国加利福尼亚。公司最初名为 Tethys Solutions，2010 年更名为

---

① 高工锂电 . 蜂巢能源全域短刀化"快进"　探访短刀电池智造秘籍［EB/OL］. ［2022-03-01］. https：//li. icm. cn/newsDetail/1498462029428584450. htm.

Automation Anywhere。正如这家公司的名字中的"Automation"所给人带来的感觉一样，其愿景正是"使用机器人解放人力劳动、提高生产力"。在公司的业务场景下，Automation Anywhere 的 RPA 技术能够解放员工的劳动力，减少重复、烦琐、低附加值的工作，让其专注于更有价值、更具创造力的工作。Automation Anywhere 是 RPA 领域全球领导者，其充分利用自身首创的机器人流程自动化、人工智能（AI）和嵌入式分析三合一技术，在云端的基础上提供智能数字化劳动力平台，帮助传统企业在数字化道路上找到新的业务增长点。Automation Anywhere 已经在全世界超过 90 个国家和地区提供了 180 万台能够提供流程自动化的机器人，覆盖金融服务业、健康医疗业、信息通信业、公共事业等关键领域头部企业。

Automation Anywhere 只花费了十八年就已经成长为全球 RPA 业务领导者，背后存在必然性，其中一个重要原因就是这家公司准确地把握住了时代的脉搏。

1. 把握时代人口红利，解决劳动需求难题

当前，全球市场的人口红利衰竭，尤其是 Automation Anywhere 的总部美国，劳动力成本更高，员工对重复类工作更为排斥。以中国为例，2010 年左右"跨越"了刘易斯拐点之后，劳动力人口结构产生了巨大的变化，人口红利逐渐消退，15~64 岁劳动力就业人口占比逐年下降。从数字来看，2010 年占比 73.3%，达到峰值，之后一直下降，2019 年降到了 70.7%。在劳动力就业人口占比逐年下降的同时，城镇单位就业人员平均工资逐年上涨，投资回报率不断下降。因此，随着公司劳动力成本的上涨速度开始超过劳动生产率，劳动力成本上升对公司竞争力的影响越来越明显。这时，企业的重心开始从整合外部资源要素转向挖掘内部管理，积极寻找提高内部管理效率的工具，期望提高劳动生产率。RPA 作为连接系统与数据的接口，将扮演重要的角色。

2. 把握时代脉搏，充当智能时代先锋

RPA 的快速发展与当前人工智能技术的成熟和落地息息相关。人工智能经历了三次低谷、三次浪潮，其理论和技术得到了快速发展，尤其是在语音识别、文本识别、视频识别等感知领域取得了突破性进展。这些技术的深度融合，使 RPA 突破了传统机器人流程自动化的天花板，极大地丰富和扩展了 RPA 能够完成的任务，同时也使用户的工作方式更加高效。

因此，在技术和需求的两个时代背景下，Automation Anywhere 致力于提供完善成熟的机器人流程自动化平台，不断拓展生态、补齐短板，升级平台。例如，其在 2019 年推出了新一代 RPA 平台 Enterprise A2019，这款基于云原生开发的产品打破了时空的限制。使用此平台，RPA 产品的交付和运维均可在云端完成：部署周期短，可根据需要进行扩容，还能够在不改变现有业务流程的情况下迅速

部署，在不改变任何基础业务系统的情况下灵活应用。因此，产品易用性明显提升。

AI 技术赋能的 Automation Anywhere 提供多种产品：Discovery Bot 能够用 AI 驱动流程，从而发现提升自动化周期速度；IQBot 能够进行智能文档处理，帮助企业加快部署；Bot Insight 平台主打运营和商业智能分析自动化。

此外，Automation Anywhere 具有强大的融合能力。Automation Anywhere 的 RPA 应用商店 BotStore 是企业级的智能自动化应用市场，开发人员、用户在 BotStore 中都能找到相应的解决方案和应用程序；微软、谷歌、甲骨文和 IBM 等合作伙伴也加入了 BotStore，不仅增添了流量，还贡献了大量的业务场景。BotStore 目前提供近 600 个能够流程自动化的机器人，每个用户都可以进行下载，帮助他们将日常任务自动化。据悉，BotStore 的应用商店推出仅仅 20 个月，BotStore 的机器人下载数量就超过了 10 万次。

3. 疫情时代体现技术优势

在新冠疫情期间，Automation Anywhere 的产品优势表现得更加淋漓尽致。Automation Anywhere 推出的一款新 AI 机器人，它可以帮助航空公司和酒店加快处理 COVID-19 造成的空前数量的客户订单取消。其可以自动从存档的客户电子邮件中提取机票信息，打开预订和退票应用程序，验证乘客预订记录（PNR）、客户旅程、航空公司积分奖励、优惠券状态和佣金，处理申请并发放电子凭证，大大节省了人力成本。例如，一家大型航空公司使用 RPA 平台简化并加快了航班取消的工作流程，将工作流程的处理时间从几十分钟缩短到 5 分钟以内。与此同时，RPA 机器人还可以帮助远程上班族在家中访问联网设施，在酒店场景下，这提高了酒店客服协作交流的效率，使酒店客户的等待时间大大减少。

RPA 和 AI 的结合只是 Automation Anywhere 技术层面的底蕴。Automation Anywhere 用全局性、平台化、智能化的眼光看待 RPA 产品的布局，明确提出"大规模机器人流程自动化+人工智能"的部署需要统一的系统管理。Automation Anywhere 采取"中央管控+联邦应用"模式支持机器人规模化应用，具体的措施包括机器人生命周期管理、机器人执行管理、日志和监控、更新和扩展等，其还独创性地提出了运营管理体系的 6 大模块：机器人流程探索、机器人工厂、机器人运营中心、机器人治理、机器人商店及机器人教育。这 6 大组成部分的协同构建了管控机器人流程自动化平台的生态，实现了机器与人和谐相处的工作模式。只有生态上的支撑，加上企业级的安全可靠性保障，才能实现良性的数字化劳动力规模化运作。

随着 RPA 厂商数量不断增多，Automation Anywhere 开始从技术、产品、服务、生态四个维度延伸能力圈。Automation Anywhere 的护城河来源于两个方面：

一是经年的技术沉淀和项目经验积累，能够满足用户对基本模块的需求和扩展；二是不断迭代提升产品的稳定性、灵活性、兼容能力，进而打造高度集成的 RPA 平台，能够针对企业的实际情况，定制业务场景解决方案。

（三）点评

蜂巢能源的动力电池以高品质和高产能的两大需求点切入市场，有效缓解了国内外的产品缺口，同时将"提升产能满足市场需求"作为公司主要战略，提出"领蜂 600 战略"，大力推行电动全域短刀化。在海量企业布局的新能源行业，蜂巢能源依靠自身工艺所拥有的颠覆性技术，率先占得一席之地；Automation Anywhere 的愿景是"使用机器人解放人力劳动、提高生产力"，让机器人流程自动化服务应用到各行各业。在传统企业进行数字化转型的浪潮之中，Automation Anywhere 看到了时代进步的风向标，准确地把握住了时代的脉搏，利用自身首创的机器人流程自动化、人工智能（AI）和嵌入式分析三合一技术，帮助传统企业在数字化道路上寻求新的业务增长点，也帮助自己成为全球 RPA 业务领导者。

颠覆性技术以市场需求为中心，不断创造出便利人类生活方式的各类产品，极大地改变了现代社会的面貌。同时，企业依靠颠覆性技术为自己带来了持续化经营的核心业务。谋生先谋势，发展颠覆性技术要与时俱进，符合不断变化的市场需求，只有这样才能找到前进的正确方向。市场需求驱动下的技术创新不仅能满足消费者偏好，还能保证技术研发方向的正确性。

六、专注模式：深耕核心技术优势

（一）案例：GM Cruise

GM Cruise 的前身叫作"Cruise Automation"，是一家专注汽车无人驾驶领域研发的公司，公司总部位于美国加利福尼亚州旧金山市。2016 年 3 月，通用汽车（General Motors）出资 10 亿美元将其收入囊中，并整合通用的汽车制造能力和 Cruise Automation 在无人驾驶领域的技术能力，成立了全新的 GM Cruise。现在的 GM Cruise 既包括其前身 Cruise Automation，也包括 Strobe，前者负责通用汽车无人驾驶汽车开发，后者负责无人驾驶传感器开发。自从 2016 年初通用汽车以 10 亿美元收购 Cruise 以来，通用汽车就开始加速布局未来汽车的交通发展，因此通用对 Cruise 的发展寄予厚望，希望它能成为通用汽车未来发展的新引擎。

1. 早期布局无人驾驶技术

伴随着传统汽车制造行业陷入发展瓶颈，作为该行业龙头的通用汽车从 2007

年起就开始布局未来的汽车发展。在 2016 年 1 月底，通用汽车正式组建了自己的无人驾驶研发团队，以期改变通用汽车不断下滑的趋势，在未来的无人驾驶中占得先机。当通用汽车和 Cruise 开始接触时，通用汽车与 Cruise 还停留在洽谈投资的阶段，但是后来只用了 6 个星期的时间，通用汽车已经和 Cruise 签订完成了收购协议，可谓是一拍即合。2016 年 3 月，通用汽车发布收购消息时，时任通用汽车总裁 Dan Ammann 在接受采访时表示，之所以收购 Cruise，是因为看重了它们在"解决全无人驾驶所面临问题"上表现出来的能力。Cruise 在无人驾驶领域具有独到的核心技术。这也是其被通用汽车选中的原因。

2. 专注成就技术优势

在硬件方面，Cruise 利用尖端技术设计并开发定制硬件，从而为产品提供可靠的服务，如传感器（摄像机、雷达、声学、激光雷达）、计算和网络系统、远程信息处理和信息娱乐。得益于通用汽车深厚的科技资源和合作伙伴，Cruise 的硬件工程师拥有得天独厚的优势，可以大规模地设计复杂的 AV 系统，以期重塑市场。在人工智能方面，Cruise 的测试车辆每天从传感器收集大量数据，这些数据为产品更新提供了精确指导，能够让车辆高精度地检测物体，并准确地预测其他道路用户的行为。这使 Cruise 的无人驾驶汽车在旧金山安全行驶，并从每一次测试中不断自我学习。在嵌入式系统方面，Cruise 的嵌入式系统团队编写并测试了在无人驾驶汽车上运行的第一道软件。团队的工作范围很广泛，从硬件接口到将大量收集到的数据放进软件数据库，通过这些工作，Cruise 将汽车与现实连接起来，在关注质量和安全的同时，不断磨合汽车传感器、执行器与高度复杂的无人驾驶软件之间的配合程度。在机器人方面，机器人团队融合了人工智能和突破性的机器人算法，使产品能够进行批判性思考，并在几毫秒内完成行动，凭借 Cruise 的工具、基础设施、数据和人才，机器人团队能够充分探索不同的解决方案，确保测试车辆在旧金山遇到不可预测和不断变化的情况下，依然能够安全舒适地行驶。在算法方面，随着 Cruise 的无人驾驶汽车在旧金山的复杂路况环境中不断地学习，团队基于算法重新创造了模拟情景，在模拟场景中 Cruise 的无人驾驶汽车每天可以"跑"相当于数百万英里的路程。Cruise 高度现实的环境使工程师团队能够更快地迭代和开发新功能，而无须上路。在未来，Cruise 将继续专注于研究自动化并构建可大规模扩展的系统。在基础设施方面，Cruise 为了加速无人驾驶技术的推出，基础设施团队不断提高可靠性、可伸缩性和开发人员的生产力。从云平台、开发工具到高度可扩展的模拟基础设施和生产网络主干，Cruise 在不断进步。另外，Cruise 构建并运营云上原生基础设施，以支持公司产品及其背后的工程师团队。

在掌握核心技术的同时，Cruise 将产品测试路段主要设置在旧金山市。因为旧金山的路况十分复杂，测试车辆会有更多机会与行人、各种机动车和非机动车互动。根据以往的数据来看，旧金山每平方英里平均居住的人数是凤凰城的 5 倍，达到了 17246 人，Cruise 的测试车辆在旧金山遭遇应急服务车辆的频率是凤凰城的 47 倍，遇到其他复杂情况的频率相对也大大提高，比如遇到建筑工地的频率是郊区的 39 倍，自行车高 16 倍，行人高 32 倍。Cruise 创始人 Kyle Vogt 表示，在旧金山每一分钟的测试比在郊区跑一个小时要更加有价值。经过这样的锤炼，Cruise 的测试车辆越来越强大。从披露出来的数据可知，Cruise 测试车在旧金山已经能自如应对 6 向交叉路口，甚至繁忙的唐人街对测试车来说也不在话下。

（二）案例：英飞源

深圳英飞源技术有限公司（以下简称英飞源）成立于 2014 年，是一家专业从事电能变换的高科技公司，以电力电子技术为核心，专注于数字控制的交流和直流的电能变换，产品主要包括电动汽车放电板块、智能直流电源、充电系统解决方案、储能系统解决方案。经过 7 年的发展，公司产品占有率位居市场前列，一跃成为充电技术的领导企业。英飞源以恒功率、宽电压范围、内置放电等创新引领行业发展，并以深厚的国际经验走向全球市场。在国内，大部分充电桩企业都向英飞源采购充电模块，深圳的科陆电子、奥特迅、长园深瑞、水木华程、科士达等知名企业都是英飞源的重要客户，英飞源也是我国充电桩核心部件和电动汽车充电模块的最大供应商。2020 年，英飞源入选"国家工信部专精特新小巨人企业"。2021 年，英飞源获得工信部第一批"重点小巨人"等多项荣誉称号。

1. 早期专注核心业务发展

英飞源是最早提供电动汽车充电模块的厂商之一，2010 年前后便着手电动汽车充电模块的开发。2015 年，数十位来自全球知名电源公司、世界 500 强企业的资深技术人才加盟英飞源，引起业界震动。英飞源此前也曾做过电信电源设备，所以多年前便把这个领域当中成熟的技术、经验积累和沉淀转移过来，在充电的领域发挥作用。英飞源早在 2011 年便开发出了 15kW 的基于谐振技术的充电模块。谐振技术是直流电源流行的变换技术，并在通信基站电源、数据中心电源中大量应用。但充电桩与其他电动汽车设备不同，原有的技术不适用于这一领域。英飞源希望聚焦在充电当中的核心部件，来解决行业上的痛点。

在充电电压问题上，英飞源转向改进移相全桥拓扑电路，试图做大功率电源。其研发的充电模块有着非常显著的优点：第一，输出在全电压范围内都可以最大电流输出；第二，在低压和高压区工作时一样稳定，没有不稳定区。英飞源研发的产品电压范围是 50~750V，充电模块在电压范围内都可以稳定工作，这意味着英飞源充电模块可以满足低速车、乘用车、物流车、小巴、中巴、大巴所有车型的充电，这也是其与业内产品最大的不同点。另外，在低压 350V 以下，其输出功率比大多数的产品充电快 25%。与此同时，大功率超级充电时代的到来，对充电模块容量升级及其可靠性提出了更高要求。为此，英飞源在业界首先推出基于 SIC 器件的高可靠性充电模块，输出电压范围为 150~1000V。

在电荷释放问题上，业界大多数的做法都是增加放电电路来避免系统母线上电容过高的残压引发的危险。但是，因此做法而导致放电的直流继电器频繁动作会因电路失效而引发恶性事故。英飞源则另辟蹊径，提出从根本上解决残压释放问题，将放电回路内置在充电模块内部，采用电子开关替代机械式的继电器来控制放电，并且采用智能控制，极大地提高了动作的可靠性，确保放电可靠实施。另外，防反二极管与电池将放电回路隔开，万一放电电路失效，也不会引发恶性事故，这从根本上解决了电荷释放问题。

在发热问题上，传统充电模块无法在承受高温环境条件下进行限流降额使用。除机柜需要采用种种措施进行散热，同时需要不断提高满载的效率。此外，最重要的是，充电模块必须能承受足够高的温度。充分考虑使用环境的要求，标准要求是把设备的使用条件提高到 50℃。然而英飞源得益于数十年的热设计积累，充分考虑充电的应用条件，将充电模块的工作温度提升到 55℃，比标准的50℃要求要高 5℃，以确保充电系统在 50℃ 环境下不需降额也可正常工作。这5℃的提升不仅便于充电桩的设计，也能保障在高温下的功率输出。

2. 聚焦"被集成"战略模式

"被集成"战略是华为首推的一种发展模式，一方面是指华为在产品解决方案上被集成于 ICT 领域当中，从而帮助合作伙伴在客户模式中取得成功，提供给最终客户，为其创造更多价值；另一方面则是指华为希望更多的是由合作伙伴面向客户签约，期待开放和合作。

英飞源之所以选择"被集成"战略模式，主要还是因为企业独特的价值观，其以匠心、品质、分享、进取的文化构建企业价值观，铸造独有的文化 DNA。不管发展如何，英飞源始终坚守匠人的本真，做行业的铺路石，坚持技术创新，持续为客户创造最大价值。在企业市场里有众多的行业，行业之间的差异性非常大，客户的数量也非常多。在这个市场里，合作伙伴在行业理解、客户覆盖、面向行业客户应用业务的系统集成、客户化定制，以及本地化的服务等方面都有非常重要的价值。

相比运营商市场，企业市场有本质上的不同，运营商市场是一个单一客户群体的直销市场，而企业市场是一个多客户群体，并且每个客户群体都具有非常强的行业特征的渠道市场。英飞源遵循企业市场以渠道为主的客观规律，基于其业务本质来发展，一直为真正把企业市场做起来而努力。当前中国区企业业务 80% 以上的销售收入来自渠道合作伙伴，60% 左右的基于设备的现场交付与服务是由合作伙伴完成的。因此，合作伙伴的能力建设要加强，要转变思维，要真正把合作伙伴能力作为企业业务取得成功的最关键要素来重视。

因此，英飞源一直在两个方面"下功夫"：第一，坚持开放，要使自己的产品和解决方案能够匹配该战略，易于"被集成"；第二，坚持自我约束，充分认识和尊重合作伙伴，包括行业理解、客户覆盖、系统集成客户化的定制，做到不与合作伙伴争利益，让大家在各自的领域做好自己擅长的事情，来实现整个生态圈的良性发展，从而提供满足客户需求的整体解决方案。

（三）点评

GM Cruise 在 2007 年便提前布局无人驾驶技术，在该领域抢占先机。Cruise 坚持收集海量数据以确保无人驾驶技术的安全性，使车辆能够高精度地检测障碍物，每一次测试都在不断完善技术本身，不断自我学习、不断更正。Cruise 表示未来将继续专注于自动化并构建可大规模扩展的系统。英飞源则专注于数字控制的交流和直流的电能变换。和 Cruise 相同的是，英飞源也早在 2010 年便决定进军电动汽车充电模块领域的研发工作，加上早先在电源设备领域积累的经验，推动了英飞源后期的蓬勃发展。同时，英飞源选择了"被集成"的发展模式，始终坚守匠人精神，不与合作伙伴争利益，专注自己擅长的事情，经过多年的发展，英飞源也成功在占有率上位居市场前列，并逐步走向全球市场。

围绕主营业务展开颠覆性技术攻坚战，能为企业的发展提供不竭动力。专注模式是独角兽企业发展颠覆性技术的关键道路，GM Cruise 和英飞源依靠专注式发展战略成功进入到独角兽企业的阵营中，在各自领域深耕技术研发，进而大大增强了企业在竞争格局中的生存能力，甚至进一步推动了行业向前发展。独角兽企业是不同行业中的佼佼者，通过技术和产品的更新迭代，能在市场上保持住自己的核心竞争力。

七、交叉融合模式：数字化时代势不可当

（一）案例：Outcome Health

Outcome Health 是一家创立于美国芝加哥私人持股的健康医疗科技公司，它通过将教育内容引入医生的办公室，以便改善患者的健康状况。该公司的业务涉及患者教育、市场、医疗保健、科技和行为改变等领域。通过与非营利组织、健

康倡导团体、领先的内容创造者和品牌赞助商开展合作，该公司认证的数字网络在全美被广泛应用于 40000 多个医疗卫生系统，为医护人员和患者提供最相关和最需要的健康信息服务。Outcome Health 的产品，包括墙板、平板电脑和电视等，既具有教育性，又具有交互性。通过在这些产品上投放客户公司医疗产品及服务的广告，一方面为患者提供了学习医疗健康知识的多样途径，另一方面又为客户公司创造了潜在的商业价值。从这个层面上讲，Outcome Health 堪称医疗健康领域兼顾经济效益与社会效益的典范。

Outcome Health 起初叫作 Context Media，成立于 2006 年，直到 2016 年才被重新命名为"Outcome Health"，以更好地符合其渴望为世界上每个人创造最佳健康结果的愿望。该公司前身 Context Media 是一家专注于生产候诊室银幕和平板电脑的企业，该产品主要用于患者教育以及医药营销方面。其最初的发展模式是在医生的办公室里播放一些视频片段，内容涉及饮食小窍门、运动以及生活方式调整等。患者在等待就诊的过程中，通过有意识地观看这些视频，来增强健康意识、提高健康水平。在近些年的业务拓展中，Outcome Health 开始逐步从硬件向医疗健康服务方面发展，通过与客户公司开展广告合作来提高收入。近两年的业务重心放在了医疗服务提供者及健康服务提供者信息网络的搭建上面。2016 年11 月 16 日，Outcome Health 收购了另一家同样从事诊疗期患者媒体服务的公司 Accent Health，由此成为全美最大的线上医疗决策平台，并在之后通过与不同疾病协会及相关服务公司合作，积累了相当数量的医护使用者和专业的知识信息，为其与患者端加强互动搭建了坚实的基础。有资料显示，Context Media 在投入一年后开始盈利，2010 年后，利润以 100% 的速度增长。值得注意的是，Context Media 视频上每年有 5000 万观众，不仅如此，该公司还服务于美国 4000 家医院、私人诊所以及像耶鲁大学、斯坦福大学、哈佛大学等名校的候诊室。可见，该公司在业界具有一定的影响力和知名度，服务范围较广。2017 年 6 月 2 日，Outcome Health 获得了来自投资方包括高盛旗下的风险投资基金，谷歌 Alphabet 旗下的一只股权投资基金 CapitalG，以及 Balyasny 资产管理公司旗下的一只股权投资基金的 A 轮融资，数额高达 5 亿美元。目前 Outcome Health 的市值估值超过 50亿美元，成为医疗健康领域发展迅猛的独角兽企业。

"智慧医疗"指的是通过打造健康档案区域医疗信息平台，利用最先进的物联网技术，实现患者与医务人员、医疗机构、医疗设备之间的互动，逐步达到信息化。人工智能的运用和医疗保健领域的数字化趋势，有助于改善患者护理水平，同时降低或简化医疗保健成本。Outcome Health 无疑是利用科技手段增强医患互动的典范，其充分利用患者专属 Wi-Fi、候诊室电视（WRTV）、候诊室海报（WRP）、诊疗室墙板（WB）、检查室平板电脑（ERT）五大创新设备，来针对性改善患者的护理体验。传统医疗模式向智慧医疗模式转变还需要一个过程。未来的医疗系统将建立健康医疗数据互联互通的共享平台，不仅能为普通人提供生命健康管理服务，同时也将改善医生的就业生态、患者的就诊生态和慢病管理的生态。Outcome Health 在为患者提供优质医疗服务的同时，也在积极传播健康的生活理念与优秀的企业文化。Outcome Health 顺应了"智慧医疗"的发展趋势，充分利用科技手段增强医生与患者之间的互动，兼具高度的社会责任感，在未来具有十分良好的发展前景。

（二）案例：云天励飞

深圳云天励飞技术股份有限公司（以下简称云天励飞）成立于 2014 年，是国内第一家兼具 AI 算法平台、AI 芯片平台、大数据平台等 AI 关键技术平台的独角兽企业，同时也是专注于计算机视觉领域的"AI+安防"企业。根据赛迪数据报告，从行业结构分布来看，在 2018 年，安防行业是 AI 芯片落地应用的最大市场，市场规模达到 13.1 亿元，占比 16.2%。其余用途比较广泛的场景还包括零售、医疗、教育、制造、金融、物流、交通等领域。云天励飞成立初期主要专注于数字城市运营管理，并在此基础上利用积累的技术优势拓展开发了人居生活智慧化升级业务。

云天励飞正与中国人工智能行业一同成长，公司曾作为参编单位撰写的《人工智能标准化白皮书（2021 版）》在 2021 年世界人工智能大会上正式发布，会上还发布了《可信赖人工智能标准化研究（2021 版）》系列报告，云天励飞担任可信赖研究组副组长。

1. 自主打造三大平台

云天励飞的核心技术包括算法平台、芯片平台、大数据平台。

算法平台：由多次荣获国际视觉大赛奖项的硅谷海归团队倾力打造，具有算法覆盖广、精度高、适配性强等优势，提供人/车/非/牌多场景全视频结构化算法支持，精准度高，亿级底库下人脸识别搜索首位命中率达到97%以上，活体相关算法通过 BCTC 金融支付最高安全等级标准测试，红外方案人脸识别设备真人通过率达到 99% 以上，公司算法平台同时支持英伟达、华为海思体系、CECPK 体系等多家芯片平台。

芯片平台：云天励飞通过自定义指令集、处理器架构及工具链的协同设计，实现算法芯片化。平台具有如下特点：多模态数据挖掘分析、时空大数据融合、大数据仿真决策、关系图谱挖掘、时间序列预测、NLP 分析模型、异构图分析和挖掘等。

大数据平台：具备城市级海量智能终端的数据接入、处理、分析和挖掘能力，提供数据治理、数据建模和仿真决策的一体化服务。云天励飞的大数据平台应用包括智慧交通、测温防疫大数据、公共安全数据挖掘、社区治理、个性化推荐系统。

2. "人工智能+生活" 打造智慧城市

智慧城市和人居生活是云天励飞的核心业务。在智慧城市应用方面，公司可提供智慧安防、智慧交通、平安社区、城市治理、疫情防控、智能与数据交易中心技术；在人居生活方面，公司主打智慧园区、智慧楼宇、智慧商业三大应用。云天励飞提出的"鹏城自进化智能体"被写入 2021 年深圳市政府工作报告。云天励飞的疫情防控平台及智能测温设备覆盖深圳超过 6300 家药店及部分交通枢纽，并联合深圳巴士集团共建智慧公交系统，设备覆盖约 6000 辆公交，同时协助公安部门成功破案四万余起，找回 500 多名走失儿童和老人。

3. "人工智能+安全" 帮助寻找失踪儿童

2007 年，孙海洋一家来到了深圳白石洲，在这里租下了一个商铺，经营一家包子铺。2007 年 10 月 9 日，孙卓在门口玩耍时，孙海洋因疲劳眯了一会儿，没想到睁开眼之后，4 岁的儿子已经不见了[1]。孙海洋和妻子从此踏上漫漫寻子路，他们把原本生意红火的包子铺改成了寻子店，并贴出悬赏小广告，赏金从最开始的 10 万元上升到 20 万元，在当时引起了不小的轰动。2014 年，根据这一事件改编的电影《亲爱的》上映院线，那时，孙海洋还提出要把电话号码加入片尾，希望能够增加找到儿子的可能性。终于，2021 年 12 月 6 日，孙海洋夫妇找到了儿子孙卓。

2014 年 8 月，电影《亲爱的》全球上映的同月，云天励飞注册成立。当时，云天励飞还是一个由几位只懂技术的海归组成的小团队。团队成员选择回国创业，是因为相信 AI，并且希望将 AI 在国内的土地上实现产业化，为各行各业提供发展的新动能。就在公司成立后的几天，电影《亲爱的》上映，当时云天励飞的创始团队"组队"去电影院，观看了这部电影。看完之后，几个"理工男"都红了眼睛。当时，几个人就立即做决定：首先把 AI 技术用在"打拐"上。

此后，云天励飞研发出首套动态人像识别系统——"深目"，并于 2015 年在深圳龙岗区率先落地。此后，该系统逐渐复制到深圳各区，并走向全国各省市。2017 年春节前夕，在深目系统的帮助下，深圳警方在 15 小时内跨省找回了一名被人贩子拐走的孩子，让一家人得以过上幸福的团圆年。那个时候，云天励飞团队的所有人都觉得，那些顶着烈日在街头巷角调整摄像头位置、深夜在电脑前不断调试系统的辛苦，都是值得的。截至目前，深目系统已经累计协助警方找回走

---

[1]　资料来源于云天励飞官网。

失老人和孩子 400 余人。

云天励飞一直强调，要用 AI 让人类生活更安全、便利、健康、愉悦。这不仅是一句口号，更是云天励飞的使命、云天励飞的初心。云天励飞的创业之路，因《亲爱的》而起，如今《亲爱的》在现实中迎来圆满结局，当初的几位"理工男"也更加坚定了自己创业的初心和坚守的信念。

（三）点评

Outcome Health 顺应了"智慧医疗"的发展趋势，作为医疗健康领域的独角兽企业，Outcome Health 正在引领传统医疗模式向智慧模式的转变。公司将健康医疗和数字科技进行融合，其认证的数字网络已经被广泛应用在全美 4000 多个医疗卫生系统。Outcome Health 利用先进的物联网、数字化、人工智能技术，进一步打造以"智慧医疗"为基础的信息平台，不仅降低了医疗成本，还提升了患者的护理体验；云天励飞作为国内人工智能领域的独角兽企业先锋，兼具多种 AI 关键技术平台，公司将 AI 赋能至包括零售、医疗、教育等多种应用场景。此外，云天励飞积极探索"人工智能+"的生活模式，为人类生活的便利性和安全性贡献着自己的力量。云天励飞会与中国人工智能行业一同成长，相信在数字化趋势的浪潮下，将会有更多专注交叉融合模式的独角兽企业涌现出来。

随着人工智能时代的到来，数字化赋能实体产业的趋势已成为事实，人工智能与各学科之间的交叉融合模式深受独角兽企业喜爱。计算机技术可以大幅降低企业经营成本，提高劳动效率，减少无效的中间环节。技术融合助力产业数字化转型是独角兽企业需要迎合时代变革的最佳选择。5G、物联网、人工智能、区块链、云计算、大数据等高新技术发展十分迅猛，科技革命加速推动商业变革。更好地结合数字化优势发挥企业的核心技术，对于独角兽企业来说具有非凡意义。交叉技术融合将是未来发展的趋势，为了适应新时代的到来，企业也正逐步加快数字化赋能的步伐。

八、强化模式：高投入突破性能极限

（一）案例：Waymo

Waymo 是位于美国的自动驾驶技术研发公司，成立于 2016 年，隶属于 Google 母公司——Alphabet。公司在 2021 年全球独角兽企业 500 强榜单中排名第 25 位，估值达 300 亿美元。巅峰时期，Waymo 的估值曾一度高达 1750 亿美元。关于自动驾驶技术，最受关注的是技术的安全性问题。Waymo 成立之初就将安全性作为重要因素，并将安全性纳入从设计到测试和验证的每个系统级别①。Waymo 的多层传感器套件（包括摄像头、雷达和激光雷达）可以做到无缝协作，能绘制出详细的世界 3D 地图，显示行人、骑行者、车辆、交通信号灯、施工体和其他道路特征，最大化考虑自动驾驶的安全性问题。

1. 背靠谷歌母公司，强大资金实力作为支撑

自动驾驶技术这种现代高端技术需要海量资金维持研发投入，是名副其实的"烧钱"行业。Waymo 的母公司是 Alphabet，其在"财富世界五百强"榜单中排名第 27 位，拥有强大的资金实力保证。在企业营收方面，Alphabet 是全球第三大科技公司，也是全球范围最有价值的公司之一，与苹果、微软、亚马逊、Meta（原为 Facebook）并驾齐驱，被称为美国五大科技巨头。2020 年，Alphabe 公司总资产达到 3196 亿美元，全球雇员 135301 人，公司年度净利润超过 400 亿美元②。2020 年 1 月，Alphabet 成为第四家总市值超过 1 万亿美元的美国公司。Waymo 依靠母公司强大的盈利能力和庞大的资金规模，保证了公司在自动驾驶领域进行持续探索的优势。

2. 巨额融资支撑技术研发投入

无人驾驶技术巨大的研发投入是 Waymo 必须要面对的问题，即使有强大的母公司做背后支撑，也仍然需要 Waymo 抱团合作进行外部融资。2021 年 6 月 17 日，Waymo 完成了高达 25 亿美元的巨额融资，成为 2021 年金额最大的无人驾驶领域融资。此轮投资者包括全球顶级投资机构——淡马锡、美国最大的汽车零售商——AutoNation、硅谷顶级风投机构——安德森·霍洛维茨基金，此外还有由国家主导的投资部门，包括阿布扎比酋长国全资持有的穆巴达拉投资公司以及加拿大养老金计划投资委员会，明星级的豪华投资阵容助力 Waymo 深耕自动驾驶领域的技术研发③。

3. 五角大楼的 DARPA 资助

美国国防部高级研究计划局（DARPA）多年来一直资助自动驾驶汽车领域的研究工作④，成立至今 DARPA 始终坚持发展独创性技术的使命。2004 年，DARPA 为推进无人驾驶行业的发展，向 Maymo 公司在内的参与者开放自动驾驶汽车挑战赛。Waymo 的发起人——塞巴斯蒂安·特伦，是第二届 DARPA 挑战赛

---

① 资料来源于 Waymo 官网。

② 参见《Alphabet 公司 2020 年年度报告》。

③ 财经涂鸦. Waymo 融资 25 亿美元，谷歌的硬件之路要崛起了？［EB/OL］.［2021 - 06 - 18］. https：//m. thepaper. cn/baijiahao_13195123.

④ 五角大楼预计无人驾驶技术将先于民用投放战场［EB/OL］. 环球网.［2018-05-03］. https：//m. huanqiu. com/article/9CaKrnK8cJF.

的获胜者，他将丰富的经验和他的技术带到了谷歌。Waymo 还云集了历届挑战赛的获奖团队成员，为公司带来全球一流的工程师团队。DARPA 不仅带动了 Waymo 在行业内的发展，更直接推动了无人驾驶技术的升级突破[①]。

4. 重视知识产权保护，防止技术窃取

2017 年 2 月，Waymo 以商业机密盗窃和专利侵权的名义为由，向加州法院提出对美国科技公司 Uber 的诉讼，指控这家网约车巨头窃取了有关自动驾驶技术的商业机密。Waymo 声称其前成员加入 Uber 之前窃取了包括上千份无人驾驶汽车技术文件在内的商业机密。Waymo 的诉讼详细地指出了 Uber 窃取数据的方式，主要围绕一项名为光探测和测距的独创性技术展开。此项技术运用高频、高功率脉冲激光器来测量传感器与外部物体之间的距离，以构建详细的环境地图。Waymo 已在激光雷达硬件上投资了数百万美元，并声称 Otto 和 Uber 盗用了这些数据[②]。2018 年 2 月 9 日，Waymo 与 Uber 达成和解，Uber 承诺此后不会将对方的独创性技术纳入 Uber 的产品中，开除了窃取商业机密的前 Waymo 员工，并向其支付了相当于 Uber2.45 亿美元的股权。在 Uber 的案例中，Waymo 重视自己的知识产权保护问题，捍卫了属于自己的独创性技术优势。

（二）案例：容百科技

容百科技是国内领先的锂电池正极材料供应商，主要从事高能量密度锂电池正极材料及其前驱体的研发、生产和销售，核心产品为 NCM811 系列、NCA 系列、Ni90 及以上超高镍系列三元正极及前驱体材料。三元正极材料主要用于锂电池的制造，并主要应用于新能源汽车动力电池、储能设备及电子产品等领域。作为国内首家实现 NCM811 系列产品量产并应用于国际主流终端车企的正极材料生产企业，公司 NCM811 系列产品技术与生产规模均处于全球领先地位。公司在中国华东、华中、西南及韩国设立了多处先进生产基地，并围绕正极材料回收再利用布局循环产业链。凭借强大的产品开发与质量管理能力、工程装备与技术能力、产品供应能力等优势，公司与宁德时代、孚能科技、蜂巢能源、SKon、亿纬锂能等国内外主流锂电池厂商建立了良好的合作关系，并通过持续的技术优化和产品迭代深化与客户的合作。2019 年 7 月 22 日，容百科技成功登陆科创板上市。

公司形成以客户为中心、以市场为导向的研发体系并对其持续优化。公司形成"集团层—事业部层—工厂层"三级研发组织，将事业部以客户需求为核心的研发与研究院以前瞻性新型产业和高端产品为核心的研发相结合，通过集成产

---

① 资料来源于 Waymo 官网。
② 资料来源于布鲁克林法学院商业秘密研究所（TSI）"商业秘密数据库"。

品开发（IPD）形式，组建跨部门产品开发团队。公司中央研究院整合了中日韩研发资源，融合前沿研究、技术创新、评价检测、资源回收、工程开发等资源和能力，建立了"横向+纵向"全方位研发体系，以支撑从原始创新到量产转化以及工艺改进的研发能力建设。

公司注重产品研发及科技创新，持续加大研发投入力度，积极进行新产品开发及工艺升级研究。2021 年，公司研发人员扩充 210 人，同比增长 73.17%；研发费用逐年递增，已由 2016 年的 0.32 亿元增长至 2021 年的 3.60 亿元；2021 年研发支出增长最为显著，同比增长 147%（见图 3-4）。

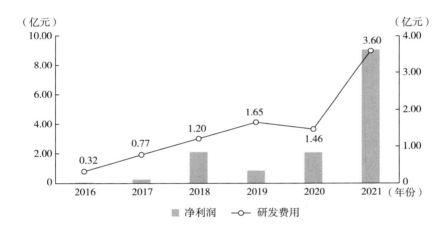

图 3-4　2016～2021 年容百科技研发费用及净利润

资料来源：容百科技官网，http://www.ronbaymat.com/index.php/About。

公司自 2014 年成立以来，深耕于锂离子电池三元正极材料及前驱体的研发和生产制造，依靠突出的科技创新能力，成功掌握了多项自主研发的行业领先的核心技术。截至 2021 年末，公司在国内外拥有 141 项注册专利（发明专利 60 项，实用新型专利 81 项），对核心技术进行保护。同时，公司针对核心技术与相关技术人员签署专项保密协议，确保核心技术不被泄露与传播。

在产品开发及产业化方面，公司培养了大批研发技术人员，形成系统化新进研发人员的培养模式，进行研发体系培训及知识分享，持续为技术人员赋能，为业务扩张提供源源不断的后备人才。公司在提供材料样品的同时，会根据客户电池产品开发情况，给出建议使用条件，协助客户完成电池体系的定型，共同促进产品应用市场的开拓。

在"碳达峰、碳中和"的背景下，发展新能源已成为全球共识，新能源汽车的快速发展驱动锂电池产业迅速扩容，为锂电池正极材料行业提供了广阔的市场空间。根据 GGII 数据统计，2021 年，全球新能源汽车销量约 637 万辆，同比增长 100%；其中国内新能源汽车销售约 352.1 万辆，同比增长 158%。

公司已与全球动力电池领先企业宁德时代签订了战略合作协议，明确 2022～2025 年公司将作为其三元正极粉料第一供应商。同时，孚能科技、蜂巢能源、蔚来汽车、卫蓝电池等重要客户也会相继与公司签订战略合作协议；公司与海外客户如 SKon、SDI、Northvolt、ACC、Saft 也已展开各类型合作。

公司锚定未来战略性新材料、新技术、新工艺，以前瞻性研发布局引领原创性产品突破，以集成产品开发管理体系为抓手，打造全链条产品质量管理体系，同时建立了覆盖从产品开发到工程量产的全流程的研发体系。2021 年，公司与宁德时代等重要客户以及国内材料领域顶尖级科研院所签订了技术合作协议，将在高电压镍锰正极、尖晶石镍锰、富锂锰基、磷酸锰铁锂材料，以及固态电池、钠离子电池配套材料等前沿领域协同开发，共同推进技术路线升级，强化技术领先优势①。

根据公司 2021 年年度报告显示，截至 2021 年末，公司技术研发人员共 497 名，占公司总人数的比例高达 14.12%，其中硕士及以上学历占 44%。

在自主创新方面，公司在三元正极材料及其前驱体的制造领域，通过持续的研发投入与技术探索掌握了多项国际领先、工艺成熟的关键核心技术，并具有权属清晰的自主知识产权。公司所开发的高镍、超高镍多晶和单晶三元正极材料处于国际领先水平，配套用于国内外多家知名、领先动力电池厂商的前沿产品中。

公司通过持续、深入的技术研发布局，推进内在、自主的产品升级与新品开发，实现行业技术的升级迭代。公司实行"前沿技术研究、在研产品开发、在产持续优化"的研发策略，除对量产产品进行不断优化升级之外，还实施了多项前沿新产品开发项目。公司在固态电池适用的改性高镍/超高镍三元正极材料、氧化物固态电解质及钠离子电池正极材料、富锂锰基正极材料、尖晶石镍锰酸锂正极材料等新材料开发领域不断取得技术突破，满足电池企业及经济社会对更高性能正极材料的需求。

（三）点评

作为自动驾驶技术领域的独角兽企业，Waymo 最大化考虑安全性问题，依靠母公司强大的资金支持、资本市场的巨额融资，以及五角大楼对高新技术的资助，保证了公司在自动驾驶领域进行持续探索的优势；容百科技在锂电池正极材

---

① 资料来源于《宁波容百新能源科技股份有限公司 2021 年年度报告》。

料领域处于全球领先地位，公司注重产品科技创新，积极进行工艺升级和产品迭代，并逐年加大研发力度，增加对人才培养的投入，研发人员占公司总人数比例高达 14.12%。截至 2021 年，容百科技已掌握多项自主研发的领先技术，成为锂电池材料领域的技术典范企业。2019 年，容百科技成功登陆科创板上市，进一步拓展了融资渠道。

高水平的研发投入以及顺畅的科技成果转化通道将有助于独角兽企业颠覆性技术的突破，并促进独角兽企业的发展和培育。颠覆性技术是对现有主流技术的一种强大的破坏性力量，能够取代现有技术。正因如此，颠覆性技术的创新难度更高、创新投入更大，需要企业持续投入资源强化研发。

九、独特性技术

独角兽企业所拥有的核心技术往往具备独特性特征，独特性技术是企业领先于竞争对手的重要武器，技术的独特性往往决定了企业在市场当中所占的份额。独角兽企业所拥有的独特性技术是资本市场投融资时所看重的判断依据。一家企业如果拥有不同于其他公司的独特性技术，将会带来广阔的市场前景以及短时间内难以超越的领先地位。

独特性或颠覆性创新就是独角兽企业成长的关键，是独角兽企业成长壮大的前提条件[①]。一些不满足颠覆性含义的技术，其本身仍然具有潜在的应用空间或先进适用特征，这类技术使企业从竞争格局中脱颖而出，并且具有客户需求拉动型的"朴素式"特点，即以客户需求为出发点，实现成本与功能的平衡，笔者将具有这类特点的技术称为"独特性技术"。

差异化打法能帮助企业建立商业护城河，进而使客户和消费者对其产品的依赖程度更高。独特性技术是独角兽企业追求差异化创新方式的结果，独特性越明显，企业的核心竞争力越强，被复制的可能性越小。

十、未来的颠覆性技术

欧盟委员会于 2019 年发布了题为《面向未来的 100 项重大创新突破》的报告，旨在加强科学、技术和创新，培养欧洲工业竞争力，并帮助实现可持续发展目标（见表 3-3）。专家小组通过对最近的学术文献进行大规模的筛选和调查，并结合针对全球范围内前瞻性项目的审查结果，进而根据当前技术成熟度、长期扩散潜力进行全面评估，最终挑选出 100 个可能对全球价值创造产生重大影响并

---

① 资料来源于新华网发布的《揭秘全球独角兽企业 500 强成长密码》。

为社会需求提供重要解决方案的颠覆性技术。这些技术将在市场中与资本结合，从而孕育出独角兽企业，引领独角兽科技创新的前进方向。

表 3-3　欧盟委员会发布的 100 项颠覆性技术

序号	技术项目	序号	技术项目
1	增强现实	30	计算内存
2	室内自动耕作	31	石墨烯晶体管
3	区块链	32	高精度时钟
4	聊天机器人	33	纳米线
5	计算创造力	34	光电子学
6	无人驾驶	35	量子计算机
7	外骨骼	36	量子密码学
8	高光谱成像	37	自旋电子学
9	语音识别	38	生物降解的传感器
10	群体智能	39	芯片实验室
11	无人机	40	分子识别
12	人工智能	41	生物电子学
13	全息图	42	生物信息学
14	类人机器人	43	植物通信
15	神经科学	44	基因编辑
16	精准农业	45	基因治疗
17	柔性机器人	46	抗生素药敏试验
18	非接触手势识别	47	生物打印
19	飞行汽车	48	基因表达的控制
20	神经形态芯片	49	药物输送
21	仿生学（医学）	50	表观遗传技术
22	脑功能映射	51	基因疫苗
23	脑机接口	52	微生物组
24	情绪识别	53	再生医学
25	智能文身	54	重编程的人类细胞
26	人工突触/大脑	55	靶向细胞死亡途径
27	柔性电子	56	2D 材料
28	纳米发光二极管	57	食物 3D 打印
29	碳纳米管	58	玻璃 3D 打印

续表

序号	技术项目	序号	技术项目
59	大型物体的 3D 打印	80	微生物燃料电池
60	4D 打印	81	熔盐反应堆
61	水凝胶	82	智能窗
62	超材料	83	热电涂料
63	自愈材料	84	水分解
64	生物塑料	85	机载风力发电机
65	碳捕获与封存	86	铝基能源
66	海水淡化	87	人工光合作用
67	地球工程与气候工程	88	协同创新空间
68	超级高铁	89	游戏化趋势
69	塑胶食虫	90	共享经济
70	分解二氧化碳	91	读写文化：多元化的信息控制者
71	备灾技术	92	重塑教育
72	水下生活	93	自我量化
73	废水养分回收	94	无车城市
74	小行星采矿	95	新的记者网络
75	生物发光	96	本地食物圈
76	能量收集	97	拥有和共享健康数据
77	收集甲烷水合物	98	替代货币
78	氢燃料	99	基本收入
79	海洋和潮汐能技术	100	生命缓存

资料来源：《面向未来的 100 项重大创新突破》。

参考文献

[1] 李政，刘春平，罗晖．浅析颠覆性技术的内涵与培育——重视颠覆性技术背后的基础科学研究 [J]．全球科技经济瞭望，2016，31（10）：53-61.

[2] 刘贻新，冯倩倩，张光宇，许泽浩，欧春尧．基于 ST 理论的国家视角下颠覆性创新管理机制研究 [J]．广东工业大学学报，2021，38（1）：21-31.

[3] 张春美，郝凤霞，闫宏秀．学科交叉研究的神韵——百年诺贝尔自然科学奖探析 [J]．科学技术与辩证法，2001（6）：63-67.

[4] 陈江，张晓琴．颠覆性技术创新的成长过程、关键要素及基本逻辑

[J]. 科学管理研究，2021，39（5）：8-12.

[5] 李新宁. 战略性新兴产业技术创新治理："死亡之谷"的视角 [J]. 西安财经学院学报，2019，32（6）：58-65.

[6] 许泽浩，张光宇. 新技术成长如何跨越"死亡之谷"——基于 SNM 视角的颠覆性技术保护空间构建 [J]. 中国高校科技，2017（6）：20-23.

[7] 陈劲，王锟，Hang Chang Chieh. 朴素式创新：正在崛起的创新范式 [J]. 技术经济，2014，33（1）：1-6+117.

第四章

难以复制的商业模式

近年来，一批拥有颠覆性技术、具有高成长性的独角兽企业开始崭露头角，成为科技创新企业的典型代表。根据 2019~2021 年全球独角兽企业 500 强榜单数据，从地域分布上看，全球独角兽企业 500 强地域分布不均，差距悬殊，中美两国作为全球最大的两大经济体，已成为独角兽的主要聚集地。从行业分布上看，全球独角兽企业主要分布于智能科技、金融科技、医疗健康、汽车交通、企业服务、物流服务、生活服务、文旅传媒、教育科技、材料能源、航空航天和农业科技等 12 个领域。

中美两国作为独角兽企业分布最多的国家，从总体上看，中国全球独角兽企业 500 强的总数量和总估值均超过美国，然而从行业分布上看，美国金融科技行业的独角兽企业数量远多于中国[①]。本章以金融科技赛道为例，对中美独角兽企业的商业模式进行比较分析。

一、中美金融科技独角兽

2019 年全球独角兽企业 500 强排行榜中[②]，金融科技赛道的独角兽企业 500 强共有 53 家，其中美国企业 23 家，中国企业 13 家，中美两国数量占比超过 50%。金融科技赛道的 53 家独角兽企业中有 18 家进入全球独角兽企业 500 强前 100 榜单，其中 12 家来自中美两国，它们分别为蚂蚁金服（第 2 名）、Stripe（第 9 名）、京东数科（第 15 名）、微众银行（第 17 名）、借贷宝（第 25 名）、苏宁金融（第 34 名）、Coinbase（第 35 名）、金融壹账通（第 38 名）、Robinhood（第 56 名）、SoFi（第 71 名）、度小满金融（第 86 名）和 Credit Karma（第 89 名），具体如表 4-1 所示。

表 4-1　2019 年全球独角兽企业 500 强中排名前 100 的中美金融科技独角兽

排名	公司名称	所属国家
第 2 名	蚂蚁金服	中国
第 9 名	Stripe	美国
第 15 名	京东数科	中国
第 17 名	微众银行	中国
第 25 名	借贷宝	中国

① 参见解树江编写的《2019 全球独角兽企业 500 强蓝皮书》；中国人民大学中国民营企业研究中心和北京隐形独角兽信息科技院联合发布的《数字经济先锋：全球独角兽企业 500 强报告（2020）》《全球独角兽企业 500 强发展报告（2021）》。

② 参见解树江编写的《2019 全球独角兽企业 500 强蓝皮书》。

续表

排名	公司名称	所属国家
第 34 名	苏宁金融	中国
第 35 名	Coinbase	美国
第 38 名	金融壹账通	中国
第 56 名	Robinhood	美国
第 71 名	SoFi	美国
第 86 名	度小满金融	中国
第 89 名	Credit Karma	美国

资料来源：《2019 全球独角兽企业 500 强蓝皮书》。

2020 年全球独角兽企业 500 强排行榜中①，金融科技赛道的独角兽企业 500 强共有 53 家，其中美国 23 家，中国 14 家，中美两国数量占比同样超过 50%。此外，金融科技赛道的这 53 家独角兽企业中有 16 家进入全球独角兽企业 500 强前 100 榜单，其中 13 家来自中美两国，它们分别为陆金所（第 6 名）、Stripe（第 8 名）、京东数科（第 14 名）、微众银行（第 17 名）、比特大陆（第 22 名）、Ripple（第 31 名）、苏宁金融（第 39 名）、Robinhood（第 40 名）、Coinbase（第 42 名）、借贷宝（第 48 名）、Chime（第 72 名）、Toast（第 87 名）和 SoFi（第 91 名），具体如表 4-2 所示。

表 4-2   2020 年全球独角兽企业 500 强中排名前 100 的中美金融科技独角兽

排名	公司名称	所属国家
第 6 名	陆金所	中国
第 8 名	Stripe	美国
第 14 名	京东数科	中国
第 17 名	微众银行	中国
第 22 名	比特大陆	中国
第 31 名	Ripple	美国
第 39 名	苏宁金融	中国
第 40 名	Robinhood	美国
第 42 名	Coinbase	美国

① 参见中国人民大学中国民营企业研究中心和北京隐形独角兽信息科技院联合发布的《数字经济先锋：全球独角兽企业 500 强报告（2020）》。

续表

排名	公司名称	所属国家
第 48 名	借贷宝	中国
第 72 名	Chime	美国
第 87 名	Toast	美国
第 91 名	SoFi	美国

资料来源：《数字经济先锋：全球独角兽企业 500 强报告（2020）》。

2021 年全球独角兽企业 500 强排行榜中①，金融科技赛道的独角兽企业 500 强共有 58 家，其中美国 18 家，中国 16 家，中美两国数量占比同样超过 50%。此外，在金融科技赛道的 58 家独角兽企业中有 18 家进入全球独角兽企业 500 强前 100 榜单，其中 14 家来自中美两国，它们分别为 Stripe（第 3 名）、Robinhood（第 11 名）、京东数科（第 25 名）、Toast（第 30 名）、微众银行（第 35 名）、Chime（第 39 名）、Ripple（第 54 名）、比特大陆（第 62 名）、借贷宝（第 64 名）、苏宁金融（第 67 名）、Brex（第 76 名）、Foley Traismene（第 77 名）、Carta（第 83 名）和 Root Insurance（第 93 名），具体如表 4-3 所示。

表 4-3　2021 年全球独角兽企业 500 强中排名前 100 的中美金融科技独角兽

排名	公司名称	所属国家
第 3 名	Stripe	美国
第 11 名	Robinhood	美国
第 25 名	京东数科	中国
第 30 名	Toast	美国
第 35 名	微众银行	中国
第 39 名	Chime	美国
第 54 名	Ripple	美国
第 62 名	比特大陆	中国
第 64 名	借贷宝	中国
第 67 名	苏宁金融	中国
第 76 名	Brex	美国
第 77 名	Foley Traismene	美国

① 参见中国人民大学中国民营企业研究中心和北京隐形独角兽信息科技院联合发布的《全球独角兽企业 500 强发展报告（2021）》。

续表

排名	公司名称	所属国家
第 83 名	Carta	美国
第 93 名	Root Insurance	美国

资料来源：《全球独角兽企业 500 强发展报告（2021）》。

根据上述数据，从具体企业看，不少企业的排名变动较大，三年来排名较稳定、保持在前 100 名的只有 6 家企业（见表 4-4）。接下来我们将探讨这 6 家独角兽企业的商业模式特点并进行比较分析。

表 4-4　作为研究对象的 6 家中美金融科技独角兽企业名单

序号	2019 年排名	2020 年排名	2021 年排名	公司名称	所属国家	成立时间	2021 年估值（亿美元）
1	第 9 名	第 8 名	第 3 名	Stripe	美国	2010 年 1 月 1 日	950
2	第 15 名	第 14 名	第 25 名	京东数科	中国	2018 年 11 月 20 日	285.71
3	第 17 名	第 17 名	第 35 名	微众银行	中国	2014 年 12 月 16 日	157.14
4	第 25 名	第 48 名	第 64 名	借贷宝	中国	2014 年 12 月 22 日	85
5	第 34 名	第 39 名	第 67 名	苏宁金融	中国	2015 年 5 月 14 日	80
6	第 56 名	第 40 名	第 11 名	Robinhood	美国	2013 年 1 月 1 日	400

资料来源：《2019 全球独角兽企业 500 强蓝皮书》《数字经济先锋：全球独角兽企业 500 强报告（2020）》《全球独角兽企业 500 强发展报告（2021）》。

二、B2B2C 客户解决方案模式

京东数科全称京东数字科技，前身为京东金融，是一家以 AI 驱动产业数字化的新型科技公司，其利用前沿数字科技完成在 AI 技术、智能城市、金融科技等领域的布局，并利用数字科技服务金融与实体产业，助力相关产业实现互联网化、数字化和智能化[①]。

京东数科的商业模式，从客户维度上看，京东数科的主要目标客户群体为个人用户，此外还包括部分企业和机构等。在前期，京东数科的客户主要是个人用户，京东数科为这些用户提供支付理财等功能的金融服务平台，并且前期的客户来源主要是引流自京东商城这一大平台，客户引流保障了京东数科后期的客户流和资金流。在后期，京东数科开始瞄准金融科技类企业用户，并且转变服务模式，为客户提供企业金融问题解决方案，其凭借之前平台积累下来的口碑和自身

---

① 资料来源于京东数科官方网站。

过硬的技术研发能力，实现了与其他金融机构的合作。京东数科与企业用户的合作过程是双向的，一方面京东数科为金融机构提供技术支持和解决方案，另一方面合作企业为京东数科提供项目费用和潜在合作伙伴资源等。不过从总体上看，目前其客户主要还是个人用户，企业用户在转型中才有所涉及，数量相对较少。

从价值主张维度上看，京东数科的产品组合可以分为软件平台类和解决方案类。其中，金融科技中的软件平台类产品主要包括京东支付、白条、小金库等产品；解决方案类产品包括为企业客户提供的前期咨询服务、后期技术开发和后期维护服务等。目前的产品体系中，京东数科主体产品仍然是软件平台类产品，虽然业务重心有向解决方案类产品倾斜的趋势。当然，产品组合的调整反映了京东数科的战略选择。在早期，京东数科以发展平台软件产品为主体业务，有效地利用了集团前期巨大的潜在客户优势，并将客户优势变现，使其得以顺利在市场上站稳脚跟；在后期，京东数科调整经营战略，选择瞄准企业这类"大客户"，利用自身技术优势将产品重心向解决方案类产品转移，为客户（尤其是金融机构）提供科技产品，从而塑造差异化竞争优势。

从价值链维度上看，京东数科的生产支持体系主要是企业创办的产业 AI 中心。京东数科的产业 AI 中心集成了集团旗下多个科技研发机构的 AI 研发力量，不仅聚集了来自全球各领域的顶尖人工智能技术专家，开设了产业 AI 公开课，邀请行业大咖及学界专家打造一个开放的交流平台，还拥有很多全球领先的高精尖项目和资源，产业 AI 中心可以说是京东数科的产品源泉。所有资源的会聚成为京东数科巨大的合作支持体系，也形成了京东数科有别于其他金融科技独角兽企业的独特优势。京东数科的生产合作伙伴主要包括各种智能硬件、软件平台供应厂商等，其涉及范围极广。在选择这些合作伙伴的时候，京东数科会严格地挑选出那些在行业中沉淀了多年的厂商，保证顺利合作和产品质量。京东数科为这些合作伙伴提供开放的框架和结构，帮助合作伙伴链接更多客户、数据和场景，而合作伙伴为京东数科提供高质量协助，最终实现双方共建共赢的合作关系。

从盈利机制维度上看，京东数科企业的营销组合主要有两大方案：一是前期通过金融服务平台，积累客户和资金，利用客户池和资金池吸引广告商和投资者，从中赚取广告费、手续费等；二是利用科技为金融机构提供技术支持或完成金融服务解决方案，从中赚取服务费、提成和项目费等。因此，从上述分析可知，京东数科的主要收入来源仍然是企业自身金融平台的运营利润，以及运用技术为客户提供解决方案或技术支撑的项目收益。据京东数科对外的公布资料显示，到目前为止，京东数科的企业利润来源仍然主要是前者，正是依靠前期金融服务平台的收益支持，企业才能逐渐实现转型并找到价值变现的其他渠道。

通过上述分析，虽然从客户和盈利机制维度看，京东数科的金融服务平台在企业运营中发挥了更大作用，但是其市场核心竞争力和最大产品优势仍是其强大的技术研发体系。如果京东数科没有摸清自身优势和定位，逐步调整企业战略，那么企业很难实现从 B2C 向 B2B2C 转型的目标。也就是说，为客户提供解决方案类产品是京东数科的突出之处，因而可将其商业模式概括为 B2B2C 客户解决方案模式，具体如图 4-1 所示。

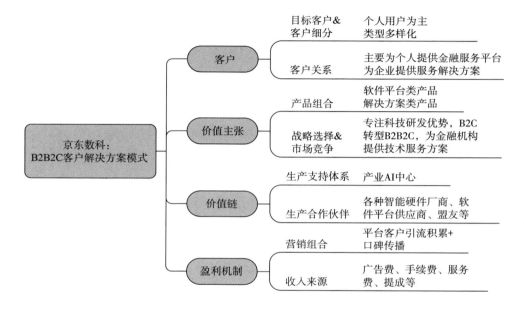

图 4-1 京东数科商业模式分析框架

资料来源：京东数科官方网站。

三、技术优化支付方案模式

Stripe 是致力于为互联网经济打造基础设施的科技公司，其利用统一平台打造一套完全集成的支付产品，把构建网站和应用程序所需的一切进行结合，让企业可以进行收款和全球打款。其产品还有帮助企业打击欺诈、发送账单、融资、管理企业支出等功能[1]。

从客户维度上看，Stripe 的目标客户是各大新经济领域中的企业，比如，电子商务和零售中的 Amazon、Shopify、Wayfair 等，软件服务中的 GitHub、Zoom、

---

[1] 资料来源于 Stripe 官方网站。

Slack 等，平台类客户中的 Lyft、Instacart、Uber 等。这些客户群体都是新经济中发展潜力巨大的企业，Stripe 将这些用户主要细分为电子商务与零售类、B2B 平台类、软件与服务类、B2C 平台类、非营利机构与筹资类等。Stripe 是一家科技公司，致力于用科技优化支付、资金管理等方面的内容，为企业解决日常运营中的支付和资金管理等问题。不同的客户有不同的需求，针对不同的企业 Stripe 给出的解决方案也不尽相同，但总体来说，Stripe 就是利用自身科技优势为企业提供相应的金融服务解决方案。这一点，与京东数科后期转型的出发点一致，但是 Stripe 成立之初就将客户目标瞄准企业用户，并未从个人客户出发，这点和中国金融科技独角兽企业完全不同。

从价值主张维度上看，Stripe 的产品组合均为线上虚拟产品，包括自主开发的支付平台、账单管理、国际汇率兑换、快速提现、保险保障、信用卡或付款反欺诈等技术嵌入模块。以 Stripe 自主研发的支付平台为例，Stripe 将不同的支付方式打包成一套 SDK 接口，通过整体接入，降低用户的接入成本，并且 Stripe 将强大的 API 和专门设计结合起来，这样就可以针对不同企业的需求开发出更高效、更有针对性的产品。将复杂的功能集成到轻量级的 API 中，这样一个革命性产品能让整个支付流程变得简单和便捷。Stripe 的几大拳头产品，包括开发者的万能工具箱的 Payments 等，全都坚持 API 化和标准化，帮助企业最大程度地简化端口接入过程。依靠简单易用和标准化的产品和功能，Stripe 牢牢抓住不同行业有着不同支付需求的公司，这既是 Stripe 的市场竞争优势，也是其战略选择。研发能力一流，产品针对性强，专注于提供支付解决方案服务，并且其核心功能包含国际货币支付转换，这些优势都使得 Stripe 在金融科技行业中比 Paypal 更具全球竞争力。

从价值链维度上看，Stripe 的生产支持体系最主要的还是其研发团队，Stripe 是由一对来自爱尔兰的天才兄弟 Collison Brothers 一手创办的，创始人有着卓越的行业洞察力和前瞻力，并且整个团队集中了美国优秀顶尖技术人才，人才保障和丰富的智力资源让 Stripe 有了更强大的技术研发能力。除此之外，实力雄厚的投资人也为 Stripe 提供了有力的资金支撑。Stripe 在种子轮吸引到 Peter Thiel 的投资，之后陆续吸引到 Marc Andreessen、特斯拉创始人 Elon Musk、Box 创始人 Aaron Levie 等的投资，这些投资为 Stripe 提供了丰富的资金资源，并且这些投资人旗下的企业也成了 Stripe 的客户，为其提供了客户资源。Stripe 的生产合作伙伴涉及范围极广，包括各种金融机构、监管机构、支付网络、银行和消费钱包等。这些机构帮助 Stripe 在运营中做好关于金融方面的繁杂工作，让 Stripe 可以更加高效地、专注地对接和实现企业客户的需求。

从盈利机制维度上看，Stripe 的营销战略瞄准的就是中小型公司，Stripe 用户绝大部分是创业公司，这些公司面临成立时间不长、缺少资金和人力，以及亟须在产品里添加支付功能等相似问题。通过将基础支付产品的普适性与客户的多样性需求相结合，Stripe 为企业提供全球化跨平台、易用的多样化支付方式，形成更多的营销组合，并从中获取相应的利润。Stripe 的主要收入来源是运用技术为客户提供支付解决方案或技术支撑的费率与手续费，虽然单笔利润看起来不高，但是市场需求大，企业利润总量可观。

通过分析发现，Stripe 在专业化方面特色显著，其深耕支付领域多年，客户目标明确，其商业模式可以概括为技术优化支付方案模式，具体如图 4-2 所示。

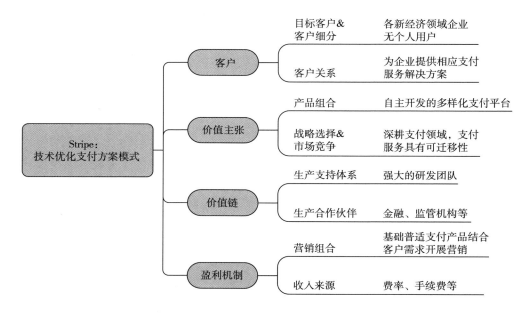

图 4-2　Stripe 商业模式分析框架

资料来源：Stripe 官方网站。

四、全线上的连接者模式

微众银行是由腾讯、百业源和立业等多家知名企业发起设立的国内首家民营银行，企业致力于为普罗大众、微小企业提供差异化、有特色、优质便捷的金融服务，其将自身定位为国有银行的"补充者"①。

---

① 资料来源于微众银行官方网站。

从客户维度上看，由于微众银行将其自身定位为"连接者"的特殊性，所以该独角兽企业与其客户的关系可以说是"双向"的，一方面是为小微群体提供金融服务，另一方面是与金融机构合作，提供数据支撑。微众银行作为普惠金融背景下成立的民营银行，金融服务面向的客户群体包括大众客户和微小企业这类传统银行业无法惠及的80%的长尾客户。这类客户主要的来源是QQ和微信这两大平台，通过这两大平台引流，可以保证企业的信用基础，降低了运营成本和获客成本，让客户自愿使用其提供的借贷等金融服务。此外，依托腾讯这一互联网巨头积累的海量客户和数据，微众银行与多家中小商业银行合作，形成联合借贷模式，即微众银行提供客户筛选、运营管理、风险控制等资源，从中收取相应的提成，而商业银行提供资金和产品，共同为客户提供贷款等服务，目前微众银行有80%的贷款资金由合作金融机构提供。

从价值主张维度上看，微众银行的产品组合主要包括软件平台类产品和代销渠道服务类产品、技术支撑类产品。目前，消费金融业务是微众银行主营业务之一，该独角兽企业的平台类产品包括面向微信和QQ用户的消费金融产品、与其他互联网平台合作推出的平台金融产品，"微粒贷"是其中最主要的消费金融产品。代销渠道服务类产品是指微众银行为基金、保险等其他金融机构提供代销渠道，依托微众银行平台，向小微客户销售基金和保险等理财产品。技术支撑类产品是指微众银行利用自身技术优势，对接小微客户和金融机构，为一些技术薄弱的银行、金融机构双向提供技术支撑。在所有的产品中，微众银行主要经营的产品还是"微粒贷""微业贷"等金融服务产品。此外，微众银行还不设立物理网点，而是采用移动互联网银行的方式，实现客户7×24小时可通过手机QQ或微信账号进入界面操作开户、转账、贷款、理财等服务，非常方便快捷，这是区别于普通的金融机构的特殊经营模式；另外，微众银行选择做一个"连接者"而不是一个"完全独立"的金融机构，这也是其成功打入市场并打造市场竞争优势的利器。全线上金融服务平台和对接金融机构充当"中介"的选择均反映了微众银行的战略选择。

从价值链维度上看，微众银行的生产支持体系主要是来自大股东腾讯的支持，包括资金和技术支持等。腾讯的潜在巨大客户群体和雄厚的资源池让微众银行的快速发展得到了强有力的保障。提到生产合作伙伴，微众银行的生产合作伙伴除了股东公司，就是其他金融机构。双方的支持为其提供了稳定的客户流、技术流和资金流。比如，其风控模型就是在腾讯的用户社交数据基础上建立的，建立白名单制度对客户进行主动筛选，然后按照传统信审制度客观评估客户的信用水平，最后根据综合评分决定是否授信或具体的授信额度，从而降低了运营风险和成本。

从盈利机制维度上看，微众银行的营销组合主要有两大方案：一是通过腾讯的 QQ 和微信吸引客户，提供消费金融产品赚取产品利润，并且采用全线上运营模式降低成本等；二是与其他金融机构等展开合作，为其他金融机构提供销售平台代销金融服务相关产品，或者为其他金融机构提供技术支撑，从中赚取相应的提成和手续费。因此，微众银行的主要收入来源仍然是企业自身金融平台的运营利润和与企业客户合作后分成的收益。

通过上述分析可知，微众银行成立之初就瞄准小微客户群体，采用全线上运营模式并从现有市场竞争中脱颖而出，其核心价值主张中的"中介"特色也非常明显，这些都汇集成为微众银行商业模式的核心优势和特色，因而其商业模式可以概括为全线上的连接者模式，具体如图 4-3 所示。

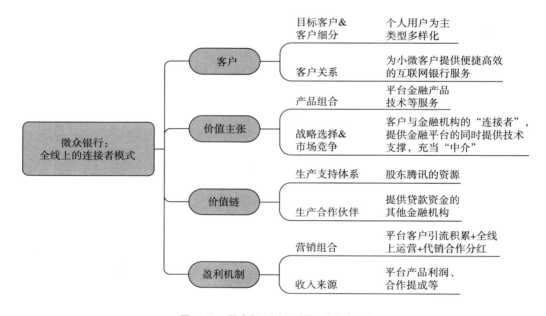

图 4-3　微众银行商业模式分析框架

资料来源：微众银行官方网站。

五、线上线下并举模式

苏宁金融凭借苏宁线上线下海量的用户群体、特有的 O2O 零售模式和从采购到物流的全价值链经营模式，建立支付账户、投资理财等业务模块，打造了苏宁易付宝、任性付等系列产品，为消费者和企业提供多场景的金融服务体验，是中国金融 O2O 的先行者[1]。

从客户维度上看，苏宁金融的客户目标也是包括 C 端的个体消费者和 B 端的企业群体，不过，目标客户中 C 端个人用户仍然占据主要比例。苏宁金融一方面依托苏宁电器和苏宁易购潜在的线上线下海量的用户群体，为线上线下的消费者提供消费金融产品，比如包括基于消费者个人信用展开的金融服务，该服务类似于蚂蚁金服的花呗和借呗功能等；另一方面苏宁金融为企业提供供应链金融产品，这些企业都是苏宁线上线下平台中的供应商、物流企业等，苏宁金融为这些企业提供贷款或应收账款等金融产品服务，既保证了自己的客户量，又保证了整个集团的闭环运行，有效降低了风险和成本。从客户角度来看，苏宁金融采用的客户引流模式与马云创办的淘宝和蚂蚁金服有异曲同工之妙，淘宝的消费者群体使用蚂蚁金服实现支付、借贷、购买理财产品等服务，而淘宝的商家群体则使用蚂蚁金服实现贷款、收账等功能，苏宁金融的本质也是如此。综上所述，苏宁金融的客户主要是来自前期苏宁旗下其他平台的客流量积累，然后细分为 C 端和 B 端客户，苏宁金融为其提供不同的金融服务产品。

从价值主张维度上看，苏宁金融的产品类型就是一个多功能集合的金融服务平台，平台上产品组合多种多样，包括投资理财方面的零钱宝、基金、票据理财和定期理财等，还有易付宝、任性付、苏宁卡等金融服务和为企业量身定制的账速融、信速融、货速融、乐业贷、票速融等供应链金融服务，这些产品组合服务于苏宁金融的战略选择。尽管苏宁金融没有科技基因和金融基因，但却有着 O2O（Online to Offline）的天然基因，在这一方面苏宁金融开启了"金融 O2O 领先者"的步伐，并最终形成苏宁金融的 O2O 发展战略。对苏宁来说，遍布全国的苏宁广场、苏宁电器、苏宁小店等线下零售实体就是其最大的业务优势，而随着互联网革命和数字技术到来，催生了线上消费和金融等需求，因此，苏宁金融瞄准时机，利用自身优势连接线上线下，对传统零售业务展开强力辅助，并一举进军金融科技领域。这是在电商零售业和传统零售业之外的创新型模式。苏宁金融的快速成长离不开苏宁传统零售业务的生态环境，零售业务积累的各类资源服务了金融 O2O 的发展，而实施金融业务特别是 O2O 战略则丰富了苏宁零售业务营销手段，有力整合了零售价值链，反哺零售业务，实现了资金灵活引流和顺畅运用。

从价值链维度上看，苏宁金融的生产支持体系主要是来自苏宁和其旗下的其他公司，苏宁线上线下的潜在巨大客户群体和雄厚的资源池让苏宁金融的前期发展有了强有力的保障。与其他的金融科技公司相比，苏宁金融最大的优势和支撑

---

① 资料来源于苏宁金融官方网站。

并不是其科技的优势而是其 O2O 模式，而这一模式的实现得益于苏宁集团强有力的客户积累和平台支撑。苏宁金融的合作伙伴除了股东公司，就是苏宁旗下的其他子公司。这些合作伙伴形成了完整的产业供应链的闭环，苏宁金融依托这个闭环实现了整个产业的金融供应链的布局。

从盈利机制维度上看，苏宁金融的营销组合主要有线上线下两大方案。苏宁金融在线上依托苏宁原来的会员资源设立金融门户，在线下依托苏宁全国众多门店设立家庭财富中心等，从而打造了完整独特的 O2O 闭环体系。具体而言，线上是通过苏宁平台潜在的客户资源，将金融服务需求与具体场景直接对接融合，通过消费、理财、营销等多种产品服务赚取利润；线下是利用 O2O 力量实现为用户提供"家门口"的投资、理财和咨询等金融服务，从中赚取咨询费用。因此，苏宁金融的主要收入来源是依托线上与线下的平台，售卖金融产品与服务赚取利润。

相比于蚂蚁金服和京东数科在互联网金融服务同一维度扩展的形式，苏宁金融则将产品和服务从线上扩展到线下，形成了创新性金融 O2O 闭环。这正是苏宁金融独特的竞争优势和战略定位，将金融科技运用于场景金融中，真正实现普惠金融。苏宁金融扬长避短，将金融科技与场景金融结合起来，深耕普惠金融，并将其做大做强，因此可以将其商业模式概括为线上线下并举模式，具体如图 4-4 所示。

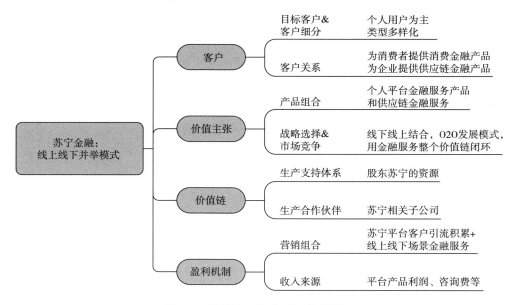

图 4-4　苏宁金融商业模式分析框架

资料来源：苏宁金融官方网站。

六、"熟人"借贷的 P2P 模式

借贷宝是个人间借贷和企业间供应链融资的工具。用户可通过借贷宝还款、销账、转让债权、展期、自行诉讼、委托律师诉讼等，而借贷宝能为用户间借贷或融资生成并保存电子合同，不过全程用户自担借贷风险，借贷宝不对本息收回提供承诺或保证[①]。

从客户维度上看，借贷宝，也常被人称为"熟人借贷"平台。借贷宝客户目标主要集中在个人，在近两年才有所转型，出现了少部分企业，即客户中个人用户仍是主体，企业用户则是在新推出的创新模式中才有所涉及。对于个人客户，其可以在借贷宝上进行匿名投资，也可以在借贷宝上进行实名借款，也就是说借贷宝给个人客户提供了一个中介平台。对于少部分的企业客户，借贷宝创新供应链金融模式，利用数字化线上服务平台，完成企业借贷，具体操作如核心企业用员工投资等资金帮助供应商应收账款贴现，提供有效、低成本融资服务，而核心企业从投资中得到固定收益，其中核心企业通常是大企业，而对应的供应商通常是中小微企业。两类型客户服务的本质均是"熟人"借贷，只是个人客户的"熟人"是校友、朋友圈子，而企业客户的"熟人"转变为员工、朋友圈子而已。

从价值主张维度上看，借贷宝提供的产品总体而言非常简单方便，就是为用户搭建、提供一个熟人间单向匿名的借贷体系。该平台采用借款人实名制，出借人匿名制的借款方式，实现了熟人之间简化各种流程直接借贷的可能。不过与其他相似企业相比，借贷宝选择自身不放贷，并且也不为用户间自发进行的借贷交易提供信用担保。如果出现借贷违约，借贷宝可以为用户提供催收协助和法律援助等服务，但是绝不会承担任何借贷违约的风险。从这一点看，这也是借贷宝的战略选择，借贷宝将自身定位为网络借贷平台信息中介，这样能够有效地减少企业运营的风险与成本，又能通过用户规模获取更多利润。

从价值链维度上看，借贷宝作为一家 P2P 模式的线上借贷金融机构，风险管控是其面临的最大机遇与挑战。在运营的过程中，借贷宝借助强有力的风控研发团队很好地实现了较好的风险管控，化解了挑战，抓住了机遇。可以说，风控研发团队正是借贷宝价值链中的生产支持体系。借贷宝通过风控研发团队，搭建有效的风险管控平台，在实施自风控模式的同时，还通过人脸识别技术、AI 反欺诈体系、鹰眼系统等多种智能方式来保障这个体系正常有效运行。虽然借贷宝不承诺承担任何借贷违约的风险，但是通过其完备的风险管控平台，有效规范了用户范围和交易范围，更好地保证了平台的稳定运行。据官方介绍，借贷宝是中国最大的以自风控为核心的个人和企业投融资服务平台，这既是借贷宝的核心竞争力，也是借贷宝价值链中最大的支撑体系。通过查阅相关文件发现，借贷宝的自风控模式实际上就是让债权人直接去判断债务人的信用风险，平台不会直接参与到债权人信用风险的评判。在借贷宝提出的这一"自风控"模式之前，对债权进行兜底是行业内的普遍现象，而《网络借贷信息中介机构业务活动管理暂行办法》出台后，这一问题成为行业内亟须解决的问题，借贷宝采用的"自风控"模式就很好地符合了政策导向。当然，除了自己的研发团队，企业还会与风险管控强的金融机构展开合作，以保证及时全面地管控风险，这些风险管控能力较强的金融机构就组成了借贷宝价值链中的生产合作伙伴。

从盈利机制维度上看，借贷宝主要通过收取各种服务费和流量渠道费等实现盈利。关于交易服务费，本身不放贷的借贷宝提供交易平台，从用户间交易收取年化 0.3% 的服务费；关于助贷服务费，借贷宝建立模型筛选优质借贷人，为小额贷款公司、银行等持牌金融机构提供贷前服务，收取手续费；关于信用服务费，借贷宝利用用户的相关数据与机构合作，向其提供信用服务并收费；关于直贷和委贷，借贷宝利用技术对接相关机构及高净值个人的资金，建立一个信用评价及决策模型实现系统自动化投资，并从中获取收益；关于流量渠道费，借贷宝主要利用其 1.3 亿用户的数据资源，为相关资质良好但获客成本较高的平台导流，并从中盈利。以上这些盈利方向也是借贷宝选择的营销组合的方向。

通过上述分析发现，借贷宝主攻熟人借贷，客户目标明确，是企业中较创新的 P2P 模式企业，因此借贷宝的商业模式可以概括为"熟人"借贷的 P2P 模式，具体如图 4-5 所示。

七、零佣金模式

Robinhood 是一家主打零佣金股票交易服务的金融公司，目前主要通过手机 App 提供股票交易服务。该公司在其官网上宣传的企业使命是使所有人的金融民主化，其以客户为决策核心，降低交易壁垒，消除费用，并提供了更多获取财务信息的途径[1]。

从客户维度上看，Robinhood 用它推出的零佣金股票交易应用挑战大型交易商，在股票券商行业中，Robinhood 瞄准的不是已经竞争白热化的大型客户或者企业客户，而是相对小的个人用户或者小微企业，也就是我们平时所说的散户。

---

[1] 资料来源于 Robinhood 官方网站。

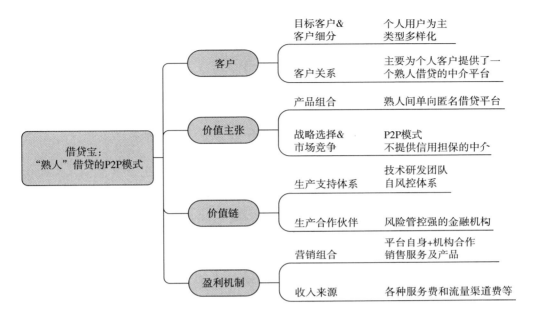

图 4-5 借贷宝商业模式分析框架

资料来源：借贷宝官方网站。

该公司通过推出免佣金交易股票平台，使散户有了更多进入股票交易市场的机会，也就是说 Robinhood 为小微客户提供了一个更加优惠、低成本的投资交易平台。

从价值主张维度上看，Robinhood 提供的产品总体而言非常简单，就是为用户搭建、提供一个零佣金的股票交易平台。近些年，Robinhood 开始迈入其他货币交易领域，如加密货币，欲通过扩大经营范围，推广零佣金的金融交易平台，其价值主张是想通过零交易佣金"让金融民主化"，因此以欧洲中世纪一位传奇人物罗宾汉的名字 Robinhood 命名。传说中，罗宾汉劫富济贫，而 Robinhood 公司提出"为所有人实现金融民主化"，这样的一种价值主张引起了美国广大消费者的共鸣，成就了 Robinhood 近年来飞速增长的业绩。此外，Robinhood 也是顺应了美国的历史潮流，美国证券交易委员会曾经提出要解除对交易佣金的管制，所以很多企业开始考虑采用折扣降低佣金的方式，但是并没有一个企业提出要采用颠覆性的零佣金形式，而 Robinhood 一举突破，提出免佣金交易，这一标准现如今已被美林等公司沿用。零佣金交易可以说是 Robinhood 最大的核心竞争力，也是其战略选择。

从价值链维度上看，Robinhood 背后的生产支撑体系主要是企业自身的研发团队，其合作伙伴是与之进行交易的各大做市商。Robinhood 的创始人及其研发团队都对股票交易有着较敏感的洞察力，并且还擅长营销和软件开发设计。以营销方面为例，一开始企业是利用排他性的诱惑来吸引人们对这个公司产生兴趣的。在 2013 年企业准备上线时，其为平台加上准入门槛，形成了 5 万人的等候名单，并将候选排位设计为一个游戏，告知潜在用户可以通过推荐朋友来提升在等候名单的排名。到了 2014 年上线时，企业已有 100 万用户在等待中①。这种"饥饿营销策略"为该独角兽企业打下了坚实的客户基础。关于 Robinhood 的合作伙伴，主要是各大做市商，Robinhood 主张零佣金交易股票，也就意味着其没办法从股票交易中赚取佣金差价，所以其必须思考其他的盈利渠道，最终企业把目标瞄准各大做市商，通过把散户数据卖给有钱的做市商，从而实现企业收入正增长。

从盈利机制维度上看，Robinhood 采用的营销组合就是零佣金炒股，直接颠覆以往行业运营模式，形成行业标杆。关于盈利机制，Robinhood 作为股票交易平台，其并不收取交易佣金，而是主要通过将客户交易数据卖给所谓的做市商而实现企业盈利，这些做市商指的是 Citadel Securities、Two Sigma Securities、Susquehanna International Group 和 Virtu Financial 等大型复杂的定量交易公司。Robinhood 将数据卖给这些做市商后，这些做市商会把 Robinhood 的客户订单输入到自家算法中，然后通过在出价和要价中进行微调来实现交易利润②。自 2020 年新冠疫情以来，Robinhood 更是受到了热捧，据统计，2020 年上半年，Robinhood 公司已经增加了 300 多万个账户，增幅达到 30%；公司预计 2020 年营收将达到 7 亿美元，较 2019 年增长 250%。③在未来，这些数据产生的价值更是会水涨船高，估计该独角兽企业的估值也会因此有所提升。

通过上述分析发现，Robinhood 的商业模式与其他独角兽企业又有所不同，其专攻股票交易领域，且瞄准数量众多的散户客户，相比传统企业，实现了颠覆性模式，其商业模式可以概括为零佣金模式，具体如图 4-6 所示。

八、六大商业模式比较

上文通过对中美 6 家金融科技独角兽企业展开分析可以发现，这六大商业模式既存在着共性，也存在着差异。

本书发现，六大商业模式主要有以下三点不同：**一是客户类型不尽相同。**在 B2B2C 客户解决方案模式和技术优化支付方案模式中，我们可以看到客户群体主要是企业，而其他商业模式主要的客户群体都是个人，不同商业模式选择的客户

---

① ② ③ 资料来源于 36 氪网络转载文章《Robinhood 如何成为"华尔街之狼"？》。

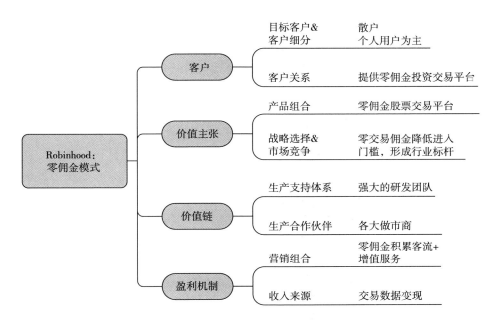

图 4-6 Robinhood 商业模式分析框架

资料来源：Robinhood 官方网址。

类型往往与其价值主张的选择息息相关，通过其他维度相互作用，最终不同的商业模式会呈现出不一样的客户维度。**二是选择的战略导向不尽相同。**有的金融科技独角兽企业在选择战略导向时，更多是扮演"协助者"的角色，比如 O2O 普惠金融模式和全线上的连接者模式的独角兽企业，在帮助传统机构改革创新金融产品时，传统金融机构更偏向于利用科技在传统的金融服务上进行完善改进，然后再在产品改革调整中实现突破创新；而有的金融科技独角兽企业则选择扮演"提供者"的角色，比如零佣金炒股模式的独角兽企业，在发展初期都更偏向于从创新起步，直接为客户提供更加便捷、创新的金融产品或服务，然后不断调整发展，因此不同的商业模式价值其主张维度也不尽相同。**三是价值链选择不尽相同。**前文提到的 B2B2C 客户解决方案模式、O2O 普惠金融模式和"熟人"借贷的 P2P 模式选择的生产支持体系主要都是来自企业的母公司或者其他大企业，通过这些企业提供庞大的客户资源、技术资源和资金支持等让金融科技独角兽企业得以发展壮大，而像技术优化支付方案模式和零佣金炒股模式主要都是依托自身强大的研发团队，并将其打造成企业的主要生产支持体系，通过招纳更多的顶尖人才到创业团队中来，从而为独角兽企业的发展提供动力源泉。

通过上述分析，我们可以发现，同一行业但不同类型的商业模式也存在着不少差异。但是这些差异并不影响这些独角兽企业的成长，毕竟这些独角兽企业在过去的市场竞争中不仅存活了下来，并且还迸发出巨大的发展潜力，闯进了2019~2021 年的全球独角兽企业 500 强榜单的前 100 名。我们不禁想问，这些商业模式究竟有什么共同之处呢？

本书发现，上述六大商业模式存在以下三大共同点：**一是这些商业模式都难以复制。**何谓"难以复制"？所谓"难以复制"指的就是独角兽企业的商业模式存在独特性，具有很难被竞争者模仿的特征，其他竞争者很难模仿超越，因此独角兽企业能够以此商业模式长期保持竞争优势。比如，B2B2C 客户解决方案模式和技术优化支付方案模式，这两大商业模式最终选择的客户群体都是企业，而不是数量多、易引流的消费者群体，它们的客户目标定位高，同时风险也高，商业模式较难被模仿。**二是这些商业模式对企业成长能起到正向作用。**拥有难以复制这一特点的商业模式往往都能对独角兽企业成长起到正向作用，独角兽企业作为新起之秀，常常需要有自己的与众不同之处，只有这样才可能在众多企业中脱颖而出。比如，解树江在其文章《独角兽企业成长的关键要素》中提出，拥有独创性或颠覆性技术、难以复制的商业模式、持续实现的资本赋能等成长关键要素的企业相对更有发展优势，也更容易得到投资人的青睐，从而更容易从隐形独角兽中成长起来。**三是这些商业模式能够协同其他关键要素发挥作用。**独角兽企业拥有难以复制的商业模式后，也不是一劳永逸的，还需要在发展中不断调整，创造自己的其他优势，将商业模式与其他关键要素协同起来共同推动独角兽企业的成长。资料显示，有些独角兽企业并非只具备某一关键要素，有的可能具备多个关键要素，难以复制的商业模式完全能够与独创性或颠覆性技术等关键要素一起发挥协同作用，从而达到"1+1>2"的效果。通过上述分析，这些独角兽企业商业模式的"秘密"已不言而喻，其中，难以复制性是其最大的秘密，企业只有在具备这些商业模式的难以复制性的前提下，才能在其他关键要素的助推下快速成长。

参考文献

［1］奥利弗·加斯曼，卡洛琳·弗兰肯伯格，米凯拉·奇克．商业模式创新设计大全：90% 的企业都在用的 55 种商业模式［M］．聂茸，贾红霞，译．北京：中国人民大学出版社，2017.

［2］陈颉．高科技产业衍生创业行为研究［M］．北京：经济管理出版社，2013.

［3］陈佑成，郭东强．基于多案例分析的中国 O2O 商业模式研究［J］．宏

观经济研究，2015（4）：14-22.

［4］戴文文，徐明．基于 Osterwalder 商业模式分析框架的京东商城商业模式分析［J］．电子商务，2016（3）：26-27.

［5］彼得·德鲁克，约瑟夫·马恰列洛．德鲁克日志［M］．蒋旭峰，王珊珊等，译．上海：上海译文出版社，2014.

［6］甘碧群．市场营销学［M］．武汉：武汉大学出版社，2013.

［7］郭黎星．国内外商业模式研究综述［J］．商场现代化，2012（3）：11-12.

［8］解树江．2019 全球独角兽企业 500 强蓝皮书［M］．北京：经济管理出版社，2020.

［9］兰孝玲．企业商业模式研究现状与发展趋势［J］．河南社会科学，2016，24（1）：67-72+123.

［10］郎咸平．整合：中国企业多元化与专业化整合战略案例［M］．北京：东方出版社，2010.

［11］周乐婧，郭东强，余鲲鹏．"互联网+"背景下中国独角兽企业商业模式创新研究［J］．对外经贸，2019（4）：93-97+157.

［12］刘颖鑫．中美科技金融模式比较研究［J］．经贸实践，2018（7）：120+122.

［13］欧晓华，余亚莉．国内外商业模式创新研究综述［J］．生产力研究，2013（6）：184-187.

［14］王莉．苏宁金融的 O2O 实践［J］．中国外汇，2016（6）：49-51.

［15］王鑫鑫，王宗军．国外商业模式创新研究综述［J］．外国经济与管理，2009，31（12）：33-38.

［16］菲利普·科特勒．市场营销导论［M］．俞利军，译．北京：华夏出版社，2001.

［17］原磊．国外商业模式理论研究评介［J］．外国经济与管理，2007（10）：17-25.

［18］原磊．商业模式体系重构［J］．中国工业经济，2007（6）：70-79.

［19］张赫挺，李申伟．商业模式研究现状及其发展综述［J］．经济研究导刊，2014（5）：13-14.

［20］张其翔，吕廷杰．商业模式研究理论综述［J］．商业时代，2006（30）：14-15+8.

［21］郑淑蓉，吕庆华．物联网产业商业模式的本质与分析框架［J］．商业经济与管理，2012（12）：5-15.

［22］中国人民银行广州分行课题组．中美金融科技发展的比较与启示［J］．南方金融，2017（5）：3-9．

［23］朱锦鸿，朱思因，周冠怡彤．商业模式研究评述［J］．商场现代化，2018（7）：1-5．

［24］诸国华．独角兽企业研究综述与展望［J］．经营与管理，2020（2）：65-71．

［25］Zott C．，Amit R. Business Model Design and the Performance of Entrepreneurial Firms［J］. Organization Science，2007，18（2）：181-199．

［26］Bocken N. M. P．，Short S. W．，Rana P．，et al. A Literature and Practice Review to Develop Sustainable Business Model Archetypes［J］. Journal of Cleaner Production，2014（65）：42-56．

［27］Burkhart T．，Krumeich J．，Werth D．，et al. Analyzing the Business Model Concept-A Comprehensive Classification of Literature［Z］. Proceedings of the International Conference on Information Systems，ICIS 2011，Shanghai，China，December 4-7，2011．

［28］Casadesus-Masanell R．，Ricart J. E. From Strategy to Business Models and onto Tactics［J］. Long Range Planning，2010，43（2-3）：195-215．

［29］Casadesus-Masanell R．，Zhu F. Business Model Innovation and Competitive Imitation：The Case of Sponsor-based Business Models［J］. Strategic Management Journal，2013，34（4）：464-482．

［30］Chesbrough H. Business Model Innovation：It's Not Just about Technology Anymore［J］. Strategy and Leadership，2007，35（6）：12-17．

［31］Christoph Zott，Raphael Amit. Business Model Design：An Activity System Perspective［J］. Long Range Planning，2010，43（2-3）：216-226．

［32］James Richardson. The Business Model：An Integrative Framework for Strategy Execution［J］. Strategic Change，2008，17（5-6）：133-144．

［33］Jonas Hedman，Thomas Kalling. The Business Model Concept：Theoretical Underpinnings and Empirical Illustrations［J］. European Journal of Information Systems，2003，12（1）：49-59．

［34］Rappa M. A. The Utility Business Model and the Future of Computing Services［J］. IBM Systems Journal，2004，43（1）：32-42．

［35］Magretya J. Why Business Models Matter［J］. Harvard Business Review，2002，80（5）：86-92．

［36］Mahadevan B. Business Models for Internet-Based E-Commerce：An Anatomy [J]. California Management Review, 2000, 42 (4): 55-69.

[37] Michael Morris, Minet Schindehutte, Jeffrey Allen. The Entrepreneur's Business Model: Toward a Unified Perspective [J]. Journal of Business Research, 2005, 58 (6): 726-735.

[38] Sánchez P., Ricart J. E. Business Model Innovation and Sources of Value Creation in Low-income Markets [J]. European Management Review, 2011, 7 (3): 138-154.

[39] R. Bohnsack, J. Pinkse, Kolk A. Business Models for Sustainable Technologies: Exploring Business Model Evolution in the Case of Electric Vehicles [J]. Research Policy, 2014, 43 (2): 284-300.

[40] Rappa M. Managing the Digital Enterprise-business Models on the Web [EB/OL]. [2013-10-10]. http: //ecommerce. ncsu. edu/business-models. html.

[41] Shafer S. M., Smith H. J., Linder J. C. The Power of Business Models [J]. Business Horizons, 2005, 48 (3): 199-207.

[42] Stewart D. W., Zhao Q. Internet Marketing, Business Models, and Public Policy [J]. Journal of Public Policy and Marketing, 2013, 19 (2): 287-296.

[43] Teece D. J. Business Models, Business Strategy and Innovation [J]. Long Range Planning, 2010, 43 (2-3): 172-194.

[44] Zott C., Amit R. H., Massa L. The Business Model: Recent Developments and Future Research [J]. Journal of Management, 2011, 37 (4): 1019-1042.

第五章

战略与品牌协同

战略与品牌协同已成为独角兽企业最需要的核心要素之一，是独角兽企业持续发展、快速发展不可或缺的能力，独角兽企业比普通企业更需要战略、品牌以及战略与品牌之间的协同。

事实上，独角兽企业需要在初创的短期内获得巨大的成功，其战略与品牌的协同程度是超过一般企业的，其不仅要有高瞻远瞩的战略统筹，还要实施积极的品牌推广，而且品牌推广要和公司战略高度匹配、高度协同，这是独角兽企业的一大特质。独角兽企业对战略和品牌的认知和理解远超过其他同龄公司，一般表现出早熟和超前的趋势，也是科技创新独角兽企业中战略与品牌协同程度最高的群体。实际上，战略与品牌是一枚硬币的两面：对内，谋划实现全局目标的规划是战略；对外，展示独角兽企业形象和对客户承诺的是品牌。一个成功的独角兽企业，必须做到让其客户感知到的品牌形象隐含了独角兽企业的战略意图。

战略与品牌的协同程度是区分不同层次独角兽科技创新企业的重要标志。独角兽企业的战略和品牌协同最终表现出以"战略协同"为导向、以"品牌推广"为关键的形态，只有当独角兽企业把品牌提升到战略高度，真正把品牌塑造成消费者心目中深刻而美好的认知，创造出竞争对手无法模仿的品牌核心竞争力，并最终带来差异化利润，才真正实现了战略与品牌协同。

一、目标导向

独角兽企业的战略就是根据某一个目标来设定的，被称为目标导向战略，独角兽企业在做决策之前会拥有明确的目标，且为了达到和实现该目标，愿意采取一系列行动措施，这些行动和措施之间是一环一环、环环相扣的，从而确保最终实现和完成既定目标。目标导向的目的是起到预防作用，在问题还未出现时防微杜渐，将苗头扼杀在摇篮里，通过设定目标来解决和处理。例如，Hulu 网的"只做高品质战略"就是一种很强烈的目标导向，其以 150 亿美元的估值位列 2021 年全球独角兽企业 500 强榜单第 36 名。

Hulu 一词没有出现在英语词典中，而是一个中文音译词 Hulu。为此，Hulu 网①的创始人兼总裁杰森·基拉尔解释了他为什么选择 Hulu 这个名字。因为在中国，葫芦被挖空以保存珍贵的东西，这就是葫芦的内涵，也有招财进宝的寓意，而 Hulu 网自诞生以来一直致力于为观众提供高质量的视频，并采取了一系列有效措施。

Hulu 网自成立以来一直遥遥领先于其他类似网站，因为它在诞生伊始就含

---

① Hulu 网是美国乃至全球著名的视频网站之一，成立于 2007 年 3 月，总部设在美国洛杉矶，并且在北京设有办事处。

着一把"金汤匙"，背靠美国 NBC 环球、美国新闻集团和迪士尼（福克斯）三巨头。2007 年，在试运行后，Hulu 网成功地从普罗维登斯私募股权公司（Providence private equity）以 10%的股份为代价，获得了 1 亿美元的投资，并于次年 3 月正式向美国开放。2016 年 8 月，Hulu 网与时代华纳达成协议，时代华纳投资 5.8 亿美元入股，持股约 10%。

在美国 NBC 环球、美国新闻集团、迪士尼（福克斯）、时代华纳和普罗维登斯等知名投资者的品牌和资本加持下，Hulu 网迅速地成为一个真正的高品质正版视频网站。2009 年，Hulu 网以 1%的视频流量占据了美国视频广告市场的 33%。2010 年，Hulu 网超越雅虎等老牌网站，成为美国第二大视频网站，并一直保持这一地位。2020 年，当疫情在美国肆虐时，Hulu 网在美国拥有 3660 万点播视频订阅用户，比 2019 年净增约 800 万。与此同时，Hulu 网的广告收入也实现了历史新高，同比增长 41%。尽管目前网站视频的领军企业仍然是 YouTube，但是 Hulu 网已经牢牢占据了第二名的位置，并展现出高效且持续的盈利能力，超越 YouTube 也许指日可待。

Hulu 网总裁基拉尔曾不止一次在采访中表示，他考虑过让用户创建视频，但认为"用户不需要第二个 YouTube"，所以 Hulu 网与 YouTube 不同，走的是专业视频模式，而不是用户生成内容（UGC）模式。Hulu 网的成功是传统媒体对网络新媒体的成功反击，同时，它也证明了高质量的内容始终是赢得客户的关键。

事实上，Hulu 网可以实现这一目标，与其控股公司有很大关系。Hulu 网最初的两个股东是美国 NBC 环球、美国新闻集团。作为 Hulu 网的投资者，他们为 Hulu 网提供真正的、正版的电影和电视剧，作为其投资的一部分。随着迪士尼集团的加入，这三大股东拥有的视频节目内容已远远超过其他视频网站。因此，Hulu 网几乎可以率先获得美国乃至世界上大多数最新的视频资源。此后，Hulu 网与华纳兄弟、索尼等数百家视频内容提供商达成合作，获得了更多的视频资源，极大地丰富了 Hulu 网的视频分类，形成了其他视频网站无法比拟的独特优势。当其他视频网站为购买高价节目版权而犯难时，有背景的 Hulu 网可以以较低的价格拥有美国 2/3 的优质影视资源，没有其他网站常有的内容不够好，不够多、不够新的烦恼。换句话说，如果没有几个大股东和影视公司的支持，Hulu 网将很难成功。

Hulu 网同网络新媒体相比的最大优势便是无可匹敌的高质量视频内容，因为与 Hulu 网合作的公司均为正式的视频公司而不是个人，所以 Hulu 网的视频质量一直处于一个高水平上，这为网站赢得了大量的用户，在这一点上，即使是 YouTube 也难以做到，同时 YouTube 还因为视频质量问题而饱受广大观众的诟病。与同类视频网站相比，Hulu 网最突出的特点就是它可以轻易获得其他视频网站得不到的正版视频，避免了侵权盗版等问题，而有些网站则面临侵权案件的困扰。例如，YouTube 于 2007 年 3 月被 Viacom 提起诉讼，针对 YouTube 上出现的大量原告拥有版权的作品，请求法院判决 YouTube 停止侵权并支付 10 亿美元的损害赔偿，后来以 YouTube 败诉告终。

总之，在视频内容方面，Hulu 网已经凭借高质量且确保版权的视频站在了同类视频网站的前沿，即使在疫情肆虐的 2020 年，Hulu 网也实现了收视人数的暴涨和广告收入的巨额收入。①

二、问题导向

问题导向战略与目标导向战略不同，其是相对而言更为被动的一种方式，即只有在出现问题或问题恶化的时候，才会更为积极主动地去发现问题、分析问题、解决问题，更像一种"亡羊补牢"的模式，侧重于具体操作以解决问题。例如，为分摊房租问题而诞生的爱彼迎，运用的就是典型的问题导向型战略。

作为曾经的全球独角兽企业 500 强，爱彼迎在 2022 年 1 月 3 日收盘时，每股股价高达 172.68 美元，市值 1110.33 亿美元，比 2020 年全球独角兽企业 500 强榜单的 297.26 亿美元估值高了三倍，超过全球五大传统连锁酒店——温德姆酒店和度假村、精选国际酒店、万豪国际、洲际酒店集团、希尔顿集团的市值总额，成功颠覆了整个传统酒店行业，实现了独角兽企业的华丽蜕变。

可以说，爱彼迎依托全球民宿创始人的战略定位，通过每秒 6 次入住等品牌推广，构建了完善的品牌集群，成为全球民宿的代名词，品牌集群影响力持续提升。事实上，爱彼迎属于共享经济独角兽企业的代表，与许多共享经济企业一直处于烧钱的状态不同，作为少数已经基本实现盈利的企业，爱彼迎营业收入节节攀升，这或许就是爱彼迎与其他共享经济公司最大的不同，资本市场已经用脚投票证明了这一点。

（一）住房界的 eBay

爱彼迎成立于 2008 年 8 月，总部设在旧金山市，英文名源自 "Airbed and Breakfast"（气垫床和早餐）的简写 "Air-b-n-b"，这是第一次开设网站时的域名，也特指两位创始人布莱恩·切斯基（Brian Chesky）和乔·杰比亚（Joe Geb-

---

① 解树江. 数字经济先锋：全球独角兽企业 500 强蓝皮书（2020）[M]. 北京：经济管理出版社，2021；郑宇. Hulu 网站优势简析 [J]. 群文天地，2011（16）：271+291；蒯凌波. 基于双边市场理论的视频网站定价模型研究 [D]. 苏州：苏州大学，2013.

bia）当时为分摊金融危机和失业后的房租负担，而想出在客厅出租充气床垫附加第二日早餐的服务。可以说，从建立之初，爱彼迎就重视业务的高匹配，走私人共享出租的业务道路。

众所周知，爱彼迎现在也一直致力于成为共享住宿旅行模式的代名词，其主营业务是依托移动互联网的旅行房屋租赁社区，该业务本质上是公司作为房东和房客的中间商，本身不拥有或运营房源，而是向双方收取服务费作为收入，所以是一种 C2C 模式，即用户双方可通过网络或手机完成在线预订程序，而房东需要敞开自家大门，把自己的房子租给素未谋面的陌生人，从而将房屋不动产转变为可持续运营的资产，实现共享经济。具体来看，爱彼迎的民宿短租业务的收入主要来自对房东、房客收取的服务费，每笔订单中合计收取的服务费不超过房源价格的 15%，即房客在平台预订房源后，公司向其收取约 3% 的服务费，并代扣住宿税，而房东在通过公司平台发布、展示房源并达成交易后，公司向其收取6%~12% 的代管费，两方收取的费用总额即构成公司的主业收入。

从公司年报、研报、官网等网络公开数据上，我们可以更为直观地了解爱彼迎的实力。民宿短租方面，目前爱彼迎在国内外拥有超过 700 万套特色房源，其合作的民宿、短租公寓、连锁酒店、客栈等覆盖全球超过 220 个国家和地区的近 10 万座城市，有 5400 万活跃租客，累计为 8.25 亿次的房客入住提供便利，并且达到每秒便有 6 次入住的惊人记录，累计为房东带来了超过 1100 亿美元的收入。

除去疫情因素影响的 2020 年、2021 年，爱彼迎前几年的财报数据很是亮眼，营业收入分别为：2017 年 25.6 亿美元（同比增长 55%），2018 年 36.5 亿美元（同比增长 43%），2019 年 48.1 亿美元（同比增长 32%），虽然增速有所放缓，但依旧实现了 42.64% 的年复合增长率；毛利率分别为：2017 年 74.7%，2018 年76.3%，2019 年 75.1%，稳定保持在 75% 左右。

目前，爱彼迎已经发展成为全球最大的特色民宿短租、度假公寓预订平台，并会聚千万旅游达人、旅行攻略、体验服务等，更被《时代周刊》誉为"住房中的 EBay"，爱彼迎以促进人与人之间的交流为宗旨，致力于让房东与体验达人、房客与参与者、员工与社区等所有利益相关者受益。

（二）质量是品牌的基础

共享住宿的活动得以进行的大前提就是人与人之间的信任。这种信任包括交易双方之间的信任，因为参与交易的双方对彼此并不了解，在房屋租赁过程中，也会存在一些房东对游客的消费隐瞒。这种信任还包括交易双方对第三方共享平台的信任，因为在交易之前，共享经济平台会要求获得交易方的地理信息，交易方要用个人的社会交流账号如 QQ、微信等进行第三方交易平台的登录。

共享住宿服务的质量取决于房源的品质、安全性以及相关信息的准确性。爱彼迎为了搭建值得信赖的全球社区，通过 24 小时中文客服、实人认证、百万美元保障险等多种手段，力争全方位保障线上与线下每一趟行程的安全与真实，保证每一份线上惊喜背后承载的是每一份线下的安心。就民宿短租来说，爱彼迎要求每次住宿都是由真实房东提供的真实房源，且每一个发布的房源信息都要经过公司的 100% 房源验证人工审核，最后还会与房客分享入住所需的详细信息，让房客能够安心入住当地的家。其他方面关于保障安全和真实的措施还包括保持重要信息的公开透明、拥有安全支付、疫情防控期间采取专业卫生清扫措施等，这些不断完善的平台监管机制加强了人们对爱彼迎的品牌信任感。

不同于千篇一律的标准化酒店服务，爱彼迎可以提供丰富多样、个性设计的房源类型，覆盖住宅、别墅、木屋、帐篷、房车等各类特色、不同档次的建筑与房源，往往每一间房屋都极具当地民俗特色，显得更美、更精致、更有品位，从而能够满足不同房客独特的体验需求，让房客能有更加自由、高端的入住体验。

不同于其他民宿平台，爱彼迎的整体装修风格也更胜一筹，在爱彼迎平台上往往能预订到质量更好的房子，这是因为平台对入驻房东有一定的筛选，那些看起来比较破旧或者卫生条件不好的房子基本上不能上架，所以人们在该平台上看到的房源大多是装修和室内设施都比较完善的。总体来看，只要你用心去选择，总会在爱彼迎平台上找到一款最适合你的优质产品，你剩下所需要做的就是享受你的入住。

爱彼迎的民宿与传统经济型酒店相比，往往面积更大、位置更佳、整体装修更美、功能设备更齐全、服务更多、特色更明显、人情味更浓、体验更好，特别是价格上更有优势，因为其往往可以用和经济型酒店同等价格甚至更低的价格，去入住比经济型酒店好很多的地方。想象一下，当你和很多朋友一起出行，或者是亲朋好友之间组成的小团出游，那么五六个人选择一个 3 室 1 厅的民宿，肯定比去酒店更加节省，尤其是在海外或者国内一线城市这样寸土寸金的地方，它的价格绝对比当地的酒店更便宜、更亲民。网上经常有人晒出入住的民宿经历，比如上海迪士尼旁的一个城堡别墅民宿，内有游泳池、花园、庭院，还有滑梯、秋千、吊床、浴缸，还包早晚接送、送早餐，在床上就可以看见迪士尼烟火。这样的别墅民宿在淡季时只要 200 块钱就可入住，也就是说，200 块就可以让你体验到富贵豪门里王子与公主的生活，性价比极高。

（三）强有力的品牌战略

品牌推广是爱彼迎取得成功的关键。爱彼迎的文案与广告很走心，优秀的文案加上强有力的社交网络平台，能够很好地传递爱彼迎的声音和故事。首先，爱彼迎善于利用社交网络宣传平台，话题性十足。其围绕着房东房客、员工公司，一直精心打造着充满活力的社区和活动，比如与支付宝合作推出的"旅游储蓄"、夜游卢浮宫之旅、长城住宿体验等；其还鼓励分享关于人与人相互连接的亲身经历，并将社区中发生的旅行者故事、旅行小技巧，附带着当地的风土人情，在知乎、微博等社交平台进行分享，这激发了人们之间的热烈讨论与交流，很大程度上吸引了年轻群体。其次，爱彼迎有很多优秀的文案。例如，其首次为中国市场量身打造的品牌推广活动——"爱让旅行不可思议"，就淋漓尽致地体现了这一点。该视频开篇抛出了灵魂发文："爱，我们真的懂吗？"随后，该视频全程采用别具一格的文案去诠释"爱与旅行"的意义，包括"爱是旅行中给自己一个家""爱让旅行不可思议""爱是带上初心勇敢体验""爱是住进不接地气的家"等，恰当地将旅行途中住进的惊喜、遇见的温暖与爱都融入其中，一下子拉近了和用户之间的心理距离，显得浪漫、温暖又贴心。最后，爱彼迎拥有强大的广告宣传力度，它是少数几个拥有自己杂志的企业，并向房东房客免费赠阅。爱彼迎还善于发挥名人的品牌效应。例如，大中华区首次明星代言活动选择的代言人是彭于晏，这是一个被誉为"拍的广告比电影还好看"的艺人，他代言的益达口香糖曾经风靡一时，形象、气质俱佳，可盐可甜、风格多变，正好契合爱彼迎多样化、独特性住宿的特点。

　　品牌延伸方面，爱彼迎致力于打造出行服务产业链，营造一个点对点的旅行服务，从而满足人们在出行中的各类服务需求，因此，在公司的统一架构之下，客户可以预订住宿、交通、餐饮和短途旅行，公司也可以拥有不同的营收来源。为此，爱彼迎积极挖掘现有业务的增长潜力，扩大全球市场覆盖率，同时利用现有品牌知名度布局多元化业务，通过大规模收购整合等方式布局新业务，减少对短租业务的依赖，将品牌延伸至新业务领域，2011 年以来已经并购数十家拥有相关专长的公司。短租业务板块，爱彼迎已从民宿领域扩展到精品旅馆、度假村、豪华住所、传统酒店等类别；体验业务板块，爱彼迎已在 2016 年起开始提供表演、教学、考察、游览等各类体验服务；会议活动板块，爱彼迎已在 2018 年推出爱彼迎 for Work 业务。①

三、第一性原理

　　作为马斯克最广为人知、最富有声望的话语，当数第一性原理。马斯克的好

---

① 本节的企业案例内容，除已标明参考资料外，其余内容主要参考资料来源于解树江教授的作品《数字经济先锋：全球独角兽企业 500 强蓝皮书（2020）》。

友、谷歌公司联合创始人拉里·佩奇曾评价过马斯克："他会问自己：'在这个世界上我到底应该做什么？'经过思考，他选择解决汽车问题、全球变暖问题，并将人类送上其他星球。这些都是非常有吸引力的目标，现在他正利用商业来实现这些目标。"

我们常说，"透过现象看本质"是一种非常重要的认知能力，它实际上类似于"第一性原理"。"第一性原理"也称为"第一原理"，马斯克曾经说过，他所有的创业成就都应该归功于"第一性原则"的战略和思维模式，因为一个可靠的战略和思维模式实际上可以在几乎所有领域帮助你。从中可以看出，马斯克的许多战略核心都基于第一性原理，其价值和重要性可见一斑。事实上，第一性原理可以是哲学原理，也可以是物理原理，但在马斯克看来，归根结底是一种思维方式，甚至是一种行动方式。

从哲学原理的角度来看，第一性原理实际上是古希腊哲学家亚里士多德提出的一个哲学术语——"每个体系中都有一个最基本的命题，其不能违背或删除"。具体地说，亚里士多德提出的"第一性原理"主要是指基本的"basic"、本原的"fundamental"、不证自明的"self-evident"的假设和猜想，这些假设和猜想不能从现有的其他定理或经验推理中推导出来。也就是说，事物最基本、最本质的原则可以理解为"第一性原理"。

从物理原理的角度来看，"第一性原理"通常被称为量子力学计算，这是因为量子力学可以从根本上计算物质的分子结构和性质，这种理论更接近反映宇宙本质的原理，因此被称为第一性原理。正因如此，基于第一性原理的物理学公理和假设才能更加自洽、完整和系统。该理论本身不依赖任何经验公式或实验观察，而是指从理论和统计数据推导出的一些严格规定或结论，它没有严格的适用范围。从本质上讲，第一性原理属于人脑归纳推理产生的逻辑自主学科，与化学、生物学等以实验为基础的学科有明显区别。例如，牛顿没有经过任何经验公式和实验观察。他只是被一个苹果击中，就获得灵感，提出了牛顿物理学经典力学中关于引力和惯性的两个基本假设。

在其他领域，几何学中也有"第一性原理"，如欧几里得通过23个定义、5个假设和5个公理推导出467个命题，创造了至今仍被广泛使用的欧式平面几何体系。经济学中还有很多"第一性原理"，如供求理论证明，当供给超过需求时，价格上升，当供给超过需求时，价格下降。截至目前，第一性原理在计算物理、计算化学、材料科学等领域得到了广泛的应用。

最后，从思维和行动方式来看，我们可以先引用马斯克的两段原话。

第一段原话："我们用第一性原理，而不是比较思维，去思考问题，这是非常重要的。在我们的生活中，我们总是倾向于比较和参考别人做过的事。这种开发的结果只能产生很小的迭代开发。第一性原理的思维方式就是从物理学的角度看世界，即一层一层地去除事物的表象，看到事物的本质，然后从本质上一层一层地往上看。"

第二段原话："为了理解违反直觉的新事物，我认为物理学提供了一个理想的研究框架。例如，量子力学是违反直觉的，而现实世界似乎并非如此，事实是，它可以通过实验得到高精度的验证。物理学之所以能在这些反直觉的领域取得进展，是因为它将事物划分为最基本的本质，并将其推高。我认为这是一个非常重要的方法。事实上，这也是理解新事物和探索未知领域的唯一有效途径。在日常生活中，我们非常善于用类比来对他人的行为做出细微的调整，类比提供了一条没有太多思考的捷径，这在日常生活中是没有问题的。同时，我们不能把物理学的第一性原理用在所有事情上，因为这需要太多的计算。但是第一性原理对于理解新事物是极其重要的，如果你使用类比，你就不知道什么是真正正确的，什么是真正可能的。类比看起来很有诱惑力和说服力，但它只是一个故事。"

从上述文段中可以看出，马斯克认为，第一性原理可以将事物升华为最基本的真理，然后从核心开始推理。简言之，它指的是一个定理或一个定理的推论，它把事物分解成最基本的本质，然后从本质上去创新和探索未知的正确方式。如果我们不使用第一性原理来学习和思考，我们可能总是停留在事物的表面，被事物的表面所迷惑，这样去思考世界的真相是不现实的。

事实上，马斯克所说的第一性原理就是：先从外到内，通过学习自然的隐喻和外部学科的启示，将其内在化，这是早期的积累；再由内而外，以本能的好奇心为动力，培养思维习惯和洞察力，从而抽象事物的敏感性，"揭示问题的本质"。在第一性原理的帮助下，马斯克不断回归事物的本源，不断实现自我迭代，不断尝试用技术创新解决问题。此外，马斯克还实现了商业化，许多以前人们认为不可能做到的事情都被他完成了。所以，第一性原理不仅是一种思维方式，也是一种行动方式。

简言之，马斯克敢于在航空航天、电动汽车和太阳能上一掷千金，不仅是因为一项任务，还因为他从年轻时就看到了人类最底层的需求，他洞察到，通过第一性原理思维，这些行业的成本可以大大降低，这是其他类比和经验所无法发现的。采用第一性原理思维模式确实会确保你的解决方案是最聪明、最简单和最可行的，这可能会带来惊人的创新。但与类比思维方式相比，第一性原理思维方式是一条更难的道路：一个问题现在变成了 100 个问题，而如果你正在做一些对你来说很重要的事情，那么这些认真思考的过程完全是值得的。

（一）特斯拉的故事

我希望特斯拉不仅是一个代步工具，而且也能是一种对燃油生活方式的宣言。

——埃隆·马斯克

作为曾经的全球独角兽企业，特斯拉在 2022 年 1 月 3 日收盘时，每股股价高达 1199.78 美元，市值 1.24 万亿美元，获得世界车企市值第一的殊荣，是第二位丰田市值的 4.8 倍。

著名发明家、电气工程师和科学家尼古拉·特斯拉（Nikola Tesla）[①] 曾想设计一款电动汽车。然而，经过反复设计、计算和实验，他认为，电动汽车无法制造，即使它们被生产出来，价格也会很高。这也导致了现有的汽车绝大多数是由化石燃料驱动的。然而事实上，正如尼古拉·特斯拉所见，在此之前，电动汽车给公众的印象是，高尔夫球车速度慢，跑不远，性能差，形状难看，直到特斯拉的出现才成功打破这一印象。

马斯克并没有沉溺于之前的结论，也没有简单地比较现有的燃料动力汽车。相反，他使用第一性原理追溯源头，厘清起点（即各种汽车零部件的现有数据、电池性能和价格）和目标（生产接近或低于现有汽车制造成本的电动汽车），并逐步开始实操。

起初，特斯拉的变速箱和传输系统存在重大缺陷，该系统是一个外包项目。承包商不愿意为它们这样的小公司开发新系统，这迫使特斯拉从头开始开发。变速箱和传输系统问题延伸了交付时间。于是马斯克解雇了首席执行官，亲自指挥，很快取得了新的进展。

后来，通过一系列的设计和计算，特别是具体的实验，特斯拉终于在 2005 年 1 月生产出了第一辆原型车。从那时起，特斯拉电动汽车真正诞生并开始席卷世界。

马斯克认为，"电力的未来，电池对交通运输的重要性将与今天的石油一样"。为此，他极其重视电池研发，并在开发特斯拉的过程中，发现了一个致命的问题：串联电池的方式非常危险，很容易引起冷爆炸。在消耗了数千块电池后，这个问题终于得到了解决，这项技术后来成为特斯拉最大的竞争优势。然而，另一个问题接踵而至：电池组的成本仍然很高。电动汽车已经发展了近 200

[①]　尼古拉·特斯拉（Nikola Tesla，1856 年 7 月 10 日至 1943 年 1 月 7 日），发明家、电气工程师和科学家，一生拥有超过 700 项发明专利，其中感应电动机和交流电流动力传输最受关注。特斯拉（Tesla）汽车公司即以纪念物理学家尼古拉·特斯拉而命名。

年，从硫化钛锂电池、钴酸锂电池、磷酸铁锂电池和三元锂电池，锂电池技术也经历了 4 次迭代和多年技术进步。然而，电池仍然是电动汽车中最昂贵的部件，在制造成本中起着决定性的作用。因此，供应链和技术开发具有重要的战略意义。

在特斯拉电池出现之前，有些人会说，目前的电池组非常昂贵，而且永远都很昂贵，因为它过去和现在都非常昂贵。他们会说电池组每千瓦时 600 美元，而且主要供应商只有日本的松下，未来也不会有任何改进。直到特斯拉电池公司（Tesla Battery）出现，这些话才被创新性地证明是胡说八道。从第一性原理开始，马斯克一直在思考这些问题：电池的原材料是什么？这些材料的现货市场价值是多少？

马斯克将电池组分解为最基本的材料成分，发现电池组由碳、铝、镍和其他聚合物以及金属罐组成。如果把所有这些都分解成基本原材料，在伦敦金属交易所购买这些金属材料，价格是每千瓦时 80 美元。前提是找到一种聪明的方法来获取材料，并将其聚合成电池的形状，从而获得任何人都无法想象的低成本电池。这就是马斯克的第一性原理战略：与其将现有事实作为思考的起点，不如将问题分解为最基本的原则和事实。从这一点上，我们可以详细检查每个部分，并对每个部分进行优化和改进。例如，我们就可以对电池组件的生产流程、产地和供应链进行组合创新和持续迭代优化。

在马斯克发现电池存在巨大的价格差距后，他在 2013 年开始改变想法，从以前购买松下电池，转向大力投资建立"超级电池"（mega battery）工厂，最终实现大规模生产。工厂投入运营后，电池价格立即下降 30%。现在，马斯克可以支撑每年 150 万辆电动汽车的电池需求，未来，特斯拉还准备建立涵盖电极材料、电池设计和生产的电池工厂，尽量降低阴极材料成本的 76%，且不产生废水。

1. 开放专利

2014 年 6 月 12 日，马斯克在公司官方博客上称："就在昨天，特斯拉专利在我们位于帕洛阿尔托的总部被关闭。从现在起，这种情况将不再存在。本着开源运动的精神，我们开放了我们的专利，以促进电动汽车技术的进步。"他还宣称："如果有人想真诚地使用特斯拉的技术，特斯拉不会对其提起专利侵权诉讼。"当然，马斯克还强调，他们的开源计划也很有限。他指出："我们不希望别人模仿我们的车，让用户误以为它是我们的车。"后来，马斯克还在分析师会议和 Twitter 账户上宣布开放专利。①

---

① 李朋波. 特斯拉开放专利背后的战略逻辑［J］. 企业管理，2014（10）：24-26.

马斯克的举动赢得了业界对特斯拉的评价和赞誉，如颠覆性的、史无前例的、勇于创新的、值得尊重的，等等。正如谷歌推出安卓操作系统一样，随后很快成为手机市场份额第一的系统。根据第一性原理，马斯克还认为，真正保护知识产权的方法是足够快的创新，如果特斯拉的创新速度足够快，就不必担心保护知识产权，因为其他公司所能做的就是复制你多年前的技术成果，特斯拉专利的开放只会让更多人生产和购买电动汽车，并"加速世界向可持续能源的转变"。例如，对于新成立的或小型的新能源汽车企业来说，特斯拉的专利开放一定是一件好事，它可以大大降低成本，帮助发展自己，并推动新能源系统的转型。

在公开专利中，特斯拉的许多想法都是开创性的。例如：电池温度控制系统的免费开放专利为其他研发人员提供了电池温度管理流程图，并告诉他们特斯拉管理 8000+ 电池温度的想法；低温电机加热系统的专利是利用电机高速产生的余热对电池进行加热，从而提高冬季的续航里程，这种想法就是后来的八通阀热泵，它可以增加 15%~20% 的耐力；集成车辆热管理专利则为行业提供了新的研发思路，即不依靠加大的电池包，仅仅是通过优化一些电气设备和能耗，就能够显著提升车辆的续航等。[①]

根据汤姆森路透社（Thomson Reuters）的一项调查，自 2014 年以来，特斯拉已经积累并开放了 300 多项美国专利和技术应用专利组合。结合其国际专利，专利总数近 700 项，包括电池组、电池结构、电池管理、发动机、超级充电桩、汽车设计、电化学、如何将电池动力系统与汽车其他部分集成等。然而，马斯克却表示，未来将继续开放更多的特斯拉专利技术。

2. 直销模式

众所周知，营销费用是每个大型制造企业都无法回避的巨大支出。根据营销行业媒体 Morketing 发布的汽车行业营销费用清单，2019 年，大众汽车集团（不包括奥迪和兰博基尼）的营销费用高居世界首位，约为 1620 亿元，其次是本田和戴姆勒，而特斯拉的营销费用只有 1.86 亿元，不仅不及法拉利、布加迪等销量非常低的超跑品牌，而且只相当于国内汽车企业一级营销费用吉利汽车 43.32 亿元的 1/20，这与特斯拉唯一的直销模式有很大关系。

一般来说，在汽车分销领域，为了扩大市场投放，通过 4S 店的销售模式是汽车原始设备制造商很容易选择的扩大经销商的渠道，这样可以通过设定最低转售价格来维持经销商的最低利润。尤其是现在，许多行业已经进入了所谓的供过于求阶段，渠道供应商的霸权正在上升，许多制造商不得不打开渠道来赢得竞争

① 科技料.起底特斯拉开放的全部 986 笔专利　是胸怀宇宙，还是营销手段？[EB/OL]. [2021-05-24]. https://www.163.com/dy/article/GAOSS6S00531I6Y1.html.

优势。

与传统汽车行业以品牌代理模式为主的销售模式不同，特斯拉根据第一性原理，在没有经销商的情况下，经过多年的用户培训，通过互联网销售，在一些高端购物中心建立极简风格的连锁零售店，并颠覆性地打造了网上直销模式。换句话说，顾客直接在网上下单，而线下商店主要负责客户体验和试驾，这意味着特斯拉的一套直销模式是拒绝中间商赚取差价的。

这种销售方式不仅可以节省大量资金，提高公司的现金流，而且不需要考虑经销商的库存，可根据供需信号灵活批量生产和定价，控制库存，提高效率，及时切入热点需求轨道，排挤竞争对手。

特斯拉目前没有广告投放，每年至少节省数亿元的广告费用。2020 年 7 月，特斯拉和拼多多的百亿补贴论战，就是特斯拉只做直销的最好例子。

（二）低成本火箭发射

马斯克曾说："你想在早上醒来，并觉得未来会很美好——这就是太空文明的全部意义。这就是相信未来，认为未来会比过去更好。我想不出比走出去在星空中航行更激动人心的事了。"

作为梦想派的火箭专家，马斯克创立的 SpaceX 以 740 亿美元的估值，名列 2021 年全球独角兽企业 500 强榜单第四名。

马斯克希望进行太空探索，因此他创立了 SpaceX 并创建了商业太空服务。当时，美国航空航天行业的主流观点是，制造火箭和发射卫星的成本极其昂贵，需要花费大量时间，不是波音和洛克希德·马丁等大公司就根本做不到这一点。然而马斯克提出的第一个解决方案是买别人的火箭，结果购买火箭的成本太高，直接导致了另一个问题："为什么成本这么高？"

马斯克运用第一性原理，重新客观地计算了航天器的成本。据他了解，生产火箭的原材料主要是航空航天级的铝合金、钛、铜、碳纤维等原材料。那么这些原材料的市场价格是多少？经调查发现，这些原材料的成本不到购买火箭成本的 3%，这个结果震惊了马斯克。因此，在进一步研究后，他决定建造自己的火箭，并改造制造和运营的各个环节。与官方航空航天行业不同，马斯克创新性地提出了解决方案，并将其应用到实际生产和制造中，创造了一种新的商业形式，实现了巨大的发展潜力，使在生产火箭的过程中，很大程度上节约了成本。我们可以看到，SpaceX 成功地将火箭发射升空，创造了第一枚发射后可以返回发射台的火箭，并掌握了领先的火箭一次回收技术、整流罩收回技术、模块化组装技术和可重复使用技术等，依托技术创新，马斯克开发的可重复使用的动力着陆系统、低温储油装置等产品也疯狂节约成本①。最终，SpaceX 实现了小卫星的低成本快速发射，马斯克也实现了进入太空的梦想。

截至目前，SpaceX 几乎垄断了全球近一半的火箭发射业务。它可以平均每月发射一次火箭，为一家公司或一个国家运送卫星，或者为国际空间站补充物资；它可以用 6000 万美元的低价击败美国竞争对手，甚至低于俄罗斯和中国。SpaceX 的下一个目标被认为是人类登陆火星和一百万人移民火星，马斯克自己也表示，星际飞船最晚将于 2030 年登陆火星。

四、企业家品牌

今天，媒体变得越来越广泛，而且已经不再是媒体行业的专利，不再是过去精英阶层的专属，企业、个人和产品也可以成为媒体的一部分。这种日益普遍的趋势使拥有内容能力的人或机构由于供应不足而成为稀缺明星。这意味着，那些具有伟大个性（因此而有内容）、极端疯狂（因此而有持续内容）和极端传奇（职业本身就是内容）的角色或机构在世界上将极其稀缺，他们将成为泛媒体时代的绝对王者。这些角色非常自然，不需要伪装和包装，运营成本非常低，而且由于个性化的亲和力，很容易打动公众，产生企业家品牌效应。归根结底，企业应该能够制造新闻，甚至是有争议的舆论事件，以便企业的核心信息能够被广泛宣传，从而忽略甚至鼓励可能的负面信息。因为注意力就是经济，一瞬间的注意力可以带来巨大的商业价值，能够长期刺激社会神经的企业不应该是小企业，而应该是能够顺应时代潮流的大企业。

马斯克打造企业家品牌的方式就是将技术、商业和娱乐融入品牌建设。他对品牌曾下过自己的注解，即认为品牌只是一种感知，随着时间的推移，感知将与现实相结合，有时它会领先，有时它会落后。但品牌归根结底只是一些人的集体印象。因此，马斯克是一个非常注重内容的角色，拥有超级 IP，成为一位超级互联网名人，他可以通过自己的内容与粉丝群、公众沟通。马斯克的战略路线是以个性化的形象推动企业品牌形象的广泛传播。一方面，它大大降低了企业成本；另一方面，由于对个性的依恋，它带来了更多新鲜、动人、个性化的内容，极大地提升了企业的个性和影响力，丰富了公众对企业的理解和感知。

---

① 与 NASA 相比，NASA 几十年来一直试图但未能提供低成本的太空飞行——这是航天飞机失败的关键。航天飞机的复杂性及其对 20 世纪 70 年代技术的依赖推动了成本上升。它与 SpaceX 今天所拥有的低成本和标准化思维方式存在根本不同，这就是第一性原理的魅力。

（一）马斯克是钢铁侠原型

你可以选择平庸，但同时你也可以选择与众不同。

——埃隆·马斯克

美国漫威公司的《钢铁侠》系列在全世界都很受欢迎，它的导演和编剧就曾公开表示，它的角色原型是马斯克，故事蓝图是基于马斯克的故事，有很多地方可以借鉴。就连小罗伯特·唐尼（Robert Downey Jr.）主演也主动向马斯克寻求建议，只是为了更好地扮演这个角色。甚至《钢铁侠》中的一些场景也是在 SpaceX 总部的露天工厂拍摄的。在最终的字幕列表中，马斯克的名字也出现在特别感谢栏中。

事实上，马斯克在《钢铁侠》电影中客串就是为了和钢铁侠见面。他在电影中扮演自己的"马斯克先生"，但电影中钢铁侠的发明者托尼·斯塔克却没有太注意到他，这大概就是美式幽默的一种。同时，作为马斯克在世界上唯一的授权书，《硅谷钢铁侠：埃隆·马斯克的冒险人生》是这本书的书名，就是以钢铁侠开头。如今，没有人怀疑马斯克是被全世界认同的真实版硅谷钢铁侠。

（二）一天 30 推文的推特之王

你可能用你的发型来表达个性，而我是用推特。

——埃隆·马斯克

2022 年 4 月 25 日，人类科技历史上最大规模的并购案达成，世界首富马斯克以接近 440 亿美元的天价，拟收购世界最大社交媒体平台推特，除去马斯克现有的 7700 多万粉丝，真正的推特无冕之王或将诞生，掀起巨大的影响力和争议。

随着社交媒体的快速发展，马斯克到底是如何打造企业家品牌的？事实上，马斯克因许多事情而闻名，但最引人注目的名声之一是他的在线 Twitter 形象。越来越多的人意识到马斯克不是因为特斯拉，而是因为他经常在互联网上发表一些极端言论。一般来说，公众人物在公共演讲场所非常注意自己的言论，以避免留下一些有待讨论的话题。然而马斯克是不同的，他经常在网上发表一些充满敌意和争议的言论，给人留下尖锐幽默、直言不讳的惊人印象，这也成为他企业家品牌的一部分。马斯克通过社交媒体，成功地提高了企业家品牌、产品品牌和企业品牌的信任度，而 Twitter 就是他最常用的发声频道，这让马斯克继续成为舆论领袖，这些例子都非常生动。与此同时，马斯克坦率的个性让推特为他提供了一个独特的机会，公众可以从近年来马斯克在 Twitter 上的声音中看到马斯克清晰的企业家品牌形象，以及对其不同寻常思想的未经过滤的理解。

有些人把马斯克比作生意场上的特朗普，美国前总统特朗普是"推特治国",而特斯拉首席执行官马斯克是"推特治企"。事实上,马斯克经常坦率地发表推文,内容涉及广泛的话题,从关于产品技术的严肃对话,到轻松愉快的表情包都有,这对于他这样的人来说是非常不寻常的。因为像马斯克这样的 CEO,很少沉迷于社交媒体和与公众沟通。通常,每家公司都有一个专门的团队负责高级管理人员的推特账户,很少有首席执行官能够亲自管理推特。

如今,马斯克正在继续频繁地使用 Twitter,每天分享超过 30 条推文的情况也并不少见。2021 年,除了 14 天外,马斯克每天至少会发送一条 Twitter,平均每天推送六条 Twitter。马斯克发推特的时间不是固定的,不管是工作日还是周末。为此,网友们还开玩笑地称他的推特账号"像一个高模仿账号一样活跃"。多年来,马斯克通过社交媒体 Twitter 的传播,在美国和世界各地吸引了大量粉丝,Twitter 的粉丝数量也在稳步增长。到 2022 年 3 月,马斯克的推特粉丝已超过 7700 万,排在美国脱口秀主持人艾伦·德杰尼勒斯和印度总理莫迪之间,排名第 11,从中可以看出,他在社交媒体上的发声产生了很大的影响。与此同时,马斯克的账户每次都会收到数千份分享、喜爱和评论,即使对于普通 Twitter 用户也是如此,而马斯克也恰恰喜欢与网友互动,回复也占了推文总数的 70% 以上。此外,马斯克回答的对象并不是固定的。他从拥有数万粉丝的大 V,到只有数十粉丝的小透明都有回复。显然,人们对他的想法和互动颇感兴趣。[①]

事实上,马斯克本人也非常清楚自己的巨大影响力。他经常使用巨大的流量来推销自己,但他也经常创造一些惊人的交流现象。例如:他长期占据头条新闻;他经常惹恼一些商界和政界的大人物;有时,他说的一个词可以刺激股市和加密货币的涨跌。与许多在公共平台上讲话滴水不漏的 CEO 不同,马斯克似乎从不考虑管理他的演讲。马斯克认为,只有在推特可能影响股价走势的情况下,他才会进行早期审查,此外他都是言论自由。然而,根据过去的经验,马斯克仍然缺乏对什么会影响股价的准确判断。当被问到是否仔细考虑过自己的话时,马斯克说:"我说过很多话,每句话的质量都不一样,我不能保证我说的每一句话都没问题。"下面是其中的一些例子:

2018 年 4 月 1 日愚人节那天,马斯克在推特上发布了"特斯拉破产"和"完全破产"的消息,特斯拉的股价瞬间下跌了 7%。这一不当言论导致马斯克被美国证券交易委员会(SEC)指控犯有证券欺诈罪,最后,在特斯拉支付 2000 万美元后,马斯克被罚款并辞去特斯拉主席一职,才与美国证券交易委员会达成和解。从那时起,特斯拉成立了一个专门的组织来审查马斯克的推文,该组织负

① 文田. 发了 1.1 万条推特后,马斯克与 Twitter 的"恩仇录"[EB/OL]. [2022-05-27]. https:www.sohu.com/a/551815943_121124359.

责在马斯克发布可能影响公司股价的推文之前，先行审查马斯克的推文。然而，后来的事实一再证明，特斯拉根本无法控制马斯克的言论。到 2020 年 5 月 1 日，历史重演，马斯克直言，"在我看来，特斯拉的股价太高了"，声音一落，特斯拉的股价就暴跌了 11% 以上，市值瞬间蒸发了 140 亿美元。

　　最新的争论发生在 2021 年 10 月，当时联合国世界粮食计划署（WFP）的一位官员公开呼吁，只要特斯拉首席执行官和世界首富马斯克捐助其总收入的 2%，大约 60 亿美元，它就可以帮助世界上 4200 万人免于饥荒。然后在 10 月 31 日，马斯克公开回应了联合国官员的捐款请求，称他发表了一项正义的声明，如果联合国世界粮食计划署能够详细解释如何使用 60 亿美元解决全球饥饿问题，他将立即出售股票，但是，联合国世界粮食计划署的财务报告必须公开，以便公众能够准确地看到资金是如何使用的。联合国世界粮食计划署署长戴维·比斯利（David Beasley）也再次在推特上表示，他想见见马斯克，包括在地球和太空的任何地方见到他都可以，他将向马斯克展示他们的计划和公共账目。2021 年 11 月 2 日，马斯克发布了曹植的《七步诗》："煮豆燃豆萁，豆在釜中泣。本是同根生，相煎何太急。"同时，他在个人微博上也发布了同样的内容。翻译后，外国网民称这是一个菜谱，而另一些舆论猜测，这句话与联合国机构世界粮食计划署执行主任比斯利的"强迫捐赠"有关，似乎是世界首富马斯克公开回应了世界粮食计划署官员的"强迫捐赠"。其他人则认为，美国的"亿万富翁所得税"引发了马斯克的反复质疑，这是马斯克对所得税捐款的回应。最后，在 2021 年 11 月 7 日凌晨，马斯克在推特上说："最近，很多人认为未实现盈利是一种避税手段，所以建议我出售特斯拉股票 10% 的股份。你支持这个提议吗？"马斯克说："我没有从任何地方获得现金工资或奖金。我只有股票，所以我个人纳税的唯一方式就是出售股票。"马斯克还特别强调，无论结果如何，他都将"遵守投票结果"。为此，他发起了一项民意调查，让粉丝们决定是否出售特斯拉 10% 的股份。据路透社计算，截至投票结束时，已有 351.9 万人投票，支持马斯克出售股份的比例达到 57.9%，而根据马斯克在特斯拉持有的约 1.705 亿股股份，按照投票开始当天的收盘价计算，这些股份价值 210 亿美元，即约 1300 亿元人民币。亿万富翁马斯克实际上跟进并出售了价值超过 160 亿美元的特斯拉股票。可以想象，这样的言论和抛售将对特斯拉股价的影响，所以这次投票最终使特斯拉的市值损失了 3700 多亿元。尽管这一决定与马斯克、联合国世界粮食计划署的争端无关，但许多人仍然将两者联系在一起。

　　无论如何，总体来说，马斯克这些言论成功通过 Twitter 动员了全球媒体关注特斯拉、SpaceX 和马斯克其他企业的细节，确实以低成本推广了该公司的品牌，这方面的曝光给马斯克节省了至少数亿元的广告费用，而且该公司在这方面的品牌完全呼应了他的企业家品牌。

（三）取公关而代之的最佳代言人

如果你有一个优秀的产品，人们就愿意花更多的钱去购买，这样你的产品就有很大的发展潜力。这正是苹果公司一直所证实的，你可以买到更便宜的手机或笔记本电脑，但苹果的产品就是比其他产品好得多，人们愿意为它们支付更高的价格。

——埃隆·马斯克

2018 年 5 月，马斯克在 Twitter 上攻击媒体，认为："自尊和虚伪的大媒体公司自称是真相的代言人，但发表的文章足以掩盖谎言和真相，这就是为什么它们越来越不受尊重。"他还指责媒体"对几乎所有事情都有系统的负面和政治偏见"，直到 2020 年 10 月，特斯拉还向外部媒体透露，它已经解散了在美国总部的公关团队。尽管特斯拉仍在欧洲和亚洲的全球范围内保留了一些公关经理，但美国的核心全球团队已经全部解散，特斯拉公关部的几乎所有其他成员都已辞职或调任。

事实上，在马斯克直言不讳、不分青红皂白的讲话下，特斯拉公关团队的作用一直是徒劳的。这一次，公关团队的完全解散，也许预示着马斯克将来会更加肆无忌惮和无法无天，因为马斯克的个人 Twitter 账户似乎是公众获取特斯拉官方信息的唯一渠道。因此，马斯克削减和解散核心公关团队只是马斯克对媒体一贯的负面看法和他特立独行性格的延续，因为一方面，此举能够节省很多钱；另一方面，它因其"反常"而引起了社会的极大关注。与此同时，马斯克自己的 Twitter 账户仍有超过 7700 万粉丝，经常成为头条新闻，马斯克更是最近在 Twitter 上表示，他正在考虑辞去 CEO 职务，全职去当一个网络名人（舆论领袖影响力者）。

众所周知，媒体的传播规律是"狗咬人不是新闻，人咬狗才是新闻"。在当前的泛媒体时代，如果你想脱颖而出，你必须反常识、反逻辑，甚至反专业。严肃的人是不受欢迎的，那些兴奋或胡说八道的人很容易感染四方。取消公关部是大中型企业的一种反职业、反常识的行为，再加上特斯拉和马斯克的公众影响力，一旦得到证实，它将"在美国国内外市场引起轩然大波"。值得注意的是，取消公共关系部门对特斯拉来说并非无关紧要，而是极其重要。因此，马斯克本人才会"亲自上阵"。马斯克在时代的浪潮中翩翩起舞，与媒体有着相爱相杀的关系，这也是他取得伟大成就的一个重要原因。马斯克显然知道这一点，但他想以自己的方式和个性实施偏执路线。

特斯拉公共关系部门被马斯克整体解雇的例子证明，品牌就是传播：如何传播领导者的故事，如何传播产品的个性，如何利用个性创造事件，以及如何利用事件迅速感染世界。这是一个非常核心的能力，能同时拥有伟大个性、疯狂和传奇的企业家不愧是罕见的人才和天生的超级 IP，马斯克就是这样。①

五、品牌定位

蔚来，寓意"Blue Sky Coming"，与小鹏、理想一起成为新汽车三大巨头，蔚来在 2015 年的新能源汽车热潮中，从汽车的设计到实际生产，最后成为美国股票交易所的最大获胜者。蔚来的品牌目标是以奔驰、宝马、奥迪等豪华品牌为目标，以产品的服务、研发设计、产品质量为核心，产品价格偏高，对消费者的消费能力有一定的要求。

在服务水平上，蔚来通过对服务的再定义，为客户提供超出预期的优质服务，使其在整个过程中享受到更多的乐趣，从而提升使用者的满意度。这一点，从 2014 年 11 月蔚来成立之初，就已经很明显了，那时候的蔚来，是一个由对用户有着极深的了解的顶级互联网公司和企业家所组成，所以蔚来并不只是一个普通的汽车公司，它以其卓越的性能和卓越的用户体验，打造出一种令人愉快的生活方式，成为一个"用户企业"。当汽车产业发生变化的时候，服务不仅仅会影响到产品和技术，也会影响到使用者的使用和使用过程，因此，蔚来想要让消费者拥有一个购买自己喜欢的车的理由。事实上，蔚来汽车长期以来更像一辆大玩具车，而不是一辆汽车，它的功能包括运动、舒适、节能和个性模式，用户可以将其设置为他们最喜欢的个性模式，这对用户而言是充满乐趣的。从智能技术的角度来看，可能蔚来要想赶上特斯拉还有很长的路要走，但蔚来已经不仅仅是一家汽车制造商或汽车技术公司，从真正意义上讲，蔚来应该是一家汽车服务公司，其从蔚来中心到电能系统，再到蔚来应用，再到服务无忧和能源无忧套餐，蔚来凭借 NIO House、NIO Power 和 NIO Service 三大支柱，使得用户的生活正逐步形成一个完整的闭环，蔚来甚至建立了一个 NIO 无线网络电台，为蔚来的所有者定制节目，里面没有令人尴尬和突然的广告，主要内容就是与用户的日常生活高度相关，好像是为用户自己定制和开发的。目前，蔚来一直致力于通过智能电动汽车为用户提供优质服务和创新的能源补充方案，建设充满活力的社区，与用户共享快乐和共同成长，蔚来相信，蔚来的用户会和蔚来一样追求技术创新，享受美丽而智能的设计，渴望自由无忧的旅程，期待全球化的社区。例如：蔚来的轮胎维修服务响应速度超快，蔚来的后台也将监控车辆状况，如果有胎压报警，

---

① "企业家品牌"一节的企业案例内容，除已标明参考资料外，其余主要参考资料来源于特斯拉官网、上市公司企业年报、马斯克旗下其他企业官网、马斯克公开演讲与采访、网络公开新闻报道等。

会第一时间打电话给车主,主动安排轮胎维修;蔚来的洗车、机场停车和代驾服务也均为专业的第三方公司,服务质量良好;蔚来的道路救援服务也非常令人放心,发生小事故后的感觉也往往是非常体贴的,拖车的到达时间也很快,在整个过程中,所有维护、拖车、保险和其他事项都有专人负责,一键式保养单后已有专人接送,省时省事,你不必自己处理所有的问题;蔚来的服务团队和同事反应非常迅速,你可以问任何问题;蔚来的一键通电和换电体验非常好,服务人员的态度也很专业,甚至可安排专人在偏远地区通电。

从研发和设计的角度来看,蔚来的溜背车型就一直深受用户喜爱;内饰很好,基本的视觉部分都是皮革,且装配牢固,板面平直,无异常响声;车身有足够的空间,在停车位停车时,停车位的小反而衬托出后备箱的足够大、车身的足够宽,并且有很多存储空间;蔚来在渠道位置和装修风格的选择上也符合公司的品牌定位,其位置更倾向于核心城区的商业综合体,装修风格更倾向于设计感、独特感和高端感,蔚来一直希望把每栋 NIO House 建成一座地标性建筑。

从产品质量的角度来看,蔚来始终相信科技的力量,相信智能、电动、自动驾驶是汽车的未来。因此,蔚来致力于不断创新行业领先的技术,引领变革,为生活创造价值。从技术上讲,蔚来汽车的全铝车身、空气悬架和 NOMI 互动机器人的技术和服务远远领先于竞争对手,其中,铝合金车身的刚性使汽车操控性和安全性良好;蔚来具有辅助驾驶、自动停车等功能,可在高速公路上轻松驾驶;蔚来提供电源切换模式服务,买了蔚来的车,不用担心电池费和充电费,其中,第一代电站可在 7 或 8 分钟内更换电源,第二代电站可在 4 分钟内更换电源,家庭充电约为 7kW,10 小时内可从 0 开始充电充满,此外,便携式充电枪基本稳定在 1.5kW,也可以充电;蔚来无惧免费维修;蔚来自带空气净化器,保持 PM2.5 空气净化;蔚来车内可实现四季恒温;蔚来座椅通风良好,可以加热和按摩,驾驶的感觉很舒服。从对标车辆上来讲,蔚来计划在 2022 年 4 月发布一款 ES7 高端新车,以蔚来 NT2.0 平台为基础,对标宝马 x5l,目标是成为 ES6 和 es8 之间的五座大纯电动 SUV,且智能化水平与 et5 和 et7 一致。目前,蔚来还打造了 NIO House、NIO Power、NIO Service、NIO Life 等多个产品类型,采用全流程生产线车辆制造技术,实现一站式生产和销售服务。

从用户群体和门店数量来看,蔚来长期关注和集中在一线、新一线和二线城市区域,在销售渠道选择和门店布局上更加关注这些人均收入高、消费能力强的城市。过去三年,蔚来汽车 2020 年拥有 177 家门店,2021 年拥有 289 家门店,同比增长 63%,2022 年拥有 350 家门店,同比增长 21%。这些汽车店主要集中在广东、浙江、江苏、上海等发达地区,基本形成了华北、华中和东南沿海地区一个省至少五家店的水平,2022 年已逐步开始向内陆省份扩张,且各大城市的销售店均为自营。

总之，高端品牌定位确实让蔚来在产品销售上取得了成功。如果仅从电动汽车市场来看，蔚来确实领先于梅赛德斯-奔驰 EQC、EQA、宝马 ix3、奥迪 e-tron 等产品，因为后者在中国市场的价格略高，基本上是油电产品。虽然它与网上的人气相匹配，但很难接触到观众，销量也不理想。因此，蔚来虽然是一家新的动力车企业，在品牌上不如 BBA，但在电动汽车市场上仍有一定的竞争力。2021 年，在 30 万元以上的高端电动车市场，蔚来的市场份额达到 40.7%。

关于未来，蔚来汽车首席执行官李斌曾在央视的一个节目中表示，他希望蔚来能在五年内在豪华品牌梅赛德斯-奔驰、宝马和奥迪（BBA）市场占据世界 1/3 份额的情况下，尽快实现 100 万辆销售的目标。蔚来汽车联合创始人秦力洪也表示，"随着我们对主流高端燃油汽车的替代，我们希望将 BBA 模式转变为 NBA 模式"。众所周知，N 就是蔚来汽车 NIO 的英文首字母缩写。①

六、品牌承诺

品牌承诺是品牌给予消费者的一种保证，其是企业的一种经营理念。一般来说，品牌承诺包含于产品承诺，既依赖于产品承诺，又高于产品承诺。品牌承诺体现了决策者超越产品承诺的能力，往往能够反映企业对消费者的重视程度，从中也可以看出企业品牌规划和建设的能力强弱。

上海联影医疗致力于为全球客户提供高性能的医疗成像设备、放射治疗产品，目前已建立了全球研发、生产和服务网络。通过对国家和社会的品牌承诺，联影实现了大型临床研究设施的自主控制，提升了重大医学研究和创新能力的自主控制，帮助国家实现卫生健康的自主可控；同时，凭借对用户的品牌承诺，联影的品牌宣传主要包括：用心感知，用心创造，用心靠近。

用心感知是所有创意行为的起点，也是联影履行品牌承诺的第一步。联影用心感知每一个生命的深层需求，用心观察和深刻理解每一位用户和患者的个人需求，真正做到以人为本。联影认为，对生命的渴望和梦想是医学科技发展的根本动力，联影的科技仁爱就是源于对生命的热爱和敬畏，它超越一切未知，准确地照顾每一个人，分享智慧、健康和爱。

用心创造是联影面对全球健康挑战、履行品牌承诺的根本途径。联影医疗对创新有着无尽的热情，通过持续而有价值的创新，联影可以应对生命的复杂性和不确定性，为全球用户提供全方位的高性能影像诊断和放疗产品，以及全面的智

---

① "品牌定位：蔚来汽车"一节的企业案例内容，除已标明参考资料外，其余主要参考资料来源于蔚来汽车官网、上市公司企业年报、企业家公开演讲与采访、网络公开新闻报道等。

能化和信息化解决方案，引领医疗技术的演进和医疗模式的改革。联影医疗自成立以来，持续投入高强度研发，致力于攻克医疗成像设备、放疗产品等大型医疗设备领域的核心技术，经过多年的努力，自主研发生产出包括分子成像（MI）、磁共振（MR）、计算机断层扫描（CT）和 X 射线（XR）产品在内的全系列高端医学影像诊断设备、高端医疗产品以及涵盖影像诊断和治疗全过程的完整产品线布局，并提供创新的高清图像引导医疗信息化和全方位放疗技术解决方案。在数字化诊疗领域，基于联影云的系统架构，联影提供一种云服务，实现设备与应用云的协同和医疗资源的共享，为终端客户提供综合解决方案。

用心靠近是联影的终极目标，也是联影用心去改变的最高承诺。联影深知每个生命的平等和价值，也践行这一理念，将高端医疗服务推广到更广泛的人群中，使创新的价值得以升华，从而关爱和贴近每一个生命，无论贫富，无论地域。在 2019 年底新冠病毒影响全球的情况下，联影医疗对细节有着深刻的理解，如果条件允许，它将继续飞往援助国家，捐赠医疗物资和服务，包括美国、乌克兰、伊拉克等，全心全意地参与国际"战争流行病"。联影还举办了 2021 年磁共振未来创新大会、世界乳腺癌防治月公益活动、多模式分子影像高峰论坛等。

凭借这些品牌承诺，联影医疗在《2021 年度上海地区医疗设备售后服务满意度调查报告》中，获得 MR、CT 和 PET-CT 售后满意度第一名，该报告综合了 120 多家医院的 12 项评价指标和 1 项总体满意度指标，最终得出结论。①

七、品牌活动：地平线

作为一家汽车智能芯片初创公司，地平线完成了高达 15 亿美元的大规模 C 轮融资，融资完成后估值高达 50 亿美元（约 320 亿元人民币），实现了 C1 到 C7 轮融资的神奇效果，组建了史上最强大的 VC/PE 和产业资本团队，投资者阵容豪华壮观，包括黄浦江资本、君联资本等都有参与。可以说，地平线融资竞争的激烈程度，多年来在风险投资界是罕见的，这背后离不开地平线成功建立起来的汽车芯片的响亮品牌。

近年来，由于自动驾驶需要大量人工智能，而自动驾驶汽车也是一种四轮移动机器人，因此自动驾驶是人工智能与机器人的交叉点，代表了未来的发展趋势，其战略价值不言而喻。中国汽车工业的重点就是电动汽车和智能化，所以智能汽车的发展势头非常迅猛，在技术开发、模式创新、人工智能技术应用、大数据、云计算等新兴技术上取得了积极进展，形成了良好的发展态势。

---

① "品牌承诺：联影医疗"一节的企业案例内容，除已标明参考资料外，其余主要参考资料来源于联影医疗官网、企业家公开演讲与采访、网络公开新闻报道等。

地平线敏锐地觉察到，智能汽车已经成为推动用户体验在计算架构、计算能力配置和软件功能方面改善的关键因素，所以从电动汽车领域出发，立足用户的角度开发产品，致力于在底层构建高效的计算能力，帮助行业各方合作创新，并给出相应的改进方案，共同打造开放共赢的智能汽车生态系统。

为此，地平线站在芯片和自动驾驶这两个风口上，举办了一系列品牌活动，通过品牌共鸣，不断提升自身品牌价值，真正将品牌推广能力提升到一定高度，实现了战略规划的直接外部效应。

例如，地平线举办了很多产品发布会活动。其于 2017 年底正式发布了征程 1.0 处理器，随后于 2019 年推出了中国首款汽车规格级汽车智能芯片征程 2，并实现了大规模量产。2020 年 9 月，地平线公司发布了汽车智能芯片征程 3，2021 年理想的一款汽车就使用了最新的征程 3 芯片中的两款，这也是该芯片的首次大规模生产，在芯片短缺席卷汽车行业的背景下曾引起轰动。2021 年 5 月，地平线的第三代汽车规格级产品——用于 L4 高级自动驾驶的大算力征程 5 系列芯片宣布研发成功，征程 5 的诞生被认为是自动驾驶仪芯片领域划时代的标志，该芯片的人工智能计算能力高达 96tops，支持 16 通道摄像头感知计算。在业界看来，征程 5 的性能已经超过了全球领先的批量生产自动驾驶芯片特斯拉 FSD，具有重要意义。

生活在汽车芯片短缺的环境中，站在自动驾驶的风口，地平线变得炙手可热。作为中国车用仪表 AI 芯片的龙头企业，地平线已实现中国首款车载商用 AI 芯片的前装量产，并获得多家知名汽车企业和一级企业的前装定点项目和战略合作，不断打造技术和商业竞争优势。这也可能是许多 VC/PE 机构不得不进行投资的原因。[①]

因此，2021 年底，地平线赞助并在北京举办了第三届"地平线杯"中国智能汽车年度车型评估实车测试与评估会议，经过层层筛选，从 106 个入围模型中选出 20 个模型，由专业智能网联合测试现场的专家进行评估。

其中，国外品牌包括北京奔驰 e300l、上汽通用别克 GL8、华晨宝马 ix3、一汽大众奥迪 q5l、一汽大众 id.4crozz、北京现代透盛 L HEV、林肯冒险家 PHEV、奇瑞捷豹、路虎发现运动版。自主品牌包括领克 05、WEY 摩卡、长安 uni-k、广汽埃安 V Plus、广汽传祺影豹、奇瑞瑞虎 8 Plus 鲲鹏版、金康赛力斯 SF5。汽车制造的新力量包括特斯拉 Y 型车、小鹏 P7 型车、理想 ONE 车、爱驰 U5 型车和零跑 C11 型车。

---

① "品牌活动：地平线"一节的企业案例内容，除已标明参考资料外，其余主要参考资料来源于地平线官网、企业家公开演讲与采访、网络公开新闻报道等。

在此次评选活动中，评委们认为，智能汽车产业链的核心技术水平将决定中国智能汽车的全球竞争力，且中国的智能车辆功能得到了显著增强，用户的知名度得到了显著提高。

八、本章小结

从上面的独角兽企业样本可以了解到，独角兽企业的战略确实是其品牌的内生动力，不仅是其品牌推广的源泉，还是其成功的基本要素。随着各行各业对品牌的需求越来越迫切，独角兽企业对战略的需求也越来越大。如果独角兽企业的决策没有上升到战略高度，它只能算作策略，而不能算作战略。同时，这一战略具有全局性、长期性和艰巨性，这不是三天打鱼两天晒网的问题，其实质是塑造企业的核心专长，从而保证企业的长远发展。只有这样，独角兽企业才能顺应大势所趋，为社会提供高价值的产品或服务。

与此同时，独角兽企业的品牌也是其战略的直接表现，它直观地反映在品牌的推广能力上，不仅是独角兽企业实现营销目标的方法和手段，还是独角兽企业取得成功的基本策略之一。如果品牌不能成为一些独角兽企业的核心竞争力，那么品牌也就很难发挥重要作用。

参考文献

［1］解树江. 数字经济先锋：全球独角兽企业 500 强蓝皮书（2020）［M］. 北京：经济管理出版社，2021.

［2］郑宇. Hulu 网站优势简析［J］. 群文天地，2011（16）：271+291.

［3］蒯凌波. 基于双边市场理论的视频网站定价模型研究［D］. 苏州：苏州大学，2013.

［4］李朋波. 特斯拉开放专利背后的战略逻辑［J］. 企业管理，2014（10）：24-26.

［5］科技料. 起底特斯拉开放的全部 986 笔专利　是胸怀宇宙还是营销手段？［EB/OL］.［2021-05-24］. https：//www. 163. com/dy/article/GAOSS6S00531I6Y1. html.

第六章

弹性的资源共享

　　资源共享机制是现代企业包括独角兽企业的一种非常常见的组织方式，它的意义就在于通过现代网络将拥有不同优势核心能力的企业连接起来形成一个企业网络，也可以称之为一种虚拟组织。共享便是早期虚拟组织在当今时代背景下发展经济的新途径、新路子，在当前中国制造业发展中起着重要的作用。

　　尽管人力和财力有限，但是新型独角兽企业完成了老牌大型企业所能完成的大多数任务，现代计算机技术的发展大大提升了独角兽企业成长的可能性，可以相信，新型独角兽企业已经做好了超越老牌企业的准备。

一、企业组织结构的演化

　　传统的企业组织是科层制组织结构。科层制组织结构是由泰勒（Frederick-Taylor）、韦伯（MaxWeber）和法约尔（HenryFayol）等提出来的。

　　传统的科层企业组织主要有三种组织形式：职能式、事业部式和矩阵式。由于企业组织结构是一种有机的结构，而且是不断演化的。所以，对组织结构最好的理解是将其视为一直演化的组织排列的一种模式。

　　大多数组织一开始都是职能式结构。随着它们提供的产品和服务，以及服务的市场和顾客不断地发生变化，它们也不断地变得更大、更复杂。它们被重新组织成某种形式的事业部式结构，在其中也许还会保留有几个职能部门。采用这种方式，公司可能要对纯职能式结构或事业部式结构进行改进。现实中这两种组织经常会以混合结构的形式存在。在一种以职能式为主的混合结构中，为了便于职能部门之间的合作，会成立与职能式部门交叉的项目组或产品组。在另一种以事业部制为主的混合结构中，可能会在总部设置一些要求规模经济和专门化的关键职能部门，如制造和销售职能部门等，这样在事业部式的结构上面又加入了职能式的机构。混合结构能够同时具有职能式和事业部式结构的特征，将两者的优势集中起来，从而避开它们各自的薄弱环节。如果环境的不确定性在两个或两个以上的方面有较高的要求，如产品和职能或产品和地区等，公司可以采纳完全的矩阵式结构。

　　企业组织结构的演化仅仅是一种表象，实际上它是一系列因素综合作用的产物。这种变化既能反映企业所处的社会和经济环境的变化，也能反映企业自身实力、规模、发展战略的变化。企业组织结构从职能式、事业部式到矩阵式的演化说明了这种组织变迁是企业在特定的内外部条件下追求利润和发展的理性选择。但是企业的演化还没有脱离传统的科层企业组织的框架，尽管前文曾经说过科层制企业组织存在许多优势，但是这些优势的存在是有条件的。当经济技术的发展进入一个崭新阶段的时候，之前所具有的优势就开始消失了。传统企业不断地表现出其对新的社会环境的不适应性，比如，反应迟缓、效率低下、缺乏活力，不能向顾客提供所需要的价值。传统企业早在 20 世纪五六十年代就表现出了许多明显的缺陷，特别是 90 年代以来，这些缺陷就越发突出了。在这种情况下，传统企业组织的衰落进程就开始了，与此同时，一种新的企业组织——虚拟组织则开始不断地涌现出来。

二、虚拟企业的性质[①]

早期研究过程中，海外学者提出了各种针对虚拟企业性质的看法：虚拟企业理论的创始人戈德曼、内格尔和普瑞斯将虚拟企业产生的原因视为企业适应敏捷竞争的需要。与大量生产不同，在敏捷竞争中，组织的变化是迅速的，是以机会为基础的。对于敏捷竞争者来说，虚拟企业是一个动态的组织工具。机会既不是暂时的，更不是长期的，而是稍纵即逝的。如果组织设计是以机会为基础的，那么对于在变化和不确定的环境中寻求运用战略思维的竞争者来说，虚拟企业是一种实用的组织工具。这些学者将运用虚拟企业概念的六种战略上的原因归纳为：①共享基础设施和研究开发，共担风险和成本；②把互补性核心能力联系起来；③通过共享缩短"观念→现金"的时间；④增加便利性和外在规模；⑤获得市场渠道，共享市场或顾客忠诚度；⑥从出售产品过渡到出售方案。

肯特（Rossabeth Moss Kanter，1994）从传统企业的弊端出发，探讨了虚拟企业的成因。传统企业为了开展经营活动，往往拥有从原材料供应到运输、后勤、服务等一系列完整的功能，结果使得企业规模过大。面对迅猛发展的市场，企业如恐龙般反应迟钝。然而以高度发达的通信手段和信息技术为基础的虚拟企业，作为一种由独立的供应商、制造商、生产商及顾客以各自独立的优势为节点而组成的组织形式，往往是各个网络成员出于自身的某种战略考虑而临时组建的动态合作方式。

斯凯姆（David J. Skyrme，1995）则将虚拟企业的成因归结为组建虚拟企业的好处，具体包括：①获得进入一个范围更广的专用资源的道路；②能够以统一的形象面对大的买主；③各成员可以保持其独立性并继续发展其小生境（适合它们的位置）的技术；④它们可以根据手头的项目或任务改造和改变成员；⑤以合资的形式就不需要过分担心合作的中止。

与虚拟企业研究相关的文献还包括：

约翰森（Johanson，1987）和马特森（Mattsson，1987）发展了理查森的思

---

① 解树江.虚拟企业——理论分析、运行机制与发展战略［M］.北京：经济管理出版社，2002.

想，他们把企业间的市场关系看作是一种网络结构。由于企业是从事生产和服务过程中某个阶段的工作，企业间分工创造了企业相互依赖的网络，因此，企业间活动需要协调。这既不是通过政府计划或企业科层来协调，也不是只通过传统市场模型中的价格机制来协调；相反，而是把时间和努力放在能建立长期交换关系的网络结构上，以便获取所需的外部资源，并有效地培育和扩大其产品的市场。企业间相互依赖的网络，导致了对企业间作用的约束，需要对企业间的活动进行明确的协调，或者是通过共同计划，或者是通过一方对另一方行使权力而完成，从而产生了企业间互相依赖和长期关系的多样性契约安排。这些契约可以有效地降低交易和生产的成本，推动技术的联合开发，提供对相关企业的控制，或者成为进入其他领域的桥梁。这种协调方式与内在化的企业科层协调相比具有独特的优势。

拉森（Pikard Larsson，1993）在研究了组织间关系理论之后，建议用市场、组织间协调和科层的三级制度框架替代传统的市场与科层两级制度框架，遵循斯密和钱德勒把市场和企业科层分别称作"看不见的手"和"看得见的手"的隐喻，他形象地把组织间协调称作是"握手"。

以上这些研究也存在各种不足之处。戈德曼、内格尔、普瑞斯、肯特和斯凯姆等仅仅从现象层面探讨虚拟企业为什么会出现，似乎还远远不能揭示虚拟企业的性质。约翰森、马特森和拉森的研究只是具有参考意义，因为他们还没有直接将虚拟企业作为研究对象，他们提出的"网络结构""网络"等概念与我们所说的"虚拟企业"相比还是有差别的。这种差别一方面表现在他们的注意力更集中在企业和市场之间，而我们的注意力依然保持在企业；另一方面表现在他们所说的"网络结构""网络"主要是指契约网络，计算机互联网络在其中的作用似乎不是他们所关注的，而我们所说的"虚拟企业"是依赖计算机网络运作的。

科斯是现代企业理论研究的早期研究者，他提出了交易费用理论，科斯的企业理论的主要内容就是运用交易费用范畴解释企业与市场之间的关系、企业存在及扩张的意义，即企业的性质。科斯（1937）认为，企业和市场是两种不同而又可以相互替代的机制。市场上的交易是由价格机制来协调的，企业则是将许多原来属于市场的交易"内部化"，并用行政命令取代价格机制而成为资源配置的动力。决定企业替代市场还是由市场替代企业的关键变量是交易费用。如果在组织一笔交易时企业内部的交易费用低于市场的交易费用，那么企业将替代市场；反之，则由市场替代企业。科斯运用新古典微观理论的边际分析方法说明企业的边界位于这一点，即在企业内部组织一笔额外交易的费用等于在公开市场上完成这笔交易所需的费用，或者等于由另一个企业家来组织这笔交易的费用。其具体内容可以概括如下：

（1）市场和企业作为实现资源配置和调节经济运行的两种机制是可以相互替代的。科斯（1937）认为："企业的显著特征就是作为价格机制的替代物。"他在研究中提出："在经济理论的一个鸿沟上架起一座桥梁，这个鸿沟出现在这样两个假设之间：一个假设是，资源的配置由价格机制决定；另一个假设是，资源的配置依附于作为协调者的企业家。"

（2）企业将市场交易内化于自身，因而企业存在的原因就在于"利用价格机制是有成本的"。当市场的交易费用大于企业内部的组织费用时，企业就是比市场协调更有效率的协调机制，因而企业存在和扩大规模就是顺理成章的了。"市场的运行是有成本的，通过形成一个组织，并允许某个权威（一个'企业家'）来支配资源，就能节约某些市场运行成本。"因此，交易费用的节约是企业存在以及替代市场机制的根本原因。

（3）企业的规模不是无限扩大的。科斯在研究中所运用的方法就是由马歇尔发展起来的两种最强有力的经济分析工具。这两种分析工具就是边际概念和替代概念，二者合在一起就是边际替代概念。马歇尔提出，生产规模是由边际成本等于边际收益的那一点决定的。当两者相等时，厂商可以实现利润的最大化；超过该点即企业的规模过大，增加的成本就会大于增加的收益，对于企业不利；低于该点即企业的规模过小，增加的收益则大于增加的成本，扩大生产仍有利可图。因此，边际成本等于边际收益是决定生产规模的均衡点。科斯运用新古典微观理论的边际分析方法说明企业的边界位于这一点，即在企业内部组织一笔额外交易的费用等于在公开市场上完成这笔交易所需的费用，或者等于由另一个企业家来组织这笔交易的费用。企业的规模不是无限扩大的，这是因为存在管理收益递减的现象，"在企业内部组织追加交易的成本可能会上升"，另外"自组织的交易增加时，不能导致生产要素的最佳使用"。还有一个必须考虑到的问题，即"一种或多种生产要素的供给价格可能会上升"，因而企业规模的扩大（交易的增加）必须达到这样一点：即在企业内部组织一笔额外交易的成本，恰好等于在市场上完成这笔交易所需的成本。这也就构成了企业的最佳规模。

新古典微观经济学把企业的存在作为理论分析的既定前提，企业被视为生产函数，即在给定资源和技术水平前提下的投入产出关系。企业为什么存在、由什么决定其规模等问题不是新古典微观经济学的研究对象。不仅如此，新古典理论的许多结论建立在完全竞争的市场结构之上，假定经济运行中不存在"摩擦力"，即交易费用为零。可以说，在这一点上交易费用理论对西方主流经济学有革命性的突破。

比较深入系统地对"交易"加以界定的学者是康芒斯（Commons，1934），他在其《制度经济学》一书中，在对"交易"和"交换"进行比较的基础上对

"交易"的内涵加以界定。他认为，交易不是实际"交货"那种意义上的"物品的交换"，它们是人与人之间对物质的东西的未来所有权的让与和取得，一切决定于社会集体的业务规则。

交易是经济活动的根本单位，也是经济理论的最小单位，它本身含有"冲突、依存和秩序"三项原则，实质上是人类交易关系的三个基本特征。在分析交易时，康芒斯进一步把交易分成三种类型，即买卖的交易、管理的交易和限额的交易。这三种类型的交易共同构成了经济研究上的较大单位——"运行中的机构"。

康芒斯将交易作为经济分析的基本范畴，并将交易理解为人与人之间的权利关系。交易范畴一方面使人与人之间的经济关系实体化了，另一方面使人与人之间的经济关系，如市场上的买、企业中的管理与服从、政府与居民之间的征税与纳税等关系一般化了，从而为经济学中研究人与人之间的经济关系提供了可以运用的概念。但是，康芒斯所提出的交易是不需要付出成本的交易，这种交易转瞬即逝，因而不需要成本支出。这就与经济现实中的交易大相径庭了，也正因如此，运用没有成本的交易范畴进行经济分析，制度经济学家们往往会误入歧途。

认为交易是有成本的，并运用交易费用范畴进行经济分析的首位学者是科斯。人们一般认为，科斯教授提出交易费用的概念，并在其著名论文《企业的性质》中进行了第一次典范的运用。"交易费用的概念使得交易变成了有成本的交易。这不仅使交易概念更符合经验，而且可以使交易成为正统经济学的对象。交易费用概念的出现使制度经济学扭转了方向，使新古典经济学拓展了研究领域，使这两者找到了结合部和共同语言。"（盛洪，1994）科斯在《企业的性质》一文中指出，交易费用是"运用价格机制的成本"。它至少包括两项内容：①发现贴切价格的成本。市场价格是不确定的，对企业来说是未知的，要将不确定变为确定，将未知变为已知，企业是要付出成本的。②谈判和履约的成本。市场行为主体之间是有冲突的，为克服冲突就需要谈判、缔约并付诸法律形式；要建立企业间的这种有序的联系就需要支付费用。

阿罗（1969）在重新定义交易费用时指出，交易费用是"经济制度操作的成本"。

威廉姆森（Williamson，1985）将交易费用区分为"事前的"和"事后的"两类。所谓事前的交易费用，是指"起草、谈判、落实某种协议的成本"。所谓事后的交易费用，是指交易已经发生后所产生的成本，它可以有多种形式：①当事人想退出某种契约关系所付出的成本；②交易者发现事先确定的价格有误而需要做出调整所支付的费用；③当事人为通过法律或政府解决他们之间的冲突所付出的成本；④交易者为确保交易关系长期化和连续性所支付的费用。

哈特（Oliver Hart，1995）认为，在现实中契约是不完全的，并且无时不在修改或重新协商之中。哈特从三个方面解释了契约的不完全性：①在复杂的、十分不可预测的世界中，人们很难想得太远，并为可能发生的各种情况都做出计划。②即使能够做出单个计划，缔约各方也很难就这些计划达成协议，因为他们很难找到一种共同的语言来描述各种情况和行为。对于这些，过去的经验也提供不了多大帮助。③即使各方可以对将来进行计划和协商，他们也很难用下面这样的方式将计划写下来：在出现纠纷的时候，外部权威，比如说法院，能够明确这些计划是什么意思并强制加以执行。换句话说，双方不仅要能够相互交流，而且还要能够与对签约各方运作环境可能一无所知的局外人进行交流。可见，哈特的这些看法与科斯、威廉姆森等的观点是一脉相承的。

威廉姆森（1975）在科斯的基础上深化了交易费用的分析，认为决定市场交易费用的因素可以归纳为人的因素（即交易主体人性的假定是有限理性和机会主义）和交易因素（指市场的不确定性、潜在的交易对手的数量以及资产专用性程度和交易频率）两组因素：

（1）有限理性（Bounded Rationality）[1]。人的有限理性是由两个方面的原因引起的：一方面是由于人的感知和认知能力的限制，个人在无误地处理、接受、储存和使用信息的能力方面是有限度的；另一方面则是由于来自语言上的限制，因为个人在以别人能够理解的方式来表达自己的知识或感情时是有限制的。

（2）机会主义假设。机会主义是威廉姆森关于人的行为的一个重要假设。新古典微观经济学继承了斯密的"经济人"假设，即人追逐私利但没有损人之心。机会主义则不然，威廉姆森认为"机会主义"假设扩展了传统理论中的人的自利动机，为经济人在自利的引导下寻求策略性行为留下了空间。所谓机会主义指的是用各种投机取巧的办法来实现自我利益，包括说谎、窃取、蒙骗等，但交易费用理论主要指的是向交易对方提供歪曲的信息。机会主义假设的引入使签约的难度加大，或者说使市场交易费用增加，由此产生了用组织管理制度或相应的契约来约束这种投机倾向的必要性。

（3）交易频率。交易频率这个概念的使用将时间因素引入了理论。如果交易双方的交易量很大且交易活动正常持续进行，那么就很值得双方花费资源去做一个特殊的契约安排，因为此时单位交易所承担的交易费用有减少的趋势；反之，如果双方的交易是一种偶尔的交换关系，那么专门设计一套为双方服务的交易机制就没有必要。交易频率这一维度不仅影响到交易方式的选择，而且还直接影响到决定交易费用的其他几个因素，如机会主义、有限理性、不确定性和信息压缩。

---

[1] 这一概念最早是由西蒙定义的，它指人的行为只能是"意欲合理，但只能有限地达到"。

（4）不确定性的程度和种类。不确定性既包括花费代价能够预见的变故，应对这类不确定性的方法是在契约中预先设置条款加以处理，也包括那种事前最多只能加以粗略猜测的变故，还包括信息压缩即交易一方掌握了另一方所不知晓的重要信息。不确定性很高时，交易双方很难准确预测未来可能的变故，因此双方很难签订达成交易的契约。在不确定性很高时，关键在于如何找到让双方信任的办法或机制，以便在不测之变发生时保证双方仍能够平等地共商解决办法。

（5）资产专用性。资产专用性是指为了某一种特定的交易而做出的持久投资，它一旦形成便很难转移到其他用途上去。资产专用性也是影响交易费用的重要（甚至是主要）因素。资产专用性越强，进行市场交易的费用就越高。强调资产专用性对交易关系持续性的影响以及对交易组织管理结构所起的作用，是交易费用理论的一大特点，也是威廉姆森对交易费用理论的重要贡献。

（6）交易的市场环境。市场结构从完全竞争趋向完全垄断会使市场交易费用发生变化。由于垄断的存在，必然导致效率损失，对非垄断一方而言，此时协议的交易费用太高。交易费用理论称这种情况为"小数目条件"。市场协约参加者一方的数目越小，市场交易费用越高。

威廉姆森在分析影响交易费用的主要因素时所使用的上述变量之间的关系是：有限理性和不确定性或复杂性是影响交易费用的第一组因素，它们之间相互影响，如果不存在不确定性，人的行为将是理性的；反之，也成立（见图6-1）。机会主义和小数目条件是影响交易费用的第二组因素，它们之间的关系是，机会主义是对人性的一个基本假定，在小数目条件下，机会主义的表现更加明显。信息压缩是由不确定性和机会主义共同作用的结果，而信息压缩最终会引起小数目条件，使抑制机会主义的有可能存在的大数条件得以消失，所以，小数目条件是一个始终存在的现象。

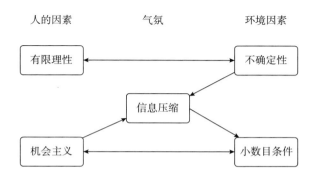

图6-1　影响交易费用变量

资料来源：威廉姆森的《市场与层级制》和《市场与等级制度》。

威廉姆森分析这些因素后指出，内部科层（企业）与市场制度的安排相比，可以从四个方面节约交易费用，具体表现在：

（1）与市场制度的安排相比，内部交易者通过机会主义倾向以牺牲企业的整体利益来满足自己的能力被削弱，机会主义的动机也因此削弱。

（2）与内部组织相关的各种活动能够得到有效的监督和审核。与内部组织相联系的内部监督和审核上的优势归结于其内生的和动力上的差异。内部监督和审核可以以有利于内部运作的方式进行。

（3）内部组织还拥有处理争端的优势。与外部企业间的争端处理方式相比，内部组织还可以采取一种类似于命令的方式解决争议，从这个角度上看，内部组织之所以能够替代市场的部分原因还可以归结为它能有效运用某些准司法的职能。

（4）此外，内部组织还能从各个方面减轻信息压缩的影响。由于机会主义在内部组织中具有减少的倾向，所以利用信息压缩谋利的机会主义动机也大大削弱；而内部监察的因素也削弱了产生信息压缩的基础。

交易费用理论在关于公司规模的经济理论分析中一般认为：在边际上，当市场交易费用的节约与公司内交易费用（企业组织费用）的上升相等时，公司规模的扩大便停止，公司与市场的边界由此确定。公司规模的扩大可以是横向一体化，也可以是纵向一体化或混合一体化，扩张的动力都是来自市场交易费用的节约。

威廉姆森认为，当资产的专用性程度和交易的频率都很高时，一体化组织就会出现。对于企业的成长边界即纵向一体化的程度，威廉姆森认为，市场体制和企业体制都存在两种费用，即生产费用和组织管理费用。生产费用是指生产单位从技术和产量的方面考虑采用市场或企业机构的方法实现联系所形成的费用；组织管理费用是指两个生产单位从组织管理方面考虑采用市场或企业机构的方法实现联系所形成的费用。同时，他指出：市场机制在生产成本控制方面占有优势，如市场可以产生高能刺激，它比内部组织能更有效地限制官僚性扭曲，市场有时可以将需求加到有利可图的水平，从而实现规模经济和范围经济（economics of scope）；而企业拥有多种可供选择的治理手段，企业在保持契约的连续性和完整性方面有较强的应变能力。

威廉姆森之后又通过相关模型给出了交易在市场和企业之间分配的一般原则。但他认为实际的情况还要简单一些，对于企业的每个生产和流通环节是否应"内部化"，威廉姆森给出了三次分类：第一类交易属于生产阶段的核心技术（corete chnology），它必须被置于企业内部，如石油加工中的连续作业、冶金过程中的加热、轧钢等；第二类交易则是那些明显不宜置于企业内部的交易，如原材料的供应；第三类交易是需要审慎抉择的交易，如核心技术的产品所需的零部件是自制还是外购，某些原材料的供应是否应纳入企业经营范围，生产出来的产品是自销还是由批发商或零售商他销，等等。这三类分类对于企业规模的意义是通过效率边界（efficient boundary）来说明的，效率边界是核心技术（第一类交易）和另外一些被置于企业之内的交易（第三类交易）所形成的集合。

威廉姆森所提出的企业规模的模型和效率边界概念为应用交易费用理论来确定企业经营规模提供了理论框架，其理论意义在于：第一，当企业组织不能以更高的效率替代市场机制时，企业的规模就不可能扩张，因此，企业规模并非越大越好；第二，企业的效率边界是可变的。从长期看，当影响企业和市场的生产费用和组织管理费用发生变化时，企业的效率边界必然是可变的，它是理解企业发展的一个关键。

此外，我们还可以根据资产专用性与交易费用的关系所决定的专业化水平来从另一个侧面反映企业的边界。根据威廉姆森的看法，资产专用性越强，进行市场交易的费用就越高。这是因为资产专用性越强，所面对的市场垄断程度越高，买方越会利用资产专用性强所带来的重新配置成本高的特点，在价格和其他方面向生产者施加压力。另外，如果市场发生变化，需求突然减少，资产专用性强的生产者不能低成本地调整其资产的生产方向。当资产专用性带来双边垄断的情况时，交易双方都会面临对方的违约风险，买方会以中断购买威胁卖方，卖方会以中断供给威胁买方。垄断的压力、市场波动和违约风险的增加必然会提高市场交易费用，使交易双方更经常地讨价还价，更多地就违约进行诉讼，并且承担违约所带来的损失。因此，市场交易费用是一条随着资产专用性程度的增加而较快上升的一条曲线。我们看到，随着专业化程度的提高，资产专用性也随之增强，同时带来了市场交易费用的增加，使人们反过来做出了一体化的抉择。这就是说，专业化本身的发展会带来抑制专业化的因素。在任何特定的时期内，这些抑制专业化发展的因素使专业化处于某种确定的水平上，即专业化的均衡水平（盛洪，1994）。

我们将以威廉姆森所提出的决定交易费用的基本维度为基点，探讨计算机和通信网络如何影响这几个基本维度，进而使交易费用降低的作用机理。在网络经济中，以 Internet 为核心，以电信网、通信网和企业内部网等系列网络为基础的信息技术极大地降低了市场的交易费用，使企业组织开始演化，虚拟企业开始逐渐成为一种主流的组织形态。信息网络降低交易费用的路径主要包括：

（1）缓解有限理性。计算机及网络技术是人脑的延伸，拓展了人类处理、接受、存储和使用信息的能力。

（2）抑制机会主义。产品信息的复杂性被认为与机会主义和搜寻成本有关。

当一个商品相当复杂时，买方企业很难知道卖方企业是否有机会主义行为，而且也很难精确地描述商品的特性，以便与需要有足够的匹配。因此，这个特点也促使企业内部生产所需产品。但当信息技术能够更有效地在组织间交换产品描述（Bakos，1991）时，企业就会有动力外购该产品，因为企业能够有效地进行产品描述，所以它能寻找到足够的匹配，而且能在一定程度上抑制对方的机会主义行为。李（Lee，1996）也指出，信息技术有助于产品以多媒体方式呈现，使产品描述变得简单。根据马龙等（1987）的研究，组织间电子网络可以从两种差别很大的情形方面提高企业间的协调性。更重要的是，网络经济有效的惩罚机制也有利于消除机会主义。机会主义行为可以通过竞争得以抑制。在网络经济时代，交易者可以在整个 Internet 上搜索产品信息、比较价格，地理距离的限制被打破。市场上大量的买者和卖者使交易双方都没有条件滋生机会主义倾向，而且网络缓解了信息在交易双方之间分布的不对称性，并使交易者获取信息的代价降低到最低，导致威廉姆森所谓的"信息压缩"（Information Impactedness）现象趋于减少，进而减少机会主义行为。

（3）降低不确定性。尽管许多不确定性是不可能被完全消除的，但是能够通过将组织的绩效和活动与竞争对手的绩效及客户和投资者的期望进行比较来管理。信息技术通过显著降低获取和存储数据的费用，以及提高管理者分析数据的能力来加强对不确定因素的控制。具体来说，信息技术能够提供更多的信息，通过引起管理者的注意来改善管理者对相关事物的认识，提供各种工具将数据转换成为具有实际意义的信息并以此改进管理决策的制定，而且 IT 支持组织成员间及时且密切的交流，这样有助于分配任务和各种资源。

原来企业通过兼并降低不确定性并获得规模经济性，在网络经济中可以不通过此种方式而达到相同的效果。不同公司采取合作的方式通过跨组织系统（Inter Organization System，IOS）来共享资源是对传统管理理论的挑战，它们通过非所有权的集成达到了最佳协同作用（卡什等，1994）。例如，按照传统理论，纵向集成是指公司拥有从原材料（通过兼并供应商的后向集成）到最终用户产品（通过兼并分销商，营销渠道的前向集成）的资源的程度。如果兼并的公司具有类似的产品需求或销售力就能形成规模经济。如果一个公司有自己的原材料来源和销售渠道，就能够对这些资源进行控制。但是由于固定的员工、工厂、仓库费用和其他投资，因而不能灵活地对环境的变化做出反应。公司之间进行兼并主要是为了通过把每个公司的强项结合在一起从而达到"最佳办同作用"。

对信息的访问和 IT 资源的共享可以代替通过所有权来实现的控制。在讨论供应商、制造商和销售商之间的关系时，一个 IOS 主体能够以网络化的信息技术来获得与所有权类型相同的集成效果，其代价是让其他成员企业承担一定的损失。例如，当通用汽车要求它的供应商加入 GM 的 IOS 系统时，就可以削弱供应商讨价还价的能力。但是，现在 IOS 的潜在成员越来越深谙此道，知道如何进行平衡，所以很少有机会出现这样一种由一方控制局面的情况。此外，许多行业的管理者，像我们在上面提到的旅游业，正在探索实行以"双赢"战略来代替"我赢你输"战略的长期优势。

马龙（1987）认为，通过使用电子网络降低紧密整合在一起的特殊的买方和卖方的成本，企业可以获得一个电子整合效应（electronic integration effect）。在计算机芯片设计企业和硅元素铸造厂之间的 CAD/CAM 系统的整合，它允许芯片设计者监控生产过程，以便在改变其设计上保持更大的灵活性（Hart and Estrin，1991）。当技术的使用不仅是便利交流，而且是在加固连接价值链不同阶段间的界面的进程时，这种影响就明显了。

信息技术使企业间的交易变得更加透明、更加准确，减少了生产和销售活动中的不确定性的存在，提高了企业决策的质量。

（4）提高交易频率。网络技术使企业间的信息交流方便快捷，再加上网上支付手段的完善，使交易范围开始突破时间和空间限制，从前不可能发生的交易发生了，从前次数较少的交易增加了。你想在所有潜在的国际市场上，把邮件、电话和管理系统都理顺可能不大现实，但有了网页以后，企业在网上发布的信息将会为企业带来国际商务机会。上网的另外一个好处是，如果你有国外分支机构，他们访问总部信息只需支付地方电话费用。

提供全天候的服务，即每年 365 天、每天 24 小时的服务，24 小时不分时区的商业运作可以增加商业机会。由于世界各地存在时差，进行国际商务谈判就相当不方便。对企业来讲，每天提供 24 小时的客户支持和服务费用相当昂贵。然而，国际互联网的网页，可以实现 24 小时的在线服务。企业的销售会因同客户提供 24 小时的网上随时交易而增加。

从空间角度讲，网络为企业增加了开拓国际市场的机会，提高了空间范围内的交易频率；从时间角度讲，网络技术使每年 365 天、每天 24 小时的全天候服务成为现实，提高了时间范围内的交易频率。

（5）降低资产专用性。马龙等（1987）认为，弹性的制造技术能够快速变更生产线，降低资产专用性。20 世纪中期以来，技术的迅猛发展，特别是以计算机技术为代表的信息处理技术和以网络技术为代表的通信技术的飞速发展，促进了先进制造技术（Advanced Manufacturing Technology，AMT）的蓬勃兴起。计算机数控（CNC）技术，各种计算机辅助技术，如 CAD、CAM、CAPP 等，以及柔性制造系统（FMS）、计算机集成制造系统（CIMS）和敏捷制造（AM）等的发展日趋成熟①。

（6）改善交易的市场环境。在网络经济时代，"小数目条件"的约束大为减轻，因为通过 Internet 进行交易的企业的数量飞速增长，而且这种交易没有时间和空间的限制。这就使市场结构从完全垄断、寡头垄断、垄断竞争向完全竞争演进。企业可以通过网络降低促销成本和采购成本、增强市场的竞争性来优化市场环境，使市场更接近于完全竞争。网络可以降低促销成本。尽管建立和维护公司的网址需要一定的投资，但是与其他销售方式相比，使用国际互联网的成本已经大大降低了。

在网络经济中，企业内部的交易费用（组织费用）也在不断降低。尽管所有的计算机网络和通信系统都在企业内部交易费用的下降方面发挥作用，但是这里我们只是重点以企业内部网（Intranet）的应用为例来说明它的作用。Intranet 的应用主要集中在协同工作、信息公告、营销管理和客户服务等几个方面：

（1）信息公告。要想进行信息公告，就需要建立员工信息中心，并提供如下服务：为员工提供有关培训、研讨、公司理念、设施和地址簿等常用信息；允许员工自己订购新的办公用品，检查假期、退休金和借贷结余；帮助新员工查询有关公司的基本信息；访问公司员工手册、预算方针、人力资源政策和计划执行细节；提供访问和提交各种公司表格的功能，如出差报告、费用凭证、休假申请等。

（2）协同工作。协作是用邮件系统和 Intranet 集成在一起，以实现电子邮件新闻组和工作流的应用，从而改进群组之间的通信和生产力，为分布在不同时区和地点的项目组成员提供一种通信和共享文档及成果的方式。它可以促进项目管理，提高协作效率。

（3）营销管理。市场和销售：通过 WWW 迅速发送市场销售信息，而不是采用复印或人工发送的方法；允许中途截取或跟踪订单；在 Intranet 上出版多媒体信息，以此取代手册或录像资料；允许市场营销人员从世界的任何地方访问由公司负责维护的最新客户资料库；为完整的销售周期提供支持，包括销售支持资源、销售工具、参考信息的链接定制等，以及销售周期的每一个步骤。

（4）客户服务。提供放置订单、订单跟踪方案；建立帮助客户解决简单问

---

① 先进制造技术的发展经历了四个阶段：第一，20 世纪六七十年代，以数控机床、加工和工业机器人为代表的柔性制造单元（CAD/CAM）阶段；第二，20 世纪七八十年代，以正性制造单元和自动或半自动物料输送系统组合而成的柔性制造系统（FMS）阶段；第三，20 世纪八九十年代，以计算机集成控制为特点的集成制造阶段（CIMS）；第四，以设计智能化、单元加工过程智能化和系统整体管理智能化为特征的智能集成制造系统阶段，即象捷制造（AM-aslemanasfacturing）阶段。

题的方法；出版公司技术公告牌，以供客户访问；支持与卖主和供应商的交互，包括询价、报价、按时间表发货等。

Intranet 的价值就在于它能够轻松获取信息，以便于做出更好的决策、节省企业营运成本、增强企业内部之间的沟通与合作、延伸企业现有投资。

信息网络也使企业内部的信息沟通变得方便快捷，组织费用和管理费用也因网络的应用而降低，假定资产专用性不变，这意味着相对于资产专用性变化的企业内交易费用的变化要小于非网络经济条件下的企业内交易费用的变化。前文也曾指出，在网络经济条件下，信息技术和计算机通信网络的存在使市场的交易费用大大降低了，假定资产专用性不变，相对于资产专用性变化的市场交易费用的变化要小于非网络经济条件下的市场交易费用的变化。

我们可以假定，计算机和通信网络使市场交易费用下降的速度要快于使企业内部的交易费用下降的速度。这是由网络的特性（正反馈、范围经济和联结经济等）决定的。这里我们仅以交易中的信息费用为例说明这一问题。在非网络条件下的交易过程中，信息交换的次数将随着交易主体数量的增加而成几何级数的比例增加［交易主体数为 n，则信息交换的必要次数为 n(n-1)/2］，这使交易费用大幅度上升。如果信息交换不是由各主体分别进行，而是通过信息网络的中央系统进行，那么信息费用就会大幅度减少。假如某企业有 10 人，与该企业联系的供应商、销售商等有 90 人，为了商业目的他们之间需要交换信息。在非网络条件下，企业内部的信息交换的次数为 $10 \times (10-1)/2 = 45$；如果通过网络信息系统进行，则信息交换次数仅为 10，这样交易费用就可以降低到近 1/5 的程度。我们再考虑企业与外部的信息交换问题。企业内部及外部共有信息交换主体 100 人，在非网络条件下，企业内部的信息交换的次数为 $100 \times (100-1)/2 = 4950$；如果通过网络信息系统进行，则信息交换次数仅为 100。这样交易费用就可以降低到近 1/50 的程度。显然，网络在降低市场交易费用方面的作用要大于在降低企业内部交易费用方面的作用。

因此，市场交易费用大于企业内部交易费用，这时企业需要采取一体化的措施以降低成本。然而在网络经济条件下，市场交易费用小于企业内部交易费用，企业应该将该项交易交由市场进行，于是企业的虚拟化进程开始。

作为市场配置资源的替代物，企业组织存在和演化的根源在于企业内部组织一项交易与市场组织该项交易的费用比较。当市场的交易费用较高时，企业倾向于通过将交易活动内部化，以降低交易费用并增加收益。相反，当市场的交易费用较低时，企业则开始倾向于将交易活动虚拟化。正是由于网络技术使市场交易费用降低才导致企业不断将一些原本由企业组织的交易转移到市场，并最终导致虚拟企业的诞生。面对网络经济时代快速变化的市场环境，只有虚拟企业这种新型的企业组织形态才能将分散的技术资源、人力资源和管理资源快速有效地整合，以抓住转瞬即逝的市场机遇。虚拟企业将充分保持和发展其核心竞争能力，把一些非核心业务分包出去，并根据需要与供应商、经销商甚至竞争对手建立战略联盟关系。虚拟企业会让组织内部网络化，应用柔性制造系统，以增加生产的弹性。虚拟企业还会建立系统的顾客网络，让顾客参与设计、生产与销售，因为这是网络经济时代企业成功的基石。当企业不断地将一些交易由企业内部剥离到市场，最后只保留核心能力，虚拟企业就诞生了。至此，我们可以将网络经济与虚拟企业之间的作用机理进行简要的概括（见图6-2）。

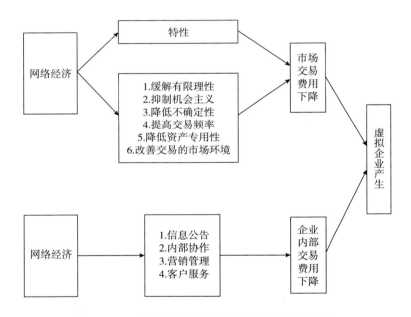

图 6-2　网络经济与虚拟企业之间的作用机理

资料来源：解树江．虚拟企业——理论分析、运行机制与发展战略［M］．北京：经济管理出版社，2002.

计算机和通信网络（包括 Internet、Intranet、IOS、电信网、通信网等）通过缓解有限理性、抑制机会主义、降低不确定性、提高交易频率、降低资产专用性、改善交易的市场环境使市场的交易费用大规模下降，同时网络也通过便利信息交流、提高管理效率等而使企业内部的交易费用（组织费用）下降。但是由于网络本身所固有的正反馈、范围经济和联结经济的特性，网络在降低市场交易费用方面的作用通常要远远大于在降低企业内部交易费用方面的作用。因此，企业开始不断地虚拟化，直到标准的虚拟企业产生。

三、虚拟企业的运行机制

（一）虚拟组织运作基础

1. 理论层面——价值链理论的支撑

"价值链"是强调信息技术在竞争中作用的一个重要概念（迈克尔·波特、维克多·米勒，2000）。这个概念将公司进行的经营活动划分成技术上和经济上诸种不同的活动，我们称之为"价值活动"。公司的价值活动分成九个类别，可分为基本活动和辅助活动，其中，基本活动包括内部物流、生产作业、外部物流、市场与销售、服务，辅助活动包括企业基础设施、人力资源管理、技术开发、采购。基本活动是那些与产品的实际生产、销售以及向家户发货、售后支持和服务有关的活动，支持活动为基本活动的发生提供投入和基础设施。每个活动都要使用外购的投入、人力资源和多种技术的组合。企业的基础设施包括总经理、法律事务部和会计，支持整个链条。在每一个大类活动中，公司将根据不同的业务完成众多单独的活动。

公司的价值链是由各种纽带联结起来的一系列的相互依赖的活动。当完成一种活动的方式影响到其他活动的成本和效率时，它们之间就存在联系，各种联系使完成活动的不同方式产生替代关系，最优化要求对替代关系进行权衡。联系要求活动必须协调一致。准时送货要求生产作业、向外地运货的后勤准备、服务活动（如安装）应该顺畅地结合起来，良好的协调能完成准时送货而不需要昂贵的存货。对联系的认真管理通常是竞争优势强有力的源泉，因为竞争对手在察觉这些联系以及解决跨部门的替代关系方面可能有困难。

一个特定行业内的公司价值链被包裹在更大的活动流之中，我们称之为"价值系统"。价值系统包括供应商的价值链，他们向公司的价值链提供投入（如原材料、部件和外购的服务）。公司的产品常常通过它的销售渠道的价值链向最终用户移动，公司产品成为它的购买者价值链的一种投入，购买者使用这种产品完成一种或更多种活动。

这些联系不仅仅将公司内部的价值活动联结起来，而且还在公司的价值链和它的供应商、销售渠道的价值链之间建立起相互依赖的关系。公司通过优化或协调与外界的联系能够创造竞争优势。

创造成本或差异的竞争优势是公司价值链的一个功能，公司的成本状况反映了相对于竞争对手而言，公司完成全部价值活动的总成本。每个价值活动都有成本驱动因素，这是决定成本优势的潜在来源。与此相似，公司创造差别的能力反映了每个价值活动对满足购买者要求所做出的贡献，公司的许多活动——不仅仅是有形产品和服务——都对差别优势做出了贡献；反之，购买者的要求不仅依赖公司产品对购买者的影响，而且依赖公司的其他活动，如后勤准备或售后服务等。

另外，在追求竞争优势的时候，公司的竞争范围或活动范围通常会有区别，竞争范围有四个关键尺度：部门范围、垂直范围（垂直整合的程度）、地理范围和产业范围（公司竞争的相关产业范围）。

竞争范围是创造竞争优势强有力的工具，范围广可以使公司开发利用价值链间的相关关系服务于不同的产业部门、地理区域或相关产业。采用广泛的垂直范围，公司能够获得由在公司内部完成的更多活动所带来的潜在收益，而不是依靠外部供应商。公司选择窄的范围，能够截短价值链，集中在特定的目标区，获得低成本或差异。窄范围的竞争优势来自于使价值链服务于特定的产品类别、购买者或地理区域的效果最佳。

公司对于窄范围和宽范围的选择依赖于其对本公司战略环节的判断，而且要以保持其竞争优势为基本前提。在一个企业众多的价值活动中，并不是每一个环节都创造价值。企业所创造的价值，实际上来自企业价值链上的某些特定的价值活动。这些真正创造价值的经营活动，就是企业价值链的"战略环节"。企业在竞争中的优势，特别是能够长期保持优势取决于企业在价值链某些特定的战略价值环节上的优势。价值链理论认为，行业的垄断优势来自于该行业的某些特定环节的垄断优势，抓住了这些关键环节，也就抓住了整个价值链。这些特定环节就是企业的战略环节。

2. 知识层面——企业核心能力

普拉哈尔德和哈默认为，核心能力是组织中的集体学习，尤其是如何协调多种多样的生产技术以及把众多的技术流一体化。麦肯锡咨询公司的观点与其相似，它认为，核心能力是指某一组织内部一系列互补的技能和知识的结合，它具有使一项或多项业务达到竞争领域一流水平的能力。核心能力由洞察预见能力和前线执行能力构成。洞察预见能力主要来源于科学技术知识、独有的数据、产品的创造性、卓越的分析和推理能力等；前线执行能力产生于这样一种情形，即最终产品或服务的质量会因前线工作人员的工作质量而发生改变。

核心能力是企业的特殊能力，具有如下一些特征：

（1）价值优越性。核心能力是企业独特的竞争能力，应当有利于企业效率的提高，能够使企业在创造价值和降低成本方面比竞争对手更优秀。同时，它也能给消费者带来独特的价值和利益。

（2）异质性。一个企业拥有的核心能力应该是企业独一无二的，即其他企业所不具备的（至少暂时不具备），是企业成功的关键因素。核心能力的异质性决定了企业之间的异质性和效率差异性。

（3）难模仿性。核心能力在企业长期的生产经营活动过程中积累形成，被深深地打上了企业特殊组成、特殊经历的烙印，其他企业难以模仿。

（4）不可交易性。核心能力与特定的企业相伴而生，虽然可以被人们感受到，但无法像其他生产要素一样通过市场交易进行买卖。

（5）难替代性。由于核心能力具有难以模仿的特点，因而依靠这种能力生产出来的产品（包括服务）在市场上也不会轻易被其他产品所替代。

核心能力的上述特征使企业培育核心能力的工作变得异常艰巨。企业必须集中资源从事某一领域的专业化经营，并在这一过程中逐步形成自己在经营管理、技术、产品、销售、服务等某一方面与同行之间的差异，在发展自己与他人上述诸多方面的差异中，就可能逐步形成自己独特的、可以提高消费者特殊效用的技术、方式、方法等，而这些有可能构成今后企业核心竞争力的重要因素。企业还要善于通过对竞争对手的分析，发现它们的弱点，发展自己的比较优势，并通过对消费者需求变化的分析，找到自己能够为消费者提供特殊利益的方式与方法，而这本身就是在建立和发展本企业的核心能力。另外，掌握核心技术对企业提升竞争力来说是至关重要的。核心技术在不同产品中表现为专利、产业标准等不同形式的知识。这类技术可以重复使用，在使用过程中价值不但不减少，而且能够增加，并具有连续增长、报酬递增的特征。因此，核心技术是企业在市场中取得超额利润的主要原因。

通过"企业能力"，我们可以发现企业有一种特殊的智力资本，这一资本能确保其从事生产经营活动，尤其促使企业以自己特定的方式更有效地处理生产经营活动中的各种现实难题。由于具有类似于管理技能的特征，企业能力有其特殊的、可被人们认同的、呈现非对称分布的组成成分。企业的特殊能力可能分别属于企业内不同的个人，但是，存在于企业和企业战略管理中的特殊能力更突出地表现为一个组织所拥有的资产，而不是某个人的私人资产（因为企业能力难以模仿和传递）。因此，企业能力实质上就是企业价值链的战略环节，确切地说，是一种特殊的、与众不同的战略环节。正是这种独特的能力使企业拥有其他企业所不具备的竞争优势，也正是这种独特的能力使企业拥有创造价值的战略环节。

在网络经济时代，市场的变异性日益增强，技术发展日新月异，一个企业很难在价值链的每一个环节上都具有竞争优势。也就是说，并非每一个环节都是企业的战略环节，因为企业并不能在价值链的每一个环节上都创造出成本或差异以构筑企业的竞争优势。

要保持企业对某一产品的垄断优势，关键是要保持这一产品价值链上战略环节的垄断优势，而并不需要在所有的价值活动上都保持垄断优势。战略环节要紧紧控制在企业内部，而非战略环节的许多活动则完全可以"虚拟化"，即尽量利用本企业以外的资源和能力，以降低成本，增强灵活性。

在传统企业中，这些活动是在一个实体企业中完成的。但在虚拟企业中，价值链虽然看起来几乎一致，但这些活动（基本活动和辅助活动）则是分别由不同的企业完成的，这些虚拟企业的成员企业在企业基础设施、人力资源管理、技术开发或采购、生产作业、市场营销或服务等方面分别具有自己的核心能力。在虚拟企业中，这些核心能力结合在一起。因此，可以说虚拟企业是核心能力的集合体。这些核心能力的集合塑造了完整的价值链。同时，这条价值链也是完美的，因为传统企业的价值链从来没有像虚拟企业这样，在每一个活动中都做到了极致。

3. 技术层面——信息网络的不断进化

正如我们之前所反复阐述的：信息网络是虚拟企业运行的基础条件之一，如果缺失了信息网络，虚拟企业就不会出现。虚拟企业无疑是信息革命的直接产物，虚拟企业或组织中的各成员为了获得共同利益，需要互相分享交换信息，某些虚拟企业或者虚拟组织的活动范围非常大，甚至在全球范围展开，能整合所有形成互补关系的企业、高校以及科研院所。

这里讲的信息网络主要是指计算机支持的协同工作，计算机支持的协同工作是指不同地理位置的主体借助计算机以及网络技术，共同合作完成一项任务，它在结构上可以分为时间与空间两个不同的维度：在时间上划分为同步和异步；在空间上则划分为同地和异地。它总是会在很大程度上消除和减弱人们在时间和空间上相互分隔的障碍，改善人们进行信息交流的方式。

另外，在虚拟研发组织的运行中，信息的传递离不开以下三个网络：一是Internet——国际互联网。它是覆盖全球的计算机互联网，是信息高速公路的主体。许多企业大量采用 Internet 进行企业间及内部通信联系、资源共享及传递，使虚拟研发成为可能。二是 Intranet——企业内部网。它强调企业内部建立的连接，其最大好处是企业内部的信息交流便利快捷，同时利用其所提供的功能，使分布在各地的组织成员可以随时召开网络会议，交流各自的情况，讨论各种问题。它可以通过接入的方式成为 Intranet 的一部分，也可以独立自成体系。三是Extranet——企业间联结形成的外部网。它是企业合作的重要纽带。它既可以是企业集团内部跨地域组建的广域网，又可以是利用 Internet 技术连接企业和合作伙伴的交互式网络。通过 Extranet，信息在关系紧密的合作伙伴圈内共享，从而实现有效利用资源，实现共享的紧密合作①。

信息技术也给现代独角兽企业带来了很多的可能性。Tokopedia 打造的 C2C

---

① 王英俊. 虚拟研发组织的运行及管理研究［D］. 大连：大连理工大学，2006.

电商平台直接连接了商户与消费者，其重视本土大城市市场与下沉市场，吸引了众多中小型商户入驻，从而刺激了交易量的增加。Tokopedia 并不仅仅关注普通产品的交易，它还与多家本土中小型科技公司、金融服务公司、物流公司一起共同打造一体化服务，进攻电商领域的方方面面。强大的持续融资能力给予 Tokopedia 充分的底气与能量扩大其商业版图。Tokopedia 借助庞大的销售网络、内部科技的自主开发，在印度尼西亚所占市场份额逐步增长，获得了更多 VC/PE 的资金支持。

试想，如果没有现代国际互联网的发展，高度依赖互联网络的独角兽企业将如何从传统企业中脱颖而出？

4. 合作层面——精妙的外包策略

年青一代所熟悉的美斯特邦威，是一家生产时尚衣装的本土休闲品牌，它将有限的资源集中到品牌经营和设计等环节。这家企业在国内率先走出外包的路子，它没有生产过一件成衣，全部由国内的服装厂生产代工，公司本身也不卖衣服，而是由分散全国的加盟店销售。可见，外包对于没有多少资金的独角兽企业来说是一个适宜的选项。

"外包"就是分工整合模式下的一种有效的组织方式。当很多企业越来越关注联盟和合伙企业以获得它们所需的灵活性时，外包也提供了战略关系如何有效运行的有力证明。虚拟企业作为拥有各种不同核心能力的企业的动态联盟，其运作的主要方式就是外包。这里的外包是广义的，既指原材料、零部件的外包，也指技术开发、营销、服务的外包。我们将在此详细探讨外包的有关问题。

外包越来越被当作企业实现根本改进的一种方式，而不仅是降低成本的途径。随着垂直一体化企业逐步消亡，在选择服务供应商方面，外包提供了更多的稳定性。然而，外包被认为是对竞争力至关重要的业务，服务供应商的选择必须建立在双方互相信任和强有力联系的基础上。

外包尽管存在丧失一些环节的控制权的问题，以及目标相互冲突等负面因素，但是依然发展迅速，本书认为有以下若干个原因：

（1）技术。在某些特定领域，特别是信息技术的快速更新，给那些既无技能也无人力跟上形势发展的公司造成了许多麻烦。例如，对一个银行而言，考虑到使用支票的客户正在减少，承诺装备一种用来读取支票的光读设备，要冒相当大的技术风险，由专业的计算机服务公司来购买和使用这种设备可能更为安全：因为如果人们不再需要支票，可将该设备用作他途。

然而，信息技术设备仅仅是技术问题的一个方面，并且其重要性越来越被应用管理方面的问题所掩盖。应用平台的不断创新，使企业难以跟上形势的发展，并为提供专业软件服务的供应商扮演了一个更为重要的角色。

（2）专注于核心业务。由于商业联系变得更加复杂，企业经营决策者不得不在竞争力与增长之间取得平衡，他们会将一部分能安全地交给其他公司处理的业务外包出去。正如在英国石油公司的案例中，从事信息收集与整理的工作，以及对从事这些工作的人的管理经常占去公司大量的时间与资源，而这些时间与资源本可以更好地用于理解这些信息和在此基础上计划行动。随着外包业务的扩展，企业经营决策者能够将时间更少地花在补救性的"救火"工作上，而能用更多时间规划未来。

（3）注入新思想。一些公司发现，外包是克服内部变革阻力的一种方法，这反映了贝尔德先生"让空气流通"的思想。Ashridge 战略管理中心的马库斯·亚历山大和大卫·扬认为，经济学家们和其他一些人假设组织喜欢一个共同的目标与一致性，这太离谱了。他们说："许多或者事实上大多数经理们更愿意与外部供应商打交道，而不愿意跨过内部部门界限从事充满政治的交易。"一位首席执行官告诉亚历山大和扬先生，不管他多么努力想建立内部利润中心，他从来也没有把这种想法当作一回事。

（4）提供最佳服务。在特定条件下，服务质量远比服务成本重要。那些如果完成不好就会导致客户严重不满的工作，如电话热线，或者那些对公司业务至关重要的工作，需要得到最好的服务。类似地，如果公司寻求通过外包以提升组织中其他部分的水平，质量就成了首要考虑之事。

（5）透明度。外包需要双方明确所需之物，然后对其进行测量以显示令人满意的业绩。公司因而可能比以前更多地了解其成本结构，并将迅速发现多余服务的成本是多少。这可能不是一次愉快的经历，未预见到的附加成本可能会损害某些关系。但是当管理层知道成本是如何发生时，至少在控制成本方面会处于一个更加有利的地位。

（6）灵活性。由于市场比以前变化得更快，通过外包供应商的帮助以吸收部分市场的波动，这不仅在信息技术方面，而且在开发工作、后勤与促销方面也越来越具有吸引力。它还在允许的范围使企业改变其对系统与技术的看法。

没有外包就没有虚拟企业。外包是虚拟企业虚拟其功能的主要途径，是虚拟企业成员间进行合作的主要方式。可以说，虚拟企业将外包发展到了极致。企业对核心能力的关注和培育，帮助企业在竞争中逐渐立于不败之地。企业在这个过程中产生了一些新的经营理念：一是不再关注市场份额，而是关注市场价值；二是不再强调垂直一体化，而是强调研发与营销的内部化，生产的外部化。垂直一体化的优势是更好地控制、更快地响应，以求在各个环节上都能得到利润，因此适合于传统产业。但是，它无法使企业在各个不同环节上都具有独特的技能，因而很难使企业具有世界一流的能力，必须向适合企业核心能力发展的方向转变。

针对一些重要但非核心的业务职能实行外包，交给外面的专家去做，这样就可以把多家公司最优秀的人才集中起来为自己所用，将多家企业的核心能力集合起来去共同创造价值。这样企业就由传统的实体企业走向虚拟企业。实行业务外包战略，可使生产企业将生产、批发的风险转嫁于其他企业，实现真正的分散承担风险，增强企业抗风险能力。

（二）虚拟企业的组织机制

虚拟企业的目标是通过一定的组织机制来实现的。虚拟企业常用的组织机制包括委托加工、合作协议、战略联盟、特许经营、合资企业、虚拟销售网络等，这些都是外包的不同表现形式，它们之间的区别仅仅在于外包的程度和内容不同。根据每个虚拟企业自身的行业特点及约束条件，它们往往采用这些组织机制中的一种或几种，比如战略联盟。

战略联盟是指由两个或两个以上有着对等实力的企业，为达到共同拥有市场、共同使用资源等战略目标，通过各种契约而结成的优势互补、风险共担、要素双向或多向流动的松散型网络组织。战略联盟多为自发的、非强制的，联盟各方仍旧保持着原有企业的经营独立性。当几家公司拥有不同的关键技术和资源而彼此的市场互不矛盾时，就可以采用战略联盟的形式相互交换资源以创造竞争优势，实现资源（技术、资本、人才、信息等）的共享以及风险与成本的共担，以获得预期的经济绩效。

特许经营属于营销和服务领域的一种特殊的战略联盟。当前市场竞争日趋激烈，国际经济一体化进程的加快使传统的地域性垄断消亡。在这种情况下，企业要在竞争中取胜，就必须对市场做出快速反应，通过扩大市场份额，形成规模经济，造就企业的核心竞争能力。企业要做到对市场的快速反应，就必须以最有效率的方式整合资源，在最短的时间内提供市场需要的产品或服务。但是单个企业在此方面具有明显的不足之处：企业自身的资源及其所能支配的外部资源的数量是有限的，很难在极短的时间内重新配置资源并实现理想的产出。然而通过特许经营则可弥补这一不足。对特许方来说，不需投入大量资金，而且收缴被特许方交纳的各种费用，还可以使特许方获得更多的资金加速发展，有利于扩大自己品牌的知名度和商品的市场占有率。对被特许方来说，加盟所需投入的资金较少，只需支付店面和人工等费用，就可以在特许方的指导下，利用特许方的品牌等优势，尽快改善经营管理，开展业务，占领市场，并获取一定的利润。特许方和被特许方之间的这种合作关系使双方的资源得到重新的配置，不必靠单个企业的自我积累来缓慢地实现企业的扩张。在特许经营的运作过程中，特许方和被特许方的核心能力也不断地得以加强。特许方在店名、专利、品牌、成功的营销经验以及商品货源、广告策划方面具有绝对的优势，而被特许方在生产或经营的执行方面具有优势，合作双方的核心竞争能力形成优势互补的关系。特许经营的主要应用领域是零售业、餐饮业、宾馆业等服务行业以及制造业的销售环节。

（三）虚拟企业的实际运作

虽然虚拟企业是一个动态的、短暂的组织，但是区分它的生命周期仍然是十分重要的。马托斯（Camarinha-Matos，1999）将虚拟企业的生命周期模型分为创立、运行、演进和解散四个阶段：

（1）创立阶段。在虚拟企业被创立的初期阶段，工作的主要内容包括伙伴的选择、协议的缔结、权利与分享水平的界定、加入或离开的程序规定。

（2）运行阶段。这是虚拟企业为了实现其共同的目标而开展它们的商业过程阶段，该阶段的主要工作内容包括：基本安全数据交换机制，信息分享与可视的权利，命令管理，不完全命令处理，分布式动态计划与日程，分布式任务管理，高水平的任务协调和逻辑。

（3）演进阶段。在虚拟企业运行阶段，当虚拟企业有必要增加（替换）一个伙伴或者是改变其作用时，联盟结构的演进就是必要的了。这种情况往往被归因于一些例外的事件，比如一个无能力的伙伴，增加工作负荷的需要等。虚拟企业创立所需要的功能也同样在这个阶段发挥作用。

（4）解散阶段。在这个阶段，虚拟企业完成了其商业过程并自行拆散。虚拟企业解散的原因有两种情况：成功地实现了所有的目标，或者是参与虚拟企业的伙伴们决定终止虚拟企业的运行。虚拟企业成员的责任界定是一个需要商议的重要问题。通常在生产产品的生命周期期间，制造商的责任愈来愈需要保持，直到该周期的结束或进入再循环。

虚拟企业运作的总体框架由虚拟企业的构建、虚拟制造的实施、虚拟企业管理、系统集成四大部分构成（见图6-3）。

虚拟企业的产生源于一些企业在进行市场分析后发现了有需求的产品，这些企业以此为基础开始进行虚拟企业的构建。第一步是合作伙伴的选择，然后即可构造相应的制造单元并进行虚拟制造实施。合作伙伴应从三个方面进行选择：

（1）成员企业应用资源集成，包括虚拟企业组建初期各成员企业应用系统、软件工具、代理的初始化组建和虚拟企业运作阶段所需构建的动态调整配置。

（2）常识资源集成，包括提供多种语言平台、语言转换和翻译机制、语言语法的一致性保证，以及具体知识的定义。

（3）数据库和数据仓库实例数据的存储和管理。虚拟制造实施是借助于建模和仿真技术，在计算机上模拟产品的制造和装配过程，以全面确定产品设计和生产的合理性。系统集成是综合建模和仿真虚拟企业中产生的信息，并以数据、知识和模型的形式，通过建立交互通信的网络体系，支持分布式异构计算机平台和开放式的虚拟制造环境（严开涛、邓家，1998）。

　　虚拟企业管理包括领导、协调管理、治理结构、企业文化等问题，这些都是虚拟企业运作中必须解决的问题（见图6-3）。虚拟企业的各成员企业通过建立基于Internet/Intranet上的Web服务器，共享产品、工艺过程、生产管理、零部件供应、产品销售和服务等信息，在虚拟企业的管理下进行运作。在虚拟企业的创立阶段，市场机遇的识别、解决方案和竞争形式及能力计划的确定、伙伴选择及组织运行规则等是虚拟企业运作的重点；而在运行和演进阶段，虚拟企业工作的重心是虚拟制造的实施、虚拟企业的管理和治理；管理问题和治理问题还将波及到虚拟企业的解体阶段，两者之间所不同的是：管理问题要到虚拟企业存在的最后时刻才能消失。

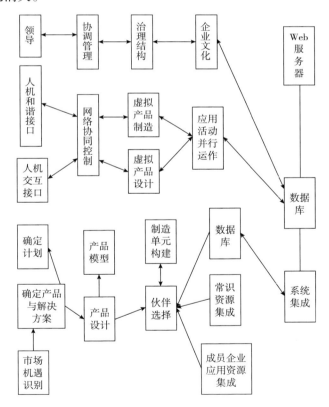

图6-3　虚拟企业运作的总体框架

　　注：图中虚拟企业伙伴选择、制造单元构建、成员企业应用资源集成、常识资源集成、数据库同属于虚拟企业的构建；人机交互接口、人机和谐接口、网络协同控制、虚拟产品设计、虚拟产品制造、应用活动并行运作同属于虚拟制造实施；领导、协调管理、治理结构、企业文化同属于虚拟企业管理。

虚拟企业生命周期的第一个阶段就是虚拟企业的创立，许多学者研究了该阶段虚拟企业的主要任务，即市场机遇的识别、产品及解决方案的确定及伙伴选择（石春生，1999；Li Yu et al.，1999；陈国权，1999），本书现将这些文献综述如下：

市场机遇是指市场经营环境中有利于企业超常发展的境遇和机会，它具有时效性和多变性等特点。市场机遇的产生是由于社会上存在未得到满足的需求，这种未得到满足的需求往往是由于企业外部环境发生变化而产生的，如国家产业政策的调整、技术进步、政治和经济体制改革、文化和社会方面的变革等。对创新性企业来说，企业可根据自身的产品发展战略及企业创新战略策划出能引导社会需求变化的产品，以创造新的市场机遇。

市场机遇识别的关键是了解和分析市场环境，预测未来市场的发展变化。因此，它不是一个简单的判别方法，而是一个较为复杂的实际操作过程。我们可以通过对环境的变化程度与市场需求的影响进行分析，做出定性和定量的预测，进而按变化程度的高低来识别市场机遇。在变化程度低的环境中，各种事件未来的变化趋势与以往的规律相近，甚至以前曾经出现过，企业可以用以往的经验和比较熟悉的知识进行识别。在变化程度高的环境中，往往会发生不可预测的突发事件，企业要密切关注突发事件的出现和发展，迅速分析突发事件与市场需求是否存在内在的联系，这种内在联系对市场需求有何影响，从而判断和识别市场机遇存在与否。

在当代这个瞬息万变、高度相关的国际化市场环境中，市场需求是决定生产及供应的首要因素。也就是说，市场对某种产品或服务的高度需求，才是企业家们每天正在研究和捕捉的市场机遇。如何能及时、正确地抓住这种机遇，进而正确地进行生产及供给，满足需求，产生利润，这就要依赖于严谨、科学的市场调查研究，只有通过正确的市场调查，才会得到真实的市场需求信息，也只有凭借真实的市场需求信息，才能识别并抓住可靠的市场机遇。在识别市场机遇的过程中，一般需要遵循以下原则：

（1）时效性原则。市场机遇稍纵即逝，在识别市场机遇的过程中，应注重时效性，做到收集资料及时、市场调查及时、分析计算及时、判断决策及时。

（2）真实性原则。信息收集与市场调查是否真实、可靠，直接影响市场机遇识别的准确性。因此，要确保信息资料能客观反映环境的变化。

（3）适用性原则。对企业来说，适合于自己的环境机会，符合国家方针政策的市场机会，才是有用的市场机遇，否则，市场机遇的识别便毫无意义。

（4）风险评估原则。任何市场机遇都与风险并存。在识别时，要对风险予以充分的概率估计，以便把握市场机遇的同时有效地规避风险。

　　企业发现了市场机会只是意味着企业对所要提供的产品或服务有了粗略的概念，而在下一步，就应该真正从顾客价值的角度出发，根据顾客明确或隐含的需要来定义产品或服务的具体特征，应该将顾客的需要，特别是如何帮助顾客实现增值（Enriching the Customer）作为企业最重要的目标。这里要研究的问题是：如何定义给顾客提供的产品或服务，能给顾客带来更多的价值。举例来说，从简单地向顾客提供"产品"到提供"解决方案"，就是一种丰富顾客价值的重要方法。传统的生产经营方式往往是向大量顾客出售产品。实际上，同一产品对不同用户的用途或价值可能是不同的。顾客购买某一产品的最终目的是为了解决其面临的实际问题，也就是想要得到对其实际问题的"解决方案"。所以，该产品对顾客的价值是隐含在顾客购买该产品所需要的"解决方案"之中的。因此，企业要想帮助其顾客实现增值，就不仅要向顾客提供产品，更重要的是要向顾客提供其购买该产品背后真正面临的实际问题的解决方案。该方案应该是产品、信息以及服务的有机组合。

　　在定义了一种能帮助顾客实现增值的产品或服务之后，企业还要确定相应的竞争形式，使该产品或服务能真正在市场运作中取胜。这里要研究的就是企业如何选择竞争形式。根据波特（1987）的理论，企业取得竞争优势的基本形式包括成本领先战略、差别化战略以及目标集中战略。竞争形式的确定是很重要的，因为这会影响到企业决定是否联盟、合作联盟的方式以及合作伙伴的选择。譬如，当企业选择成本领先战略这种竞争形式时，企业往往会与具有相似资源的企业联盟，以形成规模经济。

　　在具体定义了产品或服务，并确定了相应的竞争形式之后，企业现在的工作就是对完成这些目标所需要的资源和能力进行规划。这些资源和能力包括：①设备和厂房资源：包括设计、制造加工、装配、检测和运输方面；②产品品牌；③信息资源；④销售渠道；⑤管理能力；⑥人力资源。这里要研究的是，企业如何规划并制定出具体资源和能力需求表。

　　当企业制定资源和能力需求表后，就要与自身所具备的条件进行比较。当企业缺乏某方面的资源和能力时，就要决定是自己创建还是依靠外部。企业在进行决策时，必须全面考虑各方面的因素，主要包括：新产品或服务创新的类型，市场对新产品或服务的时间、成本和质量要求，企业之间合作的成熟度（如协调集成能力），以及企业在合作联盟中丧失核心能力的风险等。

　　李遇（Li Yu，2000）等从技术的角度，运用多代理系统（Multiagent System）构建了一个虚拟企业伙伴选择的模型。在这个多代理系统中，有虚拟企业协调人和单个企业代理。虚拟企业的形成过程通过分散条件下的约束优化与协议来实现。虚拟企业伙伴的选择是一个为预先设定的目标而获取单个企业能力信息的过程，在这个过程中需要对企业所提供的能力进行分析、评估和协调，最终选择一组企业（这些企业的能力能够满足虚拟企业的目标）。在建立虚拟企业时，需要一个专业的虚拟企业协调者来管理伙伴选择的全过程。当目标明确后，协调者应把总目标分解为若干子目标，以便于每个企业都能分别地承担虚拟企业所给予的部分工作。现存的单个企业得到了来自协调者或专业信息服务者的与每一个子目标相关的能力需要。如果企业对子目标感兴趣并能够完成该目标，它就会发送能力信息给协调者以竞争子目标。协调者需要分析、评估所获得的企业能力信息，并回答如下问题：

（1）所提供的企业竞争力能够完全满足子目标的需要吗？

（2）若有几个企业为一个子目标而竞争，选择哪个企业作为虚拟企业伙伴是最优的呢？为什么？

（3）如果子目标不能由现存企业实现，有解决办法吗？

国内人工智能相关行业的企业地平线机器人就是这样，2021 年，地平线提出要打造开源的实时操作系统——Together OS。从命名就可以看出来，地平线所主张的理念是：操作系统就应该是开放的、开源的、大家一起参与的。同时，地平线也认为，操作系统是不应该挣钱的，它就是应该作为一个公共的技术资源，大家一起携手去推进、打造的操作系统生态。以芯片+算法+工具链+开发平台为核心，支持合作伙伴开发智能驾驶解决方案，这是地平线当前的商业模式。地平线计划将开放践行到底，支持车企自主开发自动驾驶芯片。这意味着，地平线要拿出其最核心的 BPU 技术架构提供支持，就有点像 ARM 模式①。同样地，ARM是一个很值得学习的公司，它推进了物联网时代和智能手机时代全球的产业创新和进步。

在网络中企业总是分布在各地，它们能够彼此满足并合作形成一个可以完成一个共同的商业目标的虚拟企业。代理技术是用来整合参与虚拟企业的单个企业的合适范式。

虚拟企业的系统运行是一个复杂的过程，从一般意义上讲，其运行规则应分为三个层次：一是构建虚拟企业的宏观的法规性文件，类似俱乐部的会员章程，它能确立虚拟企业的加盟办法、运行基本程序及有关仲裁办法等；二是规定和明确虚拟企业各专门业务应符合的标准规范和通行惯例等；三是与具体产品（业务）项目相关的协议和合同文本等。

---

① ARM 的自身规模非常小，但是独特的商业模式使 ARM 的影响力遍及各地。ARM 本身不销售任何处理器产品，它们主要靠提供 IP 授权及抽取提成来运营，处理器公司可以借此快速推出集成 ARMIP 授权的产品，简单来说，ARM 的商业模型就是"你交钱，我授权"，对处理器设计研发是"包教包会"，会提供一系列工具帮助客户简化开发。

虚拟企业的宏观规则主要包括：虚拟企业加盟守则（其中规定自由进出原则、加盟条件、加盟手续等）；加盟成员资质认证标准（仿照 ISO9000 认证，依据自愿原则、不一切强求一致原则为加盟的各方企业提供技术、经济、管理水平等方面的资质认证）；联盟企业召集规范（其中规定召集制度、召集内容、召集人选办法等）；建立加盟企业信誉等级评价制度（其中规定信誉等级、评价办法以及对各等级企业的评价公开约定等）；宏观协调法则（其中规定对虚拟企业加盟成员所拥有的资源进行均衡使用等）；矛盾纠纷仲裁办法（其中规定对虚拟企业中出现的各种矛盾和问题进行有效调解和处理的公约等）。

虚拟企业业务规则或通行惯例涉及的内容包括：利益分配和风险共同承担办法（其中规定利益分配和风险承担的依据及确定方法）；知识产权保护和技术秘密保护守则（其中规定虚拟企业在生产经营过程中，各加盟方在产品技术、生产诀窍的保密方面应遵守的规则）；商业秘密实效性的保护守则（其中规定各加盟成员对联盟过程的商业秘密，尤其是对其他企业经营的商业秘密应有的保密义务）。

具体协议及合同是微观层次的，要尽可能地详尽和全面，避免日后引起不必要的争端。

虚拟制造随着计算机技术和信息网络技术的发展，在 20 世纪 90 年代得到人们的重视，并获得迅速的发展。虚拟制造系统（Virtual Manufacturing System，VMS）是在一定的体系上构成和运行的，体系的优劣直接关系到虚拟制造实施技术的成败，现有这方面的研究成果可归为两类：通用的及专用的体系。

通用意义上的体系在推出时并未指明是为虚拟制造系统设计的，但是其分析思路和方法对描述虚拟制造的体系具有一定的指导作用和借鉴意义。具有代表性的通用体系主要包括 PERA、CIM-OSA、GERAM。这三个体系虽然各自的侧重点不一样，但它们的基本思想都是为了描述企业对象中的各实体及各活动间的集成，并试图建立一些通用参照体系，以提供企业或制造系统建模的基本思想（所以这里将它们归为一类）。但是由于立足点和具体目标的差异，它们之间仍有着明显的区别：PERA 支持了企业或其部门的实施和操作，其流程涉及实体定义、任务定义、管理方法、操作过程等；CIMOSA 主要注重于操作支持，尤其是模型驱动的操作和操作评价的决策支持系统，其支持范围从需求定义到实施描述；GERAM 着重定义与企业相关的通用概念，这些概念包括生命周期、企业、实体类型、企业建模、集成模型描述、面向不同用户的建模语言。

专门意义上的体系在提出时就是针对虚拟制造系统的。具有代表性的专门体系主要包括 Mediator 体系、Iwata 体系、分布式体系、工具集体系。Mediator 是一个侧重于知识信息（数据）的管理体系，它考虑了多软件、多地域的集成方法，但是该体系未涉及产品开发周期，且未体现模型技术和数据管理技术在其中的地位。Iwata 体系较全面地分析了一个企业或车间内的制造活动和数据/模型，其集成性较强，但是忽略了虚拟制造的活动/数据/控制行为的分布性。分布式体系注重对活动/数据的网络分布性研究，并提出了解决思路，初步满足了虚拟制造的分布性要求，但是缺乏对虚拟制造下的项目管理、设计和制造等事务的支持。工具集体系体现了运行的通用性要求，认为可以用工具思想表达产品开发过程的各类活动，其缺陷在于不支持产品开发活动中产品和制造数据间的反馈和交互。

虚拟企业工作地点的离散性使管理工作的难度大大增加。领导虚拟企业与领导传统企业在方式上有着本质的不同。威廉·布里奇斯（1997）研究了如何领导分散工作组织的问题。虚拟企业是分散工作组织的一种，因此，他的观点在虚拟企业的领导方面有借鉴意义。布里奇斯认为，如今越来越多的工作是以知识为基础的，这样，很难像传统企业那样把工作分成各种分离的任务。以知识为基础的工作经常由交叉功能的团队来完成，在这样的团队里，交叉培训是经常的，这种交叉培训进一步使工作间的界限越来越不明显。

另外，企业的雇佣形式也发生了变化，企业只雇佣那些必须雇佣的员工。剩下的员工，一些可以从临时机构处临时雇佣，另一些可以从非正式的咨询机构和个体的专门人员处临时雇佣，还有其他一些员工是成块"雇佣"的。这些员工可以通过从另外的专门从事类似工作的企业那里采购来实现。采购的是整个任务、部门或企业。组织把它的活动分散开来，并且仅依靠它自己的职员来完成所需要的一部分，而通过外购或利用分包来完成剩余的部分。

领导分散工作的组织需要一种新式的领导。传统的组织是靠一种以位置为基础的领导结构系统来支撑的，而分散工作的组织则布置得像一个能量场，领导者担任能量节点，在节点的周围聚集着各种活动。分散工作组织的领导其主要责任就是提供并传递组织中各工作单位在解决问题时所需的资源。由于分散工作的组织所要求的领导是柔性的领导，并且它比传统的组织更分散，所以有时候看起来，在这样的组织中好像不存在领导。但是，事实却不是这样的。与之相反，分散工作的组织需要更多的领导，并且要求领导有更高超的技能。

虚拟企业是战略与结构的有机结合，突出的是技术联盟，要求各个企业有核心技术且企业间存在优势互补。由于虚拟企业是各成员企业以某一项目的完成为目标而结合起来的临时性联盟，管理过程中的协调问题更加复杂和多样化，因此需要更灵活的协调管理机制（马连杰、张子刚，2000）。

（1）虚拟企业的知识管理与协调。知识管理是指通过改变人的思维模式和行为方式，建立起知识共享与创新的企业内部环境，运用集体的智慧提高应变能力和创新能力，最终实现企业的目标。知识管理强调对人力资源和知识的开发与利用，通过全员参与的以知识的积累、生产、获取、共享和利用为核心的企业战略，促进人力资源、信息、知识和经营过程的紧密结合。虚拟企业的知识管理对协调提出了更高的要求。因为知识管理就是要促进企业内部、企业与企业之间、企业与顾客之间、企业与外部环境之间的联系，它要求把信息与信息、信息与活动、信息与人联结起来，在人际交流的互动过程中达到知识的共享，运用群体的智慧进行创新，以赢得竞争优势。

（2）文化协调。虚拟企业的管理经常面临着由文化差异带来的障碍甚至冲突，一般的企业是基于统一的文化管理，而且存在一个固定形式的组织内部，虚拟企业的组织形式无法实施单一的文化管理，临时性的合作又不可能有时间来培育十分完善的组织文化，构建虚拟企业、保持和培育成员企业的核心能力以及对核心能力的载体——人才的培养、激励和发展，都要求虚拟企业要实行跨文化的协调管理。

（3）成员企业间的自觉协调。虚拟企业的管理过程的目标就是通过各个成员企业的各种资源的合理配置，使成员企业的核心技术实现良好的配合，从而完成合作项目。协调是在自觉、自愿、自主的条件之下实现两个或两个以上企业间的合作。为了处理好虚拟企业中内部组织关系、各成员企业间的关系、成员企业与外部环境的关系以及虚拟企业与外部环境的关系，就必须研究分析各种直接或间接的影响因素，如共同的目标、利益、价值追求、亲密的人际关系等。在管理过程中，各成员企业自觉地在协调相互需要的范围和程度上大体保持一致。虚拟企业应注重建立绩效评估体系。由于虚拟企业的成功必须依赖各成员企业的业绩，因此，选择合适和可以信赖的合作伙伴是非常关键的协调管理工作。如果合作伙伴不能按时完成它应该完成的业务，就会影响虚拟企业目标的成功实现。同时，还要培养和保持"共赢"的虚拟企业经营理念。各成员企业都应主动地分析市场的需求及其变化，运用多个伙伴企业的能力，为用户提供合理的解决方案。虚拟企业要培养和保持共享市场、新产品及人才用户的合作理念。

执行管理（Executive Management）是指一个有责任和权利的团队为了虚拟创新来识别企业目标、决定企业战略并确保一定的资源水平。这个团队包括高级管理人员、被授权执行组织委派事项的一线经理和支持经理。高级管理者拥有权利和影响力，因而有责任提供明确的和决定性的领导。在每个虚拟项目实施的过程中，资源危机、伙伴赔偿、拖延威胁与政治争论都会发生，这些问题可以通过信息灵通和诱导性的管理来迅速予以解决。格兰尼尔和米特斯（Raymord Grenier and George Metes，1995）将虚拟企业中执行管理的特定职责概括为：

（1）领导与保持持续的愿景。执行经理们发展并描述了一幅清晰的有启发性的愿景，该愿景将反映组织未来的成功将会是什么样的。为了成功持续地做这项工作，他们获得并运用了持续的、合作的愿景所需的技巧与技术。确定愿景是一个在头脑中构想的过程，该过程带来清晰的、实际的与动态的愿景描述：这个描述将会向每个与企业相关的人说明他们是谁、他们在做什么、他们将走向何处的意义。持续的愿景是确保战略愿景反映迅速变化的环境的基础。对此过程的积极预期也可以确保经理们通过组织明白地、富有热情地对愿景进行交流。随着时间的推移，他们成为愿景的"传送人"，以至于下级职员在设计、传播、执行战略计划以支持战略目标和组织目标的时候也能被鼓励参与愿景的确立过程。

（2）与内外部组织间建立和保持关系。经理主管人通常总是优先考虑关系建立问题。在识别虚拟组织之前经理主管人已经处于虚拟状态中，需要与广泛的各种内外部伙伴（资深管理人、银行家、媒体、政府、工业伙伴、主要顾客等）保持关系。在虚拟环境里，这些关系往往表现为线下授权以及为获得愿景而对创新努力的支持，也包括建立虚拟联盟与虚拟社区。

授权和对创新的支持。执行管理一定表现出对授权他人做出决定的支持的信心和原则。经理主管人明白需要招募人才和熟练人员以有助于实现目标、有助于创新和保持虚拟运行的步伐。经理主管人被委任为代表是因为他们懂得贯穿虚拟组织的传播责任能够使决定发生在最靠近实际工作的那一点上。他们相信他人的能力，并给他人冒险和犯错误的自由，并从他人的学习与成长中获得满足感。

建立虚拟联盟。经理主管人是创造组织内外部虚拟关系的一个驱动力。他们有能量与领袖魅力去和在潜在的虚拟伙伴里的相对应的人建立信任。这些经理主管人是有效的倡导者，他们知道如何去完成工作：他们有效地运用语言来使其他的同伴相信愿景。他们知道如何使别人充满活力。他们有能力迅速建立自由的、易于相处的内部人际关系，利用控制系统设计支持基础设施与工作实践，并以直接的方式向集团反馈，分享执行与希望的前景。他们让人了解其每时每刻所处的位置，这是建立信任关系的一个重要因素。在任何可能的时候他们都能提供正面的反馈。他们有高水准的愿望，而且毫不犹豫地将自己与他人推向最高水平。他们尊重能力，并竭尽全力去获得他们憧憬的结果。

建立虚拟社区。"社区"暗示着关于合作工作性质的更为精细的态度。虚拟社区的观点意味着虚拟团队的力量包含在与参与者之间的关系之中。团队的社会层面和其工作重心一样重要。当团队开始使用虚拟技术时，社区的意义就能通过虚拟城市会议和在线社区论坛等电子的方式得以表达。虚拟社区的新成员，如潜在顾客或能力伙伴，能够立刻被带进整个社区，而不是必须保留在外围。

（3）提供资源。当为一个项目分配特定资源的能力是利益相关者的职责的时候，使这些资源可以得到利用的责任就落到了执行管理者的头上。询问任何一个有经验的项目经理：什么占用更多的时间，产生重大挫折，并需要为更大的变化负责，最有可能促成失败？答案往往是因为试图围绕资源弱点来工作。这是不顾项目的规模或复杂性，而且，他们带到工作中的各种资源的特定能力、经验、热情或者智力都是独立的。这种状况为何会产生？最常见的解释就是项目经理假定资源被安全地锁进他们的项目里。成功的项目经理已经按惯例预测了这些情况，并把额外的时间和预算置于他们的项目计划中。但是在虚拟运作中就没有这些可供逃避的条件，因为时间太短，目标太具挑战性，涉及的组织太多。

一个专用于虚拟运作的项目设计优化模型将重点改进许多资源管理的变量。控制资源的利益相关者、领导以及项目经理审议通过了使资源委员会正式化的科学程序。即使有最守信和最有责任感的计划人和利益相关者，仍会有不可预期的风险使最好的计划出轨。额外的保险措施只有经执行管理的批准与监督才能提供。

为了支持他们的资源责任，经理主管人希望向项目计划人提供含有目标管理期望的清晰的计划书。这些计划书是对基于有知识的利益相关者的最好投入所需资源的基本估计。这些也为证明为弥补弱点（可能影响结果）而进行的投资是正当的提供了基础。完全支持最终项目计划有助于明确计划里所清晰担保与确定的资源。这向项目经理和利益相关者提供了精确的前进顺序，并为调解影响资源配置的一些变化提供了空间。项目经理被授权进行决定性的谈判、管理与拆散他们认为对计划成功有利的关系。经理主管人也希望能在被设计用来增强所有承担项目和相关任务的个体的能力和效率的学习活动中发挥积极作用。

（4）引导电子信息、虚拟过程与技术的运用。经理主管人员的虚拟努力不仅是鼓励运用电子信息和信息系统，而且为运用这些技术提供案例。他们通过电子的方式舒适地工作着，运用各种交流媒体保持他们与分散的工作团队的管理链接。他们获得广泛的商业视角与敏感度以便于能够吸收、评估与处理从电子信息基础设施中提炼出来的抽象信息。他们知道怎样利用这个基础设施去支持战略计划及其进程。当他们运用这种工具去保持战略控制的时候，他们也需要用这种工具支持日复一日的活动，当这种工具的参与能够立即增加价值时它们就会出现。

能够使虚拟运作较好地开展的委托事项包括：在为工作项目制定指导和说明书中发挥重要作用，通过先于工作启动的使执行的委托事项正式化来确保计划者知道什么是所期望的；积极从事并对虚拟团队的过程的回顾感兴趣；当需要高层管理介入的问题出现时，能够在问题解决中成为最先发挥作用的因素；寻找机会去支持、鼓励、指导，或提供建设性批评；保持信息流动；有助于并处理持续的学习过程；要求与领导、员工制定的承诺相一致的结果；寻找与推进虚拟的创新与联盟；通过提供高层管理能见度来保持虚拟关系的质量和效率。

在虚拟企业范例中，针对经理主管人与利益相关者的战术责任的需求更多了，原因是被目前影响我们的环境变化的因素所驱动。我们越想做得快，我们就越需要领导。高级经理最重要的职责之一就是为虚拟项目选择领导人，然后授予他们能够有效作为领导来行动的权力与责任。这种关系需要信任，信任并不是今天工作环境中很普遍的美德。因为信任是如此重要，以至于经理主管人需要把最高的优先权放在开创与培育一个信任环境的行动与过程中。以需要为基础所产生的合作愿景清楚地说明，对虚拟创新的热情支持，对训练有素的项目经理的选择与支持等都是一种策略，这种策略能提供无限的机会，并在经理主管人、领导与赖以创造价值的员工之间形成的一种信任关系。

公司治理结构是一套制度安排，用以支配若干在企业中有重大利害关系的团体——投资者（股东和贷款人）、经理人员、职工之间的关系，并从这种联盟中实现经济利益。公司治理结构包括：如何配置和行使控制权；如何监督和评价董事会、经理人员和职工；如何设计和实施激励机制（青木昌彦、钱颖一，1995）。传统理论按照"股权至上"逻辑，认为出资人拥有剩余索取权和控制权，有效率的治理结构只能是"资本雇佣劳动"或"股东主权"式的单边治理结构。在这种结构中，剩余索取权和控制权全部归雇主（股东、出资者）所有。

现代社会几乎成了"公司社会"，大量处于统治地位的公司恰恰是偏离"股权至上"逻辑的。公司行为的物质基础是法人财产，而不是股东的资产，其权利基础是法人财产权，而不是股权。因此，公司的目标只能是确保法人财产的保值与增值。法人财产的收益应由投资于法人财产的利益相关者（不仅是股东，还包括债权人、经营者、工人等）共同所有。有效率的公司治理结构是利益相关者共同拥有剩余索取权与控制权，并且对每一个利益相关者来说，相应的两种权利都是对应的。这种双边或多边式的合作模式被称为"共同治理"（杨瑞龙等，2000）。

我们认为，虚拟企业的治理具有典型的"共同治理"特征。从虚拟企业的角度探讨"共同治理"可能为治理结构的研究提供了新的视角。虚拟企业的本质决定了其治理结构的"共同治理"性。这是因为：首先，虚拟企业是为了特定的商业机遇而形成的企业动态联盟。既然是联盟，其治理结构就不会是单边治理。其次，虚拟企业往往是由具有不同核心能力的两个或两个以上的企业合作组成的。对参与虚拟企业的各方来讲，每一方相对于其他各方都是最重要的利益相关者。最后，从某种意义上说，虚拟企业是为了迎合顾客个性化需求的产物。虚拟企业在产品的设计、制造以及销售过程中都要充分考虑顾客的意见，而计算机网络又为顾客参与上述活动提供了技术支持，于是虚拟企业从为顾客创造最大价值的角度出发，精心营造自己的顾客网络。顾客作为利益相关者从来没有像在虚拟企业中这样发挥如此重大的作用。因此，我们可以称"共同治理"是虚拟企业治理结构的重要特征。

虚拟企业的控制权来自于合作的各方，或者说是由合作的各方共同决定。在这种情况下，对经理人员的监控力度可能会大于传统企业中对经理人员的监控力度。然而对员工的监督和评价则有很大难度，因为虚拟企业员工往往是知识工作者，对其工作质量和效果的测评比较困难，工作地点的分散化更增加了考核的难度。查尔斯·汉迪提出了一个解决方案，也就是将雇员变为企业成员。他认为，当人力已经成为一种资产时，潜在的合同必须变换形式。信任无疑需要一种互惠互利的意识。依赖信息、创意和智力因素而发展的虚拟企业不能回避这一困境。一个可能的解决方案是，将雇员变为企业成员，也就是说，对于企业的骨干核心将雇佣合同转变为会员合同。企业成员拥有权利，同时他们也肩负着责任。他们的权利包括管理自己所属的企业，不经过成员的同意谁也不能购买一家俱乐部。主要的投资和战略意图需要经过企业成员的集体批准，而成员资格和条款也要经过企业成员的审核。他们的责任主要是推动业务的发展，因为没有发展就没有努力，也就没有回报。发展可以包括产品质量、企业规模、利润率以及客户需求，将自己作为企业一员的人应该比那些雇员更加对企业的未来充满浓厚的兴趣。给予骨干员工成员资格与给予他们拥有权并不相同，但是他们权力的增加会不可避免地造成拥有者权力的减少。股东有权享有投资的回报，这是他们风险投资的收获，但是他们无权不顾所有的企业成员而出售公司，也无权干涉企业的管理，除非他们的投资毫无收获。但是，倾向于长期投资的主要投资者也许可以被包容在范围扩大的企业家庭中，这样的管理重心移动能够使美洲的企业向着日本和欧洲大陆的企业靠拢。后者通过赋予投资者相应的权力增加财政基础并作为制约企业成员和管理层的手段。这种均衡需求理论意味着所有的集团相互制约，而随着企业经营日趋紧密的联系和相互依赖，这也是一种大势所趋。

四、从虚拟到共享

共享经济涉及的资源"共享"及高效使用的内在理念已存在较长的时间，是资源配置和经济可持续发展的重要逻辑之一，更是社会福利增进的重要机制。但是，关于共享经济的研究在过去较长的时间内没有成为热点议题，亦没有系统性的研究。21世纪初，随着互联网技术的盛行，基于同侪生产的逻辑逐步演化出共享经济的业务形态，并开始形成共享经济的概念。

简单来说，共享经济是基于技术手段提升闲置资源利用效率的新范式。共享经济是一种基于互联网技术的新思维方式和资源配置模式，通过闲置资源的高效再利用，替代了传统生产力成为供求矛盾的有效解决方式之一，在其初步发展阶段所呈现的特点是盘活存量、人人共享。共享经济的运行需要三个基本前提条件：一是客观上存在可供分享的物品或服务，且利用效能被系统性低估；二是主观上共享标的的拥有者、享用者以及其他参与方具有分享的动机；三是具有连接需求者和供给者的机制或机构①。

在共享经济运行一段时间后，共享经济成为一种盘活存量、提升效率和增进服务的新范式。共享经济盘活存量，对增量要求降低。由于共享标的的提供成本要低于再生产的成本，对于资源要素具有显著的节约功能②。

从早期的虚拟组织到现在的共享经济，其运行内核其实是比较相近的，但是其中共享经济的含义变得更加全面，由于共享经济包含的东西更为详细、更加符合当前经济发展现状，因此近年来共享经济的概念相较于虚拟组织来说更加火热。纵观近期出台的一系列面向"十四五"规划的文件可以看出，共享经济新业态新模式将迎来新的发展机遇，并呈现出新的发展趋势。

目前独角兽企业发展的共享经济大致可以分为以下几种类型的共享：

（一）制造共享

由于制造业本身产业链复杂，加上我国制造业技术基础薄弱等因素，与生活服务业领域相比，我国生产制造业领域共享经济发展仍处于起步期。就制造业而言，共享经济发展能有效整合产业链不同环节的供应商、制造商、服务商等分散化资源，在数据、算法的支撑下对产业资源进行高效配置，并构建起网络协同和共创共享的运营模式，形成产业链上下游企业、大中小企业等不同主体灵活参与的共创共享产业生态圈。生态圈内的企业由此可以更低的成本更为便捷地获得所需的资源和能力，获得更大的发展空间。

近年来，随着制造强国战略的逐步落地，工业互联网建设不断加速，国家对共享制造新业态支持的力度不断加大。《"十四五"数字经济发展规划》明确提出，要鼓励和支持互联网平台、行业龙头企业等立足自身优势，开放数字化资源和能力，帮助传统企业和中小企业实现数字化转型。2021 年 12 月出台的《"十四五"促进中小企业发展规划》也明确提出，要"支持大型企业立足中小企业共性需求，基于工业互联网平台搭建资源和能力共享平台"。大型制造企业的资源开放以及共享平台对制造企业的赋能将成为共享制造未来发展的重要支撑③。

在企业生产制造过程中，制造共享是十分普遍的，蔚来汽车与江淮的合作就很典型。2014 年 11 月，蔚来由李斌发起创立，并获得淡马锡、百度资本、红杉、

① Benkler Yochai. Sharing Nicely：On Shareable Goods and the Emergence of Sharing as a Modality of Economic Production [J]. The Yale Law Journal，2004，114（2）：273-358.
② 乔洪武，张江城. 共享经济：经济伦理的一种新常态 [J]. 天津社会科学，2016（3）：93-98.
③ 于凤霞. "十四五"共享经济发展的新趋势 [N]. 经济参考报，2022-01-18（A07）.

厚朴、联想集团、华平、TPG、GIC、IDG、愉悦资本等数十家知名机构投资。2018 年 9 月 12 日，蔚来汽车在美国纽交所成功上市。2022 年 4 月 26 日，蔚来官方宣布第 20 万台量产车正式下线。

　　其实，双方的合作在企业成立初期就开始了。2016 年 4 月，蔚来汽车与江淮签订协议，宣布合力打造"世界级全铝车身工厂"，总合作规模 100 亿元，规划年产能 10 万台。具体合作规划是，由江淮投资 23 亿元分别在常熟、南京、昆山建立一个四大工艺齐全的全铝车身工厂，双方共同管理，产品由江淮负责生产，蔚来则负责回购销售。江淮给蔚来代工，除了对自己造车的水平相当自信外，也承担了极大的风险。据悉，截至 2021 年上半年，江淮这 23 亿元投资仅仅收回一半。不过好在蔚来当时行情见涨，在 2021 年底或 2022 年上半年基本上就可以收回全部投资了。

　　事实上，在双方合作之初，业内外普遍并不看好，因为在人们的印象中，江淮最多生产 10 万元左右的低端车型，可能没有能力造好定位于高端豪华品牌的蔚来汽车。但事实上蔚来的工厂确实很好，其生产线有极高的自动化水平，涂装车间有 35 台自动喷涂机器人和 8 台涂胶机器人，这 43 台全自动化的机器人全是从德国原装进口来的，还有专门的专家对机器进行定期的调试和升级。总装车间中，所有的电动工具均装配有传感器，能够根据程序设计进行智能化的引导和防错，甚至可以精确到每一把电枪都可以自动采集扭矩大小、扭矩曲线、转速、打紧顺序和角度等参数，并通过 QCOS 系统，进行统一的拧紧指示控制。建造这个新工厂生产线的钱却来自江淮，据悉江淮为此投资了 23 亿元，还不包括土地等固定资产。无论怎么看，江淮在合作中都很吃亏。但江淮终究胜了这场赌局。经过 5 年的磨合，江淮和蔚来似乎在合作代工这件事上都品尝到了甜头，双方共同打造了江来先进制造技术（安徽）有限公司，准备把代工向外输出，把代工做大做强。①

　　所以，简单来说，蔚来汽车与江淮汽车的合作模式就是"用蔚来的配方、蔚来的原料、蔚来的方法、蔚来的质量标准，在江淮的新车间造车"。蔚来在产品方面之所以成功，首先是得益于优秀的设计，其次是先进的生产线，最后是工艺流程、生产管理、供应链诸多方面。这种成功显然是建立在双方共同努力的基础上的。

---

　　① 每日车讯. 江淮能代工蔚来，为什么自己造不出高端车？［EB/OL］.［2021-06-17］. https：//baijiahao. baidu. com/s？id=1702764043213260551&wfr=spider&for=pc.

（二）数据共享

数据是当今时代最重要的情报来源，没有大量数据支撑，将无法形成有效的战略选择。独角兽企业在当前这个数据时代肯定不会缺少对数据的分享与使用。

Databricks[①] 是一家总部坐落于美国旧金山的大数据与人工智能公司，由美国伯克利大学 AMP 实验室的 Spark 大数据处理系统的 7 位创始人于 2013 年联合创设。与 Databricks 有商业联系的企业、机构在世界范围内目前已经超过 6000 家，Databricks 已经利用自身的统一数据分析平台为多家企业提供大数据支持，与此同时还和多家企业、机构形成合作伙伴关系，共同开发分析平台，共享信息资源，共享市场机遇。Databricks 与其他企业、机构的商业联系并不只局限在提供数据分析平台上，它还与 400 多家企业构建了合作伙伴关系，分为技术合作伙伴、咨询和系统集成商合作伙伴。技术合作伙伴是指合作的企业提供由 Databricks 平台提供支持的数据驱动解决方案，如阿里巴巴云、Microsoft Azure、RStudio、AWS、Infoworks 等。成为 Databricks 的技术合作伙伴，可以将本公司的产品与领先的 Unified Analytics Platform 集成，与 Databricks 共同开发和宣传 GTM 消息传递，并且通过联合营销计划创造新的销售机会，扩大市场。咨询和系统集成商合作伙伴是指合作伙伴提供专业知识、技术技能和解决方案，Databricks 提供专业知识、解决方案构架、销售资源，来帮助合作伙伴满足其客户的需求。Databricks 还可以为咨询和系统集成商合作伙伴提供大数据和人工智能方面的培训，提高其专业能力。

通过多样化的商业合作模式，Databricks 在全球范围内与上千家企业、机构建立了合作关系，拓展了市场范围，增加了自身产品的市场需求，为公司的可持续发展打下了坚实的基础。

在与 Databricks 合作的众多企业中，不得不提的就是微软了。微软是 Databricks 的技术合作伙伴，为 Databricks 提供商业平台，两者共同开发了 Azure Databricks。不仅如此，微软还成了 Databricks 的投资人。

在商业合作方面，Databricks 和微软可以说进行了非常深度的战略协同，从产品结晶——Azure Databricks 中便可窥见一二。Azure Databricks 是一个与其他许多与 Azure 数据相关的服务相集成，并针对 Microsoft Azure 云服务平台进行优化的数据分析平台，主要用于处理和分析大量企业数据流，它大大简化了面向许多微软客户的大数据分析和人工智能解决方案。Azure Databricks 提供了两种用于开

---

① 解树江. 数字经济先锋：全球独角兽企业 500 强蓝皮书（2020）[M]. 北京：经济管理出版社，2021.

发数据密集型应用程序的环境：Azure Databricks SQL Analytics 和 Azure Databricks 工作区。两个工作区各司其职，为数据工程师、数据科学家、机器学习工程师等提供简单便捷的操作、交流平台。在 Azure Databricks 设计、完善、推广的过程中，两家公司也是竭尽全力。Databricks 为 Azure 适配和迁移了全套的商业级解决方案，Azure 则不但为 Databricks 服务提供了底层计算资源和流量入口，而且把 Databricks 无缝集成进了 Azure 的产品体系，形成了 Azure Databricks。微软还毫不吝惜地帮助 Azure Databricks 进行宣传。例如，微软在官方平台上会不时介绍 Azure Databricks 的更新与进展情况。

在 2021 年中国人民大学中国民营企业研究中心和北京隐形独角兽信息科技院发布的"2021 全球独角兽企业 500 强榜单"中，Databricks 以 280 亿美元居第 26 位，相比 2020 年进步十分明显。伴随着大数据时代的到来，数据的数量呈现爆炸式增长的趋势，数据的价值越来越突出，大数据对企业经营、人类生活方式等方面都会带来翻天覆地的改变。Databricks 从 Spark 开始，再到之后的 Delta-Lake、MLflow，逐步构建起一系列性能更强大、操作更简便的大数据分析处理工具和平台，在大数据领域独领风骚。Databricks 通过先进的技术与理念，引领大数据领域的发展，推动人类生产、生活的变革。但是 Databricks 并不满足于此，它依旧坚持不懈地在关键技术领域攻坚克难，积极寻找融资渠道，主动寻求与其他相关企业的合作机会，不断扩大市场范围。相信通过 Databricks 的不断奋斗，终将实现他们的期望。

（三）平台共享

平台经济是数字经济时代背景下的新的经济模式，既是对传统经济组织的升级，又是对传统经济形态的革命。平台企业一方面对消费者，另一方面对商家，这个平台上的众多参与者有着明确的分工，平台运营商负责聚集社会资源和合作伙伴，通过聚集交易，扩大用户规模，使参与各方受益，达到平台价值、客户价值和服务价值最大化。平台经济根植于互联网，是在新一代信息技术高速发展的基础上，以数据作为生产要素或有价值的资产进行资源配置的一种新的经济模式，其运行天然就会产生大量数据。与此同时，平台企业之间的竞争越来越多地表现为数据资源与算力算法的竞争。因此，各平台企业极为注重数据要素的积累与关联，以提升平台价值，赢得竞争优势。

印度尼西亚的电商独角兽新秀 Tokopedia① 基于自身的虚拟销售网络，积极拓

① 解树江. 数字经济先锋：全球独角兽企业 500 强蓝皮书（2020）［M］. 北京：经济管理出版社，2021.

展其业务，主要针对数字生活服务和金融服务方向打造许多衍生应用，以整合资源、扩展版图。Mitra Tokopedi 的在线 App 弥合了线上与线下的隔阂，连接了许多中小型的商业客户，视其为数字合作伙伴关系；同时，推出了 Tokopedia 的金融技术服务，为商户或消费者客户提供金融贷款、支付等便捷服务，扶持商家发展，助力消费者购买，以打造 Tokopedia 电商平台内部的金融生态圈。通过买卖，Tokopedia 借助 TokoCabang 实行物流履行服务，集成的物流和履行系统使运输变得容易。客户可以选择其合作伙伴所容纳的包裹到达时间，而卖家可以将其产品存储在遍布印度尼西亚的智能仓库中。此外，Tokopedia 也推出了 Toko Print 数字印刷等服务。Tokopedia 专注于平台的打造，在完善平台的升级改造与技术支持的同时，拉拢各大小城市商户的进驻，连接客户进行 C2C 的商品交易，集合了许多满足印度尼西亚民众需求的生活服务，从小商品的流通、手机充值、金融存贷款支持到生活中的母婴服务、婚礼服务（Bridestory），渗透到平民衣食住行。Tokopedia 扩大平台的服务范围，打造超级生态系统的商业模式，正在成为印尼版的 "Alibaba"。

在 2021 年中国人民大学中国民营企业研究中心和北京隐形独角兽信息科技院发布的 "2021 全球独角兽企业 500 强榜单" 中，Tokopedia 以 75 亿美元居第 73 位。从成立之初至今，Tokopedia 已走过十年之余，从最初的两人支撑到当今印度尼西亚规模最大的电商平台，离不开 William Tanuwijaya 和 Leontinus Alpha Edison 艰苦卓绝的能力与意志。当前，Tokopedia 的员工已成千上万，内部工作人员总称其自己为 "NAKAMA"，意为 "贸易、朋友、诚挚的合作伙伴"，真诚平淡却实在的企业理念增强了企业团队的融洽程度与合作力度，贯彻在商业服务与合作中，也是 Tokopedia 拓展商业版图的优势特色之一。Tokopedia 在挖掘当地市场、普及数字金融、追求数字经济平等化的道路上，其商业版图基本上覆盖了整个印度尼西亚生活的各个方面。

（四）市场共享

2020 年末，习近平主席在第三届中国国际进口博览会开幕式的演讲中提到：中国将秉持开放、合作、团结、共赢的信念，坚定不移全面扩大开放，将更有效率地实现内外市场联通、要素资源共享，让中国市场成为世界的市场、共享的市场、大家的市场，为国际社会注入更多正能量，并宣布建设开放新高地、促进外贸创新发展、持续优化营商环境、深化双多边区域合作四个方面扩大开放的举措。这意味着无论是中国企业抑或是外国企业，都可以在中国包容性的宏观市场某个领域之内发光。

位于安徽省芜湖市的伯特利是一家致力于汽车制动零部件生产的民营企业，

最开始是由奇瑞扶植的一家公司，主营业务一直为汽车制动系统相关产品的研发、生产和销售。伯特利以传统的机械制动产品（盘式制动器）为基础，在不断提升机械制动产品的生产和销售规模的同时，在电子驻车系统（EPB）、制动防抱死系统（ABS）、电子稳定控制系统（ESC）、线控制动系统（WCBS）等电控制动产品领域也取得了突破性进展，并陆续实现批量生产客户范围的不断拓展，从最初的吉利、长安、奇瑞、通用等逐步拓展到上汽、北汽、比亚迪、长城、广汽集团、江铃、东风小康、江淮汽车、东风日产、一汽红旗、江淮汽车、沃尔沃、PSA 等国内外知名厂商。

根据中国"十三五"规划纲要中关于推动重点领域跨越发展的相关部署，高端装备制造、新能源、新材料等战略性新兴产业依然是中国大力发展的重点领域。国家对装备制造业的规范，将有力地推动中国制动器行业的发展。中国制动器行业在 2019~2023 年仍将保持 8% 的年增长率。

汽车零配件分一级、二级、三级配套商，中国的汽车零配件厂商需要出现巨无霸型的一级厂商，类似博世、采埃孚、德尔福之类。伯特利是做制动系统的，是汽车系统的核心部件之一，有较高的技术含量。一般有较高技术含量的厂商，容易从独角兽企业变成大型企业。

博世公司、德国大陆集团、采埃孚天合汽车集团（原天合汽车集团）三家国际巨头，站在了汽车制动系统行业的塔尖。其在中国乘用车制动器市场躬耕良久，可以说伯特利和这些海外巨头一起分享了相关零件的市场。

当然我们也要看到，对于伯特利来说，EPB、ESC 属国内首家，但市场被外资高度垄断；WCBS 亦为国内首家，但 2021 年才会量产；不过总的来说，在线控制动系统领域，以伯特利、亚太股份为代表的国内企业处于与外资相对平等的竞争地位，然而未来能从三大海外巨头那边拿下多少市场份额，还是个未知数，这取决于企业自身。

疫情严重的 2022 年，经济领域受到了巨大的冲击，但可以相信的是，中国市场将依然是开放的市场，开放的大门会越开越大，无论是本土企业抑或是境外企业都可以共享中国市场——这一未来具有无限可能的世界级市场。

（五）人才共享

一般意义上的人才共享理念诞生于人才租赁。美国是世界上发展租赁业最早的国家，在各种租赁业中，近年出现的员工租赁业务颇引人注目，已赢得了良好的声誉。人才共享，一改过去人才的单位所有制，改"单位养人"为"社会养人"，单位只管用，按用付酬，这样不仅减少了巨大的财务支出，而且集天下优才而用之，从而可以大幅度地提高劳动生产率。

　　人才是推动发展的第一资源，创新是引领发展的第一动力。高层次科技人才是创新发展的动力源，是推动经济社会发展的中流砥柱。"世上一切事物中人是最可宝贵的，一切创新成果都是人做出来的。硬实力、软实力，归根到底要靠人才实力。"

　　这种用人方式尤其对新型的高科技公司最为有利。创办于 2006 年、总部位于重庆的猪八戒网，从企业需求端出发，帮助其高效低成本地找到专业人士，受到企业和人才的欢迎，如今已经获得多轮融资。以"连接互联网公司和人才"的实现网、拉勾网"大鲲"，则从互联网人才和互联网领域职业机会出发，如今发展得非常不错。定位于"人才云平台"的实现网，创业公司可以在该平台上快速预约知名互联网企业的工程师、设计师到自己的团队工作。互联网工程师可以在实现网注册成为技术顾问，利用业余时间助力创业公司，并且获得以时薪为单位的报酬。在业内看来，从双方需求出发的"人才共享"平台，不仅能帮助企业快速推进项目，同时也让专业人才挣到不菲的收入。这种解决双方需求的模式，未来前景将不可估量。

　　然而这里不仅有人才共享，同时还需要看到研究成果和知识的共享。在经济全球化的今天，第三次科学技术革命向纵深发展，给企业家和科学家带来了更多机遇。从技术创新条件看，当前正处在新一轮科技革命爆发前夜，大规模战略性新兴产业集群蓄势崛起。企业科研投入的积极性要鼓励，但同时要说的是，必须进一步完善科研院所与企业科研之间的良性高效互动机制。

　　当前，我国的科研领域主要有三个主体：一是高等院校研究机构；二是政府部门下辖的研究机构；三是企业自身的研发机构。良性高效互动就是指这三类主体之间的互动。所谓互动，第一，科研机构要在加强基础领域研究的同时，更加注重对实用性科研领域的投入力度，尤其是不能形成"论文密集型盛宴"。另外，科研机构的很多科研成果并没有真正转化为社会生产力，这也说明很多科研项目其实针对性并不强，是为了科研而科研，甚至是为了花钱而科研。第二，要通过组建创新联合体等方式强化产学研合作。没有基础领域研究的突破，就未必有技术创新以及高新科技产品的问世。在基础研究领域，科研机构具备得天独厚的优势；企业则知道市场需要什么，什么成果更具有市场价值。二者将各自的优势结合起来，会起到事半功倍的效果。第三，要通过科研机构与企业的合作，实现科研成果的社会经济价值，避免科研机构研究成果束之高阁而企业科研嗷嗷待哺的情况①。

　　① 充分发挥企业能动性　促科技政策扎实落地［EB/OL］．第一财经．［2022-03-09］．https：// baijiahao. baidu. com/s？id=1726826206850963666&wfr=spider&for=pc.

目前，在一些经济开发区，许多企业开始自发组织共享联盟来促进企业发展。例如，南昌小蓝经济技术开发区，这里的企业有了"共享实验室"，园区内半导体企业但凡有研发需求，都可"借用"中科院苏州纳米所南昌研究院的微纳加工平台，包括研发设备和工程师，有效地破解了中小企业缺资金购买设备、研发能力不足等共性问题。比起过去单打独斗搞科研，集中优势协同攻关大大缩短了研发时间。企业在产业链上技术相互关联，成果共享，应用各取所需，大幅提高了成果转化效率。

参考文献

［1］解树江. 虚拟企业——理论分析、运行机制与发展战略［M］. 北京：经济管理出版社，2002.

［2］王英俊. 虚拟研发组织的运行及管理研究［D］. 大连：大连理工大学，2006.

［3］Benkler Yochai. Sharing Nicely：On Shareable Goods and the Emergence of Sharing as a Modality of Economic Production［J］. The Yale Law Journal，2004，114（2）：273-358.

［4］乔洪武，张江城. 共享经济：经济伦理的一种新常态［J］. 天津社会科学，2016（3）：93-98.

［5］解树江. 数字经济先锋：全球独角兽企业 500 强蓝皮书（2020）［M］. 北京：经济管理出版社，2021.

［6］Rosabeth Moss Kanter，Richard Ian Corn. Do Cultural Differences Make a Business Difference？［J］. Journal of Management Development，1994，13（2）：5-23.

［7］Tim R. V. Davis，Bruce L. Darling. How Virtual Corporations Manage the Performance of Contractors：The Super Bakery Case［J］. Organizational Dynamics，1995，24（1）：70-75.

［8］Jan Johanson，Lars-Gunnar Mattsson. Interorganizational Relations in Industrial Systems：A Network Approach Compared with the Transaction-Cost Approach［J］. International Studies of Management & Organization，1987，17（1）：34-48.

［9］冯松林，钟溟，任闽秦，等. A Study of Antinodularizing Properties of Pb，Bi，Al and Ti in Nodular Cast Iron by SPM［J］. Nuclear Science and Techniques，1993（4）：193-198.

［10］罗纳德·科斯. 企业的性质［A］//企业的性质：起源、演变与发展

［C］. 北京：商务印书馆，2020.

［11］康芒斯. 制度经济学［M］. 北京：商务印书馆，2021.

［12］C. J. Kinzie, C. H. Commons. The Effect of Zirconium Oxide in Glasses, Glazes, and Enamels［J］. Journal of the American Ceramic Society, 1934, 17（1-12）：283.

［13］肯尼斯·约瑟夫·阿罗. 公共投资、收益率与最适财政政策［M］. 成都：四川人民出版社，1978.

［14］威廉姆森. 市场与层级制［M］. 上海：上海财经大学出版社有限公司，2011.

［15］王洪涛. 威廉姆森交易费用理论评述［J］. 经济经纬，2004（4）.

［16］袁庆明，刘洋. 威廉姆森交易成本决定因素理论评析［J］. 财经理论与实践（双月刊），2004（4）.

［17］盛洪. 中国的过渡经济学［M］. 上海：上海人民出版社，2009.

［18］J. Yannis Bakos. Information Links and Electronic Marketplaces：The Role of Interorganizational Information Systems in Vertical Markets［J］. Journal of Management Information Systems, 1991, 8（2）：31-52.

［19］小詹姆斯·I. 卡什，罗伯特·G. 埃克尔斯，尼汀·诺里亚，理查德·L. 诺兰. 创建信息时代的组织：结构、控制与信息技术［M］. 大连：东北财经大学出版社，1994.

［20］Thomas W. Malone, Joanne Yates, Robert I. Benjamin. Electronic Markets and Electronic Hierarchies［J］. Communications of the ACM, 1987, 30（6）：484-497.

［21］Paul Hart. Computer Integration：a Co-Requirement for Effective Inter-Organization Computer Network Implementation［J］. ACM, 1990（10）：131-142.

［22］迈克尔·波特. 国家竞争优势［M］. 北京：中信出版社，2007.

［23］维克托·基根. 信息高速公路经济学［N］. 参考消息，1995-05-03.

［24］Camarinha-Matos L. M. , Afsarmanesh H. Tendencies and General Requirements for Virtual Enterprises［A］//Infrastructures for Virtual Enterprises. PRO-VE 1999［M］. Boston：Springer, 1999.

［25］严开涛. 虚拟企业及虚拟企业中的信息共享管理［J］. 北京航空航天大学学报，1998（6）：81-85.

［26］石春生，刘俊杰，董贵滨. 虚拟企业组织管理的几个基本问题［J］. 航天工业管理，1999（7）：15-16+20.

［27］陈国权. 企业实施敏捷制造的过程框架［J］. 清华大学学报（哲学社

会科学版），1999（2）：58-61.

［28］Yu Li，Biging Huang，Wenhuang Liu，et al. Multi-agent System for Partner Selection of Virtual Enterprise ［R］. Beijing：World Computer Congress，2000.

［29］马连杰，张子刚. 虚拟企业的协调管理 ［J］. 经济论坛，2000（14）：15-16.

［30］充分发挥企业能动性 促科技政策扎实落地 ［N］. 第一财经日报，2022-03-09.

第七章

持续的资本赋能

平均一年一融资，累计融资额近 10 亿元，"独角兽企业"国仪量子频获资本青睐，合力护航量子精密测量产业化之路。

2021 年 12 月 24 日，在公司五周年发布会上，国仪量子官宣完成数亿元 C 轮融资，投资方包括国风投基金、中科院资本、IDG 资本、合肥产投、松禾资本、前海母基金等。值得一提的是，本轮融资也获得了既有股东的高度支持，讯飞创投、科大国创、高瓴创投、同创伟业、博时创新、火花创投等老股东认购了一半份额。

含本次融资在内，近年来，国仪量子已累计完成 4 轮融资，获近 10 亿元资本加持，会聚了一众星光熠熠的投资人。具体来说，2018 年 12 月完成 A 轮融资，投资方为科大讯飞、科大国创、科讯创投；2019 年 12 月完成 A+轮融资，投资方为火花创投；2021 年 1 月，B 轮融资落定，高瓴创投领投，同创伟业、基石资本、招商证券等跟投。[①]

上述案例在资本市场不在少数。综上可以看出，成批独角兽企业吸引了资本市场的强烈关注，受到了资本的强烈追捧。大批独角兽企业每年获得密集且大金额的资金，具有超强融资能力和超高估值的现象值得深思。本书将从估值、资本偏好、融资结构等方面，全面分析独角兽企业融资能力以及其估值的合理性。

一、融资与估值变化

独角兽企业从初创公司成长起来，从种子轮、天使轮到 Pre-IPO 轮，几乎每一次企业的成长都离不开资本的身影和支持。投资方通过一级市场向企业投入资本，一般通过股权转让、兼并收购或者清算形式退出。不管是投入还是退出，企业估值都是绕不开的话题。估值是否超过 10 亿美元也是独角兽企业的评判标准之一，因此独角兽企业估值对于企业融资、机构投资都尤为重要。

截至 2021 年，2021 年全球独角兽企业 500 强总估值为 29436.05 亿美元，相比 2020 年 20170.81 亿美元增长 46%；其中中国和美国总体估值分布为 12618.87 亿美元、11202.6 亿美元，分布同比增长 35%、39.15%。[②]

全球独角兽企业 500 强之所以逆势增长，主要是由于独角兽企业成长的部分要素得到了强化，而总体要素的耦合效率不断提高。全球独角兽企业 500 强是数字经济先锋，是新经济的引领者。根据独角兽企业成长理论（解树江，2021），独角兽企业的成长往往具备以下八个关键要素：异质性企业家精神、独创性或颠

---

① "独角兽企业"国仪量子完成 C 轮融资［EB/OL］. 证券时报.［2021－12－24］. https：//ml. mbd. baidu. com/r/FKeEK7htPa？f＝cp&u＝2e10ce5efc8bd467.

② 资料来源于《全球独角兽企业 500 强发展报告（2021）》.

覆性技术、难以复制的商业模式、战略与品牌高度协同、虚拟组织运行机制、持续的资本赋能、市场容量和创新生态。新一轮融资抬高了整体估值。数据显示，在 2021 年全球独角兽企业 500 强榜单中，有 142 家企业进行了新一轮融资，新增的融资额达到了 11006.77 亿美元，超过 2020 年全球独角兽企业 500 强总估值的一半，而这与全球资本市场的繁荣密切相关。为应对疫情造成的不利影响，全球主要经济体都加大了经济刺激政策的力度，2021 年全年全球总共出台了共计 21 万亿美元的刺激措施，新增了 20 万亿美元的货币供应量。美股的估值水平已经逼近历史高位。美股估值的高企通过比价效应拉升了独角兽企业的估值水平。这是 2021 年全球独角兽企业 500 强估值暴增 46% 的一个重要原因。

除了上述原因，大家也不禁怀疑独角兽企业估值是否公允。不同于二级市场基于频繁的交易而确认的估值，一级市场主要根据公司所处的发展阶段、行业情况和财务数据质量，选取可量化的关键指标构建估值方法，并且通过双方协商确定估值，所以关于独角兽企业估值是否合理，一直备受讨论。一方面，数据显示，截至 2021 年 7 月 30 日，过去一年上市的独角兽企业总市值为 9456.43 亿美元，相比其上市前的总估值高出 3632.61 亿美元，涨幅高达 62%。这是对独角兽企业 500 强创新价值的持续确认①。另一方面，不少独角兽企业陷入经营困境。2021 年 10 月，云鸟科技公司运营主体在 11 月 1 日发布公告称："公司目前现金流枯竭，只能被迫做出最无奈的选择，决定申请破产。"云鸟科技的多位员工在网上疯狂爆料 CEO 的各种赖账行为，本次创业公司爆雷事件的"赖账主角"韩毅却不知所踪、下落成谜。然而彼时的云鸟科技也是资本眼中的"香饽饽"。2015 年 1 月，云鸟科技获得 A 轮融资 1000 万美元；2015 年 7 月，云鸟科技获得数千万美元的 B 轮融资；2016 年 1 月，云鸟科技获得 C 轮融资一亿美元；2017 年 2 月，云鸟科技获得 D 轮融资一亿美元，投资方包括盛大资本、红杉资本、经纬中国、金沙江、华平投资集团等；2017 年，云鸟科技登上独角兽榜单②。然而事实上，在倒闭边缘垂死挣扎或者已经宣告终结的独角兽企业不在少数，如明星独角兽"ofo"等。

因此我们可以看出，部分独角兽企业估值确实存在泡沫，存在当某一热点出现时，资本蜂拥而至，盲目投资的现象，而当企业属于初创企业，产品和商业模式未受到市场持续检测时，当资本的热潮退去，无资金的持续加持，商业模式和产品没有市场的企业就难以持续经营，从而出现破产或者经营困难。但处于

---

① 资料来源于《全球独角兽企业 500 强发展报告（2021）》。
② 估值 70 亿的云鸟科技破产，涉嫌非法集资！共享经济彻底黄了［EB/OL］. 时代周报．［2021-11-01］. https：//mq. mbd. baidu. com/r/FKfgjl5hqE？f=cp&u=7d2bcb2e99277747.

Pre-IPO 的独角兽企业，由于商业模式发展成熟、产品需求经过市场检验，估值的不确定性和泡沫大大减少，因此上市后，整体未出现估值大幅下跌的现象，甚至还大幅上升。因此虽然部分独角兽企业估值确实存在泡沫，但估值的泡沫不会持续，在经过市场需求检验后，估值会回归理性。

二、资本的偏好

面对独角兽企业不断获得的融资、不断上升的估值，虽然存在资本抱团或者羊群效应，但是我们也不禁好奇：这些企业为什么能获得资本的持续投资，为什么能受到资本的狂热追捧？资本到底偏好什么样的企业？

一是行业。企业处于新兴行业意味着更能获得资本的关注，资本市场喜欢追求暴利，基于幂次定律，它们宁愿投资高成长的新兴行业，也不愿再投资传统行业，因为前者的增值空间和投资回报率要远高于后者，资本市场看重的是未来发展空间。

在 2021 年 152 家新晋独角兽中，企业服务和医疗健康分别为 40 家、23 家，占据前二，金融科技第三，共 19 家，智能科技 18 家，生活服务和文旅传媒紧随其后，分别为 15 家和 14 家，前五个行业占了 70%[①]，并且这与私募股权市场投资行业极度吻合。

企业服务赛道的兴起，根本原因在于全球企业服务行业发展的客观条件日渐成熟。随着全球网络基础设施的日益完善和智能硬件终端的兴起，云计算基础设施在世界范围内快速普及，亚马逊、微软、阿里云等云计算头部企业引领全球，这些底层 IaaS 的成熟为企业级别 SaaS 的爆发积蓄了力量。此外，疫情防控期间，产业数字化转型升级的需求日益凸显，传统企业生产效率低下，产能过剩严重，并且对市场的适应性和灵活性不足。然而借助于企业级 SaaS 服务，传统企业的业务流程将实现优化，企业的信息化水平提高，并且能够使企业有效对接各大电商平台、社交软件等消费平台以及相关的供应平台，实现传统企业在营销层面、供应层面以及管理层面的战略转型，为企业带来新的业务增长点。

在疫情中，医疗健康行业持续获得资本的关注，多国对医疗研发、制药和器材的重视得到不同程度的启发，政府、民众和资本对医疗健康的多方面投入比例大幅上升，加之随着全球网络基础建设的完善，远程医疗、智慧医疗等行业的发展条件成熟，此类独角兽企业的发展也迎来了这一风口，医疗健康领域的各个细分行业独角兽企业在资金吸引和业务拓展方面都获得了新的增长点。

---

① 资料来源于《全球独角兽企业 500 强发展报告（2021）》。

金融科技领域企业进入发展快车道，同样是由于全球互联网和智能硬件终端基础设施的进一步普及，IaaS 和 SaaS 的全面深化推动了第三方支付、金融服务和金融软件等领域企业的快速发展。此外，疫情期间，线上购物、财产管理和借贷服务的需求增多，加之各国的财政刺激政策，共同催化了该领域独角兽企业的发展。

作为知识技术密集型的行业，智能科技行业是当前最有发展前景的朝阳产业，国内外投资者为追求资本增值或是保值，更倾向于将资金投入这一产业，资金的大规模流入也为智能科技领域的研发生产提供了强有力的支撑，推动了智能科技行业的蓬勃发展。

综上所述，在当前经济发展态势下，企业服务、医疗健康、金融科技、智能科技行业处于风口，拥有更高的成长性，因此受到资本的偏好。我们可以看到，AI 独角兽企业在处于巨额亏损的情况下，依旧能获得资本的追捧。如果初创企业目前已经处于夕阳行业，那么企业可以思考如何使其与新兴事物相结合或者及时调整方向。

我们可以看到，独角兽企业哈啰出行在经过 2018～2019 年的资本猛追之后，2020 年融资速度明显放缓，整个 2020 年都没有传出任何融资消息。当共享单车行业由于出现资产重、运维成本高、管理不善等问题，失去资本追捧之时，处于共享单车行业的哈啰出行的融资也受到了严重影响。但此时，基于节能减排的背景，哈啰出行确立了"基于出行的普惠生活平台"的发展方向，并逐步推出顺风车、小哈换电、哈啰打车、哈啰电动车以及哈啰酒店等本地出行和生活服务，从单一共享单车业务向多元化出行及生活服务平台转型，将"哈啰电动车"和"小哈换电"作为重点发力的新业务，并于 2021 年得到长远发展。"哈啰电动车"累计签约门店数量已超过 5000 家，单从门店数量上来看已经跻身行业第一阵营；"小哈换电"覆盖城市超过 300 个，日均换电服务数十万次，累计安全稳定运行时间超过 20000 小时。

在主营业务逐渐疲软的情况下，哈啰出行根据政策方向和消费需求，迅速进行战略调整，布局电动自行车、顺风车以及换电行业，符合碳中和、碳达峰的政策大方向，并且有效延伸了两轮车用户的需求，持续驱动整个公司的业务增长。目前，公司将共享单车作为流量端口，吸引客户并进行分流，多元化布局初具成效，哈啰出行 2021 年已完成融资超 5 亿美元。2021 年 3 月 31 日，哈啰出行完成约 2.4 亿美元的融资，其中宁德时代首次投资 5 亿元。

二是核心竞争力。从微观层面来看，企业的核心竞争力使其从行业脱颖而出，并使其比行业中其他公司更受资本市场的青睐。通过对全球独角兽企业 500 强的核心竞争力进行分析我们发现，独角兽企业可分为两类：一类是以超强研能力和颠覆性技术等硬科技作为核心竞争力的独角兽企业；另一类是以供应链优势、独特的商业模式等软技术作为核心竞争力的独角兽企业。

市场上不乏以研究能力及颠覆性技术作为核心竞争能力的独角兽企业，如处于智能芯片行业的地平线机器人公司。地平线公司拥有高技术的创始团队，为技术研发奠定了基石；创始人徐凯作为深度学习的元老，在创业前，曾是百度深度学习研究院的创立者和负责人，吸引了一大批拥有高技术的人才加入地平线公司。其中联合创始人兼软件副总裁杨铭，是 Facebook 人工智能研究院（FAIR）创始成员之一，曾在 Facebook 负责 DeepFace 项目；联合创始人兼算法副总裁黄畅，曾担任百度主任架构师，长期从事计算机视觉、机器学习、模式识别和信息检索方面的核心算法研发；联合创始人兼硬件副总裁方懿，曾任诺基亚大中华区研发副总裁，并带领团队设计、研发和推出诺基亚历史上最成功的智能手机 Lumia 520。目前，地平线在美国硅谷和国内的北京、上海、南京等地均设有研发中心和运营团队，截至 2019 年底共有员工 1400 余人，其中研发人员占比超过 70%。

在此基础上，地平线公司研发出多项颠覆性技术。从 2015 年创办至今，地平线推出了中国第一款汽车级人工智能处理器征程 2 以及车规级智能芯片征程 3，是国内唯一实现量产的车规级 AI 芯片企业。其芯片征程 2 和征程 3 目前已搭载包括长安 UNI-T、奇瑞蚂蚁、上汽智己、2021 款理想 ONE 等多款车型。2020 年，地平线正式开启智能汽车芯片前装量产元年，芯片出货量目前已突破 40 万片。2021 年上半年，地平线推出了面向 L3/L4 级别自动驾驶的征程 5 芯片。征程 5 是业界首款集成自动驾驶和座舱交互功能的全场景整车中央计算芯片，单科芯片算力高达 128tops，在性能上甚至要比目前最领先的特斯拉 FSD 自动驾驶芯片更有优势，未来通过与车企合作展开大量的实战和改进，或能真正超越特斯拉。随着征程 5 的发布，地平线成为目前业内唯一能够覆盖 L2～L4 的全场景整车智能芯片方案提供商。

因此，地平线公司深受资本追捧。从 2021 年 12 月 22 日地平线机器人获得 1.5 亿美元的 C 轮第一次融资，折合人民币 9.51 亿元，到 2021 年 6 月 10 日，地平线机器人已经完成了 C7 轮的融资，半年融资合计 12 亿美元，折合人民币 78.49 亿元，先后获得多家全球著名投资机构——晨兴资本、高瓴资本、红杉资本、金沙江创投、线性资本、创新工场、真格基金、双湖投资、青云创投和祥峰投资的鼎力支持，以及硅谷著名风险投资家 Yuri Milner 的重量级投资①。

① 南方报业，https：//static.nfapp.southcn.com/content/201902/27/c1956040.html？from＝groupmessage&isappinstalled＝0。

　　除以技术作为核心竞争能力的独角兽企业以外，还存在着凭借供应链优势和独特的商业模式脱颖而出的独角兽企业，如处于零售消费行业的 SHEIN 凭借其供应链优势从行业中脱颖而出。SHEIN 拥有生产、研发、销售于一体的供应链，具有一批黏性极高且合作多年的供应商，在 SHEIN 广州总部附近，有数千家第三方供应商以及约 200 家合同制造商为平台提供货源。这些供应商不仅可以迅速上新款，也能够一周出几百单小订单，符合公司快节奏的生产模式，使公司能够实现每周上新体量在"万款"级别，单日上新版型超 3000 件，而且国内生产价格的优势为 SHEIN 价格定位奠定了基础，能够为公司提供低价商品。

　　因此，公司利用中国供应链的生产力和价格优势，深耕垂直品类以及海外文化营销，产品集中于 30 美元以下的时尚女装，价格定位亲民，产品核心价值远低于 ZARA 等全球快时尚品牌，目标客户为 Z 时代的青少年，版型和设计结合海外文化进行改造，契合海外消费者需求。其价格定位和目标群体高度契合，以更加低廉的价格优势打入青少年以及低消费人群市场，切实击中目标客户人群的根本需求。

　　因此，在 SHEIN 成长的道路上，不缺资金的追捧，公司于 2013 年完成 A 轮融资，集富亚洲投资 500 万美元；2015 年公司完成 B 轮融资，景林、IDG 投资 3 亿元人民币，估值 15 亿元人民币；2018 年公司完成 C 轮融资，红杉等投资，估值 25 亿美元；2019 年，公司完成 D 轮融资，红杉、Tiger Global 等投资超 5 亿美元，估值超 50 亿美元；2020 年，公司完成 E 轮融资，估值超 150 亿美元①。

　　综上所述，市场更偏好于具有更高成长性、拥有更高核心竞争力的公司，而企业不论是发展前景较好的行业还是自身拥有不可替代的核心竞争力，都使其未来具有更大的发展空间，也使其更容易获得资本的投资。

三、资本的魔力

　　独角兽企业在一轮轮融资后，除了获得不断攀升的估值，还获得了什么？为什么独角兽企业需要持续的资本？我们可以将独角兽企业分为两类：一类是以创新商业模式为核心的服务型企业；另一类是以技术为核心的科技型企业。虽然两类企业的成长逻辑及商业壁垒区别较大，但其成长过程都需要持续的资本赋能，本书将分类分析资本对两类独角兽企业的作用。

---

　　① 价值暴涨！SHEIN 再出 IPO 新闻！［EB/OL］. 电商报．［2022-01-27］. https：//mbd. baidu. com/newspage/data/landingshare？ context ＝% 7B% 22nid% 22% 3A% 22news _ 9215638316705750522 % 22% 7D&isBdboxFrom＝1&pageType＝1&rs＝1054494337&ruk＝11AmUxQ-dmctL6_ H1RKbtg&urlext＝%7B%22cuid% 22%3A%22_u2eiluJv8g2iSuhg8BqalaMHag-u-8i_avSa_8kSugkuHij0u2Sfgt5Ha00kQuKY9VmA%22%7D.

（1）从以创新商业模式为核心的服务型企业来看，企业主要以一种或者多种创新的商业模式作为核心竞争力，一般无独创性、颠覆性技术作为支撑。根据《巴菲特的护城河》这一著作对商业壁垒的分类，商业壁垒可分为：强竞争壁垒，如网络壁垒、技术壁垒、资金壁垒、政府壁垒；一般竞争壁垒，如规模壁垒、数据壁垒、转换壁垒、专利壁垒；弱竞争壁垒，如价格壁垒、渠道壁垒、地狱壁垒、先发壁垒。为了防止商业模式被模仿和抄袭，服务型企业通常会建立资金壁垒、规模壁垒、价格壁垒、渠道壁垒、先发壁垒。然而这些渠道通常需要大量资本加持，如规模壁垒需要资本开拓市场，价格壁垒需要资本打价格战等。

以便利蜂为例，便利蜂是一家24小时便利品牌，采用的是"数字化"+便利店的商业模式，通过互联网的方式打破现有零售模式，在选址、选品、供应链上使用大数据和智能软硬件。

根据天眼查信息显示，2017年2月，便利蜂获得斑马资本3亿美元的A轮融资。2018年10月，便利蜂获得腾讯投资及高瓴资本的2.56亿美元战略融资。2020年5月，便利蜂获得新一轮融资，累计募集资金已达15亿美元。通过资本加持，便利蜂三年实现了直营店1500家，北京地区门店超过500家。与全时便利店因资金链断裂关停京津区域门店相反，疫情防控期间，便利蜂加快了开店的步伐，在原有的华北、华东地区加大了开店力度，还陆续进入广东、山东、河南等省市①。

便利蜂快速扩张背后的逻辑在于，虽然便利蜂相对于其他便利店，其优势在于其数据分析能力，但便利蜂本质上并不具备颠覆性或者创新性的技术，其核心竞争力还是一种依托于互联网，以便利店为本质的商业模式。然而便利店作为一门薄利润重运营的生意，需要一定的门店数量才能实现规模效应和协调作用，需要便利蜂前期付出巨大的成本去开拓市场，及时建立竞争壁垒。因此，以商业模式为核心的服务型企业需要依靠资本来开拓市场、扩张渠道，从而建立竞争壁垒。

（2）从以技术为核心的科技型企业来看，与以商业模式为核心的服务型企业相比，这类企业具有颠覆性或者创新性的技术，自带商业壁垒。但是，一方面，公司前期研发需要巨大的研发投入，在技术没有研发成功并且没有市场化之前，科技型公司都需要不断融资来支持研发创新，并且由于研发产出具有不确定性，因此还具有较大的风险；另一方面，随着信息技术革命的不断深化，产品更新换代的速度越来越快，这就要求企业进行不断的创新，紧跟市场和需求，巩固和优化自身核心竞争力。因此，以技术为核心的科技型企业需要依靠资本进行研

① 苏琦．便利蜂盈利真相［EB/OL］．［2020-07-08］．https：//baijiahao．baidu．com/s？id=16716446231355082648&wfr=spider&for=pc．

发创新，建立或者巩固自身竞争壁垒。

以 AI 独角兽为例，2017 年至 2020 年 9 月 30 日，旷视科技的研发投入分别为 2.02 亿元、6.06 亿元、10.35 亿元和 7.46 亿元，占营业收入的比例分别为 66.50%、70.94%、82.15%和 104.16%；2017 年至 2020 年上半年，云从科技研发费用分别为 0.59 亿元、1.48 亿元、4.54 亿元和 2.47 亿元，占各期营收比例分别为 92%、31%、56%和 112%；同期，依图科技的研发费用分别为 1.01 亿元、2.91 亿元、6.57 亿元和 3.81 亿元，分别占营业收入的 146.94%、95.77%、91.69%和 100.10%；根据招股说明书，2018 年到 2020 年，商汤科技的研发投入分为 8.49 亿元、19.16 亿元、24.54 亿元，2021 年上半年更是达到 17.72 亿元，截至 2021 年 12 月，已经累计投入 69.91 亿元，分别占收入的 45.9%、63.3%、71.3%，2021 年上半年占比为 107.3%[①]。

这四家 AI 独角兽企业平均研发投入占比高达 83%，甚至有些年份超过了营业收入，在这样的情况下，企业需要通过持续的融资来覆盖如此高昂的研发投入。

四、融资轮次与附加价值

现在，企业获得一轮融资后，不仅能获得资金本身，而且能获得额外的附加价值。以往的私募股权投资机构的盈利模式比较简单，即购入创业企业股权，进行被动管理并在未来伺机出售，那么企业进行完一轮融资后，仅获得资本本身的使用价值，可以用资金来开拓市场、进行技术研发。但是随着一级市场掀起投资热潮，科技股价格不断抬高，如果私募股权投资基金依旧按照原来的投资方式进行投资，就很难规避投资带来的风险，获得满意的回报率。因此，一些投资机构开始注重投后管理工作，主动介入被投企业的经营管理活动，协助企业提升公司治理、战略规划水平和管理层实力，帮助企业嫁接可利用的外部资源、寻找关键人力资源。这种"赋能式投资"模式，正在成为国内外投资行业的主流模式[②]。随着阿里巴巴、腾讯、京东和百度等国内互联网大型企业深度参与股权投资，将参股和控股独角兽视为其竞争战略的组成部分，赋能式投资在国内私募股权市场的主导地位进一步增强。30%的国内独角兽企业有大型互联网企业股东，这些股东除了为独角兽提供资金，还会在平台资源、技术、人力资源和商业机会等方面

① AI 独角兽困境：科技未来的现实难题［EB/OL］. 今日财富 . ［2021-04-15］. https：//baijiahao. baidu. com/s？id=1697064513033694668&wfr=spider&for=pc；不上市就等死？AI 故事难讲，豪门盛宴背后的"血"与"泪"［EB/OL］. 帮尼资讯 . ［2021-12-09］. https：//www. 163. com/dy/article/GQO41I3S051193U6. html.

② 张跃文 . "独角兽"闯入资本市场的挑战与应对［J］. 人民论坛，2021（22）：70-74.

为独角兽企业提供支持，此时一轮融资不仅能给企业带来资本，还能带来投资机构附加的增值功能。

当然，投资机构为了实现更大的利润、获得更高的回报，在不同的融资轮次中，投资机构给独角兽企业带来的附加价值一般不同。下文将从融资轮次角度分别分析 A 轮及 A 轮之前、B-D 轮、E 轮到 pre-IPO 各个轮次的主要附加价值。

（一）A 轮及 A 轮之前

1. 合理化股权架构

在种子轮、天使轮或者 A 轮的企业，往往只具有商业模式的雏形，或者技术研发才刚刚开始，那么在这些投资阶段，私募基金更多投资的是创始人或者核心团队。因此，为了企业未来更好地发展，私募基金会对核心团队进行管理或者派人加入公司的核心团队，并且给出相应的股权建议，使核心团队人员更加稳定和完美，为后期爆发式增长提供基础。

2. 商业模式梳理

正如上文所述，处于该投资阶段的企业一般还只具有商业模式的雏形，虽然其商业模式具有一定的投资价值，但通常存在不足和瑕疵。那么，投资方在这一阶段会协助公司厘清思路，抓住核心业务，形成稳定的产品形态和模式，在现有商业模式的基础上，使其发展成更合理、更有发展空间的商业模式。

3. 融资对接

为了分散风险，私募基金往往不会将资金集中于一家公司，但对于早期项目，在其商业模式还没有落地、无稳定的经营收入的情况下，为了保障企业资金链充裕和发展的稳定性，投资方会协助企业进行下一轮融资的规划以及下一轮融资机构的洽谈。

4. 引进人才

基金管理公司对企业团队建设和企业高级管理人招募能起到重要的作用。基金管理人尤其长期扎根于特定行业，如 IT 投资，因而具备良好的人脉关系，同时也掌握不少人力资源信息。因此在基金管理人的增值服务中，团队招募往往是基金完成得最好的部分。必要的时候，一些基金管理公司的投资经理甚至作为全职员工加盟投资企业。例如，华登国际集团副总裁茅道临便曾加盟该基金所投资的新浪，并曾一度担任该公司的 CEO。

（二）B-D 轮

1. 盈利模式——变现渠道

在上一个阶段完成核心团队搭建、商业模式完善的任务后，这个阶段更加关注商业模式的落地和变现渠道的打通。企业一般会先集中在某些区域进行商业模式的试验，投资方会协助企业根据试验结果和用户反馈，对商业模式的盈利变现进行梳理和开发，并对商业模式进行合理的修改，合理的盈利模式会为企业带来更多的流量和现金流。

2. 资源对接

基金管理人还可能通过企业行业联系为企业介绍客户或者合作伙伴。百度的第一个企业客户硅谷动力便是它的股东半岛基金引荐的，因为半岛基金同时也是硅谷动力的股东。凯雷集团投资了扬州一家无缝钢管厂之后，便建议其进军国际市场，并为其建立了国际推销员的团队。这个战略决策使被投资企业的销售收入和利润均有大幅度的增长。

（三）E 轮到 Pre-IPO

1. 战略布局

处于这一阶段的企业往往具备较成熟的商业模式，也有很好的盈利增长点。在这一阶段，为了企业更好地发展并满足企业未来上市的需要，投后部门会协助项目方进行有效的战略布局，如通过业务并购完善产业链，或者通过市场扩张实现规模效应。

2. 战略融资

处于这个阶段的企业，融资不仅是找资金，更多的是搜寻符合企业文化、契合企业未来战略的投资机构，这样不仅能够带来资金上的帮助，更多的是带来资源上的补充和支持。在这一阶段，投资部门会更加深入地了解企业未来的发展战略和规划，并对当前符合企业文化属性的资方进行梳理，然后再牵线进行资本对接，其实就是相当于专业 FA 的角色，在资本对接过程中，不断解决资方的质疑，梳理清楚企业未来的发展方向[1]。

因此，企业通过一轮轮融资获得资金的同时，还会获得资金的附加价值，构成资本赋能的整体，作用于企业发展的各个方面以及各个发展阶段，形成全方位、全流程的助力赋能机制。

五、全球独角兽企业 500 强投融资结构

全球风险资本投资从 2010 年的 520 亿美元激增至 2017 年的 1710 亿美元，增长了 200% 以上。尽管风险资本投资中心仍集中于美国的旧金山、纽约等城市，

---

[1] 资料来源于《史上最详细的私募股权投资基金投后管理研究报告》。

但资本的逐利性与全球化决定了中国、印度等进步较快的新兴国家日益青睐风险资本。北京、上海、深圳、杭州等城市的风险资本市场的进步有目共睹，印度的古尔冈、班加罗尔等城市显示出吸引风险投资等资源的能力，资本、人才、技术的积聚效应催生出更多的独角兽企业（见表7-1）。

表 7-1　全球风险投资前 10 强城市与全球独角兽企业 500 强城市分布

序号	城市（2019 年独角兽数量）	资本投资（百万美元）（2015~2017 年）	全球份额（%）	累计全球份额（%）
1	美国旧金山（62 家）	81808	16.0	16.0
2	中国北京（84 家）	72819	14.2	30.2
3	美国纽约（24 家）	33763	6.6	36.8
4	美国圣何塞（2 家）	24857	4.9	41.6
5	美国波士顿（7 家）	24567	4.8	46.4
6	中国上海（44 家）	23839	4.7	51.1
7	美国洛杉矶（5 家）	17391	3.4	54.5
8	英国伦敦（10 家）	15650	3.1	57.5
9	中国杭州（20 家）	11390	2.2	59.8
10	印度班加罗尔（6 家）	10568	2.1	61.8

资料来源：全球独角兽企业 500 强数据库（GUEF500）。

637 家投资机构助力全球独角兽企业 500 强成长。根据对全球独角兽 500 强企业获得机构投资的不完全统计，共有 637 家投资机构参与其中，排名在前 100 的投资机构中有 49 家风险投资机构来自美国，45 家来自中国，仅有 6 家投资机构来自日本、新加坡、瑞士和俄罗斯（见图7-1）。目前，虽然美国主流投资机构仍处于领先地位，但中国新秀投资机构势头强劲紧随其后。美国投资机构投中了 470 家独角兽企业，中国投资机构投中 3300 家。

红杉资本战绩一马当先，投中 83 家全球独角兽 500 强企业，腾讯、阿里巴巴紧随其后。红杉资本于 1972 年在美国硅谷成立，作为第一家机构投资人投资了 Apple、Google、Cisco、Oracle、Yahoo、LinkedIn 等众多创新型公司。红杉资本中国基金 2005 年 9 月由沈南鹏与红杉资本共同创办，专注于科技传媒、医疗健康、消费品服务、工业科技四个方向。自创办以来，红杉资本中国投资了京东商城、阿里巴巴、今日头条、滴滴出行、DJI 大疆创新、拼多多、VIPKID、贝达药业等 500 余家企业。

中国已经形成了大独角兽通过投资、分工孵化或培养小独角兽的良性机制。在全球独角兽企业 500 强榜单中，阿里巴巴投资了大搜车、博纳影业、寒武纪、BigBasket、易果生鲜、Tango 和商汤科技等公司，其覆盖了智能科技领域、金融

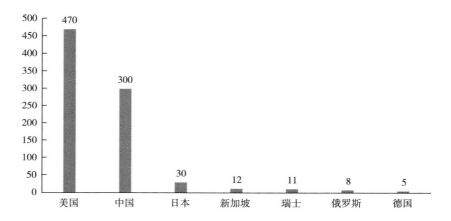

图 7-1 各国投资机构投资的全球独角兽企业 500 强数量

资料来源：全球独角兽企业 500 强数据库（GUEF500）。

科技领域和云服务等多个领域；腾讯投资了 Epic Games、贝壳找房、满帮集团、优必选机器人和 BYJU'S 等公司，其覆盖领域包括游戏开发、生活服务、物流服务、智能科技和教育科技等（见图 7-2）。

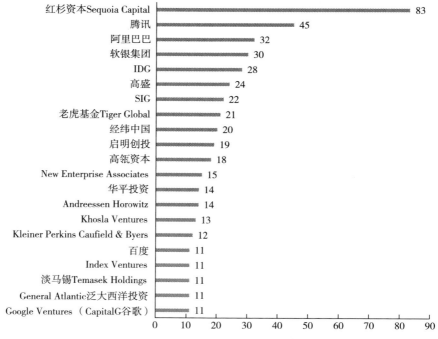

图 7-2 投资机构投中全球独角兽企业 500 强数量排名

资料来源：全球独角兽企业 500 强数据库（GUEF500）。

从上述数据可以看出，私募股权基金是独角兽企业融资的主要来源，这是因为传统的银行信贷业务主要对企业行业发展前景、经营稳定性、企业资产、抵押品进行评估，鉴于谨慎性监管原则，银行以安全性为主要目标发放贷款，更关注存款、利润、固定资产等财务指标，而独角兽企业很难满足其贷款需求。首先，独角兽企业成立时间一般较短，商业银行通过征信系统或者其他渠道获取的信息少，对尽职调查造成很大困难；其次，独角兽企业其所处的行业一般多为服务类、科技类的轻资产行业，很少有资金可以作为抵押品，更多的是仅有无形资产，商业银行很难对其进行评估；最后，独角兽企业通常处于新兴行业，拥有创新型的技术路线或者盈利模式，商业银行相关人才储备不足，很难及时对企业进行全面了解。

因此，目前独角兽企业普遍存在融资结构不均衡的问题。由于独角兽企业是新经济的代表，主要涉及云计算、生物医药、高端制造、人工智能、互联网等热门行业，投资机构特别是股权投资基金往往愿意给予独角兽企业较高的估值，从而使其能以最快的速度获得一轮又一轮的融资。然而商业银行按照传统的银行评估方法，很难判断其估值的公允性，在信贷支持中却很难给予较高的授信。

以一家舒适智能家居行业的独角兽企业为例，根据其2018年8月的融资情况，中金资本、景林资本以10亿美元的估值对其进行了C+轮投资，让其快速地晋升为独角兽企业。虽然股权投资机构强烈看好其发展，但根据投资机构的尽调，商业银行对其的信贷支持却十分有限，仅有南京银行对其有三笔各500万元，总计1500万元的贷款，以及招商银行对其1000万元的授信额度。金融市场对独角兽企业存在直接融资热与间接融资冷并存的失衡局面。

但培育独角兽企业是发达国家和众多新兴经济体实现创新驱动的成功路径，独角兽企业不仅是科技创新的受益者，也是新兴技术和技术变革的引领者，能够加速全球的技术颠覆。因此，商业银行从主动适应经济发展方式转变、实现高质量发展的目标出发，持续进行贷款模式创新，虽然相比私募直接融资，银行间接融资给予独角兽企业的支持力度较小，但随着商业银行主动创新和发展，以商业银行为代表的间接金融体系对独角兽企业的成长也起到了重要的推动作用。例如：中国独角兽企业柔宇科技在D轮融资中债权融资约5.6亿美元，参与方包括中信银行、中国农业银行、中国工商银行、中国银行、平安银行等；农业银行为独角兽企业货车帮量身定制了综合金融服务方案，专门成立了跨部门综合营销团队，打造了以"商e付"、双向保付、"农银e管家"等产品为基础的平台对接方案，并以此为基础拓展上下游客户。另外，美国硅谷银行以科技型创业企业为客户目标，将"债权"和"股权"相结合，根据初创企业的自身特点和条件量身定制了信贷产品，为创业企业快速发展并成长为独角兽企业提供了大量资金。

六、母基金

深挖独角兽企业背后的投资机构会发现，不仅有私募股权基金或者银行债权投资，还有隐藏在私募股权基金背后的母基金———一种专门投资于其他投资基金的基金，母基金的存在同样不容忽视。

2018 年，宜信财富私募股权母基金喜讯连连，间接捕捉到众多独角兽级别的创业公司：3 月 23 日，国内知名的成人在线教育公司——尚德机构成功登陆纽交所，成为国内首家赴美上市的成人在线教育公司；3 月 27 日，有"医药界华为"之称的药明康德"闪电"过会并随后在 5 月 A 股上市当日即涨停，成为中概股中以 IPO 形式回归 A 股的第一家公司；3 月 28 日，代表"90 后""00 后"年轻人文化的 Bilibili 在纳斯达克挂牌交易；3 月 29 日，中国领先的视频和娱乐生态平台"爱奇艺"在纳斯达克证券交易所上市；4 月 2 日，本地生活领域独角兽企业"饿了么"以 95 亿美元被阿里巴巴集团和蚂蚁金服全资收购，创下中国互联网历史上的全现金收购新纪录；4 月 3 日，全球最大的音乐流媒体 Spotify 在纽交所上市，成为截至 2018 年最大的科技股上市案例；5 月 4 日，宜信财富私募股权母基金的间接投资标的——平安集团旗下的"平安好医生"（1833. HK）在 H 股挂牌，这家成立仅 4 年的"独角兽"成为国内互联网医疗上市第一股，也是香港资本市场 2018 年第一只"科技独角兽"IPO；5 月 9 日，沃尔玛宣布 160 亿美元收购宜信财富私募股权母基金间接投资标的——"印度淘宝"Flipkart 逾七成股份①；等等。

在多个行业领军企业的背后都有宜信财富私募股权母基金的身影。截至 2018 年 6 月，宜信财富私募股权母基金境内外已经累计投资了 200 多只行业领先的基金，间接覆盖了总共 4000 多家高成长企业，包括 3000 多家国内企业和 1000 多家海外企业。截至 2018 年 6 月，其中已经有超过 100 家的上市或新三板挂牌企业，超过 40 家的独角兽企业。

回首今天世界级的公司，苹果、谷歌、微软、亚马逊……这些万亿美元市值的企业早已发展成为行业独角兽企业，在市场上拥有极强的品牌号召力，其背后的私募基金都是母基金，包括进一步的股权投资乃至后续上市的并购、发展都可能会依靠母基金。这是因为，母基金历经市场多年洗礼，足以捕捉到最长、最深、最透的市场改变机遇，同时，母基金还可以凝聚各行各业的力量，通过不断的投资、比较、迭代，选出最专业的基金去做合适的事情。

---

① PE 星球. 母基金成"独角兽专业捕手"［EB/OL］. ［2018-06-02］. https：//www.163.com/dy/article/DJAL030T05199RAS. html.

母基金除了有抓捕独角兽企业的能力，还能给私募基金带来附加价值，促进创业投资行业的有序发展，推动独角兽企业的培育进程。母基金的作用主要体现在如下几个方面：

第一，资金募集方面，母基金能够为私募基金提供长期稳定的资金。创新创业需要"长钱"，很多创新创业者的钱，来自于顶级的风投机构，而母基金则为这些顶级风投机构提供长期的、耐心的、有温度的、有价值的钱，并且母基金在整个基金运行期内会给予普通合伙人充分的理解与支持。由于私募股权投资行业的投资周期比较长，资金流动性较差，容易受宏观经济短期波动等外部因素影响，短期内对基金的账面回报率产生不利，使普通合伙人的管理水平受到质疑。私募股权投资母基金对市场这种短期波动有充分的认识，更容易对这些不利变动做出客观的评价，给予普通合伙人充分的理解与支持，从而促进私募基金投资的长期性和稳定性，给初创企业和独角兽企业提供更加长期的资金，使企业进入更符合规律的发展轨道。

第二，母基金会对子基金投资战略产生积极作用。作为主要的有限合伙人，母基金会直接在子基金投资建议委员会中占有席位，在宏观上，它可以为子基金的投资战略方向提供专业建议；在微观上，它可以为子基金提供具体项目的来源渠道，为投资标的尽调提供相关行业资源。

第三，母基金能将大量资金投入到符合国家战略方向的企业中，提高投资效率。仅从中国来看，私募基金数量已经突破 12 万，基金规模达到 19.76 万亿元。但在如此之多的私募基金中，根据历史数据和经验显示，收益率处于上四分位数的私募股权基金投资业绩要远远超过中位数，而下四分位数则基本是亏损的，也就是说并非所有的私募基金都能实现盈利。同时，还存在以私募之名开展非法集资、集资诈骗的违法事件或私募管理者能力不够的现象。如果这样的资金沉入到私募基金，那么这些资本将无法有效地投入到有成长机会的初创企业和独角兽企业，降低了创业投资的效率，拖慢了企业发展的速度；而母基金能凭借自身的信息优势，清楚地识别出投资市场中前 1/4 分位的私募基金，凭借自身稳定的资金实力和机构地位，将募集的资金投入到合格的私募基金，从而提升资本抓住独角兽企业的能力。我们可以看到，独角兽背后的投资机构大多都是一些熟悉的身影，如红杉资本、老虎基金等。

2018 年 9 月，国务院印发了《国务院关于推动创新创业高质量发展打造"双创"升级版的意见》，文件明确提出：规范发展市场化运作、专业化管理的创业投资母基金。2016 年 9 月 30 日，国务院发布了《国务院关于促进创业投资持续健康发展的若干意见》，文件中四次提到支持母基金的发展，时隔两年，国务院再次提出支持母基金的发展。

国务院多次发布相关文件提出支持母基金的发展，无疑是对"母基金"这样一种资产配置形式的高度认可——包括其天然的分散性带来的投资风险防范能力、广泛的资金募集能力以及优质资源整合能力等。通过参与投资母基金，可以使政府引导基金和国有企业，以机构投资者的身份更广泛地参与到创业投资中，有利于创业投资行业在国内持续、稳定、健康的发展。

七、产业引导基金

前文我们主要分析了市场化的母基金，接下来我们将视线转向非市场化的母基金——产业引导基金。不同于市场化的母基金，政府引导基金又称产业引导基金，是指由政府出资，并吸引有关地方政府、金融机构、投资机构和社会资本，不以营利为目的，以股权或债权等方式投资于创业风险投资机构或新设创业风险投资基金，以支持创业企业发展的专项资金。

在很多独角兽企业的背后，我们也可以看到不少产业引导基金的身影。例如：人工智能芯片领域的独角兽企业寒武纪科技、已经上市的独角兽企业宁德时代以及联影医疗、纳恩博、诺禾致源、信达生物、青云等，都有产业引导基金国投高新的投资；杭州有 37 家独角兽企业，杭州市引导基金投资连连、Pingpong、禾连健康等 7 家独角兽企业，捕获率达 18.9%，市引导基金合作机构覆盖了 18 家独角兽疫情，捕获率达 48.6%。

虽然独角兽企业背后都能看到市场化母基金和产业引导基金的身影，但两者的投资策略有所不同。政府引导基金具有非盈利性和引导性特征，旨在引导社会资本投资于种子期和起步期的创业企业通过提供部分资金支持或无偿补助为创业企业保驾护航，引导社会资本进一步投资于该类企业，起到增加创投资本供给的杠杆放大作用，从而克服单纯通过市场配置创投资本导致的市场失灵问题。虽然全球各国或地区创业投资引导基金在运作上各有特点，但主要采取阶段参股、跟进投资，风险补助和投资保障四大投资模式。

（一）阶段参股模式

阶段参股是引导基金运作的最基本模式，也是我国政府引导基金的主要运作模式。参股是指由政府出资设立母基金，母基金再以参股方式与社会资本共同发起设立子基金。母基金承担出资义务，与其他出资人共同确定子基金运作总体规则，确保子基金投资于政府产业政策导向的重点产业企业，但其中的具体投资决策则完全由子基金的管理团队自由决策，母基金不参与日常经营和管理。

（二）跟进投资模式

跟进投资或联合投资，即跟投，是指跟随主要投资方（也叫领投方或投资主导方）进行投资，投资额度小，且不参与投资前期的准备工作，如尽职调查与投资谈判，只是跟随领投方进行投资，享有与领投方同样的投资价格以及投资后的权利与义务。跟进投资是引导基金业务模式中独有的直接投资于企业的方式，也是引导基金的一种辅助业务模式

（三）风险补助模式

风险补助对已投资于初创期中小企业的创投公司会给予一定的损失补助，增强其防御风险的能力。《科技型中小企业创业投资引导基金管理暂行办法》规定，引导基金按照最高不超过创业投资机构实际投资额的5%给予风险补助，补助金额最高不超过500万元人民币。风险补助一般适用于规模较小的引导基金。

（四）投资保障模式

投资保障是指创业投资机构把具备投资潜力且符合政府产业发展导向的初创期中小企业确定为辅导对象后，引导基金对"辅导企业"给予相应奖励。《科技型中小企业创业投资引导基金管理暂行办法》规定，引导基金可以给予"辅导企业"投资前资助，资助金额最高一般不超过100万元人民币，资助资金主要用于补助"辅导企业"高新技术的研发费用支出。政府引导基金一般以货币形式向创业投资企业提供信用担保，按照商业准则，创业投资企业将其股权作为反担保或质押提供给政府引导基金，承担政府引导基金货币资本的亏损责任。

从政府引导基金的四种投资模式可以看出，是否是独角兽与政府引导基金是否投资并非必然相关。为何政府引导基金对独角兽企业的捕获率却如此之高呢？具体的原因主要包括：首先，产业引导基金规模大。就国内来看，截至2021年，我国累计设立1988只政府引导基金，目标规模约12.45万亿元，认缴规模（首期规模）约6.16万亿元。2021年新设立政府引导基金115只，同比上升2.7%，从规模上看，单个政府引导基金的资金规模较大，可投公司的数量上升，并且政府引导基金作为母基金，可以投资于私募股权基金，从而进一步扩大了投资的范围。其次，政府引导基金投资范围有着严格的限制，要求投资于与国家战略相符的行业和创业公司。从数据上来看，2021年新设立的政府引导基金投资领域比较集中，多以高端制造、生物医药、新能源等战略性新兴产业为主，这与独角兽

企业的行业高度吻合①。

在前文中，我们分析了市场化母基金对私募基金以及独角兽融资的作用，那么产业引导基金作为非市场化基金有什么独特的作用呢？

第一，政府引导基金可以促进创投机构持续加强规范运营。政府引导基金的绩效考核，不只是关注子基金的经济绩效（比如投资回报倍数、内部收益率 IRR、投入资本分红率 DPI），还高度聚焦其政策绩效与管理效能。前者主要包括子基金对社会资本的撬动作用，对当地特定高科技产业的投资放大倍数，对当地高科技产业发展的促进作用，投向能否助力当地高科技产业快速发展，以及子基金返投能创造多大的就业与税收等；后者则囊括子基金在"募投管退"各个环节的制度健全性和操作流程规范性，如是否建立完善的风险控制机制与团队稳定的激励机制等。

随着政府引导基金的绩效考核机制日益完善，创投机构开始持续加强规范运营，创投机构在搭建科学的投资决策流程，落实风险控制机制，引入激励机制以提升核心管理团队的稳定性等方面不断加强建设力度。同时，围绕不同地方政府引导基金的差异化绩效考核侧重点，众多创投机构采取"因地制宜"的投资策略与投后管理策略。比如：若地方政府引导基金更看重子基金的"返投成效"，他们会向已投资的高科技企业推荐当地的产业扶持政策，鼓励后者在当地投资建设生产基地或研发机构；若地方引导基金更看重子基金的投后管理效果，他们会加强针对投资项目的资源整合扶持，帮助后者更好更快地发展。

第二，政府引导基金的投资可作为政府背书，缓解独角兽企业融资结构不均衡的问题。政府一旦支持一个企业，会对这家企业的技术、发展前景、市场容量进行全面的评估，而银行比较重视政府所支持的企业。2020 年以来，中央和地方出台了多项政策引导金融机构支持科创企业，银行也纷纷创新贷款服务模式，简化贷款流程。例如，对于发展得好、属于政府重点鼓励的行业和产业，银行都会将其纳入到白名单体系当中，这些客户所有的信贷审批会走银行的绿色通道，分行贷款额度会优先向这类企业进行专项的支持。华夏银行深圳分行负责人表示："白名单客户基本为绿色通道客户，即到即审，资料完整、系统无误、额度充足、业务部门审批通过的情况下可实现当天放款。"

综上所述，上述两种基金可以引导私募股权投资基金提前布局隐形独角兽企业，使其成为独角兽企业的伯乐，筛选和培育可发展成为独角兽的优质标的，实现与独角兽企业的共同成长。

---

① 资料来源于智研咨询编写的《2023—2029 年中国政府引导基金行业市场运行状况及发展前景预测报告》。

八、本章总结

综上所述，独角兽企业以其行业特性和核心竞争力获得了资本市场强烈的追捧，在此过程中，独角兽企业的估值不断被推高，使部分独角兽企业估值存在一定泡沫，但该泡沫不会持续，在经过市场需求的检验后，估值会回归理性。虽然存在估值泡沫，但持续的资本对独角兽企业的成长至关重要，企业需要持续的资本以建立并巩固自身壁垒。此外，一轮轮融资，还能给企业带来资源、管理咨询、融资对接等附加价值。

参考文献

［1］钱仪和，王金鹏. 高科技公司估值方法综述［J］. 企业改革与管理，2021（14）：6-7.

［2］彭修竹，张子博，魏涛. 独角兽企业成长的影响因素及其金融扶持策略研究［J］. 时代金融，2020（27）：70-71+73.

［3］陈华，王晓. 培育独角兽企业的金融支持体系建构研究［J］. 上海企业，2018（7）：72-75.

［4］Kanter Rosabeth Moss. Powerlessness Corrupts［J］. Harvard Business Review，2010，88（7-8）：1-2.

［5］Gretchen Spreitzer. Giving Peace a Chance：Organizational Leadership，Empowerment，and Peace［J］. Journal of Organizational Behavior，2007，28（8）：1077-1095.

［6］雷巧玲. 授权赋能研究综述［J］. 科技进步与对策，2006（8）：196-199.

［7］Dafna Eylon. Understanding Empowerment and Resolving Its Paradox：Lessons from Mary Parker Follett［J］. Journal of Management History，1998，4（1）：16-28.

［8］杜传忠，曹艳乔. 金融资本与新兴产业发展［J］. 南开学报（哲学社会科学版），2017（1）：118-132.

［9］内森·罗森堡，小伯泽尔. 西方现代社会的经济变迁（中译本）［M］. 曾刚，译. 北京：中信出版社，2009.

［10］斯坦利·L. 恩格尔曼，罗伯特·E. 高尔曼. 剑桥美国经济史（中译本）［M］. 高德步，等译. 北京：中国人民大学出版社，2018.

［11］W. D. 比格利夫，J. A. 蒂蒙斯. 处于十字路口的风险投资：美国风险投资的回顾与展望（中译本）［M］. 刘剑波，译. 太原：山西人民出版社，2001.

［12］杨冠华．创新型企业产业风险、融资偏好与融资选择［J］．财经论丛，2021（7）：60-67.

［13］张艾莲，潘梦梦，刘柏．过度自信与企业融资偏好：基于高管性别的纠偏［J］．财经理论与实践，2019，40（4）：53-59.

［14］黄福广，贾西猛，田莉．风险投资机构高管团队知识背景与高科技投资偏好［J］．管理科学，2016，29（5）：31-44.

［15］黄晓，陈金丹，于斌斌．环境不确定性与本地投资偏好——基于中国本土 VC 样本的研究［J］．科学学与科学技术管理，2015，36（9）：126-137.

［16］吴翠凤，吴世农，刘威．风险投资介入创业企业偏好及其方式研究——基于中国创业板上市公司的经验数据［J］．南开管理评论，2014，17（5）：151-160.

［17］黄少安，钟卫东．股权融资成本软约束与股权融资偏好——对中国公司股权融资偏好的进一步解释［J］．财经问题研究，2012（12）：3-10.

［18］丁韦娜，吕鑫，马婷婷，王伟楠．金融资本赋能科技创新建立良性循环机制研究［J］．科技管理研究，2021，41（21）：148-155.

［19］贺梓洋．A 公司私募股权投后管理案例研究［D］．重庆：西南大学，2020.

［20］资本市场改革课题组．创新驱动高质量发展要深化资本市场改革——兼谈科创板赋能创新发展［J］．经济学动态，2019（10）：93-100.

［21］罗思真．私募股权投资现状及投后管理探讨［J］．商讯，2019（21）：46-47.

［22］宋强．JG 私募股权投资基金案例研究［D］．广州：广东财经大学，2016.

［23］魏雪梅．论私募股权投后管理［J］．财经界，2013（27）：87-88.

［24］金鑫．私募股权基金对高新技术企业成长的促进作用研究［J］．商业文化（学术版），2010（7）：69.

［25］许梦旖．深圳天使母基金做直投："子基金投资+直投+生态运营"模式成型［N］.21 世纪经济报道，2021-11-08（010）.

［26］刘大伟．"独角兽猎手"是怎样炼成的［J］．中国中小企业，2021（6）：23-26.

［27］程珍．私募股权投资母基金优劣势分析［J］．市场周刊，2019（4）：136-138.

［28］郑磊.2018 私募股权投资母基金白皮书［J］．国际融资，2018（11）：27-29.

［29］乐德芳．母基金的独角兽培育基因［J］．银行家，2018（6）：114.

［30］原诗萌．国投高新：以基金投资培育发展新动能［J］．国资报告，2018（6）：54-56.

［31］张跃文．"独角兽"闯入资本市场的挑战与应对［J］．人民论坛，2021（22）：70-74.

第八章

市场容量

在当今这个信息化时代，科学技术的快速发展加快了各个领域的更新迭代，衍生了众多服务于高质量发展、高品质生活的优质企业，这对人们的生活习惯产生了深远的影响。同时，依托大规模的市场容量，这些优质企业不断加大投资、扩大规模，逐渐成长为独角兽企业，为人们的美好生活助力。

一、"快手"上市

快手是北京快手科技有限公司旗下的产品，2021 年在全球独角兽企业 500 强上市企业中排名第 5，上市后市值达 564.8 亿美元。快手的前身，叫"GIF 快手"，诞生于 2011 年 3 月，最初是一款用来制作、分享 GIF 图片的手机应用。2012 年 11 月，快手从纯粹的工具应用转型为短视频社区，用于用户记录和分享生产、生活的平台。后来随着智能手机、平板电脑的普及和移动流量成本的下降，快手在 2015 年以后迎来市场。

在快手上，用户可以用照片和短视频记录自己的生活点滴，也可以通过直播与粉丝实时互动。快手的内容覆盖生活的方方面面，用户遍布全国各地。在快手上，人们能找到自己喜欢的内容，找到自己感兴趣的人，看到更真实有趣的世界，也可以让世界发现真实有趣的自己。

快手的用户定位是"社会平均人"。"快手用户分布在二三线城市是由中国社会的形态所决定的。把所有的快手用户抽象当成一个人来看，他相当于一个'社会平均人'。中国人口中只有百分之七在一线城市，百分之九十三的人口在二三线城市，所以这个'社会平均人'就落在了二三线城市。"

快手自 2011 年开始营运，而其业务自 2016 年开始变现，营业记录期间，快手的日活跃用户和收入大幅增长（见表 8-1）。2017~2021 年，快手的收入分别为人民币 83 亿元、人民币 203 亿元、人民币 391 亿元、人民币 588 亿元、人民币 811 亿元。2017 年、2018 年、2019 年、截至 2019 年、截至 2020 年 9 月 30 日九个月，快手应用的平均日活跃用户分别为 6700 万、1.17 亿、1.76 亿、1.65 亿及 2.62 亿。[①]

表 8-1　快手活跃用户与收入情况

	截至当年 12 月 31 日（年度）		截至当年 12 月 31 日（三个月）	
	2021 年	2020 年	2021 年	2020 年
平均日活跃用户（百万）	308.2	264.6	323.3	271.3
平均月活跃用户（百万）	544.2	481.1	578.0	475.7

---

① 资料来源于快手官网上市文件《2021 快手年度数据报告》。

续表

	截至当年 12 月 31 日（年度）		截至当年 12 月 31 日（三个月）	
	2021 年	2020 年	2021 年	2020 年
每位日活跃用户日均使用时长（分钟）	111.5	87.3	118.9	89.9
每位日活跃用户平均在线营销服务收入（元）	138.4	82.6	40.9	31.4
电商交易总额（百万元）	680036.1	381168.5	240291.5	177108.2

资料来源：《2021 快手年度数据报告》。

2021 年 2 月 5 日，快手正式在香港交易及结算所有限公司上市，首次公开募股融资规模为 54 亿美元。

截至 2021 年底，快手应用的互关用户对数累计超过 163 亿对，同比增长 68.2%。快手 2021 年第四季度的收入增长由线上营销服务引领，线上营销服务收入达人民币 132 亿元，同比增长 55.5%，环比增长 21.3%，其在线上营销领域的市场份额进一步提升。2021 年，快手线上营销服务收入为人民币 427 亿元，同比增长 95.2%；广告商数量同比增长超过 60%，广告商在快手平台上的月平均支出以两位数的百分比同比增长，进一步提升了快手在线上营销领域的市场份额。快手 2021 年品牌广告收入同比增长超过 150%。截至 2021 年 12 月 31 日，快手平台上与公会签约的专业主播数量同比翻倍增长。

2021 年，快手在海外市场取得了成功的用户累积。2021 年下半年，在实施了更节制的预算计划后，海外市场的日活跃用户、用户使用时长和留存率仍然继续提升。

快手是一个记录与分享的平台，快手 CEO 宿华希望今天的人能通过快手"读懂中国"，让一千多年以后的人，也能看到今天的时代影像。宿华曾说，几百年以后，快手会是一个记录博物馆。

总之，用户规模与用户参与度对快手的成功至关重要。这也印证了一个结论：市场容量是独角兽企业成长的外部关键要素之一。只有在市场容量大的国家，符合梅特卡夫法则（网络的价值等于其节点数的平方）的企业才有可能实现公司价值最大化。全球独角兽企业 500 强中的中国企业数量连续两年位居世界第一，市场容量是关键要素。[1] 中国作为超大规模经济体具有现实需求和潜力大、生产和供给能力强、要素禀赋总量优势明显、政治经济融合度强等显著特

---

[1] 资料来源于《数字经济先锋：全球独角兽企业 500 强报告（2020）》。

征，这一转变是中国未来发展中最具独特性的比较优势和发展新动能。①

二、中美独角兽聚集的市场因素

（一）在人口规模方面

依托人口数量、国土空间、经济体量、统一市场等条件，我国具备超大规模的市场优势和内需潜力。

我国是世界上人口第一大国，拥有 14.1 亿的超大规模总人口，约占全球总人口的 18%。国务院第七次全国人口普查领导小组副组长、国家统计局局长宁吉喆这样描述："十年来，我国人口总量持续增长，仍然是世界第一人口大国。人口质量稳步提升，人口受教育程度明显提高。人口结构调整变化，性别结构改善，年龄结构是'两升一降'。人口流动集聚的趋势更加明显，城镇化水平持续提高。我国人口基数大、人口众多的基本国情没有改变，超大规模国内市场优势将长期存在，人口与资源环境仍将处于平衡状态。"

从人口素质看，近 10 年（2012~2021 年）中国人口教育水平又有新的较大幅度跨越，我们可在高等教育大众化时代中收获更多"人口质量红利"。2020年，我国每 10 万人中具有大学文化程度的达到 1.5 万人，比 2010 年"六人普"时高出 6537 人，高中文化程度的相应比例同期也有升高，初中文化程度、小学文化程度比例以及不识字率则在降低。看年龄构成，2020 年，我国 60 岁及以上的老年人口总量为 2.64 亿人，已占到总人口的 18.7%；看人口迁徙流动，2020年，我国常住人口城镇化率达 63.9%，相较于 2010 年"六人普"时的 49.7%，上升了 14.2 个百分点；全国人口中，人户分离人口为 4.9 亿人，其中，市辖区内人户分离人口为 1.2 亿人，流动人口为 3.76 亿人。流动人口中，跨省流动人口为 1.2 亿人，省内流动人口为 2.5 亿人，与 2010 年第六次全国人口普查相比，人户分离人口增加 2.3 亿人，增长 88.52%；市辖区内人户分离人口增加 0.77 亿人，增长 192.66%；流动人口增加 1.5 亿人，增长 69.73%。截至 2021 年上半年，我国育龄妇女还有 3 亿多人，每年能够保持 1000 多万的出生人口规模；生育政策调整取得积极成效，随着"单独二孩""全面两孩"政策的实施，出生人口的数量快速回升，且出生人口中"二孩"占比由 2013 年的 30% 左右二升到2017 年的 50% 左右；人口的预期寿命持续提高，我国年度死亡人口一直少于出生人口，人口总量保持了增长的态势。截至 2021 年上半年我国还有世界上规模

---

① 干春晖，刘亮. 超大规模经济体优势研究 [J]. 社会科学，2021（9）：3-12.

最大、成长最快的中等收入群体，虽然我国中等收入群体比重不高，但绝对人数已相当可观，2002 年我国中等收入群体人数仅为 750 万，但是到 2018 年，我国中等收入群体人数达到 3.44 亿，约相当于美国中等收入群体人数（1.798 亿）的两倍，约相当于欧盟所有国家中等收入群体人数的总和（约 3.4 亿）。我国还拥有 7.9 亿的劳动力人口，2020 年我国 15~59 岁劳动年龄人口为 8.9 亿人，并且与 2010 年第六次全国人口普查相比，2020 年 15 岁及以上人口的平均受教育年限由 9.08 年提高至 9.91 年。[①] 从身体条件来看，2019 年，我国人均预期寿命达到 77.3 岁，比 2010 年提高了 2.47 岁。与我国人口规模接近的只有印度，是 13.9 亿人口，其中印度的劳动力人口为 4.6 亿。

美国的人口为 3.33 亿，为世界上人口第三大国，也是世界发达国家中唯一一个人口数量仍在以较快速度增长的国家。自 20 世纪以来，美国人口增长了三倍多。从 1900 年的 7600 万增至 2000 年的 2.8 亿，每年增长 1.3%。据美国人口普查局（US Census Bureau）2020 年人口普查结果显示，白人在美国人口中的占比自有记录以来首次降至 60% 以下，而多元种族或有色人种的人口比重如今超过了 40%。过去十年（2010~2020 年）美国人口增长了 7.4%，为 20 世纪 30 年代以来的最低水平。但在美国人口数量较快增长的同时，美国人口结构也在发生根本性的变化。作为人口增长主力的大量拉美移民及其后代，他们的受教育程度较低，英语水平较低，使美国人口的总体质量呈现长期下降的趋势。另外，美国人口高度城镇化，86.3% 的美国人居住在人口超过 5 万的大都会地区、城市及其周边地区，与 2000 年的调查结果相比上升了 2 个百分点。居住在不属于大都市的农村地区的美国人，比例下降了 2.8%，这使美国许多广袤的土地上无人居住。纽约、洛杉矶、芝加哥、休斯顿和菲尼克斯是美国最大的五个城市。纽约人口在过去 10 年间增长了 7.7%，维持了全美最大城市的位置。菲尼克斯的人口增速则超过了前 10 名中的任何城市，并取代费城成为全美第五大城市。2020 年，美国 15~64 岁的人口占总数的 65%，劳动力人口为 1.6 亿，与 2019 年相比减少了 216.5 万人。

中国与美国的人口规模对比情况具体如图 8-1 所示。

（二）在经济体量方面

中国经济体量已经是世界第二位，2021 年我国 GDP 达到 17.7 万亿美元，相当于美国的 77%，净增 30052.89 亿美元，名义增速高达 20.41%，实际增长 8.1%，人均 GDP 达 8.1 万元，我国已经步入了中等收入国家行列。根据国家统

---

① 资料来源于国家统计局。

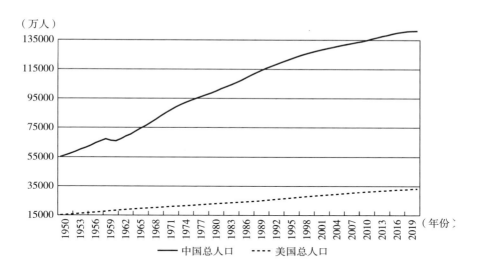

图 8-1　中国与美国的人口规模

资料来源：同花顺 iFinD。

计局公开数据，2021 年我国粮食产量再创新高，全年全国粮食总产量 68285 万吨，比上年增加 1336 万吨，增长 2.0%，位列全球第一。同时，中国是世界第三大粮食出口国，也是世界第一大粮食进口国；另外，美国粮食总产量 5.7109 亿吨，位列世界第二；印度粮食总产量 3.1471 亿吨，排名第三。总之，我国利用占世界耕地总面积约 7% 的耕地，养活了世界约 22% 的人口。调查数据显示，2021 年全年全国规模以上工业增加值比上年增长 9.6%，两年平均增长 6.1%。其中，采矿业增加值增长 5.3%，制造业增长 9.8%，电力、热力、燃气及水生产和供应业增长 11.4%；高技术制造业、装备制造业增加值分别增长 18.2%、12.9%，增速分别比规模以上工业快 8.6 个、3.3 个百分点；新能源汽车、工业机器人、集成电路、微型计算机设备产量分别增长 145.6%、44.9%、33.3%、22.3%。调查数据显示，2021 年我国制造业增加值增长 9.8%，制造业增加值占 GDP 比重达到 27.4%。制造业增加值规模达到 31.4 万亿元，连续 12 年居世界首位。在第三产业方面，2021 年我国信息传输、软件和信息技术服务业，住宿和餐饮业，交通运输、仓储和邮政业增加值比上年分别增长 17.2%、14.5%、12.1%，保持恢复性增长；全年全国服务业生产指数比上年增长 13.1%，两年平均增长 6.0%。根据《2022 年中国移动经济发展报告》，2021 年中国新增 5G 连接数超过 2.85 亿，占全球 5G 连接数的 75%，中国 5G 需求强劲，成为全球最大的 5G 市场。

美国作为全球第一大经济体，2021 年 GDP 为 22.9 万亿美元，净增 20997.25 亿美元，名义增速 10.05%，实际增长 5.7%。据公开的数据显示，包括居民、企业在内的"私人消费"在 2021 年达到了 157416 亿美元，再加上 32503 亿美元的官方消费，美国 GDP 中的"消费"总额达到了 189919 亿美元，占到了美国经济总量的 82.59%。农林牧渔业创造的 GDP 约为 2464 亿美元，占美国经济的比重只有 1.07%；采矿业创造的 GDP 约为 2837 亿美元，占比 1.23%。房地产行业在 2021 年创造 GDP 约为 2.65 万亿美元，约为美国经济总规模的 11.52%；专业及商业服务业创造的 GDP 约为 29734 亿美元，占比 12.93%；金融业占比 8.48%，批发零售业占比 6.01%。包括制造业在内的广义工业，在 2021 年创造的 GDP 为 41864 亿美元，约为美国经济总规模的 18.20%；其中制造业在 2021 年创造的 GDP 上涨至 25633 亿美元，占美国经济比例提升至 11.15%。

2021 年全球排名前十的国家 GDP 总额和 GDP 增长率数据统计具体如表 8-2 所示。

表 8-2　2021 年全球排名前十的国家 GDP 总额和 GDP 增长率

国家	排名	2021 年 GDP（万亿美元）	2021 年 GDP 增长率（%）
美国	1	22.9	6.00
中国	2	17.7	8.00
日本	3	5.0	2.40
德国	4	4.2	3.10
英国	5	3.19	6.80
印度	6	3.08	9.50
法国	7	2.9	6.30
意大利	8	2.1	5.80
加拿大	9	2.0	5.70
韩国	10	1.8	4.30

资料来源：世界银行。

（三）在消费能力方面

根据世界银行的数据（见图 8-2），2020 年，全球最终消费支出 61.9 万亿美元；中国最终消费支出 8.1 万亿美元，占全球的 13%，相当于美国的 47%。其中，全球居民最终消费支出 46.9 万亿美元；中国居民最终消费支出 5.6 万亿美元，占全球的 12.0%，相当于美国的 39.9%。2020 年，我国的 GDP 总量虽然不到美国的 80%，但我国的社会消费品零售总额已经超过美国，成为世界第一大物质消费市场。2021 年，中国社会消费品零售总额达 44.1 万亿元，比上年增长 12.5%，两年平均增长 3.9%，而 2010 年为 15.2 万亿元。

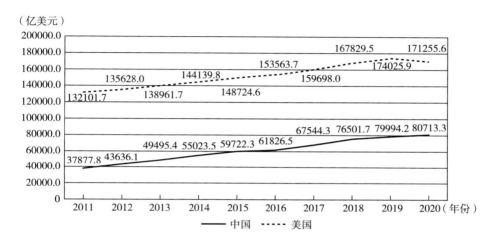

图 8-2　中国与美国最终消费支出对比

资料来源：世界银行。

随着宏观经济的发展，中国的城镇化率不断提升。2011~2020 年，中国城镇化率从 51.27% 提升至 63.89%。我国城镇居民人均可支配收入也持续增长，居民消费能力提升，同时居民消费结构和消费理念也出现了一定变化，影响居民消费行为的因素从单纯的价格因素逐渐发展到品牌、质量、信誉、服务以及购物环境等综合因素。根据国家统计局的数据，2012~2021 年，中国城镇居民人均可支配收入由 24127 元上升至 47412 元，年均复合增长率为 8.06%，具体如图 8-3 所示。

（四）小结

中国与美国分别拥有全球第一和第三的人口总数，且随着人们物质文化生活水平的日益提高，形成了庞大的消费需求。与此同时，美国与中国的 GDP 同样位居前列，经济体量多年分别保持全球第一和第二，为高新企业发展壮大提供了坚强的后盾。在消费能力方面，中国与美国的最终消费支出占全球的比例分别达到了 13% 和 28%，而且我国的社会消费品零售总额已经超过美国，成为世界第一大物质消费市场。因此，在中国和美国的肥沃土地上诞生了众多的独角兽企业，这进一步促进了国家的经济社会发展。

图 8-3 中国城镇居民人均可支配收入情况

资料来源：国家统计局。

三、为什么印度涌现出大量的独角兽企业

（一）市场容量是印度企业发展的一大优势

印度位于南亚，是南亚次大陆最大的国家，面积为 298 万平方千米，居世界第七位。同时，印度也是世界上发展最快的国家之一，经济增长速度引人瞩目，市场规模与发展潜力巨大。印度 2010 年经济排名全球第十，十几年后的 2021年，印度经济总量首次超过 3 万亿美元，达到 3.08 万亿美元，同比增长 8.1%，跃升至全球第六，已经超过法国和意大利，成为亚洲第三大经济体、全球最大的非专利药出口国，并且侨汇世界第一。

近 20 年印度的 GDP 数据如图 8-4 所示。

根据《世界经济展望》数据库，自 2015 年以来，印度的实际 GDP 年均增长率超过 7%，一直是增长最快的大型经济体之一。2020 年新冠肺炎疫情后，印度正处于强劲的复苏轨道上，是大型经济体中最高的，并且到 2025 年印度有望成为 4.2 万亿美元的经济体（见图 8-5）。同时，在 2020 年，印度政府宣布了 2700亿美元的"特别经济救助"方案，以振兴印度经济和工业部门。根据经济和商业研究中心（CEBR）的数据，预计到 2030 年，印度将成为世界第三大经济体。

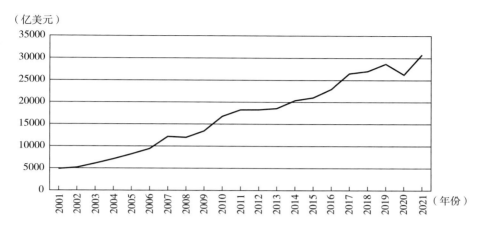

图 8-4　近 20 年印度 GDP 数据

资料来源：世界银行。

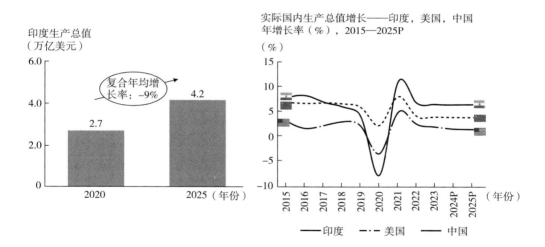

图 8-5　印度 GDP 相关数据预测及其与中国、美国的对比

资料来源：世界经济展望数据库。

　　印度经济的主要潜在增长驱动力就是有利的人口总数。印度的人口总量庞大，拥有 13.9 亿人口，仅次于中国，约达欧洲总人口数量的两倍（见图 8-6），并且人口结构年轻化且呈现不断增长的趋势，2020 年其平均年龄为 28 岁，而中国和美国为 38 岁，西欧为 43 岁，日本为 48 岁。印度仅劳动力人口就有 4.6 亿，工作年龄组人口为 7.45 亿，而美国为 1.72 亿，中国为 8.49 亿；印度有 7 亿 Z 代和千禧一代，这无疑是世界之最。这也铸就了印度庞大的市场需求空间与增长潜力。

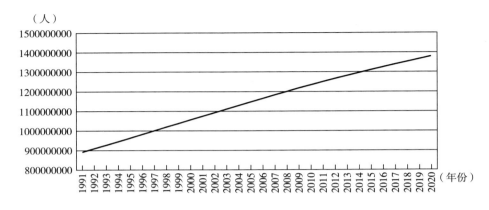

图 8-6　近 30 年印度人口数据

资料来源：世界银行。

印度有 4.5~5 亿人口生活在城市，是世界上城市人口最多的国家之一，是美国总人口的 1.4 倍。预计到 2026 年，印度的城市人口将进一步增长到 5.5 亿，印度城市化预计将推动对基础设施发展的大量投资，从而带来就业机会，促进现代消费服务的发展，并提高人民储蓄的能力，推动整体 GDP 增长，届时印度中产阶级将占人口的 55%～57%，到 2030 年很可能占人口的 65% 以上。印度通过城市化、获取信息更加民主化、增加就业机会等方式，使低收入阶层快速向上流动，这将推动消费支出增加。按照世界银行的数据，2020 年印度最终消费支出 18909.6 亿美元，占全球的 3.1%。其中，印度居民最终消费支出 15585.4 亿美元，占全球的 3.3%。根据世界经济论坛的估计，到 2030 年，印度可能成为第三大消费市场，受通信基础设施的发展、教育、政府资本支出的加大以及更多就业机会的推动，私人消费预计将从 2019 年的 1.7 万亿美元增加到 2025 年的 2 万亿~2.5 万亿美元。

（二）案例分析之 Paytm：依靠印度人口红利成长的金融科技巨头

2021 年在全球独角兽企业 500 强中排名第 15 名的 Paytm，成立于 2009 年，创始人是 Vijay Shekhar Sharma，隶属于 One97 Communications 集团，其目标是将五亿印度人带入主流经济。被称为"印度支付宝"的 Paytm 为印度人提供无现金支付，从账单支付和移动充值开始，让消费者能够通过手机进行支付。Paytm 钱包作为第一个 Paytm 支付工具，根据消费者数量、商家数量、交易数量建立了印度最大的支付平台。根据 RedSeer 的数据，Paytm 还能够利用其核心支付平台，建立一个具有商业、云计算和金融服务的创新产品的生态系统。根据 Kantar

BrandZ 发布的"2020 年最有价值的 75 个印度品牌榜","Paytm"品牌是印度最有价值的支付品牌,品牌价值为 63 亿美元,而 Paytm 仍然是跨多种方法交易最简单的方式。2021 年 11 月 18 日,Paytm 在印度孟买证券交易所上市,并被称为印度规模最大的 IPO。

创始人 Vijay Shekhar Sharma 是 Paytm 的总经理兼首席执行官,也是董事会主席。他出生于印度北部小城 Aligarh 一户普通家庭,14 岁时高中毕业,19 岁时他获得德里工程学院的电子和通信学士学位,是一名自学成才的程序员。1997 年,还在上大学的他创立了搜索引擎 indiasite.net,两年后将其以 100 万美元的价格出售,赚到了人生第一桶金。2000 年,他靠一笔 1.25 万美元的贷款成立了提供包括新闻、板球比赛战况、电话铃声和笑话及考试结果等在内的移动资讯公司 One97 Communications(Paytm 母公司),还款遇到困难时,为了补贴支出,他开始从事各种工作——帮别人搭建局域网、开设讲座等。最初 One97 的董事会并不支持 Vijay Shekhar Sharma 冒着风险开发 Paytm,因为当时智能手机在印度还没有兴起,互联网用户还不到 1.4 亿人次。但在 Vijay Shekhar Sharma 的坚持下,董事会最终妥协并提供了一小笔资金,他还自掏腰包 200 万美元让 Paytm 起步。Vijay Shekhar Sharma 直言,最早是阿里巴巴的马云和软银的孙正义带给了他启发。如今 Vijay Shekhar Sharma 负责监督公司的主要战略工作,包括工程、设计和营销。他曾入选《时代》周刊 2017 年百位最具影响力人物榜单。2019 年 3 月 19 日,胡润研究院发布《2019 胡润全球少壮派白手起家富豪榜》,Vijay Shekhar Sharma 以 110 亿元的财富位居榜单第 36 位。他也获得了多项行业荣誉,如 2018 年全印度管理协会颁发的"年度企业家"奖。

Paytm 创立初期提供手机充电、线上支付、线上购物等服务,如今已发展成为印度最大的移动支付和商务平台,被称为"印度第一、全球第三大电子钱包"(见图 8-7)。

截至 2021 年 6 月 30 日,Paytm 的生态系统为 3.37 亿注册消费者和 2180 万注册商户提供了服务。Paytm 的支付平台是其生态系统的核心(见图 8-8)。

1. Paytm 的业务[①]

Paytm 提供跨"支付服务""商业和云服务""金融服务"的产品和服务。Paytm 的产品和服务是精心开发的,其可以为消费者和商家提供全面、方便、快捷的支付服务(见图 8-9)。

---

① 资料来源于 Paytm 招股说明书。

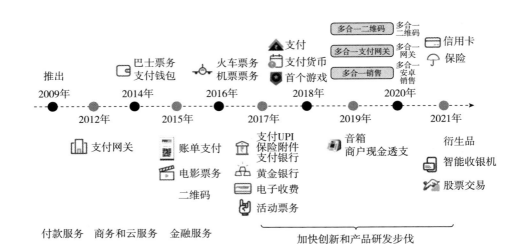

图 8-7　Paytm 业务扩展历程

资料来源：Paytm 官方网站。

图 8-8　Paytm 支付平台

资料来源：Paytm 官方网站。

Paytm 为消费者和商家提供了全套的支付服务，使他们能够以方便、无缝和安全的在线和店内方式接受和进行付款。据 RedSeer 表示，Paytm 是印度最大的支付平台，2021 财年的 GMV 为 40330 亿。截至 2021 财年，它在印度的市场份额约为 40%，钱包支付交易的市场份额为 65%~70%。Paytm 推动了印度支付领域的创新，为印度消费者和商人设计和构建产品，并创造了新的细分市场。2014年，Paytm 推出了一款钱包产品 Paytm 钱包，该产品被印度人广泛接受，其中许多印度人首次进行数字和移动支付。Paytm 在 2015 年推出了 Paytm QR，并在

图 8-9 Paytm 多合一支付系统

资料来源：Paytm 官方网站。

2020 年 1 月将其升级为一体化 QR，这是唯一一个让商家无缝接受 Paytm 支付工具、第三方和所有合众国际工具直接进入其银行账户的源二维码。2020 年，Paytm 推出了 Paytm 声盒，一款具有物联网功能的支付接收设备，为支付完成提供实时音频确认。通过使用 Paytm 广泛的支付产品，消费者可以进行在线账单支付、移动充值和转账，通过第三方应用程序进行在线支付，并通过二维码和设备进行店内支付。在大都市或小城镇的商家，无论大小、有组织或无组织，都可以使用 Paytm 的二维码、声盒或 POS 设备访问其全套支付产品和服务；Paytm 的服务授权商家通过 Paytm 支付工具或主要的第三方工具来接受支付。Paytm 还提供商家、商业支付、一个单一平台的平台解决方案，以帮助管理他们的现金流和应付款，包括供应商支付，如租金支付、发票和公共事业账单支付，客户现金返还、退款和渠道合作伙伴奖励，以及员工工资、报销和税收优惠。

　　Paytm 的商务和云服务为消费者提供了一个生活方式的目的地，如票务、旅游、娱乐、游戏、送餐、叫车等（见图 8-10）。在 Paytm 应用程序环境中，通过其本地产品或迷你应用程序合作伙伴，轻松访问此类服务，在用户参与和维持方面发挥了关键作用。通过 Paytm 提供广泛的商务和云服务，商家可以与消费者建立联系，以增加对他们的产品和服务的需求，并改善他们的业务运营。Paytm 帮助其商家向消费者进行有针对性的推广，提供诸如票务（娱乐和旅游）、商务、交易、忠诚度服务、迷你应用程序和广告等服务。Paytm 还为商家提供软件和云服务，如账单、分类账、供应商管理、客户促销、目录和库存管理。功能丰富的 Paytm 商业应用程序为商家提供了一套全面的业务管理工具，包括实时银行结算和分析、和解服务、银行服务、访问金融服务，以及业务增长洞察工具，以衡量他们的业务表现。Paytm 还为企业、电信公司、数字和金融技术平台提供软件和云服务，以跟踪和增强客户参与度，构建支付系统，并解锁客户洞察力。在 2020 财年，Paytm 处理总商业 GMV ₹1422 亿，产生超过 ₹110 亿的收入。在 2021 财年和 2022 财年第一季度，Paytm 处理总商业 GMV 分别为 ₹424 亿和 ₹90 亿，分别产生超过 ₹69 亿和 ₹20 亿的收入。

| 各种模式的旅行选项 | 预订电影票并支付网络电视订阅费用 | 预订活动变得简单 | 用户轻松访问各种内容 | 主机小应用程序为用户提供更多选择 |

图 8-10　Paytm 云服务

资料来源：Paytm 应用程序。

　　金融服务是 Paytm 的一套创新的金融包容性服务，包括移动银行、贷款、保险，以及针对消费者和商家的财富管理。Paytm 支付服务的范围、规模使其成为消费者和商家之间支付流动的中心。这给 Paytm 提供了机会，以分销或开发可以作为支付来源（如存款或贷款）和支付目的地（如财富管理）的金融产品。由于 Paytm 的大多数金融服务业务都是在 2019~2021 年推出的，因此金融服务在业务中所占的比例相对较小。①移动银行服务：通过 Paytm 支付银行可为客户提供移动银行服务，其中 Paytm 拥有 49% 的股权。它为个人、中小企业和大公司提供了一套全面的数字银行产品，包括经常账户、储蓄账户、工资账户、固定存款和借记卡。截至 2021 年 6 月 30 日，Paytm 支付银行拥有 6540 万个储蓄账户。根据 RedSeer 的数据，截至 2021 年 3 月 31 日，Paytm 支付银行是 UPI 最大的受益银行，交易量的市场份额为 17.1%。2021 年 4 月，根据 RedSeer 和印度国家支付公司（NPCI）的数据，Paytm 支付银行作为汇款银行的技术性降幅最低，为0.01%，而其他银行的加权平均值为1.06%；而作为受益银行，Paytm 支付银行的技术性降幅也最低，其他银行的加权平均降幅为0.35%。②贷款：Paytm 运营着一个技术平台，这个平台贯穿整个贷款周期，包括发起、开发信用风险模型、贷款管理和催收，并通过 Paytm 的金融机构合作伙伴为消费者和商家提供无缝的信贷渠道。Paytm 与金融机构合作伙伴合作改善他们的分销、承销和托收业务，旨在推动印度信贷的增长。通过利用 Paytm 平台的数字影响力，可以促进民主化信贷的发展。民主化信贷是 Paytm 的一个重要机会，可以为那些提供服务不足和未提供服务的人提供服务。根据 RedSeer 的数据，Paytm 拥有印度最大的支付商家和消费者基础，这让其可以在支付网络中利用消费者和商家方面的力量，并相信这将是 Paytm 数字贷款产品的主要驱动力。例如，Paytm 通过其金融机构合作伙伴推出了 Paytm 后支付，即后购买产品和商家现金预支。Paytm 的金融机构合作伙伴在2021财年第四季度发放了140万笔贷款，在2022财年第一季度发放了140万笔贷款。③保险和附属产品：Paytm 与其保险合作伙伴合作可以为客户提供保险和附属产品相关服务。其中，附属产品如基于平台上用户参与的电影和旅游票取消保护；Paytm 的子公司 Paytm 保险经纪私人有限公司会在这里注册保险经纪人并提供汽车、人寿和健康保险等产品；此外，Paytm 也为客户提供政策管理和索赔服务。④财富管理：通过 Paytm 应用程序和 Paytm 货币应用程序可以为消费者提供财富管理服务。Paytm 的目标是为大量的消费者和商家提供财富管理产品。Paytm 支付银行推出了 Paytm 应用程序上的固定存款。Paytm 还与一个合作伙伴合作推出了 Paytm Gold（它允许消费者购买24k纯金，并有质量保证）。Paytm Money 通过注册投资顾问（RIA）许可证和 SEBI 提供的股票经纪许可证，提供共同基金、股票、期货和期权（衍生品）交易。

2. 持续的资本赋能[①]

2015年9月，Paytm 从阿里巴巴及其旗下的在线支付联盟蚂蚁集团获得第二轮融资，使 Paytm 从中国市场获得的战略投资额度达到6.8亿美元，该交易估值为25亿美元。同时，阿里巴巴及其旗下的蚂蚁集团已经掌握了 Paytm 40%的股权。

2016年9月，Paytm 获台湾半导体制造商联发科技旗下的投资部门 Mountain Capital 的6000万美元融资，此次战略融资的公司估值为48.3亿美元。Paytm 计划利用这笔资金推出一项新的金融服务——便于用户存钱、借钱的数字银行 Paytm Payments Bank。

---

① 资料来源于天眼查。

2017 年 3 月，阿里巴巴全球扩展计划再一次悄然上演，领投 Paytm 2 亿美元融资，并且对 Paytm 的控股率已达到 60%。此轮融资将帮助 Paytm 继续发展电商业务。此举也将帮助阿里巴巴进一步深入印度蓬勃发展的电商市场。同时，Paytm 还成立了 Paytm Mall，其与阿里巴巴的天猫类似。也就在这个月，印度多元化金融服务控股有限公司 Reliance Capital 向阿里巴巴以 27.5 亿卢比（约 4125 万美元）的价格出售了其在 Paytm 的母公司 One97 持有的近 1% 的股份。

2017 年 5 月，Paytm 宣布融资 14 亿美元，投资方为日本软银集团。这笔交易由 Paytm 母公司 One97 Communications 完成，将用于帮助前者扩大用户规模，丰富金融服务产品。同时，One97 的估值已经达到 70 亿美元，而软银也将和"好伙伴"阿里巴巴一道，成为该公司的主要股东并入席 Paytm 董事会。

2018 年 6 月，软银旗下的软银投资控股和阿里巴巴的新加坡电子商务公司，联合向 Paytm Mall 投资 4.45 亿美元，其中软银投资控股出资 4 亿美元，余下 4500 万美元则来自阿里巴巴的新加坡电子商务公司，这对 Paytm Mall 的业务扩张非常重要。此次投资也使阿里巴巴的新加坡电子商务公司成为 Paytm Mall 的第一大股东。

2018 年 8 月，巴菲特旗下的伯克希尔·哈撒韦公司向 Paytm 的母公司 One97 Communications Ltd. 注资约 3.6 亿美元。伯克希尔将获得 Paytm 母公司的 3%~4% 的股份。这也是巴菲特在印度的首笔直接投资，此项交易使 Paytm 的估值将超过 100 亿美元。

2019 年 7 月，eBay 收购了 Paytm Mall 5.5% 的股份，并且 eBay 将为 Paytm Mall 和 Paytm 应用程序生态系统上超过 1.3 亿的活跃用户提供商品。

2019 年 11 月 25 日，Paytm 母公司 One97 Communications 宣布，公司已在新一轮融资中筹集了 10 亿美元资金，软银集团和蚂蚁金服领投。这笔投资对 One97 的估值为 160 亿美元，使得后者成为亚洲估值最高的创业公司之一。Paytm 称，除了现有投资者软银集团和蚂蚁金服外，美国投资管理公司普信集团（T. Rowe Price）等新投资者也参与了这轮融资，但没有披露各方的投资额。Paytm 表示，将利用新筹集来的资金提高印度农村用户的服务。

2020 年 8 月，微软向 Paytm 投资 1 亿美元，使后者再度成为估值最高的印度独角兽企业。

2021 年 11 月 18 日，Paytm 在孟买证券交易所上市，发行价每股 2150 卢比（相当于 29 美元），开盘即震荡，一路跌到 1750 卢比。之前，Paytm 的募集目标为 1830 亿卢比（约合 25 亿美元），IPO 已获全额认购，这个纪录为印度史上最大 IPO。这次筹措的资金将用于发展 Paytm 自身数字生态，包括获得更多客户和商户，提供更多技术与金融服务，此外也会用于发展创新型业务和建立战略合作伙伴关系。

Paytm 近年的融资历程具体如表 8-3 所示。

表 8-3 Paytm 融资历程

时间	金额	融资轮次	投资方
2021 年 11 月 18 日	22 亿美元	IPO 上市	公开发行
2020 年 8 月 12 日	1 亿美元	战略融资	Microsoft 微软
2019 年 11 月 25 日	10 亿美元	G 轮	普信集团 软银愿景基金 蚂蚁集团
2019 年 7 月 20 日	未披露	战略融资	eBay
2018 年 8 月 27 日	3.6 亿美元	F 轮	巴菲特投资
2018 年 6 月 13 日	4.45 亿美元	E 轮	阿里巴巴 SoftBank Capital
2017 年 4 月 29 日	14 亿美元	战略融资	SoftBank Capital
2017 年 3 月 9 日	4125 万美元	战略融资	阿里巴巴
2017 年 3 月 3 日	2 亿美元	D 轮	Goldman Sachs Temasek 淡马锡 赛富投资基金 阿里巴巴
2016 年 9 月 1 日	6000 万美元	C 轮	联发科技旗下 Mountain Capital
2015 年 9 月 29 日	6.8 亿美元	B 轮	阿里巴巴 蚂蚁集团
2015 年 2 月 1 日	1.35 亿美元	A 轮	蚂蚁集团

3. 未来面临的挑战

虽然 Paytm 完成 IPO，但至今仍未盈利，招股书中风险提示显示，公司可能在未来都无法"实现或保持"盈利。2020~2021 财年，Paytm 将亏损缩减了差不多40%降到2.15亿美元，但尚未盈利。根据招股说明书，该公司 2019~2021 财年营收分别为4.79亿美元、4.74亿美元、4.28亿美元，净亏损分别为5.79亿美元、3.94亿美元、2.28亿美元。

随着印度国家支付公司（NPCI）开发出用手机跨行转账的统一支付界面（UPI），用户使用 UPI 转账时并不需要像 Paytm 的移动钱包那样需要预存金额，也无须担心不同钱包之间互转的风险。UPI 的出现大大降低了市场参与门槛，导致竞争格局更为激烈。因为看好印度市场的广阔前景，Paytm 的海外竞争者也来势汹汹，因为当下入局 UPI 支付无须申请预付工具（PPI）牌照，谷歌、沃尔玛、Facebook、三星电子、小米、Realme 等企业均在印度推出了支付应用。如此竞争环境，也给 Paytm 带来了更大的挑战。

Paytm 在印度的业务受到广泛的政府监管，Paytm 及其子公司和联营公司需要获得并保持一些法定的监管许可证和批准。金融科技法规和更严格的合规规范是潜在的不利因素。国内和国际的许多法律法规都涉及隐私以及某些类型数据的收集、存储、共享、使用、披露和保护。任何未能遵守适用数据保护制度的行为都可能使 Paytm 遭受重大处罚和负面宣传，这可能会对其业务、财务状况、他们在商家和供应商面前的声誉以及运营结果产生重大不利影响。2022 年 3 月，印度中央银行禁止 Paytm 支付银行注册新用户，央行要求其寻找一家 IT 审核公司，对于自身的 IT 系统进行一次综合的系统性审核，只有在 IT 系统审核满足要求之后，该银行才会获得许可，继续注册新用户。

4. 结语

作为一个正在推进数字化的人口大国，印度的数字支付市场前景依旧可期。截至 2021 年底，仅有约 25% 的印度民众使用移动支付，印度仍有 10 亿潜在客户等待发掘。另据 Review Tech 统计，数字支付市场规模在 2022 年达到 7000 亿美元。相信 Paytm 会顺利度过这段困难时期，并实现盈利以赢得广大投资者的信心。

四、为什么印度尼西亚也是独角兽聚集地

（一）市场容量是印度尼西亚企业发展的一大优势

印度尼西亚共和国简称印度尼西亚或印尼，是东南亚国家，其陆地面积约 190.4 万平方千米，海洋面积约 316.6 万平方千米（不包括专属经济区）。印尼由约 17508 个岛屿组成，是全世界最大的群岛国家，疆域横跨亚洲及大洋洲，别称 "千岛之国"，也是除中国之外领土最广泛的亚洲国家。

2020 年，印尼有 2.74 亿人口，比上年增长了 289.8 万人，人口增长率为 1.1%，总人口占整个东盟的 41%，仅次于中国、印度、美国，居世界第四位。2020 年，印度尼西亚 65 岁及以上人口占比为 6%，尚未步入老龄化社会，0 ~ 14 岁人口比重为 26%，人数较上年有所下降，15 ~ 64 岁人口比重为 68%；从性别上看，男性人口也相对多于女性。2020 年，印度尼西亚城镇化率为 56.6%，城镇人口为 15492.7 万人，比上年增长了 341.7 万人，相比 2010 年增长了 3421.8 万人；农村人口数量为 11859.7 万人，占总人口比重为 43.4%。2020 年，印度尼西亚劳动力人数为 13461.6 万人，同比 2019 年减少了 118.7 万人。

近 30 年印度尼西亚人数据统计如图 8-11 所示。

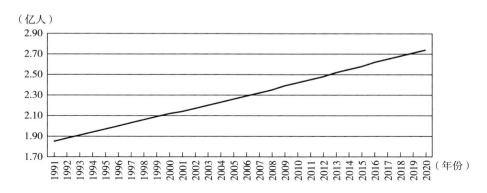

（亿人）

（年份）

图 8-11　近 30 年印度尼西亚人口

资料来源：世界银行。

印度尼西亚是东盟当中 GDP 最大的国家，2021 年 GDP 总量达到 1.19 万亿美元，同比增长 3.69%，相比上一年萎缩 2.07% 的表现有了明显改善，是东盟当中唯一的一个 GDP 超过 1 万亿美元的国家，排全球第 16 名，按 2.73 亿人口计算，印度尼西亚的人均 GDP 提升至 6220 万印尼盾，约为 4349.5 美元。印尼是东南亚国家联盟创立国之一，也是东南亚最大经济体及 20 国集团成员国。具体来说，印尼是一个农业大国，全国耕地面积约 8000 万公顷，从事农业的人口约 4200 万人。印尼自然条件得天独厚，气候湿润多雨，日照充足，农作物生长周期短，主要经济作物有棕榈油、橡胶、咖啡、可可。另外，印尼矿产资源也极为丰富，成为国际煤炭及镍、铁、锡、金等金属矿产品市场供应的重要来源。印尼旅游资源也非常丰富，拥有许多风景秀丽的热带自然景观、丰富多彩的民族文化和历史遗迹，发展旅游业具有得天独厚的条件，其主要景点有巴厘岛、雅加达缩影公园、日惹婆罗浮屠佛塔、普兰班南神庙、苏丹王宫、北苏门答腊多巴湖等。2018 年，赴印尼旅游的国外游客为 1581 万人次，其中赴印尼旅游的中国游客人数为 213.75 万人次，比 2017 年的 209.32 万人增加了 2.1%。

近 20 年印度尼西亚 GDP 数据统计如图 8-12 所示。

经济发展令印尼中产阶层对产品及服务的需求增加，中产阶层正日益成为印尼消费市场的主导力量。根据波士顿咨询公司最近的一项调查，印尼中产阶层人数约为 8800 万，占该国总人口的 35%。在印尼，个人收入和信贷增长强劲，加上人们渴望在住房及汽车以外提高生活水平，令消费需求大增，印尼已出现了一股强大的消费热潮。

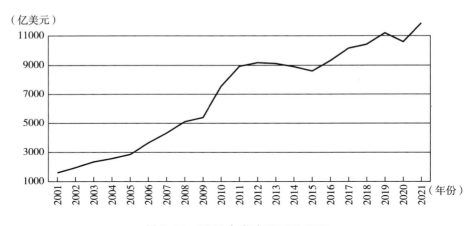

图 8-12　近 20 年印度尼西亚 GDP

资料来源：世界银行。

　　但是由于印尼地形较为分散，交通基础设施尤其是铁路尚不完善，交通运输和物流情况较差，因此，这些问题成为经济发展和引进外资的瓶颈，严重制约其经济发展。受资金匮乏、征地困难等因素制约，印尼基础设施建设极为缓慢。印尼基础设施的整体得分为 4.2，居全球第 72 位，成为印尼经济竞争力的一大短板。亚洲开发银行的一份报告指出，糟糕的道路交通和电力供应是印尼基础设施建设的关键问题。根据印尼国家发展规划局的数据，雅加达每年会因交通拥堵而遭受 46 亿美元的经济损失。

　　印尼所属的东南亚是世界上增长最快的经济体之一，并有望在 2030 年成为以国内生产总值（GDP）计算的世界第六大经济体。根据欧睿咨询的数据，从 2020 年到 2025 年，印尼名义 GDP 预计将以 7.4% 的复合年均增长率增长，而中国和美国的复合年均增长率分别为 7.1% 和 4.6%。东盟十国在 2019 年的 GDP 总量是 3.14 万亿美元，大约相当于我国 GDP 总量的 21.87%，但东盟的人口有 6.6 亿，接近我国的一半，如果将其作为一个国家来考虑，将是世界上第三大人口市场，也是世界上最年轻的人口市场之一。这也说明东盟人口密度比较大，具备较好的发展潜力。同时，东南亚涵盖了广泛的语言、文化、地方偏好以及宏观经济和社会因素。东南亚快速增长的人口以及不断增长的可支配收入正在推动快速城市化和新城市的创建，预计 2020 年至 2025 年，东南亚城市人口将增长逾 3500 万，根据欧睿咨询的数据，预计从 2020 年到 2025 年，该地区的可支配总收入将以 8.2% 的复合年均增长率增长，推动该地区消费的强劲增长。

（二）案例分析之 Grab：服务东南亚人民生活的巨无霸

2021 年在全球独角兽企业 500 强上市企业中排第 6 名的 Grab，其总部位于新加坡，业务遍及新加坡、马来西亚、印尼、菲律宾等东南亚大部分地区，为 8 个国家的 480 多座城市的 1.87 亿多用户提供服务，拥有超过 500 万注册司机合作伙伴，以及超过 200 万注册商人合作伙伴和 200 万注册 Grabkios 代理商的广泛选择，被称为东南亚最大的独角兽公司。其使命是通过为每个人创造经济赋权，推动东南亚向前发展。2021 年 12 月 2 日，Grab 通过 SPAC（特殊目的收购公司）成功在纳斯达克上市，并且上市当天市值最高达到了 500 亿美元，融资金额 45 亿美元，是东南亚公司在美国上市之最。在 Grab 公布的业绩报告中，Grab 在 2021 年的商品总值（GMV）同比增长 29%，达到 161 亿美元，创下了 Grab 的纪录，收入同比增长 44% 达到 6.75 亿美元。

1. 创业的起点

身为 Grab 联合创始人兼 CEO 的陈炳耀，出生于 1982 年。小时候的他由于周围的语种太多导致不适应，从而不喜欢说话，还被误认为智力有问题。可谁知，正是懂得多种语言为陈炳耀在很多年以后顺利开展整个东南亚业务做了准备。长大后，身为富三代的陈炳耀为了提高商业技能以致能加入家族企业选择去哈佛商学院深造。也正是在这里，他遇到了他的创业伙伴陈慧玲。

在马来西亚工作过的陈慧玲抱怨马来西亚出租车行业女性出行安全事故频发，以致她不得不在下班晚上需要独自打车回家的时候，以假装和母亲打电话交谈为手段来规避独自乘坐出租车的风险。另外，东南亚的出行效率也较低，有很大的提升空间。于是，陈炳耀和陈慧玲萌生了创业的想法，写下了 Grab 初期的商业计划书：开发一个应用程序，使用户能在马来西亚混乱的交通环境中找到最近的出租车司机，同时为出租车司机提供智能手机，以便司机能与乘客交流。他们以此参加了 2011 年哈佛商学院的创业比赛，并且获得了亚军以及 2.5 万美元的奖励。随后两人在 2012 年 6 月上线了这个未来东南亚超级独角兽的前身——网约车平台 My Teksi（2014 年更名为 Grab Taxi，最后于 2016 年底更名为 Grab）。

2. 创业的实现

My Teksi 在起步阶段非常艰难，第一个重要的难题就是，当时的马来西亚手机普及率较低，很多出租车司机没有智能手机，于是陈炳耀与三星进行了合作，也就是为他们的司机批量购买手机，并且还需要教会这些司机怎么使用手机。艰难的第一年也让 My Teksi 站稳了脚跟，在获得了第一笔融资后，公司改名为 Grab Taxi，并且开始将业务推广至东南亚其他国家。同时，公司通过大量激励措施吸引新的司机和商人合作伙伴以及消费者使用公司的服务，以发展 Grab Taxi

的业务，使消费者对其服务产生新的需求，并且将来可能会继续这样做。这些激励措施，通常是以支付给合作伙伴和消费者的额外款项的形式，并且其总额在过去已经超过或者在未来可能超过 Grab Taxi 因其服务收取的佣金和费用的金额。

陈炳耀并不满足于此，为了更好地壮大自己的创业公司，不惜辞去家族企业的工作，这也受到了家人的强烈反对。但是陈炳耀的母亲还是成了 Grab 的第一位天使投资人。

2014 年，渐渐壮大的 Grab Taxi 遇到了成立以来的最大一次危机，那就是 Grab Taxi 的系统无法应对预订突然激增的情况，导致很多司机合作伙伴和用户体验感下降。所幸的是，陈炳耀和他的团队顺利熬过了这段至暗时刻。也就是在这一年，Grab Taxi 连续完成了 3 轮融资，包括新加坡淡马锡旗下的祥峰投资、老虎基金、高瓴资本、GGV 等一众巨头投下了超过 6 亿美元。在 10 月，Grab 更是获得了软银集团的独家投资 2.5 亿美元。此后，软银集团几乎参与了 Grab 的每一轮大额融资，并逐步加码。陈炳耀曾经说过："软银将为 Grab 的增长提供无限支持。"而对于不断参投 Grab，软银集团主席兼 CEO 孙正义也曾表示："Grab 正在用科技解决东南亚面临的两个巨大挑战——交通和移动支付。我们认为，在充满活力和发展前景的东南亚地区，Grab 是最令人振奋的企业。软银很高兴可以巩固同 Grab 的合作关系，期待未来继续为 Grab 的征程提供支持。"

在北京举办的 2016 年全球移动互联网大会（GMIC）上，Grab 集团 CEO 兼联合创始人陈炳耀在接受腾讯科技专访时表示，Grab 在进入不同国家时采取了很多本土化措施。比如说：东南亚国家没有像微信支付、支付宝这样的移动支付方式，所以 Grab 就支持现金、借记卡、信用卡，和本地银行服务一样提供一种无缝连接的服务。此外，语言也是影响用户体验感的重要因素，像乘客与司机因语言不同而沟通不畅，东南亚国家语言种类繁多，而且大多数人并不会讲英文，这就需要在软件上解决这一问题。另外，Grab 与滴滴之间的合作除了签署的四方协议，产品之间可以互相打通之外，Grab 也认识到，一定要跟政府合作，一定要懂得当地的一些需求以及国际化。

3. 创业的升华①

Grab 在官网首页挂出的口号是：The Everday Everthing App（一个无时无刻、无处不在的 App）。

2017 年，Grab 开始进军金融服务领域，推出了数字支付服务 Grab Pay。和阿里巴巴旗下的支付宝一样，Grab Pay 为用户提供了越来越多的金融产品，如保险、贷款、财富管理以及先买后付的计划。也就是在这一年，软银联合滴滴投资

---

① 资料来源于 Grab 招股说明书。

了 20 亿美元震惊了整个东南亚。2019 年，Grab 与万事达合作推出了 Grab Pay 卡，可在线上和线下使用。Grab 表示，截至 2021 年 12 月，它已经获得了一系列金融服务牌照，包括在六个地区市场的支付许可证，并在 2020 年成功获得了新加坡颁发的两张数字银行牌照之一。"数以百万计的消费者在想到 Grab Pay 时，他们会觉得'我可以现在支付，也可以以后支付，还可以在任何地方支付'。这就是我们给他们留下的最好印象。"陈炳耀说。Grab Rewards 是 Grab 的忠诚平台，为使用平台的消费者提供大量的积分兑换选项，包括来自受欢迎的商家合作伙伴和 Grab 的优惠。Grab Finance 通过 Grab 的平台为其司机和商人合作伙伴以及消费者提供了更多获得金融服务的机会，并于 2018 年推出这些服务，提供的服务包括数字和离线贷款、Pay Later 服务、白色家电融资、应收账款保理和营运资金贷款。对于许多司机和商人合作伙伴来说，Grab Finance 是他们第一个也是唯一一个负担得起的融资来源，能帮助他们维持现金流，并为他们提供紧急资金来源。Pay Later 使 Grab 的商家合作伙伴能够为他们的消费者提供在未来或分期支付商品和服务的选择。从接受 Grab 的支付产品付款开始，商家合作伙伴报告的销售额增长了 80%。2019 年推出的 Grab Insure 将可负担得起的保险产品与消费者和 Grab 的司机合作伙伴联系起来，并在新加坡、印度尼西亚、马来西亚、菲律宾和越南推出，提供的产品包括乘车和包裹递送保障、人身意外伤害保险、收入保障保险、重大疾病保险、车辆保险和旅行保险。在 Grab 的平台上交易的大多数保单都是创新的小额保险保单。小额保险政策的可及性和可负担性使东南亚更多的人能够保护自己、家人和生计。2019 年 4 月至 2021 年 6 月，通过 Grab 平台已促成了超过 1.8 亿笔小额保单交易。Grab Invest 使 Grab 的金融服务合作伙伴能够通过其平台提供他们的投资产品，包括基于货币市场和短期固定收益共同基金的产品，消费者可以在这些产品中进行投资并增加储蓄。2020 年，Grab 在新加坡推出了 Grab Invest 的首个小额投资产品 Auto Invest，该产品允许消费者每次使用产品时仅需 1 美元即可进行投资。Grab Link 是 Grab 的内部支付服务网关，旨在减少对第三方提供商的依赖，有助于降低 Grab 交易中的资金成本。今天，在马来西亚、新加坡和泰国，Grab 平台上几乎所有信用卡交易都使用 Grab Link 处理。

2018 年，Grab 推出送餐服务 Grab Food。商家合作伙伴可以通过 Grab 的商家合作伙伴应用程序接受消费者预订的预制餐食（可以选择按需送货、预订送货和提货），此外，它还使司机合作伙伴能够通过 Grab 的司机合作伙伴应用程序接受预订准备好的送餐服务。同样在 2018 年，Grab 还推出了快递服务 Grab Express。消费者可以根据不同的包裹尺寸，安排使用不同类型的车辆进行即时或当日送达。消费者也可以通过 Grab 的合作伙伴通过 Grab Express 安排非即时或非当日服务。2018 年 6 月，Grab 推出 Grab Ventures 业务，寻找并支持东南亚未来科技类创业公司独角兽，截至 2018 年上半年，已确认投资的项目包括：印尼 O2O 平台 Kudo、AI 自动驾驶公司 Drive.ai 及新兴移动支付平台 iKaaz。2018 年 6 月 13 日，Grab 宣布获丰田 10 亿美元融资。此轮融资将用于 Grab 进一步扩大其 O2O 服务范围，包括 Grab Food 和 Grab Pay 等。双方还会共同就丰田移动服务平台（MSPF）进行紧密合作，丰富 Grab 平台上的司机体验，如基于用户的保险、理财计划和预测性汽车维护等。

2018 年 3 月 26 日，Grab 还宣布收购 Uber 所有的东南亚业务，包括外卖服务 UberEats。本次收购结束后，Uber 将获得合并后实体的 27.5%股份。和滴滴当年击败 Uber 一样，Grab 以同样的方式击败了 Uber，而这也成为 Uebr 继俄罗斯、中国后，海外市场的第三场败仗。这笔收购，也宣布了 Uber 在"亚太"地区以完败收场。至此，Grab 成了东南亚打车市场的一哥。同年，美国旅游公司 Booking Holdings 也向东南亚乘车公司 Grab 投资 2 亿美元，作为两家公司战略合作伙伴关系的一部分。同年 11 月，Grab 再获现代及起亚增投 2.5 亿美元融资，并且建立合作伙伴关系，以在东南亚推行电动汽车试点项目。

2019 年，Grab Kitchen 在印度尼西亚、马来西亚、缅甸、新加坡、泰国、菲律宾和越南提供集中的食品准备设施，使商家合作伙伴能够扩展到多个地点，并以具有成本效益的方式满足对食品配送服务不断增长的需求。在一次 Grab Food 的订单和送货中，消费者还可以将他们最喜欢的两家或更多餐厅的菜单组合在一起，这些餐厅位于 Grab Kitchen 内。

2019 年推出的 Grab Mart 是一种商品订购和交付预订服务，它使商家合作伙伴能够通过 Grab 的商家合作伙伴应用程序接受消费者的商品预订（具有按需交付、预定交付和提货订单的选项），还使司机合作伙伴能够通过 Grab 的司机合作伙伴应用程序接受商品交付服务的预订。通过 Grab Mart，消费者可以按需订购日常用品，从食品杂货和家庭用品到礼品和电子产品，然后送到家门口。在新加坡和马来西亚等一些国家，Grab 还提供新的本地化产品，使其能够从早市的商家合作伙伴那里交付新鲜农产品，并从 Grab 的夜间商店的分销商和批发商那里交付各种产品。

Grab for Business 平台为企业客户提供了一个统一的管理门户，可以轻松地将与工作相关的员工流动性以及企业食品和包裹递送服务的管理数字化，该平台具有先进的功能，使企业能够设置政策，控制和安排企业计费，以及跟踪和监视 Grab 产品的所有业务使用情况，这有助于提高成本效率、透明度和生产率。Grab for Business 还提供了与某些公司费用管理系统的集成，使员工在 Grab 的产品上申请与工作相关的支出变得更加容易和无缝。

2020 年推出的 Grab Merchant 平台为我们的商户合作伙伴提供了发展业务的

工具。Grab Merchant 应用程序可以让收银员和管理人员进行日常商店操作，包括处理收到的食品订单和接受数字支付，而 Grab Merchant 门户网站可以让企业所有者和员工（如财务和营销经理）进行操作，在多个商店中获得 360 度的业务视图，并进行有用的干预以支持其业务的增长。

Grab Academy 是集成到 Grab 超级应用程序中的在线培训平台，可以对其司机合作伙伴进行培训，为他们提供最佳工作表现所需的必要信息，模块从基本的应用程序使用到驾驶员安全和质量课程。Grab 还设置了强制模块，以保证平台上的高服务质量。

在 Grab 经营的大多数市场中，都要求消费者在其平台上进行交易之前自拍以进行验证。这使 Grab 能够验证他们的身份，并阻止他们在平台上的犯罪活动。自 2019 年 9 月引入自拍验证功能以来，到 2020 年 12 月，几乎 75% 的每月活跃用户都进行了验证，同期，由乘客引起的犯罪率下降了 60% 以上；同时，还在司机合作伙伴和消费者之间实现了一种带有自动翻译功能的安全聊天，使他们能够在整个骑行过程中进行互动，而无须共享彼此的号码，从而保护他们的信息安全。Grab 还提供自动聊天翻译功能，在新冠肺炎疫情流行限制措施出台之前，该功能在东南亚的外国人、游客和旅行者中很受欢迎。Grab 还为司机合作伙伴和消费者提供了其他集成的途中安全功能，如免费通话、号码屏蔽、紧急按钮和 Share My Ride。

Grab 开发了内部的移动远程信息处理意见和功能，这些意见和功能可以利用从驾驶员和同伴的手机接收的数据来捕获基于位置的智能和驾驶行为信号。Grab 的算法使其能够通过事件检测和管理，识别危险的驾驶模式并改善驾驶行为，从而提高驾驶员伙伴和乘客的安全性。总体而言，2019~2020 年，Grab 成功地将平台上包括道路交通事故和刑事犯罪在内的安全事故率降低了 40%。在新冠疫情期间，Grab 推出了一套安全和卫生措施 Grab Protect，以保护其司机合作伙伴和消费者，因为 Grab 寻求为行业设定更高的标准，并开始恢复消费者对出行的信心。

Grab 有越来越多的企业产品，包括其广告和营销产品——Grab Ads、反欺诈产品——Grab Defense 以及远程医疗产品——Grab Health。此外，为了继续尝试新产品，以更好地满足 Grab 的司机和商人合作伙伴以及消费者的需求，其平台还通过超级应用程序提供其他生活方式服务，包括管理家庭服务、景点门票、航班和酒店预订。

2020 年以来的新冠肺炎疫情是一场全球范围内前所未有的人类挑战，影响着数百万人的生活和生计，特别是非正规经济和小企业的参与者。Grab 在疫情暴发后的几个月内推出了 100 多项举措，以支持其司机和商人合作伙伴、一线工人，以及受新冠肺炎疫情影响的社区。随着城市的管控，居民在家中静止，因此 Grab 加大了帮助提供基本服务的力度，为平台上的消费者提供获取食物的渠道、食品杂货和其他生活必需品。Grab 调整了平台，调整了业务，以通过食品和杂货配送来维持司机与合作伙伴的收入。随着地区经历了从线下渠道到线上渠道的加速转变，Grab 更加关注帮助小型和传统企业实现数字化，利用 Grab 的在线覆盖和交付网络，使得它们可以继续盈利。在这段艰难的时期里，Grab 数以百万计的司机和商人伙伴得以维持生计，甚至能够为许多失业的人提供创收机会。

2019 年 3 月，Grab 表示已获得软银愿景基金 14.6 亿美元新注资。2021 年 1 月，Grab 宣布完成 20 亿美元的贷款。

Grab 近年来的融资历程如表 8-4 所示。

表 8-4　Grab 融资历程

时间	金额	融资轮次	投资方
2021 年 12 月 2 日	未披露	IPO 上市	公开发行
2021 年 12 月 2 日	20 亿美元	战略融资	贝莱德、凯雷投资、East Ventures、ALSK、Signet Partners、华港联合家族办公室、Hanwha Asset Management
2020 年 8 月 4 日	2 亿美元	战略融资	Stic Investments
2020 年 2 月 19 日	8.56 亿美元	战略融资	Mitsubishi UFJ Capital、TIS 株式会社
2019 年 7 月 29 日	20 亿美元	战略融资	SoftBank Capital、Experian Ventures
2019 年 6 月 27 日	3 亿美元	战略融资	IVZ
2019 年 3 月 6 日	14.6 亿美元	战略融资	软银愿景基金
2019 年 1 月 31 日	2 亿美元	股权转让	Central Group
2019 年 1 月 7 日	1.75 亿美元	战略融资	Tokyo Century
2018 年 12 月 14 日	1.5 亿美元	H 轮	Yamaha Motor
2018 年 11 月 8 日	5000 万美元	战略融资	KBank
2018 年 11 月 7 日	2.5 亿美元	战略融资	现代汽车株式会社起亚汽车株式会社
2018 年 10 月 30 日	2 亿美元	战略融资	Booking Holding
2018 年 10 月 9 日	未披露	战略融资	Microsoft 微软
2018 年 10 月 5 日	5 亿美元	战略融资	SoftBank Capita
2018 年 8 月 2 日	20 亿美元	战略融资	丰田汽车、TMO、ppenheimer Funds、平安创投、Mirae Asset Financial Group、汉石投资、全明星投资、All-Stars Investment、瓦肯资本、Vulcan Capital、光速创投、麦格理资本
2018 年 6 月 19 日	10 亿美元	战略融资	丰田中国

续表

时间	金额	融资轮次	投资方
2018 年 4 月 5 日	未披露	战略融资	阿里巴巴
2018 年 1 月 11 日	未披露	战略融资	现代汽车中国
2017 年 10 月 20 日	7 亿美元	债权融资	未披露
2017 年 7 月 24 日	25 亿美元	G 轮	滴滴出行、SoftBank Capital、Next Technology Fund
2016 年 11 月 7 日	数亿元人民币	战略融资	鼎晖投资、中投公司、SoftBank Capital、广发信德
2016 年 9 月 20 日	7.5 亿美元	F 轮	Honda Motor Co. Ltd. 、SoftBank Capital
2015 年 8 月 20 日	3.5 亿美元	E 轮	滴滴出行、Coatue Management、SoftBank Capital、老虎环球基金、中投公司
2014 年 12 月 4 日	2.5 亿美元	D 轮	SoftBank Capital
2014 年 10 月 21 日	6500 万美元	C 轮	老虎环球基金、祥峰投资中国基金、高瓴资本、GGV 纪源资本、去哪儿
2014 年 5 月 1 日	1500 万美元	B 轮	GGV 纪源资本、祥峰投资中国基金、去哪儿
2014 年 4 月 7 日	528 万美元	A 轮	祥峰投资中国基金、500 Startups

资料来源：天眼查。

4. 生态系统

Grab 将数以百万计的消费者与数以百万计的司机和商家合作伙伴联系起来，以促进这些利益相关者之间的互动和交易。这些参与者之间以及这些参与者与 Grab 之间在 Grab 平台上发生的持续互动，创建了一个充满活力的生态系统，这对 Grab 的业务具有高度的协同作用。随着 Grab 增加更多的产品，消费者支出和参与度也在增加。这被称之为"抓住生态系统飞轮"。

这种飞轮效应的影响的一个例子是，Grab 平台上使用一种以上产品的消费者比例从 2018 年 12 月的约 33% 上升到 2021 年 6 月的约 55%，2020 年，使用 Grab 平台的 MTU 在第五年的支出约为第一年的 3.6 倍（与日常生活的相关性，食品配送，食品杂货配送和包裹配送）。随着消费者更好地参与其中，他们会花更多的钱。这为 Grab 的司机和商家合作伙伴增加了收入机会，并且能鼓励更多的司机和商家加入。这进而扩大了 Grab 的商家合作伙伴基础并提高了对消费者的价值，而司机和商家合作伙伴密度的增加导致了更快的交付时间，并改善了消费者的体验。

Grab 的金融服务产品巩固了它们的生态系统，促进了无缝交易，并为交叉销售提供了更多机会。Grab 形成了司机和商人合作伙伴的信用档案，这使他们能够首次获得正式的信贷机会。通过了解 Grab 的司机和商家合作伙伴通过其平台赚取了多少收入，Grab 就能够量身定制负责任的贷款服务。例如，Grab 于 2020 年在泰国推出了针对中小微企业的 Quick Cash，这是该国首批为商家提供 100% 数字化和即时现金贷款解决方案之一。在截至 2021 年 6 月 30 日的六个月中，泰国活跃的快速现金贷款数量增长了 13 倍，这表明泰国对此类快速现金贷款的需求强劲，因为受新冠疫情封锁影响的商家合作伙伴正在寻求快速融资以缓解现金流，而未来封锁的放松可能会在一定程度上减少对现金贷款的需求。

Grab 平台优化了成本结构，因为 Grab 平台上的互补产品为其合作伙伴提供了更大的灵活性，使他们能够最大限度地增加收入机会，同时为 Grab 平台创造更高的成本效率。东南亚的公路网长达 240 多万千米，随着城市化进程的加快，它正在迅速发生变化。Grab 专有的路线和地图技术使其能够在地图中添加新的或更小的街道和小巷以及更本地化的标识，从而通过更准确的路线和导航，提高 Grab 平台上驾驶员合作伙伴的体验质量。这可以缩短工作时间，并更容易地找到乘客和商家，从而提高了司机合作伙伴的生产力和收入。在截至 2021 年 6 月 30 日的季度中，Grab 专有的地图和路线技术使估计到达时间具有近 85% 的预测准确性，比如背靠背预订、供需热图，以及在特定方向（比如司机伙伴回家的时候）分配更多的工作。基于 Grab 在印度尼西亚、越南和泰国的活跃司机合作伙伴基础，Grab 有一个独特的共享供应池，在 2021 年第二季度，大约 66% 的 Grab-Food 摩的司机合作伙伴也是移动司机合作伙伴，截至 2021 年第二季度，Grab 在马来西亚的商人合作伙伴中有一半既是 Grab Food 合作伙伴，也是金融服务客户。Grab 的生态系统不断扩大，平台上的活动越多，为利益相关者创造的价值也就越多。

Grab 超级应用程序的关键在于其产品与消费者日常生活的相关性，从消费者起床并订购早餐，上下班往返工作场所，一直到消费者订购晚餐，支付账单或晚上在线购物。Grab 专注于日常交易，如交通、饮食、购物、数字支付和其他金融服务。只要按一下按钮，消费者就可以通过一个移动应用程序访问 Grab 平台上的所有产品。

5. 上市

2021 年 12 月 2 日，东南亚网约车和快递巨头 Grab 完成与特殊目的收购公司（SPAC）Altimeter Growth Corp 合并，并在纳斯达克交易，新公司获得约 45 亿美元现金，还包括 40 亿美元的 PIPE（上市后私募投资），参与者将包括贝莱德、富达、T. Rowe Price、摩根士丹利的 Counterpoint Global 基金、新加坡主权基金管理公司及淡马锡等机构。陈炳耀上市当日说："Grab 是从一个国家起步的打车 App 成长为跨八个国家的超级 App，在吃、出行、支付等领域服务于超过 400 个城市的消费者。"Grab 开盘后一度大涨，市值突破 500 亿美元；但股价高开低走，收盘价 8.75 美元，较发行价下跌 20.53%。以收盘价计算，Grab 市值为 345.56 亿美元。但由于疫情的影响，Grab 在 2021 年第三季度的营收为 1.57 亿美元，较上年同期的 1.72 亿美元下降 9%，主要是受到越南严格的新冠封锁政策影响。根据 Grab 公布的 2020 年的数据，Grab 全年交易总额为 125 亿美元，调整后净收入为 16 亿美元。

6. 创业的挑战

虽然 Grab 已成为东南亚最大的独角兽公司，但是同时也面临着很多的挑战和风险。

Grab 在过去的几年里快速扩张，但在一些业务上仍处于早期阶段，并且 Grab 在 2022 年底还无法有效保护消费者以及司机/骑手和商人合作伙伴的个人隐私和敏感数据，同时其定价方法受到多重因素的影响，可能无法保持对消费者、商户、司机的吸引力，这会对 Grab 品牌和口碑造成潜在的负面影响。同时，由于部分东南亚国家的法律、监管制度等方面存在不确定性，这会给 Grab 的发展带来潜在的风险。

7. 结语

Grab 用了将近十年的时间从一个叫车服务的公司成长为如今东南亚的互联网巨头，这也促进了东南亚的互联网生态发展，但是与中美国家相比，东南亚在外卖、出行、金融服务这三大领域还存在着较大的差距，这也就意味着东南亚还有着广大的市场需求和发展空间有待挖掘。上市也并非 Grab 的终点，而是一个新的开始。

参考文献

干春晖，刘亮．超大规模经济体优势研究［J］．社会科学，2021（9）：3-12.

第九章

创新生态

科技创新或中小企业能够在成立后较短时间内培育成长为独角兽企业。这一方面得益于其自身具有的独特优势，比如异质型企业家精神、独创性或颠覆性技术、难以复制的商业模式等，这些独特优势是独角兽企业在市场竞争中脱颖而出的关键因素；另一方面得益于独角兽企业所在的外部市场环境，比如创新生态，一个运行良好的创新生态能够提供独角兽企业成长培育所需要的资源，如知识、人才、技术、资金和政策等。本章将详细分析在独角兽企业培育成长过程中，创新生态扮演着什么样的角色、起着什么样的作用。

硅谷和北京分别是美国和中国孕育独角兽企业最多的城市。硅谷地处狭长弯曲的山谷地带，占地面积不到 800 平方千米，只占北京城区的一半大小，但这里却聚集着全球最顶尖的科技精英企业，比如苹果、谷歌、Facebook、Twitter 等，无数拥有重大影响的产业巨头都在此诞生。北京作为全国最大的创业者集聚地，不仅拥有四大银行、中石化、中国人寿、中信集团等世界 500 强企业，中关村创新生态系统内还集聚了联想、百度、网易北京研发中心、腾讯北京总部、新浪、亚新科技、滴滴总部等强势企业，几乎占据中国互联网半壁江山，其对国内外创新人才和资本的吸引力也始终位居全国首列。

所以，为什么硅谷和北京能够拥有这么多的独角兽企业？这一点是我们非常好奇的。细想一下，北京和硅谷拥有很多的相似之处，并且各有优势。其中，不仅包括前面几章提及的影响独角兽企业成长的其他内部因素和外部因素，比如异质型的企业家精神、颠覆性技术、持续的资本赋能、市场容量大等，还包括本章的主题：创新生态。本章的主要内容安排如下：首先，以 2019～2021 年全球独角兽企业 500 强的数据为起点进行分析，发现全球独角兽 500 强企业呈现出一定的空间集聚状态；其次，揭示独角兽企业空间集聚的重要原因——创新生态，引出创新生态的概念、特征、发展原因和必备要素等，并通过构建作用机制图分析创新生态对独角兽企业成长的作用机制；最后，从知识、人才、技术等七个角度详细分析中国为什么能在全球独角兽企业 500 强榜单中取得"三连冠"。

一、来自全球独角兽企业 500 强的数据

独角兽企业作为具备强大创新能力和巨大成长潜力的企业群体，是衡量一个国家和地区创新能力与创新生态的重要风向标，独角兽企业的发展，对于一国或地区具有重要的战略意义。2021 年 9 月 24 日，在"第三届全球独角兽企业 500强大会（2021）"上，中国人民大学中国民营企业研究中心和北京隐形独角兽信息科技院（BIHU）联合发布了《全球独角兽企业 500 强发展报告（2021）》该报告是继 2019 年之后发布的第三个关于全球独角兽企业 500 强的报告，报告

基于 2021 年全球独角兽企业数据库，按照全球独角兽企业 500 强评估标准，采用人机共融智能技术（Human Machine Intelligence），遴选出全球前 500 家独角兽企业。根据 2019~2021 年全球独角兽企业 500 强榜单的数据，我们可以发现，全球独角兽企业 500 强在空间布局上表现出一定的集聚性特征，这主要体现在全球独角兽企业 500 强中独角兽企业的国家分布和城市分布两个方面。

（一）全球独角兽企业 500 强国家分布

根据《全球独角兽企业 500 强发展报告（2021）》，中国有 215 家独角兽企业上榜，占比 43%，排名第一；美国有 175 家独角兽企业上榜，占比 35%，排名第二；印度有 29 家独角兽企业上榜，占比 5.8%，排名第三。中美两国独角兽企业 500 强数量共有 390 家，占比 78%，遥遥领先于其他国家，全球独角兽企业 500 强主要集聚在中国和美国。

虽然受新冠肺炎疫情的冲击，部分独角兽企业出局，数量同比减少 19 家，其中中国减少 2 家，美国减少 17 家，全球独角兽企业 500 强国家分布集中度有所下降。比如，2021 年智能建筑公司 Katerr 倒闭。由科技投资者 Michael Marks 和 Jim Davidso 以及房地产开发商 Fritz Wolff 共同创建，疫情防控期间，建筑行业发展几近停滞，Katerra 业务也严重受阻，加上其无法解决天气问题带来的生产材料变形等问题，使企业破产，原来的 40 亿美元估值也化为泡沫。但是，全球独角兽企业 500 强绝大部分集中于中国和美国，中美两国仍是重头。如表 9-1 和表 9-2 所示，中国独角兽企业的数量和总估值仍稳居世界之首，分别为 215 家和 12618.87 亿美元，荣获三连冠。美国共有 175 家企业上榜，总估值 11202.6 亿美元，居于世界第二。仍稳居第三的印度成为全球独角兽企业 500 强数量增长最快的国家，2020~2021 年，共新增 10 家独角兽企业，增长率达 52.63%。紧随其后的英国、韩国、德国、印度尼西亚、以色列的全球独角兽企业 500 强数量均未出现明显变化，而瑞典新增 2 家，由 2020 年的第 13 位攀升到 2021 年的第 8 位，澳大利亚同比新增 3 家，由 2020 年的第 16 位攀升到 2021 年的第 9 位。

表 9-1　2019~2021 年全球独角兽企业 500 强数量对比

国家	2021 年		2020 年		2019 年	
	数量（家）	排名	数量（家）	排名	数量（家）	排名
中国	215	1	217	1	217	1
美国	175	2	192	2	193	2
印度	29	3	19	3	20	3

续表

国家	2021 年		2020 年		2019 年	
	数量（家）	排名	数量（家）	排名	数量（家）	排名
英国	17	4	18	4	17	4
韩国	11	5	12	5	8	6
德国	10	6	9	6	10	5
印度尼西亚	5	7	4	7	4	8
瑞典	4	8	2	13	3	13
澳大利亚	4	9	1	16	1	16
以色列	4	10	4	9	4	9

资料来源：BIHU 全球独角兽企业数据库。

表 9-2　2019~2021 年全球独角兽企业 500 强估值对比

国家	2021 年		2020 年		2019 年	
	数量（家）	总估值（亿美元）	数量（家）	总估值（亿美元）	数量（家）	总估值（亿美元）
中国	215	12618.87	217	9376.9	217	9413.82
美国	175	11202.6	192	8050.7	193	7439.14

资料来源：BIHU 全球独角兽企业数据库。

1. 全球独角兽企业 500 强：中国取得"三连冠"

在 2019~2021 年全球独角兽企业 500 强榜单中，中国已三次蝉联冠军。中国独角兽企业的高速发展，首先，得益于体量庞大的消费市场及其升级所带来的红利。2020 年，中国在受到新冠疫情冲击的情况下，消费总额依然达到 5.683 万亿美元，仅次于美国的 6.2 万亿美元，随着"十四五"规划中扩大内需和产业升级两大宗旨的提出，中国的消费市场将持续优化升级，而年青一代也正逐渐成为消费主力，超越美国成为全球最大消费市场指日可待。

其次，中国的创新能力不断提高。WIPO 的数据表明，中国 2020 年 PCT 框架下国际专利申请量高达 68720 件，再次稳居世界第一，美国紧随其后，为 59230 件。"十四五"规划提出，未来五年数字经济核心产业增加值占 GDP 总量要从 7.8% 提升到 10%，变化率达到 28%，并全力迈向创新驱动，每万人口高价值发明专利拥有量要增加 90.4%，即从 6.3 件提升到 12 件。

此外，中国创新生态不断优化，为我国独角兽企业的成长奠定了良好的基础。这里只对中国创新生态进行简单描述，下文会详细分析中国拥有一个怎样的创新生态。改革开放后我国正式建立战略性新兴产业，并制定了《国家中长期科学和技术发展规划纲要（2006-2020 年）》，把建设创新型国家作为国家战略目标，党的十九大报告中提出，2035 年我国要跻身创新型国家前列。政策的支撑以及持续的人才、技术投入使我国科技创新能力稳步增长。世界知识产权组织发布的《2020 年全球创新指数报告》显示，我国已连续两年位居世界前 15 的行列。此外，我国国际专利申请数量居全球首位，2019 年中国国际专利申请数量为 58990 件，超过美国成为世界知识产权组织《专利合作条约》（PCT）框架下国际专利申请量最多的国家，20 年间增长了 200 倍。另外，中国拥有 41 个工业大类、207 个工业中类、666 个工业小类，形成了独立完整的现代工业体系，是全世界唯一拥有联合国产业分类当中全部工业门类的国家。在此基础上，中国正在深入实施创新驱动战略，推出了一系列创新政策，从而使企业的创新环境不断优化，中国也因此具备了有利于独角兽企业成长的良好创新生态。根据 2021 年全球独角兽 500 强榜单，2021 年中国上榜全球独角兽企业 500 强的企业数量全球第一，达 215 家，且总估值达 12618.87 亿美元。表 9-3 为 2021 年全球独角兽企业 500 强中国 Top10 榜单，可以看出，有 3 家独角兽企业从事生活服务行业，3 家独角兽企业从事汽车交通行业，2 家独角兽企业从事企业服务行业，呈现出一定的行业集聚性。

表 9-3　全球独角兽企业 500 强（2021）中国 Top10 榜单

总排名	企业名称	估值（亿美元）	行业
1	字节跳动	1800	文旅传媒
2	阿里云	1238	企业服务
9	SHEIN	461	生活服务
11	自如	429	生活服务
12	荣耀手机	400	智能科技
16	威马汽车	350	汽车交通
17	钉钉	300	企业服务
18	阿里本地生活	300	生活服务
19	Lalamove	300	汽车交通
20	哈啰出行	300	汽车交通

资料来源：BIHU 全球独角兽企业数据库。

2. 字节跳动：稳居榜首

字节跳动以总估值 1800 亿美元位居 2021 年全球独角兽企业 500 强榜单榜首。相较 2020 年，字节跳动的总估值由 2020 年的 1000 亿美元上升至 2021 年的 1800 亿美元，涨幅达 80%。字节跳动成立于 2012 年 3 月，是最早将人工智能与移动互联网场景相结合的科技企业之一，旗下拥有今日头条、西瓜视频、抖音等产品。其中，抖音是一个帮助用户表达自我、记录美好生活的短视频平台。在中关村创新生态系统的滋养下，字节跳动视"技术出海"为企业全球化发展的核心战略，以技术创新促进发展，其经营范围涵盖技术的开发、推广、转让、咨询、服务等方面。字节跳动以"激发创造，丰富生活"为公司使命，将创新与人民生活紧密联系在一起①。

在科技创新方面，字节跳动一直遵循"坚持科技创新创造更多可能"的理念，既夯实创新基础，又推广科技应用。字节跳动有明确的创新方向。推动科技创新是科技公司的使命，对此，字节跳动制订了 3~5 年的硬科技突破计划，即"一个中心，四个主线"，具体技术方向包括 XR、芯片、生命科学和企业智能科技。此外，字节跳动重视培育自身科研力量，在明确的创新方向基础上，不断加大科研投入，优化科研环境，夯实创新基础，打造出具有自身文化特色的科技创新体系。近年来，字节跳动一直在推动技术创新。2016 年，字节跳动成立了人工智能实验室（AI-Lab），专注于开发创新技术，并针对人工智能相关领域长期性、开放性问题进行研究。实验室聚集了国内外科学家以及拥有多年一线机器学习应用开发经验的工程师队伍，在文本理解、图像视频识别等方面建立了技术优势。字节跳动不断完善"产学研用"一体化的科技创新体系，在推荐算法、机器翻译、语音技术等领域已达到国际一流水平。2021 年 8 月，AI-Lab 的机器翻译技术论文《面向机器翻译的词表研究——基于最优运输的解决方案》，荣获国际顶级学术会议 ACL2021 年度"最佳论文"奖。此外，字节跳动持续增加在技术领域的研发投入，截至 2022 年 3 月，工程师总数超过 2 万人。截至 2021 年 12 月，字节跳动在全球范围内共申请专利 16000 项，其中，在中国递交超 1000 项。

在科研环境方面，字节跳动一直坚持鼓励员工自主创新，重视营造创新工作环境和创新学习环境。字节跳动为科研人员提供有竞争力的薪资及福利，为专利发明人提供专利奖励，引进海内外知名的高层次人才主持公司重大科研项目，并与国内外人工智能领域先进院系建立科研合作交流机制。此外，字节跳动开展一系列活动以鼓励员工参与研发创新。比如，在 2021 年，字节跳动定期举办"AI seminar"和"Interview Talks"等分享活动，邀请人工智能领域专家对最新研究成果进行分享交流；字节跳动建设运营公司内部技术社区 Byte Tech，推动技术员工持续交流、学习与分享，其技术学习板块 Boot Camp 积累了近千门技术课程，通过定制化培训、技术分享课程等形式服务超过 1.2 万名技术新人；字节跳动建立"火山引擎开发者社区"，分享成功经验和技术文章。

---

① 资料来源于北京字节跳动科技有限公司官网。

在人才培养方面，字节跳动一直坚持培育科技创新后备人才。除了在公司内部培养科研创新力量外，字节跳动还通过加强与高校合作，启动"字节奖学金计划"，鼓励高校学生积极参与科技创新，为国家和行业培育合格的后备人才。字节跳动还为大学生提供技术训练营。2018 年，字节跳动举办了一年两度的 Byte Camp 冬/夏令营，为高校学生提供顶尖学习资源与实战机会，帮助他们掌握全栈技术能力，截至 2021 年 9 月，冬/夏令营已累计举办 7 届，共吸引 1.8 万学生报名参加。2021 年，第一届"字节跳动青训营"项目启动，打磨了 19 门前端技术课程，通过"理论知识教学+产品案例实战"相结合的形式，帮助大学生夯实技术基础、提高实战能力。此外，字节跳动致力于通过高校定向培养、共建实习基地和与高校共建联合课程等方式，为计算机与软件工程技术等人才紧缺行业培养有生力量。

在商业环境方面，字节跳动一直在加强良好的商业生态建设。随着字节跳动业务的快速拓宽，管控商业化风险、打造稳定的商业生态势在必行。于是，字节跳动成立了中国商业生态与安全中心，秉持"保障所有商业内容都可被信赖"的愿景，致力于经营健康可持续的商业内容生态，为商业伙伴提供专业安全的服务，向社会传递可信赖的信息。2021 年，中国商业生态与安全中心从健全完善服务机制、落实业务推进措施、打造稳定商业生态三个方面，持续完善商业生态建设。

在知识产权保护方面，字节跳动主要针对创作者原创作品建立了全面的保护制度，坚决打击恶意侵权行为，健全完善的知识产权保护体系。字节跳动采取了一系列行动对创作者知识产权信息进行保护，具体措施包括加强侵权作品治理、支持维权行动、支持正版图书三大方面。2021 年，字节跳动与合作伙伴先后推出"中视频伙伴计划——全网维权检测服务""富知计划"，旨在监测和打击侵权行为，加大知识产权保护，推动知识产权保护力度的提升。

字节跳动在中关村创新生态系统下，在科技创新、科研环境、人才培养、商业环境、知识产权保护等方面采取一系列措施，旨在完善自身的创新生态，这或许也是字节跳动总估值暴涨 800 亿美元，涨幅 80%，稳居全球第一的原因。

3. 全球独角兽企业 500 强：美国世界第二

在 2019~2021 年全球独角兽企业 500 强榜单中，美国连续三年占据第二的席位。根据 2021 年全球独角兽 500 强榜单，2021 年美国上榜全球独角兽企业 500 强的企业数量很多，达 175 家，且总估值达 11202.6 亿美元，仅次于中国。这里需要对美国上榜全球独角兽企业 500 强榜单的企业数量减少，但总估值上升并维持全球第二的地位的情况进行解释说明。

2019 年以来，随着政策刺激效应减退以及特朗普贸易保护主义政策负面影响的显现，美国经济增长动能逐渐减退，据美国供应管理协会（ISM）公布的数据显示，从 2020 年 4 月开始，美国制造业 PMI 连续下降，并且 8 月到 12 月期间制造业 PMI 连续五个月位于 50 的荣枯线以下，12 月 PMI 指数一度降至 47.2，创 2009 年 6 月以来的最低水平。此外，受新冠疫情的影响，美国经济快速下行的风险进一步加大，餐饮、零售、旅游、航空等服务业几近停滞，经济衰退已成定局。2020 年第一季度，美国实际国内生产总值下降了 4.8%，远低于前值的 2.1%；第二季度美国 GDP 暴跌 31.4%，创史上最大跌幅。2021 年，美国的整体经济表现不甚理想，第二季度的平均 GDP 增速为 0.9%，距离疫情前 2.3% 的增长水平尚有差距，摩根士丹利和高盛都对美国 2020 年下半年的经济增速预期有所下调，2020 年美国财政赤字率接近 15%，而美国独角兽企业在更新率和总估值方面的增长主要是受到提前释放的经济增长动力的影响，包括史无前例的量化宽松和提供纾困金对于经济的提升，这些政策都在透支美国经济增长的可持续性。经济环境的恶化一定程度上影响了美国全球独角兽企业 500 强的发展，使其数量有所下降。

但相比于 2020 年，美国在 2021 年全球独角兽企业 500 强榜单中的数量同比有所下降，由 192 家下降到 175 家，其中美国出局企业为 69 家，新登榜企业为 52 家，减少 17 家，降幅达 8.85%。美国上榜的独角兽企业数量之所以减少，主要是因为美国贸易政策和新冠疫情对经济环境的冲击，导致企业估值达不到 2021 年全球独角兽企业 500 强榜单的准入门槛 10 亿美元，因而出局。

但尽管如此，美国仍然可以保持全球独角兽企业 500 强榜单第二的地位，这主要取决于其动态交互、良性运转的创新生态系统。美国在很多领域处于创新的前沿，引领云计算、物联网、大数据、人工智能、分享经济等新技术、新模式发展，无形中已经形成了一个独特的良性运转的创新生态系统，为创新活动乃至技术和产业变革持续提供源源不断的强大动力。受篇幅所限，这里不再对美国创新生态系统展开分析。

表 9-4 为 2021 年全球独角兽企业 500 强美国 Top10 榜单，由表 9-4 可以看出，美国的 Top10 独角兽企业在技术创新上表现优异，有 2 家独角兽企业从事金融科技行业，2 家独角兽企业从事智能科技行业，2 家独角兽企业从事生活服务行业，呈现出一定的行业集聚性。

表 9-4 全球独角兽企业 500 强（2021）美国 Top10 榜单

总排名	企业名称	估值（亿美元）	行业
3	Stripe	950	金融科技
4	SpaceX	740	航空航天

续表

总排名	企业名称	估值（亿美元）	行业
5	Rivian	700	汽车交通
6	Infor	600	企业服务
8	Rob lox	470	生活服务
13	Robinhood	400	金融科技
14	Alexion Pharmaceuticals	390	医疗健康
15	Instacart	390	生活服务
23	CM Cruise	300	智能科技
25	Waymo	300	智能科技

资料来源：BIHU 全球独角兽企业数据库。

（二）全球独角兽企业 500 强城市分布

1. 头部城市集聚效应明显

如图 9-1 所示，2021 年全球独角兽企业 500 强主要分布在 66 个城市，包括中国的北京、上海和深圳，美国的旧金山、纽约和洛杉矶，印度的班加罗尔和韩国的首尔等头部城市，其中前二十大城市所拥有的在榜企业占比为 68%，总估值占比达到 72.5%，头部城市聚集效应明显。

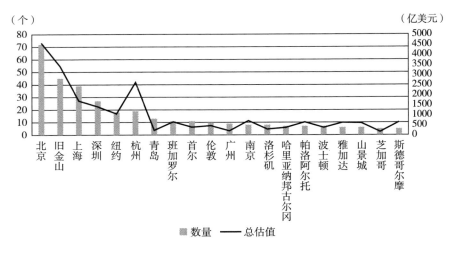

图 9-1　2021 年全球独角兽企业 500 强城市排行榜 Top20

资料来源：BIHU 全球独角兽企业数据库。

2. 十大全球独角兽企业 500 强聚集城市：中国六个

如表 9-5 所示，2021 年全球十大独角兽 500 强聚集城市由中国、美国、印度与韩国城市占据，中国包揽其中 6 个名额，总估值高达 10714.74 亿美元，占到榜单总估值的 36.4%。伦敦、慕尼黑与斯德哥尔摩等城市占比落后于韩国首尔与印度班加罗尔。全球十大独角兽企业 500 强聚集城市中，按照上榜城市所含独角兽企业数量，中国上榜的城市分别为北京、上海、深圳、杭州、青岛、广州。在独角兽城市总估值方面，北京以总估值 4580.03 亿美元遥遥领先，其次分别是杭州、上海、深圳、青岛、广州。杭州虽然只有 18 家独角兽企业上榜全球独角兽企业 500 强榜单，但其总估值达 2618.05 亿美元，位居中国第二。

表 9-5　2021 年全球独角兽企业 500 强城市 Top10

城市	数量（家）	总估值（亿美元）
北京	72	4580.03
旧金山	45	3409.25
上海	38	1696.45
深圳	27	1405.41
纽约	19	1062.40
杭州	18	2618.05
青岛	13	230.59
班加罗尔	12	668.50
首尔	11	387.23
广州	10	184.21

资料来源：BIHU 全球独角兽企业数据库。

3. 北京：三度蝉联全球榜首

2021 年全球独角兽企业 500 强城市排名中，北京三年蝉联全球第一。2021 年北京入选全球独角兽企业 500 强的企业共有 72 家，总估值为 4580.03 亿美元，相较于 2020 年，总估值增长了 363.79 亿美元。表 9-6 为 2021 年北京全球独角兽企业 500 强 Top10 榜单，上榜企业有字节跳动、自如、京东数科、猿辅导、商汤科技、作业帮、车好多（瓜子）、比特大陆、借贷宝和美菜网。

表 9-6　2021 年北京全球独角兽企业 500 强 Top10

总排名	企业名称	估值（亿美元）	行业	榜单排名
1	字节跳动	1800	文旅传媒	1

续表

总排名	企业名称	估值（亿美元）	行业	榜单排名
11	自如	429	生活服务	2
27	京东数科	285.71	金融科技	3
34	猿辅导	170	教育科技	4
45	商汤科技	120	智能科技	5
49	作业帮	110	教育科技	6
57	车好多（瓜子）	100	汽车交通	7
63	比特大陆	90	金融科技	8
65	借贷宝	85	金融科技	9
80	美菜网	71.43	企业服务	10

资料来源：BIHU 全球独角兽企业数据库。

北京共有 15 家企业登陆资本市场，其中包括京东健康和快手等行业头部企业，另有 18 家企业新晋全球独角兽企业 500 强榜单。"十三五"时期，北京聚力全国科技创新中心建设，全面深化科技体制改革，完善创新生态，激发创新活力，涌现出一大批重大原创性成果，成为全球创新创业最活跃的城市之一。"十四五"时期，其主要任务之一是强化创新核心地位，加快建设国际科技创新中心。

因此，北京之所以成为全球独角兽企业 500 强冠军城市，与北京科技创新政策和创新生态密不可分。具体来看，在人才方面，北京拥有全国最多的高等教育资源，这决定了北京会成为高水平科研成果和科研人才最重要的聚集地。北京不仅高等院校、科研院所、高才生众多，而且也成为高端人才尤其是科技人才就业的首选城市。近年来，北京不断深化人才体制机制改革：对内优化人才培养计划，鼓励高等学校在人工智能、云计算与精准医学等领域设置新兴学科，加强高精尖领域人才的培养；对外优化外籍人才引进政策，并提高科技人员出国进行学术交流的便利性，为培养科创人才提供了便利条件。

在资金方面，北京一直在加大财政资金对科技创新研究的投入力度，并通过政府引导，从多种角度，采用多种方式，为科技创新企业发展提供了稳定的资金支持。北京的资本高度聚集，根据中国国家统计局 2020 年统计数据，北京拥有的持牌法人金融机构超过 700 家，金融资产占全国的 45%，拥有 2.75 万家国家级高新技术企业。据北京市商务局 2020 年统计数据，截至 2019 年第三季度末，北京在中基协登记备案的股权投资机构达 4370 家，管理资金规模超 3 万亿元，规模占全国近 1/4，投资案例数和金额接近全国 1/3，规模及投资均稳居全国首位。此外，股权投资机构的集聚，以及金融科技独角兽的加入，如比特大陆、京东数科等，也为独角兽企业的孵化和成长提供了有利的资金条件。

在政策方面，北京高度重视创新创业，立足于科技发展状况，面向世界科技前沿，多年来北京市和各区县从不同层面、不同类别出台了一系列鼓励创新创业的政策，形成了涵盖财税政策、金融政策、人才政策、优化双创环境政策、扶持双创平台政策，以及国际化政策等完备的鼓励创新创业的政策体系，为科创企业提供了良好的政策环境。

在专利支持方面，随着专利数量不断增加，高新技术的成熟度也在不断提升，北京市加强了科技成果转化制度保障，简化相关程序，鼓励科技成果的转化，并提高重点产业市场准入的便利化水平，加速了高精尖产业的发展。此外，近年来，北京市产业结构不断转型升级，致力于构建高精尖经济结构，深入抓好"10+3"高精尖产业政策落实，大力发展智能制造、医药健康等高精尖产业，由"北京制造"迈向"北京创造"，这些均为北京市独角兽企业的孕育与成长提供了强有力的保障。

4. 青岛：全球第七，中国第五

2021年，青岛共有13家企业入选全球独角兽企业500强榜单，包括能链集团、杰华生物和特来电等（见表9-7），其中新增全球独角兽企业500强3家，分别为歌尔微电子、以萨技术和创新奇智，总估值为230.59亿美元，在中国独角兽城市排名中位列第五，北方城市排名中位列第二，成功跻身全球独角兽城市排名前十。

表9-7 青岛入选全球独角兽企业500强（2021）榜单的企业

企业名称	估值（亿美元）	行业
歌尔微电子	28.5	智能科技
能链集团	28	汽车交通
杰华生物	26	医疗健康
特来电	23	汽车交通
卡奥斯	20	企业服务
日日顺物流	17.4	物流服务
以萨技术	14.5	企业服务
中加特	14.29	汽车交通
创新奇智	12.5	企业服务
伟东云	12	教育科技

续表

企业名称	估值（亿美元）	行业
聚好看	12	企业服务
青岛云路	11.4	智能科技
少海汇	11	智能科技

资料来源：BIHU 全球独角兽企业数据库。

青岛作为我国沿海重要的中心城市，一直努力营造良好的营商环境，完善创新生态体系，为独角兽企业打造适合其茁壮成长的"热带雨林"。2020 年 5 月 22 日，首个为青岛独角兽企业发展量身定制的"青岛独角兽热带雨林工程"正式启动，组建了青岛市优势高成长企业动态培育库，建立健全分层孵化体系，构建了企业从"专精特新"到细分市场"隐形冠军"、从"隐形冠军"到"小巨人"，从瞪羚企业到独角兽企业的成长培育机制，不断挖掘发展速度快、竞争力强、发展前景好的潜力企业入库，形成独角兽企业后备体系。2021 年 10 月，青岛市印发了《关于组织 2022 年度青岛市科技计划创新生态营造专项国际科技合作项目申报的通知》，旨在围绕青岛市国际科技创新合作需求，提升青岛市产业创新能力，完善青岛市创新生态。

青岛不断推出多项举措对营商环境不断进行深化，包括建立完善高效的政策政务环境。比如，深化"一次办好"改革，推进审批服务便利化，将企业开办业务整合到"企业开办及注销智能一体化平台"，企业开办环节压缩至 2 个，成为全国企业开办环节最少的城市之一，企业开办可实现 1 个工作日办好。全市 699 项政务服务事项，实现全市范围内的区（市）行政审批服务大厅、专业分大厅等机构或网上办理，实现"现场通办""网上通办"。

青岛在搭建要素完备的金融环境方面持续发力。青岛是全国唯一以财富管理为主题的金融综合改革试验区，2021 年第 29 期全球金融中心指数报告中，青岛排名第 42 名，自 2016 年 3 月首次被纳入"全球金融中心指数"榜单至今，青岛已 9 次进入全球金融中心排名前 50 名。在此次榜单的多个分榜单中，青岛也都表现抢眼。在"声誉排名前 15 位金融中心"榜单中，青岛位居第 2；在"有望进一步提升影响力的 15 个金融中心"榜单中，青岛排名第 5 位。

青岛营造了活力迸发的创业创新环境。截至 2020 年底，青岛市认定的高新技术企业 1894 家。截至 2021 年 8 月，青岛市认定科技型中小企业 4990 家；新认定 2592 家市级"专精特新"企业；审核入库优势高成长企业 541 家，其中隐形冠军企业 230 家，瞪羚企业 161 家，小巨人企业 150 家。2020 年上半年青岛市有效发明专利拥有量 35199 件，同比增长 19.8%，全市引才聚才 1.02 万人，与

2019 年同期相比增长 19.1%，获评 2020 年度全国最佳引才城市奖，第九次入选"魅力中国——外籍人才眼中最具吸引力城市"。在国家信息中心发布的中国城市创新创业生态指数中，青岛成功跻身"双创领跑型城市"第 10 位，年均吸引人才超过 22 万。

（三）独角兽企业空间集聚的原因分析

上文中我们讲全球独角兽企业 500 强上榜企业主要分布在中国和美国两个国家、北京和旧金山两个城市，呈现出一定的空间集聚性。这种"扎堆"现象不是凭空产生的，是多种因素共同作用的结果。

1. 基础条件：资源禀赋

独角兽企业大多数是科技创新企业，它们的空间集聚更像是一种创新式的经济活动的集聚。同时，独角兽企业成长的一个关键要素就是颠覆性技术，而这恰恰也是创新性的活动。因此，创新性活动是导致独角兽企业集聚的一个重要原因，而对于创新性活动而言，资源禀赋尤为重要，特别是人力资源禀赋和资本要素禀赋。所以，可以说，资源禀赋为独角兽企业的空间集聚提供了基础条件。

在人力资源禀赋方面，北京和旧金山都是高端人才的集聚地。北京拥有众多高等学府，如清华大学、北京大学、中国人民大学、北京航空航天大学、北京理工大学、中央财经大学等各种类型高等院校，这些高等学府每年都为北京输入大量人才资源。此外，北京也出台多种举措解决大学生落户问题，吸引了大量海内外精英进京工作。中国《经济日报》曾在 2021 年发文称：北京市牢固树立人才引领发展的战略地位，明确建设国际科创中心和高水平人才高地的时间表、路线图，打出"放权、松绑、解忧、创生态"的人才政策组合拳，各项工作取得积极进展。截至 2021 年 10 月，北京地区人才资源总量达 766 万人，人才密度首次突破 60%；人才贡献率达 55%；全球"高被引科学家"253 人（首次超过硅谷），占全国的 33%；每万人口发明专利拥有量 154 件，居全国首位。北京拥有全球独角兽企业 93 家，位居全球第一。国际顶级科学期刊《自然》杂志发布的全球科研城市榜单，北京名列全球第一。在旧金山比较有代表性的就是硅谷。硅谷是世界著名的高科技产业园，以美国顶尖大学科研力量为依托，主要包括斯坦福大学、加州大学伯克利分校、圣塔克拉拉大学、圣何塞州立大学、卡内基梅隆大学西海岸校区等，这些顶尖大学为硅谷的科研创新提供了新鲜血液。

在资本要素禀赋方面，北京和旧金山都拥有大量的风险资本的注入。资源要素禀赋是促进独角兽企业集聚的重要因素，而独角兽企业的经营活动往往具有高风险性，这决定了风险投资对独角兽企业集聚起着重要作用。旧金山市长麦发恩对风险资本的态度是："风险投资对金融生态系统是非常重要的，如果能够发展这一点，那就能够创建非常具有创新精神的公司。完整的金融生态系统非常重要，这也是旧金山不断发展的重要原因。"根据俄罗斯卫星通讯社的发文，2021年美国的风险投资规模达 3228 亿美元，位居世界第一，中国的风险投资规模达618 亿美元，位居世界第二，其中北京以 136 亿美元的风险投资规模位居国内第一。

2. 本质原因：知识溢出

知识溢出是指知识资源在行业或者地区之间的流动传播和共享。一般而言，知识溢出效应与知识生产地之间的距离呈负相关关系，也就是说，当与知识生产地的距离比较远的情况下，获取知识资源的难度就越大，知识溢出效应越小。因此，知识溢出是独角兽企业呈空间集聚状态的本质原因。知识溢出可以通过人才流动、研发合作、产业关联等途径实现。独角兽企业集聚后，可以实现人与人之间面对面交流、企业与企业之间面对面交流，进而提升独角兽企业本身的创新能力。当然，在存在一定的资源禀赋后，就产生了独角兽企业集聚的基本条件。之后，这些独角兽企业可以依托高等院校和科研院所的知识、信息、技术、创意等进行发展。比如，北京可以依托清华、北大、人大、北航等高校，上海可以依托复旦、上交大、同济、上财等高校。知识溢出使知识和信息在不同企业间进行传播，可以节约独角兽企业在技术创新的研发费用，降低企业成本，提高企业生产效率，推动独角兽企业集聚。

3. 外部推力：政府作用

政府可以通过出台相关政策、提供资金帮扶等措施推动独角兽企业集聚发展。一方面，政府可以出台利好政策，建立科技园区，引导独角兽企业在某些国家或城市发展成长。比如，截至 2021 年，我国已建立了 217 家国家级经济技术开发区，生产总值达 11 万亿元，同比增长 5.6%，占国内生产总值的 11%，并且217 家国家级经济技术开发区拥有高新技术企业 4.1 万家，拥有省级及以上研发机构 8600 家，每万人口发明专利拥有量为 108 件，有明显上升态势。截至 2022年，我国已建立了 232 家国家级经济技术开发区、169 家国家级高新技术开发区。其中，2021 年全国 169 家国家级高新技术开发区全年营业收入超过 48 万亿元，同比增长 12%，利润总额达 4.2 万亿元，同比增长 17%，以 0.1% 的国土面积创造了全国 13% 的 GDP。在这些园区中，政府会提供政策优惠和帮扶措施，吸引大量企业在园区周围集聚，而这些企业的集聚会产生规模经济效应，进一步吸引更多企业入驻，形成"滚雪球"效应。另一方面，政府还可以通过提供资金，比如专项资金、政府引导基金等方式，促进独角兽企业的集聚。

资源禀赋可以为独角兽企业集聚的产生提供基础条件，知识溢出是独角兽企业集聚的本质原因，政府作用可以为独角兽企业的集聚提供外部推力，这三种作用力相互影响、相互促进，最终形成独角兽企业空间集聚的状态。资源、知识、政府正是创新生态系统中的构成要素，也就是说，创新生态是引起独角兽企业呈现空间集聚状态的根本原因。

从上述全球独角兽企业 500 强数据统计及分析中我们可以发现，美国和中国两个国家的独角兽企业的培育成长机制都拥有共同点：一个良好运行的创新生态系统。此外，在对中国独角兽企业集聚城市北京和青岛的分析中，也可以找到类似的独角兽企业的培育路径，即一个良好运行的创新生态系统。因此，创新生态系统是引起独角兽企业空间集聚的一个非常关键的原因。

（四）创新生态的概念

在上文中，我们通过近三年的全球独角兽企业 500 强数据分析发现，犯角兽企业呈现出空间集聚的态势，而创新生态是独角兽企业空间集聚的关键原因。同时，根据独角兽企业成长理论，创新生态也是促进独角兽企业成长的两大外部要素之一。因此，独角兽企业的培育发展离不开一个运转良好的创新生态系统。因此，创新生态在独角兽企业的培育发展过程中起着至关重要的作用，那么究竟什么是"创新生态"呢？

我们先来解释一下什么是生态系统，并由此引出创新生态的概念。生态系统属于自然生态学概念，是指自然界一种相对稳定的动态平衡状态。在这种状态下，自然界中的各种生物、群落和环境之间相互影响、相互制约，并在一定的时间和空间范围内保持动态均衡状态。随着科学技术的突飞猛进，现实中的创新实践活动会遇到新的问题，为了解决所遇到的问题，学者们将创新与生态系统相结合，形成了创新生态系统，并将其引入经济学领域。

通过对国内外有关创新生态的文献进行阅读与整理可以发现，国内与国外对创新生态系统的概念认知不完全一样。国外学者认为，创新生态系统是指一个完善的合作创新支持体系，此系统内部各个创新主体通过发挥自身的异质性优势，与系统中其他主体进行协同创新，实现自身价值创造，从而形成互相依赖、共生演进的网络关系。国内学者认为，创新生态系统是指创新主体和与之相关的各种组织之间相互协作，深入整合各种资源，发挥各自优势，实现各创新主体的可持续发展的复杂网络结构。

通过文献梳理可以发现，学者们从不同角度对创新生态系统进行了研究，并且国内外对创新生态系统有不同的定义。本书认为，创新生态是独角兽企业成长理论中的一大外部关键要素，所以，本章主要采用《独角兽企业成长的关键要素》一文中创新生态的概念，即创新生态系统是以企业为主体，大学、科研机构、政府、金融等中介服务机构为系统要素载体的复杂网络结构，通过组织间的网络协作，深入整合人力、技术、信息、资本等创新要素，实现创新因子有效汇聚和各个主体的价值实现。

（五）创新生态兴起和发展的原因

创新生态系统接连兴起并获得不断发展，是科技进步、生态发展、国际竞争等多种因素相互作用的结果。随着当前全球经济进入长波下行阶段，社会中的技术经济方式正在发生重大转变。随着资源节约型、环境友好型的低碳生活理念的兴起和传播，低碳技术和绿色经济逐渐成为全球经济发展的新的动力源。当今时代，随着全球新冠疫情的蔓延，使大变局加速变化，世界经济持续处于低迷状态，国际竞争更加激烈。我们将会从科技进步、生态发展和国际竞争三方面解释为什么创新生态系统能够兴起和不断发展，具体如表 9-8 所示。

表 9-8　创新生态系统兴起和发展的原因

原因	相关理论	详细解释
科技进步	经济演化理论	根据经济演化理论，当今世界经济正处于第五次长波下行阶段。国内有学者通过研究，认为交叉融合是科技进步的主要动力因素，逐渐呈现出技术水平提升的群落演替、系统涨落的特点。此外，科技的进步可以促进产业转型升级，大数据、区块链、人工智能等新一代信息技术已经充分融入到当今社会，使得各种冰冷的机械零件嵌入由软件、传感器和通信系统集成的物理网络系统中，并以此形成更高级的决策系统，即技术—经济方式转换的新变革使得创新的系统范式由工程化、机械型逐渐过渡为生态化、有机型
生态发展	可持续发展理论	世界各国都在积极提升自身国力，但为了发展而无视环境的做法却屡见不鲜，这也导致了当今全球气候变暖、生态环境破坏等问题。因此，资源节约型、环境友好型的新发展理念逐步兴起和发展，各国都在积极走可持续发展道路、绿色发展道路。在此情况下，便需要构建创新生态系统，大力发展绿色经济，推广绿色增长。可以发现，国际上一些创新生态系统一般都具有自然生态环境优良、经济内部循环等特征，这正是可持续发展的表现
国际竞争	国际竞争理论	创新是引领发展的第一动力。世界各国都普遍接受创新驱动经济发展的理念，创新已然成为国际竞争的核心要素。近些年，中美贸易战、乌俄战争等现代国际事件，都伴随着经济制裁和技术封锁的身影，这从侧面显示出在国际竞争中关键技术的自主创新和社会的内部循环的重要性。因此，各国都开始陆续通过营造优良的创新环境来提高自身的创新能力

资料来源：《创新美国：在挑战和变革的世界中实现繁荣》。

（六）创新生态的主要特征

基于上面我们介绍的创新生态系统的概念及其兴起发展的原因，我们认为，创新生态系统有层次性、复杂性、整体性、开放性、交互性、稳定性的特征，具体如表9-9所示。

表9-9　创新生态系统的主要特征

主要特征	详细含义
层次性	生态系统是一个具有空间范围的概念，同样，创新生态系统也应该是包含着一定的区域和范围的空间概念。创新生态系统有一定的层次性，从微观视角到宏观视角，主要包括企业创新生态系统、产业创新生态系统、区域创新生态系统、国家创新生态系统
复杂性	创新生态系统是一个空间概念，呈现出网络式和多维空间结构，包括由企业、大学和科研机构、政府、金融等中介机构和最终用户等组成的创新主体，由人力、技术、信息和资本等组成的创新要素。此外，还包括基础设施、制度、文化、政策等创新环境要素。创新生态系统是对这些要素进行整合，而每个要素都有自己所属的行业和领域，并且有自身经营活动的目标，致使系统呈现出格外的复杂性
整体性	创新生态系统不是各要素之间简单的线性加总，也不是要素偶然堆积而成，而是各种要素通过非线性的相互协同耦合而成的有机统一体。因此创新生态系统是一个整体，且整体的功能要大于单个要素功能的总和，形成了"1+1>2"的协同效应
开放性	创新生态系统是一个有机统一体，并非是指一个单独的个体，就像生态系统那样，需要和外界不断进行物质能量交换与信息的交流，否则难以维持系统的生命力。此外，创新生态系统与经济、科技、社会等构成一个大系统，在技术研究、开发和扩散的各个环节上，都会与外界产生广泛的联系。所以，创新生态系统是开放的
交互性	创新生态系统是一个由创新主体、创新环境要素等交互而成的复杂网络系统，是一个整体。在这个网络系统中，各主体相互依存、相互依赖。系统内的创新活动不是孤立进行的，而是需要所有参与者一同参与、互助合作。因此，创新生态系呈现出交互性特征
稳定性	自然界中的生态系统拥有自我适应和自我调节的功能，同样，创新生态系统也具有相似功能，能保持或恢复系统结构和功能，使其处于相对稳定状态。此外，在资本市场上，竞争无处不在、无时不有。激烈的竞争可以滋生创新，并且用户可以对产品进行反馈，这使得新技术、新制度等可以更加适用于当下社会。竞争和反馈机制是创新生态系统保持稳定性的重要因素

资料来源：《创新美国：在挑战和变革的世界中实现繁荣》。

二、创新生态对独角兽企业成长的作用机制

创新生态是由生态系统逐渐演变而成的，通过前文分析我们可以得出，创新生态系统的参与主体包括创新主体和创新环境两大部分。其中，创新主体一般主要涵盖企业、大学、科研机构、政府、金融等中介机构和最终用户。创新环境主要为创新主体提供支撑，通过改善技术、经济、文化、社会环境，进而实现创新

生态系统的优化升级。创新主体在优良的创新环境中，可以深入整合各种人力、技术、信息、资本等创新要素，形成协同效应，共同推进创新生态系统的良好运转。

第一，企业是创新生态系统中的核心部分，是能够实施技术创新的主体。这里的企业不仅包括产品互补企业、替代企业，还包括供应企业、需求企业等各种相关企业。这些企业与创新生态系统中的其他参与主体之间存在直接或间接的联系。比如，政府可以在政策、法律、税收等方面对企业的经营活动进行监管，而企业的发展状况也可以反过来对政府相关政策、法律法规等的制定产生影响。当大学和科研机构对知识和技术进行创新后，企业会吸收这些新知识和新技术并在实践中进行运用，通过实践来检验技术创新的成效，然后通过反馈，逐渐使技术迈向成熟。

第二，大学和科研机构是创新生态系统中知识、人才、技术等的源泉，是能够进行原始创新的主体。大学是高等人才的聚集地，不仅可以在校内对新知识和新技术进行研发创新，还可以为企业输入新鲜血液，在为企业提供创新活力的同时，也可以从企业方获得经济来源。科研机构与大学类似，可以被视为基础研究和前沿技术的主力军。科研机构也与企业有着千丝万缕的联系，甚至可以独立创办企业，为其提供创新技术。所以，在创新生态系统中，大学和科研机构可以促进企业发展，并从企业当中获得经济来源，进而促进自身的发展。

第三，政府是创新生态系统中的主要监管者和调控者，是能够进行制度创新的主体。首先，政府可以通过行政手段、法律手段和经济手段等方法，调控企业各部门以保持系统协调，从而为经济的发展创造良好的环境和条件。其次，创新生态系统中创新主体中的其他主体，都需要在政府监管机构的监管下从事经营活动，不能从事违法乱纪活动。当市场上出现"恶劣"机构时，政府相关机构会对其进行整改或者剔除。此外，政府还可以通过财政支持、政策引导等方式对创新生态系统内的创新活动进行引导和扶持，进而推动创新的发展。

第四，金融等中介机构是创新生态系统中创新投入和服务的主体，能够为其他创新主体提供大量资金和服务。创新生态系统的正常运行需要大量的资金和雄厚的物质基础，同时，也需要相关机构为客户提供信息咨询服务，以便客户进行交易。金融等中介机构可以发挥此类作用。此外，作为创新生态系统的重要组成部分，金融等中介机构也可以推动创新知识的传播、技术创新的扩散和科技成果的转化，在此过程中，既可以促进企业发展进步，也可以从企业获取回报。当然，金融等中介机构也需受到政府的监管。

第五，最终用户是创新生态系统中创新成果的使用者和反馈者，能够驱动创新形成。最终用户主要分为三类，包括个体用户、企业用户和社会用户，他们会对系统中的创新成果支付报酬。最终用户的需求是其他创新主体创新的方向，是驱动企业创新的直接动力。企业在满足最终用户的需求之后，会收到相应的劳动报酬，进而给予企业在面临客户新需求时的创新动力。

第六，创新环境是影响创新主体进行创新活动的各种外部因素的总和，是创新生态系统中非常重要的一部分，强调的是系统内的创新主体、集体效率和创新行为所产生的协同作用，能够加速创新生态系统中创新主体的优化重组和内外资源整合。创新环境还可以为企业等其他主体提供共同学习的环境，促使这些主体形成不同的创新运行方案。

在厘清创新生态的概念、特征和参与主体，特别是各个参与主体的作用的基础上，我们尝试分析创新生态对独角兽企业成长的作用机制。创新生态是科创企业成长的一个外部关键要素。创新生态是以企业为主体，大学、科研机构、政府、金融等中介服务机构为系统要素载体的复杂网络结构，通过组织间的网络协作，深入整合人力、技术、信息、资本等创新要素，实现创新因子有效汇聚和各个主体的价值实现。独角兽企业最核心的特征之一就是拥有颠覆性技术，所生产的产品不容易被复制和模仿。可以说，颠覆性技术创新就是促进独角兽企业成长的关键要素，是独角兽企业成长壮大的前提条件。因此，良好、宽松的技术创新环境，高水平的研发投入，以及顺畅的科技成果转化通道，将有助于独角兽企业实现颠覆性技术的突破，并促进独角兽企业的发展和培育。实现颠覆性技术创新，需要良好、宽松的生态环境。对于企业来说，在瞬息万变、竞争激烈的市场中进行创新，不确定性和复杂性都是无法预知的。如何为企业营造一个适合颠覆性技术创新的生态环境至关重要。以知识为导向的收入分配制度、科学的分类评价机制、完善的知识产权保护体系、公平的市场竞争环境、合理的企业试错成本等，都是创新生态环境的必备元素①。

如图 9-2 所示，在注入必备元素的基础上，各独角兽企业、大学和科研院所、政府、最终用户、金融等中介机构通过组织间的网络协作，深入整合人才、知识、技术、政策、资金、信息等创新要素，实现经济因子、市场因子、科技因子、政策法律因子、社会文化因子、资源环境因子的有效聚集和各个主体的价值实现。大学和科研院所是原始创新主体。一方面，他们可以为金融等中介机构、独角兽企业提供人才流、知识流，另一方面，他们可以与工程技术中心进行研究合作，向独角兽企业输出各种创新成果，并获得回报。金融等中介机构是创新服务的主体，能够提供各种信息流，在人才市场上，可以为独角兽企业提供优质人

①　解树江. 数字经济先锋：全球独角兽企业 500 强蓝皮书（2020）［M］. 北京：经济管理出版社，2021.

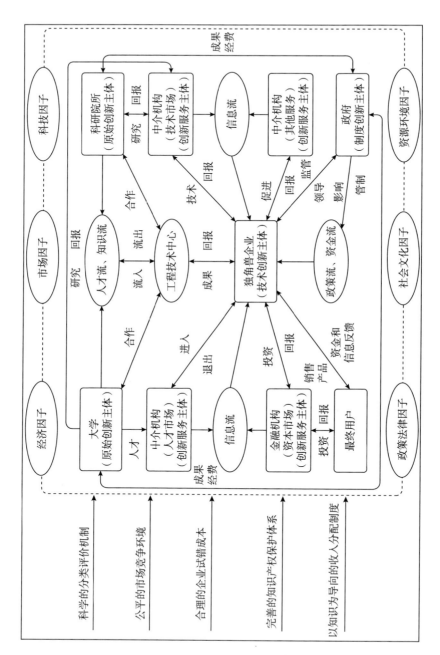

图 9-2 创新生态系统对独角兽企业成长的作用机制

资料来源：范洁．创新生态系统案例对比及转型升级路径 [J]．技术经济与管理研究，2017（1）：32-37；解树江．数字经济先锋：全球独角兽企业 500 强蓝皮书（2020）[M]．北京：经济管理出版社，2021.

才；在技术市场上，可以向独角兽企业提供创新技术，并获得回报；在资本市场上，可以向独角兽企业提供多种投资组合，并获得回报；在其他市场上，同样可以通过提供各种其他服务，促进独角兽企业成长。政府是制度创新主体。一方面，政府向大学和科研院所提供研究经费，进而得到知识、技术创新成果；另一方面，政府通过制定政策，领导、管制独角兽企业和金融等中介机构。最终用户是创新成果的使用者和反馈者。独角兽企业将产品或服务销售给最终用户，从而可以从最终用户端获取资金和信息反馈。独角兽企业从整个创新生态系统中获取的人才流、知识流、政策流、资金流和信息流都会促进独角兽企业进行技术创新，形成独创性或颠覆性技术，促进独角兽企业健康成长。

三、创新生态系统的必备元素

独角兽企业最核心的特征之一就是拥有颠覆性技术，所生产的产品拥有较宽的技术护城河，不容易被复制和模仿。可以说，颠覆性技术创新就是促进独角兽企业成长的关键要素，是独角兽企业成长壮大的前提条件。因此，良好、宽松的技术创新环境，高水平的研发投入以及顺畅的科技成果转化通道，将有助于独角兽企业独创性或颠覆性技术的突破，并促进独角兽企业的成长。

颠覆性技术创新需要良好、宽松的生态环境。对于企业来说，在瞬息万变、竞争激烈的市场中进行创新，不确定性和复杂性都是无法预知的。如何为企业营造一个适合颠覆性技术创新的生态环境至关重要。图 9-3 中呈现了创新生态对独角兽企业成长的作用机制，由此可以看出，科学的分类评价机制、公平的市场竞争环境、合理的企业试错成本、完善的知识产权保护体系、以知识为导向的收入分配制度等都是创新生态环境的必备元素，是独角兽企业的生存空间[①]。

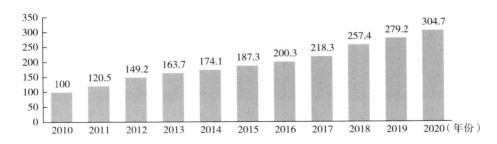

图 9-3　2010~2020 年中国知识产权综合发展指数

资料来源：国家知识产权局。

---

① 解树江. 独角兽企业成长的关键要素 [J]. 中国中小企业，2021（11）：69-70.

（一）科学的分类评价机制

大多数独角兽企业是科技创新企业，在资本市场中，科技创新成果和人才资源是企业发展的核心竞争力。因此，在独角兽企业所在的创新生态系统内，需要建立科学的分类评价机制，以促进独角兽企业的成长，其中，主要包括科技成果评价机制和人才评价机制。

党的十八大以来，党中央系统部署并推进科技评价体系改革，逐步建立起适合当下的、科学的科技创新成果评价机制。特别是近年来，我国进入新发展阶段，面对新发展格局，国内国际环境发生深刻变化，迫切需要进一步强化原始创新和关键技术攻关，加快实现科技自立自强，为高质量发展和国家安全提供支持。因此，党中央更加注重科技创新的建设，陆续出台了科技成果转化的相关政策，比如，北京推出 17 条举措，助力打通科技成果转化堵点，通过夯实制度基础，压实主体责任，引导高校院所、医疗卫生机构与企业密切合作等方式，畅通技术、资本、人才等要素流通渠道，完善北京科技成果转化体制，带动北京科技创新能力的提升。科学的科技创新成果评价机制需要解决"评什么""谁来评""怎么评""怎么用"的问题，从源头上促进成果转化，这一点是我们需要牢记的。

在知识经济时代，竞争无处不在，企业面临各种各样的竞争，但归根结底，企业竞争的本质是人才的竞争。可以说，人才资源是一个企业、地区、国家发展进步的动力，人才资源的注入会带来新的血液和新的发展机遇。因此，党中央一直在落实新发展理念，实施人才强国战略和创新驱动发展战略，以科学分类为基础，以激发人才创新创业活动为目的，加快形成更加符合中国实际情况的人才评价机制。人才评价是对人才进行评价的制度，是人才发展机制的重要组成部分。建立科学的人才评价机制，不仅有利于树立正确的用人导向，激励引导人才的职业发展，而且有利于调动人才创新创业的积极性，加快建设人才强国的进程。所以，党中央和地方政府相继推出相关政策推动人才评价机制改革，旨在创新人才评价机制，发挥人才评价的指挥棒作用。比如：2018 年 2 月，中共中央办公厅、国务院办公厅印发了《关于分类推进人才评价机制改革的指导意见》；2019 年 2 月，福建省下发了《关于分类推进人才评价机制改革的实施意见》；2019 年 6 月，江苏省印发了《关于分类推进人才评价机制改革实施方案》；等等。

（二）公平的市场竞争环境

市场竞争环境是指企业所属行业及其市场竞争者的参与程度、竞争程度，反映了企业市场成本和进入市场壁垒的高低。公平的市场竞争环境是促进市场经济良性发展的核心要素。大多数独角兽企业是科技创新企业、中小企业，绝大部分是民营企业。中小企业可以为社会的健康发展提供保障，为国家和人民增添福祉。一般情况下，在与大企业市场竞争的过程中，不管是在融资难度，还是在其他方面，中小企业往往处于弱势地位。如果市场环境不能维持公平竞争的状态，显然对中小企业的存活非常不利。所以，中小企业的高质量发展需要公平的市场竞争环境。同样，民营企业的发展，也需要公平公正的市场竞争环境。因此，在独角兽企业所在的创新生态系统内，需要建立公平的市场竞争环境，以促进独角兽企业的成长。

近年来，中国特色社会主义进入新时代，中小企业的发展面临诸多严峻挑战，在多个方面与人民的美好生活需要之间存在结构性错位，能否审视自身、适应高质量发展、推进企业转型升级，将决定中小企业能否走出发展困境。为了解决这一问题，中央政府和地方政府都在积极建设公平的市场竞争环境，多次出台改善市场竞争环境的政策法规，以促进中小企业转型升级并走向高质量发展的轨道。2019 年，中共中央、国务院印发了《中共中央国务院关于营造更好发展环境支持民营企业改革发展的意见》，这是民营企业改革发展的首个中央文件，文件主要围绕市场化、法治化、国际化营商环境提出一系列的改革措施，旨在进一步降低民营企业市场准入门槛，保障市场监管制度的公平统一，强化公平竞争审查制度刚性约束，破除招投标隐形壁垒，以优化公平的市场竞争环境，进而促进中国民营企业的健康发展①。2021 年，深圳市也积极响应中央营造公平市场竞争环境的号召，印发了《关于营造更好发展环境支持民营企业改革发展的行动方案（2021—2023 年）》，旨在通过实施公平开放的市场准入制度，完善市场竞争和公平竞争制度，进一步精简优化审批制度等举措，优化深圳市公平竞争的市场环境，促进深圳市民营企业的发展。

（三）合理的企业试错成本

企业试错成本是指在创新生态系统这个复杂的网络架构中，由于存在信息不对称、市场风险，企业为了克服这些经营困难而不得不支付的交易成本。根据资源的配置过程，我们认为，企业试错成本主要分为实物投资试错成本和资源调配试错成本。顾名思义，实物投资试错成本就是企业在进行实物投资的过程中产生的成本。一般情况下，企业的实物投资形成的社会供给与社会需求要匹配才不会造成社会资源的浪费；反之，就会产生实物投资试错成本。同样，资源调配试错成本就是在货币、实物资产等资源调配的过程中，由于交易试错而产生的成本。

---

① 新华社 . 中共中央　国务院关于营造更好发展环境支持民营企业改革发展的意见［EB/OL］.
［2019-12-04］. https：// www. gov. cn/zhengce/2019-12/22/content_5463137. htm.

在错综复杂的社会环境中，企业的发展具有不确定性，企业是在不断试错的过程中逐渐发展起来的。由于企业内部和外部各种影响因素的存在，企业会在试错过程中造成经济损失，构成企业试错成本。从某种意义上看，企业创新就是试错的过程。企业、国家之间的竞争不仅局限于创新能力的竞争，还有创新效率的竞争。市场中企业能否成功不仅取决于能否研究设计生产出某种新产品，而且取决于能否快速、高效率、低成本地推出客户需要的产品。因此，企业成功的关键还要看试错成本的大小和试错效率的高低。一方面，企业试错成本太大会导致过多的沉淀成本，从而降低企业创新的效率，甚至会造成创新生态系统资源的无效性。另一方面，我们不可能完全杜绝错误，与其关注错误的数量，不如有效率地、有意识地试错，进而降低损失，最大限度地获取风险收益。因此，在独角兽企业所在的创新生态系统内，需要控制合理的企业试错成本，以促进独角兽企业的成长。

（四）完善的知识产权保护体系

知识产权保护体系是指对人类智力劳动产生的智力劳动成果所有权的保护体系。全球经济背景下，当今世界正处于百年未有之大变局，知识产权的重要性逐渐显现出来，知识产权市场的竞争也愈加激烈。创新是第一生产力，保护知识产权就是保护创新。知识产权本身涉及专利、商标、版权等领域，这些都是企业竞争力的体现，为了保持企业长期稳定发展，需要构建完善的知识产权保护体系。保护知识产权是增强自主创新能力的重要前提。在创新生态系统中，如果没有一个完善的知识产权保护体系，那么企业的创新活动会大大减少，因为如果没有保护机制，企业为什么要自己耗费时间与金钱来进行创新活动？它们完全可以在市场中随意伪造、偷梁换柱，失去创新的动力。为了保护企业的知识产权，特别是科技创新企业的知识产权，维持企业的创新活力，构建完善的知识产权保护体系显得尤为必要。因此，在独角兽企业所在的创新生态系统内，需要构建完善的知识产权保护体系，以促进独角兽企业的成长。

党的十八大以来，党中央多次强调知识产权保护的重要性，认为保护知识产权是建设创新型国家的重要战略举措。习近平总书记曾指出，要通过关注知识产权特别是知识产权保护工作，营造一个良好的营商环境。为走出"中国制造"、迈向"中国创造"，党中央出台了诸多政策法规，不断改革完善知识产权保护体系。2019 年，中共中央办公厅、国务院办公厅印发了《关于强化知识产权保护的意见》，明确要求加大侵权假冒行为惩戒力度，加大执法监督力度等，强调在知识产权保护方面要综合运用各种治理手段①。同年，第十六届上海知识产权国

---

① 参见中华人民共和国中央人民政府官网发布的《关于强化知识产权保护的意见》。

家论坛的主题便是"加强知识产权保护国际合作、打造国际一流营商环境",体现出知识产权保护对营商环境的重要性。2021 年,为贯彻党中央对知识产权保护工作的部署,河北省政府印发了《河北省"十四五"知识产权保护和运用规划》,其宗旨在于通过激励高质量知识产权创造,培育经济发展新动能;通过强化知识产权保护,激发全社会创新活力;通过促进知识产权转移转化,服务经济转型升级;通过优化知识产权服务供给,助力经济创新发展;通过深化知识产权协同合作,构建开放发展新格局①。

（五）以知识为导向的收入分配制度

我国坚持按劳分配为主、多种分配方式并存的收入分配制度。进入知识经济时代,知识和技术是影响企业生产经营活动的外部因素。知识可以促进技术创新,从而提高企业投资回报率,而这又反过来会增加企业的知识积累。因此,在一定程度上,知识与技术创新相互促进,共同发展。大学和科研机构是人才培养的主阵地,也是开展科学研究、创造、传授、推广和应用知识的主体。实行以知识为导向的收入分配制度有利于调动科研人员的研究主动性,使其发挥其创造力,有益于技术创新和科技成果转化。因此,在独角兽企业所在的创新生态系统内,需要实行以知识为导向的收入分配制度,以促进独角兽企业的成长。

中央政府和地方政府相继推出相应配套政策以推进以知识为导向的收入分配制度的实施。2016 年,中共中央办公厅、国务院办公厅印发了《关于实行以增加知识价值为导向分配政策的若干意见》,以期通过发挥收入分配政策的激励导向作用,激发广大科研人员的积极性、主动性和创造性,统筹自然科学、哲学社会科学等不同科学门类,统筹基础研究、应用研究、技术开发、成果转化全创新链条,加强系统设计、分类管理等举措,推进中国以知识价值为导向的收入分配政策的实施②。2018 年,宁夏出台了《关于实行以增加知识价值为导向分配政策的实施办法》,通过采用多种举措,旨在使科研人员的收入与工作实际贡献紧密挂钩,在全社会形成以知识作为导向的收入分配制度。诸多政策法规的出台表明,中国更加注重知识型人才在理论创新、科技创新、成果转化等方面所具有的不可替代的作用。因此,中国采取各种措施进一步加强对大学和科研机构等科研人员的激励力度,如提高科研人员的基本工资,提高绩效工资的分配力度,加大成果转化的激励力度等。中国正逐步形成以知识为导向的分配制度,促进了社会

---

① 参见中华人民共和国中央人民政府官网发布的《河北省"十四五"知识产权保护和运用规划》。
② 参见中华人民共和国中央人民政府官网发布的《关于实行以增加知识价值为导向分配政策的若干意见》。

中科技创新企业的快速发展。

四、为什么中国取得"三连冠"

在 2019~2021 年全球独角兽企业 500 强中，中国取得"三连冠""独角兽城市第一"等优异成绩，分析其原因，我们可以发现，创新生态起着至关重要的作用。这里我们着重分析创新生态的作用。根据《光明日报》刊发的《独角兽企业成长的关键要素》一文，独角兽企业成长的必备基本要素主要有异质型特征的企业家精神、独创性或颠覆性技术、难以复制的商业模式、战略与品牌高度协同、虚拟组织运行机制、持续的资本赋能、市场容量大、良好的创新生态，前六大要素是影响独角兽企业成长的内部要素，后两大要素是影响独角兽企业成长的外部要素。

中国是一个人口大国，对各种要素都有庞大的需求量，这也为独角兽企业成长提供了可能性。中国一直坚持"创新驱动发展"的战略，将创新视为引领经济发展的第一动力，而一个运转良好、系统完善的创新生态可以提供源源不断的创新人才和创新活力，促进创新形成。中国也一直在建设创新生态系统的道路上不断探索，比如早在 2011 年 8 月，众多科技企业入驻大连，大连开始着力建设生态科技创新城。2015 年 3 月，中国就着手北京中关村国际人才创新创业生态系统的建设工程。特别是近年来，中国进入百年未有之大变局，美国单边主义抬头，中美摩擦加剧，美国对中国制造了一系列的"卡脖子"事件，在航天领域、芯片领域、软件领域、发动机领域、材料领域等对中国实施技术封锁。因此，中国更加注重创新生态系统的建设，通过科技创新、自主创新，掌握核心关键技术，比如，中国倡导中小企业走"专精特新"道路，通过技术优势，逐渐成为所属行业的"小巨人"。

随着中国创新生态系统的不断优化，企业与大学、科研机构、政府、金融等中介机构协同合作，深入整合人力、技术、信息、资本等创新要素，通过经济因子、市场因子、政策法律因子、资源环境因子等创新因子的有效汇聚，各个主体实现价值创造，使初创企业，逐渐成长为瞪羚企业，进而成长为隐形独角兽企业、独角兽企业，最后走向上市，由此国内独角兽企业踊跃上榜。本书将从不同的角度，具体分析中国的创新生态系统。

（一）知识产权

作为我国创新发展的制度保障，知识产权始终和科技创新同频共振，为高质量发展提供源源不断的动力。中国充分认识到知识产权在社会经济发展中的重要性，出台了《国家知识产权战略纲要》，以期将知识产权上升至国家战略层面，旨在构建完善的知识产权体系。党的十八大以来，中国知识产权综合实力实现了快速跃升。如图 9-3 所示，2020 年全国知识产权综合发展指数从 2010 年的基期值 100 提升至 304.7，年均增速 11.8%，中国知识产权发展成效显著。根据世界知识产权组织发布的《2021 年全球创新指数报告》，中国位居世界第十二位，再创新高，稳居中等收入经济体之首，是世界上进步最快的国家之一。在此排名中，自党的十八大以来，中国的位次整整上升了 23 位，进步巨大，反映了中国在构建现代有效的知识产权生态系统方面取得了巨大进展。中国知识产权体系的不断优化，主要体现在知识产权的创造、保护、运用和环境四个方面。

在知识产权创造方面，知识产权是创新发展的刚需，更是实现高质量发展的标配。如图 9-4 所示，中国知识产权创造能力持续显著提升，全国知识产权创造指数从 2010 年的基期值 100 增至 2020 年的 296.5，年均增速达到 11.5%，知识产权创造产出快速增长，创造质量和效率均得到稳步提升。

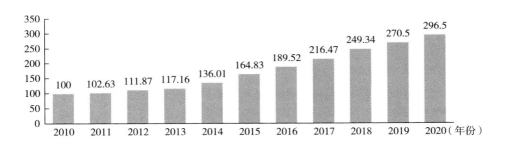

图 9-4　2010~2020 年中国知识产权创造指数

资料来源：国家知识产权局。

2021 年，我国发明专利授权 69.6 万件，保持快速增长态势。截至 2021 年底，我国发明专利有效量为 359.7 万件，其中，国内发明专利有效量为 270.4 万件，受理 PCT 国际专利申请 7.3 万件，国内每万人口高价值发明专利拥有量达到 7.5 件，较 2020 年提高 1.2 件。中国国内市场主体创新活力得到进一步激发。截至 2021 年底，中国拥有有效发明专利的企业达到 29.8 万家，较上年增长 5.2 万家。这些企业拥有有效发明专利 190.8 万件，同比增长 22.6%，高于全国平均增速 5.0 个百分点。其中，高新技术企业拥有有效发明专利 121.3 万件，占国内企业总量的 63.6%，体现出中国市场不断增强的创新创造能力。同时，中国在专利商标质押融资方面不断提升其规模，普惠性进一步凸显。2021 年，全国专利商标质押融资金额达到 3098 亿元，融资项目数量达 1.7 万，惠及 1.5 万家企业，同比增长均为 42% 左右。另外，中国还启动了为期三年的知识产权质押融资"入园惠企"行动，进一步扩大了知识产权质押融资服务对中小企业的覆盖面。此外，随着近年来数字经济的蓬勃发展，全球要素资源正在重组，全球经济结构逐渐重塑，全球竞争格局发生改变。根据《中国互联网发展报告（2021）》，2020年中国数字经济规模达到 39.2 万亿元，占 GDP 比重达 38.6%，保持 9.7% 的高位增长速度。因此，中国近年来持续加强数字经济、智慧医疗等新领域新业态知识产权的专利储备，增强中国的关键核心技术，促进产业升级。截至 2021 年底，信息技术管理方法、计算机技术和医疗技术是中国国内发明专利有效量增长最快的三个领域，分别同比增长 100.3%、32.7% 和 28.7%，关键核心技术领域专利储备不断增强，能够更有力地支撑产业升级。

在知识产权保护方面，中国一直在加强这方面的工作。中国知识产权保护水平不断提升，如图 9-5 所示，全国知识产权保护指数从 2010 年的基期值 100 增至 2020 年的 339.9，年均增速达到 13.0%，我国知识产权司法保护力度不断加大，行政保护全面加强，知识产权保护效果显著。

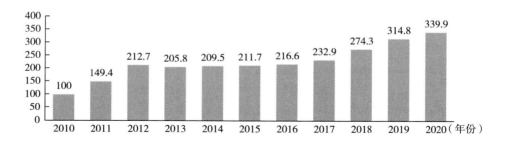

图 9-5　2010~2020 年中国知识产权保护指数
资料来源：国家知识产权局。

截至 2021 年 6 月，中国在 26 个省份已布局建成并投入运行的知识产权保护中心数量达到 50 家，旨在为创新主体、市场主体提供"一站式"知识产权综合服务，切实解决知识产权维权举证难、周期长、成本高等问题。据统计，2019~2021 年，各地知识产权局共办结专利侵权纠纷案件 12.68 万件，年均增长16.3%，只有完善的知识产权保护体系，才可以切实维护创新主体的合法权益和创新创造的积极性，进而优化市场化、法治化、国际化营商环境。保护知识产权就是保护创新，近年来，中国陆续出台了多个推进知识产权保护工作的政策。2021 年 9 月，中共中央、国务院印发了《知识产权强国建设纲要（2021—2035年）》（以下简称《纲要》），要求健全统一领导、衔接顺畅、快速高效的协同保护格局。国家知识产权局布局建设了一批知识产权保护中心，受理纠纷案件，线上线下多措并举，确保各项政策落实到位，为权利人提供一站式服务、综合性保护。《纲要》还提出，要深入推进知识产权民事、刑事、行政案件"三合一"审判机制改革，健全公平高效、管辖科学、权界清晰、系统完备的知识产权司法保护体制[①]。2021 年 10 月，国务院印发了《"十四五"国家知识产权保护和运用规划》，对中国"十四五"时期的知识产权体系作了详细规划，旨在全面提升知识产权保护和运用程度，进而激发全社会的创新活力，促进企业健康成长。

此外，在知识产权运用和环境方面，如图 9-6、图 9-7 所示，中国知识产权运用指数从 2010 年的基期值 100 增至 2020 年的 267.4，年均增速达到 10.3%，知识产权运用规模逐步加大，运用效益大幅提升；中国知识产权环境指数从 2010 年的基期值 100 增至 2020 年的 315.3，年均增速达到 12.2%，知识产权法律制度体系不断完善，知识产权服务能力大幅提升，知识产权保护意识明显加强。

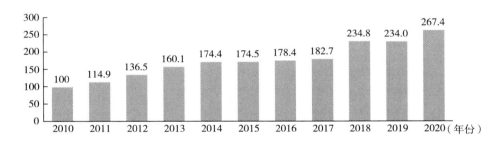

图 9-6　2010~2020 年中国知识产权运用指数

资料来源：国家知识产权局。

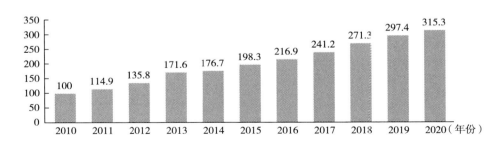

图 9-7　2010~2020 年中国知识产权环境指数

资料来源：国家知识产权局。

---

①　参见国家知识产权局官网发布的《知识产权强国建设纲要（2021—2035 年）》。

　　总之，中国创新生态系统中，知识产权体系逐渐完善，其对激励创新、促进独角兽企业成长都发挥着越来越重要的作用。一方面，知识产权可以激励企业创新，实现独创性或颠覆性技术突破；另一方面，知识产权可以对这些技术进行保护，不被他人侵犯，进而激励创新。此外，知识产权也可以打造品牌，推动企业品牌与战略高度协同，进而促进独角兽企业的成长。当然，知识产权发展到现在，企业可以通过专利商标质押融资的方式融资，也可以以自身的关键核心技术，采用虚拟组织的运行机制，进而促进独角兽企业的成长。

　　（二）人才资源

　　人才是创新的第一资源，可以说，人才资源是一个国家在激烈的国际竞争中的重要力量和显著优势。人才是自主创新的关键，顶尖人才具有不可替代性。创新驱动本质上就是人才驱动。中国立足于新发展阶段，贯彻新发展理念，构建新发展格局，推动高质量发展，一直将人才资源开发放在最优先的位置，大力建设战略人才力量，着力夯实创新发展人才基础。在中国的创新生态系统中，人才资源必不可少，是科技创新的源泉，是走向世界科技前沿、实现"卡脖子"关键核心技术突破的主力军。

　　在人才培养方面，早在 2002 年 5 月，中国就印发了《2002—2005 年全国人才队伍建设规划纲要》[①]，提出实施"人才强国"战略，通过开发利用国际国内两个人才市场、两种人才资源，紧紧抓住培养人才、吸引人才、用好人才三个环节，为改革开放和现代化建设提供坚强的人才保证。此后，中国还不断加强对高级人才的培养工作。2007 年，中国财政部下达了《2007 年度国家资助博士后研究人员计划》，启动博士后特别资助计划。同年，中国还部署了"新世纪百千万人才工程"，推进了国家级人才选拔工作，中国通过加强高级专家的培养选拔，促进博士后制度发展，继续实施人才强国战略。此外，中国还积极建立人才培养基地。2013 年 11 月，在中国科技部政策司的支持下，科技部举办了创新人才培训基地和创新团队专题培训班，旨在提升创新人才培养基地的改革创新能力，加快人才队伍建设。此外，科技部火炬中心还创建了国家技术转移人才培训基地，进一步完善了国家技术转移人才培养体系。2020 年 8 月，河北省协同创新中心（科技大厦）入选第二批国家技术转移人才培养基地名单，标志着河北省专业化技术转移人才培养进入快车道。另外，中国也开展了众多加强青年科技人才的全周期、全链条培育计划。上海实施了"扬帆""启明星"等青年人才计划，并计划在"十四五"期间，进一步建立健全"海聚英才"人才计划体系，如实施

---

　　① 秦剑军. 知识经济时代人才强国战略研究［D］. 武汉：华中师范大学，2008.

"强基激励计划"，每年遴选培育 1000 名青年未来顶尖人才，加大"超级博士后"支持力度，每年选拔培育 500 名海内外优秀博士。重庆市一直在加大对人才资源的培养力度，开展了"博新计划"，并向"博新计划"博士后发放"重庆英才服务 A 卡"，享受国家级专家同等待遇，将博士后纳入重庆英才"渝快办"范围对象，享受 75 项贴心服务。此外，近年来，中国还在推进"双一流"建设，坚持培养一流人才、服务国家战略需求、争创世界一流的导向，统筹推进、分类建设一流大学和一流学科，在关键核心领域加快培养战略科技人才、一流科技领军人才和创新团队，为全面建成社会主义现代化强国提供有力支撑。

在人才发展体制机制方面，党的十八大以来，中国的专业技术人才体制机制改革取得显著成绩。专业技术人才是人才队伍的骨干和中坚，是推动社会发展的重要力量。近年来，中国各级人社部门持续推进专业技术人才培养、评价、使用、流动、激励等体制机制改革，专业技术人才事业发展取得显著成绩。截至 2019 年底，中国专业技术人才总量达 7839.8 万人，其中，本科及以上学历占比上升到 48%，具有高级职称的专业技术人才比例超过 10%，享受政府特殊津贴人员 18.7 万人，留学回国人员总数超过 400 万人，招收培养博士后 28 万人，截至 2020 年底，累计有 3588 万人取得各类专业技术人员职业资格证书。这些数据表明，中国已初步建立了一支规模宏大、结构合理、素质优良的专业技术人才队伍。

从中央到地方，改革举措多线齐发，政策创新亮点迭出，充分释放了专业技术人才的创新创造活力。第一，中国不断对人才评价机制进行改革，更好地发挥人才评价的"指挥棒"作用。中国先后印发了《关于分类推进人才评价机制改革的指导意见》《关于深化职称制度改革的意见》，文件明确提出，职称评审更加注重品德、能力和业绩，坚决破除唯学历、唯资历、唯论文倾向。截至 2021 年底，实验技术人才、新闻专业技术人员等 27 个系列职称制度改革全面完成。第二，中国对一些职业资格进行了削减，先后分 7 批取消了房地产经纪人、企业法律顾问等 434 项国务院部门设置的职业资格，削减比例达 70%。中国还修订了《中华人民共和国职业分类大典》，及时向社会发布人工智能、大数据等专业技术类新职业，制定和颁布了国家职业技能标准，并大力开展新职业培训特别是数字技术领域人才培养，服务经济社会发展。第三，中国建立了高技能人才与专业技术人才职业发展贯通机制，允许高技能人才参加工程、农业、工艺美术、文物博物、实验技术、艺术、体育、技工院校教师等领域职称评选。第四，中国出台了诸多创新创业政策，促进创新成果转化。2017~2019 年，人社部陆续出台多项政策，支持和鼓励高校、科研院所等事业单位选派科研人员到企业挂职或参与项目合作，兼职创新、在职创业、离岗创办企业，允许事业单位设立一定数量的创新岗位和流动岗位，吸引优秀人才从事创新活动，这调动了科研人员干事创业的热情，促进了科技成果由研究实验向现实生产力的转化。

在人才规模素质上，根据《中国科技人才发展报告（2020）》（以下简称《报告》）显示，中国全社会 R&D 人员全时当量年均增速超 7%，连续多年居世界第一，本科及以上学历占比 63.6%，高被引科学家升至世界第二，中国的科技人才队伍规模素质均大幅提高。R&D 人员是指单位内部从事基础研究、试验发展、应用研究这三类活动的人员。作为衡量科技人力投入的重要指标，R&D 人员全时当量则是指全年 90% 以上工作时间从事 R&D 活动的人员的工作量与非全时人员按实际工作时间折算的工作量之和。《报告》显示，"十三五"期间，中国 R&D 人员全时当量快速增长，年均增速超 7%，从 2016 年的 387.8 万人年，增长到 2020 年的 509.2 万人年，连续多年居世界第一。一批领先团队和创新人才加快涌现，据 2020 年 11 月科睿唯安公司公布的 2020 年全球 6167 位高被引科学家名单，中国上榜人数达 770 人次，提升至世界第二。在人才结构上，《报告》显示，2019 年，R&D 人员中本科及以上学历人员占比达到 63.6%，这一比例在 2015 年为 50.5%。博士学历人员占比达到 8.5%，与 2018 年相比有较大增长。企业 R&D 人员全时当量所占比重达到 76.4%，成为研发人员集聚主体。从年龄上看，过去五年，更多青年科技人才脱颖而出。统计显示，2019 年国家自然科学奖获奖成果完成人的平均年龄为 44.6 岁，超过 60% 的完成人是年龄不足 45 岁的青年才俊，有 7 项成果的第一完成人年龄不到 45 岁，团队平均年龄不足 45 岁的项目有 26 项，占比 56.5%，最年轻的团队平均年龄只有 35 岁。中国在领军人才方面的表现也很突出。2019 年，中国科学院新增选院士 64 名，平均年龄为 55.7 岁，60 岁（含）以下的占比达 87.5%[①]。

总之，中国创新生态系统中，已建立起规模素质高、培养力度大的人才资源队伍，其对激励创新、促进独角兽企业成长都发挥着越来越重要的作用。一方面，人才资源可以激励企业创新，实现独创性或颠覆性技术突破，进而促进独角兽企业的成长，而企业的良好发展又会反过来吸引人才，扩大人才资源的队伍。另一方面，顶尖人才中不乏拥有异质性特征的企业家精神，比如超凡的想象、宏大的格局等，这对独角兽的快速成长至关重要。

（三）技术创新

随着经济的快速发展，再加上市场竞争的环境越来越激烈，技术创新成为一

---

① 我国科技人才队伍规模素质均大幅提高［EB/OL］. 光明日报 .［2021 - 08 - 28］. https：//www. gov. cn/xinwen/2021-08/28/content_5633871. htm.

个企业生存发展的核心竞争力。2016 年，习近平总书记作了"为建设世界科技强国而奋斗"的重要讲话，明确提出在新中国成立 100 年时将中国建成为世界科技强国。这个奋斗目标任重而道远，在中国的创新生态系统中，中国一直在着力推进企业技术创新，实现"卡脖子"关键核心技术突破。

在技术基础研究方面，为了使科技实力进一步增强，中国持续加强基础研究力度和关键核心技术攻关。中国基础研究投入从 2015 年的 716 亿元增长到 2019 年的 1335.6 亿元，年均增幅达到 16.9%，远远高于整个社会研发投入的增幅。2019 年全年，中国基础研究投入占全社会研发投入的比重历史上首次达到 6%。大量的基础研发投入使中国也取得了众多的研究成果，如量子信息、铁基超导等方面的原创成果。嫦娥四号首登月背，北斗导航全球组网，C919 首飞成功，"悟空""墨子"等系列科学实验卫星成功发射。磁约束核聚变、散裂中子源等设施建设取得突破，国家实验室加快布局，对高水平科研的支撑作用进一步增强。科技重大专项成功收官，移动通信、新药创制、核电等取得重大成果。复兴号高铁投入运营，港珠澳大桥正式通车，5G、人工智能、区块链、新能源等加快应用。北京、上海、粤港澳等科创中心加快建设，21 家国家自创区和 169 家高新区成为地方创新发展"领头雁"，高新区 GDP 从 5 年前的 8.1 万亿元增长到 12.2 万亿元，增长超过 50%。高新技术企业数量也不断增加，从 7.9 万家增长到 22.5 万家。"十三五"期间，中国加强对新兴产业的重点布局，在新能源汽车、移动通信、新型显示等领域取得了卓越成就。截至 2020 年底，中国拥有超过 400 万辆新能源汽车，占全球新能源汽车总量 50% 以上。此外，在 5G 通信技术上，中国的移动通信实现了 5G 技术的领跑，5G 核心专利数占世界第一，并率先实现了 5G 商用。2019 年，中国的新型显示产业销售总额超过 3000 亿元，产业规模居世界第一。

在技术创新培育方面，中国大力推进各种技术创新中心、技术创新工程等项目，推动技术创新形成。早在 2010 年 11 月，中国就已经全面实施国家级技术创新工程，深入推进产业技术创新战略联盟发展①。此外，根据《国家中长期科学和技术发展规划纲要（2006—2020 年）》的部署，中国实施了技术创新引导工程，联盟主要是围绕产业技术进行创新，打破现有的核心关键环节"卡脖子"困境，推动了新兴产业技术的培育和发展。例如，钢铁可循环流程创新联盟实现了 6 大核心关键技术突破，实现技术创新 220 项，形成了采用"新一代钢铁可循环流程工艺"的示范工程，打破了此领域国外对中国的技术封锁局面；半导体照明创新联盟坚持自主创新，将"中国芯"应用于我国国产 LED 照明产品上，实

---

① 参见中华人民共和国科学技术部官网发布的《全国实施国家技术创新工程深入推动产业技术创新战略联盟发展——李学勇书记在产业技术创新战略联盟试点工作座谈会上的讲话》。

现了中国创造；等等①。之后，中国还开展了企业技术创新工程奖，进而加速中国的技术创新。比如，在大型铸锻件制造技术创新工程中，创建了以万吨级锻造水压机为核心，基于大型液压机、能源装备铸锻件工艺核心技术的大型锻件制造与创新体系，大幅提升了中国重型装备制造业的核心竞争力。2017 年，广东九市深化与港澳创新合作，抓紧谋划共建粤港澳大湾区国际科技创新中心；按照党中央、国务院战略部署，上海张江、安徽合肥于 2017 年获批建设综合性国家科学中心，与 2016 年获批的北京怀柔共同组成了综合性国家科学中心体系，综合性国家科学中心正在成为全球著名的前沿科技创新高地。中国还不断加强国际技术合作，截至 2020 年底，中国已经建立科技合作关系的国家和地区高达 161 个，签订政府间的科技合作协定 114 个。

在技术创新成果转化方面，中国近年来也做了一系列重要的战略部署，面向国民经济主战场，统筹力量，持续推进"促进科技成果转移转化专项行动"，加强科技成果供给侧结构性改革，努力实现科技与经济的深度融合。2017 年，中科院全面深入实施"率先行动"计划，量子信息科学实现从"理想王国"到"现实王国"的转化，"悟空"获得最精确高能电子宇宙线能谱等 12 项获中科院 2017 年度科技创新亮点成果。中国的技术市场快速发展。2020 年，中国的技术市场成交合同金额达 28251.5 亿元，同比增长 26.1%。2020 年每万名科技活动人员平均技术市场成交额为 21.9 亿元，比上年增长 19.1%，增幅同比提升了 2.4 个百分点；每万名科技活动人员技术市场成交额指数达 582.3（以 2005 年为基期，基期指数值为 100），指数值在所有 21 个评价指标中位居首位。2021 年，中国实现的技术合同成交额达到 37294.8 亿元，技术合同成交额占 GDP 比重达到 3.26%。高技术产品出口额从 2012 年的 6011.7 亿美元提高到 9800 亿美元，占商品出口额比重约为 29%。高新技术企业数从 2012 年的 3.9 万家增至 2021 年的 33 万家，增长 5.7 倍。680 多家企业进入全球研发投入 2500 强榜单，在无人机、云计算、人工智能、移动通信、电子商务等领域培育出一大批具有国际影响力的创新型企业。技术交易额的快速增长表明，技术创新成果转移转化在不断加速。

总之，中国创新生态系统中，技术创新基础研究不断加强，技术创新培育力度不断加大，技术创新成果不断增加，对激励创新、促进独角兽企业成长都发挥着越来越重要的作用。一方面，技术创新能够使独角兽企业实现独创性或颠覆性技术突破，进而促进独角兽企业的成长，而企业的良好发展又会反过来促进技术创新，周而复始，相互促进。另一方面，企业的技术创新有机会帮助企业在资本

---

① 参见中华人民共和国中央人民政府官网发布的《国家中长期科学和技术发展规划纲要（2006—2020 年）》。

市场中进行融资，并对企业的商业模式、品牌、运行机制产生一定的影响，进而影响独角兽企业的成长。

（四）营商环境

良好的营商环境对增强一个国家、地区、城市的核心竞争力有着至关重要的作用。当今世界正经历百年未有之大变局，经济全球化、贸易自由化趋势不可阻挡，突如其来的新冠疫情对全球经济造成深度重创。在世界发展面临大变革大调整的新形势下，各国抢抓数字化机遇，优化政府服务，增强创新能力，营商环境竞争比拼日趋激烈。中国正在努力为企业经营提供各种便利，致力于打造国际一流营商环境，进而推动经济高质量发展。

2019 年，中国正式颁布《优化营商环境条例》，这是我国为进一步优化营商环境颁布的第一部专门行政法规。2020~2021 年，中国受新冠疫情等影响，企业困难凸显，亟须政府进一步聚焦市场主体需求。2020 年，国务院办公厅印发《关于进一步优化营商环境更好服务市场主体的实施意见》①，旨在对近年来中国营商环境优化过程中存在的一些短板和薄弱环节，对标国际先进水平，更多采取改革的办法破解企业生产经营中的堵点、痛点，强化为市场主体服务，加快打造市场化法治化国际化营商环境。中国营商环境不断优化，根据世界银行发布的《2020 年营商环境报告》，中国的排名从 2018 年的第 78 位跃升至 2020 年的第 31 位，连续两年跻身全球改革步伐最快的前十个经济体之列。

中国各地政府也都积极响应国家优化营商环境的号召。2020 年，北京制定了优化营商环境 4.0 版，全面对标国际一流营商环境。4.0 版政策对涉及地方事权的 114 项重点任务予以细化。比如，大力推进"照后减证"和简化审批，2021 年底前取消审批、改为备案或实行告知承诺的事项力争达到 100 项以上。2019 年，上海在开办企业、获得电力等六方面实施 13 项改革举措。比如，在开办企业上，上海市实施"开办企业全程网上办"改革，上线"一窗通"服务平台，实现统一申报、一天审批、当天领取，开办企业最快 2 天可营业。利用身份认证和电子签名技术实现申请人申请及登记机关审批全过程在线完成，申请人无须现场提交任何纸质材料即可完成公司设立登记，并在线领取电子营业执照，公司登记"零跑动"②。2018 年，天津推出"一制三化"改革，从承诺制、标准化、智能化、便利化等方面入手，推出了 15 方面 50 项改革措施和 350 多项"颗粒化"

① 参见中华人民共和国中央人民政府官网发布的《国务院办公厅关于进一步优化营商环境更好服务市场主体的实施意见》。
② 参见中华人民共和国中央人民政府官网发布的《北京市、上海市优化营商环境典型做法》。

细则，推进天津市营商环境不断优化。2019 年，江苏省政府召开新闻发布会，出台了《聚焦企业关切大力优化营商环境行动方案》，围绕 150 项任务清单，着力降低企业运营成本，优化营商环境。150 项具体任务中，从落实减税降负政策、降低企业融资成本、清理规范涉企收费等方面，制定了 25 项任务以降低企业经济成本；从提升企业开办便利度、推进"证照分离"改革、简化企业注销程序、优化不动产登记服务等方面，制定了 39 项任务以降低企业时间成本；从放宽企业投资准入、简化企业投资审批、优化工程项目许可、吸引外商扩大投资等方面，制定了 86 项任务以降低企业制度成本[①]。

中国也在深入推进市场化改革，充分激发市场活力。第一，降低市场准入门槛。发改委、商务部开展市场准入负面清单修订工作，在海南、深圳等地启动放宽市场准入试点。发改委建立违背市场准入负面清单案例归集和通报制度，指导有关地方开展市场准入效能评估并逐步扩大范围。第二，精简行政审批。中国对以往企业项目申请的行政审批流程复杂、速度慢等问题进行改革，大力精简行政审批流程。比如，住房和城乡建设部深入推进建设工程企业资质审批制度改革，对房屋建筑工程、市政公用工程监理甲级资质，建筑工程、市政公用工程施工总承包一级资质实行告知承诺制。第三，深入推进减税退费。中国在落实好小微企业普惠性减税降费政策的同时，进一步加大小微企业和个体工商户的税收减免力度。中国还接连出台利好政策，重点指向实体经济，比如下调增值税税率、降低社保费率、实施部分先进制造业留抵退税。2016~2019 年，中国通过减税降费政策，为企业减轻负担总额超过 7 万亿元。2020 年以来，中国为帮助企业进一步纾困解难，继续加大对企业的减税降费力度。2020 年前 8 月，政策成效显著，已累计为企业减轻负担超 1.8 万亿元；2020 年上半年，全国 10 万户重点税源企业的每百元营业收入税费负担同比再降 0.65 元。减税降费政策是中国实施积极财政政策的"重头戏"，也是中国应对社会经济下行压力的"关键招"，通过出台这类政策，将会切实增强实体经济的发展后劲，更好地推动中国经济高质量发展。

总之，中国创新生态系统中，良好的营商环境对激励创新、促进独角兽企业成长发挥着至关重要的作用。不断优化的营商环境可以帮助企业更顺利地进入市场，降低企业成本，吸引外资投入。在中国创新生态系统中，营商环境的优化可以促进创新形成，进而形成独创性或颠覆性技术；营商环境的优化也可以针对独角兽企业面临的融资难、融资贵的问题纾困解难，进而为独角兽企业成长提供技术、资金等资源。

---

① 参见中华人民共和国中央人民政府官网发布的《江苏出台 150 项任务清单优化营商环境》。

（五）信息流

在中国的创新生态系统中，信息资源扮演着至关重要的角色。信息化给中国经济社会带来了巨大的发展机遇，对经济社会发展的引领作用日益凸显。中国一直高度重视信息资源，加快信息技术革新，推进信息安全建设。

只有了解信息流的概念，才可以更好地分析中国信息流的发展现状。信息流是指公众采用各种各样的方式来实现信息交流，包括信息的收集与投放、信息的技术支持等。

在互联网时代，信息内容可以借助网络信息技术进行收集和投放，这便构成了信息流内容市场。信息流内容无缝整合了各种网络信息流内容，由于其具备不干扰人的特点，能够给用户带来更佳的体验，近年来中国的信息流内容市场逐渐驶入快车道，市场规模由 2015 年的 176 亿元增长至 2019 年的 2324 亿元，增幅极大（见图 9-8）。

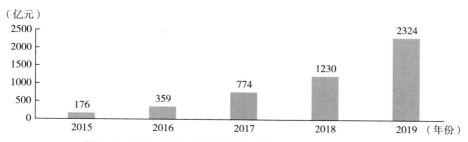

图 9-8　2015~2019 年中国信息流内容市场行业市场规模

资料来源：《中国互联网营销模式与投资战略规划分析报告》。

信息流内容一般以文本、图像和短视频的形式呈现。所以，信息流内容市场主要包括信息流内容制作市场和信息流广告市场，并且信息流广告市场占据主导地位。信息流广告通过大数据进行精准投放，可以使客户更容易接收信息，能够将"观众"转换为真正的用户。信息流广告拥有效率的同时，更加注重品牌的建立，独角兽企业可以利用这一点，建立自己的品牌，结合其发展战略，提高获得客户的效率。

如图 9-9 所示，中国的信息流广告市场从 2014 年的 52.3 亿元提升至 2021 年的 2327.0 亿元，增长了 43 倍多，并且近三年的行业规模也已扩容 33%，年复合增长率达 10%，预计未来中国的信息流广告行业市场规模将继续加大，但鉴于其市场规模增长过快，很有可能将进入稳定期，增速会有所回落。

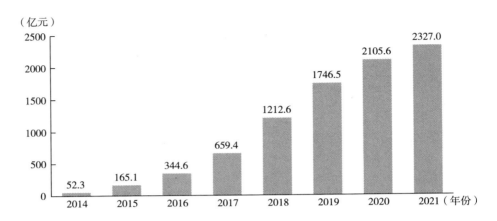

图 9-9　2014~2021 年中国信息流广告市场规模

资料来源：《中国互联网营销模式与投资战略规划分析报告》。

　　信息流的发展需要以完善的信息技术为支撑。在信息技术方面，中国信息领域部分核心技术不断取得创新突破。第一，中国集成电路产业和软件产业不断发展。早在 2011 年，国务院就印发了《进一步鼓励软件产业和集成电路产业发展的若干政策》，旨在从财税、投融资、研究开发、进出口、人才、知识产权、市场七大方面，促进中国软件产业和集成电路产业的快速发展①。自该政策发布后，中国集成电路产业和软件产业快速发展，有力支撑了国家信息化建设，促进了国家经济和社会持续健康发展。第二，以 5G、大数据等为代表的新型基础设施不断完善。5G 建设上，根据工业和信息化部统计显示，截至 2021 年底，中国累计建成并开通 142.5 万个 5G 基站，全年新建 65 余万个 5G 基站，中国拥有的 5G 基站总量占全球 60% 以上，在所有地级市城区中，5G 网络已全面覆盖，超过 98% 的县城城区和 80% 的乡镇镇区都拥有 5G 网络。大数据上，2021 年中国工业和信息化部发布了《"十四五"大数据产业发展规划》，提出要完成以下六大重点任务：加快培育要素市场，发挥大数据特性优势，夯实产业发展基础，构建稳定高效产业链，打造繁荣有序产业生态，筑牢数据安全保障防线，为建设制造强国、网络强国、数字中国提供有力支撑。

　　中国信息流内容市场规模不断扩大，技术支持不断创新发展，这些发展进程都需要保证信息的安全。在信息安全方面，中国在网络安全和个人信息安全等方面取得了优异成绩。

------

　　① 参见中华人民共和国中央人民政府官网发布的《进一步鼓励软件产业和集成电路产业发展的若干政策》。

　　网络安全是国家安全的基础，如果不能实现网络安全，那人民群众的切身利益、社会的稳定运行和国家的安全都难以得到保障。党的十八大以来，中国不断完善网络安全工作的顶层设计，有效治理网络违法乱纪行为，筑牢了人民群众信息安全保护的防线。2014 年，为统一领导全国信息安全工作，中国成立了中央网络安全和信息化领导小组，全国各地网信机构也逐步建立，网络安全管理工作格局逐渐成熟，网络安全的体制机制正式确立；2017 年 6 月 1 日起，《中华人民共和国网络安全法》正式施行，这是我国网络安全领域首部基础性、框架性、综合性法律，以《中华人民共和国网络安全法》为核心的网络安全法律法规和政策标准体系基本形成，网络安全"四梁八柱"基本确立。同时，中国也在逐步加大对个人信息安全的保护。2019 年，中央网信办、工信部等多部门联合行动，对有收集个人信息等违法违规行为的 App 进行专项治理，促进社会公众加强对个人信息安全的关注和重视；中国还积极制定有关个人信息安全的国家标准，加大对个人信息的保护力度，截至 2020 年底，中国已发布 263 项与个人信息安全规范等密切相关的国家标准。

　　总之，中国创新生态系统中，信息流内容市场规模不断扩大，信息技术不断革新，新型基础设施逐渐完善，信息安全日益加强，这些都为独角兽企业的成长提供了便利和保障。

（六）资金流

　　近年来，科技金融快速发展，多层次资本市场为科技创新成果转化提供了强大的外部资源，截至 2021 年 10 月，中国在科创板上市的科技型企业已有 183 家，其中包括 173 家高新技术企业，资本市场与科技企业相互促进、相互支持。此外，中国在各板块都呈现上行趋势。2021 年，中国 A 股市场共发行新股 483 只，较 2020 年增加 87 只，直接融资总额达 5362.65 亿元，同比增长 14.11%。分上市板块看，科创板上市融资额最多，达 2029.04 亿元，占股市场融资总额的 37.84%；上海主板融资额达 1625.22 亿元，同比增长 34.52%，融资额占 30.31%；创业板融资额达 1475.11 亿元，同比增长 65.20%，融资额占比 27.51%。本书将从三种不同投资模式的角度来分析中国的资金流情况。

　　在风险投资上，风险投资是促进高新技术企业发展的助推器。早在 1985 年，中国国务院就批准成立了中国高新技术创业投资公司，这是中国第一家风险投资公司，旨在支持高新技术企业发展。自 2003 年来，中国的风险投资一直处于高速发展的状态，也涌现出阿里巴巴、腾讯投资、小米集团、蚂蚁金服等一系列具有代表性的风险投资机构。2021 年，中国资本市场上的风险投资总额达到 1306 亿美元，比 2020 年的 867 亿美元高出约 50%，创下新纪录。从风险投资的去向看，中国创业者和风险投资公司将目光从以往的互联网行业转向芯片、生物技术、机器人等核心技术领域。比如，2021 年，中国的生物技术行业在市场中获得的投资就达到了 141 亿美元，比 2016 年增长了 10 倍。

在私募股权投资上，由于新冠疫情得到有效控制，中国的宏观经济稳定恢复，中国私募股权基金存续规模结束了近三年同比增速下行的趋势，转向快速回升趋势。2021 年，证监会发布了《关于加强私募投资基金监管的若干规定》，旨在进一步促进私募行业整体规范发展。同时，相关部门陆续发布促进私募行业发展的利好政策。同年，北交所正式开市，定位于服务创新型中小企业，将在拓宽中小企业融资渠道、完善多层次资本市场等方面发挥重要作用，有利于优化股权投资行业的退出环境，进一步促进私募股权的发展。同时，中国的专业基金管理人数量，以及基金数量、规模均不断增加。2021 年，中国存续登记私募股权、创业投资基金管理人 15011 家，较上年末增加 25 家；存续私募股权投资基金 30432 只，较上年末增加 1029 只；存续私募股权基金规模 10.50 万亿元，较上年末增加 1.04 万亿元。

在政府引导基金上，中国的政府引导基金起始于 2002 年北京中关村创业投资引导资金的成立。2015~2016 年，政府引导基金在全国遍地开花，呈现爆发式增长。根据清科研究中心在 2019 年 10 月发布的《2019 年中国政府引导基金发展研究报告》显示，截至 2019 年 6 月，中国国内共设立了 1686 只政府引导基金，基金目标总规模达 10.12 万亿元，已顺利到位资金规模为 4.13 万亿元；形式主要以母基金为主，占比达到 47.9%。在基金规模分布上，全国目标规模达到千亿元以上的政府引导基金共有 18 只，总目标规模达 29737 亿元，占政府全部引导基金目标规模的 25.62%。这其中包括国家级 5 只、省级 5 只、市级 6 只、区县级 1 只。长江经济带生态基金是迄今为止目标规模最大的引导基金，基金目标规模高达 3000 亿元；区县级千亿以上规模的政府引导基金只有 1 只，是设立在湖北省武汉市的中国光谷母基金，目标规模为 2500 亿元（见表 9-10）。

表 9-10　目标规模千亿元以上的政府引导基金

基金名称	级别	目标规模（亿元）
长江经济带生态基金	国家级	3000
新疆 PPP 政府引导基金	省级	2500
中国光谷母基金	区县级	2500
甘肃省公路基金	省级	2000

续表

基金名称	级别	目标规模（亿元）
广州城市更新基金	地市级	2000
四川产业发展投资基金	省级	2000
中国政企合作投资基金	国家级	1800
国新央企运营基金	地市级	1500
国创基金	国家级	1500
国家集成电路产业投资基金二期	国家级	1500
鲲鹏基金	地市级	1500
国家集成电路产业投资基金	国家级	1387
安庆市同安产业并购基金	地市级	1200
安顺市扶贫子基金	地市级	1200
交通建设产业基金	地市级	1100
山西太行基金	省级	1050
江西省发展升级引导基金	省级	1000
北京市政府投资引导基金	省级	1000

资料来源：私募通。

总之，中国创新生态系统中，风险投资、私募股权投资和政府引导基金的规模、数量不断增加，为独角兽企业的成长提供了充足的资金流。独角兽企业正是有了资本的加持与助力，才能获得快速成长所必备的各种资源。充足的资金也会促进独角兽企业的技术创新，使其形成独创性或颠覆性技术。

（七）政策流

独角兽企业在增加就业、促进经济增长、技术创新等方面具有不可替代的作用，对促进国民经济发展和维持社会和谐稳定都具有至关重要的战略意义。独角兽企业往往是从小型微型企业、中小企业、科技创新企业等演变而来的。中国针对中小微企业经营压力大、成本上升、融资难、融资贵和税收偏重等问题，出台了一系列的财政金融扶持政策，改善了中国的创新生态，促进了独角兽企业的培育成长。

2012 年，国务院办公厅发布了《国务院关于进一步支持小型微型企业健康发展的意见》，通过加大财税支持力度、缓解融资困难、推动创新发展和结构调整、支持企业开拓市场力度、提升经营管理水平等方面的措施，优化创新生态，以增强小型微型企业发展的信心。2015 年，国务院印发了《国务院关于大力推进大众创业万众创新若干政策措施的意见》，从九大领域、30 个方面明确了 96 条政策措施，致力于营造"大众创业，万众创新"的社会创新环境，进一步优化了中国的创新生态系统。这九大领域主要包括：创新体制机制，实现创业便利化；优化财税政策，强化创业扶持；搞活金融市场，实现便捷融资；扩大创业投资，支持创业起步成长；发展创业服务，构建创业生态；建设创业创新平台，增强支撑作用；激发创新活力，发展创新型创业；拓展城乡创业渠道，实现创业带动就业；加强统筹协调，完善协同机制[1]。2016 年，工业和信息化部发布了《关于推动小型微型企业创业创新基地发展的指导意见》，旨在大力推进"大众创业、万众创新"和构建"双创"支撑平台。该政策将从构建创业创新生态、优化创业创新环境、营造创业创新氛围三个角度完善中国的创新生态，提高小微企业的竞争力，促进小微企业的发展。2017 年，第十二届全国人民代表大会常务委员会通过了《中华人民共和国中小企业促进法》，从财税支持、融资促进、创业扶持、创新支持、市场开拓、服务措施、权益保护、监督检查八大方面，推出多种政策措施，以改善中小企业经营环境，优化创新生态，促进中小企业健康发展。2021 年，财政部、工业和信息化部印发了《关于支持"专精特新"中小企业高质量发展的通知》，旨在通过中央财政资金引导，促进上下联动，将培优中小企业与做强产业相结合，优化创新生态，加快培育一批专注于细分市场、聚焦主业、创新能力强、成长性好的专精特新"小巨人"企业，推动提升专精特新"小巨人"企业数量和质量，助力实体经济特别是制造业做实做强做优，提升产业链供应链稳定性和竞争力[2]。

与此同时，各地政府也积极响应，相继出台了一系列完善创新生态、促进独角兽企业培育成长的政策。2015 年，安徽省人民政府办公厅印发了《安徽省人民政府办公厅关于扶持小型微型企业健康发展的实施意见》，优化了安徽省创新生态，促进了安徽省小型微型企业发展。2021 年 6 月，四川省政府出台了《关于进一步支持科技创新的若干政策》，从基础研究和关键核心技术攻关、职务科技成果权属混合所有制改革、创新型领军企业培育入手，进一步优化创新生态。2021 年 8 月，山西省出台了《提升中小企业创新能力工作方案》，从政策创新、生态创新、人才创新、技术创新、管理创新、融资创新、服务创新、机制创新八

---

[1] 中华人民共和国中央人民政府官网发布的《国务院关于大力推进大众创业万众创新若干政策措施的意见》。

[2] 中华人民共和国中央人民政府官网发布的《关于支持"专精特新"中小企业高质量发展的通知》。

个方面入手，实施 26 条举措，弥补创新短板，提升创新能力，优化创新生态，全力推动中小企业在转型发展中直道冲刺做后备、弯道超车做助力、换道领跑做表率，为全省实现高质量快速度发展提供坚强支撑。

上述提及的中央政府和地方政府出台的政策仅仅是优化中国创新生态系统的政策流的一部分。政策是发展的导向，是"四两拨千斤"的杠杆，传递的是经济发展的方向与趋势，传递的是信心和力量。利好政策会优化创新生态，促进创业创新，给市场和社会注入活力、增添动力。

五、本章总结

本章的主要内容包括以下几个方面：首先，介绍了"创新生态"的概念内涵、创新生态的组织架构，并分析了全球独角兽企业 500 强的空间布局，发现独角兽企业呈现出一定的空间集聚状态；其次，对以上内容进行了归纳总结，构建了作用机制图，并分析了创新生态对独角兽企业成长的作用机制；最后，介绍了中国荣获"三连冠"的情况，并分析了原因。

中国在"2019~2021 年全球独角兽企业 500 强"中取得"三连冠"的原因如下：

（1）通过分析全球独角兽企业 500 强中独角兽企业的国家分布和城市分布，发现独角兽企业呈现出空间集聚的特点。

（2）独角兽企业空间集聚的根本原因是创新生态。其中，资源禀赋提供基础条件，知识溢出是本质原因，政府作用提供外部推力，这三种作用力相互影响、相互促进，最终形成独角兽企业空间集聚的状态。

（3）创新生态是以企业为主体，大学、科研机构、政府、金融等中介服务机构为系统要素载体的复杂网络结构，通过组织间的网络协作，深入整合人力、技术、信息、资本等创新要素，实现创新因子有效汇聚和各个主体的价值实现。

（4）创新生态的兴起和发展是多种原因共同作用的结果，主要是由科技进步、生态发展和国际竞争造成的。

（5）创新生态有层次性、复杂性、整体性、开放性、交互性、稳定性的特征。

（6）在必备元素注入的基础上，各独角兽企业、大学和科研院所、政府、最终用户、金融等中介机构通过组织间的网络协作，深入整合人才、知识、技术、政策、资金、信息等创新要素，实现经济因子、市场因子、科技因子、政策法律因子、社会文化因子、资源环境因子的有效聚集和各个主体的价值实现，最终推进独角兽企业的培育与成长。

（7）创新生态系统的必备元素包括但不仅限于科学的分类评价机制、公平的市场竞争环境、合理的企业试错成本、完善的知识产权保护体系、以知识为导向的收入分配制度。

（8）在全球独角兽企业 500 强榜单中，中国连续三年夺冠，一方面得益于中国超大规模的市场容量，另一方面得益于中国不断优化的创新生态。本书从知识产权、人才资源、技术创新、营商环境、信息流、资金流、政策流七大角度，分析了中国的创新生态。

颠覆性技术是独角兽企业培育、市场竞争、快速成长的关键要素。一个良好的创新生态可以为独角兽企业提供知识、人才、技术、信息、资金等资源，并通过创新主体之间的网络协作，实现独角兽企业的价值，进而促进独角兽企业的快速健康成长。

参考文献

［1］赵硕刚．防范美国经济衰退的冲击［J］.发展研究，2020（5）：14-17.

［2］解树江．独角兽企业成长的关键要素［J］.中国中小企业，2021（11）：69-70.

［3］秦剑军．知识经济时代人才强国战略研究［D］.武汉：华中师范大学，2008.

［4］李明．新时期中国科技人才政策评析［D］.沈阳：东北大学，2008.

［5］陈楠．纺织两项目获评国家科技奖［J］.纺织科学研究，2020（2）：16-18.

［6］俞明辉．营商环境改革侧记［J］.新理财（政府理财），2020（11）：52-53.

［7］余俊杰．筑牢网络安全之基于保护人民群众信息安全——新时代我国网络安全发展成就综述［J］.公民与法（综合版），2020（9）：10-11.

［8］清科研究中心.2019 年中国政府引导基金发展研究报告［R］.2019.

［9］李钟文，威廉·米勒，玛格丽特·韩柯克，亨利·罗文．硅谷优势——创新与创业精神的栖息地［M］.北京：人民出版社，2002.

［10］曾国屏，苟尤钊，刘磊．从"创新系统"到"创新生态系统"［J］.科学学研究，2013，31（1）：4-12.

［11］胡泽民，于飞，王景毅．企业创新生态系统：由研究综述到治理与运行理论模型的设计［J］.桂林航天工业学院学报，2019，24（1）：37-52.

［12］蒋石梅，吕平，陈劲．企业创新生态系统研究综述——基于核心企业

的视角［J］. 技术经济，2015，34（7）：18-23.

［13］张运生. 高科技产业创新生态系统耦合战略研究［J］. 中国软科学，2009（1）：134-143.

［14］曹如中，刘长奎，曹桂红. 基于组织生态理论的创意产业创新生态系统演化规律研究［J］. 科技进步与对策，2011（3）：64-68.

［15］刘哲. 构建产业创新生态系统促进校企产学研合作创新创业——以河南省为例［J］. 科技与创新，2021（24）：79-84.

［16］黄鲁成. 区域技术创新生态系统的特征［J］. 中国科技论坛，2003（1）：23-26.

［17］张妮，赵晓东. 区域创新生态系统可持续运行建设路径研究［J］. 科学进步与对策，2021（12）：1-10.

［18］靖鲲鹏，徐伟志，宋之杰. 进化视角下京津冀区域创新生态系统共生度及对策研究［J］. 燕山大学学报，2022（1）：80-87.

［19］刘雪芹，张贵. 创新驱动的本质探渊与范式转换［J］. 科技进步与对策，2016（9）：5-8.

［20］颜永才. 产业集群创新生态系统的构建及其治理研究［D］. 武汉：武汉理工大学，2013.

［21］范洁. 创新生态系统案例对比及转型升级路径［J］. 技术经济与管理研究，2017（1）：32-37.

［22］王京，魏子喻，高长元. 创新生态系统研究的脉络与展望［J］. 科技与管理，2021（23）：49-62.

［23］杨荣. 创新生态系统的界定、特征及其构建［J］. 科学科技与创新，2014（3）：12-17.

［24］解树江. 2019 全球独角兽企业 500 强蓝皮书［M］. 北京：经济管理出版社，2020.

［25］解树江. 数字经济先锋：全球独角兽企业 500 强蓝皮书（2020）［M］. 北京：经济管理出版社，2021.

［26］Moore J. Predators and Prey：A New Ecology of Competition［J］. Harvard Business Review，1993，71（3）：75-86.

［27］Council on Competitiveness. Innovate America：Thriving in a World of Challenge and Change［R］. National Innovation Initiative Interim Report，2004.

［28］Zahra S. A. ，Nambisan S. Entrepreneurship and Strategic Thinking in Business Ecosystems［J］. Business Horizons，2012，55（3）：219-229.

［29］Lesage J. P. ，Pace R. K. Interpreting Spatial Econometric Models［J］.

Handbook of Regional Science，2014，55（2）：1535-1552.

［30］Marten G. G. Human Ecology：Basic Concepts for Sustainable Development ［M］. London：Earthscan Publications，2001.

［31］Allison S. D. ，Martiy J. B. H. Resistance，Resilience，and Redundancy in Microbial Communities ［J］. Proceedings of the National Academy of Sciences of the United States of America，2008，105：11512-11519.

第十章

北京：全球独角兽第一城

作为全球独角兽第一城，北京在 2019～2022 年连续四年拥有全球独角兽企业 500 强中数量最多的独角兽企业，同时，北京上市独角兽企业市值超过 2000 亿美元。《中国独角兽城市指数报告（2021）》显示，北京独角兽企业已经形成了各个赛道全方位的竞争优势，并且北京新增独角兽在企业服务与医药健康两个赛道保持强劲的增长态势。

一、北京第一

（一）北京三度蝉联全球榜首

根据 BIHU 独角兽企业数据库，如图 10-1 所示，2019～2021 年全球独角兽企业 500 强中北京独角兽企业分别有 84 家、76 家和 72 家；北京独角兽企业估值合计分别为 3522.41 亿美元、4216.24 亿美元和 4580.03 亿美元。2019 年与 2021 年相比，北京独角兽企业从 84 家下降到 72 家，减少了 12 家，涨幅为-14.3%，呈现出下降趋势；北京独角兽企业估值合计从 3522.41 亿美元上涨到 4580.03 亿美元，增长了 1057.62 亿美元，涨幅为 30%，呈现出上升趋势。

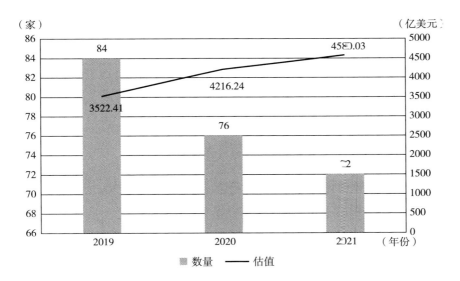

图 10-1　2019～2021 年全球独角兽企业 500 强北京数量与估值分布
资料来源：BIHU 独角兽企业数据库。

2021 年全球独角兽企业 500 强中，北京三年蝉联全球第一。北京有 72 家独角兽企业入围 2021 年全球独角兽企业 500 强（同比减少 4 家），数量占比为

14.4%（见图 10-1）；估值合计为 4580.03 亿美元（同比增长 8.6%），估值占比为 15.6%。北京居总榜单前 50 的企业有 6 家，分别是字节跳动、自如、京东数科、猿辅导、商汤科技、作业帮，估值合计为 2914.71 亿美元；居总榜单排名 51 至 200 的企业有 17 家，估值合计为 872.57 亿美元；居总榜单排名 201 至 500 的企业有 49 家，估值合计为 792.75 亿美元。

2022 年全球独角兽企业 500 强北京 Top10 估值合计为 3261.14 亿美元，占北京独角兽总估值的 71.2%。如表 10-1 所示，第一位字节跳动，估值为 1800 亿美元；第二位自如，估值为 429 亿美元；第三位京东数科，估值为 285.71 亿美元；第四位猿辅导，估值为 170 亿美元；第五位商汤科技，估值为 120 亿美元；第六位作业帮，估值为 110 亿美元；第七位车好多，估值为 100 亿美元；第八位比特大陆，估值为 90 亿美元；第九位借贷宝，估值为 85 亿美元；第十位美菜网，估值为 71.43 亿美元。

表 10-1　2021 年全球独角兽企业 500 强北京 Top10

总排名	企业名称	估值（亿美元）	赛道	榜单排名
1	字节跳动	1800	文旅传媒	1
11	自如	429	生活服务	2
27	京东数科	285.71	金融科技	3
34	猿辅导	170	教育科技	4
45	商汤科技	120	智能科技	5
49	作业帮	110	教育科技	6
57	车好多	100	汽车交通	7
63	比特大陆	90	金融科技	8
65	借贷宝	85	金融科技	9
80	美菜网	71.43	企业服务	10

资料来源：BIHU 创业伯乐独角兽企业数据库（EMUDB）。

（二）北京上市独角兽企业市值超过 2000 亿美元

2021 年全球独角兽企业 500 强中，北京上市独角兽企业共有 13 家（见表 10-2），市值合计为 2040.90 亿美元，相比上市前估值合计的 1584.91 亿美元，上市后市值上涨了 455.99 亿美元。通过独角兽企业上市前后的对比我们可以发现，独角兽企业估值不但未被高估，而且部分企业估值还出现了被低估的情况，再次证明了独角兽是一个价值含量高、发展潜力大的企业。

表 10-2　北京上市独角兽企业名单

企业名称	上市前最新估值（亿美元）	上市后市值（亿美元）	对比（亿美元）	行业	上市交易所
滴滴出行	560.00	497.20	-62.80	汽车交通	纽交所
京东健康	300.00	329.95	29.95	医药健康	港交所
快手	286.00	564.80	278.80	文旅传媒	港交所
京东物流	134.00	216.79	82.79	物流服务	港交所
图森未来	84.91	76.72	-8.19	智能科技	纳斯达克
Boss 直聘	80.00	137.88	57.88	企业服务	纳斯达克
知乎	35.00	51.54	16.54	文旅传媒	纽交所
优客工场	30.00	1.09	-28.91	企业服务	纳斯达克
每日优鲜	30.00	21.10	-8.90	生活服务	纳斯达克
秦淮数据	15.00	45.44	30.44	企业服务	纳斯达克
诺禾致源	10.00	30.00	20.00	医药健康	上交所
百融云创	10.00	63.95	53.95	企业服务	港交所
青云	10.00	4.44	-5.56	企业服务	上交所
合计	1584.91	2040.90	455.99		

资料来源：全球独角兽企业数据库。

北京上市独角兽企业分为 7 个赛道，分别为企业服务、医药健康、文旅传媒、智能科技、汽车交通、生活服务、物流服务。其中，企业服务赛道有 5 家上市独角兽（包括 Boss 直聘、优客工程等），市值合计为 252.80 亿美元；医药健康赛道有 2 家上市独角兽（京东健康、诺禾致源），市值合计为 359.95 亿美元；文旅传媒赛道有 2 家上市独角兽（快手、知乎），市值合计为 616.34 亿美元；智能科技、汽车交通、生活服务与物流服务各有 1 家上市独角兽，分别是图森未来、滴滴出行、每日优鲜、京东物流。

2021 年北京 13 家上市独角兽企业选择挂牌的交易所有 4 家，分别是纳斯达克、港交所、纽交所、上交所，有超过半数的北京上市独角兽选择国外上市。其中，纳斯达克最受到独角兽企业青睐，有 5 家北京独角兽企业选择了纳斯达克上市，居交易所第一名，数量占比 38.5%；市值合计为 282.23 亿美元，市值占比 13.8%。有 4 家北京独角兽企业选择港交所上市，居交易所第二名，数量占比 30.8%；市值合计为 1175.49 亿元，市值占比 57.6%。有 2 家北京独角兽企业选择纽交所上市，居交易所第三名，数量占比 15.38%；市值合计为 548.74 亿元，市值占比 26.9%。有 2 家隐形独角兽企业选择上交所上市，居交易所第四名，数量占比 15.38%；市值合计为 34.44 亿元，市值占比 1.7%。

（三）北京独角兽企业赛道分析

2021 年在全球独角兽企业 500 强中，北京有 72 家独角兽企业分布在 10 个赛道（见图 10-2）。其中，企业服务赛道有 15 家独角兽（与 2020 年保持一致），数量占比为 20.8%，居赛道第一位；估值合计为 318.28 亿美元（同比增长 25%），估值占比为 7%，居赛道第六位。生活服务赛道有 14 家独角兽（同比增加 1 家），数量占比为 19.4%，居赛道第二位；估值合计为 718.66 亿美元（同比增长 186.2%），估值占比为 15.7%，居赛道第二位。智能科技赛道有 11 家独角兽（同比减少 2 家），数量占比为 15.2%，居赛道第三位；估值合计为 405.57 亿美元（同比增长 27.2%），估值占比为 8.9%，居赛道第四位。医药健康赛道有 9 家独角兽（同比增加 1 家），数量占比为 12.5%，居赛道第四位；估值合计为 184.8 亿美元（同比增长 27.2%），估值占比为 8.9%，居赛道第七位。文旅传媒赛道有 6 家独角兽（同比减少 1 家），数量占比为 8.3%，居赛道第五位；估值合计 1903.4 亿美元（同比增长 37.35%），估值占比为 41.6%，居赛道第一位。教育科技赛道有 6 家独角兽（与 2020 年保持一致），数量占比为 8.3%，与文旅传媒赛道并列第五位；估值合计为 370.3 亿美元（同比增长 86.75%），估值占比为 8%，居赛道第五位。金融科技赛道有 4 家独角兽（与 2020 年保持一致），数量占比为 5.5%，居赛道第六位；估值合计为 496.71 亿美元（同比下降 9%），估值占比为 10.85%，居赛道第三位。汽车交通赛道有 3 家独角兽（同比减少 2

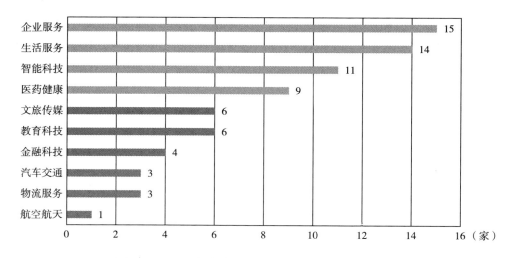

图 10-2　2021 年全球独角兽企业 500 强北京赛道分布

资料来源：BIHU 独角兽企业数据库。

家），数量占比为 4.2%，居赛道第七位；估值合计为 131.49 亿美元（同比下降 420%），估值占比为 2.9%，居赛道第八位。物流服务赛道有 3 家独角兽（与 2020 年保持一致），数量占比为 4.2%，与汽车交通赛道并列第七位；估值合计为 39.6 亿美元（同比下降 288.9%），估值占比为 0.86%，居赛道第九位。航空航天赛道仅有 1 家独角兽（银河航天）（同比增加 1 家），数量占比为 1.4%，居赛道第八位；估值合计为 11.23 亿美元，估值占比为 0.25%，居赛道第十位。

2020 年全球独角兽企业 500 强中北京独角兽各赛道 Top 榜如表 10-3～表 10-11 所示。

表 10-3　2022 年全球独角兽企业 500 强北京智能科技赛道 Top5

排名	企业名称	估值（亿美元）
79	美菜网	71.43
129	氪空间	45.00
251	软通动力	23.00
293	百望云	20.00
324	易久批	18.00

资料来源：BIHU 独角兽企业数据库。

表 10-4　2022 年全球独角兽企业 500 强北京医药健康赛道 Top5

排名	企业名称	估值（亿美元）
114	汇影医疗	50.0
205	妙手医生	30.0
292	高济医疗	20.0
338	思派健康	17.2
403	爱康	15.0

资料来源：BIHU 独角兽企业数据库。

表 10-5　2022 年全球独角兽企业 500 强北京教育科技赛道 Top5

排名	企业名称	估值（亿美元）
32	猿辅导	170
47	作业帮	110
130	Vipkid	45
361	iTutorGroup 集团	16
388	爱学习	15

资料来源：BIHU 独角兽企业数据库。

表 10-6　2022 年全球独角兽企业 500 强北京企业服务赛道 Top5

排名	企业名称	估值（亿美元）
79	美菜网	71.43
129	氪空间	45.00
251	软通动力	23.00
293	百望云	20.00
324	易久批	18.00

资料来源：BIHU 独角兽企业数据库。

表 10-7　2022 年全球独角兽企业 500 强北京生活服务赛道 Top5

排名	企业名称	估值（亿美元）
9	自如	429.0
96	元気森林	60.0
178	酒仙网	31.0
197	十荟团	30.0
247	中商惠民网	23.2

资料来源：BIHU 独角兽企业数据库。

表 10-8　2022 年全球独角兽企业 500 强北京文旅传媒赛道 Top5

排名	企业名称	估值（亿美元）
1	字节跳动（今日头条）	1800.0
184	一下科技（秒拍）	30.0
238	快看漫画	25.0
298	Keep	20.0
337	乐视体育	17.4

资料来源：BIHU 独角兽企业数据库。

表 10-9　2022 年全球独角兽企业 500 强北京金融科技赛道 Top4

排名	企业名称	估值（亿美元）
25	京东数科	285.71
62	比特大陆	90.00
64	借贷宝	85.00
154	度小满金融	36.00

资料来源：BIHU 独角兽企业数据库。

表 10-10　2022 年全球独角兽企业 500 强北京汽车交通赛道 Top3

排名	企业名称	估值（亿美元）
55	车好多（瓜子）	100.00
339	乐视汽车	17.20
416	首汽约车	14.29

资料来源：BIHU 独角兽企业数据库。

表 10-11　2022 年全球独角兽企业 500 强北京物流服务赛道 Top3

排名	企业名称	估值（亿美元）
389	蜀海	15.0
457	罗计物流	12.6
472	闪送	12.0

资料来源：BIHU 独角兽企业数据库。

（四）新增独角兽集中在企业服务与医药健康赛道

2021 年全球独角兽企业 500 强中，北京新增独角兽企业数量为 20 家（同比减少 5 家），估值合计为 388.43 亿元（同比下降 26%）。虽然北京新增独角兽企业数量与估值有所下降，但企业服务与医药健康赛道的独角兽增长仍保持强劲，根据 BIHU 创业伯乐独角兽企业数据库（EMUDB），2021 年北京企业服务与医药健康赛道新增独角兽企业数量分别为 6 家与 4 家，分别居新增独角兽企业赛道第一位与第二位，与 2020 年保持一致（见表 10-12）。

表 10-12　2021 年全球独角兽企业 500 强北京新增独角兽企业名单

排名	企业名称	估值（亿美元）	行业
96	元気森林	60	生活服务
176	奕思伟	32	智能科技
197	十荟团	30	生活服务
292	高济医疗	20	医药健康
293	百望云	20	企业服务
298	Keep	20	文旅传媒
333	叮当快药	17.6	生活服务
337	乐视体育	17.4	文旅传媒
338	思派健康	17.2	医药健康

续表

排名	企业名称	估值（亿美元）	行业
339	乐视汽车	17.2	汽车交通
381	微店	15	企业服务
388	爱学习	15	教育科技
389	蜀海	15	物流服务
396	悦畅科技	15	企业服务
403	爱康	15	医药健康
430	随锐科技	14	企业服务
453	慧算账	12.8	企业服务
473	百奥赛图	12	医药健康
476	Aibee	12	企业服务
486	银河航天	11.23	航空航天

资料来源：全球独角兽企业数据库。

北京成为全球独角兽第一城，是拥有全球独角兽企业 500 强中独角兽企业数量最多的城市，并且北京独角兽企业已经形成了各个赛道的竞争优势。北京培育和滋养着大量的独角兽企业，这离不开北京良好的创新生态系统，北京创新生态系统为北京独角兽企业成长提供了坚实的基础。北京拥有丰富的创新资源，高等院校、科研院所众多的高等教育资源，研发经费大量投入的科研研发资源，以及投资机构活跃的金融资本资源都在北京形成了绝对的竞争优势。同时，独角兽企业是推动创新要素集成、科技成果转化的活跃创新主体，众多独角兽企业聚焦在北京，无疑在北京形成了集聚效应，为城市科技创新注入了活力。此外，北京完备的政策体系也不断为独角兽企业成长提供支持力量，并为独角兽企业成长引领前进方向、创造广阔空间。正是由于北京拥有良好的创新生态，北京独角兽企业才得以在这里扎根坚实的土壤，激发生命的活力，享受着阳光雨露，闪烁着异彩光芒。

二、丰富的创新资源

北京拥有全国最丰富的高等教育资源，这在一定程度上决定着北京会成为高水平科研成果和科研人才最重要的聚集地。北京拥有 90 多所大学、1000 多所科研院所和近 3 万家国家级高新技术企业；北京有全国将近一半的两院院士（《光明日报》，2021）。北京不仅高等院校、科研院所众多，而且也成为高端人才尤其是科技人才就业的首选城市。北京市统计局 2020 年统计数据显示，2019 年，拥有博士学历的海归人才中，有 27.7% 将北京作为首选城市，期望在互联网科技领域工作的海归博士有近四成集中在北京。①

北京在科研资源方面具有绝对优势。北京科研产出连续三年蝉联全球科研城市首位。北京依托丰富的科研资源，成立了大量政产学研用等形式多样、协同创新的平台，促进了网络型合作创新的开展，涌现出马约拉纳任意子、新型基因编辑技术、"天机芯"、量子直接通信样机等一批世界级重大原创成果，如北京智能科技赛道的集创北方、奕思伟等独角兽企业。另外，北京研发经费投入全国领先。2019 年，北京是国内唯一一个研发投入超过 2000 亿元的城市，北京以 6.31% 的研发经费投入强度在全国遥遥领先，超过排名第二的上海 2.3 个百分点。② 李萌表示，"十三五"期间，科技部在重大专项领域支持北京近 600 个项目，财政资金达 170 多亿元，通过重点研发计划支持了北京 1980 个项目，财政经费 400 多亿元。北京建立起了一批持续攻关的高水平队伍，显示了北京在研发投入方面的绝对优势。

北京的金融资源丰富、资本高度聚集。北京投资机构活跃，能够为企业资本持续赋能。截至 2019 年第三季度末，北京在中基协登记备案的股权投资机构达 4370 家，管理资金规模超 3 万亿元，规模占全国近 1/4，投资案例数和金额近全国 1/3，规模及投资均稳居全国首位。③ 在创业服务方面，截至 2020 年，北京市孵化器数量突破 500 家，其中众多企业服务独角兽也纷纷加入其中，如优客工厂、秦淮数据等。此外，2021 年 9 月 3 日，北京证券交易所成立，成为打造服务创新型中小企业的主阵地。2021 年 11 月 15 日，首批 81 家上市企业中，北京企业占据 11 席，居全国第二位；截至收盘，北交所 11 家北京企业总市值 293.54 亿元，平均市盈率（TTM）为 40.1 倍。④《中华人民共和国 2021 年国民经济和社会发展统计公报》显示：2021 年，北京证券交易所公开发行股票 11 只，筹资 21 亿元。⑤ 北交所的成立不仅为企业增加了融资渠道，而且对于私募股权和创业的投资机构而言，北交所的设立进一步拓宽了创投项目的退出通道，大幅提高了投资机构、投资人对创业投资的信心。

三、活跃的创新主体

独角兽企业是创新主体，是创新要素集成、科技成果转化的生力军。北京创

① 资料来源于北京市统计局发布的《北京市 2020 年国民经济和社会发展统计公报》。
② 资料来源于北京市统计局发布的《2020 年北京经济稳步恢复向好》。
③ 资料来源于商务部发布的《北京市备案股权投资机构达 4370 家》。
④ 资料来源于《北京日报》官网发布的《北交所首批上市企业亮相，北京共 11 家居全国第二》。
⑤ 资料来源于国家统计局发布的《中华人民共和国 2021 年国民经济和社会发展统计公报》。

新主体最为活跃，拥有 192 家独角兽与隐形独角兽企业、2.5 万家国家级高新技术企业，① 大量优秀企业汇聚于此，北京成为全国独角兽企业数量最多、八大赛道竞争力排名第一的城市。这些优质的创新主体为城市科技创新带来了活力，并进一步优化与提升了城市创新生态环境。

北京的创新主体代表有智能科技的地平线机器人、汽车交通的车好多、医药健康的京东健康、教育科技的猿辅导、文旅传媒的字节跳动等（见表 10-13）。这些优秀的独角兽与隐形独角兽企业能够为城市带来创新活力，营造良好的创新氛围，同时也能为其他企业树立标杆，起到模范带头作用，能带动同行业及上下游企业协同发展、共同进步。地平线机器人是边缘人工智能芯片的全球领导者，是国内唯一实现车规级人工智能芯片前装量产的企业。地平线以边缘人工智能芯片为核心，为产业提供具备极致效能、开放易用性的赋能服务，这得益于其前瞻性的软硬结合理念。地平线自主研发兼具极致效能与高效灵活的边缘人工智能芯片及解决方案，可面向智能驾驶以及更广泛的智能物联网领域，提供包括效能边缘 AI 芯片、丰富算法 IP、开放工具链等在内的全面赋能服务。另外，地平线还以高效明确的产品研发路线为指导，持续输出行业领先且极具实用价值的 AI 芯片，基于创新的人工智能专用计算架构 BPU（Brain Processing Unit），为自研 AI 芯片规划了完备的研发路线图。根据"2020 全球独角兽企业 500 强榜单"，其估值已高达 30 亿美元，榜单中排行第 142 名。② 地平线正在北京这片沃土上飞速成长，该公司在短短 1 年内得到融资高达 24 亿美元之多，在"2021 全球独角兽企业 500 强榜单"中，其估值已达到 50 亿美元，榜单排名提升到 123 名;③ 地平线在技术上也源源不断地创新，如自主设计研发出伯努利 2.0 架构、贝叶斯架构等多个创新型的人工智能专用处理器来优化人工智能解决方案。

表 10-13　北京创新主体赛道分布

赛道	独角兽企业数量（家）	隐形独角兽企业数量（家）	合计（家）	代表性企业
企业服务	20	27	47	美菜网、Boss 直聘
智能科技	17	14	31	地平线机器人、中星技术
生活服务	14	15	29	自如、美团
汽车交通	8	11	19	车好多、滴滴出行

---

① 资料来源于时任北京市副市长王红 2019 年 10 月 25 日在国务院政策例行吹风会上的讲话。
② 资料来源于解树江发布的《数字经济先锋：全球独角兽企业 500 强报告（2020）》及"2020 全球独角兽企业 500 强榜单"。
③ 资料来源于解树江发布的《全球独角兽企业 500 强发展报告（2021）》。

续表

赛道	独角兽企业数量（家）	隐形独角兽企业数量（家）	合计（家）	代表性企业
医药健康	10	8	18	京东健康、汇影医疗
文旅传媒	8	10	18	字节跳动、快手、知乎
教育科技	7	5	12	猿辅导、作业帮
金融科技	4	6	10	京东数科、比特大陆
材料能源	—	2	2	浦然轨道
物流交通	4	—	4	京东物流
农业科技	1	—	1	农信互联
航天航空	—	1	1	华彬天星

资料来源：全球独角兽企业数据库。

此外，北京经济运行平稳，发展质量稳步提升。《2022 年北京市政府工作报告》指出，北京生产总值超过 4 万亿元、同比增长 8.5%，居民消费价格上涨1.1%，居民人均可支配收入实际增长 8%，经济结构和质量持续优化提升，人均地区生产总值和全员劳动生产率保持全国第一，显示出北京的经济体充满活力，带动了企业高速发展。

四、众多的后备力量

北京是拥有隐形独角兽企业数量最多的城市，为城市科技创新增添了活力。隐形独角兽是科技创新企业的新势力，是独角兽企业的后备力量，是最具成长潜力的企业群体。隐形独角兽的估值在 0.3 亿~10 亿美元，并且拥有独创性或颠覆性技术，拥有难以复制的商业模式，通常成立时间在 5 年左右，这些特征决定了隐形独角兽是未来最有可能成长为独角兽企业，甚至超越现有独角兽企业的群体。根据中国隐形独角兽企业数据库，2021 年中国隐形独角企业 500 强总估值为1.3 万亿元人民币，其中高达 129 家隐形独角兽企业进行了新一轮融资，有 15 家隐形独角兽登陆资本市场。其中，北京有 101 家中国隐形独角兽 500 强企业（见图 10-3），数量占比超过 20%，较 2020 年增加 3 家，其中新登榜企业为 34 家，总估值为 3407 亿元人民币，比 2020 年增加了 680 亿元人民币，占到榜单总估值的 26%，在数量、估值和新增企业数量方面均居于全国第一。

2020~2021 年，北京有 8 家中国隐形独角兽 500 强企业成功晋级为独角兽企业，估值合计为 135.5 亿美元。8 家晋级的企业分别是叮当快药、思派健康、Aibee、慧算账、随锐科技、销售易、百奥赛图、创新奇智，其中有 5 家企业为企业服务赛道，有 3 家企业为医药健康赛道（见表 10-14）。

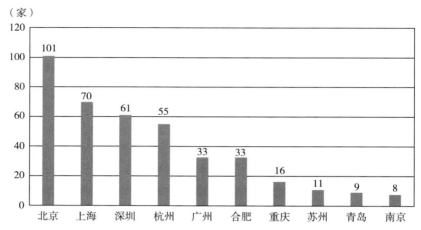

图 10-3　2021 年中国隐形独角兽 500 强城市 Top10

资料来源：中国隐形独角兽企业数据库。

表 10-14　2020~2021 年中国独角兽企业 500 强北京晋级独角兽企业名单

序号	企业名称	估值（亿美元）	行业
1	叮当快药	17.6	医药健康
2	思派健康	15	医药健康
3	Aibee	13	企业服务
4	慧算账	12.8	企业服务
5	随锐科技	12	企业服务
6	销售易	12	企业服务
7	百奥赛图	11.6	医药健康
8	创新奇智	11.5	企业服务

资料来源：中国隐形独角兽企业数据库。

北京思派健康技术有限公司（以下简称思派健康）居 2020 年中国隐形独角兽 500 强榜单第 40 位，目前，思派健康的估值已达到 17.2 亿美元，成功晋级为独角兽企业，并排在 2021 年全球独角兽企业 500 强榜单第 318 位。思派健康①创始于 2014 年，经过 7 年的发展，形成以"医、药、健保、数据"四重构架为基础，覆盖全国的药物服务网络、专业临床医生网络和医疗网络，成为中国领先的整合式专业医学和医疗综合服务平台。目前，该公司有三大业务体系：医学创新服务事业群、药物创新服务事业群、健保创新服务事业群。为提高专业医疗服务

---

① 资料来源于思派健康企业官网。

可及性、服务患者多元化医疗需求，近年来思派健康围绕肿瘤患者的全病程管理展开专业化探索，在创新药零售、商业保险、新药研发、医患管理、院外管理和真实世界研究等多方面创新服务机制，进一步提升患者药品可及性、支付可及性、服务可及性，构建新型服务模式。

北京除了 8 家中国隐形独角兽 500 强晋级为独角兽企业，另外还有 1 家成功登陆了资本市场。北京加科思新药研发有限公司（以下简称加科思）① 在 2020年中国隐形独角兽 500 强榜单中排名 232 位，2020 年 12 月 21 日登陆香港交易所。"攻克不可成药靶点"是加科思最广为流传的标签，公司产品管线里两个产品（JAB-3068 及 JAB-3312）均为变构 SHP2 抑制剂，并且已经表现出优秀的药物性能。就已披露的数据来看，加科思的 JAB-3312 临床用药剂量在 4～8 毫克，约为 Revolution Medicines 的 10%。在研发进度上，JAB-3068 是国内临床唯一进入 IIa 期的公司，针对三种实体瘤，临床进度领先全国。从全球来看，加科思的JAB-3068 是第二个获得美国 FDA IND 批准进入临床开发的 SHP2 抑制剂候选药物，JAB-3068 及 JAB-3312 都已获得美国 FDA 用于食管癌治疗的孤儿药认定。加科思与艾伯维签订了合作协议，加科思将向艾伯维收取不可退回的首付款 4500万美元，高达 8.1 亿美元的里程碑付款，以及数亿美元的研发报销款。产品上市销售后，艾伯维还将支付所有 SHP2 产品年度销售净额总额（不包括任何中国产品于相关地区的销售净额）的分级提成费，金额约为销售额的 10%～15%。加科思的整个合作模式就相当于艾伯维花钱、加科思研发，产品研发成功上市销售后，加科思还有销售分成的纯利润可以拿。这种模式体现了加科思研发能力的强大，也表明加科思有着明确的市场定位和运营逻辑。加科思完成了对"不可成药"靶点 SHP2 的攀登，也攀上了中国小分子创新药企业里程碑付款总额的最高峰，这一切都基于加科思强大的创新研发能力。未来，具有优秀效能的产品以及有远见的管线布局决定了加科思的攀登之路不会就此止步。

由此可见，隐形独角兽企业作为科技创新型力量发挥的作用越来越显著，在一年的时间内这些独角兽企业实现了巨大的飞跃，不仅在技术上取得了突破，也在资本市场上获得了巨大的成功，为北京经济的发展注入了强劲动力。

五、完备的政策体系

北京具有完备的政策体系，这是北京独角兽企业成长的重要因素之一，全面覆盖不同层面、不同类别的政策方针为北京独角兽成长指引着前进方向、提供着

---

① 资料来源于加科思企业官网。

坚实保障。多年来，北京市及其各区县从不同层面、不同类别出台了一系列鼓励创新创业的政策，形成了涵盖财税政策、金融政策、人才政策、平台政策等完备的鼓励创新创业的政策体系，为科技创新企业提供了良好的政策环境（见表 10-15）。

表 10-15　北京创新政策列表

政策类别	创新政策名称
总体规划	《北京加强全国科技创新中心建设总体方案》
	《北京加强全国科技创新中心建设重点任务实施方案（2017—2020 年）》
财政支持	《北京市进一步完善财政科研项目和经费管理的若干政策措施》
	《北京市深化市级财政科技计划（专项、基金）管理改革实施方案》
	《北京市自然科学基金项目管理办法》
税收减免	《关于研究开发费用税前加计扣除有关政策问题的通知》
人才政策	《关于实施北京海外人才聚集工程的意见》
	《关于引进全球顶尖科学家及其创新团队的实施意见》
	《中共北京市委关于深化首都人才发展体制机制改革的实施意见》
	《首都科技领军人才培养工程实施管理办法》
	《北京市科技新星计划管理办法》
	《北京市全民科学素质行动规划纲要（2021—2035 年）》
优化双创环境政策	《关于促进产业技术创新战略联盟加快发展的意见》
	《北京市战略性新兴产业科技成果转化基地认定管理办法》
	《北京市国际科技合作基地管理办法》
	《北京市科普基地管理办法》
	《北京市人民政府关于大力推进大众创业万众创新的实施意见》
	《中关村国际人才创新创业生态系统建设工程》
企业服务政策	《促进科技成果转移转化行动方案》
	《加快发展首都知识产权服务业的实施意见》
	《北京市新技术新产品（服务）认定管理办法》

资料来源：北京市人民政府。

如表 10-15 所示，北京创新政策具有以下两个典型特点：

（1）从横向广度来看，政策覆盖面广。北京创新政策类别有总体规划、财政支持、税收减免、人才政策、优化双创环境政策和企业服务政策，出台的政策从总体规划到财政、人才、双创环境和企业服务等多种类别，涉及不同领域、覆盖范围广。这也说明北京创新政策体系完善，形成了完整的创新政策环境，有利于独角兽企业在方方面面享受到政策的支持，得到全面充分的关照。

（2）从具体类别来看，政策针对性强。北京创新政策既包括针对总体规划的政策：总体方案、重点任务实施方案，还包括分别针对不同方面制定的政策。例如：财政支持方面：财政科研项目和经费、市级财政科技计划（专项、基金）、自然科学基金项目；税收减免方面：研究开发费用税前加计扣除；人才政策方面：海外人才、全球顶尖科学家及其创新团队、人才发展体制机制、科技领军人才培养、科技新星计划、全民科学素质；优化双创环境方面：产业技术创新战略联盟、战略性新兴产业科技成果转化基地、国际科技合作基地、科普基地、大众创业万众创新、中关村国际人才创新创业生态系统；企业服务政策方面：科技成果转移转化、知识产权服务业、新技术新产品（服务）。这些政策都具有较强的针对性，因此能够促进政策的有效实施，切实保障政策在相应领域落地执行，这也能保证独角兽企业享受到精准的政策扶持。

因此，无论是从政策的覆盖面还是从政策的针对性来看，北京在制定相关政策的时候都高度重视创新创业发展，也高度重视不同层面、不同类别政策的落地实施，这为独角兽企业在发展成长的过程中提供了强大的政策支持。

六、北京国际科技创新中心建设助力科创企业高速发展

北京之所以赛道竞争力在全国高居榜首，独角兽数量三年蝉联全球第一，且超过20%在榜独角兽成功登陆资本市场，不仅是因为拥有良好的创新生态基础，而且也是因为在北京国际科技创新中心建设的背景下，北京创新生态环境得到了不断的改善与提升，营造出了有利于独角兽企业发展的成长环境，从而为独角兽企业发展奠定了基础。

（一）北京国际科技创新中心建设发展历程

在北京国际科技创新中心建设的过程中，中央和地区发布了一系列政策，以支持其发展，具体如表 10-16 所示。

表 10-16　北京国际科技创新中心建设相关政策列表

发布时间	政策名称	发布单位
2020 年 10 月	《中共中央关于制定国民经济和社会发展第十四个五年规划和二〇三五年远景目标的建议》	中共第十九届五中全会
2021 年 1 月	《"十四五"北京国际科技创新中心建设战略行动计划》	北京市委
2021 年 11 月	《北京市"十四五"时期国际科技创新中心建设规划》	北京市委

资料来源：中国政府官网。

"十三五"时期，北京聚力全国科技创新中心建设，全面深化科技体制改革，完善创新生态，激发创新活力，涌现出一大批重大原创性成果，成为全球创新创业最活跃的城市之一。"十四五"时期，北京的主要任务之一是强化创新的核心地位，加快建设国际科技创新中心。2020 年 10 月，《中共中央关于制定国民经济和社会发展第十四个五年规划和二〇三五年远景目标的建议》发布，文件提出："布局建设综合性国家科学中心和区域性创新高地，支持北京、上海、粤港澳大湾区形成国际科技创新中心。"这是党中央立足新发展阶段、贯彻新发展理念、构建新发展格局做出的重要战略部署。2021 年 1 月 20 日，关于加快推进北京国际科技创新中心建设的新闻发布会上，北京市副市长、秘书长靳伟介绍了北京国际科技创新中心建设未来 5 年的发展及远景目标：到 2025 年，北京国际科技创新中心基本形成；到 2035 年，北京国际科技创新中心创新力、竞争力、辐射力全球领先，形成国际人才的高地。北京国际科技创新中心建设将突出前沿技术引领和关键核心技术自主可控，释放京津冀协同创新巨大潜力，更加畅通基础研究与产业发展融合，更加注重场景驱动和万亿级的产业集群培育。① 2021 年11 月，中共北京市委、北京市人民政府印发了《北京市"十四五"时期国际科技创新中心建设规划》，文件指出，北京作为首都，将胸怀两个大局，自觉站在"国之大者"高度，坚持首善标准，瞄准国际一流，加快打造世界主要科学中心和创新高地，率先建成国际科技创新中心，为实现高水平科技自立自强和建设科技强国提供战略支撑。②

（二）北京国际科技创新中心建设与独角兽企业内在逻辑

北京建设国际科技创新中心是新时代培育国家战略科技力量、实现科技自立自强、建设科技强国的重要战略支撑。2021 年 1 月，科技部、北京市与国家发改委、中国科学院等 21 个部门联合印发了《"十四五"北京国际科技创新中心建设战略行动计划》，该计划指出，要加速国家实验室培育建设，推进在京国家重点实验室体系化发展，加速怀柔综合性国家科学中心建设，推进世界一流重大科技基础设施集群建设，围绕优势领域新培育一批新型研发机构。时任科技部副部长李萌介绍，北京国际科创中心建设要走出新路子，关键是能力和生态的构建。要在布局国家战略科技力量、展开重大基础前沿领域研发、改革和政策先行先

---

① 资料来源于中华人民共和国科学技术部官网发布的关于"落实五中全会精神加快推进北京国际科技创新中心建设发布会"的文字实录。

② 资料来源于中共北京市委、北京市人民政府发布的《北京市"十四五"时期国际科技创新中心建设规划》。

试、激发人才创新创造活力、全方位科技开放合作等方面发力。围绕量子信息、人工智能、区块链、生命健康等新科技革命和产业变革前沿领域，共同实施系列专项行动，前瞻部署基础研究，推进关键核心技术攻关，构建先发优势。

北京建设国际科技创新中心的重点培育目标为科技创新企业，而独角兽企业则是科技创新的生力军，是数字经济先锋，是衡量一个国家或地区创新能力、创新活力和创新生态的重要标志。独角兽企业的属性决定了其与北京国际科技创新中心的建设有着密不可分的内在联系。一方面，独角兽企业成为北京国际科技创新中心建设的重点培育对象，国际科技创新中心建设为独角兽企业的培育与发展提供良好的创新生态环境。另一方面，独角兽企业对北京国际科技创新中心的建设具有推动作用。北京绝大多数的科技创新企业都诞生于智能硬件、人工智能、大数据等新兴领域，而独角兽则是这些领域中的佼佼者，它们依靠着自身的技术优势，在全球创新链中发挥着带头的作用，引领着全球产业的发展方向；独角兽企业汇聚了各种创新要素，这些创新要素的汇聚推进了北京国际科技创新中心建设的进展。

（三）北京国际科技创新中心建设①的政策指引

《2022 北京政府工作报告》对北京市 2021 年所做的工作进了回顾，其中提到一项重要成果：着力建设国际科技创新中心，高精尖产业发展驶入快车道。②发布实施科技创新战略行动计划，推出中关村新一轮先行先试重大改革举措，全面推进人才支撑行动。成立中关村、怀柔、昌平国家实验室，一批大科学装置建设运行顺利，综合性国家科学中心取得阶段性成果。加强政策和机制创新，推动科研优势加速转化为发展优势，"三城一区"主平台建设迈出重要步伐。中关村示范区规模以上企业总收入增长 20% 以上，全市技术合同成交额增长 10%，创新主体活跃，创新生态持续改善。不断提升新一代信息技术、医药健康"双引擎"带动作用，高精尖产业快速发展。加强集成电路全产业链布局，北京成为全国半导体领域最重要的科技创新和产业集聚区。《2022 年北京市政府工作报告》在"2022 年主要任务"中提到，要继续加快国际科技创新中心建设，构筑创新驱动发展新优势。具体政策主要包括：第一，紧扣国家重大战略需求，全面落实中关村新一轮先行先试改革若干措施，加快形成高效的新型举国创国创新体制机制；第二，聚力提升原始创新能力，抓住科学研究和创新范式变革机遇，加速建设综

---

①　资料来源于中共北京市委、北京市人民政府发布的《北京市"十四五"时期国际科技创新中心建设规划》。

②　资料来源于北京市人民政府发布的《2022 年北京市政府工作报告》。

合性国家科学中心；第三，着力打造世界领先的科技园区，以集约高效为目标，改革科技园区管理体制机制，加强空间统筹，优化资源布局，提高专业化创新服务能力；第四，大力促进高精尖产业能级跃升，加强战略谋划，布局一批带动性强的重大前沿产业项目和产业服务平台，分层分类精准支持创新企业发展，培育更多硬科技独角兽、隐形冠军和科技领军企业；第五，全面建设高水平人才高地，围绕创新链、产业链，加快集聚一批战略科学家和敢闯"无人区"的领军人才、创新团队，加强青年人才培养。

北京国际科技创新中心建设中，人才的引进、园区的建设、科研成果的转换、政策的引导等，促使北京创新生态环境不断完善，激发了科技创新企业（特别是独角兽企业）的创新活力，助力了企业高速成长。李萌指出，北京的研究能力、培养人才的能力、成果转化和产业化的能力决定北京具备发展新赛道和未来产业的硬实力。这也吸引了一大批独角兽企业落地北京发展，北京成为全球拥有独角兽企业最多的城市。

（四）北京"三城一区"主平台建设

北京国际科技创新中心立足首都实际，坚持完善标准，充分利用其优质的科教资源和央企资源，开展"三城一区"主平台、中关村国家自主创新示范区主阵地建设。其中，中关村国家自主创新示范区企业总收入较"十二五"末增长80%，对全市经济增长贡献率近40%，中关村国家自主创新示范区的统筹发展，为国际科技创新中心建设注入强大动力。① "三城一区"指的是中关村科学城、怀柔科学城、昌平未来科学城、北京经济技术开发区。

1. 中关村科学城②：形成全国乃至世界新经济发展的引领态势

《中关村科学发展规划（2011–2015）》指出，北京市政府已分三批与清华大学、北京大学、北京航空航天大学、中国科学院、国家气象局、中国航天科技集团等 31 家单位签署合作协议，启动建设 37 个产业技术研究院和产业创新园项目，其中包括：以中关村大街为核心，依托生命科学、军转民、新能源汽车等技术资源，打造中关村生命科学与新材料高端要素聚集发展区，从中诞生出汇影医疗、乐视汽车等医药健康与汽车交通赛道独角兽企业；以学院路为核心，依托信息网络科技资源，打造中关村信息网络世纪大道，孵化出摩尔线程、北森等独角

---

① 资料来源于中共北京市委、北京市人民政府发布的《北京市"十四五"时期国际科技创新中心建设规划》。

② 资料来源于北京市海淀区发布的《中关村科学城数字经济创新发展三年行动计划（2021—2023年）》。

兽企业；以知春路为核心，依托航空航天与集成电路技术资源，打造中关村航空航天技术国际港。① 例如，中关村航空科技园，将入驻以中国航空研究院为代表的高端研发机构，聚集航空高端人才和尖端核心技术，计划投资 50 亿元，将覆盖宇航、航天技术应用、航天战略性新兴产业等多个产业，涉及卫星导航、卫星遥感、深空探测、载人航天等多个领域，促进了独角兽企业在航空行业赛道领域的发展。2021 年，在北京诞生出了第一家航空航天赛道独角兽企业——银河航天。

中关村科学城将全面服务中关村国家实验室建设，支持一批新型研发机构，建好重大科技平台，同时，提升优势领域的引领能力，抢占未来产业。未来产业是具有独到眼光的独角兽企业和隐形独角兽企业布局的有利赛道，同时是引领新业态、新经济的突破口，这会为独角兽企业成长开启新的篇章。

2. 怀柔科学城②：迈向世界先进水平的综合性科学中心

北京怀柔综合性国家科学中心建设进入快车道，规划建设 5 个大科学装置和 13 个交叉研究平台，其中包括高能同步辐射光源（HEPS）与多模态跨尺度生物医学成像设施、钱学森国家工程试验基地等，激发了独角兽企业创新活力。③ 靳伟介绍说，怀柔科学城正在加速集聚创新资源，加速培育创新生态环境。中科院纳米能源所已搬迁入驻，综合极端条件实验装置、材料基因组平台等率先进入了科研状态，"科学+城"的城市框架扎实起步。④

2022 年 1 月 20 日，北京怀柔科学城广发"英雄帖"，在不到三个月的时间里，这处京郊田园陆续收到 36 家国内外科研院所、高等院校和高新企业一线科研团队抛来的近 60 份课题申请，吸引这些申请的是综合极端条件实验装置。综合极端条件实验装置的东方，地球系统数值模拟装置也已建成运行，高能同步辐射光源、子午工程二期正在进行设备安装，多模态跨尺度生物医学成像设施基建工程预计 2022 年全面竣工。这 5 大科学装置所在的地方就是：怀柔科学城。在这里奋战，中科院物理所研究员石友国说："这是我们梦想中的实验室！"目前已有中科院高能物理所、国家空间科学中心等 18 家科研院所入驻怀柔，开展工作的科研人员超过 3000 人。这里设计出了国内首台热挤压碲化铋材料的试验样机，这种新材料是被国外"卡脖子"的技术，之前受限于场地条件的原因，一直没制作出样机。除了 5 个大科学装置，怀柔科学城已经陆续布局了近 40 个世

① 资料来源于北京市经信委等十多个政府部门联合编制的《中关村科学城发展规划（2011—2015）》。

② 资料来源于北京市人民政府办公厅发布的《怀柔科学城建设发展规划（2016—2020 年）》。

③ 资料来源于新华网发布的《北京怀柔将启动建设 5 个大科学装置》。

④ 资料来源于北京市科学技术委员会、中关村科技园区管理委员会官网发布的《北京市副市长、秘书长靳伟：2025 年北京国际科技创新中心基本形成》。

界先进水平的科学设施平台项目，高度集聚全国设施平台。①

丰富的创新资源有助于激发独角兽企业的科技创新活力，国内外高等院校和科研院所的资源、世界先进水平的科学实验装置、加快形成国家战略科技力量的目标等都在召唤着前沿成果和先进理念在这里得以诞生和成长。这就是独角兽企业成长所需要的良好创新生态，这就是独角兽企业发展所需要的自主开放环境。

3. 昌平未来科学城②：建设新型研发机构、聚焦"两谷一园"战略布局

未来科学城已确定 15 家中央企业入驻园区，如神华集团有限责任公司、中国海洋石油总公司、国家电网公司等，并拟建立投资建设研究院、研发中心、技术创新基地和人才创新创业基地，研发涉及新能源、新材料、节能环保、新一代信息技术等战略性新兴产业的重点领域。这在一定程度上促进了智能科技与材料能源等赛道独角兽企业的发展，如中星技术独角兽企业。另外，未来科学城也是一流科研人才的聚集高地，这里集聚了 100 位左右掌握行业核心技术、具有旺盛创造力的研发领军人才，培养了 1000 位左右精通研发技能、掌握关键技术的科研骨干，为独角兽企业注入了强有力的后备军。

昌平未来科学城持续建设世界一流新型研发机构，持续聚焦"两谷一园"战略布局，生命谷加快布局前沿技术，能源谷聚焦新赛道，高教园打造科教及产业融合。在昌平区发布的《"十四五"时期未来科学城发展规划》提到，未来五年，未来科学城将聚焦碳达峰、碳中和战略，布局绿色能源关键技术攻关。《昌平区氢能产业创新发展行动计划（2021—2025 年）》进一步提出具体目标：2025 年前将引进、培育 5 至 8 家具有国际影响力的产业链龙头企业，孵化 3 家以上氢能领域上市企业。③独特性和颠覆性的技术是独角兽企业和隐形独角兽企业的核心特征之一，产品具有一定的技术壁垒，不容易被模仿和复制。绿色能源又是当今热门话题、前沿技术和发展方向。所以，这里培育出独角兽企业也许只是时间的问题了。

4. 北京经济技术开发区：打造高精尖产业主阵地和成果转化示范区

根据 BIHU 创业伯乐独角兽企业数据库（EMUDB），2021 年北京经济技术开发区诞生出了 14 家独角兽企业，估值合计为 730.71 亿美元，其中包括金融科技赛事的京东数科、智能科技赛道的小马智行、医药健康赛道的艾美疫苗等独角兽企业；上市独角兽企业有 4 家，市值合计为 467.3 亿美元，其中包括医药健康赛

---

① 资料来源于《北京日报》刊发的《科研人员齐聚怀柔科学城，在"梦想的实验室"中探索科学秘境》。

② 资料来源于京津冀消息通发布的《未来科学城：聚焦"三个突出"，全力支撑北京 2025 年率先建成国际科技创新中心》。

③ 资料来源于《北京日报》刊发的《昌平：未来两年推动氢燃料电池成本降低 30%》。

道的京东健康、企业服务赛道的奇安信等上市独角兽企业。另外，2021 年北京经济技术开发区也孵化出了众多隐形独角兽企业，其中代表性企业有航空航天赛道的凌空天行、汽车交通赛道的踏歌智行、医药健康赛道的安诺优达。北京经济技术开发区①通过实施双 "1+1" 工程，围绕 "生产线+集成电路试验线" 工程的建设，构建出 "产研一体、大线出题、小线答题" 的产业创新发展模式。在信创领域中，依托信创园建设，北京经济技术开发区吸引了比特大陆、长城超云、中兴数据库、同方计算机等核心关键项目落地，推动形成核心芯片、应用软件、操作系统、系统集成等信创上下游产业关键环节全覆盖。截至 2021 年底，信创园已有 4 个国家级平台试运行，有 2 个国家重点实验室落户。同时，抢抓智能网联汽车发展先机，北京经济技术开发区统筹国家创新中心建设、自动驾驶测试、新型基础设施建设等各方资源，围绕 "车、路、云、网、图" 五大体系，推进高级别自动驾驶示范区建设，制定先行试点政策，创建技术标准，并在 2022 年开启高级别自动驾驶示范区 3.0 阶段，打造具有全球影响力的高精尖产业主阵地。

北京经济技术开发区在 2017～2021 年累计承接 "三城" 科技成果转化项目超 500 项，产学研合作研发新技术新产品近 900 项，有力支撑北京国际科技创新中心建设。②

5. "三城一区" 为北京国际科技创新中心建设打下了强有力的基础

"三城一区" 建设是中央为北京建设成为国际科技创新中心而提出的宏伟战略。"三城一区" 主平台即中关村科学城、怀柔科学城、未来科学城和创新型产业集群示范区，是北京建设国际科技创新中心的主平台。中关村科学城系统布局基础前沿技术；怀柔科学城体系化布局一批重大科技设施平台，形成战略性创新突破；未来科学城增强创新要素活力，构建多元化主体协同创新格局；创新型产业集群示范区承接三大科学城科技成果转化，着力打造高精尖产业主阵地和成果转化示范区。③ 中关村科学城、怀柔科学城、未来科学城每年孕育大量的科技成果，其中很多在北京经济技术开发区实现落地转化。

"三城一区" 具有丰富的创新资源，包括但不限于高等院校和科研机构的先进技术资源、高端人才资源和大量科研经费的投入。"三城一区" 具有活跃的创新主体和众多的后备力量，梦想的实验室、前沿的技术引领、先进的战略安排、

---

① 资料来源于北京市人民政府官网发布的《北京市 "十四五" 时期高精尖产业发展规划》《北京经济技术开发区 "十四五" 时期高精尖产业规划》。

② 资料来源于北京市人民政府官网发布的《经开区近五年累计承接 "三城" 科技成果转化项目超 500 项 "三城一区" 联动打造国际科创中心》。

③ 资料来源于北京市人民政府官网 "首都之窗政务名词" 专栏相关内容。

自由的科创环境等，吸引着拥有强大竞争力的独角兽企业和具有巨大潜力的隐形独角兽企业。"三城一区"具有完备的政策体系：针对不同层面、不同时期，适用不同赛道、不同方向的政策；持续出台的一系列规划策略；"三城一区"的强联动和合作对接机制。这些丰富的创新资源、活跃的创新主体、众多的后备力量和完备的政策体系，形成了良好的创新生态环境，是独角兽企业成长的有利外部条件。"三城一区"的生态环境能够吸引具有异质型企业家精神的企业家，适合科技创新型企业成长。例如，在怀柔科学城，多场低温科技有限公司合伙人邢健和团队成员在这里开展技术攻关，这家年轻的公司创办时间不长，主要成员都是中科院物理所毕业的博士，团队持续瞄准高附加值、高技术难度的科研仪器行业发力。从北京市区搬来怀柔科学城，邢健和团队成员看中的，不仅有最前沿的科学需求和市场机会，还有为科研人员量身打造的生活空间。因为独角兽企业成长更迅速、技术更先进、理念更前沿、管理更有难度，所以独角兽企业家通常具备异质性、与众不同的特点，如超凡的想象、宏大的格局和钢铁般的意志等。中关村科学城打造未来产业，率先挂牌 6 家中关村科技成果转化先导基地加速区，为创新主体提供 8.2 万平方米的空间，搭建企业服务平台 30 个。[①] 这为独角兽企业独特性或颠覆性技术提供了良好的创新平台和广阔的成长空间。2022 年 4 月，北京市当年第一批集中供地中，中海汇智里项目位于昌平未来科学城，从拿地到最终获批预售仅用 45 天，再次刷新了北京的最快纪录。当然在这个纪录背后是营商环境不断优化的"昌平速度"。[②] 良好的营商环境不仅在项目落地时会给予支持和鼓励，而且在项目开展过程中也会不断被注入有效能量。独角兽企业具有难以复制的商业模式，在经营过程中存在一定的复杂性，所以公平的竞争环境、宽松的创新环境和适度的政策支持，有助于独角兽企业商业模式的开展。线上平台方面，北京经济技术开发区推出政策匹配、推送服务、空间超市、云上路演等特色功能，发布共享设备 144 台套，共享实验室 70 个，提供技术服务 66 项。线下平台方面，2021 年以来，北京经济技术开发区协同"三城"20 余所高校机构开展 10 场创新项目交流对接活动，共有 51 个科技项目进行了路演。[③] 这有助于独角兽企业展示企业形象和品牌推广，促进独角兽企业战略与品牌高度协同。同时，北京经济技术开发区对接成果转化中心如清华大学、北京大学等高校，签署全面战略合作协议如与北京航空航天大学、北京工业大学等，储备产业化项目超

---

① 央广网发布的《"三城一区"联动打造国际科创中心》。

② 昌平区人民政府发布的《"昌平速度"助力未来科学城建设》。

③ 资料来源于北京市科学技术委员会、中关村科技园区管理委员会官网发布的《155 个"三城"项目落地！北京经开区建立健全科技成果转化体系》。

过 700 项，与"三城"高校院所组建 31 家联合实验室。① 独角兽企业是资源的整合者，常用外包、合作协议、战略联盟、特许经营等方式实现资源共享，北京经济技术开发区的资源有利于独角兽企业实现资源共享机制。北京经济技术开发区也将为"三城一区"的企业提供科技金融保障，北京经济技术开发区每年设立 10 亿元产业高质量发展统筹资金，通过股权投资方式，推动产业高质量有序发展。持续的资本赋能是独角兽企业成长的关键要素之一，而"三城一区"的金融保障与资金支持，能够为独角兽企业提供持续的资本赋能，促进独角兽企业高速成长。

因此，"三城一区"不仅在创新生态环境这个外部因素方面促进了独角兽的成长，同时也促进了独角兽企业异质型企业家精神、独特性或颠覆性技术、难以复制的商业模式、战略与品牌协同、资源共享机制和持续的资本赋能六大内部要素的形成。综上所述，北京是名副其实的全球独角兽第一城，在这里独角兽企业能够快速成长和发展。

---

① 资料来源于北京经济技术开发区官网发布的《近五年北京经开区"三城一区"科技成果转化项目超 500 项，百余储备项目即将高质量落地转化》。

第十一章

独角兽企业和香港交易所

沪深市场、港股市场和美股市场是大家经常拿来作比较的三类交易市场，目前企业对上市场所的选择比较多，其中港股市场是一个较为特殊的存在，也是中国独角兽企业上市的重要选择。我们将在本章讨论香港交易所独角兽企业的上市情况，深度探究独角兽企业选择香港交易所的原因，并且分析独角兽企业在未来赴港上市的趋势。

一、商汤科技登陆香港交易所

（一）"AI 视觉第一股"资本市场试水温①

知名 AI（人工智能）科技公司商汤集团股份有限公司（以下简称商汤科技）2021 年 12 月 30 日于香港联合交易所有限公司主板正式挂牌交易，成功在香港上市。

据悉，商汤科技是一家诞生于香港、成长于内地的科技公司，此次上市选择在上海和香港共同举行上市庆祝仪式，并在线上进行直播。

"我们用我们的方式去改变世界，让每一个人都能看到人工智能给生活带来的价值。"商汤科技联合创始人、董事会执行主席兼首席执行官徐立在线上致辞表示，每个时代的企业都承载着各自不同的希望和责任，商汤科技的命题是如何从生存、追赶到发展与开创。他表示，商汤科技将和投资者、合作伙伴一起，推动人工智能基础设施的建设，赋能百业，普惠众人，"用我百点热，耀出千分光"。

记者在线上直播留意到，商汤科技在上市仪式中以 AI+AR（增强现实技术）技术打造了创新的"AR 敲锣"环节，让出席仪式和未能到场的嘉宾都可以通过虚拟与现实结合的方式共同参与和见证这个值得纪念的时刻。

据悉，2021 年 12 月 10 日，美国财政部将商汤科技列入"非 SDN 中国军工复合体企业名单"，为保障公司有意投资者的利益并帮助彼等考虑该等最新事态发展对其投资决定的潜在影响，商汤科技 12 月 13 日发布公告宣布延迟上市。此后又于 12 月 20 日重启了港股 IPO（首次公开募股集资），23 日提前结束认购。

2021 年 12 月 30 日，香港特区政府财政司司长陈茂波现身商汤科技香港上市庆祝仪式并表示，每家成功的公司都有一个故事，每个成功的故事也许亦难免有些曲折。"商汤在上市前夕，被外国政府无理干扰，企图阻挠它上市的进程。虽然曾遇曲折，但是，对强者而言，困难与挑战都只会是成功故事的点缀。"对于商汤科技当天的成功上市，陈茂波表示庆祝，他认为，这里面有着国家的支持、香港的努力，更重要的是企业创办人、管理者出色的能力和团队的拼劲。

（二）难以超越的科技实力

商汤科技是一家行业领先的人工智能软件公司，以"坚持原创，让 AI 引领人类进步"为使命，拥有深厚的学术积累，并长期投入原创技术研究，不断增强行业领先的全栈式人工智能能力，涵盖感知智能、决策智能、智能内容生成和智能内容增强等关键技术领域，同时包含 AI 芯片、AI 传感器及 AI 算力基础设施在内的关键能力。此外，商汤前瞻性打造新型人工智能基础设施——SenseCore 商汤 AI 大装置来降低人工智能生产要素价格，实现高效率、低成本、规模化的 AI 创新和落地，推动人工智能进入工业化发展阶段，其业务涵盖智慧商业、智慧城市、智慧生活、智能汽车四大板块。①

商汤科技在 2014 年于香港成立，创始团队源于 2001 年在香港创立的香港中文大学多媒体实验室，成员包括汤晓鸥教授及实验室的核心成员。商汤科技的创立源于一篇论文，准确地说是源于一个名为 DeepID 的模型，在人脸识别数据库（Labeled Faces in the Wild，LFW）上，这个模型的识别率达到了 99.45%，不仅超过了人眼识别，也超过了当时 Facebook 的算法，这一成就吸引了资本的注意，2014 年 10 月，商汤科技正式成立。商汤科技打造的前瞻性"SenseCore 商汤 AI 大装置"，能够实现高性能 AI 模型的量产，并通过商汤的软件平台，将 AI 模型应用在多种场景②。同时，随着商汤科技的 AI 模型在处理现实世界数据和驱动各种人工智能应用方面变得更加精密和准确，目前它已成为推动各行业数字化转型的基石。

正如《巴菲特的护城河》书中所言："只有那些拥有多种多样专利权和创新传统的企业，才有护城河。"截至 2021 年底，商汤科技累计拥有 11494 件全球专利资产，相较于 2020 年底增长 96%，并且其中 78% 为含金量较高的发明专利③。商汤科技拥有的上万个专利以及在研发领域的持续耕耘，共同构筑了其在人工智能领域宽阔的护城河。目前，商汤科技围绕人工智能已经搭建了领先的理论体系、人才团队和基础设施，脚踏实地赋能实体经济千行百业并获得了数千家大型企业客户的认可。根据 IDC 及沙利文的市场报告，商汤科技连续三年蝉联中国计算机视觉应用市场份额第一。其中，在 IDC 发布的《2021 年上半年中国人工智能市场报告》中，商汤科技再次蝉联中国计算机视觉应用市场份额第一，更是超过了第二、三、四名的总和。在沙利文发布的《2021 年中国计算机视觉市场报

①③　资料来源于商汤科技官网。
②　张纹．商汤科技助力数字经济和实体经济深度融合［N］．经济参考报，2021-11-26（003）．

告》中，商汤科技在计算机视觉领导者象限中位列第一，并实现了"增长指数"及"创新指数"双维度全面领先①。

商汤科技的技术实力不是一蹴而就的，公司自成立起就甘做科技路上的"苦行僧"。在研发投入方面，2018~2021年商汤科技累计研发费用近83亿元，研发费用率（研发费用/营业收入）分别为45.9%、63.3%、71.19%及65.11%，远远超过高新技术企业3%的研发费用率门槛。从研发人员配置角度来看，商汤科技2021年共有研发人员4200名，占员工总数的比重达70%，也远远超过高新技术企业的要求，丰富的人才资源为其从研发到生产的全栈式人工智能创新体系奠定了坚实基础，使其能具备日益增强的行业内领先的AI能力。另外，商汤科技还与国内多所知名高校达成合作，建立联合实验室或开展科研合作，其中包括北京大学、清华大学、上海交通大学、浙江大学、香港中文大学等。②

（三）商业化赋能多个行业

雄厚的技术积累固然值得赞叹，但最终的技术落地才是商汤科技实现可持续发展的关键，检验和衡量其市场价值的尺度是商业化。当人脸识别算法的精度首次超过人眼时，学界和风投都嗅到了其中的机遇。但在商业化落地时，商汤和"AI四小龙"（商汤科技与旷视科技、云从科技、依图科技是中国人工智能计算机视觉细分领域最受关注的四家公司）的其他三家都遇到了相同的难题。不论是人脸识别还是背后的计算机视觉技术，都是一个技术模块，不像搜索引擎使用的超链分析算法或者字节跳动的智能推荐算法，计算机视觉算法没有一个天然的商业化落地场景，而是要依附于其他已有的业务场景。商汤科技基于SenseCore为客户开发并提供具有模块化灵活性的标准软件平台，来支撑其四大板块的均衡发展，持续提高从数据到AI模型生产，再到场景应用和商业化的闭环效率③。商汤科技的业务板块及相关业务如图11-1所示。

通过加大对SenseCore的投资，将海量数据有效地转化，生产各行业最先进的人工智能模型，商汤科技不断优化生产和运营成本，提高商业化效率④。在智慧商业业务板块，商汤SenseFoundry Enterprise方舟企业开放平台通过对企业空间的信息感知和辅助决策，能够帮助企业降本增效，提高数字化运营水平，平台上有9300多个AI模型，支持空间管理、基础设施监测、空间安全等数字化应用。

① 资料来源于中华网发布的《2021上半年人工智能市场份额报告：整体市场规模增速达42.2%》。
② 资料来源于未来智库发布的《德勤中国创新生态发展报告2019》。
③ 参见商汤科技招股说明书。
④ 李艳艳. "AI第一股"炼成记［J］. 中国企业家，2022（2）：34-40.

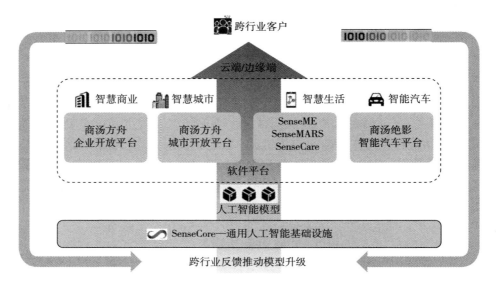

图 11-1 商汤科技业务概览

资料来源：商汤科技招股说明书。

在智慧城市业务板块，商汤科技与城市管理者合作，构建面向未来的城市管理平台，通过打造 SenseFoundry 商汤方舟城市开放平台，服务了 11 个千万级人口的大型城市，实现了数字化升级，并取得了显著效果。在智慧生活业务板块，商汤科技覆盖了从娱乐、旅游、健康到出行的方方面面，在智能家居行业、智慧诊疗平台、AI 教育等领域中都有不凡的表现，其 SenseMARS 火星混合现实平台和 SenseME 水星智能移动终端平台累计支持了超过 4.5 亿部手机及超过 200 个手机应用程序，实现了真实世界和虚拟世界的连接。在智能汽车业务板块，商汤科技历经五年打磨的智能汽车平台品牌"SenseAuto 商汤绝影"，以 SenseCore 商汤 AI 大装置为基石，以 SenseAuto Empower 绝影赋能引擎为底座，在量产智能驾驶、智能车舱和车路协同等板块，深度挖掘车载行业数据价值，连接智能汽车与商汤智慧产业生态，实现与汽车产业的共生共赢①。除此之外，商汤科技倡导"发展"的人工智能伦理观，并积极参与有关数据安全、隐私保护、人工智能伦理道德和可持续人工智能的行业、国家及国际标准的制订。截至 2021 年 6 月 30 日，商汤参与了 80 多个行业、国家及国际标准的制订，与多个国内及多边机构就人工智能的可持续及伦理发展开展了密切合作。商汤《AI 可持续发展道德准则》

---

① 资料来源于商汤科技官网。

被联合国人工智能战略资源指南选录，是亚洲唯一获此殊荣的人工智能公司①。

（四）融资历程及上市表现

2016 年，AlphaGo 战胜了全球所有著名的围棋手，AI 概念被推上风口。互联网行业中有一句名言，说的是"站在风口上，猪都能飞起来"，此时的人工智能就是这个风口。风口效应推高了资本对 AI 的想象和期望，商汤科技在两年时间里完成了 8 轮融资，成为媒体口中的"融资机器"，一时风光无限②。此时，不仅仅是商汤科技，几乎所有的 AI 创业公司都备受资本青睐，云从科技、旷视科技、依图科技也疯狂吸金，"AI 四小龙"格局初现。但是时间到了 2018 年，一级市场对 AI 的态度发生了明显的变化。一方面，AI 在应用场景上迟迟得不到突破，缺乏应用实践能力；另一方面，全球经济进入调整期，资本市场也开始经历钱荒，更关注可以实现盈利的商业模式。通过观察商汤科技的融资历程（见表 11-1）不难发现，在 2019 年、2020 年、2021 年内商汤科技只进行了一次 Pre-IPO 融资，并且没有透露融资来源，AI 赛道进入寒冬期。由于 AI 技术公司的研发难度大、投入高，像商汤科技这样的人工智能界"巨头"处于连年亏损的状态，直到上市前也没能改变这一现实。商汤科技 2021 年全年财务业绩报告显示，2021 年四大业务板块高质量发展，共实现营业总收入 47 亿元，同比增长 36.4%。其中，智慧商业板块营收为 19.58 亿元，占总收入的 41.7%；智慧城市业务板块营收为 21.42 亿元，占比 45.6%，跃居商汤第一大收入来源；智慧生活板块、智慧汽车板块营收分别为 4.15 亿元、1.84 亿元，分别占比 8.8%、3.91%。商汤科技 2021 年调整后净亏损为 14.2 亿元，表现优于预期，其业绩增长渐入佳境。

表 11-1　商汤科技融资历程③

披露日期	融资金额	融资阶段	投资方
2014 年 11 月 7 日	数千万美元	A 轮	IDG 资本
2016 年 4 月 1 日	数千万美元	A+轮	Star VC
2016 年 12 月 1 日	1.2 亿美元	Pre-B 轮	鼎晖投资、万达集团、IDG 资本、Star VC
2017 年 7 月 11 日	2.9 亿美元	B 轮	华融国际、东方证券、华兴新经济基金、盈峰控股等

① 东青. 商汤科技 AI 大装置整合人工智能基础设施能力［J］. 数据，2021（7）：12-13.
② 资料来源于新浪财经发布的《商汤科技上市三天股价翻倍：经历大风大浪，AI 价值如何重估？》。
③ 资料来源于企查查。

续表

披露日期	融资金额	融资阶段	投资方
2017 年 11 月 15 日	数千万美元	战略融资	高通风投
2017 年 11 月 28 日	15 亿元人民币	B+	松禾资本、阿里巴巴
2018 年 4 月 9 日	6 亿美元	C 轮	苏宁、阿里巴巴、淡马锡
2018 年 5 月 31 日	6.2 亿美元	C+	保利资本、中银投资、全明星投资基金、深创投等
2018 年 9 月 10 日	10 亿美元	D 轮	软银中国资本
2020 年 12 月 7 日	120 亿美元	Pre-IPO	未披露
2021 年 12 月 30 日	55.52 亿港元	IPO	香港交易所

资料来源：企查查。

2021 年 12 月 30 日，20 天前被美国商务部列入"非 SDN 中国军工复合体企业名单"的商汤科技重新调整后于香港交易所成功上市，IPO 发售价定为 3.85 港元。这家在资本市场沉寂已久的 AI 独角兽上市即大涨，股价一度飙升 23%，市值一度高达 1500 亿港元。商汤科技再度涨超 30%。2022 年 1 月 3 日，商汤暴涨 41%，市值突破 2500 亿港元[1]。1 月 4 日，商汤科技股价到达最高值 9.7 港元后下降，当日略有下跌，在未来 3 个月股价趋于平缓。上市后商汤科技日 K 线图如图 11-2 所示。

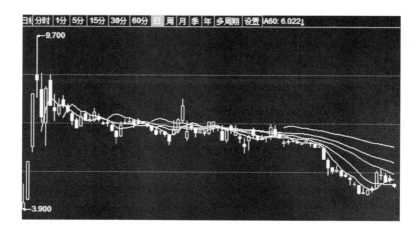

图 11-2　上市后商汤科技日 K 线图（截至 2022 年 5 月 6 日）

资料来源：雪球网。

---

① 资料来源于新浪财经发布的《商汤科技再涨逾 20%　机构解读背后三大原因》。

作为中国最大的计算机视觉软件提供商，商汤科技的发展前景是光明的。人工智能已经慢慢融入到我们的生活当中，被广泛应用于制造、住房、金融、零售、交通、安防、医疗、物流、教育等行业，并且已经慢慢被人类接受，未来有很多种可能，也会改变人类的未来。商汤科技凭借其科技实力和出色的商业落地表现，成为香港交易所人工智能板块的龙头企业，拥有广阔的发展空间。商汤科技未来在具有无限可能的同时，但也会面临各种风险。从整个行业来看，人工智能未来发展具有太多不确定性，对资金流动性要求高，并且目前各个行业更加注重隐私和数据保护，还面临与国际贸易政策、地缘政治及贸易保护措施相关的风险，这对商汤科技而言都是一大挑战。从其自身发展来看，商汤科技经营时间较短，业务在很大程度上依赖人才库，并且自成立以来一直处于亏损阶段，客户过于集中容易遭遇客户延期付款或违约相关的信贷风险，加上其他关于投资、扩张、收购等风险，商汤科技在未来发展中并不会非常顺利。

二、结构与分布

2021 年度共有 66 家全球独角兽企业 500 强成功上市，其中香港交易所上市 4 家（见表 11-2），较 2020 年度增加 3 家。2021 年度香港交易所上市公司分别是快手、京东物流、联易融和百融云创，分属于文旅传媒、物流服务、金融科技和企业服务四个不同的行业。除此之外，医药健康行业的隐形独角兽企业归创医疗、诺辉健康和加科思也于 2021 年度赴香港交易所上市，以上上市企业全部来自中国。

表 11-2　2019~2021 年香港交易所上市独角兽名单

序号	企业名称	上市时间	行业	国家	上市后市值（亿美元）	涨幅（%）
1	复宏汉霖	2019 年 9 月 25 日	医药健康	中国	32.49	8.3
2	易商红木	2019 年 11 月 1 日	物流服务	中国	63.7	76.94
3	京东健康	2020 年 12 月 8 日	医药健康	中国	329.95	9.98
4	快手	2021 年 2 月 5 日	文旅传媒	中国	564.8	97.48
5	京东物流	2021 年 5 月 28 日	物流服务	中国	216.79	61.78
6	联易融	2021 年 4 月 9 日	金融科技	中国	39.35	274.77
7	百融云创	2021 年 3 月 31 日	企业服务	中国	63.95	539.50

2021 年度香港交易所上市的 4 家独角兽企业上市后总市值为 884.89 亿美元[①]，较上市前估值均有所上升，这几家企业规模相差较大，前有京东物流、快

① 资料来源于《全球独角兽企业 500 强发展报告（2021）》。

手这样的行业领军企业，后有联易融、百融云创这样的小规模独角兽企业。但值得注意的是，虽然联易融和百融云创这两个企业上市前估值不高，但是上市后市值分别翻了 3.75 倍和 6.4 倍，均超越了其他 2 家企业，由此可见这两家独角兽公司发展态势良好，受资金追捧程度较高（见图 11-3）。

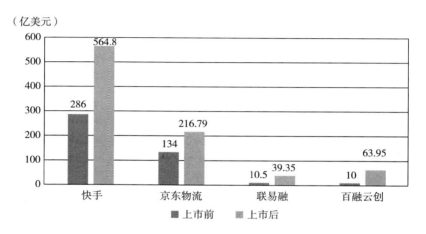

图 11-3　2021 年度香港交易所上市独角兽上市前后估值与市值对比

注：2021 年度时间是指 2020 年 7 月到 2021 年 6 月。

资料来源：BIHU 全球独角兽企业数据库。

2019 年在香港交易所上市的独角兽公司仅有复宏汉霖和易商红木 2 家，2021 年上升到 4 家，虽然和美股市场的 57 家相比，香港交易所整体上市数量还是较少，但是从公司赴香港交易所上市趋势上来看，形势比较乐观。观察 2021 年度在香港交易所上市的 4 家独角兽企业——快手、京东物流、联易融和百融云创，它们来自不同的行业、具备不同的特征，出于不同角度的考虑，最后选择了同一个上市场所——香港交易所。

三、联易融：重新定义和改造供应链金融

联易融（联易融数字科技集团有限公司，英文名：Linklogis）是在腾讯等早期股东的支持下，由国际上具有资深金融、互联网背景的高级管理人员发起的金融科技公司，2016 年 2 月成立于深圳前海。供应链金融是指通过以供应链中高资信的较大型企业（核心企业）为中心的解决方案，帮助供应链上的企业以高效的方式改善营运资金状况和提高融资效率。近年来，技术变革对生产生活方式产生了深远的影响，供应链金融科技解决方案市场存在着巨大的机遇，根据灼识咨

询数据，中国供应链金融的融资余额到 2024 年底预计将达到人民币 40.3 万亿元，但需要全面的数字化转型来将潜力变为现实。传统的供应链金融模式由于交易流程的透明度低以及严重依赖人工流程而不能有效地验证相关交易的真实性和管理风险，AI、区块链、大数据和云计算等新科技的出现，使供应链金融业务流程更加透明、高效、智能，改变了传统的运作方式。意识到供应链金融科技解决方案领域的巨大市场潜力，联易融在 2016 年踏上了征途，在业内率先提供企业级、基于云端和数字化的供应链金融解决方案，创立 5 个月就完成了 1 亿元人民币的 A 轮融资并在 2018 年成为科技独角兽企业。联易融创立以来围绕着核心企业+、小微企业+、跨境贸易+、Fintech+四个维度，服务供应链核心企业及链属企业，为其提供便捷高效的供应链金融服务，帮助生态圈内的小微企业获得便捷、低成本的融资，通过搭建平台及科技输出，为金融机构、政府、产业链等提供支持，为产业链创造增量价值，提升金融市场效率，支持实体经济发展。截至上市前，联易融服务了 340 多家核心企业，其中包括 25% 以上的中国百强企业，并与超过 200 家金融机构合作，其海外业务也处于快速发展阶段，覆盖了 14 个国家及地区。2021 年 4 月 9 日，联易融在香港交易所上市，意味着"供应链金融科技第一股"诞生，以 19.32 港元/股的价格开盘，较发行价上涨 9.9%，总市值约 360 亿元人民币，联易融成为首家上市的中国供应链金融科技 SaaS 企业。[①]联易融发展历程如图 11-4 所示。

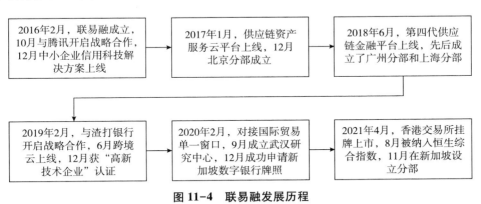

图 11-4　联易融发展历程

资料来源：联易融公司官网。

（一）供应链金融连接多个行业

作为中国领先的供应链金融中介，联易融连接着多个行业的公司，其客户主

---

① 资料来源于联易融官网及联易融招股说明书。

要包括核心企业及金融机构，核心企业覆盖房地产、能源、建筑、医药、制造等多个行业，联易融金融科技解决方案如图 11-5 所示。联易融处在供应链的重要环节，连接的主体较多，合作的金融机构容易受到严格监管，金融服务行业中法律法规的收紧会对公司财务产生影响。中国关于供应链金融的相关法律制度并不完善，在诠释及实施方面存在不确定性，愈加复杂的国际关系更是联易融需要考虑的因素，作为国际供应链金融科技提供方，疫情、国家之间的关系都会对联易融的经营产生直接影响。近年来，中美间关系恶化导致两国在贸易、科技、金融和其他领域产生强烈潜在冲突，世界其他地区的地缘政治局势的不确定性也进一步增加，对中国和中国企业造成了恶劣影响。对于联易融这种掌握多个行业信息的金融科技企业而言，拥有一个安全的发展环境至关重要，这是其选择香港交易所上市的重要原因之一。

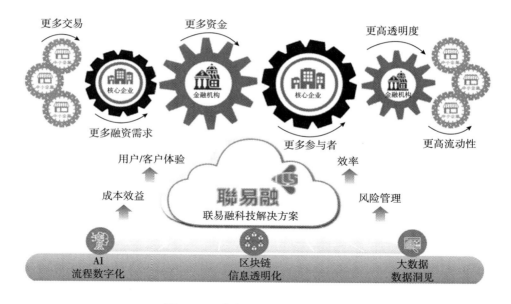

图 11-5　联易融金融科技解决方案

资料来源：联易融公司官网。

随着中国"碳中和、碳达峰"战略目标的落地和实践，各方越来越意识到，双碳目标的实现绝不仅仅在能源转型问题上，而是整个社会生产生活方式进行全民转变的系统性变革。在这个过程中，各行各业正在推进的数字化转型无疑对提高节能减排效率、加速双碳目标实现能起到重要的推动作用。联易融近年来在推进跨境贸易无纸化、绿色金融方面都有诸多业务尝试，已体现出其在节能减排方面的重要作用。在这股数字化转型的浪潮中，供应链金融科技无疑会获得更大的市场机遇，联易融也不例外。

（二）香港金融科技发展正当时

香港交易所是全球领先的新股融资中心，在 2009～2021 年的 13 年中，香港有 7 年均荣登全球 IPO 集资榜首。香港交易所充裕的资金吸引了大量的全球投资者，是国际公司进军中国市场的最佳选择，也是中国公司出海国际化的首选之地，不但是生物科技企业的新家，也是中国金融科技等新经济公司上市的不错选择。香港是全球银行机构密度最高的城市之一，截至 2021 年，全球百大银行中逾 70 家在香港营业，超过 29 家跨国银行在港设置地区总部。虽然香港仅有 750 万本地人口，但其国际金融中心地位显赫，又背靠中国内地庞大市场，这让香港成为全球银行业盈利最高的市场之一。随着新的科技手段涌现，香港金融科技进入了加速发展期，而金融科技的发展离不开虚拟银行的加入，香港金融管理局在 2018 年 5 月发布了《虚拟银行的认可》指引修订本，使得香港成为亚洲区为率先推出虚拟银行的城市之一。同时，随着香港监管机构积极吸引金融科技投资进入市场，本地金融界的金融科技普及率亦有上升的趋势。香港金融监管局 2020 年公布的调查显示，35%～56% 的银行视金融科技为发展机遇，86% 的银行王逐步将金融科技融入各种金融业务。近年来，香港的虚拟银行、虚拟保险、金融科技公司发展态势良好，证明了市场对这些行业和公司的信心，使相关公司能够在金融科技生态系统中蓬勃发展。同时，香港也降低了门槛，帮助初创公司提供互补的解决方案。为了帮助金融科技初创公司更好地拓展商机，香港投资推广署于 2020 年 6 月推出了全球 Fast Track 计划，协助它们加快接触一众潜在客户，包括各大金融机构、企业和金融科技策略投资，受到了全球金融科技公司的追捧①。另外，香港交易所于 2021 年 9 月 2 日与香港科技园公司签订了合作备忘录，双方在金融科技范畴的合作得到加强，香港交易所的金融科技实力也为此得到进一步提升。

截至 2021 年，香港有超过 600 家金融科技公司和初创企业，是全球初创企业迅速拓展的首选城市之一。一场席卷全球的新冠疫情对科技提出了更高的要求，助推香港乃至全球的金融科技加速发展，香港的消费者金融科技普及率和 B2B 金融科技普及率均居于世界高位，即就金融科技在 B 端及 C 端的应用而言，香港都领先其他发达经济体。新经济公司的融资在香港市场新股融资总额中的占比逐年攀升，从 2019 年的 49% 上升至 2020 年的 64%、2021 年的 87%。在未来，

---

① 许跃芝，刘亮. 着力推动香港金融科技创新［N］. 经济日报，2021-08-14（007）.

香港交易所多次强调推进基础设施现代化，尤其是要提升金融科技方面的能力来满足市场需求。根据以上分析不难发现，对于联易融和百融云创这样的金融科技创新企业而言，考虑其长远发展，香港交易所正是它们上市的最佳选择。

（三）联易融上市表现不容乐观

联易融于 2021 年 4 月 9 日在香港交易所挂牌上市，IPO 最终发售价为 17.58 港元，募集净资金规模达 77.1 亿港元，发售超额认购达 98.5 倍，吸引了包括顶级国内外主权基金、长线基金和科技行业基金等各类型投资者成为公司股东。随着供应链金融迈入快车道，联易融作为供应链金融科技第一股自上市以来备受瞩目与期待，但这一路走来并不顺利。2021 年 7 月 20 日在联易融上市 3 个月时，做空机构 Valiant Varriors 发布了一篇看空报告《联易融——谎言构建的供应链》，报告称联易融表内金融风险巨大，杠杆倍数超过 80 倍，违反银保监会 205 号文规定，并指出联易融过度依赖房地产行业，过度科技化包装其业务。这导致联易融股价迅速下挫，并紧急停牌①。做空报告出来后，联易融获得了股东、投行以及合作客户的"撑腰"。花旗证券，高盛、华兴等投行迅速发布研报力挺联易融，合作伙伴创维集团发文驳斥了上述观点，股东中信资本也接连增持其股份，联易融有惊无险，顺利过了这一道坎，宋群也对报告里的内容进行了回应，让大众对联易融有了更加深入的了解。虽然联易融是从房地产起步，但是在联易融的企业类合作伙伴中，占比最大的是制造业，客户比例为 25.5%，超越了占比 24.8% 的房地产行业。目前，科技赋能供应链金融赛道上的企业较少，联易融缺少可以对标的企业，但这也说明这个行业前景广阔，依靠团队深厚的金融背景，对行业、客户痛点强大的洞察力，联易融未来可期。2021 年 7 月 22 日，联易融发布澄清公告并宣布当日上午 9 时恢复买卖，当日联易融以 12.22 港元开盘，开盘即连跌，盘中股价一度下挫至 9.2 港元，均创下历史新低，较 5 月 5 日最高价 25.1 港元跌去 63%。2021 年业绩报告显示，公司资产服务规模总量同比增长 50.7%，公司总收入及收益同比增长 50.4%，毛利率由 2020 年的 61.3% 提升至 2021 年的 77.4%，核心财务指标持续向好。尽管联易融上市以来财务状况良好，但其股价目前还处在比较低的水平（见图 11-6），公司在下一步会采取什么措施，还值得我们继续关注。

（四）机遇与挑战

2021 年，联易融进入了发展的快车道，2021 年联易融的供应链金融科技解

① 老盈盈. 做空漩涡里的联易融［N］. 经济观察报，2021-07-26（013）.

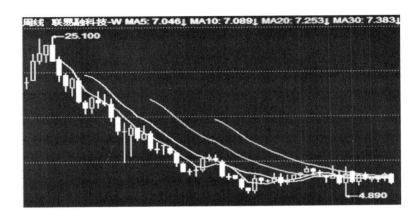

图 11-6　联易融周 K 线图（截至 2022 年 5 月 6 日）

决方案保持了高达 97% 的客户留存率，主要的核心企业客户及合作伙伴覆盖 19 个行业，联易融的合作伙伴数量总数达到 970 家，其中核心企业客户数为 679 家，较 2020 年新增 97%，包括中国百强企业中的 36 家、金融机构客户数为 291 家，较 2020 年新增 44%[①]。持续受益于核心企业和金融机构互相引荐的"飞轮效应"，公司在 2021 年上半年新增的客户中，有 39% 为现有客户及合作伙伴引荐，主要客户类型由商业银行、证券公司、信托公司，延伸至银行的理财子公司及保险公司的资产管理子公司等。在客户数目全面增长的背后，联易融持续优化自身产品结构，目前，公司的供应链金融科技解决方案主要涵盖核心企业云系列以及金融机构云系列。

　　在中国，供应链金融尚处于起步阶段，联易融在强投入之下抢占市场先机将有助于公司未来释放更强劲的业绩爆发力。随着此次上市，在雄厚资金的支持下，公司有望开启加速跑模式，全面进入发展新阶段。联易融 2021 年度报告显示，联易融坚持深耕供应链金融科技，持续增强研发投入，提升科技与创新实力，2021 年公司的研发投入达 2.77 亿元，占总经营费用的 43.8%；已申请专利 304 项，其中包括已获得的发明专利 8 项；获得著作权登记 127 项，并完成 5 项安全等级保护测试。科技是联易融的核心驱动力，研发人员更是公司发展的重要支撑，上述报告还显示，联易融从事技术相关工作的员工占公司总人数的 65%。作为中国领先的供应链金融科技解决方案提供商，联易融通过工作流程的自动化和数字化将会进一步优化客户体验。

　　虽然联易融是中国供应链金融科技公司的领跑者，但金融科技行业瞬息万

[①]　资料来源于《联易融 2021 年业绩报告》。

变，若联易融无法持续创新或有效应对迅速发展的技术及市场动态，则业务、财务状况、经营业绩和发展前景都会受到重大不利影响。联易融的招股说明书显示，在公司经营成本中，研发费用及行政费用占比较高。另外，在联易融的应收体系中，客户集中度偏高，对大客户依赖程度较高，这在招股说明书里也有提到，如果无法维持或开拓客户，或大客户减少使用公司产品，会对公司经营产生负面影响。因此，目前国际形势瞬息万变，联易融的国际业务极易受到影响。

金融科技促进了金融机构业务创新和服务升级，供应链金融在满足实体经济融资需求方面有着不凡表现，二者结合必能碰撞出精彩火花，而联易融的出现就是最好的证明。作为首家上市的中国供应链金融科技 SaaS 企业，联易融为三百多家核心企业及众多中小企业提供金融服务，在很大程度上解决了银行和企业间信息不对称的难题，荣获"中国供应链金融优秀科技服务商"称号，是供应链金融行业里名副其实的领军企业。面对供应链金融这个万亿蓝海市场，联易融应该深度挖掘，不断提升自身服务水平，进一步巩固其行业霸主地位。

四、京东健康：打造国民首席健康管家

在数字经济时代，人们的生产生活方式发生了巨大改变，为了满足社会上不断升级的消费需求，一大批新型企业涌现出来，京东就是数字经济的产物。其实，京东的业务不只覆盖电子商务行业，而是定位于科技创新层面，致力于发现蓝海市场需求，不断探索新的领域。京东健康是京东专注在大健康业务的子公司，被誉为 2020 年度全球最年轻的独角兽公司①，也是京东系列继京东数科、京东物流之后的第三家独角兽公司。早在 2014 年，刘强东就发现，医疗健康行业有很多亟待解决的问题，京东医疗健康业务就开始作为京东集团独立的业务类目进行运营，阿里巴巴和腾讯分别在 2015 年和 2016 年正式建立了自己的医疗健康平台，但一直处于亏损状态。2016 年，京东与江苏泰州市政府和江苏宿迁市政府进行了多轮洽谈，政府和京东在现代化医药流通体系、智慧医疗和现代化医药电商等领域开展合作，京东健康的雏形开始显现。2019 年 5 月，京东健康开始独立运营，并在同年 11 月完成 10 亿美元 A 轮融资，次年 8 月完成 58 亿美元 B 轮融资，融资后估值已接近 200 亿美元②。2020 年 12 月 8 日，京东健康正式于香港交易所主板上市，成为京东"三驾马车"中的第一家上市主体，给京东集团带来了众多正面的影响。首日市值一度逾 3100 亿港元，被号称是 2020 年度港股最

---

① 秦知东. 京东健康披露招股书 全球最年轻"独角兽"为何异军突起［J］. 计算机与网络，2020，46（20）：9-11.

② 资料来源于京东健康官网。

大 IPO，也是香港交易所迎来首家年收入破百亿的互联网医疗公司，阿里健康则开盘微跌，总市值为 3080 亿港元。

招股说明书显示，京东健康定位于"以供应链为核心、医疗服务为抓手、数字驱动的用户全生命周期全场景的健康管理平台"。京东健康的主营业务包含零售药房业务和在线医疗健康服务，前者为后者提供流量，后者为前者创造需求，二者强协同效应形成了"医、药联动"的闭环体系。以京东健康为领头羊的在线医疗行业改变了用户的就医方式，不仅使医生利用碎片化时间为患者答疑解惑，用户也避免了等候看病时间长、问诊咨询时间短的困扰，提高了就医效率和用户体验，打破了传统医疗的局限性。

（一）与全球第二大生物科技公司交易中心相互成就

香港交易所已经成为全球第二大生物科技交易中心，京东健康的加入对其而言是锦上添花。与传统行业相比，生物医药科技企业具有极高的技术门槛，其具备高投入、高风险的特点，股权融资是助力其成长的重要融资方式。香港交易所在 2018 年 4 月 30 日做出过一次重大改革，放宽了对生物科技公司上市规则的限制，允许未有收入、未有利润的生物科技公司提交上市申请，降低了生物科技企业的上市门槛，给前景广阔但回报慢的生物医疗健康企业提供了上市机会①。此次改革引起了众多生物科技公司的关注，提高了医疗健康相关企业上市的信心，为香港交易所增添了独特优势。香港交易所上市规则更改后，一大批生物科技公司纷至沓来，其中包括百济神州、信达生物、华领医药等多家内地生物科技企业，掀起了一股医药企业赴港上市热潮，2019 年香港交易所成为全球第二大生物科技交易中心。随着香港市场生物医药板块越来越成熟，恒生指数公司于 2019 年 12 月推出恒生香港上市生物科技指数，追踪 54 只香港上市生物科技公司股票整体表现，其中 21 只为尚未有盈利收入的生物科技公司科技股，恒生香港上市生物科技指数自推出以来收益显著好于其他市场指数。2020 年 12 月 8 日，京东健康正式在香港交易所挂牌交易，成为亚洲医疗保健行业最大 IPO，增强了香港交易所投资者的投资信心，也成为其他医疗健康企业的风向标。中国的医疗健康服务市场未来的增长空间巨大，还会继续吸引大批医药健康企业赴港上市。

2021 年共有 34 家医疗健康企业在香港交易所挂牌上市，占据了上市公司总数的 34.7%，其中包括 20 家未盈利生物科技公司，它们共募集资金 578.84 亿港元，占 2021 年香港 IPO 总募集资金的 17.60%，平均每家募资 23.02 亿港元，2021 年度在香港交易所上市的隐形独角兽全部是医疗健康公司。启明创投管理

① Ellis Shannon. Hong Kong Stock Exchange Opens to Biotechs [J]. Nature Biotechnology，2018，36（6）：36.

合伙人、香港交易所董事会成员梁颖宇表示："我们认为中国的医疗健康体系、市场及公司等都将持续增长，因此医疗健康行业的重要性日益凸显。对许多这类公司而言，香港交易所会是一个极大的交易和上市平台。"近几年，香港交易所极其重视医疗健康赛道的发展，每年都会汇集业内翘楚举行生物科技峰会，分享生物科技行业的最新成果并共同展望前景，同时探讨资本市场在推动医疗健康行业发展中扮演的角色。香港交易所主席史美伦在 2021 年生物科技峰会上表示，香港交易所将继续加强市场的广度和深度，推陈出新，丰富产品种类，提升竞争力，力求吸引更多内地以及其他地区的生物科技公司赴港上市。

（二）政策利好持续加码

京东健康能够大获成功，离不开医院处方药外流这一大背景。中国的公立医院一直是非营利性质，在药品方面有着"药品零加价"的要求，并且国家会给予相应补贴。但是，近几年由于控制费用，国家取消了这一补贴。这样一来不仅不能通过药品获利，员工工资和药品损耗还需要成本，医院为了应对这种情况，就减少了部分药物的销售和库存，出现了医院处方药外流现象。处方药外流给实体店药房提供了扩张机会，各大连锁药房纷纷通过并购或自建来提高市场占有率，顺势发展起来的除了这些药房，更有像京东健康、阿里健康这样的互联网医药健康平台。在国家宏观政策上，医药体制改革正在释放巨大的市场红利，使市场对医药健康板块的前景一片看好。2019 年《中华人民共和国药品管理法》的推出，使得互联网医疗业务开始得到认可，这有利于京东健康拓展业务。同期，国家医保局发布的《关于完善"互联网+"医疗服务价格和医保支付政策的指导意见》承认了线上医保，加强了用户对互联网医疗的认可程度，以京东健康、阿里健康为首的医药健康企业的业务得到了进一步拓展。

京东健康的迅速扩张与疫情暴发有着直接联系，疫情防控期间，在线问诊需求急剧增加，催生了生物科技产业的空前投资热潮[①]。疫情防控期间，国家卫健委发布多条公告，提出要推广疫情防控期间线上服务经验，大力发展"互联网+医疗健康"。疫情防控常态化使互联网医疗呈现出爆发式增长，加速了互联网医疗的渗透，在后疫情时代，消费者的观念发生了变化，居民的保健意识不断增强，越来越多的人感受到了互联网医疗的作用和价值。现在不只是年轻人，很多中老年人也学会了在网上找医生，开慢病处方，在网上买药，等快递把药送到家里[②]。

---

① 朱丽娜．中国生物医药迈入"黄金十年""资本盛宴"再聚大湾区生物科技［N］.21 世纪经济报道，2021-09-01（010）.

② 何己派．京东健康的抗疫战［J］.21 世纪商业评论，2020（3）：54-55.

目前，中医药板块也是医药健康领域中重要的一环，近几年新冠疫情在全球蔓延，中医药在国内抗疫中发挥了至关重要的作用，成为中国保持极低重症率的关键武器，也带动了中医药行业的发展。2016～2021 年，中药行业政策利好频出，自多家上市重要企业产品入列第九版新冠诊疗方案后，重要概念板块强势走高。2022 年 3 月 23 日，盘龙药业、广誉远等多只中药股涨停，新光药业、康缘药业、精华制药也于盘中触及涨停，截至当日收盘，分别上涨 16.37%、9.61%、5.97%，进一步提振了香港交易所医疗健康板块投资者的信心。

（三）港股互联网医疗风向标

2020 年 12 月 8 日，京东健康作为京东集团旗下的子公司，正式在香港交易所上市，公司股价开盘价为 94.5 港元，较发行价涨超 33%。据香港交易所公告，京东健康首次发行价为每股 70.58 港元，筹资约 265 亿港元，超越了阿里健康，成为港股第一大互联网医疗公司，中国所有线下连锁药店市值加起来，都不敌京东健康，如此耀眼的上市表现，奠定了其成为港股互联网医疗风向标的地位。京东健康之后的股价像装了马达一般一路看涨，在上市两周后的 2020 年 12 月 31日，京东健康港股最高涨幅超 8%，股价达 198.5 港元，市值超 6200 亿港元，随后涨幅有所回落，这也是截至 2022 年 3 月 31 日京东健康的最高股价（见图11-7）。自京东健康上市后，二级市场反馈良好，2021 年 8 月 24 日，京东健康发布了 2021 年截至 6 月 30 日的中期业绩报告。在 2021 上半年，京东健康营收总额同比增长 55.4%，达到 136.38 亿元；毛利和扣非后净利润同比分别增长49.1% 和 79.9%，毛利率同比下降 1%；年活跃用户数高达 1.09 亿；旗下战略级服务产品"京东家医"2021 年上半年用户活跃占比达 87%，上线至报告发布日用户数月平均环比增速 220%。发布中期业绩报告后，京东健康次日高开 11%，市值突破 2500 亿港元。高速增长之下，京东健康的业务已经呈现了更为健康的平衡状态。京东健康不仅业绩数据增势喜人，还基于数字化、智能化技术驱动，不断完善业务体系，在服务实体企业、社区和农村等基层医疗方面，在疫区、灾区需要医疗保障等关键时期，继续创造更大社会价值。在港股上市的互联网医疗巨头京东健康，在经历了疫情的"洗礼"后，如今估值已大幅回调。在互联网医疗行业，无论是从赛道的拓展空间来看还是从未来的发展规模来看都极为乐观，有了京东健康成功的示范，香港交易所越来越成为中国医药健康相关企业上市的首要选择。

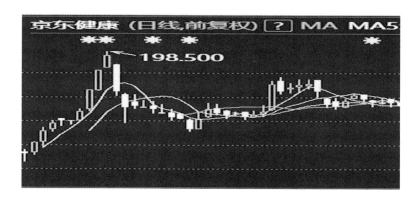

图 11-7　京东健康日 K 线图（上市后两个月）

（四）路漫漫其修远兮

近年来，中国互联网行业飞速发展，而飞速发展的背后必然存在着潜在风险，京东健康亦是如此。京东健康依赖京东集团，并且与京东集团存在若干业务重叠，难免会出现业务冲突，二者之间存在广泛的关联交易，在未来的发展中非常考验京东健康管理业务及营运增长的能力，京东健康需要与京东集团保持良好的关系。另外，互联网医疗服务涉及用户身份信息和用户隐私，因此对医疗健康平台数据保护的能力有较高要求，在未来的发展中京东健康还需要进一步提升处理及保护数据的能力。自互联网医药健康行业诞生以来，政策因素一直是驱动行业发展的关键要素，京东健康在医疗领域的布局与扩张也与之密不可分。互联网医疗在迅速发展中表露出来明显的弊端：一方面，业务形态包罗万象，缺乏完善的服务流程；另一方面，互联网医疗行业市场良莠不齐。因此，国家进一步加强了对互联网医疗的监管力度和强度，2021 年互联网医疗迎来了"最强监管"。监管加强的原因并不是"收紧"或"压制"互联网医疗行业，实质是要促进互联网医疗的规范化发展，推动互联网医疗健康稳健的发展，京东健康也需要在不断的变化中面临监管新挑战，这也对京东健康提出了新要求[①]。

2020 年 12 月，京东健康成功赴港上市，短短 10 个交易日公司股价较发行价上涨近两倍，互联网医疗概念开始在 A 股、港股两地受宠，其与阿里健康、平安好医生合称的"互联网医疗三巨头"一时风光无限。正当投资者对互联网医疗这一号称万亿容量的黄金赛道充满憧憬时，三巨头股价已然出现了集体腰斩行

---

① 互联网医疗监管 3 大方向确定［J］. 医学信息学杂志，2021，42（5）：93.

情。2021 年 7 月 27 日，京东健康股价跌至 65.25 港元，已经跌破其上市发行价 70.58 港元。包括医疗健康在内的与互联网相关的发展较快的行业，容易吸引众多资本重仓押注，导致企业有足够的资本可以吸引人才，从业人数规模巨大。但是这里存在着巨大的行业泡沫，一旦泡沫被戳破，就会对这些行业产生巨大冲击。近期，各互联网大厂纷纷上演"裁员潮"，京东健康也未能幸免。但从长远来看，中国的医疗服务供给还存在巨大缺口，医疗健康的发展前景可观，进步空间较大。京东健康未来会采取怎样的应对策略，怎样变成一个成熟稳健的真正便捷实惠的好平台，值得我们进一步观察。

在过去 15 年，医疗健康产业的格局变化非常大，在未来仍然会涌现出新的需求和产品。医疗健康是一项利国利民的民生工程，同时也是一个不言天花板的赛道，未来的发展空间无限，京东健康作为中国医药健康行业的领头羊，其前景一片光明，但目前京东健康的业务尤其是在线医疗服务还不能充分满足消费者的需求，这对其而言既是机遇也是挑战。另外，在医药健康赛道角逐的企业，不仅要追求盈利，更要承担相应的社会责任，京东健康的宗旨就是要实现普惠健康，这无疑还有很长一段路要走。

五、国际金融中心

（一）国际金融中心地位显赫

香港特别行政区地位独特，位处中国与国际资金交汇点，一直是连接中国与世界的桥梁，其凭借大量的优秀人才、强大的基础设施、与国际接轨的监管制度、资本的自由流动，以及开放透明的国际化市场成为国际金融中心。考虑香港国际金融中心这一重要地位，很多国际知名的投资机构和投资银行在香港设立分支机构，一些投资机构和证券公司将其亚太地区总部设在香港，香港由此而吸引了大量的国际资本大量地流进、流出，市场非常活跃[1]。另外，香港是亚洲领先的保险枢纽，全球前二十大保险公司中，有 13 家在港营运，6 家在港上市，保险业对塑造香港成为世界级金融中心有重要作用。

独角兽企业作为科技创新企业中的佼佼者，需要巨大的资金来支撑科研投入，香港作为新经济公司的主要融资中心，为中国和世界经济的转型提供融资支持。新经济公司的融资在香港市场新股融资总额中的占比逐年攀升，从 2019 年的 49% 上升至 2020 年的 64%、2021 年的 87%。尤其自 2018 年上市改革推出后，

---

[1]　范子萌. 易纲：央行坚定支持香港国际金融中心建设 [N]. 上海证券报. 2021-12-10（001）.

香港今天已经成为亚洲最大、全球第二大的生物科技融资中心。作为连接中国内地与国际市场的桥梁，香港拥有独特的优势，可以在中国金融大发展中发挥独特的作用，香港国际化的市场机制可以为金融产品创新和人民币国际化提供完美的试验田。香港交易所集团行政总裁欧冠生表示："中国金融大发展已经来到，我相信香港今天的作用比以往任何时候都更加重要。"另外，中国内地和香港地区的跨境监管合作得到了进一步加强和深化，市场稳定发展得到了进一步保障，并且在香港国安法实施和选举制度完善这两大举措相继出台后，香港政治、经济、社会和营商环境都会进一步改善，香港金融中心的地位会进一步稳固。除此之外，香港市场还具备健全的法律体制、完善的监管架构、先进的交易结算措施，以及便利的再融资渠道。如此看来，对于京东健康、快手、京东物流、联易融和百融云创这样的新经济公司而言，赴港上市正是它们的最优选择。

（二）"同股不同权"——25 年来最重大改革

由于"同股不同权"管理难度较大，香港交易所出于保护投资者利益的考虑，一直以来对很多"同股不同权"的新经济公司关上了大门，而香港交易所的最大遗憾，莫过于错失了阿里巴巴的 IPO，这也成为香港交易所上市改革的催化剂。阿里巴巴于 2014 年在美国纽约证券交易所挂牌上市，这使香港交易所意识到了问题，开始准备一项近 25 年最重大改革——"同股不同权"改革[①]。2018 年 4 月 30 日，失去了阿里巴巴在港上市机会的香港交易所变革落地，对香港交易所《主板上市规则》做了调整，新增了三个章节：允许尚未盈利的生物科技公司上市；允许"同股不同权"结构的公司上市；为寻求在香港实现第二上市的中资及国际公司设立新的第二上市渠道。此次重大改革关于具体上市要求的规定如图 11-8 所示。此次重大改革主要针对的是新经济产业，此类企业以科技创新为主导，以信息创新为动力，是现阶段中国经济持续稳定发展的强大引擎[②]。上市规则调整之后，吸引了国内外大批优秀企业向香港交易所递交申请书，小米为"同股不同权"打头阵，美团点评紧随其后，为港股增添了新的活力[③]。随后多家生物科技公司赴港上市，在上市规则调整一周年之际，共有 11 家生物技术和医疗保健公司提交上市申请，其中包括 5 家未盈利公司。同时，在国内市场广阔、政策利好和国际形势不确定性影响加剧的背景下，阿里巴巴、网

① 陈芬. 生物科技公司叩响港股大门 [J]. 中国经济信息，2018（15）：56-57.
② 刘红艳. 香港交易所上市制度改革对中国新经济企业资本市场化的意义 [J]. 现代经济信息，2020（10）：131-132.
③ 吴彩丽. 论"同股不同权"的影响——以小米赴港上市为例 [J]. 品牌研究，2019（19）：94-96.

易、京东等行业领先企业相继在香港二次上市，掀起了中概股赴港二次上市的浪潮，香港国际金融中心的地位得到进一步提升。香港交易所新经济独角兽云集，2021 年度香港交易所上市的 5 家独角兽企业中有 3 家为"同股不同权"企业，分别是快手、联易融和百融云创，为港股增添了新的活力。

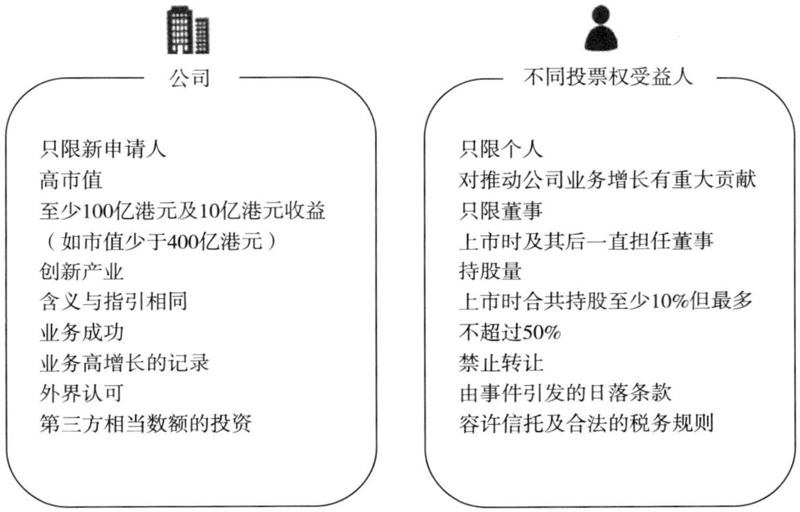

公司	不同投票权受益人
只限新申请人 高市值 至少100亿港元及10亿港元收益 （如市值少于400亿港元） 创新产业 含义与指引相同 业务成功 业务高增长的记录 外界认可 第三方相当数额的投资	只限个人 对推动公司业务增长有重大贡献 只限董事 上市时及其后一直担任董事 持股量 上市时合共持股至少10%但最多 不超过50% 禁止转让 由事件引发的日落条款 容许信托及合法的税务规则

图 11-8　香港交易所"同股不同权"上市要求

资料来源：香港交易所上市规则。

（三）"SPAC"机制新尝试

近年来，特殊目的的收购公司（SPAC）上市模式受到全球资本市场欢迎。SPAC 具有上市保障性、所需时间短、耗用费用低等优势，并且蕴含着天然市值管理等特点，从制度上解决了传统 IPO 模式中企业上市时间不确定、融资不确定、上市时间长、费用高、上市后风险大的难题，因此获得广泛追捧。SPAC 始于加拿大兴起于美国，对于中国公司而言，越来越多的互联网以及新兴模式企业通过 SPAC 模式在境外上市，而中国境内无论沪深交易所的主板、创业板、中小板、科创板还是新三板、北交所都无法支持 SPAC 模式上市[1]。纵观香港交易所，相比于全球 IPO 在 2021 年迎来近 20 年来最活跃的一年，港股表现并不尽如人意，上市公司数量和筹资额都较 2020 年有所下降，但尽管港股市场震荡剧烈，

---

① 卫以诺，彭丽芳. 全球 SPAC 上市模式的研究与探寻［J］. 金融市场研究，2022（1）：95-104.

新生制度 SPAC 依旧逆势而上，远超预期。2021 年 9 月，香港交易所广泛征求外界意见，并于 2021 年 12 月宣布 SPAC 上市机制从 2022 年 1 月 1 日起正式实施，香港成为继韩国、马来西亚和新加坡之后，第四个引入 SPAC 机制的亚洲证券市场。香港交易所 SPAC 上市基本要求如表 11-3 所示。

表 11-3　香港交易所 SPAC 上市基本要求①

SPAC 上市要求	发起人	至少一名 SPAC 发起人持续持有香港证券及期货事务监察委员会（第 6 类或第 9 类）牌照，并持续实际持有 SPAC 发行的发起人股份的至少 10%。	
	董事	①任何由发起人提名加入董事会的董事必须为 SPAC 发起人的高级人员，并代表提名他们的 SPAC 发起人；若 SPAC 发起人为个人，该人士本身必须为 SPAC 董事 ②SPAC 董事会中必须有至少 2 人持有证监会发出的牌照，其中须有至少 1 人为持有证监会第 6 类或第 9 类牌照的 SPAC 发起人的持牌人士	
	投资者	仅限于专业投资者参与认购及转让 SPAC 证券	
	主要上市条件	公开市场规定	对于每一个属于 SPAC 初次申请上市的证券类别，于上市时，有关证券须由足够数目的人士持有
		股份发行价与集资额	SPAC 股份的发行价必须为 10 港元以上，且 SPAC 从首次发售筹集的资金总额必须至少为 20 亿港元
		股份与权证交易	允许于 SPAC 首次上市之日起即可分开买卖 SPAC 股份与 SPAC 权证

资料来源：香港交易所上市规则。

与美国 SPAC 机制相比，香港交易所 SPAC 征询文件对 SPAC 发起及投资均更为谨慎，包括对 SPAC 发起人和投资者限定资格要求，限定集资规模及 SPAC 发起人最低持股比例等。香港交易所 SPAC 的推出对亚太地区企业产生了巨大的吸引力，2022 年 1 月 17 日，香港交易所迎来了 SPAC 制度落地后首单 SPAC 申请，来自摩根士丹利和招银国际联合保荐的 Aquila Acquisition Corporation（以下简称 AAC）公司递交了 SPAC 申请，并且于 2022 年 3 月 18 日通过 SPAC 正式在香港联合交易所有限公司主板挂牌上市，公司从 IPO 递交到成功上市用时仅两月，此时已经有 8 家 SPAC 公司先后向香港交易所递交了招股说明书。同时，美国对于中概股上市、审计等方面监管趋严，在一定程度上将促使中国内地出海企业改变上市目的地，香港交易所 SPAC 的推出为中概股回归增加了动力。独角兽公司多是新经济公司，成立时间短、发展速度快是它们的特点，而 SPAC 机制的

---

①　资料来源于《香港联交所特殊目的公司（SPAC）上市监管规则》。

兴起为新经济公司提供了一条快速上市的途径，可以预见的是，SPAC 将会越来越受独角兽企业的欢迎，而香港交易所的 SPAC 机制新尝试无疑会吸引更多的中国企业赴港上市。香港交易所集团行政总裁欧冠生表示，香港交易所增设 SPAC 上市机制，可进一步巩固香港作为全球领先的国际金融中心的地位。

六、中国因素

（一）中国金融大发展提供巨大发展机会

背靠中国内地的香港一直是连接东西方之间的桥梁，凭借大量的优秀人才、强大的基础设施、与国际接轨的监管制度、资本的自由流动，以及开放透明的国际化市场成为国际金融中心。自 1993 年 6 月第一家内地企业青岛啤酒赴港上市以来，香港已经成为中国概念股票在境外上市的重要聚集地和内地企业进行国际资本融资的重要桥梁，1997 年香港回归后，中央政府和香港特区政府更是希望将香港打造成中国内地企业的国际融资平台。独角兽企业都是各行业中的新星，未来具有无穷的发展潜力，独角兽发展讲究快，需要一个良好的资本市场环境来支撑它们飞快的成长速度，香港交易所就是它们登陆资本市场的重要选择。

在未来，世界各个市场参与者的相互联系会越来越紧密，中国金融的大发展对香港来说是巨大机遇，对赴港上市的独角兽企业而言也是动力来源。中国经济的高速增长和金融领域的重大改革是中国金融大发展的主要推动力，越来越多的中国家庭开始把部分储蓄搬到资本市场投资金融产品，而深化改革将推动内地资本市场的进一步开放和人民币国际化进程的提速，从而加速那些通过香港进出中国市场的跨境资本流动。中国金融大发展带来的变化对香港交易所而言至关重要，主要表现在四个方面：一是中国股票市场融资额在全球市场的占比正在上升，根据安永的数据统计，中国股票市场（包含香港和内地）2021 年上半年共募集资金 603 亿美元，同比增长 95%，占全球市场同期融资总额的 27.2%；二是在鼓励创新和创业的环境下，中国新经济正在高速发展，未来融资需求十分强劲，2021 年中国新增独角兽企业 74 家，总数达到 301 家；三是中国资本市场的投资者群体也在发生变化，随着中国市场进一步对外开放，国内外资本加速流动和融合，投资中国市场的国内外投资者都将越来越成熟；四是人民币国际化将为香港交易所带来新一轮机遇，随着中国经济的增长，国际市场对人民币的贸易结算和跨境投资需求都呈现指数化增长，未来国际投资者将会越来越看重离岸人民币市场的深度和流动性。另外，国务院金融稳定发展委员也在会议中不断强调香港国际金融市场的地位，倡导有关部门积极出台对金融市场有利的政策，在未来可能会针对港股市场提供更多的政策协调与支持。

（二）中国内地企业占比大

2021 年度在香港交易所上市的 5 家独角兽企业全部来自中国内地，其中联易融位于深圳，其他 4 家全部位于北京，北京发挥了科技中心领头羊的作用。总体而言，内地企业在 2021 年对香港新股数量的贡献逾八成，占整体融资金额的比重更是超过九成，海外企业来港上市的趋势放缓（见图 11-9）。在 2018 年之前，中国高科技企业特别爱赴美上市，国内有名的互联网巨头基本上都在美国上市，比如阿里巴巴、百度、京东等公司，只有腾讯在香港上市，还有一些国企也去美国上市，比如中石油、中石化等。但是近几年，香港交易所越来越受到中国内地企业的欢迎。在美上市的中国企业频繁被制裁，加上 2018 年港股更改了上市规则，对一些新型创业企业的包容性提升，吸引了大批中国高科技企业纷纷去香港 IPO，还有一些中国互联网巨头选择在香港交易所二次上市，比如阿里巴巴、京东等。对于一些上市独角兽企业而言，纵使美股市场也许能够提供更加活跃的交易环境和更高的估值，但它们还是选择在未来相对安全的国内市场。那么现在还需要考虑一个问题，如果不考虑赴美上市的问题，那么这 5 家企业为什么选择香港交易所而非 A 股市场呢？这里不仅是因为香港资本市场规模庞大，比内地市场更加成熟及规范，港股上市融资可面向全球，可以得到更多国际投资者的关注，而且还有上市资格的原因，A 股市场上市门槛较高，独角兽公司大多创立时间较短，难以达到 A 股市场的盈利要求。另外，这 5 家企业都是在开曼群岛注册成立，虽然减少了税务负担和外汇管制，但 A 股市场明确规定不接受此类企业的上

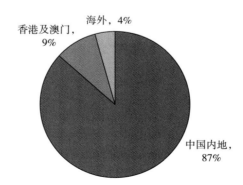

图 11-9　2021 年香港交易所新股上市企业地区分布

资料来源：香港交易所上市规则［EB/OL］东方财富网. http://fund. eastmoney. com/a/20211231223 2669639. html。

市申请，这也是它们选择港股而非 A 股市场的重要原因。香港作为中国的一部分，得益于本土市场的特性，成为内地企业海外上市的首选市场，内地企业更易融入其中，投资者也更容易了解内地上市企业。除此之外，企业在上市时还会考虑竞争对手的影响，比如快手为了在短视频领域迅速扩张而考虑赴美上市，但碍于在美国市场 TikTok 过于受欢迎，连美国本土的社交巨头 Facebook 都受到影响。虽然赴美上市能收获资本，但是跟 TikTok 比起来，它的估值可能被低估，这是资本不愿看到的，最终快手选择了赴港上市。

（三）"南下资金"为港交所注入活力

港股通指的是内地投资者委托内地证券公司，通过深交所或上交所设立的证券交易服务公司，向香港联交所进行申报，买卖规定范围内的香港联交所上市的股票，又分为沪港通下的港股通和深港通下的港股通。按资金的流向，港资购买内地交易所上市的股票称为北上资金，内地资金购买港交所上市的股票为南下资金。为了开放中国金融市场，中国于 2014 年建立了沪港通机制，在此两年后开通了深港通，沪、深交易所均与香港联交所构建了互联互通关系，不少海外资金借助沪港通、深港通（以下统称陆港通）渠道进入沪深股市。然而内地资金借助这一渠道进入港股市场的数量则相对较少，2016 年北上资金的净买入余额是685 亿元人民币，而南下资金的净买入余额只有 131 亿港元。与北上的资金量相比，南下的资金量在很长一段时间都处于落后地位，直到 2019 年底，港股通与陆股通的资金量相比仍有很大的差距，但到 2020 年上半年二者基本呈并驾齐驱之势[①]。根据同花顺统计数据，2019 年底，港股通的净买入余额是 10582 亿港元，相比陆股通净买入余额 9934 亿元人民币，规模仍略小（两者相差 13.72%，按 1 港元＝0.81 元人民币计，下同）；到了 2020 年中期，南下资金的净买入额才略微超过北上资金；2020 年底，北上资金的净买入余额是 12024 亿元人民币，南下资金的净买入余额是 17304 亿港元，后者已比前者超出 16.57%；再往后，南下资金以平均每天超过 100 亿元人民币的速度持续流入香港股市，日规模也超越了陆股通，截至 2022 年 3 月 30 日，北上资金的净买入额是 16092 亿元人民币，南下资金的净买入额是 22821 亿港元（约合人民币 18524 亿元）（见图 11-10）。

在中国内地和香港地区双方共同努力下，南下资金已经成为香港市场上一支不可忽视的力量，是港交所重要的增量资金来源之一，主要投资于香港市场中表现最为优秀的品种。中国内地的推动因素主要表现在两个方面：一是近几年中国内地资本市场实现了较快发展，注册制试点等政策的推出极大地提高了市场效

①　桂浩明. 港股通"南下"动向与趋势的思考［J］. 中国外汇，2021（6）：64-66.

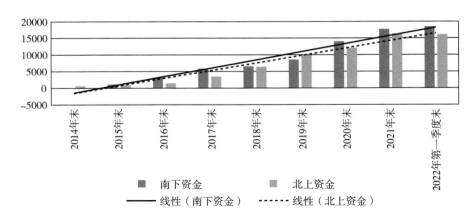

图 11-10　南下资金和北上资金净买入额

资料来源：同花顺 App。

率，投资者越来越崇尚价值投资，发展更加成熟、投资价值突出的香港股市对于内地投资者具有较强的吸引力；二是中国资本市场监管部门进行了相应的政策调整，将港股通交易作为内地机构投资者的常规业务，证监会于 2017 年 6 月发布了《通过港股通机制参与香港股票市场交易的公募基金注册审核指引》，对公募基金通过港股通投资港股做了细致规定，将基金投资港股的比例从以前的 20% 提高到 50%。香港的推动因素主要表现在其变革方面：通过 2018 年修改上市规则、2022 年引入 SPAC 机制，极大地拓宽了港交所上市公司的范围，尤其是吸引了大批知名的中国内地新经济企业纷纷赴港上市，并且香港国际金融中心的地位得到了稳固和提升，都吸引了"北水"的到来。此外，国际因素也对南下资金起到了促进作用，近几年国际资本市场动荡，在美国等地上市的中概股企业遭遇压力和无理打压，甚至部分公司被迫退市，有部分公司出于多方考量选择在香港实行第二上市。整体来看，在中国内地金融投资力量不断加强、香港国际金融中心地位日益凸显的背景下，一大批中概股的到来，无疑使香港股市在国际资本市场格局的变化中扮演了特殊的角色，也成为内地资金南下的新契机。对于高速发展中的独角兽企业而言，技术研发和业务扩张需要源源不断的资金支持，交易活跃的资本市场能够促进它们的成长，大量资金南下也会成为独角兽企业上市时考虑的因素。

（四）香港交易所越来越受到中国独角兽青睐

虽然香港交易所在 2021 年的表现情况并不理想，但其作为全球最大交易所之一的国际地位并没有改变，2021 年末，全年表现疲弱的港股再度吸引了多路资金的关注，还有很多投资者持观望态度，未来香港交易所的发展方向和发展战略成为大家关注的问题。香港交易所新任行政总裁欧冠生在 2021 年 5 月刚刚上任时就发表了他对香港交易所未来发展的看法，他指出，香港交易所立足中国的战略不会改变，背靠中国一直是香港交易所重要的战略优势，应该尽可能好好利用。他说："自从加入香港交易所以来，我一直专注于多个核心战略目标，包括巩固香港交易所作为国际融资中心的独特地位，将香港发展成亚洲首选风险管理中心，扩大 A 股离岸产品生态圈，以及提升香港市场的整体吸引力等。我们将会继续推动互联互通，促进世界及各个市场的企业和参与者互相了解，支持面向未来的企业筹集资金、创造就业和促进社会共荣。"在 2022 年 3 月 29 日举办的香港交易所 2022 年企业日活动上，香港交易所计划实施三大战略，分别是连接中国与世界、连接资本与机遇、连接资本和未来，这三个"连接"构建出了香港交易所的愿景，即建设"面向未来的领先市场"。凭借立足中国的优势，香港交易所将继续为国际投资者提供投资中国增长的机遇，同时也为中国资金提供投资海外的机遇，争取成为首选的中国离岸融资、交易及风险管理中心。此次活动将香港交易所未来发展的主要战略规划为三大主题，分别是立足中国、连接全球和拥抱科技：香港交易所将连接人才、资本、企业、市场与创意，着力于业务、市场和社区的长远可持续发展；在未来注重提升市场吸引力、深度、活力及多样性，巩固其作为融资、风险管理及交易中心的地位；香港交易所正积极发展平台业务，让交易所能连接现在与未来。虽然近年来香港交易所一直在提高对上市企业的包容性，提高了对中国内地企业的吸引力，但多年来新经济公司受益于赴美上市，相信在未来很长一段时间里，中国企业赴美上市仍然是大趋势，香港交易所如何提高自身对中国企业的吸引力，仍然是一个需要持续关注的问题。

七、战略新机遇

（一）"中美脱钩"愈演愈烈

美国在冷战以后成为世界超级大国，其目标是在自己的领导下让世界单极化，美国领导世界占据军事、科技、金融霸权，主导高端、高利润产业。进入 2018 年以来，中美两个全球最大经济体之间的贸易紧张局势不断升级，美国一方面通过加征关税引发中美贸易摩擦，另一方面通过出口管制实体清单等手段实施关键技术和核心零部件的断供以打压遏制中国高科技领域的发展，这些动向引发全球对中美两国经贸关系脱钩以及未来全球价值链发展走向的担忧[①]。美国在

---

① 刘维林．中美价值链分工的技术溢出效应与脱钩冲击［J］．国际经贸探索，2022，38（1）：68-82.

特朗普时期开始执行"脱钩"政策，对中兴、华为的制裁，关税战、实体清单等都是例证①。2020 年，特朗普竞选连任总统失败，拜登成功当选，虽然拜登和特朗普的治国理念和管理方法存在较大差异，在军事部署、经贸领域等方面看似有较大区别，但本质上拜登同意特朗普政府对华的方向，二人对华态度高度一致。突如其来的疫情也加剧了中美部分脱钩进程，疫情暴发后，美国加强了在高科技、产业链和数字经济等领域对华的脱钩力度，不断制定政策，试图干扰直至切断中美相关领域联系，尤其是在高科技数字经济领域，中美的脱钩进程加快，部分中国企业和产品在美国市场比重急剧下降，甚至有些中国企业被完全排除出美国市场。但疫情下中美经贸关系的发展现实表明，中美两国经济结构互补性强，难以完全脱钩。根据美方统计，在疫情冲击之下，美国对外货物出口额大幅度下降，但美国对华货物出口总额却不降反升②。中国经济已经与全球经济紧密交织在一起，中国的一举一动都会在世界范围内引起连锁反应，将中国完全"踢出"全球体系，实现中美"脱钩"是不切实际的，其代价之大将令所有人难以承受，不只会使中美两国两败俱伤，还会对全世界造成巨大损失。虽然"中美完全脱钩"不可能实现，但美国的操作确实对中国企业的上市安排产生了不小的影响，尤其是《外国公司问责法案》（HFCAA）的颁发使大批中国企业放慢了赴美上市的脚步③。

（二）《中华人民共和国数据安全法》加大对企业境内数据保护力度

2021 年 6 月 10 日，中华人民共和国第十三届全国人民代表大会通过了《中华人民共和国数据安全法》。数据安全法的出台是对当前数据安全内外部形势的积极回应，是护航数字经济发展的重要举措，开创了新时代数据安全治理的新局面。随着人类社会进入数字化时代，网络空间、物理世界和人类社会开始实现深度融合。数据不仅是网络空间自身运行的产物，也是物理世界、人类社会运行的数字画像，蕴含着数字化世界的运行规律。在数字化时代，数据同时兼具国家安全、数字经济、社会治理、个人隐私等多个属性，因此多个国家已陆续开展了相关立法工作。

《中华人民共和国数据安全法》以总体国家安全观为指导，坚持统筹发展与安全的原则，明确了一系列数据安全制度，规定了数据处理主体的数据安全义

---

① 余永定．关于中美脱钩的几点看法［J］．中国经济评论，2021（Z1）：56-58.
② 宋国友．从特朗普到拜登：中美经贸关系评估与展望［J］．复旦学报（社会科学版），2021，63（5）：176-182.
③ 张伟伦．企业数字化转型　数据合规意识先行［N］．中国贸易报，2021-07-27（007）.

务，并就政务数据安全与开放提出了相关要求，此外还明确了主管部门的职责及违规的法律责任。制定该法律的重要意义主要体现在五个方面：一是对数据的有效监管实现了有法可依，填补了数据安全保护立法的空白，完善了网络空间安全治理的法律体系；二是提升了国家数据安全保障能力；三是激活了数字经济创新，提升了数据利用价值；四是扩大了数据保护范围；五是鼓励数据产业发展和商业利用。《中华人民共和国数据安全法》的实施必然会提升国家数据的安全性。

对于大多数中国企业而言，赴美上市可能不再是最佳选择，但这对于香港交易所而言却是个难得的机遇。2022 年 3 月 8 日，美国将 5 家中国公司列入《外国公司问责法案》的暂定清单，分别为百济神州、百胜中国、再鼎医药、盛美半导体、和黄医药，随后在美中概股大幅度下跌，随之而来的是中国证券市场也开始出现剧烈波动。结合境外政策的不确定性及中概股的长足发展，不少业内人士呼吁中概股考虑风险管理，应该开始积极寻找备选上市地，考虑回归问题。目前中国政府大力支持科技创新企业发展，加之港股开放程度提升，香港交易所应该是中概股回归最安全、最稳定的过渡方案。清单发布后，相关公司进行了回应，其中百胜中国公告称，根据美国 SEC 法案的现行条款，除非该法案获修订将本公司排除，或 PCAOB 能够在规定时间内对本公司的审计师进行全面核查，否则公司的普通股将于 2024 年初从纽约证券交易所退市。其实，为应对可能出现的经济制裁，多数中概股互联网企业已有所准备：一是在中国香港或 A 股上市；二是私有化。就此次清单中这 5 家公司来看，百济神州在美股、港股和 A 股上市，和黄医药、百胜中国、再鼎医药在美股和港股上市，盛美半导体已分拆子公司盛美上海在 A 股上市。2018 年至 2022 年初，共有 15 家中概股公司通过二次上市回归港股，另有 3 家公司选择在香港直接主要上市。过去几年，香港交易所也为中概股回流做了一系列准备，包括允许同股不同权企业上市、允许未盈利生物科技公司上市、启动 SPAC 上市机制等，都会对中概股赴港上市产生促进作用。

（三）贝壳加入中概股"回归潮"

2022 年 5 月 5 日，超 160 亿美元市值的贝壳在港交所发布公告称，拟将其 A 类普通股以介绍形式于港交所主板双重主要上市，同时继续在纽交所保持主要上市地位并交易，于 5 月 11 日开始挂牌交易。在距离其被 SEC（美国证券交易委员会）纳入"预摘牌名单"仅过去不到半个月时间，贝壳采用的"双重主要上市+介绍上市"的上市方式，即两个资本市场都是主上市市场，不涉及新股融资，可谓是开创了中概股回归港股的"新路径"，是目前首只采取这种方式回港的中概股，因此贝壳的回港举动在资本市场也产生了一定的轰动。

贝壳起于链家，但不同于链家网的垂直自营模式，其使命是缔造平台。它以共享真实房源信息与链家管理模式为号召，吸引经纪人与经纪公司入驻，在行业中处于领先地位。事实上，自 2021 年起，市场就有传闻称贝壳或将回港上市，但对此贝壳方面曾一度否认。从股价上来看，贝壳于 2020 年 8 月 13 日美股上市，发行价为 20 美元/股，当日收报 37.44 美元，不过在经历短暂爬坡，于当年 11 月涨至 79.40 美元的高位后，便一路下跌，2022 年 3 月一度跌至 7.31 美元的低位，相较于历史高位区间跌幅超 90%，截至 5 月 4 日收盘每股报 14.41 美元，最新市值 172 亿美元，相较于超 900 亿美元的历史最高市值，缩水超八成。贝壳美股上市表现如图 11-11 所示。美东时间 2022 年 4 月 21 日，贝壳、理想汽车、知乎等 17 家中概股公司被 SEC 列入“预摘牌”名单。根据 SEC 此前公布的《外国公司问责法案》规定，被列入“确定摘牌”名单的公司需要在三年（自披露第一份年报开始计算，且把 2021 年当作第一年）内提交 SEC 需要的文件。如果公司没有提交或提交的文件不符合 SEC 要求，理论上将会在披露 2023 年年报后（2024 年初）面临立即退市。此外，根据美国 SEC 官网显示，2022 年 5 月 4 日包括华能国际、京东、哔哩哔哩、拼多多、网易、36 氪等在内的 88 家中概股被加入“预摘牌”名单，目前名单上的中概股数量已上升至 105 家。

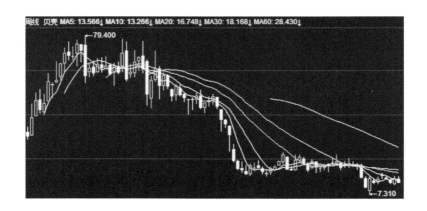

图 11-11　贝壳美股上市表现（截至 2022 年 5 月 6 日）

资料来源：雪球网。

席卷全球的新冠疫情频繁暴发，加上中美局势紧张、俄乌战争形势复杂，中概股的境外生存前景不容乐观。贝壳“双重主要上市+介绍上市”的模式，对于其他中概股有积极的启发意义，有助于相关企业在错综复杂的国际资本市场中保持定力，谋划发展。

八、本章总结

2021 年度在香港交易所上市的独角兽企业有 5 家，较 2020 年度有所增加，但是和美股市场的 57 家相比还具有较大差距，尤其是中国企业在医药健康和航空航天领域的上市独角兽较少。

香港交易所作为境外资本市场，受香港证监会直接监管，但其运行易受中国内地政策的影响，中国内地监管部门也会对港股市场进行监督和保护。

作为国际金融中心的香港，位于中国和国际的资金交汇点，拥有大量的优秀人才、强大的基础设施、与国际接轨的监管制度和自由的资本流动政策，具备资本市场发展壮大的优势。

香港交易所非常注重医药板块的发展，允许尚未盈利的生物科技公司上市，已经成为全球第二大生物科技公司交易中心，是中国生物科技医药公司上市的首要选择。

独角兽企业多为科技创新型企业，需要持续的资本赋能来支持技术研发投入，上市作为公司融资的有效途径，是独角兽公司的重要选择。但疫情和国际形势的不确定性使资本市场的未知性上升，2021 年在香港交易所上市的 5 家独角兽企业上市之后的股价都经历了腰斩。

香港交易所迎来重要战略机遇，中美脱钩使中国企业"走出去"的脚步放缓，《外国公司问责法案》和《中华人民共和国数据安全法》的颁布使中国企业赴美上市更加艰难，而这对香港交易所而言是吸引中国企业的机会。

虽然港股近年来发展态势良好，但中国资本市场改革的大幕才刚刚拉开，港股距离美股市场还有一定差距，美股依然是众多新经济公司上市的重要选择。随着科学技术的飞速发展、国际形势的不确定性上升，香港交易所未来发展的机遇与风险并存，想要成为中国企业甚至是国外企业上市的首要选择还需要进一步提升自身吸引力。

参考文献

[1] 张纹. 商汤科技助力数字经济和实体经济深度融合 [N]. 经济参考报，2021-11-26（003）.

[2] 李艳艳. "AI 第一股"炼成记 [J]. 中国企业家，2022（2）：34-40.

[3] 许跃芝，刘亮. 着力推动香港金融科技创新 [N]. 经济日报，2021-08-14（007）.

[4] 老盈盈. 做空漩涡里的联易融 [N]. 经济观察报，2021-07-26

（013）．

［5］秦知东．京东健康披露招股书 全球最年轻"独角兽"为何异军突起［J］．计算机与网络，2020，46（20）：9-11.

［6］朱丽娜．中国生物医药迈入"黄金十年""资本盛宴"再聚大湾区生物科技［N］.21 世纪经济报道，2021-09-01（010）．

［7］李艳艳．京东"得"邦［J］．中国企业家，2022（4）：38-44.

［8］席悦．京东物流：服务冬奥会彰显五大价值［J］．中国物流与采购，2022（4）：19-20.

［9］李滨彬．走进香港交易所——探寻全球 IPO 集资冠军的秘密［J］．金融世界，2020（3）：73-75.

［10］刘红艳．香港交易所上市制度改革对中国新经济企业资本市场化的意义［J］．现代经济信息，2020（10）：131-132.

［11］吴彩丽．论"同股不同权"的影响——以小米赴港上市为例［J］．品牌研究，2019（19）：94-96.

［12］刘维林．中美价值链分工的技术溢出效应与脱钩冲击［J］．国际经贸探索，2022，38（1）：68-82.

［13］余永定．关于中美脱钩的几点看法［J］．中国经济评论，2021（Z1）：56-58.

［14］宋国友．从特朗普到拜登：中美经贸关系评估与展望［J］．复旦学报（社会科学版），2021，63（5）：176-182.

［15］张伟伦．企业数字化转型数据合规意识先行［N］．中国贸易报，2021-07-27（007）．

［16］陈冰．互联网企业数据与国家安全［J］．新华月报，2021（18）：3.

［17］范黎波，张昕．美国《外国公司问责法案》的影响及应对［J］．开放导报，2021（5）：66-71.

［18］张燕．港股失意 2021 新股筹资额跌出全球前三，新股上市频频破发［J］．中国经济周刊，2022（1）：61-63.

［19］卫以诺，彭丽芳．全球 SPAC 上市模式的研究与探寻［J］．金融市场研究，2022（1）：95-104.

［20］范子萌．易纲：央行坚定支持香港国际金融中心建设［N］．上海证券报，2021-12-10（001）．

［21］苏莉，付志能．新形势下中概股的破局之路［J］．国际金融，2022（3）：60-65.

［22］高远，蔡思捷．人民币国际化发展历程回顾与展望［J］．中国货币市

场，2022（2）：37-41.

［23］桂浩明．港股通"南下"动向与趋势的思考［J］．中国外汇，2021（6）：64-66.

［24］陈芬．生物科技公司叩响港股大门［J］．中国经济信息，2018（15）：56-57.

［25］Syed Muhammad Saad Zaidi，Adam Saud. Future of US-China Relations：Conflict，Competition or Cooperation？［J］．Asian Social Science，2020，16（7）：1.

［26］Business Wire. Liu Qiangdong's JD. com Subsidiary JD Logistics Debuts on HKEx［EB/OL］.［2021-06-10］. https：//www. businesswire. com/news/home/20210610005292/en/Liu-Qiangdongs-JD. com-Subsidiary-JD-Logistics-Debuts-on-HKEx.

［27］Qingxiu B . The Anatomy of Holding Foreign Companies Accountable Act（HFCAA）：A Panacea or a Double-edge Sword？［J］．Capital Markets Law Journal，2021（4）：4.

［28］Chen Zhang，Lingke Wang，Yiming Ma. Reflection on the Status of Hong Kong as an International Financial Center against the Background of Record Negative Economic Growth［J］．Financial Engineering and Risk Management，2021，4（1）：45-57.

［29］Ellis Shannon. Hong Kong Stock Exchange Opens to Biotechs［J］．Nature Biotechnology，2018，36（6）：22-26.

第十二章

独角兽企业与纳斯达克

多年来，凭借优秀的股票走势和良好的全球声誉，纳斯达克吸引了无数科技型企业前往上市。作为科技创新企业的典型代表，独角兽企业也一直对纳斯达克青睐有加。在 2021 年上市的 66 家全球独角兽企业 500 强中，有 29 家选择在纽交所上市，28 家选择在纳斯达克上市，5 家选择在港交所上市，2 家选择在伦交所上市，2 家选择在上交所上市。选择在纳斯达克上市的独角兽企业占比 42.4%。美国纳斯达克证券交易所是全球独角兽企业上市的重要选择之一。本章将阐述纳斯达克上市独角兽企业的基本情况，探究纳斯达克深受独角兽企业喜爱的原因，并分析未来独角兽企业赴纳斯达克上市的趋势。

一、Rivian 独角兽上市

2021 年 11 月 10 日，美国新兴电动汽车公司 Rivian（股票代码：RIVN）在纳斯达克成功挂牌上市，IPO 筹资金额约为 120 亿美元，成为美股历史上第七大 IPO，也是 2021 年最大的 IPO。上市当日，Rivian 股票最高价 106.7 美元，收盘价 100.73 美元，相较于招股说明书中的定价每股 78 美元，上涨了 29.1%，市值达到 859.08 亿美元。五天后，Rivian 股价达到峰值 179.47 美元，相较于发行价涨了 1 倍多，市值接近 1500 亿美元，仅低于特斯拉和丰田，成为全球第三大汽车企业。"作为一家真正的科技公司，Rivian 致力于通过可持续的电动汽车使世界脱碳，经过多年令人难以置信的辛勤工作和研究，这一使命已成为现实。"纳斯达克证券交易所总裁 Nelson Griggs 说。[①]

Rivian 全称 Rivion Automotive，是一家美国电动汽车制造商和汽车技术公司，成立于 2009 年，致力于电动皮卡车和运动多功能车（SUV）的制造与销售，填补了美国电动车市场的空白。在竞争激烈的电动汽车行业中，Rivian 能够脱颖而出的原因在于其核心底盘技术——滑板式底盘平台。滑板式底盘平台不仅能够为越野冒险提供更长的续航时间，提高车辆性能，还能使车辆进行标准化制造，适用于各种车型，大大降低了研发成本，缩短了研发周期。除了滑板式底盘平台技术外，Rivian 还有电池管理系统、智能驾驶系统、驾驶员监控系统等专利。目前，Rivian 背后的主要支持者是亚马逊和福特，二者皆为战略投资者，分别持有 19% 和 12% 的股份。此外，亚马逊还于 2019 年 9 月与 Rivian 签署了 10 万辆电动送货车的协议。[②]

---

① 资料来源于 NASDAQ 官网。
② 参见 Rivian 招股说明书。

二、结构与分布

2020～2021 年，共有 66 家全球独角兽企业 500 强成功登陆资本市场，美国纳斯达克交易所和纽约交易所历来是全球独角兽企业上市的重要选择，有 29 家选择了在纽交所上市，28 家在纳斯达克上市，占比高达 86%（见表 12-1）。

表 12-1　2020～2021 年纳斯达克上市独角兽名单

序号	企业名称	上市时间	行业	国家
1	Airbnb	2020 年 12 月 11 日	生活服务	美国
2	Grab	2021 年 4 月 16 日	汽车交通	新加坡
3	Wish	2020 年 12 月 16 日	生活服务	美国
4	Coinbase	2021 年 4 月 14 日	金融科技	美国
5	Roivant Sciences	2021 年 5 月 23 日	医药健康	瑞士
6	SoFi	2021 年 6 月 1 日	金融科技	美国
7	Faraday Future	2021 年 7 月 21 日	汽车交通	美国
8	Traveloka	2020 年 12 月 23 日	生活服务	印度尼西亚
9	OpenDoor Labs	2020 年 12 月 21 日	生活服务	美国
10	Procore Technologies	2021 年 5 月 13 日	企业服务	美国
11	优客工场	2020 年 11 月 18 日	企业服务	中国
12	GoodRx	2020 年 9 月 23 日	医药健康	美国
13	Aurora	2021 年 6 月 7 日	智能科技	美国
14	Marqeta	2020 年 5 月 17 日	金融科技	美国
15	秦淮数据	2020 年 10 月 1 日	企业服务	中国
16	AppLovin	2021 年 4 月 17 日	文旅传媒	美国
17	Clover Health	2020 年 10 月 8 日	医药健康	美国
18	Ten-X	—	生活服务	美国
19	图森未来	2021 年 4 月 15 日	智能科技	中国
20	Aprogen	—	医药健康	韩国
21	Jfrog	2020 年 9 月 17 日	企业服务	美国
22	KnowBe4	2021 年 4 月 22 日	企业服务	美国
23	Rocket Lab	2021 年 3 月 3 日	航空航天	美国
24	一起教育科技	2020 年 12 月 4 日	教育科技	中国
25	Boss 直聘	2021 年 6 月 15 日	企业服务	中国
26	MoneyLion	2021 年 2 月 17 日	金融科技	美国
27	Affirm	2021 年 1 月 13 日	金融科技	美国
28	每日优鲜	2021 年 6 月 25 日	生活服务	中国

资料来源：BIHU 独角兽企业数据库。

（一）估值与市值

数据显示，截至 2021 年 7 月 30 日，过去一年在纳斯达克交易所上市的独角兽企业总市值为 2858.98 亿美元（见图 12-1），相比其上市前的总估值高出 185.47 亿美元，涨幅为 6.74%，这体现了市场对独角兽企业创新能力与价值的认可。

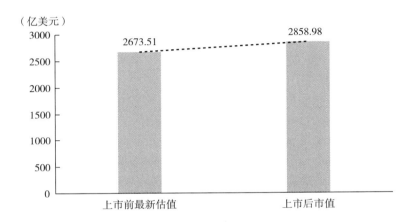

图 12-1　2020~2021 年纳斯达克上市独角兽总估值与总市值对比

资料来源：BIHU 独角兽企业数据库。

1. 市值前 5 名——Airbnb 居首位

2021 年纳斯达克上市独角兽按市值排名前五的企业分别为 Airbnb、Coinbase、Applovin、Affirm、Marqeta（见表 12-2）。按国别，5 家上市独角兽均来自于美国；按行业，金融科技赛道有 3 家，文旅传媒和生活服务赛道各 1 家。然而，2021 年上市独角兽市值排名前五的企业中，仅有 1 家（Airbnb）在纳斯达克上市，3 家在纽交所上市，这与纳斯达克的内部分层制度有关。纳斯达克资本市场和全球市场的上市要求相对较低，适合成长阶段的企业发展，而全球精选市场的要求则极为严格，高于世界上任何其他市场，能够在全球精选市场上市是身份的体现，Airbnb 就是在纳斯达克全球精选市场上市的。

表 12-2　2020~2021 年纳斯达克上市独角兽市值前五名名单

序号	企业名称	国家	行业	上市后市值（亿美元）	涨跌幅（%）	总排名
1	Airbnb	美国	生活服务	890.23	187.17	1
2	Coinbase	美国	金融科技	493.55	−45.16	7

续表

序号	企业名称	国家	行业	上市后市值（亿美元）	涨跌幅（%）	总排名
3	AppLovin	美国	文旅传媒	224.62	1023.10	14
4	Affirm	美国	金融科技	148.96	413.66	17
5	Marqeta	美国	金融科技	142.20	230.70	18

资料来源：BIHU 独角兽企业数据库。

Airbnb（股票代码：ABNB）成立于 2008 年，是一家联系旅游人士和家有空房出租的房主的服务型网站。Airbnb 认为自身是一个联系全球的信息化网络，这是 Airbnb 的立足之本，所以其从创立之初就立足全球，放眼世界。发展至今，Airbnb 的业务不断跨越国界、时区、语言和肤色等，目前已经覆盖全球超过 220 个国家和地区的近 10 万座城市，拥有海量的个性化房屋资源。

2. 涨幅前 5 名——AppLovin 居首位

2021 年纳斯达克上市独角兽按市值涨幅排名前五的企业分别为 AppLovin、Affirm、GoodRx、Procore Technologies、Jfrog（见表 12-3）。按国别，这 5 家上市独角兽均来自于美国；按行业，企业服务赛道有 2 家，文旅传媒、金融科技、医药健康赛道各 1 家。

表 12-3　2020~2021 年纳斯达克上市独角兽市值涨幅前五名名单

序号	企业名称	国家	行业	上市后市值（亿美元）	涨幅（%）
1	AppLovin	美国	文旅传媒	224.62	1023.10
2	Affirm	美国	金融科技	148.96	413.66
3	GoodRx	美国	医药健康	125.78	349.21
4	Procore Technologies	美国	企业服务	133.41	344.70
5	Jfrog	美国	企业服务	41.79	317.90

资料来源：BIHU 独角兽企业数据库。

AppLovin（股票代码：APP）创办于 2012 年，是一家移动技术公司，在为游戏开发者提供必要服务和工具的同时，其本身也开发了多款畅销移动游戏，并利用技术手段让这些游戏保持热度[1]。2014 年，AppLovin 从天使投资者 Streamlined Ventures 和 Webb Investment Network 筹集了 400 万美元的资金后[2]，开始出

① 资料来源于 Applovin 官网。
② 资料来源于《硅谷商业杂志》。

现在大众的视野。AppLovin 在发展过程中，它对各种手机游戏发行商进行了投资，先后收购了 Moboqo、MAX、SafeDK、Machine Zone 等公司，在不断完善自身结构的同时，AppLovin 也推出了自主开发的游戏。到 2020 年，AppLovin 收入的49% 来自使用其软件的企业，51% 来自进行应用内购买的消费者。2021 年 3 月，AppLovin 公司申请 IPO，期望能够筹集 1 亿美元的资金。同年 4 月 15 日，AppLovin 成功在美国纳斯达克证券交易所上市，股票代码为 APP，并以每股 70 美元的价格开盘，总估值约为 240 亿美元。关于 AppLovin 的未来，KKR 公司总经理 TedOberwager 表示：“今天的游戏市场是一个破碎的、分散的市场。我认为，市场将会合并，AppLovin 将是其中的合并者之一。”①

3. 跌幅前 5 名——优客工场居首位

虽然在纳斯达克上市的独角兽企业的市值相较于上市前估值整体呈上涨趋势，但是涨幅较低。其中，跌幅较高的独角兽企业为优客工场、一起教育科技、每日优鲜、Coinbase、Wish（见表 12－4），分别下跌了 96.37%、92.73%、65.34%、45.16%、45.09%。按国别，有 2 家来自美国，3 家来自中国；按行业，生活服务赛道有 2 家，企业服务、教育科技、金融科技赛道各 1 家。

表 12-4　2020~2021 年纳斯达克上市独角兽市值跌幅前五名名单

序号	企业名称	国家	行业	上市后市值（亿美元）	跌幅（%）
1	优客工场	中国	企业服务	1.09	96.37
2	一起教育科技	中国	教育科技	2.18	92.73
3	每日优鲜	中国	生活服务	13.17	65.34
4	Coinbase	美国	金融科技	493.55	45.16
5	Wish	美国	生活服务	61.50	45.09

资料来源：BIHU 独角兽企业数据库。

优客工场（股票代码：UK）成立于 2015 年 4 月，是中国联合办公空间运营商。优客工场致力于建设基于联合社群的商业社交平台和资源配置平台，截至2020 年 9 月 30 日，共覆盖 51 个城市，拥有 222 个联合办公空间。② 在经历了多轮融资后，优客工场于 2019 年 12 月 11 日向 SEC 递交了招股说明书。但是，优客工场的上市之路并不顺畅。在优客工场递交招股说明书前，第一家共享办公企

① 资料来源于游戏智库官网。
② 资料来源于优客工场官网。

业 WeWork 已于 8 月递交了招股说明书，数据显示，WeWork 成立 9 年仍未盈利，这在资本市场上引起了强烈反响，WeWork 的市场估值也在不断下降，最终 WeWork 选择推迟 IPO。受 WeWork 的影响，美国投资者并不看好优客工场。次年，受新冠疫情影响，优客工场最终选择了 SPAC 上市。① 虽然优客工场已经通过 SPAC 上市成功登陆资本市场，成为"联合办公第一股"，但 SPAC 上市融资额有限，优客工场未来还需要通过降低成本、打造核心竞争力等方式在资本市场站稳脚跟。

4. 上市方式选择——多家企业选择 SPAC 上市

2021 年在纳斯达克上市的 66 家独角兽企业中，有 17 家放弃了传统的 IPO 方式进行上市，其中 5 家选择直接上市（纳斯达克 1 家），12 家选择了 SPAC 上市（纳斯达克 7 家），具体如表 12-5 所示。

表 12-5 　2020~2021 年纳斯达克上市独角兽上市方式选择统计

上市方式	纳斯达克	全球市场
IPO	20	49
直接上市	1	5
SPAC	7	12

2020 年以来，新冠疫情给美国 IPO 市场带来剧烈动荡，IPO 难度加大，越来越多意图上市的独角兽企业通过与 SPAC 合并"曲线"上市，2021 年度，有 12 家独角兽企业采取了此种上市方式，占总数的 18%。SPAC 是一种集直接上市、合并、反向收购、私募等金融产品特征及目的于一体的创新融资模式，具有上市制约少、上市条件低、上市时间短且确定等优势。1993 年，该模式由 GNK 证券公司引进美国资本市场，至 2003 年被彻底合法化，几经起落，2019 年再度受到资本市场投资者欢迎，并在 2020 年迎来"井喷"。尽管 SPAC 上市具有诸多优势，但也存在一定的劣势和风险，如监管不够充分，不利于发行人估值的最大化，初创投资者和外部投资人的股权更多被稀释等问题。②

（二）集中的区域分布

2021 年在纳斯达克上市的 28 家独角兽中，美国有 18 家，中国有 6 家，韩

① 资料来源于《华夏时报》刊发的《优客工场成功登陆纳斯达克，联合办公第一股诞生》。
② 资料来源于《全球独角兽企业 500 强发展报告（2021）》。

国、瑞士、新加坡和印度尼西亚各有 1 家（见图 12-2），这与全球独角兽 500 强
国家分布较为吻合，区域分布极化严重。但是，与 2020 年仅有中美两国独角兽
企业在纳斯达克上市相比，分布集中度有所下降。

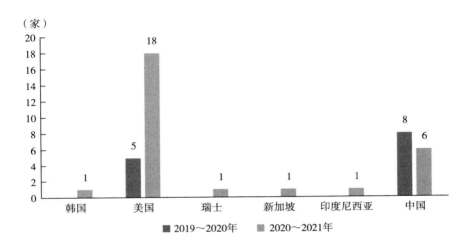

图 12-2　2019～2021 年纳斯达克上市独角兽国家分布

资料来源：BIHU 独角兽企业数据库。

　　纳斯达克一直是中国科技型企业上市的首选地点之一，这是因为：第一，纳
斯达克的上市标准相较于国内 A 股的上市标准较低；第二，在纳斯达克上市能够
快速提高企业在国际上的知名度，便于企业拓展国际业务；第三，纳斯达克市场
面向全球，在纳斯达克上市可以筹集大量资金；第四，相较于纽交所上市的申请
流程，纳斯达克上市的申请流程更为简易。但是，目前，中国企业选择在纳斯达
克上市的意愿有所减弱，2019～2020 年中国上市独角兽企业 11 家，其中有 8 家
独角兽选择在纳斯达克上市，占比为 72.73%。2020～2021 年中国上市独角兽企
业 17 家，其中有 6 家独角兽选择在纳斯达克上市，占比为 35.29%，较 2019～
2020 年下降了 37.44%（见图 12-3）。
　　受到瑞幸咖啡财务造假事件的影响，纳斯达克为提高新兴市场赴纳斯达克上
市的标准，于 2020 年 5 月向美国证券交易委员会提交了三份修改提案，其中有
两项针对包括中国在内的"受限地区"公司。在首次公开发行要求上，纳斯达
克首次对 IPO 规模提出要求，规定 IPO 融资规模应达到 2500 万美元或上市后发
行证券市值的 25%；在管理层或董事会方面，纳斯达克要求位于受限市场的拟上
市公司需持续拥有一名高级管理人员或董事且具有美国上市公司工作经验，或者

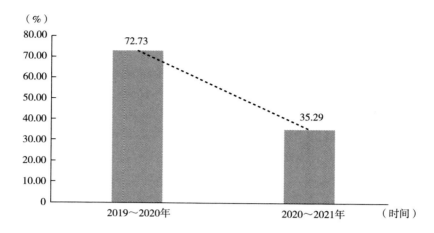

图 12-3 2019～2021 年中国独角兽赴纳斯达克上市数量占比变化

资料来源：BIHU 独角兽企业数据库。

具有纳斯达克以及联邦证券法监管及披露合规经验、培训或背景。① 虽然这两项新规对中国独角兽企业来说并不是难以逾越的，甚至能够使企业在纳斯达克的运作更为规范，但是单独对"受限地区"的限制仍会在一定程度上降低中国独角兽企业赴纳斯达克上市的热情。

2020 年 5 月 20 日，美国国会参议院批准通过了《外国公司问责法案》。2020 年 12 月 2 日，美国国会众议院表决通过了《外国公司问责法案》。《外国公司问责法案》指出，要求特定的证券发行人证明其不属于外国政府拥有或受外国政府控制，并必须符合当地的独立审计要求。然而这与 2020 年 3 月 1 日我国正式实施的《中华人民共和国证券法》中关于中国公司的底稿不能提交给境外监管机关的规定相违背。美国《外国公司问责法案》的提出，直接阻碍了中国独角兽企业赴美上市，港交所迎来了新的机遇。

（三）多元的赛道分布

从行业分布来看，与 2019～2020 年纳斯达克上市独角兽主要集中于医药健康领域不同，2020～2021 年纳斯达克上市独角兽赛道分布更为分散化、多元化。2021 年纳斯达克上市独角兽企业分布于 9 个领域，分别为生活服务、企业服务、智能科技、汽车交通、医药健康、文旅传媒、金融科技、教育科技、航空航天，其中，生活服务、企业服务、医药健康和金融科技领域的企业较多，共计 21 家，

---

① 资料来源于 NASDAQ 官网。

占比高达 75%（见图 12-4）。其中，生活服务类市值榜首为 Airbnb，企业服务类市值榜首为 Boss 直聘，医药健康类市值榜首为 GoodRx，金融科技类市值榜首为 Coinbase。

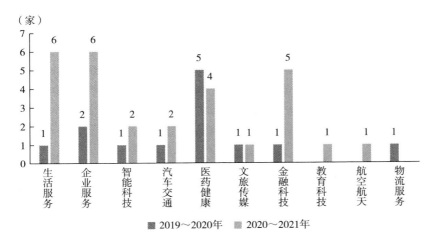

图 12-4　2019~2021 年纳斯达克上市独角兽赛道分布

资料来源：BIHU 独角兽企业数据库。

1. 企业服务类市值榜首：Boss 直聘（137.88 亿美元）

Boss 直聘（股票代码：BZ）是在全球范围内首创互联网"直聘"模式的在线招聘产品，于 2014 年 7 月上线，经过 7 年发展，Boss 直聘上总服务用户数超过 1 亿，按月活跃用户数计算，Boss 直聘已经成为中国最大的招聘平台。2021 年 6 月 15 日，Boss 直聘于纳斯达克交易所上市，其上市后的总市值接近 149 亿美元，是前程无忧、猎聘、智联招聘之和。Boss 直聘能够在竞争激烈的互联网招聘平台中脱颖而出的原因之一在于，Boss 直聘"推荐算法+直聊"的商业模式极大地提高了求职效率。与传统的招聘平台不同，Boss 直聘并没有将互联网简单地当作一个中介、一个信息交流平台，它深入发掘了互联网平台的功能，将互联网的作用与用户需求结合在了一起。此外，Boss 直聘关注到了中小型企业，根据其提交至 SEC 的公开信息显示，截至 2021 年 3 月，Boss 直聘服务的 600 多万家企业中，有 82.6% 是中小型企业。[①]

2. 医药健康类市值榜首：GoodRx（125.78 亿美元）

GoodRx（股票代码：GDRX）是美国一家医疗保健公司，运营着一个可以追

---

① 参见 Boss 直聘招股说明书。

踪美国处方药价格，并提供免费药物优惠券的应用程序。GoodRx 的发展与其所处的背景有关，美国是目前唯一一个没有全民医保的发达国家，且处方药价格不受监管，价格透明度较差，由于高昂的问诊费用和处方药价格，有超过半数的美国人会延后甚至放弃购买处方药。在这一特定背景下，GoodRx 瞄准了高价处方药市场，明确了主要服务对象——没有医疗保险或者购买了高免赔额保险的消费者。在处方药折扣领域发展的同时，GoodRx 还发现，有 20% 的消费者在购买药品时没有处方，于是它在 2019 年收购了 HeyDoctor，发展远程医疗服务，补足自身发展短板。今天，GoodRx 已经成为美国处方药折扣领域的头部企业，根据公司招股书，公司 2019 年为消费者节省了七成药费，约为 17.75 亿美元。2020 年 9 月 30 日，GoodRx 在纳斯达克上市，预计发行价 33 美元，发行当天收盘价报 50.5 美元，较发行价上涨了 53.03%。在快速发展的同时，GoodRx 面临的行业压力也越来越大，除了来自同行业的竞争外，类似亚马逊一类的科技巨头如果进军处方药行业，也会抢占 GoodRx 的市场份额。此外，由于 GoodRx 建立于特定的背景，将来如果美国进行医疗改革，监管处方药价格，会对 GoodRx 的业务发展造成巨大影响。①

3. 金融科技类市值榜首：Coinbase（493.55 亿美元）

Coinbase（股票代码：COIN）又名比特币基地，由前 Airbnb 工程师 Brian Armstrong 于 2012 年 6 月创立，是一家运营加密货币交易平台的美国公司。Coinbase 于 2012 年 10 月推出了通过银行转账买卖比特币的服务，于 2014 年发展到 100 万用户。2015 年 1 月 26 日上午，Coinbase 创建的美国第一家持有正规牌照的比特币交易所正式开张。2017 年 1 月 17 日，纽约金融服务部门（NYDFS）负责人宣布，已通过比特币交易平台 Coinbase 的牌照申请，这意味着 Coinbase 在美国纽约州的经营终于获得了官方认证②。在 Coinbase 招股说明书中显示，该公司在 100 多个国家拥有 4300 万经过验证的用户、7000 家机构和 115000 个生态系统合作伙伴，它还报告 2020 年净收入为 11.4 亿美元，高于前一年的 4.83 亿美元。截至 2021 年 3 月，Coinbase 是美国交易量最大的加密货币交易所。2021 年 4 月 13 日，Coinbase 在纳斯达克交易所上市，成为加密货币产业在美国首家上市的公司③。作为加密货币行业的领跑者，Coinbase 上市后的市值却并不理想，相较于上市前估值下跌了 45.16%。Coinbase 价值下跌的一个可能的原因是，该公司是通过直接上市的方式在纳斯达克上市的，不发行新股筹集资金，因此没有原始股

---

① 高弘杨. 独角兽 GoodRx：另辟蹊径的处方药比价平台［J］. 中国药店，2020（10）：64-66.
② 资料来源于财新网发布的《Coinbase 获纽约州第三张 60 特币牌照》。
③ 参见 Coinbase 招股说明书。

锁定期限制的情况，内部人员可以在企业上市后立即出售手中股票；还有一个可能的原因是，加密资产本身具有高度的不确定性，且该行业尚处于初步发展阶段，未来会有更多的竞争对手加入加密货币行业，证券市场认为，Coinbase 可能会在发展过程中面临较高的风险。

三、Airbnb：每秒 6 次入驻的全球最大民宿短租平台

信任是伙伴关系的基础，而建立信任需要时间。我们知道，取得大家的信赖任重道远，但这是我们的头等要务，我们将全力以赴。

——Airbnb 联合创始人、首席执行官布莱恩·切斯基（Brian Chesky）

Airbnb 成立于 2008 年，是一家联系旅游人士和家有空房出租的房主的服务型网站。Airbnb 认为自身是一个联系全球的信息化网络，这是 Airbnb 的立足之本，所以其从创立之初就立足全球，放眼世界。发展至今，Airbnb 的业务不断跨越国界、时区、语言和肤色等，目前已经覆盖全球超过 220 个国家和地区的近 10 万座城市，拥有海量的个性化房屋资源。如此庞大的房源信息为 Airbnb 带来了规模优势和知名度优势，让 Airbnb 可以构建一个你无论走到哪里都可以找到归属感和满足感的世界，让你不再为出行旅行而烦恼。与此同时，Airbnb 也能够做到客户服务不分昼夜地以 11 种不同语言提供 24 小时的全球支持，即时性、随时性很强。2020 年 12 月 10 日，Airbnb 成功在纳斯达克上市（股票代码：ABNB），发行价 68 美元，2021 年 2 月 11 日，Airbnb 股价达到峰值，已经较发行价涨了三倍多，总市值破千亿美元，超过全球五大传统连锁酒店——温德姆酒店和度假村、精选国际酒店、万豪国际、洲际酒店集团和希尔顿集团的市值总额，成功颠覆了整个传统酒店行业，实现独角兽企业的华丽蜕变。[①]

（一）发展与融资

2007 年，为了解决租房资金问题，Airbnb 两位创始人布莱恩·切斯基（Brian Chesky）和乔·杰比亚（Joe Gebbia）利用手中的气垫床为一场会议的与会成员提供了住宿和早餐。正是那一个晚上，"我们的客人作为陌生人抵达，但他们作为我们的朋友离开"，这让他们产生了创建民宿网站的想法。2008 年 2 月，技术架构师内森·布莱卡斯亚克（Nathan Blecharczyk）加入，同年 8 月 Airbnb 正式成立，官方网站 Airbedandbreakfast. com 上线。2009 年 1 月，Airbnb 获得了第一笔 2 万美元的投资，加入了 YC 孵化器项目，同年 4 月，Airbnb 获得了红杉资本

---

① 解树江. 数字经济先锋：全球独角兽企业 500 强蓝皮书（2020）［M］. 北京：经济管理出版社，2021.

领投的天使轮融资 60 万美元。此后，Airbnb 正式进入了快速发展阶段。截至 2017 年 3 月，Airbnb 共经历了 10 轮融资（见表 12-6），持续不断的资本赋能，使 Airbnb 打开了国际市场，成功领跑民宿行业。目前，Airbnb 在 191 个国家、65000 个城市中共有 400 万名房东、超过 300 万笔房源。2020 年 12 月 10 日，Airbnb 成功在纳斯达克上市。

表 12-6　Airbnb 上市前融资历程

时间	融资轮次	融资金额（美元）	投资机构
2009 年 1 月	种子轮	2 万	YC 孵化器项目
2009 年 4 月	天使轮	60 万	红杉资本
2010 年 11 月	A 轮	720 万	Greylock Partners、红杉海外等
2011 年 7 月	B 轮	1.12 亿	A-Grade Investment、Crunch Fund 等
2013 年 10 月	C 轮	2 亿	红杉海外、A-Grade Investment 等
2014 年 4 月	D 轮	4.75 亿	Dragoneer Investment Group、TPG 等
2015 年 6 月	E 轮	15 亿	General Atlantic、高瓴资本等
2016 年 6 月	F-1 轮	10 亿	摩根士丹利、Citi Ventures 等
2016 年 9 月	战略	5.55 亿	Google Ventures 等
2017 年 3 月	F-2 轮	10 亿	中投公司

资料来源：笔者根据搜集资料整理绘制。

值得注意的是，在 Airbnb 长达 11 年的发展历程中，红杉资本几乎没有错过任何一轮融资，根据招股说明书，红杉资本拥有 Airbnb16.5% 的股权，是其最大的机构股东。多年来，Airbnb 的成长离不开红杉资本的帮助，如 Airbnb 初期的高管招聘、战略制定等，在 Airbnb 面临监管危机的时候，红杉资本也及时地伸出援手，提供帮助。

（二）竞争优势

独特的"房东—客人"联系。在 Airbnb 的平台上有一个独特的吸引房东进驻的机制——房东招募房东，2019 年，23% 的新房东是原来平台上的客人。此外，由于 Airbnb 良好的合作理念和平台建设，很多房东仅仅在 Airbnb 这一个平台上传房源。到 2020 年 12 月，房东共提供了大约 90000 个小屋、40000 个农场、24000 个小房子、5600 艘船、2800 个蒙古包、1600 个私人岛屿等空间。

活跃的客户平台。Airbnb 已经接待了数亿的客人，他们成为社区的活跃成员，经常到 Airbnb 的平台上参与讨论，并再次预订。强大的口碑能帮助 Airbnb

挽留老用户，吸引新用户。2019 年，Airbnb69%的收入来自老客户的再次入住，而 2018 年这一比例为 66%。

全球知名品牌。根据招股说明书，从 2016 年 1 月到 2020 年 9 月，Airbnb 在全球的搜索频率高于任何其他主要旅游品牌。强大的品牌力量吸引人们访问 Airbnb 的网站和 App。在截至 2020 年 9 月 30 日的九个月中，Airbnb 的所有流量中约有 91%是通过直接或无偿渠道自然产生的。

全球网络系统。Airbnb 在 220 多个国家和地区建立了一个全球网络系统，这使得他们在拓展业务时，无须在运营的每个城市部署本地业务。Airbnb 早期在跨境旅游方面的发展，使其能迅速打开市场，建立强大的口碑，进而顺利发展国内旅游。尽管新冠疫情减少了跨境旅行的数量，国际旅行仍将会是未来的大趋势，全球网络系统仍将是 Airbnb 的一个关键优势。

定制平台。除了为满足房东和客人的需求而进行设计外，Airbnb 平台还提供了反欺诈措施、多语言实时社区安全以满足特定城市的监管要求。定制化的平台使 Airbnb 能够快速地了解世界各地的房东和客人的需求，并通过深入的技术分析和商业智能洞察力管理市场。[①]

（三）上市后表现

Airbnb 于 2020 年 12 月 10 日在纳斯达克成功挂牌上市，上市当日股票最高价 165 美元，收盘价 144.7 美元，相较于招股说明书中的定价 68 美元，上涨了 112.8%，市值达到 865 亿美元。Airbnb 股票大涨的受益人之一，便是其背后最大的机构投资者——红杉资本。据统计，红杉资本的总投资额大约为 2.6 亿美元，按照其股份占比计算，就上市当日来看，该项目的投资回报率近 50 倍。上市后 Airbnb 周 K 线图如图 12-5 所示。

2020 年初，美国新冠疫情暴发，旅游业受到了极大的冲击，这也使 Airbnb 在前两个季度大幅亏损，甚至一度动摇了其上市计划。面对这一危机，Airbnb 通过裁员等方式缩减开支，终于在第三季度，公司再度实现季度盈利。作为一个上市前盈利过且成功在疫情下实现自救的独角兽企业，美国资本市场上的个人投资者、机构投资者都对 Airbnb 寄予了很高的期待。Airbnb 上市后，股价持续上涨，直至 2021 年 2 月 12 日，股票达到最高值 219.94 美元。根据招股说明书披露的财务信息来看，Airbnb 的收益具有很强的季节性，一般来说，第一、二、四季度的收益会大幅下降，而第三季度的收益往往会大幅上涨。因此，在新冠疫情仍未结束的大背景下，2021 年第一季度并不理想的财务报告让投资者们对 Airbnb 的可

---

① 参见 Airbnb 招股说明书。

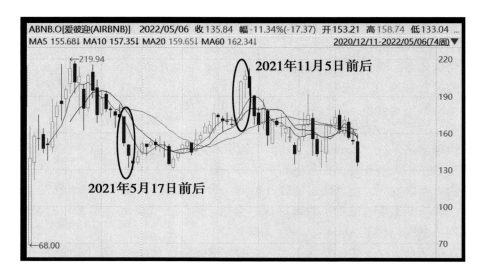

图 12-5 上市后 Airbnb 周 K 线图

资料来源：Wind 数据库。

持续盈利能力产生了质疑。2021 年 3 月末，Airbnb 股价大幅下跌，5 月 17 日股票锁定期到期，部分投资机构、企业高管出售手中股票①，使得股票价格下跌幅度进一步加大，直到 2021 年 7 月 Airbnb 股价才开始稳步回升。2021 年 11 月 5 日，Airbnb 第三季度财报披露，随着疫苗接种工作的开展，旅游业逐渐复苏，Airbnb 达到了有史以来最高的营业收入 22 亿美元，同期增长 36%，此份财务报告一出，Airbnb 股价大幅上涨。

虽然自上市以来，Airbnb 股价波动幅度较大，但总体表现良好。未来，随着新冠疫情的影响逐渐减弱，旅游业的限制逐步减少，Airbnb 可能会爆发出更加强劲的发展态势。

（四）未来发展

新冠疫情显然不是一朝一夕的问题，Airbnb 制定了长期战略以帮助其平稳发展。首先，Airbnb 发现国内和短途旅行的增加。越来越多的客人倾向于在离家不远的地方预订房屋，针对这一需求，Airbnb 更新了网站和 App，积极推广可用的本地住宿，以便客人能够快速找到地点合适的房屋。其次，新冠疫情使得订单取消数量增大。针对这一情况，Airbnb 允许房东和客人取消因流行病、自然灾害和

---

① 资料来源于同花顺财经发布的《禁令期到期 爱彼迎股价下行压力大》。

其他紧急情况而中断的预订。为了这项政策的顺利实施，Airbnb 为受新冠疫情影响的房东提供了高达 2.5 亿美元的资金，以支持客人顺利取消订单。此外，Airbnb 还制定了更高的清洁标准，以帮助客人能够安心入住。

除了应对新冠疫情的影响，Airbnb 的经营还遭受地方监管政策的限制，例如 2019 年 2 月，巴黎市政府起诉 Airbnb，理由是 Airbnb 的短租房租金哄抬了当地租金成本，破坏了地方房地产市场的平衡，在法国之后，欧洲好几个旅游城市都表示了类似抗议；在中国，由于中国市场是一个复杂多变的市场，中国国情与欧美国家更是不同，所以 Airbnb 以前很多的交流方式、选房标准等，并不适应中国消费者的习惯。因此，Airbnb 要想在其他市场获得良好的发展，就需要提高对当地国情和文化的认知与了解，寻找本土市场化的人才，积极探索本土商业模式，及时有效地处理和本土合作商之间的矛盾等。

未来，旅游业限制减少，行业竞争加剧，Airbnb 需要进一步扩大其优势，通过及时创新平台、制定品牌营销策略、扩展全球网络、扩大用户量等方式，实现企业的可持续发展，维持行业的领跑地位不改变。①

四、Affirm：有温度的小额贷

我们把消费者利益放在第一位，永远不会从他们的错误或不幸中受益。
——Affirm 联合创始人兼首席执行官马克斯·莱文（Max Levchin）

成立于 2012 年的 Affirm（股票代码：AFRM），致力于为消费者提供分期贷款、为电商提供分期付款服务。Affirm 发现，随着科技水平不断提高，在数字经济背景下，传统的支付方式和信用承销模式对消费者和商家是有欺骗性和限制性的，因此，Affirm 创建了以消费者为中心的应用程序，并分别为消费者和商家提供了解决方案。对于消费者来说，Affirm 能够使支付金额、利息透明化，在结账时会明确无误地预先列出各时间需要支付的金额，消费者支付的费用绝对不会超过规定金额，不存在任何隐藏款项。对于商家来说，Affirm 能够提高客户转化率和重复购买率，为其客户解决负担能力问题，帮助商家实现增量销售并扩大其目标市场。多年来，Affirm 凭借着强大的网络效应和数据分析能力、专有的风险模型、独特的企业文化等竞争优势快速发展，不断在市场上扩大规模，截至 2020 年 9 月 30 日，超过 620 万消费者在 Affirm 平台上与超过 6500 家商户完成了约 1730 万笔交易。

① 解树江. 数字经济先锋：全球独角兽企业 500 强蓝皮书（2020）[M]. 北京：经济管理出版社，2021.

（一）发展与融资

Affirm 最初由 Max Levchin、Nathan Gettings 等于 2012 年创建，其中 Max Levchin 是互联网第三方支付服务商 PayPal 的联合创始人之一。当谈及创立 Affirm 的初衷时，Max Levchin 指出，在金融危机时，他曾见到太多因贷款额度减小而受到困扰的家庭，他认为，推出一种能够优于信用卡的支付工具是十分有必要的。创立初期，Affirm 的高管中一半来自于 PayPal，在现代技术和优秀工程人才的共同作用下，Affirm 成功将"先买后付"这一模式变成现实。Affirm 的支付模式建立在信任和透明度的基础上，使消费者更容易负责任地、自信地消费，商家更容易实现销售转化和增长，促进商业蓬勃发展。目前，Affirm 提供四类产品及服务，分别为支付+分期付款方案、Affirm 虚拟卡、Affirm 借记卡、Affirm 存款账户。在成长过程中，Affirm 积极拓展业务范围，与科技体育企业 Peloton，在线旅游企业 Expedia、戴森、沃尔玛、Shopify 等大型企业签订了合作协议，合作商家数量高达 6500 多万家。良好的发展前景也使 Affirm 吸引了大量资本的注意，2014 年以来，经过多轮融资，Affirm 已获得了近 15 亿美元的资金（见表 12-7）。2021 年 1 月 13 日，Affirm 成功在纳斯达克上市，但它并没有停止前进的步伐。2021 年 5 月，Affirm 成功以 3 亿美元收购了金融科技服务企业 Returnly，同年 8 月与亚马逊签订了合作协议。

表 12-7　Affirm 上市前融资历程

时间	融资轮次	融资金额（美元）	投资机构
2014 年 4 月	种子轮	未披露	HVF Labs 领投
2014 年 6 月	A 轮	4500 万	Lightspeed Venture Partners 等
2015 年 5 月	B 轮	7500 万	Spark Capital、Andreessen Horowitz 等
2015 年 8 月	C 轮	1 亿	个人投资者 Chris Sang
2016 年 4 月	D 轮	1 亿	Founders fund、Spark Capital 等
2016 年 10 月	债务融资	1 亿	Morgan Stanley 承销
2017 年 12 月	E 轮	2 亿	GIC、Khosla Ventures 等
2019 年 4 月	F 轮	3 亿	Thrive Capital、Baillie Gifford 等
2020 年 9 月	G 轮	5 亿	GIC、Durable Capital Partners LP 等

资料来源：笔者根据搜集资料整理绘制。

（二）竞争优势

良好的技术基础。技术是金融科技企业成长的核心，Affirm 使用了最新的机器学习、人工智能技术和其他现代化工具来创建差异化和可扩展的产品。在发展中，Affirm 十分重视自身技术水平，建立了自己的技术和投资工程人才队伍，并将其作为难以复制的持久竞争优势，截至 2020 年 9 月 30 日，Affirm 的员工中，有 47% 的人担任工程和技术相关职位。在消费者和商家方面，Affirm 运用科学技术着力解决大规模订单数据处理问题，这是用传统方法无法处理的。例如，Affirm 开发了自己的分类账，以便处理数百万个具有不同条款的并发单利债务账单。

数据复合处理优势。自成立以来，Affirm 在数据的获取、汇总、保护和分析方面的专业能力水平一直是其核心竞争优势。Affirm 使用数据对消费者进行风险评估，并将其作为赋予消费者贷款权利的依据。Affirm 优秀的数据处理分析能力，能够使其每分钟处理数千次还款，以支撑 Affirm 业务庞大的规模。依靠数据分析能力，Affirm 综合传统信用评分、交易历史、信用使用的数据建立了风险监测模型，利用实时数据，预测消费者还款能力。

独有的风险模型。Affirm 独有的风险模型使其拥有比竞争对手更好的风险评估能力，根据 Informa Business Intelligence 在 2019 年 11 月 1 日至 2020 年 1 月 31 日期间进行的一项调查，Affirm 获批贷款的客户平均比同类竞争对手产品多 20%。在超过 10 亿个单独的数据点上进行了校准和验证的基础上，Affirm 的风险模型能够高度准确地对风险进行定价，有效评估信用风险，使 Affirm 拥有更广泛、更多样化的消费者群体，在截至 2020 年 9 月 30 日的 36 个月内，加权平均季度拖欠率约为 1.1%。Affirm 快速准确地评估、定价和管理风险的能力，使其能够产生吸引大量资本的高质量资产，增加贷款销售的收益和服务收入，降低融资成本。[①]

（三）上市后表现

Affirm 于 2021 年 1 月 13 日在纳斯达克成功挂牌上市，IPO 募集资金 12 亿美元，上市当日股票最高价 103 美元，收盘价 97.24 美元，相较于招股说明书中的定价 49 美元，上涨了 98.4%，市值达到 148.96 亿美元，相较于上市前估值 29 亿美元上涨了 412.7%。上市后 Affirm 周 K 线图如图 12-6 所示。Affirm 股价暴涨背后的原因，除了其自身的竞争优势外，还可能有较好的财务数据、Max Levchin 强大的关系网两方面因素。招股说明书中显示，截至 2019 年 6 月 30 日和 2020 年 6 月 30 日的会计年度，Affirm 的总收入净额分别约为 2.644 亿美元和 5.095 亿美元，同比增长约 92.7%。Affirm 创始人 Max Levchin 曾在 PayPal、雅虎、谷歌等公司任职，这些任职经历为他带来了较好的声誉和强大的关系网，这不仅能够

---

① 参见 Affirm 招股说明书。

使 Affirm 的融资变得较为容易，还能增强投资者信心。

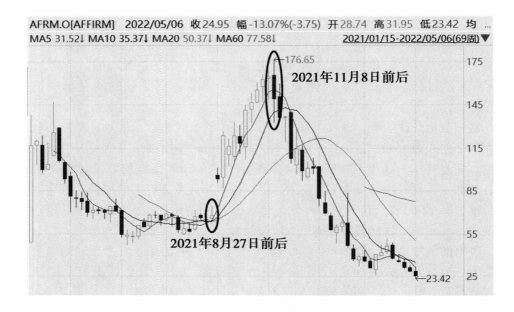

图 12-6 上市后 Affirm 周 K 线图

资料来源：Wind 数据库。

Affirm 上市一个月后，股价开始下跌，直到 2021 年 8 月。2021 年 8 月 27 日，Affirm 宣布其将与美国电商巨头亚马逊开展商务合作，"Affirm 将在本周开始为部分用户提供分期付款功能，并在未来几个月内实现全面覆盖"，这是亚马逊首次为消费者提供分期付款选项①。此公告一出，Affirm 股价大幅上涨，这种上涨态势一直持续到了 2021 年 11 月 8 日，股票价格达到最高值 176.65 美元。2021 年 11 月 10 日，美国劳工部发布报告称，作为通货膨胀指标的消费者价格指数（CPI）较 2020 年 10 月上涨了 6.2%，超出预期，而通胀环境往往会增加经营成本，抑制盈利预期，投资者更倾向于更安全的资产，因此科技股在通胀环境中往往表现不佳。此外，人工智能借贷企业 Upstart（UPST）于 2021 年 11 月 9 日报告了其令市场失望的收益结果，这也对金融科技企业造成了一定影响②，Affirm 股价开始持续下跌，于 2022 年 3 月 14 日达到最低值 26.02 美元。

虽然自上市以来，Affirm 的股价表现并不好，经历两次大幅下跌，已经低于

---

① 资料来源于路透社。

② 资料来源于 NASDAQ 官网。

招股价格，但是 Affirm 的经营并没有出现重大问题。截至 2020 年 6 月 30 日和 2021 年 6 月 30 日的会计年度，Affirm 的总收入净额分别约为 5.095 亿美元和 8.705 亿美元，同比增长 70.9%，净亏损分别为 1.126 亿美元和 4.30 亿美元，同比增长 281.9%，较高的净亏损增长可能是 Affirm 股价持续走低的原因之一。

（四）未来展望

Affirm 未来的发展面临着较好的行业前景，与传统的信用支付方式相比，消费者越来越喜欢更灵活的数字支付方式。根据 Worldpay 2020 年的全球支付报告，"先买后付"是全球增长最快的电子商务支付方式，北美地区"先买后付"的市场份额预计到 2023 年将增加两倍，达到电子商务支付市场的 3%，在其他地区，如在中东、非洲和欧洲地区，"先买后付"已经占电子商务支付市场的近 6%，预计到 2023 年将增长到近 10%。

虽然未来市场环境向好，但 Affirm 要充分意识到越来越激烈的行业竞争，继续扩大竞争优势，降低自身风险。接下来，Affirm 需要做好的工作包括：扩大营销工作，提高消费者对品牌的认识，创新金融产品，以吸引新消费者；深化与现有商家的渗透，优化商家功能，拓展新市场，以扩大商家范围；大规模更新核心模型和算法，定期引入新的数据信号，以确保风险评估的准确性。除了进一步扩大优势外，Affirm 还需要解决现存问题，其收入的很大一部分集中在部分大型商家合作伙伴，如顶级商户合作伙伴 Peloton 约占其截至 2020 年 6 月 30 日会计年度总收入的 28%，失去这些商家合作伙伴将对 Affirm 的业务、运营结果和财务状况产生重大不利影响。此外，高速、高资本效率的融资模式是支持 Affirm 高速增长不可或缺的一部分，而 COVID-19 对金融市场的广泛影响给许多资金来源带来了不确定性和波动性，如果金融体系中资金突然或意外短缺，且无法以优惠条件安排替代的融资方式，Affirm 则不得不减少交易量，这会对其经营业绩、现金流和未来前景产生重大不利影响。[①]

五、Boss 直聘：互联网"直聘"模式开创者

我们已经意识到，求职者和主管都渴望相互了解，并在成为工作伙伴之前进行沟通，共同创造价值。

——Boss 直聘创始人、董事长兼 CEO 赵鹏

"Boss 直聘"是在全球范围内首创互联网"直聘"模式的在线招聘产品，由

---

① 参见 Affirm 招股说明书。

赵鹏带领团队创办，2014 年 7 月上线，隶属于看准科技集团，集团旗下运营看准网、Boss 直聘和店长直聘三个品牌，总服务用户数超过 1 亿，致力于用科技解决职业领域问题。Boss 直聘产品的核心是"直聊+精准匹配"通过将在线聊天功能引入招聘场景，让应聘者和用人方直接沟通，从而跳过传统的冗长应聘环节，提升沟通效率。同时，Boss 直聘采用推荐作为产品的技术选型，应用人工智能、大数据等前沿技术，提高雇主与人才的匹配精准度，缩短求职招聘时间，从而提升求职招聘效率。2022 年 12 月 22 日，Boss 直聘于香港联合交易所主板完成双重主要上市，股票代号"2076"，摩根士丹利和高盛担任联席保荐人。至此，Boss 直聘成为同时在纳斯达克交易所、香港联交所上市的公司。

（一）发展与融资

2014 年 7 月，作为首个采用线上"直聘"模式的在线招聘产品，Boss 直聘 App 一上线就受到了无数人的关注，引起了雇主和求职者的共鸣。Boss 直聘的创始人赵鹏发现，在传统的线上招聘模式下，互联网没有发挥其应有的作用，雇主与求职者之间匹配程度不高、合作成功率低，而造成这一现象的原因是雇主与求职者之间的沟通效率低下。因此，在充分认识到行业痛点后，赵鹏充分发挥互联网科技的优势，致力于开发一种能够促进雇主和求职者之间即时直接聊天，并提供精确匹配结果的产品。Boss 直聘上线一年后，2015 年 8 月，其用户规模突破了 100 万。随着企业发展走向正轨，Boss 直聘开始扩张企业规模，先后在西安、南京、青岛等地设立了分公司，截至 2021 年 3 月，Boss 直聘上拥有的认证求职者和认证企业用户的数量分别为 8580 万和 1300 万。在成长过程中，得益于中国不断扩张的求职市场和独特的"推荐算法+直聊"商业模式，Boss 直聘深受资本喜爱。早在 2014 年 1 月，App 还没有成功上线时，Boss 直聘就收获了第一笔资金。在接下来的 16 年时间里，Boss 直聘经历了多轮融资，获得了至少 6.93 亿美元（见表 12-8），这些资金成为 Boss 直聘成长过程中的强大助力，截至 2021 年 3 月，Boss 直聘上的活跃用户为 2490 万，位列行业第一。2021 年 6 月 15 日，Boss 直聘成功在纳斯达克上市，上市后市值为 137.88 亿美元，较上市前企业估值 80 亿美元，增长了 72.4%。

表 12-8 Boss 直聘上市前融资历程

时间	融资轮次	融资金额（美元）	投资机构
2014 年 1 月	A 轮	未披露	策源创投、顺为资本、和玉基金
2015 年 4 月	A+轮	未披露	顺为资本

续表

时间	融资轮次	融资金额（美元）	投资机构
2015 年 12 月	Pro-B 轮	1000 万	众为资本
2016 年 7 月	B 轮	未披露	今日资本、顺为资本
2016 年 9 月	C 轮	2800 万	华映资本、高榕资本、顺为资本等
2018 年 12 月	E 轮	1.3 亿	GGV、今日资本、高榕资本等
2019 年	E+轮	1.05 亿	腾讯投资等
2020 年 2 月	F 轮	1.5 亿	高都资本
2020 年 11 月	F+轮	2.7 亿	红杉资本、高都资本、GGV

资料来源：天风证券。

（二）竞争优势

"移动+直聊+智能匹配"招聘模式。Boss 直聘最早推出了智能推荐和直接沟通的创新招聘模式，且这一模式带来的求职者与企业间的有效沟通难以被竞争对手模仿。这种便利、高效的招聘模式吸引了很多非专业招聘人员的加入，通过直接与求职者交流，雇主的评估会更加准确。同时，通过直接沟通，求职者也会更加深入地了解雇主的需求，认识自身的不足。得益于这一创新招聘模式，Boss 直聘实现了快速增长，2019 年和 2020 年的收入分别为 9.987 亿元和 19.444 亿元，增长了 94.7%。

行业领先的技术水平。Boss 直聘创新模式的实现，源于其专有的 AI 算法和强大的数据洞察能力，这是该企业的核心竞争优势。Boss 直聘将招聘的每个阶段数字化，并将海量的行为数据不断反馈给 AI 匹配模型。为了提高 AI 模型结果的精确度，Boss 直聘十分重视科技研发投入，不断改进和优化 AI 算法，强化模型对用户交互行为数据的理解。不断更新的推荐引擎能够提高双向匹配的准确性，吸引更多的用户，形成更多的交互数据，使 AI 模型更加完善，提高匹配效率，形成良性循环。

关注长尾市场。在求职者方面，传统线上招聘产品往往会更关注于白领群体，但是相较于白领群体，蓝领群体的人口基数更大，对岗位的需求也更多。过去，蓝领群体主要通过熟人介绍等方式进行求职，而信息不对称会导致其求职效率低下。Boss 直聘的招聘模式不仅能够使信息易于获得，并确保信息的真实性，还能降低蓝领工作招聘人员的成本，实现对蓝领群体的覆盖。截至 2021 年 3 月，Boss 直聘上白领和金领用户，以及蓝领用户分别占 55.0%和 28.8%。在企业用户方面，传统线上招聘会更关注大型企业，而忽视了作为中国企业最大组成部分的中小企业。Boss 直聘的招聘模式对中小企业非常友好，非专业招聘人员在这里能够招聘决策者，满足中小企业对人才的巨大需求。因此，Boss 直聘能够成功的原因之一，就是抓住了曾经被传统线上招聘忽视的长尾市场。

（三）上市后的表现

Boss 直聘是第一个将互联网技术真正应用到线上招聘的产品，受益于难以复制的"推荐算法+直聊"商业模式和市场日益增高的就业流动性，其一直深受资本市场的宠爱。上市前，单就活跃用户数量这一指标，Boss 直聘已经在行业领先。2021 年 6 月 15 日，Boss 直聘成功在纳斯达克上市，上市当日股票最高价 38 美元，收盘价 37.2 美元，相较于招股定价 19 美元，上涨了 95.8%，市值达到 137.88 亿美元，相较于上市前估值 80 亿美元上涨了 72.4%，IPO 募集资金 9.12 亿美元。在上市后第二个交易日，Boss 直聘股票价格达到最高值 44.96 美元，当日收盘价为 40.13 美元。上市后 Boss 直聘周 K 线图如图 12-7 所示。

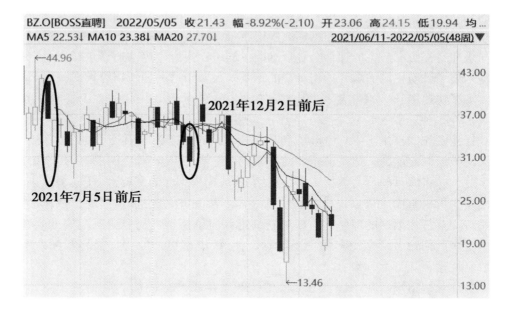

图 12-7　上市后 Boss 直聘周 K 线图

资料来源：Wind 数据库。

为保证国家数据安全，中国网络审查办公室于 2021 年 7 月 5 日发布公告，要求对 Boss 直聘在内的三家公司进行安全审查，审查期间，Boss 直聘须停止新用户的注册①。7月6日，《关于依法从严打击证券违法活动的意见》发布，文件指出，要进一步加强对中概股的监管。在上述公告公布后，Boss 直聘股价大幅下跌。2021年12月2日，SEC 发布了"已修订完善《外国公司问责法案》相关的信息提交与披露的实施细则"的公告，这意味着法案已经进入了实施阶段。次日，滴滴宣布启动纽交所退市和准备香港上市的工作②，该信息公布后，中概股股价暴跌，虽然 Boss 直聘的股价有所反弹，但仍难逃下跌趋势。

虽然受《外国公司问责法案》影响，Boss 直聘股票总体呈下跌趋势，但相较于其他中概股，Boss 直聘的跌幅较小，良好的财务数据一直是其强有力的支撑。根据 Boss 直聘发布的2021年度报告，其2021年收入为10.36亿元，较2020年增长了119.0%，2021年的活跃用户为2710万，增长了36.9%。此外，Boss 直聘还成功实现了扭亏为盈，2020年净亏损2.85亿元，2021年净盈利8.53亿元。Boss 直聘在逆境中的成功，证明了其创新商业模式的有效性，强大的用户参与度也为其日后业务扩张奠定了基础。

（四）未来展望

近年来，劳动力供需悬殊，效率较低的线下招聘已无法满足企业的招聘需求，而在线招聘平台通过与互联网技术结合，不仅提高了招聘效率，还降低了招聘成本，越来越多的企业选择在线招聘平台。根据 CIC 报告，2020年中国雇主在线招聘的渗透率为24.8%，预计2025年将增长至36.1%。此外，年青一代的求职者存在较为频繁更换工作的现象，就业流动性日益提高，因此求职者倾向于使用更高效、更便捷的招聘平台。根据 CIC 报告，2020年求职者在线招聘的渗透率为17.9%，预计2025年将增长至34.9%。

面对良好的市场前景，Boss 直聘可以充分利用其行业领先地位、庞大的用户群体、AI 算法等竞争优势，逐渐占领更多的市场份额，实现快速发展。接下来，Boss 直聘应专注于人工智能和大数据分析方面的技术研发，不断改进 AI 算法，避免双向匹配有效性降低，导致用户流失、用户增长率降低。同时，Boss 直聘还应重视监管问题，加强对企业用户识别信息真实性的检查和验证，阻止通过在线招聘平台进行的非法欺诈活动。此外，由于在线招聘平台不可避免地需要获取用户的个人信息，因此 Boss 直聘需要重视对数据的保护与处理，防止出现信息泄

① 网络安全审查办公室关于对"运满满""货车帮""Boss 直聘"启动网络安全审查的公告［EB/OL］．中国网信网．［2021-07-05］．http：//www.cac.gov.cn/2021/07/05/c_1627071328950274.htm.
② 大突发！上市5个月后，滴滴宣布将在纽交所退市，并启动赴港上市［EB/OL］．每日经济新闻．［2021-12-03］．https：//baijiahao.baidu.com/s？id=1718094013967223172&wfr=spider&for=pc.

露事件。[1]

六、创新的价值实现

独角兽企业被定义为估值超过 10 亿美元的未上市创业公司，其背后离不开私募股权投资基金的支持。随着行业竞争越发激烈，独角兽企业必须不断发展壮大，单纯依靠在资本市场上募集的资金已无法满足独角兽发展成长的需要。在这一阶段，出于自身战略布局的需要，独角兽企业往往会选择公开募集资金即上市的方法进行融资，以满足其后续发展的需要，此时，上市地点的选择尤为重要。2021 年选择在纳斯达克上市的独角兽占比 42.4%，美国纳斯达克交易所已然是全球独角兽上市的重要选择之一。

那么，独角兽选择在纳斯达克上市的原因究竟是什么？从企业层面看，独角兽选择在纳斯达克上市的一个重要原因是，能够实现自身价值，获取更多资金。近年来，纳斯达克股指持续上涨，已达到历史高位，通过比价效应，拉升了独角兽企业的股票价格。同时，纳斯达克面向全球市场，场内有充裕的资金，这为独角兽企业融资提供了巨大的空间。

（一）较高的股票价格

2009 年以来，美股开始了长达 12 年的牛市，纳斯达克指数从 1266 点上涨至 16212 点，累计涨幅达 7.8 倍，纳斯达克指数月 K 线图如图 12-8 所示。纳斯达克市场中股票的估值水平已经达到历史高位，这些股票所代表的企业，通过比价效应，拉升了纳斯达克上市独角兽企业的估值水平，使独角兽企业在纳斯达克市场上呈现更高的价格。纳斯达克牛市的背后，是美联储自 2008 年金融危机以来实施的持续宽松的货币政策。

受 2008 年金融危机影响，美国经济一路下行，为刺激经济增长，美联储实施了一系列宽松的货币政策，其中就包括了 0.25% 的低位利率政策。2010 年后，美国经济开始回暖，GDP 以每年 2% 左右的速度平稳增长。直到 2016 年，美国经济基本稳定，且发展态势良好，美联储开始了几轮升息调整，逐渐缩紧其货币政策。2009~2020 年，在货币超发、减税和股票回购的背景下，纳斯达克股市跑出了近 11 年的慢牛行情，持续、稳步上涨的指数吸引了大量公司前往上市。

---

[1] 参见 Boss 直聘招股说明书。

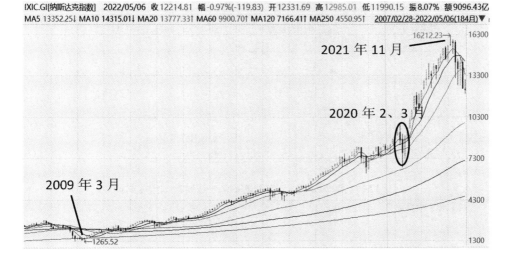

图 12-8　纳斯达克指数月 K 线图

资料来源：Wind 数据库。

　　2020 年 3 月，新冠疫情暴发，美国前期对疫情情况的错误预估使得投资者们产生了恐慌情绪，开始大量抛售美股，在未有明显经济下行表现的情况下，作为"经济晴雨表"的股市率先做出反应。2020 年 3 月，美国股票市场剧烈波动，短短一个月内经历了 3 次熔断，纳斯达克指数大幅下跌。在美股指数暴跌的同时，美国出台了零利率政策、无上限量化宽松货币政策等一系列激进的救市措施（见图 12-9）。此次救市，从力度、效率、决心等方面都远超 2008 年。虽然在政策实施的当月，股票市场并没有给予反馈，但是随着市场的自我调节、政策影响逐渐增大，2020 年 4 月起美国股票市场大幅上涨，纳斯达克指数于 2021 年 11 月达到峰值 16212，相较于最低点上涨了 144%。①

　　对于美国来说，股票市场不仅是财富的表现，更是货币传导政策实施中重要的一环，繁荣的股市能够提高内需，拉动经济增长。第一，良好的股市能够提高居民消费水平。货币宽松政策的主要方式是向市场释放流动性，在市场流动性增加后，人们往往会选择进入股票市场，此时如果股票价格上涨，则意味着家庭的财富增加。当家庭财富增加后，居民消费水平就会提高，进而导致消费需求的增长，经济增速提升。第二，良好的股市能够提高企业投资水平。货币宽松政策往往带来的是市场利率的降低，大量资金流入资本市场，如果此时股票价格上涨，

---

　　①　资料来源于 Wind 数据库。

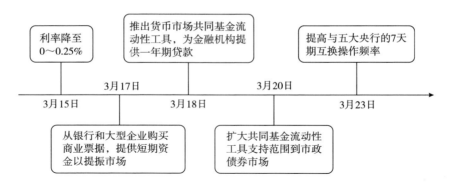

图 12-9　2020 年 3 月美联储采取一系列救市措施时间

资料来源：观察者网；李湛，梁伦博．美联储量化宽松的后续［J］. 金融博览（财富），2020（4）：24-25.

则已上市的企业则会筹得更多资金，搭配低利率的银行贷款，这些企业会增加其投资金额，投资需求的增加会拉动内需，进而提高经济发展水平。① 因此，股票指数出现大幅下跌时，美联储出台了一系列救市政策，不仅是为了稳定股票市场，更是为了宽松的货币政策能够有效地实施。股票市场在美国经济平稳运行中起到了重要作用，美联储会尽可能地保证股票市场的繁荣。

得益于美联储对股票市场的重视，纳斯达克指数自 2009 年起，整体上呈上涨趋势，2021 年 11 月，纳斯达克股指达到了历史高位。繁荣的股票市场意味着一个较高水平的股票价格，出于期望获得更高估值、筹集更多资金的目的，从 2020 年起大幅上涨的纳斯达克指数吸引了大量独角兽企业前往纳斯达克上市。但值得注意的是，与快速增长的美股指数不同，美国的整体经济表现不甚理想，金融与实体经济脱节，可能存在较多隐患。

（二）充裕的资金

纳斯达克于 1971 年成立，并于 2006 年完成了第二次市场分层，正式成为全国性证券交易所，面向全球市场。现今，纳斯达克已成为全球科技创新型企业的首要选择，与纽交所并列成为世界最大的证券交易市场②。据统计，2021 年有 1262 家企业在纳斯达克 IPO 上市，占当年美国市场 IPO 总数的 71%。纳斯达克的国际地位及其市场中的大量优质企业，吸引了无数来自全球的投资机构和个人

---

① 宗良，肖印煜，吴丹．美股"长牛"前景及其对货币政策的"绑架"［J］. 清华金融评论，2021（8）：73-78.

② 蔡鹏程，郑怀舟，李洋．"中国版纳斯达克"重燃希望［J］. 中国中小企业，2021（10）：22-24.

投资者，使得纳斯达克成为股票流通量最大的证券市场之一。据统计，2021 年纳斯达克二级市场股票月均成交金额为 44730.32 亿美元，占美国股票交易额的 51.2%①。

经济学家尤金·法玛（Eugene Fama）在 1970 年提出了"有效市场假说"，认为当股价走势充分包含全部市场信息时，投资者不可能通过分析以往价格获得高于市场平均水平的超额利润。也就是说，在企业信息充分披露，且投资者对企业信息足够了解并能够深入分析的情况下，市场所反映的企业的股票价格与其实际价值较为接近。纳斯达克充裕的资金是独角兽实现融资目的的必要条件，投资者能够真正认识到企业的实际价值并进行投资，这才是独角兽企业选择纳斯达克的主要原因。

纳斯达克市场较高的股票交易活跃度，能够反映较多信息。依据 Gonedes（1973）的定义，股价信息含量是证券价格报酬率分布的一种变化②，投资者对股票价格预期会反映在其交易行为中。企业上市初期，信息尚未完全披露，每个投资者都根据自己掌握的信息和股票价格提交交易申请，在经过大量交易后形成均衡价格③。在这个过程中，投资者的交易活动会不断释放其所掌握的信息，因此股票交易活跃度越高，股票流动性越强，反映出来的企业信息就越多，均衡价格的形成也就越快、越合理。在股票交易活跃度和流动性方面，纳斯达克采用了电脑化交易系统，这一系统能够增强市场的公开性、流动性与有效性，提高交易效率和价格发现能力。对于企业来说，选择在纳斯达克上市，能够更快地在市场上形成均衡价格，且由于纳斯达克市场上的投资者大多十分理性，形成的均衡价格也会更为合理。

此外，纳斯达克市场对科技型企业是有认同偏好的。在纳斯达克成立初期，它的定位是服务中小型高科技成长企业。随着多年的发展，纳斯达克的投资者大多较为理性，对高科技行业有深入了解，同时大量的专业证券从业人员、证券公司对上市企业各方面的专业分析也会使投资者充分了解企业的真正价值。对于高科技企业来说，在纳斯达克上市，可以使企业价值在证券市场中表现为更为合理的价格。

除了纳斯达克市场中投资者对充分披露的高科技企业信息的反馈效率较高这一因素之外，纳斯达克较高的市盈率也是独角兽选择纳斯达克的原因之一。较高

① 资料来源于 Wind 数据库。
② Nicholas J. Gonedes. Evidence on the Information Content of Accounting Numbers: Accounting-based and Market-based Estimates of Systematic Risk [J]. Journal of Financial and Quantitative Analysis, 1973, 8（3）: 407-443.
③ 贺丽. 市场交易活跃度对股价信息含量影响的实证检验 [J]. 市场研究, 2019（11）: 18-20.

的市盈率意味着企业市值增长空间较大，能够在市场上筹集更多的资金。近年来，关于独角兽企业估值是实是虚的问题一直争议不休，对于独角兽企业而言，选择在纳斯达克上市能够在一定程度上避免市场对独角兽企业价值的误读，产生市场对独角兽企业低估的现象。

七、便捷的基金退出机制

独角兽选择纳斯达克的另一个原因是，私募股权基金能够便捷顺利地退出。每一个独角兽的背后，都有私募股权投资基金的身影。私募股权投资基金为那些具有良好发展前景的独角兽企业提供资金支持，帮助其顺利度过初创期和发展期，在独角兽企业成为行业领跑者并成功上市后，它通过出售持有的企业股权，获得投资收益。简单来说，私募股权投资基金的运作流程分为募集、投资、管理、退出四个阶段，其中"退出"阶段尤为重要，国外私募股权投资家之间经常流传着这样一句话："不要在我获得项目的时候祝贺我，请在我成功退出项目时再祝贺。"外国投资家之所以如此重视退出这一环节的原因之一，就是 2000 年美国网络股泡沫破灭。美国网络股泡沫破灭这一事件导致纳斯达克市场剧烈波动，这直接影响了私募股权投资基金的退出，也使得私募股权投资基金行业发展放缓了脚步。有学者研究发现，退出阶段对私募股权投资基金行业的影响超过了募集、投资、管理三个阶段的影响。

在 IPO 上市退出方面，最大的限制就是企业上市后，原始股东面临的股票锁定期。企业上市后，往往需要一定时间适应身份的变化，为了避免管理层频繁变更、大股东套现给公司带来的不利影响，各国的证监会一般都会设定股票锁定期。然而纳斯达克的优势在于，其股票锁定期时间较短，与其他证券市场相比，纳斯达克市场中的私募股权基金能够以较快的速度退出，获取收益，开启下一轮投资。

由于独角兽企业主要分布在中美两国，所以本书仅对比中美两国相关规定。在美国，对于公开发行上市的企业，SEC 规定了"管理层股权激励和并购后一定时期内不得售出其持有的股票在二级市场上套现"，但没有具体规定时间期限。因此，纳斯达克与纽交所的股票锁定期是以协议方式制定的。通常情况下，是在上市前，由承销商牵头，公司与股东签订股票锁定期协议，并在招股说明书中进行披露，一般为 180 天。与纳斯达克相比，香港的股票锁定期较长。香港联交所分为主板和创业板，两个板块的限售期并不相同，创业板会更加严格一些，限售期主要针对控股股东。若企业在香港主板上市，控股股东的锁定期为 6 个月的禁售期和期满后 6 个月不得丧失控股股东地位，即 12 个月的锁定期；若企业在香港创业板上市，控股股东的锁定期为 12 个月的禁售期和期满后 12 个月不得丧失控股股东地位，即 24 个月的锁定期。中国 A 股的股票锁定期限制最为严格，《公司法》中规定了一般情况下 12 个月的股票锁定期，针对特殊情况，各个交易所根据自身侧重点，规定了 18 个月、24 个月、36 个月的锁定期。[①]

在实际操作中，纳斯达克和纽交所上市企业股东的股票锁定期一般为 180 天，在港联交所上市企业股东的股票锁定期为 360 天或 720 天，在中国上市的 A 股企业锁定期一般要超过 360 天，最高可达 1080 天（见表 12-9）。相比之下，纳斯达克上市企业背后的私募股权基金能够拥有较强的流动性，在 IPO 退出方面限制较少，这为资金的连续性提供了保障。

表 12-9　各证券市场锁定期规定

证券交易所	适用主体	锁定期
中国交易所 深交所 上交所 北交所	控股股东、实际控制人及其亲属	一般情况：36 个月 证监会：自动延长 6 个月（上市 6 个月连续 20 天收盘价低于发行价或期末收盘价低于发行价） 科创板：12 个月（员工持股计划、5% 以下股东，非第一大股东的创业投资基金股东）；3 个完整会计年度（企业上市时未盈利） 北交所：12 个月（10% 以上投票权的股东）；2 个完整会计年度（企业上市时未盈利）
	突击入股股东	自取得新增股份之日起 36 个月
	董监高	一般情况：12 个月，若离职则为离职之日起 6 个月 证监会：自动延长 6 个月（上市 6 个月连续 20 天收盘价低于发行价或期末收盘价低于发行价） 科创板：实现盈利前 3 个完整会计年度（企业上市时未盈利） 北交所：实现盈利前 2 个完整会计年度（企业上市时未盈利）
	核心技术人员	一般情况：12 个月 科创板：离职之日起 6 个月（核心技术人员离职）；实现盈利前 3 个完整会计年度（企业上市时未盈利）
	IPO 新增投资人	一般情况：12 个月 科创板：24 个月（券商跟投） 北交所：6 个月（除高管、员工等其他投资者参与战略配售）
	VC 创投	一般情况：12 个月

① 马丽雅. 三大主流资本市场上市股票锁定期规则汇总［EB/OL］．［2022-08-22］. http://www.rbluntan.cn/gu/55606.html.

续表

证券交易所		适用主体	锁定期
香港联交所	主板	控股股东	12 个月：6 个月禁售期+期满后 6 个月不得丧失控股股东地位
	创业板		24 个月：12 个月禁售期+期满后 12 个月不得丧失控股股东地位
纳斯达克		控股股东、实际控制人、高管和部分核心员工	协议制定，实践中一般为 180 天
纽交所			

资料来源：德恒律师事务所马丽雅编写的《三大主流资本市场上市股票锁定期规则汇总》。

　　纳斯达克虽然拥有一系列较为宽松的上市退出制度，但其市场监管极为严格，美国有专门负责管理审查私募股权基金的协会。风险投资协会定期会对市场进行调查，推动私募股权基金规范发展，推动行业治理透明化，督促基金管理人强化信息披露，促进投资退出符合行业自律要求①。与美国严格的市场监管不同，中国虽然在 2014 年出台了《私募投资基金监督管理暂行办法》，但是并没有为私募基金制定专门的监管机构，而是与其他基金共同管理。相比之下，纳斯达克上市企业背后的私募股权基金面临着更严格的市场监管，这使得其拥有较强的稳定性，可以支持其长久发展。

　　独角兽企业更喜欢在纳斯达克上市的原因之一在于，其宽松的退出制度和严格的监管制度为独角兽企业背后私募股权投资基金的流动性、连续性和稳定性提供了保证，也为私募股权投资基金行业提供了良好的发展平台。

八、SPAC 上市

　　近年来，独角兽的上市方式一般有三种，分别是传统 IPO 上市、直接上市和 SPAC（Special Purpose Acquisition Company）上市。2020~2021 年，有 17 家独角兽放弃了传统的 IPO 方式上市，其中 5 家选择了直接上市（纳斯达克 1 家），12 家选择了 SPAC 上市（纳斯达克 7 家），具体如表 12-10 所示。

表 12-10　2020~2021 年纳斯达克上市独角兽上市方式选择

上市方式	纳斯达克	全球市场
IPO 上市	20	49
直接上市	1	5
SPAC 上市	7	12

---

① 袁萍，胥爱欢. 国外私募股权投资退出机制［J］. 中国金融，2021（23）：60-61.

直接上市最早出现于 2018 年，是指一家公司在没有承销商帮助的情况下，通过自己直接在证券交易所上市，这种上市方式并不发行新股，没有固定数量的股票以制定的公开价格专门出售给公众，而是由买家设定他们认为合适的价格①。SPAC 上市最早出现于 1993 年，是指公司通过与已上市的 SPAC 壳公司并购实现在证券交易所上市的目的，到 2020 年，SPAC 上市方式呈井喷式发展。

（一）SPAC 上市发展历程

SPAC 最早发源于加拿大和澳大利亚的矿业企业，1993 年，GKN 证券注册了"SPAC"的商标，将其正式推向了美国资本市场。但是在 1993~2002 年，资本市场上基本没有 SPAC 公司的交易。2003 年至 2007 年，私募基金和对冲基金规模迅速扩大，在传统资产类别收益回报不佳的背景下，投资者们迫切地想要找到新的投资方式。此时，SPAC 上市进入了投资者的视线中，由于其独特的上市融资模式和较高的获利额度，很快就成为资本市场中的热点。同时，在互联网泡沫的背景下，美国实施了宽松的货币政策以刺激经济，大量资金涌入资本市场，SPAC 市场迅速发展，并进一步延伸至消费、金融、建筑、娱乐及一些新兴市场领域。2007 年美国 SPAC 上市的数量为 46 家，融资额为 57.31 亿美元，达到了阶段性高峰。② 2008 年金融危机的爆发，使 SPAC 遭受了巨大的打击，2009 年 SPAC 上市公司数量跌落谷底。为了缓解经济压力，SEC 放松了对 SPAC 上市监管的要求，SPAC 可以直接在纽交所、纳斯达克上市。2010 年后，美国渐渐从次贷危机的阴影中走了出来，SPAC 开始呈现平稳发展态势。2016~2019 年，伴随新经济行业的日益发展，SPAC 上市开始了一轮新的崛起和复苏。直到 2020 年，受新冠疫情影响，美国出台了超常规的宽松货币政策以刺激经济增长，这使得市场波动幅度较大，而通过 SPAC 投资既有望获得较高收益，又可利用其赎回等机制一定程度上规避市场波动风险，这促使大量资金通过 SPAC 进入资本市场，SPAC 呈井喷式增长。2020 年 248 家 SPAC 上市募集了 833.8 亿美元的资金，相较于 2019 年，上市 SPAC 数量增加了 320%，募集资金增加了 512%；2021 年 613 家 SPAC 上市募集了 1625.4 亿美元，相较于 2020 年，上市 SPAC 数量增加了 147%，募集资金增加了 95%（见图 12-10）。现今，SPAC 上市已经成为资本市场的焦点，许多大型投资银行和会计师事务所都成立了专门服务于 SPAC 的业务部门。

① 高振翔. 直接上市制度改革及其"看门人"机制分析 [J]. 财经法学，2021（5）：139-160.
② 许荷东，卢一宣. 美股 SPAC 上市、并购及并购后发展情况 [J]. 清华金融评论，2021（7）：29-32.

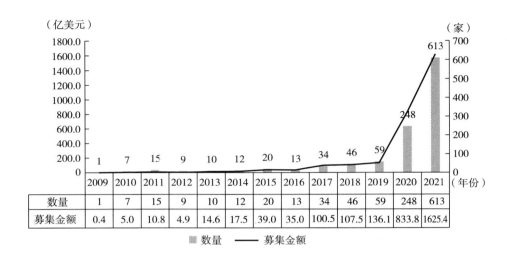

图 12-10　2009~2021 年上市 SPAC 数量及其募集金额

资料来源：SPAC Insider 官网。

（二）SPAC 上市流程

特殊目的收购公司（Special Purpose Acquisition Company，SPAC）上市模式是指新设一家现金空壳公司作为上市主体，用其首次公开募股（IPO）募集的资金收购私有公司，即进行 SPAC 并购交易（De-SPAC Transaction），实现该私有公司曲线上市，SPAC 的发起人及投资人由此实现投资回报[①]。其中，壳公司 SPAC 是一个新成立的空白支票的壳公司，公司没有经营业务和最小资产，在指定时间内，通过启动 IPO 为投资不明业务而筹集资金。根据美国《1993 证券法》419 号规则，SPAC 必须在 IPO 完成后的 18~24 个月内找到目标公司并完成企业并购（DeSPAC 交易）。

SPAC 上市的运作流程具体可以分为 SPAC 公司造壳上市、寻找目标公司、完成反向并购这三步。第一步，发行人组建 SPAC 公司，在券商机构的帮助下完成发行申请文件、注册登记书，在经由 SEC、证券交易所审核后，SPAC 公司在公开市场上市，筹集资金转入信托账户中监管，以备并购目标公司时所使用；第二步，SPAC 公司列出可选择目标公司后，对这些公司进行尽职调查，最终选定一家目标公司，与其签订并购协议；第三步，与目标公司开展并购交易，信托账户中的资金解除监管，支付给目标公司，完成并购程序后，目标公司成功上市

---

① 许荷东，卢一宣 . 美股 SPAC 上市、并购及并购后发展情况［J］. 清华金融评论，2021（7）：29-32.

（见图 12-11）。SPAC 合并上市可以为那些不适合传统 IPO 上市的公司提供可用资金和专门管理团队，以帮助其进入公开市场。

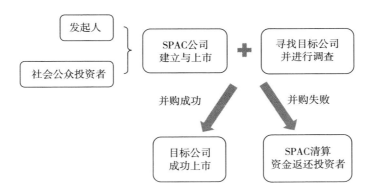

图 12-11　SPAC 上市流程

资料来源：东方财富网——SPAC 上市的完整流程。

（三）独角兽企业热衷于在纳斯达克 SPAC 上市

未来，会有更多的独角兽选择使用 SPAC 上市方式，而它们的目光也会更多地放在纳斯达克市场上。其原因主要包括：第一，大多数 SPAC 壳公司选择在纳斯达克上市；第二，SPAC 上市方式门槛低、费用少等优点吸引着独角兽企业；第三，受《外国公司问责法案》颁布的影响，中国独角兽传统 IPO 上市变得困难。

大多数 SPAC 选择在纳斯达克上市。经过 20 多年的发展，SPAC 并购上市的制度已经非常成熟，如今 SPAC 已遍及各个国家和地区，目前，美国资本市场是全球最大的 SPAC 市场，其次是英国资本市场。2022 年 1 月 1 日，港交所正式开始实施全新的 SPAC 上市制度，中国的 SPAC 市场开始步入舞台。由于独角兽企业主要集中于美国和中国，因此本书主要围绕美国资本市场与中国香港资本市场进行讨论。

早期，SPAC 还只能在美国的场外交易市场进行上市，直到 2008 年，为刺激金融业发展，SEC 放松政策，允许 SPAC 在纽交所和纳斯达克上市。自 2010 年以来，纳斯达克始终是 SPAC 上市的首要选择，2010～2021 年共有 738 个 SPAC 在纳斯达克上市，累计筹集资金 1528 亿美元，企业合并成功率高达 71%。[①] 纳斯

---

① 资料来源于 NASDAQ 官网。

达克能够吸引 SPAC 前往上市的原因可能包括：首先，纳斯达克的市场规模较大，上市制度较为完善，监管较为严格；其次，纳斯达克自 2010 年起就是 SPAC 上市的首要选择，且多年以来，SPAC 合并的成功率都较高，因此，纳斯达克有较为丰富的 SPAC 上市经验，SPAC 有很多成功上市、成功并购的案例可以借鉴；最后，与其他证券交易所相比，纳斯达克在最低募集金额、发起人资格等方面的门槛较低，限制较少，SPAC 上市更容易成功（见表 12-11）。

表 12-11　SPAC 上市制度对比

	纳斯达克		纽交所	港交所
	资本市场	全球市场		
最低募集金额	未要求，但实践中 SPAC 市值须大于 5000 万美元	未要求，但实践中 SPAC 市值须大于 7500 万美元	未要求，但实践中 SPAC 市值须大于 1 亿美元	10 亿港元以上
发起人资格	未要求	未要求	考虑发起人经验及往绩记录	须符合适合性及资格规定，至少一名 SPAC 发起人为证监会持牌公司
投资者资格	无限制	无限制	无限制	仅限专业投资者并购前，股份及 SPAC 权证分发予至少 75 名专业投资者，当中必须有 30 名机构专业投资者
最低公众持股人数	300	400	400	继受公司须至少有 100 名股东（而非传统 IPO 的 300 名）
最低每股价格	4 美元，通常 SPAC 以每单位 10 美元上市发行			10 港元
发行人最低投资份额	无相关规定	无相关规定	无相关规定	至少一名发起人持有至少 10% 的发起股份

资料来源：桐曦资本发布的《中国香港、新加坡、美国 SPAC 上市制度对比》（根据有关规定，我国香港特别行政区不能与国家并列而提，故对原文标题稍作修改，改为《中国香港、新加坡、美国 SPAC 上市制度对比》，这里未对文章内容作改动，仍保持原貌）。

SPAC 是一种创新融资模式，同直接海外 IPO 上市相比，其上市制约少，上市条件低，上市时间短且较为确定。综合对比传统 IPO 上市与 SPAC 上市的流程与制度，独角兽企业被 SPAC 上市方式所吸引的原因可能有以下四点：第一，流程简单。对于独角兽企业来说，传统 IPO 上市要经过上市辅导、制作 IPO 文件并申请、路演、询价、发行等阶段，整个 IPO 上市过程时间长、操作步骤多；而选择 SPAC 上市，独角兽企业只需与上市 SPAC 接触，签订并购协议后，完成并购流程就成功上市了，相较于 IPO 上市，SPAC 上市过程时间短且较为确定、操作简单。第二，上市标准低。通过传统 IPO 上市，独角兽企业需要满足证券市场的上市最低标准，而 SPAC 上市主要流程在于并购，可以绕开 SEC 对上市的硬性要求，比较适合规模较小、盈利能力较差、可能无法通过上市审核的企业，因此 SPAC 上市更受中小型独角兽企业青睐。第三，上市失败风险低。在进行传统 IPO 上市时，需要提交招股说明书等文件供 SEC 审核，这一过程对公司的财务数据、运行机制、未来前景有要求，很可能申请失败；而在进行 SPAC 上市时，只要实际并购过程不出现差错，几乎不会有上市失败的可能。第四，更为紧密的合作关系。与投行和上市公司单纯的投资与被投资关系不同，SPAC 上市后，SPAC 发起人也将成为上市独角兽企业的控股股东，[①] 此时独角兽与 SPAC 成为利益共同体，SPAC 会竭尽全力帮助上市独角兽企业更好地发展。虽然 SPAC 上市有诸多优势，但也存在着监管不够充分、不利于发行人估值最大化、初创投资者和外部投资人的股权更多被稀释等问题（见表 12-12），因此独角兽企业在选择 SPAC 上市前还需要谨慎考虑。

表 12-12　SPAC 上市方式优缺点[②]

优势	劣势
1. 上市时间周期短 　IPO：从确定中介团队到 IPO 成功，时间一般为 1~2 年。 　SPAC：从发起成立壳公司到实现并购，在 3~6 个月内就可以完成。 2. 上市成本低 　与传统 IPO 模式相比，SPAC 上市能够节省大部分的承销费用。在美股市场上，SPAC 上市费用只有 IPO 费用的 1/5 左右。 3. 风险可控，融资能力强 　在并购过程中，由于壳公司已成为上市公司，因此目标公司几乎不存在上市失败的风险。 　并购完成后，目标公司会获得壳公司募得的全部资金，包括公开上市的募资和寻找目标公司过程中的募资，几乎相当于目标公司同时进行首次公开发行和定向增发的募资。 4. 合作关系紧密 　与传统 IPO 的简单投资关系不同，目标公司成功上市后，壳公司将成为其控股股东，二者的关系更为密切	1. 初创投资者股权被稀释 　通过 SPAC 上市后，通常壳公司（发起人）会持有较多股份，目标公司（初创投资者）的持股比例会大幅下降，如果双方经营理念存在严重差异，会对公司未来经营发展造成打击。此外，SPAC 上市运作较为复杂，通常需要中介机构从中协助。在信息不对称的情况下，目标公司甚至可能会面临失去经营权或控制权的风险。 2. 不利于发行人估值的最大化 　SPAC 上市过程中，目标公司的股票成交价格由双方共同协商讨论确定，存在低于传统 IPO 定价的风险。 3. 监管不够充分 　如果国外的壳公司对国内公司进行并购，这中间就涉及跨境监管的问题。我国法律虽然认可外国投资者并购国内企业，出台了相关规定（如《关于外国投资者并购境内企业的规定》），但其中专门针对 SPAC 上市方式的操作细则并不完善

资料来源：吴国鼎撰写的《SPAC 市场：机遇还是陷阱？》。

---

① 许荷东，卢一宣．美股 SPAC 上市、并购及并购后发展情况［J］．清华金融评论，2021（7）：29-32．
② 吴国鼎．SPAC 市场：机遇还是陷阱？［J］．世界知识，2021（7）：64-65．

受瑞幸咖啡事件的影响，中国企业面临信任危机，自 2020 年以来，美国不断出台相关法案政策，SEC 的上市审核更加严格，使得中国赴美上市企业的生存压力逐渐增大。2020 年 5 月，纳斯达克针对包括中国在内的"受限地区"公司向 SEC 提交了修改提案，规定 IPO 融资规模应达到 2500 万美元或上市后发行证券市值的 25%，这是纳斯达克首次对 IPO 规模进行限制，加大了中国独角兽赴纳斯达克上市的难度。2020 年 12 月，美国众议院通过了《外国公司问责法案》，要求所有上市公司在三年内提供审计底稿，这与我国国家安全有关法案相违背，该法案的提出使我国独角兽企业赴纳斯达克上市的标准变得更加严苛。在这种大背景下，我国独角兽企业赴纳斯达克 IPO 上市之路变得格外艰难，如果我国独角兽还希望能够在纳斯达克市场顺利上市的话，SPAC 上市方式可能成为它们的选择之一。

九、Faraday Future：致力于重新定义智能出行的未来

产品和技术创新力是下一代汽车产业变革的核心价值和驱动力，FF 会继续集中资源专注投入，持续为行业发挥引领作用。

——Faraday Future（FF）创始人贾跃亭

Faraday Future（股票代码：FFIE）创办于 2014 年 5 月，是一家全球共享智能出行生态系统公司，于 2021 年 7 月 22 日与 Property Solutions Acquisition Corp（PSAC）完成业务合并，并在美国纳斯达克成功上市。早在 2014 年，Faraday Future 创始人贾跃亭联合前特斯拉高管尼克·桑普森、莲花中国区高管聂天心，共同在美国加州成立了一家公司——"LeTV ENV Inc."，而这个公司就是法拉第未来的前身。经过两年的发展，公司规模已经突破了 1000 人，在 2017 年 1 月的 CES 电子展上，其旗下的第一款车型 FF91 进行公开展出，仅仅在 36 个小时之内就拿到了 64000 个预售订单。但这些早在 2017 年就开始预售的车型 4 年后仍没有完成交付，且公司的负债金额达到了近 6 亿美元。在这种情况下，法拉第未来还能够上市，首先得益于其选择的 SPAC 方式，其次则在于其创始人贾跃亭所建立的全球合伙人治理架构，这群合伙人也被称之为"未来主义者联盟"，这是法拉第未来能够登陆纳斯达克的重要推力。[①]

（一）发展之路

法拉第未来是一家总部位于加利福尼亚的全球共享智能移动生态系统公司，成立于 2014 年，其愿景是颠覆汽车行业。2016 年 6 月 22 日，法拉第未来宣布获

---

① 资料来源于《全球独角兽企业 500 强发展报告（2021）》。

得了美国加州自动驾驶测试执照。2017 年 1 月 3 日，法拉第未来在拉斯维加斯正式发布首款量产电动车 FF91，同年 12 月，完成了 10 亿美元的 A 轮融资。2018 年 2 月，贾跃亭透露法拉第未来获得了香港投资机构的 15 亿美元投资，同年 6 月，法拉第未来通过美国政府 CFIUS 审批，融资 20 亿元，两个月后，法拉第未来在加利福尼亚州汉福德的制造工厂完成了 FF91 的首次预生产。2020 年 9 月，法拉第未来签订了谅解备忘录，并计划在中国建立其中国总部和研发中心，根据该提案，法拉第未来打算在呼和浩特市成立合资企业，并期望呼和浩特市将为合资企业提供一定的支持。2021 年 1 月 28 日，法拉第未来宣布将通过与 SPAC 合并在美国纳斯达克上市，募集资金超 10 亿美元，创造了 SPAC 上市新能源车企融资额新纪录。2021 年 7 月 22 日，法拉第未来在纳斯达克正式挂牌上市，股票代码为 "FFIE"，这也是 FF 与 PSAC 合并后公司的名称缩写—— "Faraday Future Intelligent Electric Inc."，上市首日法拉第未来开盘涨超 22%，最终收涨 1.45%，报 13.98 美元，总市值 45.11 亿美元。

（二）竞争优势

组织结构——业务市场扩张。Faraday & Future Inc. 是该公司在美国的主要运营子公司，于 2014 年 5 月在加利福尼亚州注册成立。2014 年 7 月，乐视汽车（北京）有限公司（"乐视北京"）在中国成立。为扩大法拉第未来（FF）在不同司法管辖区的业务和运营的全球投资，FF 为集团内的实体建立了开曼群岛控股公司结构，同时，Smart Technology Holdings Ltd.（前身为 FF Global Holdings Ltd.）于 2014 年 5 月 23 日在开曼群岛注册成立，直接或间接拥有和控制集团所有运营子公司 100% 的股份。2017 年 3 月，FF 成立了 FF 汽车（中国）有限公司，为中国外商独资企业。为促进第三方投资，FF 于 2017 年 11 月在开曼群岛注册成立了其顶级控股公司 FF Intelligent Mobility Global Holdings Ltd.（前身为 Smart King Ltd.），成为 Smart Technology Holdings Ltd. 的母公司。为有效控制 FF 的中国经营实体及其子公司，无须直接股权，2017 年 11 月，外商独资企业与乐视北京和乐视致乐科技（北京）有限公司（此前持有乐视北京 100% 股权）签订了一系列合同安排（VIE 合同安排）。VIE 合同安排使 FF 能够对乐视北京及其子公司行使有效控制权，获得这些实体的几乎所有经济利益，并拥有购买乐视北京全部或部分股权的独家选择权。VIE 合同安排在执行的过程中进行了调整，并于 2020 年 8 月 5 日终止。乐视北京目前由外商独资企业拥有 99% 的股份。

法拉第未来的组织结构框架具体如图 12-12 所示。

合作伙伴计划——保留人才。为确保公司使命、愿景和价值观的可持续性，法拉第未来于 2019 年 7 月通过 FF Global Partners LLC（以下简称 FF Global）建

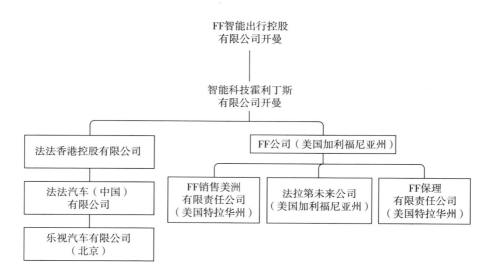

图 12-12 法拉第未来的组织结构框架

资料来源：法拉第未来官方网站。

立了合作伙伴计划。从 FF 的内部治理角度来看，FF Global 的成员和管理者被视为"合作伙伴"或"准备合作伙伴"。FF Global 会评选法拉第未来中有重大贡献的成员，并向他们颁发相应的股权激励。合作伙伴计划是吸引和留住人才的一项非常重要的措施，法拉第未来认为，合作伙伴计划将为完善公司治理结构奠定坚实的基础，并将吸引各行各业的人才。该计划旨在培养合作精神，使公司的高管和一些关键员工能够在没有官僚主义的情况下一起工作。截至法拉第未来上市时，FF Global 拥有 22 个合作伙伴和 6 个预备合作伙伴。合作伙伴计划是动态的，每年都能录取新的合作伙伴和预备合作伙伴，为了公司的永续经营，法拉第未来与 SPAC 合并后，合作伙伴计划将继续存在。

可变平台架构（VPA）——核心技术。 法拉第未来的 VPA 是一款灵活且适应性强的滑板式平台，采用单壳体车辆结构，集成底盘和车身。该平台直接容纳电动汽车的关键部件，包括全轮转向、悬架系统、制动器、车轮、电力推进系统、电子控制单元和高压电池等。这些系统中的每一个组件都经过内部设计集成到 FF 车辆中，以期实现优化性能，高效包装和功能集成。作为一个集成结构，类似滑板的平台可以缩短或加长，以匹配各种轴距和电池组尺寸。它的设计可容纳多达三个电机，并支持单或双后置电机和单个前置电机。VPA 可配置为前轮驱动、后轮驱动或全轮驱动。该平台可实现可扩展的车辆设计，提高制造灵活性和资本效率，并允许跨产品代系进行持续改进。法拉第未来还希望利用该平台减少未来车型的开发时间，并设计了 VPA 模块化以支持休闲和商用车市场的各种 FF 车辆。

此外，法拉第未来还设计了一套集成的动力总成系统，非常适合 FF 的模块化 VPA。FF 专有的专利设计电动动力组合在马力、效率和加速性能方面具有领先的竞争优势，它的集成驱动系统具有业界最高的重量功率密度。

（三）SPAC 上市后表现

虽然法拉第未来在技术、人才等方面有着领先的竞争优势，但到 2021 年 1 月，法拉第未来尚未正式出售任何一款车型，企业负债累累。招股说明书显示，自成立以来，法拉第未来一直因运营而蒙受损失，经营活动产生的现金流为负，截至 2021 年 6 月 30 日、2020 年 12 月 31 日、2019 年 12 月 31 日，FF 分别录得净亏损 1.283 亿元、1.471 亿元及 1.422 亿元。[①] 未来，法拉第未来转盈的可能将取决于生产出售单一车型而取得的收入，即 FF 91 系列。然而 FF 91 系列在市场上的销售前景尚不明确，存在较大的风险隐患。在这种情况下，法拉第未来基本不可能满足传统 IPO 上市的基本要求。面对困难重重的传统 IPO 上市要求，为筹集资金偿还债务，进一步追加研发生产资金，法拉第未来选择了 SPAC 上市。

Property Solutions Acquisition Corp.（PSAC）是一家在特拉华州注册成立的特殊目的收购公司，于 2020 年 7 月完成了首次公开募股。2021 年 1 月 27 日，Legacy FF、PSAC 签订了合并协议，并计划在第二季度完成合并。2021 年 7 月 21 日，两家公司根据合并协议完成了业务合并。根据合并协议的条款，Merger Sub 与 Legacy FF 合并并进入 Legacy FF，Legacy FF 作为 PSAC 的全资子公司在合并中留存下来。在业务合并完成后，PSAC 将其名称从 Property Solutions Acquisition Corp. 更改为 Faraday Future Intelligent Electric Inc.。根据招股说明书，关于 2021 年 7 月 21 日完成业务合并和 PIPE 融资，公司收到总计 9.911 亿美元的现金。

2021 年 1 月 27 日，签订并购协议的消息公布后，PSAC 股票大涨，并于次日达到峰值 20.75 美元。随后，虽然股价一路下跌，但其最低点仍高于 PSAC 的上市价格。随着正式合并日期的到来，股价逐步上涨，法拉第未来上市当日开盘涨超 22%，最终收涨 1.45%，报 13.98 美元，总市值 45.11 亿美元。但是正式上市后，法拉第未来股票却表现不佳，持续下跌，上市后法拉第未来周 K 线图如图 12-13 所示。2021 年 11 月 28 日，由于当时法拉第未来正面临做空机构披露的指控，因此进入了公司自查阶段，未按时公布 2021 年第三季度财报，纳斯达克发函称须尽快披露财务报告，否则将强制摘牌。此消息一出，法拉第未来的股价迅

---

① 参见 Faraday Future 招股说明书。

速下跌①。在公司与纳斯达克及时沟通后，2022 年 3 月 15 日，纳斯达克接受公司重新遵守上市规则的计划②，此时，股票价格轻微反弹。

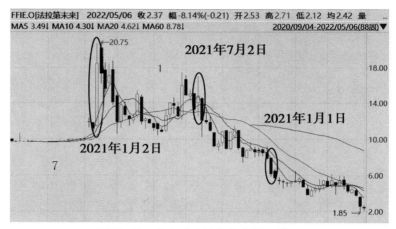

图 12-13　上市后法拉第未来周 K 线图

资料来源：Wind 数据库。

此次法拉第未来 SPAC 上市后的表现并不理想，其股价已经低于 PSAC 的首发价格。因此，值得注意的是，虽然 SPAC 上市有低成本、耗时少等优势，但在决定使用 SPAC 上市方式的时候，管理者仍需对该种方式可能存在的风险有清醒的认识，谨慎选择。

（四）未来展望

根据彭博新能源财经（BNEF）于 2020 年 5 月发布的《2020 年新能源汽车市场长期展望》，美国、欧洲和中国的乘用电动汽车销量将从 2020 年的 160 万辆增长到 2025 年的约 770 万辆，然后到 2030 年增长到约 2250 万辆，到 2030 年，约占这些地区所有汽车销量的 37%。在电动汽车需求量不断增大的背景下，作为全球唯一的科技奢华智能互联网电动车品牌，法拉第未来需要充分利用其在美国和中国双市场的战略优势，不断提高技术与设计水平，重视驾驶体验和个性化用户体验，在电动汽车细分市场中占据有利地位。现在，法拉第未来的第一台汽车 FF91 已经投入大规模生产了，如果第一批汽车销售成功的话，凭借超越同行的科技能力，也许法拉第未来很快就能摆脱负债，实现高速发展。

---

① 贾丽. 法拉第未来陷"退市"漩涡　公司回应称会按时交财报 [N]. 证券日报，2021-11-29（A03）.

② 资料来源于 NASDAQ 官网。

十、《外国公司问责法案》

近年来，众多中国独角兽被纳斯达克较高的市场效率和流动性所吸引，为进一步提高品牌知名度、筹集大量资金而选择在纳斯达克上市。但是，2020 年 5 月获美国国会参议院批准通过、12 月 2 日获美国国会众议院表决通过的《外国公司问责法案》极大地减弱了中国独角兽赴纳斯达克上市的热情。据统计，2020～2021 年，中国赴纳斯达克上市独角兽数量占中国上市独角兽总数的 35.29%，相较于 2019～2020 年下降了 37.44%。未来，越来越多的中国独角兽将放弃在纳斯达克上市，港交所迎来了新的机遇。

（一）《外国公司问责法案》的背景

美国股票市场作为全球最具有影响力的股票市场，能够获得今天的地位与它所拥有的高质量、可靠的财务报表息息相关。受安然财务造假事件的影响，美国国会和政府于 2002 年出台了《萨班斯·奥克斯利法案》，主要目的是设立美国公众公司会计监督委员会（PCAOB），通过对注册会计师行业进行监管，以确保美国上市公司财务数据的真实性。但是，由于跨境监管方面的障碍，长期以来，PCAOB 无法获得中概股的审计工作底稿，也无法检查已经在 PCAOB 注册的中国内地和香港地区的会计师事务所，美国的 SEC 和 PCAOB 在监督其审计文件方面面临着重大挑战。根据中国法律，如果会计师事务所审计一家中国公司的财务信息，被审计的信息属于国家机密，不得在海外披露。因此，美国证监会和监管机构只能看到在美国上市的中国公司的最终审计报告，但是无法看到原始的审计资料。虽然近年来，中美关于上市公司信息披露问题进行了多次磋商，但中概股财务造假问题始终没有得到有效解决，瑞幸事件可以说是"压倒骆驼的最后一根稻草"。[①]

瑞幸咖啡为增强投资者信心，实现其快速扩张计划，2019 年 4 月至 12 月虚假报告其销售额已超过 22 亿元人民币（2.8 亿美元）。2020 年 4 月 5 日，瑞幸咖啡公开承认其财务造假，当天其股价暴跌 80%，给许多投资者造成了重大损失。随后公司股票于 4 月 6 日停牌，6 月 29 日在纳斯达克退市。瑞幸咖啡财务造假事件引起了投资者对公司治理和财务监管松懈的担忧，使人们重新关注中国境外上市公司的投资者所面临的会计风险。[②]

---

① 沈伟. "脱钩论"背景下的中美金融断裂——以《外国公司问责法案》为切入 [J]. 浙江二商大学学报，2021（2）：32-46.

② Bu Qingxiu. The Anatomy of Holding Foreign Companies Accountable Act（HFCAA）：A Panacea or a Double-edge Sword? [J]. Capital Markets Law Journal，2021，16（4）：503-527.

　　受瑞幸咖啡财务造假事件的影响，美国出台了《外国公司问责法案》。作为《萨班斯·奥克斯利法案》的补充与延续，《外国公司问责法案》指出，外国发行人连续三年不能满足 PCAOB 对会计师事务所检查要求的，其证券将被摘牌。截至2020 年 4 月 1 日，不在其全面监督检查能力范围之内的会计机构分别来自中国内地、中国香港、法国和比利时，涉及 276 家在美上市公司，其中，中国内地和中国香港 245 家，法国 22 家，比利时 9 家。据 PCAOB 介绍，与法国会计监管机构的相关协议正在就续签进行谈判，与比利时监管机构的双边合作协议也即将通过。因此，可以说，《外国公司问责法案》无疑是为在美上市的中国公司量身定做的。①

　　（二）《外国公司问责法案》的内容

　　《外国公司问责法案》在《萨班斯·奥克斯利法案》的基础上进行了修正，在 104 节末尾增加了多项内容，具体如表 12-13 所示。

表 12-13　《外国公司问责法案》主要内容②

序号	方面	具体内容
1	明确发行人向 SEC 披露审计底稿的披露义务	要求 SEC 按以下条件确认受管辖发行人（covered issuer）： （1）该发行人聘请的注册会计师事务所在美国之外的法域有分支机构或办公室。 （2）因为该外国政府监管的原因导致 PCAOB 无法全面核查或调查该会计师事务所。 在确认受管辖发行人后，这些发行人应按要求向 SEC 进行披露，并提交文件证明其没有被外国法域的政府实体拥有或控制
2	明确发行人在连续三个未被检查年度后的交易禁止	《外国公司问责法案》生效后，SEC 确认的受管辖发行人如果连续三年都是未被检查年度，则 SEC 应当禁止该受管辖发行人的证券交易，包括在美国全国性证券交易所的交易，或通过其他方式进行的交易（一般指场外交易）
3	附加披露要求	对于受管辖发行人，在未被检查年度，注册会计师在审计报告中应披露以下内容： （1）在申报的表格涵盖的年度内，注册会计师为发行人出具的审计报告。 （2）在发行人成立或者组建的境外司法辖区的政府实体对该发行人持有的股份占比。 （3）在注册会计师事务所所在的外国法域，政府实体对发行人是否拥有控制性的财产利益。 （4）发行人或发行人的营业实体的董事会成员如有共产党员，需披露名字。 （5）是否发行人的公司章程（或同类文件）里包含中国共产党的相关内容，并披露具体文本

资料来源：美国证券交易委员会发布的《外国公司问责法案》。

---

　　①　沈建光，朱太辉，张彧通 . 美国《外国公司问责法案》的影响和应对［J］. 国际金融，2020（8）：39-47.

　　②　张伟华，胡静 .《外国公司问责法案》将加剧中概股退市压力［J］. 中国外汇，2021（8）：19-21.

从《外国公司问责法案》的内容可以看出，该法案主要提出了两件事：一是明确发行人在连续三个未被检查年度后的交易禁止；二是明确发行人不被外国政府所有或控制。作为《萨班斯·奥克斯利法案》的修订法案，《外国公司问责法案》出台的目的应该是进一步加强上市公司财务信息的监管，以保护投资者的权益。因此，前者的制定是无可厚非的，但是后者的制定却脱离了法案的本质，将证券监管政治化。

保护投资者，强化审计监管。 会计报告的获取与审计质量的监管对资本市场的稳定性起着至关重要的作用，更高的监管水平虽然会增加额外的成本，但能够更好地保护证券交易所的运行与发展，维护投资者权益，对投资者信心产生积极的影响。在美国，为维护美国投资者的投资安全，其证券市场的信息披露制度要求上市公司最大限度地向公众披露相关信息，并保证信息的及时性、真实性。但是出于国家安全的考虑，上市公司的母国会出台相关限制性法律，以禁止某些涉及国家机密的信息向他国披露。在中国，法律规定：除经授权，美国公众公司会计监督委员会无权对在中国和香港地区注册的公司进行审计。① 中美在信息披露方面的矛盾，使得 PCAOB 在监管过程中，会面临部分必要信息无法获取的障碍。部分赴美上市的中国公司利用这一漏洞，隐瞒了自身真实的财务状况，使得美国投资者遭受了巨大损失。《外国公司问责法案》中"SEC 确认的受管辖发行人如果连续三年都是未被检查年度，则 SEC 应当禁止该受管辖发行人的证券交易，包括在美国全国性证券交易所的交易"的条款，能够最大限度地避免上述财务造假事件的再次发生，以保护投资者权益不被损害，但也使中概股面临较大的退市压力。

证券监管政治化，针对中国意图明确。 《外国公司问责法案》除了为保护投资者而提出"发行人在连续三个未被检查年度后的交易禁止"外，还针对"发行人向 SEC 披露审计底稿的披露义务""审计报告信息披露"两方面提出新的要求，但是这两方面的法律规定却带有强烈的政治色彩，且具有明确针对中国的政治目的，与证券监管的立法逻辑不符。在"发行人向 SEC 披露审计底稿的披露义务"方面，法案要求明确上市公司是否由外国法域的政府实体拥有或控制；在"审计报告信息披露"方面，法案要求披露政府持股比例、董事会中共产党员数量、公司章程中是否有与中国共产党相关内容等信息。审计监管法律制定的重点应该是加强对投资者的保护，并通过改善信息披露、提供公平的竞争环境来促进美国资本市场的持续发展，而法案中带有政治色彩的要求并非基于证券监管的考虑，没有任

---

① 马更新，郑英龙，程乐.《外国公司问责法案》的美式"安全观"及中国应对方案［J］. 商业经济与管理，2020（9）：82-91.

何证据表明这些被要求披露的信息与投资者利益有关。此次美国颁布的问责法案具有明显的歧视性，有明确针对中国的政治目的，成为实现美国政治目的的工具。

纳斯达克提高上市门槛。在《外国公司问责法案》的基础上，出于对审计问题的担忧，纳斯达克制定了新的上市标准，对包括中国在内的"受限地区"公司应用更严格的上市要求。鉴于中美在信息披露法律方面存在冲突，跨境监管难度较大，纳斯达克已经收紧了中国赴纳斯达克交易所上市公司的要求，规定这些来自"受限地区"的公司在首次公开募股中最低筹集 2500 万美元，或者至少是其上市后市值的 1/4。这是纳斯达克首次对 IPO 规模进行要求，如果公司被认定为无法被 PCAOB 检查，纳斯达克可能还将采用额外的上市标准。

（三）《外国公司问责法案》的影响

《外国公司问责法案》的出台是一把"双刃剑"，它不仅使中国赴美上市企业面临退市风险，也会对美国投资者的利益造成损失，打击他们的积极性，不利于美国资本市场的长期发展。据统计，截至 2022 年 3 月 28 日，中国在纳斯达克、纽交所和美交所这三大美国交易所上市的公司共 281 家，总市值 11904.2 亿美元[①]。针对《外国公司问责法案》，《华尔街日报》发表评论指出，如果将中概股"踢出美国交易所"，将不可避免地导致巨大的资本流动，"这把挥向中资企业的大刀将伤及美国投资者，赴美上市的券商中介生意也将受到影响"。金瑞基金首席投资官布兰登·埃亨也通过对比网易和亚马逊的数据，指出投资大多数中概股的收益要远高于个别"坏苹果"。[②]

滴滴宣布启动纽交所退市工作，中国上市独角兽企业股价暴跌，赴纳斯达克上市的中国独角兽数量或将进一步减少。在 2021 年 12 月 2 日，SEC 发布了"已修订完善《外国公司问责法案》相关的信息提交与披露的实施细则"的公告，这意味着法案已经进入了实施阶段。次日，滴滴在微博上宣布"公司即日起启动在纽交所退市的工作，并启动在香港上市的准备工作"。该信息公布后，中概股股价大幅下跌，赴纳斯达克上市的中国独角兽企业也不例外。

图 12-14～图 12-19 展示了在纳斯达克上市的 6 家中国独角兽的 K 线图，由此可以看出：与持续上涨的纳斯达克指数不同，这 6 家上市独角兽股价均呈下跌态势，跌幅较高；由于受 SEC 公告与滴滴事件的影响，跌势暂缓的图森未来、Boss 直聘和每日优鲜于 2021 年 12 月 3 日开始了新一轮的下跌，直至 2022 年 3 月 25 日这一次的下跌仍没有变缓的迹象。前文已经指出，纳斯达克受独角兽喜

---

① 资料来源于 Wind 数据库。
② 高荣伟. 美国出台《外国公司问责法案》[J]. 检察风云，2021（3）：50-51.

爱的原因之一，就是能够使独角兽获得相对较高的市值，进而筹集大量资金，单就2020~2021年赴纳斯达克上市的中国独角兽来说，这一点并没有体现在它们身上，这一现象会直接影响未来中国独角兽上市地点的选择，极大地削弱了中国独角兽赴纳斯达克乃至赴美上市的热情。

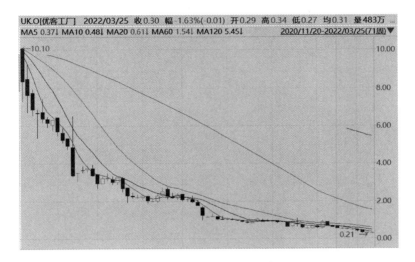

图12-14 优客工场周K线图

资料来源：雪球网。

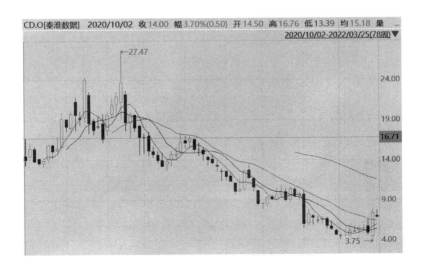

图12-15 秦淮数据周K线图

资料来源：雪球网。

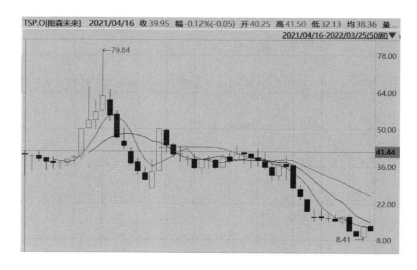

图 12-16　图森未来周 K 线图

资料来源：雪球网。

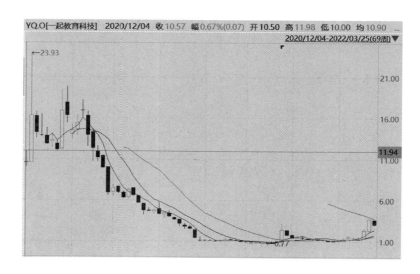

图 12-17　一起教育科技周 K 线图

资料来源：雪球网。

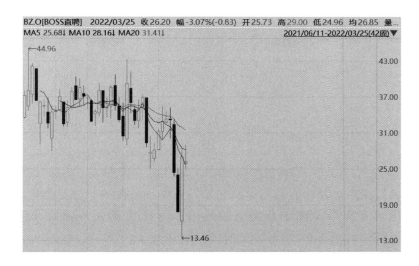

图 12-18　Boss 直聘周 K 线图

注：图中竖实线为 2021 年 12 月 3 日。

资料来源：Wind 数据库。

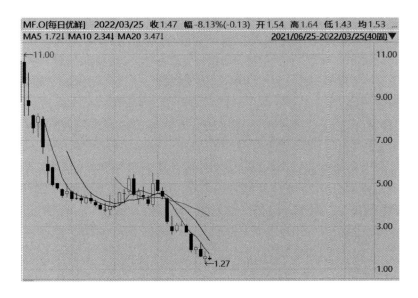

图 12-19　每日优鲜周 K 线图

资料来源：雪球网。

　　截至 **2022 年 5 月 6 日**，美国证监会共公布 **6 次预摘牌名单**，涉及 **128 家企业**，中国独角兽退市风险加剧。2022 年 3 月 10 日，美国证监会公布了第一批

5 家中概股企业被纳入预摘牌名单，公告发出后，不仅这 5 家企业的股价大幅下跌，所有中概股股价都产生了剧烈波动。根据要求，被纳入预摘牌的企业有 10~15 天的申述期，如果在规定时间内不能提供有效反对材料，这些企业将被纳入确定摘牌名单。不过，被纳入相关名单并不意味着企业一定会被强制退市，5 月 5 日，中国外交部表示，中国证券监管部门正在积极与美国证监会就审计监管合作事项进行商讨，未来中国企业是否会被摘牌、是否能够赴美上市取决于双方沟通的结果。① 但是，无论如何，预摘牌名单的公布都再一次将《外国公司问责法案》所带来的风险摆在了独角兽企业面前，不满足信息披露要求的中国赴美上市公司的退市已经进入倒计时，已在纳斯达克上市或未来打算在纳斯达克上市的中国独角兽必须为未来可能发生的各种情况做好准备工作。

港交所于 2018 年修订了《主板上市规则》，为未盈利的生物科技公司、采用不同投票权架构的公司以及寻求在香港二次上市的公司三种情况开辟了"绿色通道"②。此次港交所大力度的改革为这些面临退市的中概股提供了一种可行的方案，那就是在港交所进行二次上市。据统计，自 2020 年《外国公司问责法案》由特朗普签署生效以来，已有 12 家中概股在我国香港二次上市，对于已上市的中国独角兽来说，它们也会考虑选择在香港进行二次上市，以应对美国资本市场的退市压力。对于有计划上市的中国独角兽来说，随着我国加强对科技企业融资问题的重视，它们能够选择的上市地点较为丰富，面对《外国公司问责法案》的正式实施，预摘牌名单的公布，纳斯达克针对"限制地区"公司上市标准的提高，它们极有可能会放弃纳斯达克市场、放弃美国证券市场，选择在港交所、科创板、北交所上市。

除了对中国独角兽造成影响之外，《外国公司问责法案》也损害了纳斯达克的利益。据统计，截至 2022 年 3 月 28 日，中国赴美上市企业共有 281 家，其中 190 家选择在纳斯达克上市，占比 67.6%，总市值为 4444.12 亿美元③。因此，若大批量的中概股从美国退市，相较于纽交所与美交所，纳斯达克受法案的影响更大。初期，得益于较为宽松的上市标准和对科技型企业极大的包容性，纳斯达克吸引了大量高新科技行业的中国公司，这类高成长企业为纳斯达克的投资者们带来了巨额利益。然而《外国公司问责法案》的出台，会使这些有潜力的中国

① 17 家医药健康公司被美国证交会列入"预摘牌名单"[EB/OL].经济观察网.[2022-05-06].https://www.sohu.com/a/544049267_118622.
② 张程.中概股再现"回归潮"[J].检察风云，2020（13）：66-67.
③ 资料来源于 Wind 数据库。

企业面临退市风险，并阻碍中国企业赴纳斯达克正常上市，纳斯达克的投资者们将被迫放弃手中的中国企业的股票，失去投资中国高成长企业的机会。从长期来看，《外国公司问责法案》的实施将会削弱纳斯达克市场在国际市场中的地位，不利于纳斯达克的长远发展。

十一、本章总结

　　近年来，纳斯达克一直是独角兽企业上市的首要选择之一，据统计，2021年上市的 66 家全球独角兽企业 500 强中，选择在纳斯达克上市的企业占比42.4%。究其原因，主要是因为：一方面，纳斯达克场内充裕的资金、持续走高的股指，以及纳斯达克对科技型企业的认同偏好，能使独角兽企业在上市后实现其自身的创新价值；另一方面，纳斯达克拥有宽松的退出制度和严格的监管制度，这为独角兽企业背后私募股权投资基金的流动性、连续性和稳定性提供了保证。

　　在上市方式的选择上，受新冠疫情影响，传统 IPO 上市难度加大，越来越多的独角兽选择 SPAC 上市。纳斯达克凭借其较大的市场规模、完善的上市制度和丰富的 SPAC 上市经验，成为希望通过 SPAC 上市独角兽企业的首要选择。但是，独角兽企业管理者需要认识到，SPAC 上市虽然具有低成本、耗时少、风险可控、合作关系紧密等优势，但也有监管不够充分、不利于发行人估值最大化、初创投资者和外部投资人的股权更多被稀释等问题，应谨慎选择。

　　受《外国公司问责法案》和纳斯达克提高"限制地区"公司上市标准的影响，纳斯达克的中国独角兽企业股票表现不佳，与其想要募集更多资金、实现创新价值的初衷背离。当前，已有 128 家中概股被纳入"预摘牌"名单，面对退市压力，中国独角兽可能会寻求在港交所二次上市。除了对中国独角兽的上市之路造成影响外，《外国公司问责法案》也会损害美国投资者利益，削弱纳斯达克在国际市场中的地位。

参考文献

　　［1］ Nicholas J. Gonedes. Evidence on the Information Content of Accounting Numbers：Accounting-based and Market-based Estimates of Systematic Risk ［J］. Journal of Financial and Quantitative Analysis，1973，8（3）：407-443.

　　［2］ Bu Qingxiu. The Anatomy of Holding Foreign Companies Accountable Act （HFCAA）：A Panacea or a Double-edge Sword? ［J］. Capital Markets Law Journal，2021，16（4）：503-527.

［3］Gao X.，Ren Y.，Umar M. To What Extent Does COVID-19 Drive Stock Market Volatility？A Comparison between the U. S. and China［J］. Economic Research-Ekonomska Istraživanja，2021：1-21.

［4］Capelle-Blancard G.，Desroziers A. The Stock Market is Not the Economy？Insights from the COVID-19 Crisis［J］. CEPR Covid Economics，2020：31-57.

［5］Cox J.，Greenwald D. L.，Ludvigson S. C. What Explains the COVID-19 Stock Market？［R］. NBER Working Papers，2020.

［6］Butuzova A. S. Capitalization of International Unicorn Companies：To What Extent is it Reasonable？［J］. Дайджест-финансы，2018，23（245）：63-67.

［7］高弘杨. 独角兽 GoodRx：另辟蹊径的处方药比价平台［J］. 中国药店，2020（10）：64-66.

［8］殷丽萍. 估值百亿的"气垫床和早餐"［J］. 中外管理，2014（5）：32-33.

［9］李湛，梁伦博. 美联储量化宽松的后续［J］. 金融博览（财富），2020（4）：24-25.

［10］宗良，肖印煜，吴丹. 美股"长牛"前景及其对货币政策的"绑架"［J］. 清华金融评论，2021（8）：73-78.

［11］刘健，黄晖. 美联储降息救市　全球货币宽松格局仍将持续［J］. 债券，2020（5）：69-73.

［12］章玉贵，徐永妍. 美联储应对新冠疫情冲击的救市方案：特征与理论分析［J］. 上海经济研究，2020（6）：97-106.

［13］蔡鹏程，郑怀舟，李洋. "中国版纳斯达克"重燃希望［J］. 中国中小企业，2021（10）：22-24.

［14］于旭，魏双莹. 中国创业板与纳斯达克市场制度比较研究［J］. 学习与探索，2015（1）：109-113.

［15］陈梦根，毛小元. 股价信息含量与市场交易活跃程度［J］. 金融研究，2007（3）：125-139.

［16］贺丽. 市场交易活跃度对股价信息含量影响的实证检验［J］. 市场研究，2019（11）：18-20.

［17］袁萍，胥爱欢. 国外私募股权投资退出机制［J］. 中国金融，2021（23）：60-61.

［18］陈琛，朱舜楠. 中国私募股权投资基金监管问题探讨［J］. 云南社会科学，2017（5）：101-106.

［19］高振翔. 直接上市制度改革及其"看门人"机制分析［J］. 财经法学，

2021（5）：139-160.

[20]许荷东，卢一宣.美股 SPAC 上市、并购及并购后发展情况［J］.清华金融评论，2021（7）：29-32.

[21]姚辑，唐兆凡.SPAC：企业国际融资新路径［J］.中国外汇，2019（20）：25-26.

[22]国金证券课题组，易浩.SPAC 上市融资模式比较分析研究［J］.多层次资本市场研究，2021（4）：64-72.

[23]吴国鼎.SPAC 市场：机遇还是陷阱？［J］.世界知识，2021（7）：64-65.

[24]贾丽.法拉第未来陷"退市"漩涡　公司回应称会按时交财报［N］.证券日报，2021-11-29（A03）.

[25]沈伟."脱钩论"背景下的中美金融断裂——以《外国公司问责法案》为切入［J］.浙江工商大学学报，2021（2）：32-46.

[26]沈建光，朱太辉，张彧通.美国《外国公司问责法案》的影响和应对［J］.国际金融，2020（8）：39-47.

[27]张伟华，胡静.《外国公司问责法案》将加剧中概股退市压力［J］.中国外汇，2021（8）：19-21.

[28]马更新，郑英龙，程乐.《外国公司问责法案》的美式"安全观"及中国应对方案［J］.商业经济与管理，2020（9）：82-91.

[29]高荣伟.美国出台《外国公司问责法案》［J］.检察风云，2021（3）：50-51.

[30]张程.中概股再现"回归潮"［J］.检察风云，2020（13）：66-67.

第十三章

全球独角兽企业 500 强大会媒体报道

中华网
数字经济、产业政策与资本赋能 第三届全球独角兽企业 500 强大会（2021）在青岛召开

媒体名称	中华网
文章标题	数字经济、产业政策与资本赋能 第三届全球独角兽企业 500 强大会（2021）在青岛召开
文章链接	https://news.china.com/specialnews/11150740/20210925/40086007.html

2021 年 9 月 24 日，由青岛市人民政府和中国人民大学中国民营企业研究中心联合主办的"第三届全球独角兽企业 500 强大会（2021）"在青岛即墨举办。本届会议的主题为"数字经济，产业政策与资本赋能"，由青岛市民营经济发展局、青岛市即墨区人民政府、北京隐形独角兽信息科技院承办。会议邀请国家部委、山东省及青岛市相关领导、全球独角兽企业 500 强代表、隐形独角兽企业代表、全球及国内知名创投风投机构代表和专家学者等 200 余名嘉宾与会。

会议期间，全球独角兽企业 500 强大会秘书长解树江教授发布了《全球独角兽企业 500 强发展报告（2021）》。此外，为帮助独角兽企业更好地了解青岛相关产业政策和营商环境，本次会议还特别设置了"双招双引项目对接洽谈会"环节，以促进独角兽企业的个性化需求与青岛产业发展布局相契合，多维度推动新基建科技创新项目的产业化落地，助力青岛经济发展。

服务科技自立自强，引领产业转型升级

工业和信息化部中小企业局一级巡视员叶定达为大会致辞时表示，近年来，工业和信息化部认真贯彻落实党中央、国务院的决策部署，通过梯度培育优质企业、加大对创新支持的力度及强化精准服务来支持中小企业创新发展。力争到2025 年，通过中小企业双创，带动孵化百万家创新型中小企业，培育 10 万家省级专精特新中小企业，万家专精特新小巨人企业，千家制造业单项冠军企业，形成百十万千中小企业梯度培育格局。"新时代迎来新发展，新征程需有新作为，希望各位嘉宾以此次大会为契机，积极培育中小企业、大中小企业融通创新，助力中小企业成长壮大，高质量发展。"

山东省工业和信息化厅领导张登方在致辞时也强调，民营和中小企业的做强、做优、做精，是培育独角兽企业必须依重的内生动力。山东省工信厅高度重

视民营经济发展，主动服务和融入新发展格局，以推动全省民营经济和中小企业高质量发展为主题，紧紧围绕"七个走在前列""九个强省突破"，积极保护和激发市场主体活力。"十三五"期间，累计培育国家级专精特新"小巨人"企业141 家、国家制造业单项冠军 130 个，省级"专精特新"中小企业 2534 家、瞪羚企业 709 家、独角兽企业 13 家、新跨越民营企业 20 家、省级制造业单项冠军371 个。

青岛市委常委、统战部部长，青岛市政协党组副书记王久军发表致辞称，作为我国沿海重要城市，青岛有着厚重的"独角兽"基因，是一座"独角兽"之城。青岛一直努力营造良好的营商环境，为独角兽企业打造适合茁壮成长的"热带雨林"。前两届全球独角兽企业 500 强大会在青岛成功召开，并将大会永久会址落户青岛，更催生了青岛市独角兽企业的迅猛发展。今天的青岛，比以往任何时候更需要与"独角兽"企业共同发展，青岛愿意以"顶格倾听、顶格协调、顶格推进"机制推动，为"独角兽"企业的"变道超车"开辟"新赛道"。

青岛市即墨区人民政府副区长李黎在向与会嘉宾推介即墨时表示，近年来，即墨抢抓上合组织青岛峰会、总书记视察等重大机遇，大力推进产业结构转型升级，加快提升城市内涵品质，促进经济社会持续高质量发展。总结起来，可以用"六个城"来概括，即领军半岛的蓝色新兴城、陆海联动的开放引领城、集群突破的装备制造城、快速崛起的科技产业城、衣被四方的纺织服装城及宜业宜居的现代品质城。

中国人民大学中国民营企业研究中心主任、中国经济发展研究会会长、中央民族大学原校长黄泰岩教授在发言中指出，随着疫情的出现，中国迎来发展的黄金窗口期，如何发挥超大市场规模优势，促进技术升级换代，实现核心技术的自立自强，已经成为我们当下极其难得的历史机遇。对于企业，不仅要进行产业和应用的研发，更重要的是进行技术和基础的研发；对于投资机构，要遵循"十四五"规划提出的金融体制改革的基本方向，建立科技金融生态，服务科技自立自强；对于政府，要利用三大基金，形成杠杆作用，协同投资公司，对科技企业进行有效的投资引领。

对于企业如何能在重重困难下突围获得商业效益和社会效益层面的成功，加拿大工程院院士、加拿大阿尔伯塔大学机械工程系教授、中国国家特聘专家左明健表示，我国独角兽企业的高速成长从一个侧面说明了我国的经济发展迎来了一个新的历史阶段，而独角兽企业或以独角兽企业为发展目标的初创团队，很多情况下都面临崭新的行业赛道、风云莫测的市场变化，内外部管理的压力等诸多挑战。因此，最重要的就是要依靠技术创新，通过首创的有行业引领性的发明、技术革新和对行业产生重大变革的理论实践，实现企业的快速成长。

中国工程院院士候选人、北京大学时空大数据协同创新中心主任、教育部卫星导航联合研究中心常务副主任程承旗在向与会嘉宾介绍北斗网格码国家标准体系时强调，我们国家的发展要立足自己，在基础领域寻求突破，以基础领域的突破来带动产业发展，并形成中国有优势的新的产业体系。

随后，北京隐形独角兽信息科技院院长李庆文发布了"第三届全球独角兽企业 500 强榜单"，并公布了"金融投资专家委员会名单"，委员会的专家分别来自上海市浦东科技金融服务联合会、上海股权托管交易中心、中国光大控股、光大证券、国信证券、国嘉资本、开来资本、北京鑫和泰道、健和投资、百会资产、中金传化产业股权投资基金、春光里基金等 30 余家知名投资机构。

最后，全球独角兽企业 500 强代表——广州七乐康数字健康医疗科技有限公司总经理石振洋、山东能链控股有限公司执行总裁徐辉林、特来电新能源股份有限公司副总裁孙有彬、青岛伟东云教育集团有限公司副总裁李晨辉、千寻位置网络有限公司副总裁李春雨、上海松鼠课堂人工智能科技有限公司运营副总经理宋乐等在主题对话环节向与会嘉宾分享了企业在数字经济和产业升级中的发展启示。

青岛：全球第七，中国第五

独角兽企业作为具备强大创新能力和巨大成长潜力的企业群体，是衡量一个国家和地区创新能力与创新生态的重要风向标，独角兽企业的发展，对于一国或地区具有重要的战略意义。会上，全球独角兽企业 500 强大会秘书长解树江教授发布了《全球独角兽企业 500 强发展报告（2021）》。报告显示，2021 年全球独角兽企业 500 强总估值为 29436.05 亿美元，相比 2020 年 20170.81 亿美元增长了 46%，《2019 全球独角兽企业 500 强发展报告》预测，"2025 年全球独角兽企业 500 强总估值将突破 3 万亿美元"，目前该目标已近在咫尺。

2021 年全球独角兽企业 500 强分布集中度有所下降，中美两国虽仍是重头，但数量同比减少 19 家，其中中国减少 2 家，美国减少 17 家。中国独角兽企业的数量和总估值仍稳居世界之首，分别为 215 家和 12618.87 亿美元，荣获三连冠。其中北京在 2021 全球独角兽企业 500 强城市排名中三年蝉联全球第一，2021 年入选全球独角兽企业 500 强的企业共有 72 家，总估值为 4580.03 亿美元，相较于 2020 年，总估值增长了 363.79 亿美元。

值得一提的是，2021 年青岛共有 13 家企业入选全球独角兽企业 500 强榜单，包括能链集团、杰华生物和特来电等，其中新增全球独角兽企业 500 强 3 家，分别为歌尔微电子、以萨技术和创新奇智，总估值为 230.59 亿美元，在中国独角兽城市排名中位列第五，北方城市排名中位列第二，成功跻身全球独角兽城市排名前十。据悉，青岛作为我国沿海重要中心城市，一直努力营造良好的营商环境，为独角兽企业打造适合茁壮成长的"热带雨林"。2020 年 5 月 22 日，首个为青岛独角兽企业发展量身定制的"青岛独角兽热带雨林工程"正式启动，组建了青岛市优势高成长企业动态培育库，建立健全分层孵化体系，构建企业从瞪羚到独角兽的成长培育机制，不断挖掘发展速度快、竞争力强、发展前景好的潜力企业入库，形成独角兽企业后备体系。此外，在金融环境方面，青岛是全国唯一以财富管理为主题的金融综合改革试验区，2021 年第 29 期全球金融中心指数报告中，青岛排名第 42 名，自 2016 年 3 月首次被纳入"全球金融中心指数"榜单至今，青岛已 9 次进入全球金融中心排名前 50 名。

根据会上发布的"2021 全球独角兽企业 500 强榜单"，2020~2021 年，榜单变动幅度达到 30.4%，66 家独角兽登陆资本市场，86 家企业从全球独角兽企业 500 强榜单出局；全球独角兽企业 500 强成为中美战略竞争的新焦点，两国企业的发展差异进一步凸显。值得关注的是，2019~2020 年高居榜首的美国 Waymo 公司 2021 年的估值遭遇"滑铁卢"，由 2020 年的 1000 亿美元跌至 300 亿美元，跌幅高达 70%，排名由榜首降至第 25 位，而 2019 年，Waymo 的估值曾一度高达 1750 亿美元；与此同时，2020 年与 Waymo 以同样 1000 亿美元估值并列第一的中国字节跳动公司的估值则暴增至 1800 亿美元，涨幅高达 80%，稳居榜首。两家企业相去霄壤，一定程度上代表了中美两国独角兽企业的竞争格局。

会上，大会组委会及领导嘉宾还对全球独角兽 500 强企业代表——苏宁金融、银河航天、地平线机器人、便利蜂、伟东云教育、威马汽车、曹操出行、首汽约车、谊品生鲜、海尔卡奥斯、银联商务、汇通达、蜂巢网络、松鼠 AI、杰华生物、百望云、自如等企业颁发了证书。

据悉，《全球独角兽企业 500 强发展报告（2021）》是继 2019 年之后发布的第三个关于全球独角兽企业 500 强的报告，报告基于 2021 年全球独角兽企业数据库，按照全球独角兽企业 500 强评估标准，采用人机共融智能技术（Human Machine Intelligence），遴选出全球前 500 家独角兽企业。该报告全面阐述了全球独角兽企业 500 强的最新发展动态，分析了全球独角兽企业 500 强基本格局和发展特征，并对全球独角兽企业 500 强的未来发展进行了展望。

2021 年全球独角兽企业 500 强评价标准是：①公司估值在 10 亿美元以上；②拥有独创性或颠覆性技术；③拥有难以复制的商业模式；④成立时间 10 年左右；⑤符合现行政策导向，不存在重大负面舆情。本报告评估基准日为 2021 年 7 月 31 日。

新华网
"第三届全球独角兽企业 500 强大会（2021）"在青岛举办

媒体名称	新华网
文章标题	"第三届全球独角兽企业 500 强大会（2021）"在青岛举办
文章链接	http：//www.news.cn/auto/20210924/12c7d5ba6c404b159e4b95a4d4e2a058/c.html

2021 年 9 月 24 日，由青岛市人民政府和中国人民大学中国民营企业研究中心联合主办的"第三届全球独角兽企业 500 强大会（2021）"在青岛即墨举办。本届会议的主题为"数字经济，产业政策与资本赋能"，由青岛市民营经济发展局、青岛市即墨区人民政府、北京隐形独角兽信息科技院承办。

会议期间，全球独角兽企业 500 强大会秘书长解树江教授发布了《全球独角兽企业 500 强发展报告（2021）》。报告显示，2021 年全球独角兽企业 500 强总估值为 29436.05 亿美元，相比 2020 年 20170.81 亿美元增长了 46%（见图 13-1）。

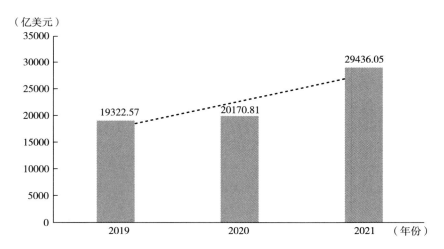

图 13-1 全球独角兽企业 500 强总估值变化趋势（2019~2021 年）
资料来源：BIHU 全球独角兽企业数据库。

全球独角兽企业 500 强之所以逆势增长，主要是由于独角兽企业成长的部分要素得到了强化，而且总体要素的耦合效率不断提高。全球独角兽企业 500 强是数字经济先锋，是新经济的引领者。根据独角兽企业成长理论（解树江，2021）。独角兽企业的成长往往具备以下八个关键要素：异质型企业家精神、独特性或颠覆性技术、难以复制的商业模式、战略与品牌协同、弹性的资源共享、持续的资本赋能、市场容量和创新生态，独角兽企业成长模型如图 13-2 所示。

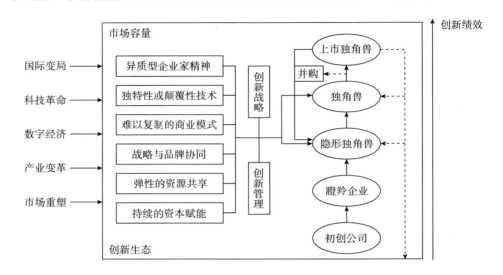

图 13-2　独角兽企业成长模型

资料来源：解树江 . 数字经济先锋：全球独角兽企业 500 强蓝皮书（2020）［M］. 北京：经济管理出版社，2021.

　　2021 年，独角兽企业成长的各类要素中，持续资本赋能的表现突出。众多独角兽企业进行了新一轮融资，抬高了整体估值。数据显示，在 2021 年全球独角兽企业 500 强榜单中，有 142 家企业进行了新一轮融资，新增的融资额达到了11006.77 亿美元，超过 2020 年全球独角兽企业 500 强总估值的一半，而这与全球资本市场的繁荣密切相关。

　　另外，新晋的独角兽企业中，有一大批企业的估值在 10 亿美元以上，提高了全球独角兽企业 500 强榜单的准入门槛。受疫情影响，专注于线上业务的行业和企业迎来了历史性的发展机遇。疫情让用户的消费习惯发生了翻天覆地的变化，倾向于无接触式消费，这导致了电商、外卖、在线教育、物流、在线医疗等"宅经济"的蓬勃发展，而为这些行业提供支撑的基础服务层包括人工智能、5G、云计算、大数据等行业也实现了不同程度的发展。新兴行业的爆发使得一批新兴企业脱颖而出并晋级成为独角兽企业或超级独角兽，从而令榜单的整体估值有了明显提升。

　　据悉，《全球独角兽企业 500 强发展报告（2021）》是继 2019 年之后发布的第三个关于全球独角兽企业 500 强的报告，报告基于 2021 年全球独角兽企业数据库，按照全球独角兽企业 500 强评估标准，采用人机共融智能技术（Human Machine Intelligence），遴选出全球前 500 家独角兽企业。该报告阐述了全球独角兽企业 500 强的最新发展动态，分析了全球独角兽企业 500 强基本格局和发展特征，并对全球独角兽企业 500 强的未来发展进行了展望。

光明日报
中国连续三年位居全球独角兽企业 500 强国家榜首

媒体名称	光明日报
文章标题	中国连续三年位居全球独角兽企业 500 强国家榜首
文章链接	https：//app. gmdaily. cn/as/opened/n/0edacd9c2ebd464991a592159a0d012c

独角兽企业作为具备强大创新能力和巨大成长潜力的企业群体，是衡量一个国家和地区创新能力与创新生态的重要风向标。2021 年 9 月 24 日，在由青岛市人民政府和中国人民大学中国民营企业研究中心联合主办的"第三届全球独角兽企业 500 强大会（2021）"上，全球独角兽企业 500 强大会秘书长解树江教授发布了《全球独角兽企业 500 强发展报告（2021）》，报告显示中国连续三年位居全球独角兽企业 500 强国家榜首。

解树江教授表示，中国独角兽企业的高速发展，首先，得益于体量庞大的消费市场及其升级所带来的红利。2020 年，中国在受到新冠疫情冲击的情况下，消费总额依然达到 5.683 万亿美元，仅次于美国的 6.2 万亿美元，随着"十四五"规划扩大内需和产业升级两大宗旨的提出，中国的消费市场将持续优化升级，而年青一代也正逐渐成为消费主力，中国超越美国成为全球最大消费市场指日可待。

其次，中国的创新能力不断提高。WIPO 的数据表明，中国 2020 年 PCT 框架下国际专利申请量高达 68720 件，再次稳居世界第一，美国紧随其后，为 59230 件。"十四五"规划提出，未来五年数字经济核心产业增加值占 GDP 总量要从 7.8% 提升到 10%，变化率达到 28%，并全力迈向创新驱动，每万人口高价值发明专利拥有量要增加 90.4%，即从 6.3 件提升到 12 件。

最后，中国创新生态不断优化。中国拥有 41 个工业大类、207 个工业中类、666 个工业小类，形成了独立完整的现代工业体系，是全世界唯一拥有联合国产业分类当中全部工业门类的国家。在此基础上，中国正在深入实施创新驱动战略，推出了一系列创新政策，从而使企业的创新环境不断优化，中国也因此具备了有利于独角兽企业成长的良好创新生态。

新华网
【展望】全球独角兽企业 500 强估值水平未来两年或回调

媒体名称	新华网
文章标题	【展望】全球独角兽企业 500 强估值水平未来两年或回调
文章链接	http：//my－h5news.app.xinhuanet.com/xhh－pc/article/？id＝f0a8ff89－a24c－4990－ba27－1b2a83d48fa9

2021 年 9 月 24 日，由青岛市人民政府和中国人民大学中国民营企业研究中心联合主办的"第三届全球独角兽企业 500 强大会（2021）"在青岛即墨举办。本届会议的主题为"数字经济，产业政策与资本赋能"，由青岛市民营经济发展局、青岛市即墨区人民政府、北京隐形独角兽信息科技院承办，会议期间，全球独角兽企业 500 强大会秘书长解树江教授发布了《全球独角兽企业 500 强发展报告（2021）》。报告预测，全球独角兽企业 500 强的估值水平在未来两年存在大幅回调的可能性。

解树江教授表示，近年来，现代货币理论的支持者呈现出不断增多的趋势。该理论是凯恩斯和明斯基货币理论的发展，其三大理论要点是货币国定论、财政赤字货币化和最后雇佣者计划。主张"财政赤字对那些能够以本国货币借贷的国家来说是无关紧要的"，这也就意味着，美国可以通过印刷美元解决债务偿还问题。这为主张不断提高美国政府债务上限，持续实施量化宽松政策提供了理论依据。

为了应对疫情冲击，防止实体经济恶化，减轻通货紧缩压力，全球主要发达国家央行（特别是美联储）都实施了超级量化宽松货币政策。2021 年 6 月，美国、欧洲、日本三大央行的资产负债表总额猛增至 25 万亿美元（是疫情前的 1.78 倍，是 2008 年的 6.94 倍）。在货币超发、减税和股票回购三个因素的共同作用下，美股从 2009 年开始了长达 12 年牛市，道琼斯指数从 8000 点上涨至接近 34500 点，累计涨幅达 3.3 倍；纳斯达克指数从 1700 点上涨至 15000 点，累计涨幅达 7.8 倍。美股的估值水平已经逼近历史高位。美股估值的高企通过比价效应拉升了独角兽企业的估值水平。这是 2021 年全球独角兽企业 500 强估值暴增 46% 的一个重要原因。

美国经济已经气血两虚，经络瘀阻，如果美国不做出重大的政策改变，美国在两年左右发生重大金融危机是大概率事件，而且这场危机将引发大规模连锁反应，拖累全球资本市场陷入动荡。受此影响，全球独角兽企业 500 强的估值水平在未来两年存在大幅回调的可能性。但是，从长期看，全球独角兽企业 500 强的数字经济先锋地位不会改变，它们将继续引领全球科技创新企业走向未来。

据悉，《全球独角兽企业 500 强发展报告（2021）》是继 2019 年之后发布的第三个关于全球独角兽企业 500 强的报告，报告基于 2021 年全球独角兽企业数据库，按照全球独角兽企业 500 强评估标准，采用人机共融智能技术（Human Machine Intelligence），遴选出全球前 500 家独角兽企业。该报告全面阐述了全球独角兽企业 500 强的最新发展动态，分析了全球独角兽企业 500 强基本格局和发展特征，并对全球独角兽企业 500 强的未来发展进行了展望。

2021 年全球独角兽企业 500 强评价标准是：①公司估值在 10 亿美元以上；②拥有独创性或颠覆性技术；③拥有难以复制的商业模式；④成立时间 10 年左右；⑤符合现行政策导向，不存在重大负面舆情。本报告评估基准日为 2021 年 7 月 31 日。

新华网
第三届全球独角兽企业 500 强大会召开
企业家深入探讨数字经济与产业升级

媒体名称	新华网
文章标题	第三届全球独角兽企业 500 强大会召开　企业家深入探讨数字经济与产业升级
文章链接	http://www.news.cn/energy/20211008/8b255ae5ad9547aeab7c689263139baf/c.html

2021 年 9 月 24 日，由青岛市人民政府和中国人民大学中国民营企业研究中心主办的第三届全球独角兽企业 500 强大会（2021）正式召开。本次大会上，中华网副总裁兼副总编周熙、七乐康总经理石振洋、能链执行总裁徐辉林、特来电副总裁孙有彬以及伟东云教育副总裁李晨辉就"数字经济与产业升级"主题进行了深入的探讨。

周熙主持对话时表示，如今的中国，具有超大规模的市场优势，数字经济的发展具有了广阔而丰富的应用场景。她提出："如何在数字经济时代，把握时机促进产业升级及转型升级？"

石振洋介绍，七乐康成立于 2010 年，公司的核心业务（品牌名称：石榴云医）为专注慢病复诊服务的在线医疗平台，自 2015 年开始，经过 6 年的发展，凭借创新的模式和领先的技术，在业内率先构建起"医、药、患、检"服务闭环。

时至今日，平台注册医生超过 39 万，数万活跃医生，超过一半为三甲医院的医生，教授主任级别的医生数不胜数。公司发展得到国内外知名投资机构的认可与投资，包括红杉资本、京东、美年大健康、步长制药、景林资本、高特佳等。

在数字经济时代，产业升级及转型方面，七乐康石榴云医主要有以下几点：

（1）七乐康石榴云医专注慢病复诊，打造"复诊不用去医院，药品直接送到家"的省时、省力的便捷复诊模式；在石榴云医互联网医院，广大患者足不出户，就可与原首诊医生，在线复诊咨询、续方购药。

（2）平台可做到全流程可监控，为传统医疗加分赋能，为患者建立和妥善保存电子病历、在线电子处方、购药记录等信息，做到诊疗、处方、交易、配送全程可追溯，实现信息流、资金流、物流全程可监控，满足患者可以在线查询检查检验结果、诊断治疗方案、处方和医嘱等病历资料的需求便利，助力患者、医生慢病大健康的数字化管理。

（3）随着数字经济发展，平台积累的大数据将在人体疾病预测方面发挥重要作用；通过对医疗大数据的智慧分析与建模，不仅可以帮助临床医生进行疾病预后预测辅助决策，更将造福患者，为患者提供更专业、可续的智能诊断，如心脏骤停等；将大大改善医疗质量，助力产业升级。

徐辉林介绍，能链是一家能源产业互联网公司，致力于推动能源行业的数字化、去碳化、品牌化发展。

能链构建了两个数字化能源补给网络，第一个是加油领域的团油，第二个是新能源车充电的快电。除此之外，能链还形成了数字化能源物流供应链，叫能链物流。能链物流通过一供三控（直供、控货、控车、控仓），通过物流和供应链的数字化，产品直接配送以及中间过程的控货、控车、控仓，从而实现了生产源头数据化、油品来源的溯源化、运输过程的可视化，给终端油站带来外卖式叫油体验。

能链认为，能源领域数字化机遇巨大。比如通过数字化的应用，和主机厂智能大屏的前装、后装做连接，实现加油充电的智能补给；比如给物流园区等停车场站放一些橇装设备，减少能源在物理空间的转移，进而减少碳排放。能链也利用数字化，构建了化石能源减排、新能源替换的"一减一替"双轮驱动方案，让能源在物理空间转移过程中交付成本更低，助力交通领域碳中和。

孙有彬表示，特来电是中国创业板第一股特锐德（300001）控股的公司，2014 年创立，7 年累计投资 82 亿元，研发投资 13 亿元，迄今已成为中国领先充电网运营商。截至目前，特来电投建充电桩 34 万个，占有率 41%；累计充电量 95 亿度，占有率 42%，服务落地 349 座城市，各项数据列行业首位。

特来电 App 拥有注册用户 548 万，每天的数据量是 8 个 TB，累计充电网云平台的数据达到了 10 个 PB 的量级。随着数字化经济的发展和数字化转型，特来电构建了生态体系中互联互通的充电网，基于大数据分析和应用，汇集汽车及电池大数据、能源及调度大数据、运营及运维大数据、用户及行为大数据。

早在 2016 年，特来电就将"主动防护、柔性充电"相关的 16 项核心技术、专利首次对行业无偿公开，突破产业壁垒，开放、共享、提升，以促进整个充电行业的发展。特来电充电网"工业大数据"已经应用到电动汽车充电安全诊断及防护、能源管理及运营、智能运营及运维、用户增值服务等领域，将延伸到大数据修车、汽车再制造、人工智能交互……生产、生活各个领域。

李晨辉称，伟东云教育的定位是全球互联网的教育平台服务商。李晨辉表示，通过数字经济驱动整个产业的升级，首先是要培养人才，尤其是数字化人才；其次是数字化的企业管理。伟东云教育专注于数字化人才培养项目，目前与相关政府均有合作项目。他举例称：在与工信部的教育与考试中心合作人工智能应用管理师和人工智能应用工程师两个证书类课程，课程结束，学院通过考试，将会得到工信部人工智能应用管理师证书，该证书是工信部对外的首个人工智能领域的能力等级认证评价证书。

全球独角兽企业 500 强大会是北京隐形独角兽信息科技院联合中国人民大学中国民营企业研究中心打造的一个全球性独角兽企业大会。

环球网
2021 全球独角兽企业 500 强：青岛全球第七，中国第五

媒体名称	环球网
文章标题	2021 全球独角兽企业 500 强：青岛全球第七，中国第五
文章链接	https：//capital. huanqiu. com/article/44twZusj9yb

2021 年 9 月 24 日，由青岛市人民政府和中国人民大学中国民营企业研究中心联合主办的"第三届全球独角兽企业 500 强大会（2021）"在青岛举办。本届会议的主题为"数字经济，产业政策与资本赋能"，由青岛市民营经济发展局、青岛市即墨区人民政府、北京隐形独角兽信息科技院承办。

会议期间，全球独角兽企业 500 强大会秘书长解树江教授发布了《全球独角兽企业 500 强发展报告（2021）》。报告显示，2021 年青岛共有 13 家企业入选全球独角兽企业 500 强榜单，包括能链集团、杰华生物和特来电等，其中新增全球独角兽企业 500 强 3 家，分别为歌尔微电子、以萨技术和创新奇智，总估值为 230.59 亿美元，在中国独角兽城市排名中位列第五，北方城市排名中位列第二。

成功跻身全球独角兽城市排名前十。

青岛作为我国沿海重要中心城市，一直努力营造良好的营商环境，为独角兽企业打造适合茁壮成长的"热带雨林"。2020 年 3 月 12 日，《青岛市培育瞪羚独角兽企业行动计划（2020—2024 年）》正式发布，共认定 6 家瞪羚独角兽企业加速器，为培育独角兽企业提供良好的载体环境。2020 年 5 月 22 日，首个为青岛独角兽企业发展量身定制的"青岛独角兽热带雨林工程"正式启动，组建了青岛市优势高成长企业动态培育库，建立健全分层孵化体系，构建了企业从"专精特新"到细分市场"隐形冠军"，从"隐形冠军"到"小巨人"，从瞪羚企业到独角兽企业的成长培育机制，不断挖掘发展速度快、竞争力强、发展前景好的潜力企业入库，形成独角兽企业后备体系。

青岛不断推出多项举措对营商环境进行优化，具体措施包括：建立完善高效的政策政务环境；深化"一次办好"改革，推进审批服务便利化；将企业开办业务整合到"企业开办及注销智能一体化平台"，企业开办环节压缩至 2 个，成为全国企业开办环节最少的城市之一，企业开办可实现 1 个工作日办好；全市699 项政务服务事项，实现全市范围内的区（市）行政审批服务大厅、专业分大厅等机构或网上办理，实现"现场通办""网上通办"。

此外，青岛在搭建要素完备的金融环境方面也在持续发力。青岛是全国唯一以财富管理为主题的金融综合改革试验区，2021 年第 29 期全球金融中心指数报告中，青岛排名第 42 名，自 2016 年 3 月首次被纳入"全球金融中心指数"榜单至今，青岛已 9 次进入全球金融中心排名前 50 名。在此次榜单多个分榜单中，青岛也都表现抢眼。在"声誉排名前 15 位金融中心"榜单中，青岛位居第 2 位；在"有望进一步提升影响力的 15 个金融中心"榜单中，青岛排名第 5 位。

青岛营造了活力迸发的创业创新环境。截至 2020 年底，青岛市认定的高新技术企业 1894 家。截至 2021 年 8 月，青岛市认定科技型中小企业 4990 家；新认定 2592 家市级"专精特新"企业；审核入库优势高成长企业 541 家，其中隐形冠军企业 230 家，瞪羚企业 161 家，小巨人企业 150 家。2020 年上半年青岛市有效发明专利拥有量 35199 件，同比增长 19.8%，全市引才聚才 11.02 万人，与2019 年同期相比增长 19.1%，获评 2020 年度全国最佳引才城市奖，第九次入选"魅力中国——外籍人才眼中最具吸引力城市"。在国家信息中心发布的中国城市创新创业生态指数中，青岛成功跻身"双创领跑型城市"第 10 位，年均吸引人才超过 22 万。

据悉，《全球独角兽企业 500 强发展报告（2021）》是继 2019 年之后发布的第三个关于全球独角兽企业 500 强的报告，报告基于 2021 年全球独角兽企业数据库，按照全球独角兽企业 500 强评估标准，采用人机共融智能技术（Human

Machine Intelligence），遴选出全球前 500 家独角兽企业。该报告全面阐述了全球独角兽企业 500 强的最新发展动态，分析了全球独角兽企业 500 强基本格局和发展特征，并对全球独角兽企业 500 强的未来发展进行了展望。

中国网
全球独角兽企业 500 强（2021）榜单发布
总估值较去年增长 46%

媒体名称	中国网
文章标题	全球独角兽企业 500 强（2021）榜单发布总估值较去年增长 46%
文章链接	http://cppcc.china.com.cn/2021-09/25/content_77773858.htm

由青岛市人民政府和中国人民大学中国民营企业研究中心联合主办的"第三届全球独角兽企业 500 强大会（2021）"2021 年 9 月 24 日在青岛即墨举办。本届会议的主题为"数字经济，产业政策与资本赋能"，由青岛市民营经济发展局、青岛市即墨区人民政府、北京隐形独角兽信息科技院承办。

会议期间，全球独角兽企业 500 强大会秘书长解树江发布了《全球独角兽企业 500 强发展报告（2021）》。报告显示，2021 年全球独角兽企业 500 强总估值为 29436.05 亿美元，相比 2020 年 20170.81 亿美元增长了 46%（见图 13-3）。

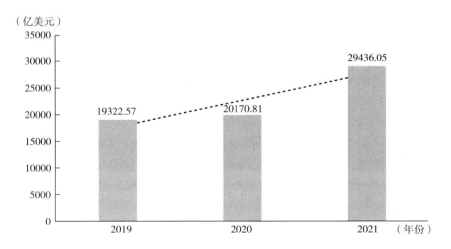

图 13-3　全球独角兽企业 500 强总估值变化趋势（2019~2021 年）

资料来源：BIHU 全球独角兽企业数据库。

全球独角兽企业 500 强之所以逆势增长，主要是由于独角兽企业成长的部分要素得到了强化，而且总体要素的耦合效率不断提高。独角兽企业的成长往往具备八个关键要素：异质型企业家精神、独创性或颠覆性技术、难以复制的商业模式、战略与品牌协同、弹性的资源共享、持续的资本赋能、市场容量和创新生态，独角兽企业成长模型如图 13-4 所示。

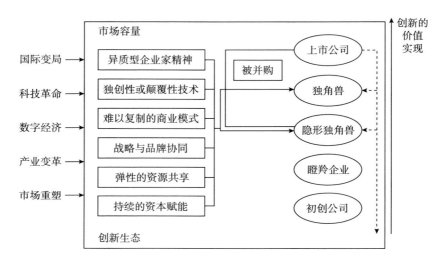

图 13-4　独角兽企业成长模型

资料来源：解树江. 数字经济先锋：全球独角兽企业 500 强蓝皮书（2020）［M］. 北京：经济管理出版社，2021.

2021 年，独角兽企业成长的各类要素中，持续资本赋能的表现突出。众多独角兽企业进行了新一轮融资，抬高了整体估值。数据显示，在 2021 年全球独角兽企业 500 强榜单中，有 142 家企业进行了新一轮融资，新增的融资额达到了 11006.77 亿美元，超过 2020 年全球独角兽企业 500 强总估值的一半，而这与全球资本市场的繁荣密切相关。

另外，新晋的独角兽企业中，有一大批企业的估值在 10 亿美元以上，提高了全球独角兽企业 500 强榜单的准入门槛。2021 年全球独角兽企业 500 强的最低门槛已提升至 11 亿美元。

疫情让用户的消费习惯发生了变化，使得电商、外卖、在线教育、物流、在线医疗等"宅经济"蓬勃发展，而为这些行业提供支撑的基础服务层包括人工智能、5G、云计算、大数据等行业也实现了不同程度的发展。一批新兴企业脱颖而出并晋级成为独角兽企业或超级独角兽，从而令榜单的整体估值有了明显提升。

据悉，《全球独角兽企业 500 强发展报告（2021）》是继 2019 年之后发布的第三个关于全球独角兽企业 500 强的报告，报告基于 2021 年全球独角兽企业数据库，按照全球独角兽企业 500 强评估标准，采用人机共融智能技术（Human Machine Intelligence），遴选出全球前 500 家独角兽企业。该报告阐述了全球独角兽企业 500 强的最新发展动态，分析了全球独角兽企业 500 强基本格局和发展特征，并对全球独角兽企业 500 强的未来发展进行了展望。

中国新闻网
全球独角兽企业 500 强报告发布：
医药健康赛道前景看好

媒体名称	中国新闻网
文章标题	全球独角兽企业 500 强报告发布：医疗健康赛道前景看好
文章链接	https://m.chinanews.com/wap/detail/chs/zw/9573524.shtml

由青岛市人民政府和中国人民大学中国民营企业研究中心联合主办的"第三届全球独角兽企业 500 强大会（2021）"2021 年 9 月 24 日在青岛市举办。会议期间，全球独角兽企业 500 强大会秘书长解树江发布了《全球独角兽企业 500 强发展报告（2021）》。

报告显示，2021 年全球独角兽企业 500 强中，企业服务赛道有 112 家，占比 22.4%，位居赛道第一，总估值为 5937.63 亿美元；生活服务赛道有 86 家，占比 17.2%，位居赛道第二，总估值为 4108.55 亿美元；智能科技赛道有 69 家，总估值为 3295.75 亿美元，位居赛道第三；剩余则分别在金融科技、医药健康、文旅传媒、汽车交通、物流服务、教育科技、材料能源、航空航天 8 个板块，数量分别为 58、52、38、33、22、15、9、6。

在 2021 年全球独角兽企业 500 强榜单中，医药健康赛道共有 52 家企业登榜，其中 23 家为新晋企业，更新率高达 44%，总估值为 2176.82 亿美元，较 2020 年上涨 661.67 亿美元，同比增长率同样接近 44%。在疫情中，生物制药与技术持续获得资本的关注，多国对于医疗研发、制药和器材的重视得到不同程度的启发，政府、民众和资本对于医疗健康的多方面投入比例大幅上升，加之随着全球网络基础设施的完善，远程医疗、智慧医疗等行业的发展条件成熟，此类独角兽企业的发展也迎来了这一风口，医疗健康领域的各个细分行业独角兽企业在资金吸引和业务拓展方面都获得了新的增长点。

《全球独角兽企业 500 强发展报告（2021）》是继 2019 年之后发布的第三个关于全球独角兽企业 500 强的报告，报告基于 2021 年全球独角兽企业数据库，按照全球独角兽企业 500 强评估标准，采用人机共融智能技术，遴选出全球前 500 家独角兽企业。该报告全面阐述了全球独角兽企业 500 强的最新发展动态，分析了全球独角兽企业 500 强基本格局和发展特征，并对全球独角兽企业 500 强的未来发展进行了展望。

本次会议由青岛市人民政府和中国人民大学中国民营企业研究中心联合主办，青岛市民营经济发展局、青岛即墨区人民政府及北京隐形独角兽信息科技院承办。

2021 年全球独角兽企业 500 强评价标准有五个方面：一是公司估值在 10 亿美元以上；二是拥有独特性或颠覆性技术；三是拥有难以复制的商业模式；四是成立时间 10 年左右；五是符合现行政策导向，不存在重大负面舆情。本报告评估基准日为 2021 年 7 月 31 日。

中央电视台
2021 第三届全球独角兽企业 500 强大会在青岛召开

媒体名称	中央电视台
文章标题	2021 第三届全球独角兽企业 500 强大会在青岛召开
文章链接	https：//w. yangshipin. cn/video？type＝0&vid＝p000069aiy9

2021第三届全球独角兽企业500强大会在青岛召开
1006次观看 · 2021/09/27

经济新闻联播 ＋关注

人民日报
2021 第三届全球独角兽企业 500 强大会在青岛召开

媒体名称	人民日报
文章标题	2021 第三届全球独角兽企业 500 强大会在青岛召开
文章链接	https：//wap. peopleapp. com/video/rmh23716870/rmh23716870

证券时报
2021 全球独角兽企业 500 强 SPAC 上市成为潮流

媒体名称	证券时报
文章标题	2021 全球独角兽企业 500 强 SPAC 上市成为潮流
文章链接	https：//news. stcn. com/news/202109/t20210925_3714411. html？ bsh_bid＝5639565435

　　2021 年 9 月 24 日，在由青岛市人民政府和中国人民大学中国民营企业研究中心联合主办的"第三届全球独角兽企业 500 强大会（2021）"上，全球独角兽企业 500 强大会秘书长解树江教授发布了《全球独角兽企业 500 强发展报告（2021）》。

　　据悉，《全球独角兽企业 500 强发展报告（2021）》是继 2019 年之后发布的第三个关于全球独角兽企业 500 强的报告，报告遴选出全球前 500 家独角兽企业，全面阐述了全球独角兽企业 500 强的最新发展动态，分析了全球独角兽企业 500 强基本格局和发展态势，并对全球独角兽企业 500 强的未来发展进行了展望。

记者了解到，2021 年全球独角兽企业 500 强评价标准包含五条，分别是：公司估值在 10 亿美元以上；拥有独创性或颠覆性技术；拥有难以复制的商业模式；成立时间 10 年左右；符合现行政策导向，不存在重大负面舆情。

报告显示，本报告年度，共有 66 家全球独角兽企业 500 强成功登陆资本市场，同比增加了 35 家。

其中，美国纳斯达克交易所和纽交所是全球独角兽企业上市的重要选择，过去一年有 29 家选择在纽交所进行上市，28 家在纳斯达克上市，占比高达 86%。此外，在港交所上市的有 5 家，上交所和伦敦证券交易所各 2 家。中国 24 家上市独角兽中有 11 家在纽交所上市，6 家在纳斯达克上市，占比为 71%，在港交所上市有 5 家，在上交所上市的仅有 2 家。

值得关注的是，报告显示，2020 年以来，新冠疫情给美国 IPO 市场带来剧烈动荡，IPO 难度加大，越来越多意图上市的独角兽公司通过与 SPAC 合并"曲线"上市。

解树江教授指出，2021 年度，有 12 家独角兽企业采取了此种上市方式，占同期上市的独角兽企业总数的 18%。SPAC 是一种集直接上市、合并、反向收购、私募等金融产品特征及目的于一体的创新融资模式，同直接海外 IPO 相比，其上市制约少，上市条件低，上市时间短且确定。1993 年，该模式由 GNK 证券公司引进美国资本市场，至 2003 年被彻底合法化，几经起落，2019 年再度受到资本市场投资者欢迎，并在 2020 年迎来井喷。目前围绕 SPAC 活跃着众多知名投资机构和大咖的身影，如软银资本、高瓴资本、李嘉诚、李泽楷、郑志刚、李宁等。

解树江指出，尽管 SPAC 上市具有诸多优势，但也存在一定的劣势和风险，如监管不够充分，不利于发行人估值的最大化，初创投资者和外部投资人的股权更多被稀释等问题。

中国证券报
全球独角兽企业 500 强发展报告 （2021） 发布

媒体名称	中国证券报
文章标题	全球独角兽企业 500 强发展报告 （2021） 发布
文章链接	https：//www.cs.com.cn/cj2020/202109/t20210926_6206849.html

2021 年 9 月 24 日，青岛市人民政府和中国人民大学中国民营企业研究中心联合主办了第三届全球独角兽企业 500 强大会（2021）。全球独角兽企业 500 强大会秘书长解树江教授发布了《全球独角兽企业 500 强发展报告（2021）》。

《全球独角兽企业 500 强发展报告（2021）》是继 2019 年之后发布的第三个关于全球独角兽企业 500 强的报告。该报告全面阐述了全球独角兽企业 500 强的最新发展动态，分析了全球独角兽企业 500 强基本格局和发展特征，并对全球独角兽企业 500 强的未来发展进行了展望。

报告显示，近三年来，航空航天赛道持续呈现上升趋势，该领域的独角兽企业数量由 2 家增长到现在的 6 家。其中，新增的航空航天独角兽企业为 Relativity Space、长光卫星、ABL Space System 和银河航天。

中国城市报
2021 全球独角兽企业 500 强：北京三度蝉联全球榜首

媒体名称	中国城市报
文章标题	2021 全球独角兽企业 500 强：北京三度蝉联全球榜首
文章链接	http://www.zgcsb.com/news/pinDao/2021-09/24/ma_334906.html

2021 年 9 月 24 日，由青岛市人民政府和中国人民大学中国民营企业研究中心联合主办的"第三届全球独角兽企业 500 强大会（2021）"在青岛即墨举办。会议期间，全球独角兽企业 500 强大会秘书长解树江教授发布了《全球独角兽企业 500 强发展报告（2021）》。报告显示，2021 年全球独角兽企业 500 强城市非名中，北京三年蝉联全球第一。

2021 年北京入选全球独角兽企业 500 强的企业共有 72 家，总估值为 4580.03 亿美元，相较于 2020 年，总估值增长了 363.79 亿美元，前 10 名如表 13-1 所示。

表 13-1　2021 年北京全球独角普企业 500 强 Top10

总排名	企业名称	估值（亿美元）	行业	榜单非名
1	字节跳动	1800	文旅传媒	1
11	自如	429	生活服务	2
27	京东数科	285.71	金融科技	3

续表

总排名	企业名称	估值（亿美元）	行业	榜单排名
34	猿辅导	170	教育科技	4
45	商汤科技	120	智能科技	5
49	作业帮	110	教育科技	6
57	车好多（瓜子）	100	汽车交通	7
63	比特大陆	90	金融科技	8
65	借贷宝	85	金融科技	9
80	美菜网	71.43	企业服务	10

资料来源：BIHU 全球独角兽企业数据库。

本报告年度，北京共有 15 家企业登陆资本市场，其中包括京东健康和快手等行业头部企业，另有 18 家企业新晋全球独角兽企业 500 强榜单。"十三五"时期，北京聚力全国科技创新中心建设，全面深化科技体制改革，完善创新生态，激发创新活力，涌现出一大批重大原创性成果，成为全球创新创业最活跃的城市之一。"十四五"时期，其主要任务之一是强化创新核心地位，加快建设国际科技创新中心。

具体来看，人才方面，北京拥有全国最多的高等教育资源，这决定北京成为高水平科研成果和科研人才最重要的聚集地。北京不仅高等院校、科研院所、高才生多，而且也成为高端人才尤其是科技人才就业的首选城市。资金方面，北京的资本高度聚集，根据中国国家统计局 2020 年统计数据，北京拥有的持牌法人金融机构超过 700 家，金融资产占全国的 45%，拥有 2.75 万家国家级高新技术企业。据北京市商务局 2020 年数据统计，截至 2019 年第三季度末，北京在中基协登记备案的股权投资机构达 4370 家，管理资金规模超 3 万亿元，规模占全国近 1/4，投资案例数和金额近全国 1/3，规模及投资均稳居全国首位。

此外，股权投资机构的集聚，以及金融科技独角兽的加入，如比特大陆、京东数科等，也为独角兽企业的孵化和成长提供了有力的资金条件。政策方面，北京高度重视创新创业，多年来北京市和各区县从不同层面、不同类别出台了一系列鼓励创新创业政策，形成了涵盖财税政策、金融政策、人才政策、优化双创环境政策、扶持双创平台政策，以及国际化政策等完备的鼓励创新创业的政策体系，为科创企业提供了良好的政策环境。

据悉，《全球独角兽企业 500 强发展报告（2021）》是继 2019 年之后发布的第三个关于全球独角兽企业 500 强的报告。该报告全面阐述了全球独角兽企业 500 强的最新发展动态，分析了全球独角兽企业 500 强基本格局和发展特征，并对全球独角兽企业 500 强的未来发展进行了展望。2021 年全球独角兽企业 500 强评价标准是：①公司估值在 10 亿美元以上；②拥有独创性或颠覆性技术；③拥有难以复制的商业模式；④成立时间 10 年左右；⑤符合现行政策导向，不存在重大负面舆情。本报告评估基准日为 2021 年 7 月 31 日。

中国日报
2021 十大全球独角兽企业 500 强聚集城市：中国六个

媒体名称	中国日报
文章标题	2021 十大全球独角兽企业 500 强聚集城市：中国六个
文章链接	https://qiye.chinadaily.com.cn/a/202109/29/WS6153e009a3107be4979f072a.html

2021 年 9 月 24 日，在由青岛市人民政府和中国人民大学中国民营企业研究中心联合主办的"第三届全球独角兽企业 500 强大会（2021）"上，中国人民大学中国民营企业研究中心和北京隐形独角兽信息科技院（BIHU）联合发布了《全球独角兽企业 500 强发展报告（2021）》。报告显示，2021 年全球独角兽企业 500 强主要分布在 66 个城市，包括中国的北京、上海和深圳，美国的旧金山、纽约和洛杉矶，印度的班加罗尔和韩国首尔等头部城市，其中前二十大城市所拥有的在榜企业占比为 68%，总估值占比达到 72.5%，头部城市聚集效应明显（见图 13-5）。

对于独角兽企业来说，在瞬息万变、竞争激烈的市场中进行创新，其不确定性和复杂性都是无法预知的。如何为企业营造一个适合颠覆性技术创新的生态环境至关重要。以知识为导向的收入分配制度、科学的分类评价机制、完善的知识产权保护体系、公平的市场竞争环境、合理的企业试错成本等都是创新生态环境的必备元素。

这些独角兽城市拥有大学、科研机构、政府、金融等中介服务机构，通过组织间的网络协作，深入整合人力、技术、信息、资本等创新要素，实现创新因子有效汇聚和各个主体的价值实现，为独角兽企业的成长创造了良好的生态环境。

全球十大独角兽 500 强聚集城市由中国、美国、印度与韩国城市占据，中国包揽其中 6 个名额，总估值高达 10714.74 亿美元，占到榜单总估值的 36.4%。伦敦、慕尼黑与斯德哥尔摩等城市占比落后于韩国首尔与印度班加罗尔。旧金山保持全球独角兽 500 强聚集城市第二，企业数量减少 13 家，但整体估值增长 919.96 亿美元，增长幅度高达 37%，增速超过位居榜首的北京。纽约较 2020 年

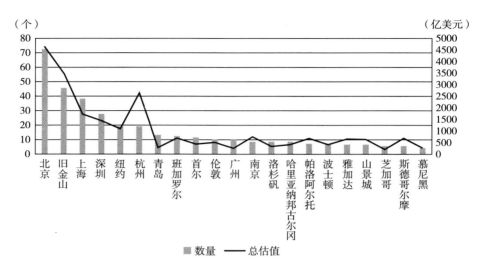

图 13-5　2021 年全球独角兽企业 500 强城市排行 Top20

资料来源：BIHU 全球独角兽企业数据库。

增长 586.9 亿美元，涨幅达到 123.4%。

据悉，《全球独角兽企业 500 强发展报告（2021）》是继 2019 年之后发布的第三个关于全球独角兽企业 500 强的报告，报告基于 2021 年全球独角兽企业数据库，按照全球独角兽企业 500 强评估标准，采用人机共融智能技术（Human Machine Intelligence），遴选出全球前 500 家独角兽企业。该报告全面阐述了全球独角兽企业 500 强的最新发展动态，分析了全球独角兽企业 500 强基本格局和发展特征，并对全球独角兽企业 500 强的未来发展进行了展望。

2021 年全球独角兽企业 500 强评价标准是：①公司估值在 10 亿美元以上；②拥有独创性或颠覆性技术；③拥有难以复制的商业模式；④成立时间 10 年左右；⑤符合现行政策导向，不存在重大负面舆情。本报告评估基准日为 2021 年 7 月 31 日。

<h2 style="text-align:center">中国日报</h2>

<h1 style="text-align:center">2021 全球独角兽企业 500 强榜单发布
入围底限提至 11 亿美元</h1>

媒体名称	中国日报
文章标题	2021 全球独角兽企业 500 强榜单发布　入围底限提至 11 亿美元
文章链接	https://qiye.chinadaily.com.cn/a/202109/29/WS615412a3a3107be4979f0829.html

2021 年 9 月 24 日发布的《全球独角兽企业 500 强发展报告（2021）》显示，本报告年度内共有 86 家全球独角兽企业 500 强被淘汰出局，其中 73 家独角兽企业因为估值未达到 2021 年全球独角兽企业 500 强榜单 11 亿美元的准入门槛而落榜。这是记者从 2021 年 9 月 24 日在山东即墨举办的"第三届全球独角兽企业 500 强大会（2021）"获得的消息。

据介绍，"第三届全球独角兽企业 500 强大会（2021）"由青岛市人民政府和中国人民大学中国民营企业研究中心联合主办，从 2019 年开始已连续三年发布全球独角兽企业 500 强榜单。

全球独角兽企业 500 强大会秘书长解树江教授在会上分析指出：一方面，2020~2021 年有较多新晋独角兽，这些独角兽企业的估值相对较高，排名靠前；另一方面，在榜的独角兽企业中，有一大批估值得到提升，整体抬高了全球独角兽企业 500 强的准入门槛。然而被淘汰的 73 家企业则因为近一年未获得融资，估值仍停留在 10 亿美元，从而跌出 2021 年全球独角兽企业 500 强榜单，如 Omio、Ola Electric Mobility、G7 汇通天下、婚礼纪、执御、毒、辣妈帮等。

据悉，《全球独角兽企业 500 强发展报告（2021）》遴选出了全球前 500 家独角兽企业，全面阐述了全球独角兽企业 500 强的最新基本格局和发展态势，并对全球独角兽企业 500 强的未来发展进行了展望。2021 年全球独角兽企业 500 强评价标准是：①公司估值在 10 亿美元以上；②拥有独创性或颠覆性技术；③拥有难以复制的商业模式；④成立时间 10 年左右；⑤符合现行政策导向，不存在重大负面舆情。本报告评估基准日为 2021 年 7 月 31 日。

中国经济新闻网
2021 全球独角兽企业 500 强发布

媒体名称	中国经济新闻网
文章标题	2021 全球独角兽企业 500 强发布
文章链接	https://www.cet.com.cn/wzsy/ycxw/2978940.shtml

2021 年 9 月 24 日，在由青岛市政府和中国人民大学中国民营企业研究中心联合主办的"第三届全球独角兽企业 500 强大会（2021）"上，全球独角兽企业 500 强大会秘书长解树江发布了《全球独角兽企业 500 强发展报告（2021）》。

报告显示，2021 年全球独角兽企业 500 强中，企业服务赛道有 112 家（见图 13-6），占比 22.4%，位居赛道第一，总估值为 5937.63 亿美元；生活服务赛道有 86 家，占比 17.2%，位居赛道第二，总估值为 4108.55 亿美元；智能科技赛道有 69 家，总估值为 3295.75 亿美元，位居赛道第三；剩余则分别在金融科技、医药健康、文旅传媒、汽车交通、物流服务、教育科技、材料能源、航空航天 8 个板块，数量分别为 58 家、52 家、38 家、33 家、22 家、15 家、9 家、6 家。

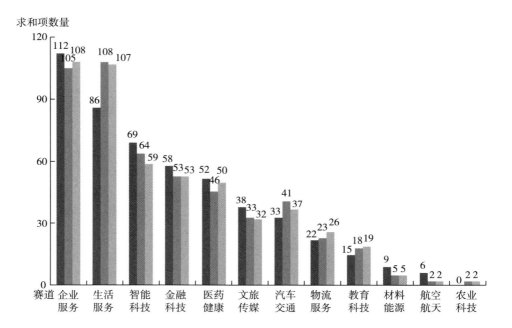

图 13-6 2019~2021 年全球独角兽企业 500 强赛道变化趋势

资料来源：BIHU 全球独角兽企业数据库。

在 2021 年 152 家新晋独角兽中，企业服务和医药健康分别为 40 家、23 家，占据前二，金融科技第三，共 19 家，智能科技 18 家，生活服务和文旅传媒紧随其后，分别为 15 家和 14 家（见图 13-7）。

最近三年，从全球独角兽企业 500 强赛道分布来看，企业服务与生活服务的数量旗鼓相当，居赛道排名前两位，约占整个赛道独角兽数量的 40%，是独角兽企业 500 强集中的核心赛道。然而，企业服务与生活服务在 2021 年却出现了分水岭，其中企业服务急速上升，同比增加了 8 家独角兽企业，成为 2021 年全球独角兽企业 500 强榜单之首的行业，近三年来其权重增加了 1%，而生活服务却出现急剧下滑的现象，同比减少了 22 家，近三年来其权重减少了 3.7%，与企业服务拉开了差距。这其中的主要因素必然离不开疫情所带来的影响，并且使得整个赛道结构发生了变化。

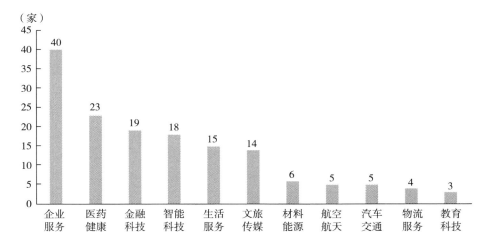

图 13-7　新晋独角兽企业 500 强赛道分布

资料来源：BIHU 全球独角兽企业数据库。

　　具体来看（见图 13-8、图 13-9），2019～2021 年，文旅传媒、金融科技、智能科技、企业服务、航空航天、材料能源这 6 个赛道的独角兽企业数量权重都在增加，分别增加 1%、1.2%、2%、1%、0.8%、0.8%，其他 5 个赛道的独角兽数量权重则出现下降，分别是生活服务、教育科技、物流服务、汽车交通、农业科技，其权重分别下降 4.2%、0.8%、0.8%、0.8%、0.4%，医药健康赛道权重在三年内没有变化。另外，智能科技和文旅传媒的独角兽数量都出现了逐年稳定上升的趋势，但物流服务和教育科技的独角兽数量则呈现出逐年下降的趋势。

　　《全球独角兽企业 500 强发展报告（2021）》是继 2019 年之后发布的第三个关于全球独角兽企业 500 强的报告，报告基于 2021 年全球独角兽企业数据库，按照全球独角兽企业 500 强评估标准，采用人机共融智能技术，遴选出全球前 500 家独角兽企业。该报告全面阐述了全球独角兽企业 500 强的最新发展动态，分析了全球独角兽企业 500 强基本格局和发展特征，并对全球独角兽企业 500 强的未来发展进行了展望。

　　2021 年全球独角兽企业 500 强评价标准是：公司估值在 10 亿美元以上；拥有独创性或颠覆性技术；拥有难以复制的商业模式；成立时间 10 年左右；符合现行政策导向，不存在重大负面舆情。

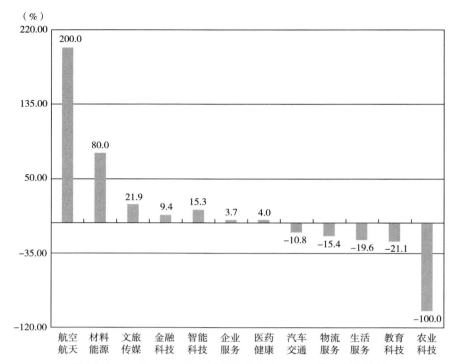

图 13-8　2019~2021 年全球独角兽企业 500 强赛通变化趋势

资料来源：BIHU 全球独角兽企业数据库。

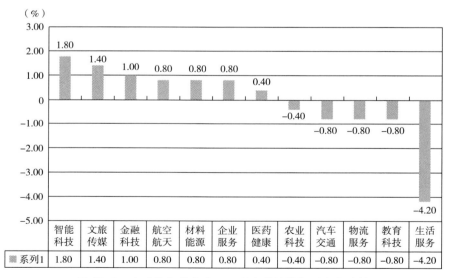

图 13-9　全球独角兽企业 500 强赛道结构权重变化趋势

资料来源：BIHU 全球独角兽企业数据库。

中国经济信息网
2021 全球独角兽企业 500 强榜单更新率超过 30%

媒体名称	中国经济信息网
文章标题	2021 全球独角兽企业 500 强榜单更新率超过 30%
文章链接	http：//vod. cei. cn/ShowPage. aspx？PageID = 00010035&guid = 06da2e82b89b44f89670e961 dfb8ce93

2021 年 9 月 24 日，在由青岛市人民政府和中国人民大学中国民营企业研究中心联合主办的"第三届全球独角兽企业 500 强大会（2021）"上，全球独角兽企业 500 强大会秘书长解树江教授发布了《全球独角兽企业 500 强发展报告（2021）》。报告显示，2021 年全球独角兽企业 500 强榜单更新幅度较往年更为明显，进一步展现出全球产业的竞争在不断加剧。

数据显示，本次榜单中有 152 家企业被替换，更新率达到 30.4%（见图 13-10），同步增加 12.8%，这其中有 66 家企业成功登陆了资本市场，同比增长 113%，86 家企业被淘汰出局，同比增长 274%。与此同时，2020~2021 年共有 152 家企业新晋全球独角兽企业 500 强榜单，总估值达到 6201.47 亿美元，占到榜单总估值的 21%。

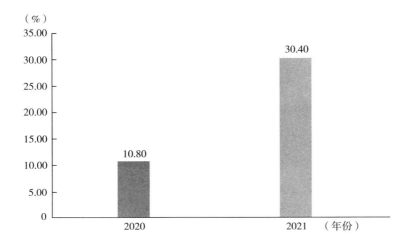

图 13-10 全球独角兽企业 500 强榜单更新率

资料来源：BIHU 全球独角兽企业数据库。

新冠疫情致使传统的线下办公、娱乐、消费和生活模式受到冲击，远程办公、线上娱乐和购物需求增长，并带动相关的企业服务、生活服务及文娱传媒企业在业务拓展和资金投入上得到新的增长点，如 Clubhouse、Zeni Max Media、Hopin 和 SheIn 等。同时，医药健康领域的企业在疫情防控中的作用也被广泛重视，远程医疗、智慧医疗和生物制药企业发展进入快车道，典型企业有 Ro、Komado Health 和 Livongo 等。

据悉，《全球独角兽企业 500 强发展报告（2021）》是继 2019 年之后发布的第三个关于全球独角兽企业 500 强的报告，报告基于 2021 年全球独角兽企业数据库，按照全球独角兽企业 500 强评估标准，采用人机共融智能技术（Human Machine Intelligence），遴选出全球前 500 家独角兽企业。该报告全面阐述了全球独角兽企业 500 强的最新发展动态，分析了全球独角兽企业 500 强基本格局和发展特征，并对全球独角兽企业 500 强的未来发展进行了展望。

2021 年全球独角兽企业 500 强评价标准是：①公司估值在 10 亿美元以上；②拥有独创性或颠覆性技术；③拥有难以复制的商业模式；④成立时间 10 年左右；⑤符合现行政策导向，不存在重大负面舆情。本报告评估基准日为 2021 年 7 月 31 日。

中国经济网
全球独角兽企业 500 强发展报告 （2021） 发布

媒体名称	中国经济网
文章标题	全球独角兽企业 500 强发展报告（2021）发布
文章链接	http：//www.ce.cn/cysc/stwm/lsjj/202109/30/t20210930_36961625.shtml

2021 年 9 月 24 日，青岛市人民政府和中国人民大学中国民营企业研究中心联合主办了第三届全球独角兽企业 500 强大会（2021）。全球独角兽企业 500 强大会秘书长解树江教授发布了《全球独角兽企业 500 强发展报告（2021）》。

报告显示，2021 年全球独角兽企业 500 强中，企业服务赛道有 112 家，占比 22.4%，位居赛道第一，总估值为 5937.63 亿美元；生活服务赛道有 86 家，占比 17.2%，位居赛道第二，总估值为 4108.55 亿美元；智能科技赛道有 69 家，总估值为 3295.75 亿美元，位居赛道第三；剩余则分别在金融科技、医药健康、文旅传媒、汽车交通、物流服务、教育科技、材料能源、航空航天 8 个板块，数量分别为 58 家、52 家、38 家、33 家、22 家、15 家、9 家、6 家。

据悉，《全球独角兽企业 500 强发展报告（2021）》是继 2019 年之后发布的第三个关于全球独角兽企业 500 强的报告，报告基于 2021 年全球独角兽企业数据库，按照全球独角兽企业 500 强评估标准，采用人机共融智能技术（Human Machine Intelligence），遴选出全球前 500 家独角兽企业。该报告全面阐述了全球独角兽企业 500 强的最新发展动态，分析了全球独角兽企业 500 强基本格局和发展特征，并对全球独角兽企业 500 强的未来发展进行了展望。

据悉，2021 年全球独角兽企业 500 强评价标准是：①公司估值在 10 亿美元以上；②拥有独创性或颠覆性技术；③拥有难以复制的商业模式；④成立时间 10 年左右；⑤符合现行政策导向，不存在重大负面舆情。本报告评估基准日为 2021 年 7 月 31 日。

科技日报
金融科技领域企业进入发展快车道

媒体名称	科技日报
文章标题	金融科技领域企业进入发展快车道
文章链接	http：//caifu. kepuing. com/finance/202109/t20210927_2993781. shtml

2021 年 9 月 24 日，以"数字经济，产业政策与资本赋能"为主题的"第三届全球独角兽企业 500 强大会（2021）"，在山东青岛即墨举办。大会秘书长解树江教授发布的《全球独角兽企业 500 强发展报告（2021）》显示，在遭遇 2020 年的整体颓势后，金融科技赛道在 2021 年实现了爆发式增长，共有 59 家企业进入榜单，较 2020 年增长了 5 家，总估值为 5065.53 亿美元，涨幅高达 64.6%，其中 19 家企业为 2021 年新登榜企业，更新率为 32.2%。

金融科技领域企业进入发展快车道，同样是由于全球互联网和智能硬件终端基础设施的进一步普及，IaaS 和 SaaS 的全面深化推动了第三方支付、金融服务和金融软件等领域的企业发展提速。此外，疫情防控期间，线上购物、财产管理和借贷服务的需求增多，加之各国的财政刺激政策，共同催化了该领域企业的快速发展。

美国在金融科技赛道数量和总估值上全面领先，18 家企业共计 2292 亿美元，总估值比肩中国、印度、英国与瑞典的总和，总估值涨幅高达 116.4%；中国 16 家企业居于第二位；印度在金融科技赛道增长强势，数量增长 125%，总估值涨幅为 74.8%。

另外，中美两国金融科技独角兽企业成立的基础不同，中国企业在客户和价值链方面都比较依附其背后的母公司或者大股东，偏向于利用企业的母公司或大股东这些大平台的客户积累，通过平台引流和后期口碑宣传进行营销，其市场基础主要来自各自依附的企业。然而美国的企业都是直接由创业团队一步步建立起来的，其最大依附还是企业的创业研发团队，没有母公司等的客户引流，只能通过其他营销方式进行客户积累，也就是说其没有像中国金融科技企业那样有依附企业带来的市场基础。在价值主张维度上，中国的金融科技独角兽企业选择的细分领域范围较广，且多集中在消费领域，而美国的金融科技企业选择的细分领域比较专一，且多集中在投资领域。目前中国的金融市场发展仍较不平衡，所以金融科技企业会选择多领域涉及，尽可能地降低企业创业风险。

本届会议由青岛市人民政府和中国人民大学中国民营企业研究中心联合主办，青岛市民营经济发展局、青岛市即墨区人民政府、北京隐形独角兽信息科技院承办。

中国发展网
青岛西海岸新区两家企业上榜全球独角兽企业 500 强

媒体名称	中国发展网
文章标题	青岛西海岸新区两家企业上榜全球独角兽企业 500 强
文章链接	https：//baijiahao.baidu.com/s? id=1712028416815884013&wfr=spider&for=pc

2021 年 9 月 24 日，全球独角兽企业 500 强（2021）榜单在青岛发布，新区拟上市企业以萨技术和中加特成功上榜全球独角兽企业 500 强。其中，以萨技术估值 14.5 亿美元，排名 408 位；中加特估值 14.29 亿美元，排名 412 位。

新区上榜的两大独角兽企业，个个"身手不凡"。作为全球领先的"人工智能+数据智能+计算智能+场景智能"公司，以萨技术是新型智慧城市、城市云脑、城市全息感知智能体系建设方案提供商，国家重大科技支撑研发项目的主导建设单位，致力于人工智能、大数据技术在新型智慧城市顶层设计、运营管理，以及工业互联网、平安中国等领域的技术研发，是国内唯一"AI+大数据"双领域落地应用的"隐形冠军"企业。其中，平安中国是以萨最早涉足的领域，目前以萨已经成为国内为数不多的具备部、省、市、区（县）四级公安大数据平台落地能力的厂商，产品体系涵盖全警种实战应用，多个项目被列入公安部科技应用创新计划项目。

中加特专注于工业自动化领域电气传动与控制设备的研发、设计、生产、销售和维修，公司核心产品异步变频调速一体机和永磁同步变频调速一体机，在油气开采、高端传动装备等领域处于市场领先地位，在工程机械、港口、船舶、冶金等行业市场空间广阔。

记者从区地方金融监管局获悉，以萨技术已于 2021 年 6 月 11 日申报青岛证监局辅导备案，中加特已于 2021 年 8 月 12 日申报青岛证监局辅导备案。截至 2021 年 9 月，新区共有上市公司 17 家，年内已有 5 家企业到青岛证监局辅导备案，上市公司"西海岸板块"正在加速崛起。

新浪财经
2021 全球独角兽企业 500 强企业服务赛道：数量最多

媒体名称	新浪财经
文章标题	2021 全球独角兽企业 500 强企业服务赛道：数量最多
文章链接	https://cj.sina.com.cn/articles/7019934692/1a26bb3e4001011k8d

独角兽企业作为具备强大创新能力和巨大成长潜力的企业群体，其发展对于一国或地区具有重要的战略意义。2021 年 9 月 24 日，在由青岛市人民政府和中国人民大学中国民营企业研究中心联合主办的"第三届全球独角兽企业 500 强大会（2021）"上，全球独角兽企业 500 强大会秘书长解树江教授发布了《全球独角兽企业 500 强发展报告（2021）》。报告显示，2021 年全球独角兽企业 500 强企业服务赛道同比增加了 7 家企业，成为榜单赛道第一，目前该赛道共有 112 家企业，总估值达到 5937.63 亿美元，同比增长 2324.31 亿美元，涨幅高达 63.4%。

企业服务赛道的兴起，根本原因在于全球企业服务行业发展的客观条件日渐成熟。随着全球网络基础设施的日益完善和智能硬件终端的兴起，云计算基础设施在世界范围内快速普及，亚马逊、微软、阿里云等云计算头部企业引领全球，这些底层 IaaS 的成熟为企业级别 SaaS 的爆发积蓄了力量。此外，疫情防控期间，产业数字化转型升级的需求日益凸显，传统企业生产效率低下，产能过剩严重，并且对市场的适应性和灵活性不足，而借助于企业级 SaaS 服务，传统企业的业务流程将实现优化，企业的信息化水平提高，并且能够使企业有效对接各大电商平台、社交软件等消费平台以及相关的供应平台，实现传统企业在营销层面、供应层面以及管理层面的战略转型，为企业带来新的业务增长点。

在企业服务赛道中，钉钉的表现尤为亮眼。在 2020 年全球独角兽企业 500 强榜单中，钉钉以 15.5 亿美元的估值位列全球独角兽企业 500 强第 262 位，到了 2021 年，钉钉估值一路高歌涨到了 300 亿美元，位列榜单第 24 位，且位居企业服务赛道第三名。

据悉，《全球独角兽企业 500 强发展报告（2021）》是继 2019 年之后发布的第三个关于全球独角兽企业 500 强的报告，报告基于 2021 年全球独角兽企业数据库，按照全球独角兽企业 500 强评估标准，采用人机共融智能技术（Human Machine Intelligence），遴选出全球前 500 家独角兽企业。该报告全面阐述了全球独角兽企业 500 强的最新发展动态，分析了全球独角兽企业 500 强基本格局和发展特征，并对全球独角兽企业 500 强的未来发展进行了展望。

2021 年全球独角兽企业 500 强评价标准是：①公司估值在 10 亿美元以上；②拥有独创性或颠覆性技术；③拥有难以复制的商业模式；④成立时间 10 年左右；⑤符合现行政策导向，不存在重大负面舆情。本报告评估基准日为 2021 年 7 月 31 日。

腾讯视频
第三届全球独角兽企业 500 强大会（2021）在青岛即墨举办

媒体名称	腾讯视频
文章标题	第三届全球独角兽企业 500 强大会（2021）在青岛即墨举办
文章链接	https：//m. v. qq. com/z/msite/play - short/index. html？ cid = &vid = s3279ykwkil&qqVersion = 0&second_ share = 1

搜狐视频
第三届全球独角兽企业 500 强大会（2021）在青岛召开

媒体名称	搜狐视频
文章标题	第三届全球独角兽企业 500 强大会（2021）在青岛召开
文章链接	https：//tv. sohu. com/v/dXMvMzIxNDU2MjMyLzI5MTI3MDQ3NS5zaHRtbA＝＝. html

新浪视频
第三届全球独角兽企业 500 强大会 （2021）
在青岛召开

媒体名称	新浪视频
文章标题	第三届全球独角兽企业 500 强大会（2021）在青岛召开
文章链接	https：//k. sina. com. cn/article_ 6462225594_ m1812dbcba00100ugg8. html

凤凰网视频
第三届全球独角兽企业 500 强大会在青岛召开

媒体名称	凤凰网视频
文章标题	第三届全球独角兽企业 500 强大会在青岛召开
文章链接	https：//v. ifeng. com/c/89qrLHTngAG

后　记

2021 年 9 月 24 日，"第三届全球独角兽企业 500 强大会（2021）"在青岛即墨区成功举办。该活动由青岛市人民政府和中国人民大学中国民营企业研究中心联合主办，青岛市民营经济发展局、青岛市即墨区人民政府、北京隐形独角兽信息科技院联合承办。2021 年 11 月 26 日，"第二届中国隐形独角兽 500 强大会"在合肥开幕。大会由合肥市人民政府、中国人民大学中国民营企业研究中心联合主办，合肥市投资促进局、合肥市高新区投资促进局、北京隐形独角兽信息科技院联合承办。两个大会的目的旨在进一步推动独角兽企业与隐形独角兽企业的发展，助力独角兽企业与隐形独角兽企业的技术创新、品牌传播、市场拓展和产业化落地，增进企业、投资机构和政府之间的交流与合作。

本书为第三部蓝皮书《创新战略与创新管理：全球独角兽企业 500 强蓝皮书（2023）》，是第三届全球独角兽企业 500 强大会（2021）和第二届中国隐形独角兽 500 强大会（2021）的最终成果，是《全球独角兽企业 500 强报告（2021）》的补充和深化。本书从异质型企业家精神、独特性或颠覆性技术、难以复制的商业模式、战略与品牌协同、弹性的资源共享、持续的资本赋能、市场容量、创新生态八个维度深度解析独角兽企业成长的内在逻辑〔核心部分已刊发于《光明日报（理论版）》（2021 年 10 月 19 日）和《科技日报（理论版）》（2022 年 9 月 1 日）〕，通过对大量的科技创新企业，特别是全球独角兽企业 500 强成长轨迹与典型案例的分析、总结、归纳，描述了科技创新企业成长的一般规律、关键因素、内在逻辑、成长阶段和外部条件，以及科技创新企业成长的优胜劣汰的演化过程，为科技创新企业从初创公司起步，进而进阶为隐形独角兽企业、独角兽企业，最终登陆资本市场的价值实现过程提供了一个分析框架。

本书由解树江负责设计总体框架、统筹协调和修改定稿，各章节执笔人如下：解树江（第一章　创新战略与创新管理：独角兽企业成长密码）、朱贺和唐俊雄（第二章　异质型企业家精神）、张来民（第三章　独特性或颠覆性技术）、林幼娜（第四章　难以复制的商业模式）、胡胜龙（第五章　战略与品牌协同）、宋子瑜（第六章　弹性的资源共享）、项熙茹（第七章　持续的资本赋能）、高瑞瑞（第八章　市场容量）、宁效威（第九章　创新生态）、融世杰和施佳碧（第十章　北京：全球独角兽第一城）、刘美序（第十一章　独角兽企业和香港交易所）、童笑笑（第十二章　独角兽企业与纳斯达克）、唐靖宇［第十三章　全球独角兽企业 500 强大会媒体报道（附五次大会主要领导讲话）］。

　　由于笔者水平有限，加之撰写时间仓促，书中难免会存在一些不足与疏漏之处，恳请广大读者批评指正。让我们携手前行，共同助力广大科技创新企业的成长。

编　者

2022 年 12 月 27 日